Heinrich von dem Türlin
Die Krone

Heinrich von dem Türlin

Die Krone

Unter Mitarbeit von Alfred Ebenbauer †
ins Neuhochdeutsche übersetzt von

Florian Kragl

De Gruyter

ISBN 978-3-11-020545-9

e-ISBN 978-3-11-028620-5

Library of Congress Cataloging-in-Publication Data

A CIP catalog record for this book has been applied for at the Library of Congress.

Bibliografische Information der Deutschen Nationalbibliothek

Die Deutsche Nationalbibliothek verzeichnet diese Publikation in der Deutschen Nationalbibliografie; detaillierte bibliografische Daten sind im Internet über http://dnb.dnb.de abrufbar.

© 2012 Walter de Gruyter GmbH & Co. KG, Berlin / Boston

Umschlagabbildung: UB Heidelberg, Cpg 374, fol. 1ʳ
Gesetzt mit LATEX
Druck: Hubert & Co. GmbH und Co. KG, Göttingen
∞ Gedruckt auf säurefreiem Papier

Printed in Germany

www.degruyter.com

*Für den kleinen Sebastian
damit er ein großer Ritter wird*

Vorwort

Die ›Krone‹ Heinrichs von dem Türlin ins Neuhochdeutsche zu übersetzen, war zuerst eine Idee Alfred Ebenbauers. 2002 hatten er und ich die Arbeit am zweiten Band der inzwischen nicht mehr ganz neuen ›Krone‹-Ausgabe für die ›Altdeutsche Textbibliothek‹ begonnen und uns begleitend daran versucht, unseren Text im Editionsprozess Vers für Vers ins Neuhochdeutsche zu übertragen. Wir wollten uns auf diese Weise dazu zwingen, den Text Wort für Wort zu verstehen und nicht leichtfertig über schwierige Passagen hinwegzuedieren. Ergebnis dieses Unterfangens war ein mittel / frühneu / neuhochdeutscher Mischtext, ohne Zuhandnahme des Originals oft kaum verständlich, für sich genommen völlig unbrauchbar.

Dennoch fassten wir nach Abschluss der Edition den Plan, die Übersetzung von Grund auf zu überarbeiten und erstmals eine vollständige Übersetzung der ›Krone‹ ins Neuhochdeutsche vorzulegen. Beweggrund war uns nicht zuletzt die mitunter heftige Kritik, die die neue Ausgabe wegen ihrer forcierten Handschriftennähe erfahren hatte: Der ohnedies hochkomplizierte, manches Mal auch hochkomplexe Text war dadurch nochmals schwerer lesbar geworden. Nachdem also Ebenbauer ›seinen‹ (Vers 12282–19999) und ich ›meinen‹ Editionsteil (Vers 20000–30042) in ein notdürftiges Neuhochdeutsch gebracht hatten, übersetzte ich noch den Text von Band I (Vers 1–12282); dann ging es daran, die ›Rohübersetzung‹ gemeinsam immer weiter einem grammatikalisch korrekten, verständlichen, auch gut lesbaren Neuhochdeutsch anzunähern. (Wegen der Länge des Textes war schon damals klar, dass an eine synoptische Präsentation von Original und Übersetzung nicht zu denken war.) Wir schafften es bis Vers 7694; am 11. August 2007 setzte Alfred Ebenbauer mit seinem tragischen Freitod allem ein Ende. —

Es mussten einige Jahre ins Land ziehen, ehe ich mich dem Vorhaben wieder widmen wollte. Dort anzusetzen, wo Alfred Ebenbauer und ich aufgehört hatten, war unmöglich, weil der Übersetzungskompromiss des ersten Romanviertels zu deutlich unser beider Handschrift trug. Ich begann nochmals bei Vers 1, mehr und mehr unter der Prämisse agierend, einen neuhochdeutschen Text zu fabrizieren, der für sich genommen angenehm zu lesen wäre. Vom Typus der wissenschaftlichen Lesehilfenübersetzung, wie sie sich in der Germanistischen Mediävistik der vergangenen Jahrzehnte etabliert hat, wollte ich bewusst Abstand nehmen.

Die Regeln, denen ich dabei gefolgt bin, explizit zu machen, ist nicht einfach. Allgemein formuliert war es der Versuch, nicht Wort für Wort, sondern Satz für Satz zu übersetzen. Die mittelhochdeutsche Syntax wurde verworfen, wo sie neuhochdeutsch auch nur unüblich oder sperrig klang; so konnten Relativsätze, temporale Nebensätze (*als* ...) oder auch endlose Reihen von Kausal- und Konsekutivsätzen (z. B. *daz* ... *daz* ... *daz* ...) zu parataktischen Hauptsätzen werden, wurden Konjunktionen gestrichen, wenn sie überflüssig schienen (etwa ständiges *wan* ›weil‹), habe ich mir erlaubt, Attributsätze zu Adjektiva zu machen und *vice versa*. Ansonsten habe ich Satzgrenzen nur in Ausnahmen überschritten oder neu eingeführt. Idiomatische Wendungen sind passim durch neuhochdeutsche Entsprechungen ersetzt, wo dies möglich war. Pronomina und Eigennamen habe ich vertauscht, wenn ich mir sicher war und es mir für das Textverständnis nötig schien, Füllwörter (*vil, sêre, harte* etc.) und bisweilen auch freie Dative sind getilgt, wo ich sie für semantisch irrelevant hielt (der Reim braucht schließlich auch sein Recht). Beibehalten habe ich aber in der Regel Wortwiederholungen, auch penetrante, und beibehalten habe ich mitunter (und natürlich sprachgeschichtlich renoviert) die Lexeme, wenn es semantisch zu vertreten war. *degen* bleibt Degen, aber auch *êre* bleibt häufig Ehre, weil sie eben n i c h t immer und überall das bloße Ansehen meint.

Die vagen Formulierungen des letzten Absatzes – ›nur in Ausnahmen‹, ›wo dies möglich war‹, ›in der Regel‹, ›mitunter‹ etc. – deuten schon darauf hin, dass diese Regeln keine strengen sind. Bei der Entscheidung, es so oder so oder doch anders zu machen, ist man, von Fall zu Fall immer wieder aufs Neue, auf das eigene Ermessen zurückverwiesen. Fest steht und stand damit nur die Maxime, Sinn zu bewahren, aber vor allem im Satzbau keine Archaismen aufkommen zu lassen, weil diese nämlich dort – anders als im lexikalischen Bereich – das Lesen mühsam machen. Die größten Freiheiten habe ich mir herausgenommen, wo der Text einfach und unproblematisch ist. Bei vertrackten, semantisch dunklen, komplexen oder komplizierten Passagen bin ich näher am Original geblieben. Die Spröde der Übersetzung ist dort Indikator für ein

Übersetzungsproblem. Stilistisch lässt sich das insofern rechtfertigen, als diese Spröde – oft ist es eine syntaktische – dann meist auch schon im Original zu finden ist. Generell habe ich mich bemüht, dort ein flottes Deutsch zu finden, wo auch das Original dieses hat – in der ersten Wunderkette etwa –, hingegen verschroben zu formulieren, wo auch Heinrich dies tat; zum Beispiel im Prolog. Gelungen ist das gewiss nur zum kleineren Teil. Jedenfalls aber war es nicht meine Absicht, den rasanten Wechsel der Stilregister, wie er für die ›Krone‹ typisch ist, übersetzend zu nivellieren.

Neu ist die Gliederung des Textes in Kapitel. Der mittelhochdeutsche Text kennt nur eine Feingliederung in Abschnitte von üblicherweise wenigen dutzend Versen, die – in den Handschriften – in der Regel mit einer Initiale (Lombarde) beginnen und formal mit einem Dreireim geschlossen werden. (Der Text ist ja ansonsten paargereimt wie die höfische Romanliteratur überhaupt.) Diese Feingliederung ist mit Absätzen abgebildet, was in einigen, sehr seltenen Fällen im Übrigen dazu führt, dass eine Absatzgrenze einen Satz zerschneidet. Die Kapitel und vor allem die Kapitelüberschriften aber sind neu. Sie stammen von mir und sind alleine nach inhaltlichen Gesichtspunkten gesetzt, wichtige Orientierungshilfen waren mir dabei die Inhaltsübersichten von Alfred Ebenbauer und Gudrun Felder. In eckigen Klammern stehen die Verszahlen des mittelhochdeutschen Textes in Fünferschritten, um die Synchronisierung mit dem Original zu erleichtern.

Im Glauben und in der Hoffnung, dass die ›Krone‹ ein Text wäre, der sich auch heute noch gut und gerne liest, habe ich auf unnötigen wissenschaftlichen Ballast soweit wie möglich verzichtet. Anmerkungen – in Form von Fußnoten – stehen nur dort, wo die Erklärung einer Sache für die Textlektüre unverzichtbar ist, wo es den literarhistorischen Anspielungshorizont braucht, um den Text zu verstehen, und schließlich immer dann, wenn dem Text übersetzend nicht oder nur ungenügend beizukommen war: bei unsicheren Stellen und bei solchen, die sich auf verschiedene Weise übersetzen ließen; wo ich aber schlicht ratlos war, weise ich im übersetzten Text mit ›[?]‹ darauf hin. Auch die seltenen Abweichungen vom Text der zweibändigen Neuausgabe – fast immer betreffen sie nur die Interpunktion – sind in den Fußnoten verzeichnet. Alles Weitere wäre auch überflüssig, zumal die ›Krone‹ durch den profunden Stellenkommentar von Gudrun Felder mustergültig erschlossen ist.

Das Nachwort (Zur Poetik der ›Krone‹ Heinrichs von dem Türlin) versteht sich als Essay über das Erzählen der ›Krone‹ und soll auf einige Merkwürdigkeiten und auch auf einiges Bemerkenswerte dieses Artusromans aufmerksam machen. Für die Auswahlbibliographie habe ich aus dem reichen Fundus der ›Krone‹-Forschung jene Arbeiten ausgewählt, die Grundlegendes bieten oder innovative Zugänge zum Text versprechen; der Schwerpunkt liegt auf der neueren Literatur. Bei den Jahrgängen 2006–2010 ist Vollständigkeit angestrebt, wenn auch gewiss nicht erreicht. Ausführliche Verzeichnisse der Forschungsliteratur bis 2005 / 06 finden sich in den beiden Bänden der neuen ›Krone‹-Edition und in Gudrun Felders Kommentar.

Zu danken habe ich: Johannes Keller und Julia Zimmermann, die Alfred Ebenbauer und ich während der Arbeit an der Edition mit einer Vielzahl an ›Krone‹-Fragen nerven durften; den Teilnehmerinnen und Teilnehmern meiner ›Krone‹-Übersetzungsübung an der Universität Erlangen im Sommersemester 2011, denen die vorliegende Übersetzung den einen oder anderen schlauen Einfall verdankt; Inci Bozkaya und Nina Hable, die den gesamten Band kritisch Korrektur gelesen haben; und schließlich meinen Eltern Susanna und Georg und meiner Frau Elisabeth für wichtige Hinweise auf neuhochdeutsche Unmöglichkeiten – und überhaupt. Gewidmet sei die Übersetzung dem kleinen Sebastian, dem – wenn er etwas größer ist – diese hoffentlich einmal nicht allzu fad wird.

Bubenreuth, im Februar 2012   F. K.

Inhalt

Vorwort VII

Inhalt XI

HEINRICH VON DEM TÜRLIN: DIE KRONE

ERSTER TEIL 3
Prolog 5
Artus' Hoffest zu Weihnachten 9
Gasoein – Ginover – Artus I 53
Gawein und Floys und Amurfina 83
Gasoein – Ginover – Artus II 147
Das Maultier ohne Zaumzeug 183
Doppelhochzeit 199

ZWEITER TEIL 203
Erste Wunderkette 205
Die Saelde-Aventiure 221
Zweite Wunderkette 237
Der zweite Gawein 247
Das Turnier des Leygamar 263
Gawein unterwegs 281
Gawein beim *Château au Lit merveilleux* 303
Das Hoffest zu Karidol 339
Rückgewinnung der Kleinodien 385
Unterwegs zur Gralsburg 425
Gawein als Gralserlöser 441
Schlussfindungen 449

ANHANG

Zur Poetik der ›Krone‹ Heinrichs von dem Türlin 457

Auswahlbibliographie 497

Ausführliches Inhaltsverzeichnis 505

HEINRICH VON DEM TÜRLIN

DIE KRONE

Erster Teil

Prolog

Ein weiser Mann hat gesagt, dass jene Rede nicht geziemend ist, die ohne Klugheit geschieht; umgekehrt sei jener Verstand unnütz, [5] den ein Mann für sich alleine hat. Wenn einer grübelt und nicht redet, ist das genauso verderblich, wie wenn er blöd wäre. Was nützt sein Können, [10] wenn er nicht redet und man ihm nicht gewogen ist?[1] Verborgene Schätze und verborgene Weisheit bringen keinen Nutzen. Rede und Weisheit zusammen sind nützlich. Es kommt sehr oft vor, [15] dass der Verstand an der Rede fehlgeht und ganz nutzlos dasteht. Indes, ich glaube, jener wird nie den Sieg erringen, der immer nur darauf bedacht ist, sein Schwert zu ziehen [20] und damit davonzulaufen, bevor er einen Schlag geschlagen hat. Wenn einer einen ungebrannten Ziegel wäscht, sieht er, je länger er es tut, nur desto mehr Dreck. Je länger er wegläuft, [25] desto ferner ist ihm der Sieg. Da wird der Edelstein unwissentlich in den Mist getreten. Man muss wissen: wer fechten und fliehen will, [30] muss schon außerordentlich schlau sein, zumal es ihm oft nach Flucht ist – dem Feigling –, wenn er ein blankes Schwert sieht. Könnte denn ein Vogel fliegen, wenn ihn die Federn leicht einmal [35] um seine ureigenste Kraft betrügen würden? Ich würde mich auch gerne, wenn ich könnte, ein Stück von den Toren absetzen und würde gerne ohne Fehl sprechen, wenn mein Unheil mich denn ließe. [40]

Ich weiß auch, dass keines Menschen Mund ganz ohne Makel sein kann. Ich verlange auch nicht, dass der meine ganz des Makels bar sei. [45] An des Menschen Streben erkennt man den Verstand eines Mannes. Wenn ich an Verstand schwächer bin, soll man mir das nachsehen. Man hört oft sagen, [50] dass gelegentlich ein wertloser Kristall in der Nähe eines Smaragds zu liegen kommt. Auch umfasst der Waise[2] die Krone des Reichs nicht gänzlich. [55] Fürwahr, bei ihm liegen andere Steine, die ihm ungleich sind. Sowohl Kupfer wie Blei werden mit Silber verschmiedet. Auch wohnt dem roten Gold [60] oft bleiches Messing bei. Diese ungleichen Dinge

---

1   Oder: ›Was nützt sein Können ohne Rede und ohne guten Willen?‹
2   Gemeint ist ein außergewöhnlicher Stein, der an der deutschen Kaiserkrone (Reichskrone) angebracht ist (bzw. war). In der deutschen Literatur des Hochmittelalters wird er immer wieder Thema. Der Name (mittelhochdeutsch *weise*) erklärt sich darin, dass der Stein als einzigartig, ohne Seinesgleichen galt.

gehen auch dann häufig zusammen, wenn es ihnen an der Kraft des Wertes gebricht. So möge man mir gnädig sein, [65] wenn ich dort bleiben will, wo glänzende Steine liegen. Doch an Stelle des Saphirs erleuchtet mich ein Rubin, der den Schein seiner hellen Tugend [70] zu meiner Dunkelheit wendet und mir ein Licht sendet. Dies freut mich sehr. Wenn mich aber hier jemand alleine aus Bosheit schilt, [75] hat er davon nur einen einzigen Nutzen: Wird er der gespaltenen Zunge gewahr, so biete er seinen Schild dagegen, und er wird den anderen schnell zurückgeschlagen haben, sodass er also selbst das Gift [80] und den Eiter behalten muss, die er nach Schlangenkunst hinten im Schwanz verborgen hatte.[3] So bleibt ihm der Stachel in der eigenen Haut stecken. [85] Da muss er in der Falle verwelken, lahm und verkrüppelt, wie es seiner Art gemäß ist. Sein Hass wird da sein eigener Schaden.

Der Verstand, der die Worte schmückt [90] und die Rede floriert, ist mir leider rar. Denkt an stumpfes Feuer, das brennt und nicht leuchtet; so bleibt auch einem hellen Glas [95] oft keine andere Tugend übrig, wenn sein Glanz schwindet. Freilich sind ein guter Adamas[4] und dieses strahlende Glas einander an Tugend [100] und Gestalt sehr ungleich. Denn das Glas gibt einen hellen Schein; der Adamas aber hat seine Natur in sich verborgen. Ich vergleiche auch vollkommene Tugend, [105] wenn sie sich verbirgt, mit der stumpfen Kohle. Denselben Glanz gibt der gute Adamas. Der Widerstreit zwischen diesen beiden[5] zeigt zweier Art Leben, [110] wie es die Natur gegeben hat: das des Törichten und das des Verständigen, des Falschen und des Guten. Die zwei gehen nicht zusammen. Des einen Ja ist des anderen Nein. [115] Wer könnte es einrichten, diesen beiden so zu dienen, dass er es beiden recht machte? Das wäre ein sehr glücklicher Mann! [120] So aber muss ich davon abstehen, beide zu gleichen Teilen zu loben. Zwei verschiedene Farben, Ocker und Lasurblau, geben von Natur aus [125] je einen verschiedenen Glanz. Einer ist beständig und vollkommen, der andere trügerisch und

3   Der Satz ist kompliziert; Idee könnte sein, dass wer eine gespaltene Zunge trägt, sich in Widersprüche verfängt und sich so selbst schädigt. Die andere Option ist, das erste ›er‹ nach dem Doppelpunkt auf den Rubin zu beziehen.
4   Diamant oder Magnet. Seine Härte ist im Mittelhochdeutschen sprichwörtlich.
5   Gemeint ist die Dichotomie zwischen Adamas / Kohle, die ihren Wert in sich tragen – der Adamas offensichtlich, die Kohle im Verborgenen –, und Glas, das nur äußerlich glänzt.

Prolog

schwach. Ihr beider Oberfläche gibt zweierlei Gruß [130] – einer ist trügerisch, der andere süß –, dazu zweierlei Lohn, die beide nach der Krone der Welt eifern.[6] Eines der beiden soll man meiden und sich an das andere halten [135] – ach, dass einem dies doch gelänge![7] Von Kindheit an war das meine Lebensart und wird mich bis zum Grab begleiten. Diese Lebensart brachte stets wertvolles Lob ein und ist eine Richtschnur der Tugend. [140]

Ich bitte bei diesem Buch – wer immer es zu lesen geruht, und angenommen, dass irgend Makel daran sei, sich aber zum anderen auch Kunstvolles darin zeigt –, [145] dass meine Mühe wegen eines unpässlichen Spruchs nicht gleich zur Gänze verloren sei und nicht grundlos verschmäht werde. Eine Falte an einem Purpurstoff [150] soll ihn nicht gleich völlig wertlos machen. Oft sieht man die Dummheit wachen und die Kunst schlafen. Wer sich dagegen zu wappnen weiß, dass es ihm an süßen Worten mangelt, [155] den verwundet der Stachel der Untreue sehr selten, der sich leider unter der Schar der Guten verbreitet hat und der immerfort darauf spitzt, [160] wo er boshaft zustechen könne.

---

6   Der Übergang von der Farbmetaphorik zur Gegenständlichkeit der Strebenden ist ein fließender.
7   Gegen die Interpunktion der Ausgabe.

Artus' Hoffest zu Weihnachten

Artus' Jugend

Uns wurde oft von vielerlei tapferen Taten erzählt, die Artus, der König, vollbracht hatte. Wie das zuerst begann, [165] ist ein wenig unbekannt. Das will ich aber nun ein wenig bekannter machen und will euch dabei auch vom Anfang seiner Tugend erzählen, [170] wie es ihm in seinen Kindestagen zuallererst erging und wo das löbliche Eifern seiner Tugend anhob, das ihm die Welt noch immer nachsagt. [175] Durch das Erzählen von seiner reinen Tugend mehrt sich sein Lob alle Tage, solange die Welt in Freude lebt. Er hatte einen so triumphalen Ruf, dass er nie seinesgleichen fand. [180] Deshalb ist sein Lob rechtens groß: weil er dessen nie überdrüssig wurde.

Das Heil begleitete seine Jugend damals und seither in tugendhafter Weise. Zu jeder Stunde, immer, [185] unablässig rang er nach Lob und nach Ruhm. Nie konnte man sehen, dass sein Ruf schwächelte. Mit gutem Grund musste das Heil [190] seine Herrlichkeit mehren. Auch hatte er sich so sehr um tugendhaften, würdevollen Ruhm bemüht, dass sein Ruhm den aller anderen übertraf. Er hatte sein Leben gut geführt. [195] Man sah ihn täglich im Zeichen der Tugend kämpfen. Deshalb erwarb er zu seinen Zeiten viel reines Lob. Wenn auch leider sein Leib gestorben ist, [200] bleibt ihm doch sein reiner Name auf lobenswerte Weise lebendig in der Welt. Insofern er noch lebendigen Ruhm besitzt, zeigt er sich uns Lebenden immerfort im Geiste [205] mit dem Ruhm, den er erworben hat. Ihn möchte die Welt in dieser Zeit aufs Jämmerlichste beklagen. Wenn sich doch auch heute noch Leib und Gut an ein derart reines Gemüt wenden würden! [210] Es ziemt doch den Besten gut, in allem gut zu handeln. Sollen die Bösen immer ohne Widerrede Undank haben![8] Den Tüchtigen nützt die Treue. [215] Ihnen zeigen sich am Ende der Ruhm der Ehre und das Lob der Tugend.

Der Dichter will euch zur Besserung eine Geschichte von König Artus erzählen, [220] die er aus dem Französischen in die deutsche Sprache gebracht hat und wie er sie in Kärlingen[9] als geschriebene Dichtung gelesen hatte; denn er war so gelehrt, [225] dass er diese Sprache beherrschte. Dieser Dichter bemühte sich stets, irgendet-

---

8   Gegen die Interpunktion der Ausgabe.
9   Kärlingen (das Karlsreich) bezeichnet Frankreich.

was zu ›finden‹, das er euch als Neuigkeit und zur Unterhaltung bringen könne, [230] auf dass man ihn im Gedächtnis behalte und er sich den Dank der Frauen verdiene, den man braucht, wenn man in der Welt nach Freude strebt. Denn ohne sie bleibt immer ohne Genugtuung, [235] wer in der Welt leben will. Seligkeit hat sie zum Inbegriff von Liebe und Freude gemacht. Wen ihre Gnade als treu erkannt hat, dem ist es gut ergangen, [240] denn an ihm erfüllen sich reine Freude und Hochgefühl. Diesen starken Besitz wird er beständig hüten, und alle seine Tage wird er durch ihn [245] gestärkt sein. Es ist Heinrich von dem Türlin, dessen Zunge niemals vom vollkommenen Preis der Frauen abließ; der fand diese Geschichte, [250] wie der gute König Artus geboren wurde, der seinerzeit stets mit ritterlichem Herz gelebt hat. Ihr sollt nun hören, [255] wie er stets nach Ehre strebte. Er packte es sehr früh an und es dauerte sein ganzes Leben. Ganz ohne Tadel ließ er seinen Ruhm gedeihen. [260] Das Buch erzählt, dass er im Mai geboren wurde. Er war von Maienart, was wir daran erkennen, dass er sich niemals [265] mit weltlicher Schande befleckte; das hatte ihm die Zeit bestimmt, in der er geboren wurde. Denn dann blühen und sprießen Blumen und Gras, [270] wonach die Herzen streben, denen es zuvor an Freude gefehlt hat. Wie sehr sie auch die Last des Kummers geplagt hat, gibt ihnen der Mai doch ein Bild der Freude. Das zeigt die Großherzigkeit an, [275] die Artus zeitlebens an den Tag legte. Denn mehr als alle anderen Monate gibt uns der Mai Freude und nimmt die harte Mühe des Winters von uns. [280] Alles Welke, das er auf der Heide findet, macht er neu und prächtig. Deshalb gleicht das Leben von Artus dem Mai, denn er verstand auf eine Weise zu schenken, [285] dass davon viele froh wurden. Frau Klotho hatte ihm uneingeschränkt zugestanden, dass er mehr weltlichen Ruhm hatte als alle Welt. [290] Auch Frau Lachesis war sehr geschickt darin, den Faden lang zu spinnen. Ich beklage jedoch, dass sich Atropos diesen Faden nicht entgehen ließ [295] und ihn so jäh zerriss. Daraus erwuchs der Welt ein unerträglicher Schaden. Nun sitzt Frau Fortuna einsam auf dem Rad, ohne Erben. [300] Auch Frau Luna beklagt es, die ihn mit Seligkeit ausgestattet und die Schande von ihm ferngehalten hatte. Man hört von Philosophen sagen, alle Kinder, die [305] in jenen Tagen[10] auf der Welt geboren werden, seien stets ohne Zorn, sanft

---

10 Also: im Mai.

und von reinem Herzen, gut, froh, reich an Besitz, treu, großherzig und gesellig. [310] Denn ihre Zeit ist dann, wenn der Weg der Sonne in die Zwillinge geht. Artus besaß das Heil mit Recht.

Er war noch keine sechs Jahre alt, [315] als Gott seinen Vater, der ihn erziehen sollte, in seine Obhut nahm; der hatte denselben Ruhm erworben, den man nun dem Sohn zugesteht. Er hatte ihn seinerzeit [320] mit Tapferkeit verdient, wenn er ihn auch jetzt ganz verloren hat, sodass man ihn heute weder kennt noch so häufig von ihm spricht wie von seinem Sohn. [325] Dennoch hatte er sich und seinen Besitz der Tapferkeit verschrieben, wie uns die rühmliche Herrlichkeit seiner Tugend und die Krone seiner großen Macht von ihm lehren, [330] die er nach sich dem Sohn hinterließ. Man nannte ihn Herr über Britannien und Gallien, die Normandie und Cornwall, Schottland und Irland, [335] Wales und England und viele wilde Gebiete, Wälder, Seen und Felder. Über all das herrschte er, und er war entsprechend wehrhaft, [340] solange er die Krone innehatte. In jenen Ländern, die an sein Reich grenzten und die er erreichen konnte, erstrahlte sein Heereszeichen in siegreicher Art und ohne Widerstand. [345] Bis hin zum großen Meer bezwang er die Reiche mit Heeresmacht.

Welch eine selige Kinderklage, die Artus an dem Tag anhob, als sein Vater verschied! [350] Nie hatte das Heil Kinder mit so glücklicher Tugend begabt wie diese reine Jugend. Man mag das für ein Wunder nehmen. In der Gegenwart [355] von Verwandten und Dienstmannen sah man ein Kind mit dem Herzen eines Mannes. Es sagte: ›Weh über diesen Besitz und die ungeheure Macht, [360] über die ich durch euch[11] herrsche, Vater Utpandragon! Verflucht seien Zepter und Reichskrone! Dass Gott euch nicht länger [365] halten wollte, will ich mit Recht beklagen. O weh über das Leid und abermals weh! Cornwall und Tintaguel, Liuns und Jascuns, [370] Gisors und Tischun, ihr dürft euren Herrn beklagen! Tyntasion und Karidol, Übles ist euch zugestoßen! Wann werde ich je den Tag erleben, [375] an dem ich euch stärke? Verflucht seien der Ruhm

---

11 Hier und im Folgenden schreibe ich sämtliche Höflichkeitsformen der Anrede – gegen die ›neue Rechtschreibung‹ – klein. Beweggrund ist mir die Beobachtung, dass der Wechsel zwischen Duzen und Ihrzen im Mittelhochdeutschen recht unsystematisch ausgeprägt ist; manches Mal wechselt das Register von Vers zu Vers. Die Strenge des neuhochdeutschen Usus würde diese weichen Grenzen nur unnötig verhärten.

und die Stunde des Glücks, in der die Seligkeit meines Vaters ihren Anfang nahm! [380] Darin, dass er den ganzen Umkreis des weiten Meeres eroberte, ohne dass ihm je etwas missglückte, zeigte sich die Hilfe der Glücks. Türken und Sarazenen, [385] wie wurdet ihr so feige? Wohin kam die Kraft der Waliser und das Schießen der Parther, dass sie ihn jemals so weit reiten ließen? [390] Hei, gewaltiger Herr Christus, was taten die Franzosen, als er und seine Briten gegen sie einen so gewaltigen Kriegszug unternahmen? Wohin kam der Schlag der Normannen [395] und der Stachel der Engländer? Partonope, der Hagelschauer der Feinde, wohin kam deine Treulosigkeit? Das ist mein innerster Schmerz: dass er mich so mächtig gemacht hat. [400] Daran zerbricht mein Ruhm. Was soll ich tun? Diese Länder sind mein Eigentum durch euch, Vater, nicht durch mich! Unsere Leben sind so verschieden, [405] dass ich Schmach und Schande erdulden muss, wenn ich zum Mann heranwachse. Und selbst dann, wenn ich für dieses Land von Rechts wegen von irgendeinem Wert bin, [410] wird man mich wenig preisen, wenn ich es nicht mit meinem Schwert verdient habe.‹

Frau Saelde[12] nahm sich des Kindes an und auch des Gefolges. Sie behütete Artus vor Falschheit, [415] wie man später an ihm sehen konnte. Dazu hatte sie ihn erzogen. Nichts konnte ihn je davon abbringen. Sie begabte ihn tüchtig mit Heil, würdig der Welt, [420] so gut sie konnte. Fast 15 Jahre lang gab ihre Gunst davon Zeugnis. Als die vorbei waren, wurde er Ritter, nahm eine Frau [425] und verschrieb sich und seinen Besitz der Großherzigkeit und dem Ruhm. Davon gibt die Lehre seiner Tugend sichere Kunde. Er lebte seither immer so, [430] dass man an ihm zu keiner Zeit anderes als einen reinen und beständigen Tugendschatz fand, großherzige Gesinnung, süße Worte, ein treues Herz, sicheren Ratschlag, [435] Anstand ohne verwerfliches Tun, sanfte Rede, aufrichtigen Mund, die Kraft des Glücks, einen Hort der Freude. Deshalb suchten ihn viele Männer, die eine Aufgabe auf sich genommen hatten, [440] wegen Hilfe und Rat auf. Deren Bitten erfüllte er sogleich und bat sie zu bleiben. Er brachte es nicht fertig, sie zu verjagen, wie es doch viele tun, [445] die Fremden ein falsches Herz und argwöhnische Gesinnung entgegenbringen. Er strebte nach dem Besten, wie es

---

12 *saelde* ist der mittelhochdeutsche Begriff für Glück; er übersetzt lateinisch *fortuna* und bezeichnet sowohl das Abstraktum Glück als auch – wie hier – dessen Personifikation.

ihm Frau Saelde geraten hatte. Deshalb suchten ihn viele fremde Leute auf, [450] wenn sie ein Leid bedrückte. Er war oft voll der Freude, weil man ihn niemals mied, anstatt über die Fremden zu klagen, wie die Mehrheit derer zu tun pflegt, [455] die von der Schande derart überwältigt werden, dass Ehre ihnen nichts gilt.

Einladung und Ankunft der Gäste

Nie konnte ihm ein Schaden erwachsen. Denn stets strebte er nach Freude, [460] bemühte sich in jeder Sache um Ruhm und floh vor der schlimmen Schwäche schmachvollen Makels, indem er sich an beständige Tugend hielt. Er war ganz daran gewöhnt, [465] weil es ihm immerfort so ging. Er ließ zu Weihnachten einen Hoftag ausrufen in Gallien und in Tintaguel, in Cornwall am Meer. [470] Er kümmerte sich wenig darum, was er dafür aufwenden müsste, weil ihn das nicht betrübte; er wollte einzig, dass der Hoftag Freude verbreiten sollte. [475] Das zeigte er alle Zeit. Er sandte seine Boten überall hin in die Länder, wo sein Name – nah und fern – bekannt war. [480] Sie luden die Fürsten der Länder zu diesem Hoftag. Das machten sie gerne. Auch sandte man, wie mir versichert wurde, flinke Knappen [485] in alle Winkel des Landes. Jene, die diesen Hoftag verkündeten, schwärmten rasch aus. So war es ihnen vom Hof befohlen worden. [490] Herr Kay, der Seneschall, ritt nach Spanien und brachte viele gute schnelle Pferde nach Britannien, hoch, schön und stark, [495] die Artus bei Hof verschenkte. Man brachte ihm von Halab[13] viele weiße Maultiere, die an den Ohren und Flanken rabenfarbig waren. [500] Man brachte ihm wertvolle Waffen aus Frankreich, die von Gold und kostbaren Edelsteinen glänzten, gefertigt aus Elfenbein. [505] Dazu wurden ihm auch aus Gent in Vermendois viele scharlachrote Decken geschickt, die in der Farbe des Feuers brannten. Man vergaß nicht, [510] ihm aus Griechenland Seidenbrokat in verschiedenen Farben herbeizuschaffen, Purpurstoff und Timittuch, radförmig gemusterten Seidenstoff und Sigelat, Diasper und Triblattstoff, [515] aus Gold gewirkten Plialt und viele Decken aus Seide,[14] aus denen man Kleider schneider-

---

13 Das ist Aleppo in Sizilien.
14 Im Grunde sind das fast alles kostbare Arten von Seidenbrokat, wobei im Einzelnen nicht immer leicht zu sagen ist, welcher Stoff gemeint ist. Nähere Informationen bietet der Kommentar von Gudrun Felder.

te, mit denen man die Ritter einkleidete und die Säle aushängte. [520]

Die Königin Lenomie aus Alexandrien sandte ihm auch einen teuren Wandteppich als Geschenk. Eingestickt war mit Gold, [525] wie Frau Helena mit Paris aus Griechenland entfloh. Auch war an einer anderen Stelle eingestickt, wie Troja zerstört darnieder lag, und der beklagenswerte Streich, [530] der Dido traf, als sie Eneas empfing. Auch sah man dort von der schönen Lavinia, wie Eneas sie erkämpfte, [535] und die Römerschlacht. Der Wandteppich ging rund um den Saal und umfing ihn würdig. Seine Schwägerin hatte ihn ihm gesandt. Aus Russland kamen ihm viele [540] graue und bunte Federkleider. Der Zobelpelz und der Hermelin waren viele Pfund wert. Wer ihn bezahlen musste, durfte nicht arm sein. [545] Aus rotem Gold wurde für ihn in seiner Stadt London gar manches Goldgefäß zum Trinken und Essen gemacht, dass nie Meisters Hand [550] ein fremdartigeres Werk geformt hatte. Auch hatte Lenomye ihrer Schwester Ginover aus ihrem Land von Leicester viele gute Kleinodien geschickt, [555] glänzend von rotem Gold, Gürtel und Spangen, Armreifen und Ringe, Halsschmuck und Ketten. Sie schickte ihr außerdem [560] Ohrringe und Schleier, die man aufgrund ihres Wertes gut und gerne loben konnte. Es war ein prächtiges Geschenk und schön anzuschauen. [565] Ginover verteilte diese Dinge unter den Damen, die an den Hof gekommen waren. Das erhöhte ihr Ansehen und bereicherte jene, die die Gaben empfingen.

Die Fürsten ritten [570] mit großem Lärm zu diesem Hoftag in das Land zu Cornwall, zur Burg von Tintaguel. Rasch richtete man [575] im Schloss Herbergen für diese große Schar ein. Das befahl der glückhafte Artus. Es gab dort kaum ein Gebäude, das nicht mit langen, seidenen [580] Tüchern behängt und auch sonst schön geschmückt gewesen wäre. Das taten die Burgbewohner ihrem Herrn zu Liebe. Der König Lanoys von Liebe [585] kam als erster an den Hof, dann König Urien von Love, mit ihm der Sohn des Königs Yder und Jenever aus Beumont und Gotegrin von Galor [590] und der Sohn des Königs Karlin und der schöne Jenephus, der Herzog von Angus, und der König Angingeron, Angiron von Irland, [595] Orgoillos von der Lande und auch der König Milianz und König Arab li Nains und König Yllec a Dure Mains, Floys von der Grünen Insel, [600] der Sohn des Königs Eumedis, Graf

Blant von Alvern und der Herzog von Island. König Noyrs von Äthiopien war mit großem Trara gekommen, [605] Joranz aus Bel Repeire und Laumedon le Grand, Goorz von Gornomant und Elian von Montfort, König Lac vom Seeland [610] und der Prinz von Arrak und Graf Cis von Arragus, König Embelit von Lundis. Dies waren nur die Gäste, die zu Artus' Fest [615] kamen, und dazu noch viele Bekannte, die ich nicht nennen will. Hier hebt der Hoftag an.

Das Fest

Als alle diese Fürsten mit großem Getöse [620] zum Fest gekommen waren, deren Länder und Namen ich euch genannt habe – ohne die Bretonen und Normannen, Irländer und Waliser, [625] Engländer und Franzosen, die am Hof zum Gefolge gehörten und es nicht nötig haben, dass ich ihre Namen nenne, und deren Ruhm sich den Platz [630] an der Tafelrunde mit tugendhafter Tat ohne den Makel der Schande verdient hat –, da also nun war der Hof voller Freude. Man sah dort Ritter und Damen bei vielen prächtigen Tänzen. [635] Man konnte dort auch viele schöne Kostbarkeiten sehen, Hunde und Falken, die sich sehr oft gemausert hatten. Man sah auf dem Palas[15] [640] vielfältigen Zeitvertreib. Man sah dort Würfel- und Brettspiele von prächtiger Art. Dann saßen wieder irgendwo zwei und spielten Schach auf einem Brett. [645] Ein jeder Ritter tat, wonach ihm der Sinn stand. Diese sprachen vom Sold, jene vom Fest. Dort stritt man darüber, [650] welche von den Damen die beste wäre. Daneben saßen Fiedler mit ihrer Kunst. Dort waren drei oder vier, die Aventiure erzählten. [655] Überall erschallten Flöten und Tambure zusammen, in der Burg und im Saal. Überall herrschte endlose Freude.

Dazu gab es unten im Ort [660] abwechslungsreiche und prächtige Unterhaltung, wo man Falken trug und Schilde auf die Straße hing und die Pferde versorgte [665] und den Harnasch schüttelte und die Helme mit prächtigem Schmuck belegte. Wo man hinblickte, eine Überfülle an prächtiger Freude. [670] Diese Ritter ritten im Ort auf und ab. Gegenüber erschallte die Straße von den Knappen, die mit ihren Liedern [675] durch den Ort gingen und das Fest will-

---

15 Der Palas ist ein Repräsentationszwecken dienender Saalbau der mittelalterlichen Burg.

kommen hießen. Nun liefen vier Knappen, die Schilde und Lanzen trugen, von dort herbei; die andern trugen Satteldecken, [680] die man am Morgen für die Tjost brauchte. Da mussten sich die neuen Schwertdegen notgedrungen Sorgen machen. Niemand blieb dort im Bett, [685] alle beschäftigten sich mit allerlei Dingen, sodass an diesem Tag ihre gespannte Aufmerksamkeit deutlich zu spüren war. Trompeten und Posaunen hörte man dort ertönen. [690] Auch sah man da, wie die Knappen untereinander das Schießen übten. Diese schlugen hier den Ball hin, jene schossen drüben den Speer; so erprobte jeder seine Kraft. [695] Die große Schar vor der Herberge war besonders geschickt. [743(698)][16]

Artus' Boten brachten vier Wagen voll Lanzen [745(700)] auf den Anger, groß und makellos, lang und ebenmäßig. Er befahl, sie den Recken zu geben, die dazu geeignet waren, [750(705)] wie viele davon sie auch zerbrechen mochten. Ginover, die Königin, und alle Damen sandten den Vortrefflichsten unter Artus' Gästen [755(710)] vom Schloss herab Kleinodien ohne Zahl als Turniergabe, in der Hoffnung, dass jene ihre Ritter würden [760(715)] und nicht davor zurückschreckten, um ihrer Dame willen übel verhauen zu werden. Als diese Turnierkämpfer und beide Bannerträger [765(720)] auf der Wiese hielten – die Schar von Artus hier und die Gäste dort –, standen auf beiden Seiten viele Degen[17] mit prächtigem Helmschmuck. [770(725)] Flöten- und Tamburspieler begrüßten die Recken. Das schreckte die Pferde auf und sie begannen herumzutänzeln. Schuld hatte [775(730)] die süße Melodie. Zu sehen war auch eine große Menge unritterlicher Kämpfer mit starken Keulen, die später herumschlagen würden. [780(735)] ...[18] [698(736)]

Auf der Wiese, hier unten vor dem Ort, [700(738)] begann ein Vesperkampf, wie ihn sich Gawein am vorigen Morgen gewünscht

---

16 Die doppelte Verszählung in den folgenden beiden Absätzen rührt daher, dass in Hs. V gegenüber Hs. P ein Dreireimabschnitt vorgezogen ist. Die Neuausgabe folgt der Reihung von Hs. V, die alte Ausgabe Scholls der Hs. P. Die erste Verszahl gibt die Zählung Scholls nach Hs. P, in Klammern steht die neue Zählung nach Hs. V.

17 Ein *degen* ist ein Ritter oder Held. Ich behalte das Wort hier und im Folgenden bei, da es zumindest die neuhochdeutschen Wörterbücher noch kennen.

18 Hs. P hat hier einen Mehrvers gegenüber Hs. V (*Vor maniger schöner fräwen*), sodass die Übersetzung nach P lauten müsste: ›Zu sehen war vor vielen schönen Damen auch ...‹

hatte. Hier musste sich ein Feigling notgedrungen Sorgen machen, [705(743)] wenn er an diesem Tag dort war, an dem so viele Recken und schön gedeckte Pferde auf dem Kampfplatz versammelt waren. Im Übrigen lag der Palas so, [710(748)] dass Ginover und die Damen das Tun eines jeden von oben sehen konnten. Das war ein Glück für all jene, denen das Schicksal gönnte, [715(753)] dass sie ritterlich kämpften. Es war aber ein Nachteil für jene, die entweder ungeschickt oder feige waren: Beides schadet [720(758)] dem Ruf eines Mannes. Solches kann ihn lehren, unwürdig und glücklos zu werden. – Man wartete nicht länger. [725(763)] Die Gäste kamen mit großer Macht auf den Platz geritten. Artus ritt mit seiner Gesellschaft vom Schloss herab. Dort gab es viele Banner [730(768)] von roter und gelber Farbe, Sattel- und Hinterdecken, Wappenröcke und Helmschmuck, aus Seidenstoff und aus Taft kunstvoll zusammengesetzt. [735(773)] Die Rüstung der Gäste hingegen war mit viel weißem und braunem Aufputz verziert. Oft hörte man [740(778)] die Knappen unter diesen Bannern schreien: [780] ›Weg, weg! Lass tjostieren!‹

Am Kampfplatz begannen zwei prächtige Helden eine Tjost: Joranz von Bel Repeire [785] und Quinotfiers de Bahanz. Sie rannten so heftig aufeinander los, dass sich eines jeden Pferd vom Stechen aufbäumte. [790] Jenever von Beumont kam auf den Kampfplatz geritten. Als er seine Lanze zum ersten Zweikampf neigte und in den Kampfkreis gepreschen kam, [795] bemerkte ihn Herr Iwein und rannte geschwind mit einem Banner dagegen. Diesem kam da geschwind Milianz zu Hilfe. [800] So begann der Vesperkampf mit großem Eifer. Lanzen und Schäfte deckten das Feld zu. Im Geschrei der Knappen [805] waren wilde Sprüche zu hören. Wie sich diese Ritter beim Turnier in starke Bedrängnis brachten, erklangen die Schwerter immerzu auf Helmen und Panzern. [810] ›Kämpfe, Ritter, kämpfe!‹, riefen die Knappen, die dort herumliefen. Noch hielt Jenephus, der Herzog von Angus, [815] dort vor seinem Zelt. Als er nun seine Gefährten auf dem Feld erblickte, schmerzte ihn ihre Not, und er machte sich ritterlich [820] mit vielen hellen Bannern zu ihnen auf. Da wurde die Tjost prächtig. ›Weich zurück, Herr, weich zurück!‹, wurde da geschrien, als er kämpfte. [825] Nun gerieten die Degen mit Stichen und mit Hieben ganz nach Ritters Art durcheinander. Sie strotzten vor Kraft: Das sah man ihnen an, [830] als sie miteinander ritten. Einer schlug, der andere stach, der bat um Sicherheit[19], dieser fing, jener zog, einer jagte, der andere floh, [835] der nahm diesen gefangen, ein anderer räumte hier den Kampfplatz. Wer zögerte, war verloren.

Ginover war es leid, dass Artus mit den Tafelrundern [840] so lange zuwartete, nachdem die Gäste schon auf das Feld gekommen waren und tjostiert hatten. Sie sprach: ›Ei, Herr, [845] warum halten jene, deren Ansehen nie einen Verlust erlitten hat, abseits?‹ Unterdessen drangen Erec, der Sohn des Königs Lac, und Lanzelet von Lac [850] gemeinsam zum Kampfplatz vor. Jetzt erst wurde die Vespereide über die Maßen heftig. Sie hauten mit Tjosten eine ganze Straße heraus. [855] Graf Cis von Arragus und Goorz von Gornomant und Elian von Montfort durchbrachen diese Tjost. Sie schlugen und stachen [860] ganz nach der Ehre eines Ritters. Artus befahl Gawein, sich zu seinen Gefährten aufzumachen. Auch er selbst machte sich mit prächtigen Tjosten dorthin auf. [865] Da setzte es große und heftige Niederlagen. Stich, Schlag und Stoß erschallten am Kampfplatz hin und her. Man sah und hörte [870] das Krachen der Lanzen und den Klang der Schwerter. ›Flieh, Ritter, Chevalier, ha!‹, wurde da geschrien. Als Artus unter dieser Schar von Streitern kämpfte [875] und sich ritterlich in die Bresche warf, waren auf dem Feld sehr viel helle Banner zu sehen, die wenig später [880] den meisten Glanz verloren hatten. Die Ritter bildeten miteinander einen Knäuel, was ihnen so sehr schadete, dass die Knappen sie [885] zwischen all den Lanzensplittern von der Erde auflesen mussten, wo sie in übler Verfassung ganz zerstochen lagen. Niemand braucht danach zu fragen, [890] wer da am allerbesten geritten war. Gleiches Ansehen begleitete sie alle.

Als das Turnier vorüber war, sandte man die Gefangenen [895] zu den Damen auf den Palas. Das war nämlich seit jeher ihr Recht, wenn ein Turnier und ein Hoftag zusammenfielen: dass einer, wenn er da gefangen [900] genommen wurde, diese Bürde wegen der Damen tragen müsste, es sei denn, es beliebte ihnen ihn freizulassen. Artus hielt diesen Brauch [905] zu Gunsten der Damen aufrecht; damit machte er ihnen eine Freude. – Nun ritt die Schar zur Erholung zurück zur Unterkunft in der Stadt. [910] Allerorts wurde den Rittern ein Bad bereitet, das ihnen den Schweiß und die Rostflecken

19   ›Sicherheit‹ gibt der Unterlegene, d. h. er gibt sich ganz in die Hand seines Bezwingers und wird – weniger in einem feudalrechtlichen als in einem ethischen Sinne – dessen Eigenmann.

vom Körper waschen sollte. Nach so großer Anstrengung [915] war
das nur billig. – Nun konnte der Hoftag wie gesagt beginnen.

Becherprobe

Der Bote (Fischritter)

Wie die Aventiure erzählt, wurde da, als Artus [920] am Weihnachtstage bei Tisch saß und nach der Art des Hofes mit seinen Gästen speiste, viel von diesen und von jenen geredet. [925] Doch eine Sehnsucht quälte sie alle: jene nach Aventiure. Die Rede ging von Tisch zu Tisch und fesselte all ihren Willen, [930] sodass sie einzig aus diesem Grund sich selbst vergaßen und herumsaßen, ohne zu essen. In dem Moment hörte man, wie ein Ritter mit einer hellen Stimme [935] gegen das Schloss hinauf sang, süß und voll wie die Stimme einer Sirene. Vor dem Palas stieg derjenige ab, der her zum Hof wollte [940] und ihnen Aventiure brachte. Inzwischen hatte die sichere Nachricht Artus erreicht, dass ein Ritter vor dem Saal abgestiegen war. [945] Darüber freuten sie sich allenthalben. Der Ritter, der gekommen war, schien, soweit ich gehört habe, körperlich sehr schwach zu sein, und er war wohl von der Länge [950] eines sechsjährigen Kindes. Seine Kleider waren gut nach französischer Art geschnitten. Er trug einen Umhang aus Scharlach; [955] darunter hatte er reiches Gewand aus kostbarem Plialt. Sein Antlitz hatte nicht die Form anderer Gesichter. Seine Haut war dicht [960] mit Schuppen bewachsen. Eine verlässliche Nachricht von seinem Namen habe ich nicht. Sein Mund war dick und breit. Barthaare bedeckten ihn hier und dort. [965] Seine Augen waren eisgrau, groß wie Straußeneier. Seine Augenbrauen trennte eine zwei Spanne breite Blöße. Die Nase war kurz und groß, [970] vorne breit, in der Mitte flach. Sein Haupt war mit Haar bedeckt, das aussah wie Fischflossen. Zwei breite und hohe Ohren waren ihm geschwollen. [975] Eine merkwürdige Farbe überzog schwarz, grau und eisenfarben Hände wie Antlitz und auch alle anderen sichtbaren Stellen seines Körpers, die nicht von Gewand bedeckt waren. [980] Sein Pferd war wunderlich und an Aussehen anderen Pferden gänzlich ungleich. Vor dem Sattel[20] hatte es die Gestalt eines Meer-

20 Die Pferdebeschreibung ist nicht ganz klar. Es klingt zunächst, als ginge es um ein zweigeteiltes Pferd: vor dem Sattel anders als dahinter. Dann aber

fisches. [985] Hoch wie ein kastilisches Pferd, aber hinten zu wie ein Delphin. Was ein Schweif sein sollte, waren lange Fischgräten[21]. Die Mähne war aus langen Flossen [990] gewachsen, die bis auf die Knie herabhingen. Weiße Farbe überzog das Pferd, darin schwarze Flecken. Die gliederten, breit wie ein Pfennig, [995] die weiße Farbe: ein schwarzer Ring. Füße und Beine waren ihm, alle viere, bis auf den Huf hinab struppig von Gefieder, [1000] wie die Flügel eines Adlers. Die Federn spreizten sich unter dem Druck der Adern bis in die Beugen.[22]

Als der Ritter in den Saal ging, empfing ihn Artus aufs Beste. [1005] Das taten auch die anderen. Er stand zuchtvoll und sprach folgende Rede auf Französisch: ›Artus, König der Briten, Kind des Königs Utpandragon! [1010] König Priure aus dem Meer hat mich wegen der Krone eures würdigen Lobes, die weithin bekannt ist, auf die Aventiure hergeschickt, [1015] dass er Nachricht von euch bekomme und ihr eine Gabe nicht gering schätzt, die ich in der Hoffnung bringe, dass sie euch, so wie sie euch geschickt [1020] ist, keine Schande macht. Wenn mir eure Würde diese Bitte, mit der ich an euch herangetreten bin, nicht versagt, will ich euch mehr erzählen; [1025] dazu bin ich hergekommen. Zuvor aber muss meiner Bitte Widerhall mir sichere Gewissheit geben. Fürwahr, solch verwerfliche Bitte habe ich nicht nötig, [1030] etwas zu verlangen, dem Verderben oder Schmach innewohnen. So kann man unmöglich bitten. Der aber soll mit Recht erhört werden, der sich auf redliche Weise mit einer Bitte bemüht. [1035] Davon sind jene unterschieden, die einem eine Bitte verleiden. Wenn euch jemand von diesem Vorsatz abbrächte, bedeutete es Verderben und Schmach; er schadete eurem Land.‹[23] [1040]

Sobald der Bote diese Rede beendet hatte, schlossen sich ihm alle mit der Bitte an, dass Artus seine Bitte erfüllen möge. Dazu ließ er sich gerne überreden, [1045] weil er sich in allen Angelegenheiten beflissen davor hütete, dass ihn an weltlichem Ansehen irgend-

---

     scheint die Teilung eine zwischen Rumpf (Fisch) und Läufen (Vogel) zu sein.
21 Wörtlich: ›Fischhaar(stoppeln)‹.
22 Der Sinn ist dunkel: Ist gemeint, dass die Federn von den Beinen abstehen?
23 Die Rede des Boten ist im Mittelhochdeutschen nicht weniger verklausuliert. Die sprachliche Komplexität resultiert aus einem gedanklichen Widerspruch: Wenn nur gebeten wird, worum zu bitten sich ziemt, ist die Blankobitte, die der Bote verlangt, überflüssig.

ein Verhalten vom rechten Weg abbrächte, sodass sein Leumund wegen [1050] der Macht der Schande falsch erschiene. Das förderte sein Ansehen. Er sagte: ›Das ist wahr, guter Herr Ritter, ihr dürft verlangen, das ist recht, ich werde es nicht brechen. [1055] Sagt doch, was ihr wollt! Zu keiner Stunde wurde ich jemals nachlässig darin, jede Bitte bereitwillig [1060] für Groß und Klein zu erfüllen, so gut ich kann, wenn es denn in meiner Macht steht. Davon will ich niemals frei sein. [1065] Sagt, um was es sich handelt, eure Bitte ist mir Befehl.‹

Der Bote verneigte sich anlässlich dieser Worte. Dann schwieg er nicht lange. Er sagte dem König inständig Dank dafür, [1070] weil seine Bitte durch Artus' Zusage so erfolgreich gewesen war. Aus seinem Mantel zog er einen Becher und einen Deckel, der so kunstvoll geschmiedet war, [1075] dass ich wahrhaftig behaupte, dass es seinesgleichen nirgends im Lande gab. Er sagte: ›Herr, mein Herr sandte euch dieses Kleinod. [1080] Er hat es euch, wie ich meine, übermittelt, damit ihr damit anfangt, was ihr wollt, wenn es euch denn gefällt. Diese Botschaft kommt aber nur dann zu voller Geltung, [1085] wenn sie überall gehört wird. Dazu bin ich hergekommen, und daher soll sie öffentlich sein. Das sei euch, Monsieur, gesagt, und auch dieser Versammlung: [1090] Ein Meister der Nigromantie[24] in Toledo, der diese Kunst mit Klugheit ergründet hatte, verwendete viel Zeit, [1095] um diesen Becher zu fertigen. Daher fürchte ich nicht, dass je einer zu sehen wäre, dem man den gleichen Wert an Kunst und an Pracht zusprechen würde, [1100] wie sie auf diesen verwendet wurden. Ihr Herren könnt das ja selbst sehen. Es ist die Art des Bechers, dass niemand weiß, wie ihn die Hand seines Meisters [1105] gegen die Gesetze der Natur geschaffen hat. Man müsste es niederschreiben, zumal es ein wertvolles Wissen ist. Wem immer dieser Becher gehört, dem ist es – wo immer er sich aufhält [1110] oder lebt – nicht zu nehmen, dass der Becher auf wunderbare Weise ebenfalls dort ist, selbst wenn er eigentlich woanders wäre. Das ist seine Natur. Die Steine und die Form [1115] hätte man mit geringem Wissen nicht finden können; die musste man aus den Büchern mit den Künsten der Geometrie und Astronomie [1120] heraussuchen, die mit ihrer Kunde Himmel und Abgründe klug ausgemessen ha-

---

24 Die ›Schwarzkunst‹, also Zauberei.

ben.²⁵ Was immer die enthalten haben, [1125] wird nicht vergessen.

Man soll über sein Raffinement Bescheid wissen, das ihn kostbar macht; an diesem liegen Freude und Verlust. [1130] Ich will euch das erklären. Er bereitet vielen Leid, wenn er ein verlogenes Herz erspäht, das aber nach außen hin die Falschheit verleugnet: dann nämlich, wenn ein unwürdiger Mann den Becher [1135] ganz in seinen Dienst nehmen möchte. Wenn dieser Mann ein unreines Herz hat oder er seine Geliebte unaufrichtig liebt, hat er den Gewinn, [1140] dass er sich sofort fürchterlich anschüttet, wenn er den Becher zum Mund führt. Auch einer Dame hilft die Scham der Frauen keineswegs, [1145] sondern es ergeht ihr genauso, wenn sie ein verlogenes Herz hat. Da ihr mir, Herr, vor diesen Herren meine Bitte nicht verwehren wollt, die ich zuversichtlich vorgetragen habe, [1150] will ich sie nun erfüllt sehen, zumal ich vorhin ohne den Makel schwacher Falschheit um sie gebeten habe. Euer Schenke soll den vollen Becher im Saal [1155] überall hin, von Tisch zu Tisch, den Rittern und Frauen bringen, damit ihr genau ersehen könnt, wenn sie dann daraus trinken, wer vor Schande versinkt [1160] und wer sicher besteht. Weder Gäste noch Ansässige sollen uns das verweigern. Wenn man dabei jemanden findet, den der Becher von Falschheit freispricht [1165] und ihm unter Männern und Frauen den vollkommenen Dienst erweist, dann soll euch der Becher bleiben. Wenn hingegen das nicht geschieht, hier aber jemand unter dieser Schar ist, [1170] der es mit mir nach ritterlicher Kunst zu Pferd in einer Tjost aufnimmt, und wenn es diesem gelingt, mich zu besiegen, [1175] dann gereicht das dem Hof zum Ruhm und das goldene Gefäß bleibt bei euch. Ich werde auch keinen Groll darüber hegen, egal wer von uns den größeren Erfolg hat.‹

Frauenprobe

Als der Bote das gesagt hatte [1180] und Artus und die prächtige Gesellschaft den Becher begutachtet und die Botschaft vernommen hatten, die er mit dem Becher brachte, sinnierten sie alle [1185] über den Becher und über den Boten und schworen bei ihren Göttern, alt

---

25 Der Satz ist im Mittelhochdeutschen ambig: Es könnte auch gemeint sein, dass Geometrie und Astronomie Teile jenes ›geringen Wissens‹ sind, das zur Fertigung dieses Bechers nichts nützt.

wie jung, dass sie nie eine so wertvolle und kunstreiche Sendung [1190] gesehen hätten. Sie baten Artus sehr dringlich, dass er die Aventiure des Bechers prüfen und ihn mit reinem Klaret [1195] anfüllen lassen sollte, wie der Bote gebeten hatte – das wäre recht und schicklich –, und dass ihn der Bote, der damit hergekommen war, [1200] in dem Palas herumtragen sollte. Artus stimmte ihrer Bitte zu, und die Damen wurden in den Saal gebeten, was der Weiblichkeit zum Schaden gereichen sollte. [1205] Als sich die Männer niedergelassen hatten, wurde Ginover gegenüber von Artus ein Platz im Haus überlassen, wie Artus es wünschte; [1210] dort sollten sie und alle ihre Damen sitzen. Mit viel Pomp kam sie daher. So wurde sie empfangen. [1215] Als sie sich niedergelassen hatte, nahm der Bote das goldene Gefäß und überreichte es ihr. Da ließ sie es bei ihr dort aus Anstand [1220] der Königin von Lantfruht geben. Die saß neben ihr. Der wurde hier der Becher gegeben, damit sie daraus trank. Sie wusste nicht die Bohne, [1225] was dieser an Frauen offenlegte. Als sie den Becher neigte, begoss sich diese Dame so sehr, dass ein sehr breites und großes Bächlein an ihr hinunterfloss. [1230]

Sie schämte sich darüber, und mit ihr alle Damen. Dieser Unglücksschlag, der da geschehen war, ging ihnen äußerst nahe, [1235] weil es der ganze Hof gesehen hatte. Alle wurden sie rot. Der Bote gab den Becher abermals an Ginover. Nun waren Kay und sein Spott [1240] nach alter Gewohnheit zugegen. Er sagte: ›Ein Zentner von Zinn oder Blei wäre kaum so schwer wie dieser leidige Becher. [1245] Ein Riese müsste sich Zeit nehmen, wenn er diesen goldenen, mit Steinen schön verzierten Becher heben sollte, auch wenn er sonst eine Maß [1250] Klaret sicher anpackt. Wie sollte denn das dann eine Dame schaffen, ohne angeschüttet zu werden? Madame hätte es genützt, wenn sie ein wenig stärker wäre. [1255] Schwäche treibt – so wie hier und heute – oft Unheil hervor. Herrin, lasst euch nicht darauf ein. Haltet den Becher fest und dankt dem Gast, [1260] der ihn gebracht hat, und erschreckt nicht darüber, wenn Madame hier den Becher ein wenig ungeschickt angegriffen hat, sodass der Wein überging [1265] und Madame sich anschüttete. Nehmt euch das zu Herzen! Ihr sollt danach trachten, dass ihr ihn so packt, dass er euch nicht entgleitet; [1270] dann begießt er euch nicht. Wenn ihr euch das Schicksal der Königin von Lantfruht gegenwärtig haltet, wird die Sache für euch eine Kleinigkeit sein.‹

Ginover nahm diesen Becher behutsam und züchtig [1275] und

führte ihn zum Mund. Er gönnte ihr den Trunk, bis sie ihn wegnahm. Da tropfte durch einen unglücklichen Zufall ein wenig Wein [1280] auf ihren Schoß hinab, dass man es kaum wahrnahm. Kay sprach vor ihnen allen: ›Herrin, ich hatte euch gut unterwiesen, doch am Ende hat euch [1285] euer Ungestüm geschadet. Ihr habt uns etwas Tadelnswertes anschauen lassen. Ich würde von eurer Partie sein wollen, wenn in dieser Gesellschaft [1290] die Frauen Speere schießen sollten. Ihr seid grimmig stark an Armen, auch wenn man euch die Stärke nicht ansah.‹ Der Bote gab den Becher nun einer Dame, die Florie hieß, [1295] die Geliebte von Monsieur Gawein, des Verwandten des Königs. Sie war dort unter ihnen nach der Königin die Beste. Es kam von ihrem Geliebten, [1300] Herrn Gawein, dass sie mehr Ruhm als alle Damen hatte. Sie führte den Becher mit dem Klaret sehr eilig zum Mund. Es war kein Wunder, [1305] dass sie vor Scham ein wenig errötete, denn er begoss ihr Gesicht und Augen zur Gänze. Es zeigte sich dort zweifellos, als sie trank, [1310] dass Makel und üble Falschheit in ihrem Herzen wohnten. Kay sagte: ›Herr, schaut euch an, wie geschickt diese Dame ist! Wie gleichmäßig sie den Becher trägt, [1315] dass er nicht schwanken kann! Wenn ich wagte, das zu Ende zu denken, sollte sie der Schenke der Fürsten sein.‹

Artus und Gawein beklagten mitsammen [1320] diese üble Geschichte, die vor den Augen aller an ihren Geliebten geschah, weil der Becher die Makellosen doch beschuldigte. [1325] Sie sagten: ›Was wird noch daraus werden, wenn er so schnell reagiert? Auch wer sich sicher wähnt, wird noch betrübt werden.‹ Der Becher wurde Frau Laudine, [1330] der Geliebten des Löwen, gegeben. Sie hielt ihn gefüllt und ruhig, bis sie ihn zum Mund führte. Als sie daraus vom Klaret trinken wollte, [1335] verirrte sich der Becher ihr zum Undank vor dem Mund, sodass sie das Trinken sein lassen musste und sich vorne ihr Gewand anschüttete, dass es ganz nass wurde; [1340] das war aus prächtigem Sigelat. Kay sagte: ›Die erste Fahrt war glücklich gefahren. Wenn ihr ein wenig von der Kraft hättet, die in dem Ring lag, [1345] den Frau Lunete Herrn Iwein gab, als er euren Mann erschlagen hatte – was Iwein das Leben rettete –, hättet ihr richtig getrunken. Doch das Heil hat euch gelähmt. [1350] Es mag euch wohl leid tun, dass ihr Herrn Iwein mit solcher Treue liebt, wie der Becher es bescheinigt. Herr Iwein kannte die Treue genau [1355] – wenn man das sagen darf –, als er in einem Wald –

des Verstandes beraubt – wegen Laudines Jähzorns und aus Liebe zu ihr beinahe [1360] das Leben verloren hatte, ihm selbst zum Nachteil.‹²⁶

Nach ihr trank Frau Enite, der es auch teilweise misslang. Als sie trinken sollte, fiel ihr der Becher [1365] aus der Hand herunter, ohne dass sie es recht bemerkte, bis der Klaret auslief. Kay sagte: ›Madame Enite zog wegen ihrer Treue [1370] und ihrer Schönheit mit Recht Nutzen aus dem Wettstreit der Damen, sodass ihr der prächtige Sperber als Belohnung zufiel, obgleich dorthin viele gekommen [1375] waren, die ihn gerne genommen hätten. Es war auch Monsieur König Artus mit Recht angemessen, als sie her zum Hof kam, dass er an ihrer Beständigkeit [1380] sein Kussrecht ausnahm, nachdem ihm vor uns allen der Ruhm zugefallen war, den weißen Hirsch zu erlegen. Frau Enite, glaubt es mir, [1385] ihr habt der Becher erworben, wenn man ihn euch nicht wegen irgendeines schändlichen Hasses missgönnen will, der euch umgibt.‹²⁷ Der Bote nahm den Becher wieder. [1390] Diese Sache und dieser Spott zog ein lautes Lachen nach sich und erinnerte doch viele an ihre Schwächen: Sie nahmen den Scherz mit im Herzen verborgener Scham auf. [1395] Wer an seiner Geliebten sah, dass die Zeichen für ein aufrichtiges Herz schlecht standen, dem musste das leid sein.

Da wurde Frau Parkie, der Geliebten eines Ritters, [1400] dieses goldene Gefäß deshalb gegeben, weil sie direkt neben Madame

26 Anspielung auf Chrétiens ›Yvain‹ bzw. Hartmanns ›Iwein‹: Iwein, der Laudines Ehemann im Zweikampf getötet hat, muss sich – gefangen in der Burg seines Feindes – vor dessen Leuten verstecken, die ihm nach dem Leben trachten. Ihm hilft Lunete, Laudines Zofe, indem sie ihm einen unsichtbar machenden Ring gibt. Schließlich und durch Lunetes Verhandlungsgeschick heiratet Laudine teils widerwillig, teils aus freien Stücken den Mörder ihres Mannes. Später im Roman wird Iwein, weil er ein Versprechen bricht, von Laudine verstoßen. Er verliert den Verstand und haust als wilder Mann im Wald, bevor er ganz am Schluss Laudines Gunst zurückgewinnt.

27 Anspielung auf Chréstiens ›Erec et Enide‹ oder Hartmanns ›Erec‹: Erec gewinnt zu Beginn des Romans im Dienste seiner späteren Frau Enite das Sperberturnier. Die Geliebte des Gewinners bekommt den Sperber, wodurch – ein typisches höfisches Paradoxon – erwiesen ist, dass sie die Allerschönste ist. Später, am Artushof, bestätigt auch Artus dieses Urteil. Er hat soeben den weißen Hirsch erlegt, was ihm die – sozial heikle – Aufgabe einträgt, die Schönste an seinem Hof mit einem Kuss auszuzeichnen. Artus wählt die frisch angekommene Enite. Hass oder Neid, wie sie die Situation paradigmatisch aufruft, werden nicht erzählt und sind allenfalls am Erzählhorizont rubriziert.

Enite saß. Sie nahm den Becher, das musste sein. [1405] Als sie Becher und Wein zum Mund führen sollte und sehr gerne aus dem Gold getrunken hätte, scheiterte sie an ihrem Vorhaben: [1410] Ganz gegen ihren Willen vergoss sie den ganzen Klaret. Darüber schämte sie sich sehr. Kay sagte: ›Trinkt nicht mehr! Das ist genug für einen Trunk, [1415] auch wenn es den Boten anders dünkt. Wir haben begriffen, dass wir euch mehr Ruhm zugestehen müssen als all diesen Damen. Die Beständigkeit hat euch ein Herz [1420] erbaut, in dem Keuschheit eingeschlossen ist. Das hat euer Geliebter genossen. Er kann darüber ziemlich froh sein, dass hieran sein Lob ohne jede Treulosigkeit so hoch steigt, [1425] während das der anderen sinkt.‹ Über diese Rede begannen da die Gäste und die Ansässigen insgeheim miteinander zu lachen, weil der Makel der Treulosigkeit und Unbeständigkeit [1430] hier an den Damen so unzweifelhaft sichtbar wurde – was von dem Becher ausging –, und weil Kay alle ihre Verfehlungen mit Spott breittrat. [1435] Der Bote gab den Becher hier abermals einer Dame. Ihr Name war Galayda, die Geliebte des Truchsessen. Die war die Schwester [1440] des Herzogs von Landrie. Ihr Fall war viel härter als der der anderen zuvor. Man konnte das an ihrem Weg sehen, der tief unten lag und nicht aufwärts führte. [1445]

Nun hört, welch ein Wunder, dass dieser Becher sie alleine so aus den anderen hervorhob! Ihre und Kays – ihres Geliebten – Schmach vergalt den Spott, den er geübt hatte. [1450] Als man ihr den Klaret gab und sie zugreifen wollte, glitten ihr die Hände nieder auf ihren Schoß, sodass sie den Becher nicht einmal [1455] berühren konnte. Sie bewegte ihre Hände hin und her – ich weiß nicht genau wie –, wie oft ihr dieser Ritter auch das goldene Gefäß darbot. [1460] Kay wurde dabei schamrot, als er so deutlich sah, wie es seiner Geliebten erging, und hätte es am liebsten verschwiegen. Da sprach Greingraduan: [1465] ›Herr Kay, mir scheint, bei Gott, ihr sollt den Spott in Zukunft besser bleiben lassen, den ihr an Frauen übt, die einen Fehltritt begangen haben. [1470] Ihr habt eure Frau dazu gebracht, die unsrigen in Misskredit zu bringen. Daher hat sie so sicher aus dem Becher getrunken, dass sie weder die Augen noch das Gewand [1475] mit dem Klaret benetzte. Und dennoch trank sie genug davon und könnte noch weit mehr trinken, ohne jemals nass zu werden, wie voll der Becher auch wäre, [1480] sodass ihr weder am Anfang noch am Ende irgendein Nachteil erwüchse.

So gut hat sie auf sich Acht gegeben! Wer so glücklich handelt, [1485] dem geht das oft zum Guten aus.‹

Wer Kot und Mist aufwühlt, die schon ganz verfault sind, findet nichts als Gestank. Auch bringt es wenig, [1490] wenn man nur eines kleinen Geräuschs willen die Wespe oder die Hornisse in ihrem Geschäft stört. Wer das Bellen eines lebhaften Hundes nicht gerne hört, [1495] soll es ihm erlauben[28] und ihn nicht mit Stangen stündlich schlagen. Davon wird der Lärm nur größer. Wenn man ihn schlägt, weil er bellt, [1500] schreit er vom Schlag auf und bellt doch immer weiter, wie er zuvor getan hat, und tut das immer fort, weil er gereizt ist. [1505] Wer den Bösen befiehlt, nach weltlicher Tugend zu leben, ist giftlos vergiftet,[29] weil das niemals sein kann. Ihr seht doch, Wasser und Wein [1510] schmecken verschieden. Ebenso verhält es sich mit Nacht und Tag. Die beiden spenden unterschiedliches Licht, wie man tagtäglich sieht. Was der Vogel vom Nest her gewohnt ist – [1515] und mit welcher Flüssigkeit der Tiegel zuerst befüllt wird, der Geschmack davon bleibt ihm für immer erhalten. Gewohnheit wird niemals schwach. [1520] Sie greift der Natur vor. Obwohl aber Kay ein regelrechter Hagelschauer war und in jeder Hinsicht unanständig, verlor er dadurch nicht seinen hohen Adel, [1525] denn in seiner ganzen Tapferkeit scheute er keine Gefahr, weil er sie für zu groß gehalten hätte; immer getraute er sich ihr entgegenzutreten, egal was ihn dabei erwartete. [1530] Auch sei euch versichert: Da Artus sich so sehr der Tugendhaftigkeit verschrieben hatte und er in seiner reinen Jugend ein solches Gefolge ausgesucht hatte, [1535] das keinerlei tadelnswerte Schwäche aufwies, vielmehr völlig frei davon war; – wie denn hätte Kay unter diesen auch nur ein Weilchen bestehen können, wenn er so böse gewesen wäre, [1540] wie viele von ihm erzählt haben? Es ist die Wahrheit, dass er gerne spottete und dabei niemanden verschonte. Das war an ihm die größte Plage. [1545]

Eine Dame hieß Blanscheflor, die liebte ein Ritter *par amour*. Das war Herr Parzival. Die Dame war übrigens, soweit ich gehört habe, aus Gallien. [1550] Sie hatte er sich als Freundin auserwählt und hatte sie an den Hof gebracht. Die Dame wurde nicht ausgelassen; der

---

28 Wörtlich: ›soll ihm zustimmen‹.
29 Hs. V (*an eiter*) ließe sich auch so verstehen, dass ein solcher – pleonastisch – ›mit Gift vergiftet‹ wäre; das *one eiter* aus Hs. P aber bedeutet eindeutig – und so paradox dies auch sein mag – ›ohne Gift‹.

Becher wurde ihr angeboten. Den nahm sie vom Boten in Empfang [1555] und wollte daraus trinken. Er war so schnell bar des Klarets – der verschwand –, dass man kaum noch etwas davon im goldenen Gefäß fand, [1560] doch ihr Schoß und andere Kleidungsstücke waren nass. Die Dame erlebte nie größeres Leid als zu dieser Stunde. Herr Kay sprach dazu [1565] ziemlich spöttische Worte: ›Madame – wenn ihr gestattet –, es ist überhastet, dass ihr einen Becher ausleert, der ganz voll Klaret ist. [1570] Und wenn ihr es absichtlich getan habt, dann ist es euch fürwahr gelungen. Ihr habt den bislang größten – einen ziemlich kräftigen – Schluck genommen. [1575] Es braucht bei solchem Ungestüm schon eine Maß Wein, wenn man nur kosten möchte, wie ein Trank schmeckt. Der Überwurf standhafter Treue hat euch, Herrin, bedeckt. [1580] Herr Parzival hat fürwahr gut daran getan, dass er euch erkämpft hat. Eure Treue wurde ihm zuerst bekannt, als es euch gefiel, ihn nächtens am Bett [1585] zu besuchen. Da gabt ihr ihm auf den Rat der Liebe hin euch selbst ohne jeden Fehltritt zum Pfand, und das ging zuvor und danach ebenso.‹[30] [1590]

Zwei Damen, Blanliz und Bleide, erging es ebenso, als eine jede den Becher nahm und daraus trinken wollte. [1595] Frau Lain von Janduz und die Königin von Persien kamen da mit den anderen zu Fall. Ebenso machten es Frau Isolde, als sie trinken musste, [1600] und die Königin von Cley und Morgue, eine mächtige Fee, Moret die Möhrin und die Zwergin Nain, Frau Belyn von Danoys, [1605] Tane und Frau Gyfloys, Landet und Gymele, Blanschol und Frau Yle und die groß gewachsene Amardie, die Geliebte eines Riesen, [1610] und ihre Schwester Yare mit dem goldenen Haar und die schnelle Violet, Calades von Canelle, Camille mit der hellen Kehle, die es nicht verbergen konnte, dass man den Wein durch die Kehle sah, [1615] Ysel von Clameroy und ihre Schwester Brayne vom hohen Berg und Elyc die Schöne, Frau Blonde von Yrone, [1620] Cressia und Frau Galat und viele, die dort waren, die ich nicht nennen will, denn es wären zu viele. Ich würde euch noch so manche nennen, [1625] wenn es nicht unpassend wäre. Damit sei es genug. Bei diesem Missgeschick

---

30 Anspielung auf Chrétiens ›Conte du graal‹ – in Wolframs ›Parzival‹ heißt Parzivals Geliebte Condwiramurs. Parzival hilft Blanchefleur aus einer misslichen militärischen Lage; zuvor waren sie sich in der Nacht nahe gekommen.

fielen alle Damen den gleichen Fall. [1630] Kay tadelte sie heftig.

Männerprobe

Als unter den weiblichen Gästen und Ansässigen keine gefunden wurde, die gut genug war, dass sie aus dem Becher hätte trinken können, [1635] nahm der Bote den Becher weg und stellte sich vor dem König auf. Er sprach auf Französisch folgendermaßen: ›Edler Fürst, König Artus, das Austeilen hat gut begonnen. [1640] Nun sollt ihr mir erlauben, dass ich es zu Ende bringe, wie es meine Hoffnung und eure Pflicht ist. Das Wort eines Königs soll aufrichtig sein. [1645] Dazu bedarf es keines Wankelmuts. Es soll nach allgemeiner Ansicht ohne jede Schwäche sein. So ist es seit alters her. [1650] Ich habe auch von euch gehört, dass ihr so gut auf euch geachtet habt, dass das Gelübde eines Königs nie beständiger war als das eure. Das soll auch nun [1655] nicht gebrochen werden. Sonst kämt ihr ins Gerede. Herr, ihr habt genau gesehen, was unter den Damen geschehen ist. Was soll man noch dazu sagen? [1660] Jetzt soll man den Becher noch unter diesen Herren herumreichen, bevor man mir am Ende noch meine Bitte verwehrt.‹ Da sagte Artus sogleich: [1665] ›Ich werde euch nicht betrügen. Falsches Versprechen und das Lügen eines Königs schwächen den Ruf eines jeden und ziehen lasterhafte Schmach nach sich, wo immer man davon hört, [1670] denn beides ziemt sich nicht. Deshalb sei es euch gestattet. Nehmt Wein oder Klaret und schenkt wieder ein. Was immer ich euch schuldig bin, [1675] werde ich euch gewähren, und ich tue es sehr gerne, zumal ihr nicht darauf verzichten wollt.‹

Der Ritter freute sich über diese Worte. Dann nahm er den Becher [1680] und füllte ihn mit Klaret. Als er das getan hatte, stellte er sich vor den König und sagte: ›Herr, wenn ihr erlaubt, werde ich der Sitte meines Landes folgen, [1685] die mich hierher begleitet hat. Dazu flüchte ich mich in eure Gnade, damit ihr es mir nicht als schlechtes Benehmen anrechnet, Herr, wenn ich unbedacht gesprochen hätte. [1690] Es ist mein Recht, dass ich vor meinem Herrn trinke, ehe ich ihm den Becher darbiete. Das ist Brauch im Land meines Herrn, [1695] und es ist keine Schande. Wäre es aber unrecht, dann würde ich es ändern wollen.‹ Als er diese Worte gesprochen hatte, regte sich dabei ein Stachel, [1700] der dort in böser Absicht zustach. Das war der Truchsess Kay, der es mit Spott anging. Er sagte: ›Ei, das ist recht, dass zuerst der Bote nachsehen soll, [1705] wie der Hausherr gebraut hat. Solche Gewohnheit gefällt mir gut. Denn wenn der Becher zu voll ist, passt er schlecht in die Hand eines Fürsten; erst wenn er geleert und umgedreht wird, [1710] kann er über ihn verfügen. Ihr sollt den Brauch beibehalten. Trinkt, in Gottes Namen! Ihr könnt bestimmt darauf Acht geben, dass ihr euch nicht anschüttet, [1715] wie ihr es jenen versprochen habt, die jetzt mit Schande besudelt sind. Euch hat reine Tugend ohne Tücke von der Jugend bis ins Alter sehr stark gemacht, [1720] sodass ihr ohne Sorge vor aller Augen heute oder morgen trinken könnt.‹

Er hörte mit der Rede so lange nicht auf, bis ihm König Artus befahl, [1725] die Sache sein zu lassen, und ihn tadelte. Er sagte: ›Armseliges Zinn statt Gold, Saphir statt Rubin! Ihr müsst immer der sein, der ihr bisher gewesen seid, [1730] steter Hass, ewiger Neid, Gift und Eiter, ein plötzlicher Hagelschauer gegen heiteres Morgenrot, Skorpionstachel, Schlangenschwanz, [1735] eine eingeklemmte Lockspeise und eine Fessel, ein Schaden für jeden Ruhm, ein Köder und eine Angelschnur. Euer Leben und euer Verhalten sind völlig ohne Ruhm. [1740] Ihr seid ein Weg auf dem glatten Eis, auf dem man leicht fällt. Verleumdung und Tücke hat sich zu euch gesellt, Hort der Schande und Verlust der Ehre. [1745] Verflucht sei eure bittere Galle, sie möge rasch überlaufen und euch zerbrechen! Ihr könnt nichts als immer nur Böses sprechen.[31] [1750] Ihr seid abscheulich und schrecklich in allen Tugendangelegenheiten. Ihr bringt es fertig, dass euch niemand so gewogen ist wie den Besten. [1755] Das habt ihr immer wieder selbst verschuldet. Ihr seid euch selbst nicht gewogen. Wer soll euch dann mögen? Was wollt ihr damit erreichen, dass ihr viele so betrübt? [1760] Ihr spottet eher über euch selbst, als dass ihr das Spotten sein lasst. Spott nach Schaden tut weh. Deshalb sollt ihr euch mäßigen. Ihr sollt euch nicht zu diesem bösen Spott [1765] hinreißen lassen, mein Freund. Hingegen will ich eurer[32] Bitte und eurem Gebot ohne jede Arglist nachgeben, einzig mit der Ausnahme, [1770] dass ich niemandem den ersten Trunk mehr gönne als mir. Wenn ihr nachher noch wollt,

---

31 Nach Hs. P. Hs. V hat: ›… als immer nur von den Bösen sprechen‹.
32 Artus spricht nun offenbar wieder den Boten an.

dann trinkt. Dies eine sollt ihr mir gestatten, sei es nun zum Vor- [1775] oder zum Nachteil; ich habe mich so entschieden. Darüber zürnt nicht.‹

Kay freute das wenig, dass ihn der König gescholten hatte, [1780] doch er schlug noch mehr Lärm als zuvor. Abermals hetzte er auf die Fährte, wie er es zuvor getan hatte, und sprach den König direkt an. Das betrübte diesen sehr. [1785] Er sagte: ›Ei, Herr, ihr versteht auch zu schelten! Wollt ihr mich dafür strafen, dass euch der Durst zwingt? Nun wartet, man wird [1790] euch sehr schnell zu trinken bringen. Möge er in die Erde versinken, der das Essen so versalzen hat! Deshalb dürstet euch so sehr. O weh, Herr, wo ist der Schenke? [1795] Mich wundert, was ihm einfällt, dass er euch ohne Trank lässt, seit man die Tafel eröffnet hat. Da aber Herr Lucanus, der Schenke, hier nicht zugegen ist, [1800] so gebt den Becher her, Herr Bote, damit Monsieur genug trinken kann, bevor er noch ganz verdurstet. Es ist ein grober Unfug, dass man einen Fürsten [1805] trotz seines Reichtums so sehr dürsten lässt. Das kommt von Unbesonnenheit. Es mag euch mit Recht erzürnen. Klaret ist besser als Wein. [1810] Löscht euren Durst damit, Herr, und seid guter Laune, wie ihr es zuvor früh wie spät nach dem Rat der Tugend gewesen seid.‹ [1815]

Nachdem Kay die Rede beendet und über den König selbst diesen Scherz und solchen Spott gebreitet hatte, begannen die Gesellschaft und der Bote heimlich zu lachen. [1820] Diese zwinkerten mit den Augen, jene stießen sich mit den Ellbogen an. Einer sagte: ›Uns hat ein tödlicher Donnerschlag erreicht, dem wohl niemand entkommen kann. [1825] Wir hätten besser nicht herkommen sollen. Uns werden hier und heute noch unsere Würde und unsere Ehre geraubt. Sein Verhalten und seine Sprache sind so ungeheuerlich – [1830] keiner von uns ist so edel, dass er dem Truchsess so teuer wäre, dass Kay, wenn einer Erfolg hätte, ihn nicht trotzdem verspotten würde.‹ Woanders sprach ein anderer: [1835] ›Dieses Fest wird ein böses Ende nehmen. Dieser Becher und ein solches Gerede, wie es Kay über sie alle führt, verdrießt uns, denn der Schaden ist enorm. [1840] Der Spaß hat ein Ende, wenn wir das erdulden müssen und nichts dagegen tun können, dass wir selbst und unsere Frauen so vielfach [1845] mit Schande zugeschüttet werden. Wer sollte von Kays Spott verschont bleiben nach diesem Frevel, wo er doch sogar den König, seinen Herrn, ohne Grund verspottet hat? [1850] Er ist niemandem auch nur für einen Moment so zugetan, dass dieser in Kay nicht ein Herz ohne Treue und einen Mann voll des Spottes finden würde.‹

Jetzt wurde es für sie ernst. [1855] Solches und viel anderes noch wurde da hin und her geredet und viel mehr noch, als ich euch gesagt habe. Überall im Saal – [1860] oben, in der Mitte und unten – entstand große Unruhe unter dieser Versammlung. Graf und Freiherr, König und Herzog, [1865] alle gaben sich hemmungslos dieser Klage hin. Was nützt es, wenn ich erzähle, wie dieser stritt, jener klagte, der andere vor Leid seufzte [1870] und wie dort jene Gefährten Gott selbst baten, denjenigen niederzustrecken, der den Becher irgendwann gemacht hatte, und wie ein anderer darüber lachte, dass sein Gefährte trauerte. [1875] Diese Klage dauerte lange, denn sie waren besorgt, dass dieser Becher wunderbare Dinge an ihnen bewirken würde. Dieses gemeinsame Unglück [1880] bekümmerte sie alle. Zugegen war eine Galle, die einen jeden verletzte. Sie verteilte ihr Gift unter ihnen so gleichmäßig, [1885] dass Arme wie Reiche davon genug hatten. Der Bote, der den Becher trug, stand vor der Tafelrunde, wo Herr Brisaz [1890] in der Pfalzrunde[33] unmittelbar neben König Artus saß. Er gab den Becher an Artus. Als dieser aus dem Becher trank und keinen Misserfolg erlitt, [1895] entstand in der Burg ein großes Gedränge.

Sowie Artus getrunken hatte und der Bote den Becher mit dem Klaret wieder nahm [1900] und Artus das Trinken so zugute kam – er schüttete sich nicht an –, entstand eine große Stille überall in dem Palas, weil er so erfolgreich gewesen war; [1905] sie hielten es für ein Wunder. Kay redete dazwischen, dass man lachen musste. Er sagte: ›Es würde Geliebtem und Geliebter wohl bekommen, [1910] wenn sie in ihre gegenseitige Liebe Beständigkeit einflechten würden, damit niemals ein schwacher Wankelmut sie trennen könnte. Nach diesem Vorsatz haben von klein auf [1915] Monsieur und Madame, wie ich zu behaupten wage, so sehr auf sich geachtet, dass ein Herz und ein Sinn und ein Ja und ein Nein [1920] ohne Makel die beiden kennzeichnet. Das kann man daran sehen, dass Madame unter den Damen und Monsieur unter uns der Siegespreis zugefallen ist. [1925] Deshalb ist er glücklich und weise.‹

---

33 Hier und im übernächsten Absatz (1390/2) könnte man ›Pfalzrunde‹ auch als Attribut von Herrn Brisaz lesen, also: Herr Brisaz von der Pfalzrunde.

Was nützte es da dem König, dass er Erfolg hatte? Er kam doch vor Herrn Kay nicht ungeschoren davon. Nun gab er den Becher [1930] einem König, der Brisaz hieß und der ihm dort von allen in der Pfalzrunde am nächsten saß. Dieser nun führte den Becher zum Mund und trank nicht und schüttete sich nicht an. [1935] Der Grund für dieses seltsame Ereignis war ein Mädchen, das er einmal in großem Leid ohne Hilfe zurückgelassen hatte, als sie um seine Hilfe bat, [1940] wiewohl er sie später doch erlöste. Deshalb konnte er nun diesen Trank nicht aus dem Becher trinken. Nun wurde Kay unruhig und sprach zu ihm boshaft: [1945] ›Ihr Herren, seid versichert, Monsieur hat einen guten Grund, dass er ihm den Becher gab. Ihr habt es tatsächlich geschafft, vom Trank aus dem Becher [1950] zu trinken, ohne euch anzuschütten. Wir beneiden euch darum, dass es euch so gut ergangen ist. Das sollt ihr Monsieur Brisaz zugestehen: Seine tatkräftige Hilfe hat es bewirkt. [1955] Das Glückskind stiftet Glück[34] und vertreibt das Gift des Unheils.‹

Monsieur Brisaz reichte den Becher mit der Hand dem Boten, der hierher gesandt worden war, [1960] damit man den Becher weiterreichte. Da gab man ihn als nächstes dem König von Äthiopien, auf dass er nach ihnen trinken sollte. Das gereichte ihm schnell [1965] zum Nachteil. Ein Schwall brach aus dem Becher hervor, der den Herrn über und über begoss und ebenso rasch weiterfloss. Das ging blitzschnell![35] [1970] Der Becher hatte an ihm einen großen Fehler wahrgenommen. Sein Herz war an allen weltlichen Dingen so unbeständig, dass er nichts so machen [1975] konnte, dass es passte. Er selbst war genauso. In allen Dingen war er unfest und tadelnswert. Das machte der Becher deutlich. [1980] ›Wo sind bloß der Klaret und der Zypernwein‹, sagte Kay, ›die man in so großen Humpen jäh wegsoff? Was es auch an Wein gibt, und befände der sich zur Gänze hier drinnen – [1985] er wäre rasch vernichtet, wenn die nächsten vier genauso trinken, wie ihr es getan habt. Der da kann gut Becher leeren. Das Trinken ist er ziemlich gewöhnt. [1990] Das Getränk verlangt so sehr nach ihm, dass ihm der Schwall stets entgegenwogt, noch ehe er es zum Mund führt.‹

Auf der anderen Seite der Tafel saß [1995] Artus gegenüber ein Degen, das war Herr Gawein, dessen Körper und Geist ohne Tadel

---

34 Wörtlich: ›Das Glückskind hat eine Glücksstiftung ...‹
35 Interpunktion gegen die Ausgabe.

waren, nur dass er sich mehr als nötig [2000] um die Gunst der Frauen bemühte. Dabei vergaß er auf seine Würde. Das geschah aber im Scherz, dass er so groß redete, als einst eines Abends [2005] die Tafelrunder beim Plaudern beisammen saßen, am Hof speisten und sich Aventiuren erzählten. Später bezahlte er das vielerorts [2010] oft sehr teuer, dass er so gefehlt hatte – wie ihm der Löwe[36] selbst erzählte –, als er und der König gemeinsam ausgeritten waren, um Aventiure zu finden, [2015] und er sich auf ihn gesetzt hatte.[37] Eine kleine Schwäche verdeckt oft großes Ansehen. Die Schande fordert eine herrschaftliche Straße, wie es auch nicht selten geschieht, dass Nebel mit seiner Finsternis [2020] viel Licht umfängt, sodass dessen Schein dadurch erlischt, bis er erneut hervorbricht. Ein schwarzer Rußklumpen birgt oft ein rotes Goldkorn. [2025] Man gab dem Recken aus dem Becher zu trinken. Wie man sehen konnte, bedeckte bei ihm ein kleiner Fehler vollkommenen Ruhm, unbedeutender Makel ganze Tugend. [2030] Hier wacht die Schande und schläft das Heil.

Diese seltsame Geschichte ist dennoch bedauernswert, dass eine vage Aussage diesen tugendhaften Held trotz [2035] derartiger Tapferkeit – wie er sie längst erworben hatte und nach der man ihn bewerten sollte – so behindert. Wie kann denn jemals ein so kleines Vergehen einen belasten, [2040] den die Tugend so geprüft hat?! Es war ein jammervoller Schlag, dass dieser Spruch schwerer wog als die vielen großen Taten, die er seit seiner Jugend [2045] bis ins Alter verrichtet hatte. Das Recht war wild geworden, dass ihm das nichts nützte. Dennoch zeigt uns sein Beispiel, dass ein Kunstwerk vom Licht erblasst. [2050] Eine schöne Frau wird von der hellen Sonne oft dunkel. Schon wenig Mist trübt eine ganz klare Quelle. Je weißer das Pferd ist, [2055] desto leichter wird es dreckig. Wenn einer hingegen die Krähe wäscht, steigert er dadurch nur ihren schwarzen Glanz. Wo immer Verlogenheit und Unbeständigkeit herrschen, leuchtet eine kleine Tugend nicht, [2060] soviel wie im Wasser kein Funken brennen kann. Wie könnte die Schande außen ein so festes Dach bilden, ohne im Inneren schwach zu sein? [2065] Wenn es nach mir geht, müsste Gott die Hervorragendsten so behüten und auf die

---

36 Ist das Iwein?
37 Ich verstehe die Anspielung nicht, auch wer was erzählt und wer auf wem sitzt, bleibt dunkel. Vielleicht ist das aber just die ›Vagheit‹, von der dann die Rede ist.

Schwelle des Heils setzen, dass ihnen nichts als Ruhm und Gewinn zuteil wird. [2070]

Als Gawein einen solchen Misserfolg erlitt, gab der Bote den Becher und den Klaret sogleich Monsieur Lanzelet, den man den von Lac nannte [2075] und der herrschaftliche Ämter ausübte, weil er Ritter und Pfaffe war. Alle Aventiuren, die er sich suchte, führte er den Leuten vor.[38] Das war von Kind an [2080] stets seine Aufgabe gewesen, und er erbeutete den höchsten Ruhm von allen. Sein Leben stand immer und überall in hohem Ansehen. [2085] Nirgends auf der Erde gab es einen Ritter, der so vortrefflich gewesen wäre, dass Lanzelet ihm Tjost oder ritterlichen Kampf versagte. Um seine Kraft stand es folgendermaßen: [2090] Von Mittag an nahm seine Stärke bis in die Nacht hinein stetig zu. Wenn einer in dieser Zeit mit ihm kämpfte, musste er unterliegen.[39] [2095] Am Becher jedoch verlor er den Sieg, als er trinken sollte. Dass er in diese Falle ging, hatte er sich aus folgendem Grund eingehandelt: Gegen ritterliche Sitte setzte er sich [2100] in sturer Verbissenheit auf einen Karren, als Milianz die Königin gegen seinen Willen wegführte. Lanzelet hatte nämlich sein Pferd verloren; [2105] deshalb konnte er, zu Fuß, Dickicht und Stachelhölzer nicht durchqueren. Er wollte aber auch nicht ablassen, ehe er erfahren hätte, in welcher Lage sich [2110] die Königin befand.

In dem Land gab es einen Brauch: Wer Schande erwirbt, wird aufgehängt oder zu jenem [2115] Urteil erniedrigt, dass ihn die Folterknechte auf einen Wagen setzen, der ihn von den Städten in [2120] die Dörfer führt. Die Idee ist, dass jeder, der ihn auf dem Karren sieht, für die begangene Schande an ihm Rache nimmt. Ob es nun Holz oder Stein sei, alles wirft man auf ihn, [2125] was gerade zur Hand ist. So muss er für das Verbrechen büßen.[40] Als nun der Becher Lanzelet nicht gönnte, von dem Klaret zu trinken,

---

38   Oder: ›... tat er für ein Gesinde?‹ Auch das Aventiure-Suchen könnte ein Aventiure-Lesen sein.
39   Das ist ein sonst unbekanntes Motiv. Oder ist das nur eine Zote: dass Lanzelet je später der Tag, desto tapferer ist – und dann also in der Nacht am stärksten?
40   Der Text stellt die Verbindung zu Lanzelets Geschichte nicht her, doch liegt sie auf der Hand: In der ›Charrette‹ Chrétiens de Troyes wird die Königin von Meleagant entführt; Lancelot und Gauvain nehmen die Verfolgung auf, die Lancelot anfangs und in Ermangelung eines Pferdes tatsächlich auf dem (titelgebenden) Schindkarren in Angriff nimmt.

[2130] sagte Kay – stets voll Hass und bitterer Galle – mit großem Lärm: ›Herr Lanzelet, es zeigt sich deutlich, dass der Becher zu voll ist. [2135] Deshalb könnt ihr ihn nicht heben. Ihr könntet leichter viele Neunaugen oder Störe essen. Mit eurer Kraft habt ihr heute Morgen nichts angefangen. [2140] Ihr hättet euch darum nicht sorgen müssen, wenn ihr nach Mittag – mit vermehrter Kraft – den Becher bis zur Neige ausgetrunken hättet. Herr Bote, schiebt die Sache auf, [2145] bis es für Lanzelet Mittag geworden ist. Dann trinkt er, dass man ihm gewiss dafür danken wird. Einen so schwachen Schluck trinkt er nur vor dem Essen, [2150] selbst dann, wenn er darauf sein ganzes Bemühen und Trachten richtet, wie er es hier tut. Alles hat eben seine Zeit.‹

Der Bote, der über den Becher verfügte, [2155] gab ihn an Erec, den Sohn des Königs Lac, damit er als nächster trinken würde. Der hatte es mit dem Trinken so eilig, dass er, als er den Becher nahm, eine große Menge Wein [2160] hastig bis zum Bodenring des Bechers trank. Das nahm ihm der Becher übel. Er schüttete ihn ziemlich an. Diese große Schmach hatte er damals verdient, [2165] als ihn Enite im Wald vor vielen Gefahren warnte, während sie dort seine Gefährtin war. Kay sagte alsbald: [2170] ›Ei, Monsieur Erec, euch ist der Weg zu schmal, den ihr nun geritten seid. Ihr hättet leichter mit zwölf Räubern gekämpft, [2175] die sowieso alle Feiglinge waren. Lasst es euch gut gehen! Wenn er sich besser darauf verstünde, Kranke zu laben, hättet ihr das wohl bemerkt.[41] Dieser Becher hat sich so [2180] dem Hass verschrieben, dass er niemand zum Freund haben will. Das ist ungelogen.‹ Den Becher nahm Herr Iwein, denn er war dort der nächste. [2185] Er führte ihn gleich zum Mund, konnte jedoch nicht daraus trinken. Als Kay das sah, lachte er und sagte: ›Euer Löwe, der den Riesen zu Fall brachte [2190] und euch in vielen Gefahren nützlich war, hätte euch gerächt,

---

41 Anspielung auf Chrétiens ›Erec et Enide‹ oder Hartmanns ›Erec‹: Erec und seine Frau vernachlässigen ihre herrscherlichen Pflichten und vergnügen sich stattdessen im Bett. Sie kommen ins Gerede; Erec erfährt davon, als Enide/Enite darüber klagt, während sie ihn schlafend wähnt. Seine Reaktion ist drastisch: Er reitet auf Teufel komm raus auf Aventiure, Enide/Enite muss ihm als Knappe dienen, darf aber kein Wort sprechen. Immer wenn Gefahr droht, warnt sie ihren Mann trotzdem und wird dafür von ihm mit immer härteren Sanktionen bestraft. Erec besteht eine Reihe von Kämpfen, auch gegen einige Räuber, bricht am Ende aber kraftlos zusammen.

wenn er jetzt hier bei euch wäre.‹[42] Als Kay das gesagt hatte, gab man den Becher sogleich [2195] Monsieur Kalocreant. Dem erging es ebenso. Als er den Klaret nahm, schüttete er sich damit an. ›Dass ihr auf Schritt und Tritt [2200] so gut auf euch geachtet habt‹, sagte Kay, ›das ist gut. Das beweist auch die Quelle, bei der ihr unter der heißen Sonne Wasser auf den Stein gegossen habt, [2205] was euch ungemein nützte. Er kann sich glücklich schätzen, der daraus einen so großen Nutzen zieht.‹[43] Parzival, der Galoys, nahm nach dem Waliser den Becher und trank. [2210] Der Wein schwappte aus dem Becher und begoss ihn überall. Das hatte Herr Parzival sich bei dem armen Fischer verdient, dem er, als dieser in großer Not war, [2215] aus Anstand keine Frage stellte. Später erklärte es ihm das Mädchen – dass ihn seine Erziehung doch so im Stich ließ! –, als er den Baum, wo er sie sitzen sah, verließ [2220] und nun erst – als er schon heimreiten wollte – die Macht des Schwertes erkannte, das ihm sein Onkel gegeben hatte.[44] Schweigen richtet sehr oft Schaden an. So wurde auch er damit belastet. [2225] Kay sagte: ›Ihr seid ein Feigling! Ganz richtig hat Culianz der Tor diese Sache von euch lange zuvor geweissagt, und ebenso Frau Lede. [2230] Ihr sollt ihnen beiden dafür großen Dank sagen, vor allem ihr, dass sie in ihren Kindertagen nie lachen wollte, bis ihr sie dazu bringen musstet. [2235] Ihr Warten hatte sie insofern gut eingesetzt, als sie euch erkannte und wegen euch ihr Schweigen brach und lachend zu euch gesprochen hat. Meiner Treu, sie verstand sich darauf, gute Ritter zu erkennen![45] [2240] Das wird an euch deutlich. Ihr seid das in der Tat gewiss wert. Dasselbe Ziel hatte auch der Wein,

---

42 Der Titelheld von Chrétiens ›Yvain‹ bzw. Hartmanns ›Iwein‹ ist der sprichwörtliche ›Löwenritter‹, weil er einem Löwen das Leben rettet und dieser ihm seither wie ein Schoßhündchen nachläuft. Der Riesenkampf ist eine Episode der genannten Texte.

43 Zu Beginn von Chrétiens ›Yvain‹ bzw. Hartmanns ›Iwein‹ erzählt Kalogrenant von seinem gescheiterten Versuch am Quellenabenteuer. Später im Text besteht es Iwein.

44 Perceval (Chrétien) bzw. Parzival (Wolfram) verabsäumt es auf der Gralsburg, dem Gralskönig – seinem Onkel –, von dem er das Schwert erhält, eine (d i e) Frage zu stellen. Seine Cousine Sigune (das Mädchen) weist ihn später darauf hin. Es ist das Zentralmotiv des ›Perceval‹ bzw. ›Parzival‹.

45 Als Perceval/Parzival zuerst – ein törichter Jüngling – an den Artushof kommt, zeigen zwei Randgestalten des Hofstaats – bei Wolfram heißen sie Antenor und Cunneware – die außergewöhnlichen Qualitäten des Ankömmlings an. Kay schilt (und prügelt) sie dafür.

als er euch entgegenspritzte. Glaubt mir, die Zeit im Goldbecher [2245] wurde ihm verdrießlich, auch dass er so lange warten musste, bis ihr ihn endlich an den Mund führtet. Ein beharrlicher Tritt macht einen sauberen Pfad, [2250] auch geht man gerne auf einem vertrauten Steig. Deshalb hat sich die Tugend an euch gewöhnt und verdunkelt eure Schande. Wessen Herz unrein wie Erz und falsches Gold ist, [2255] verliert sein ganzes Ansehen. Die Schande jagt Falschheit; der Tugend ist sie aber wahrlich zuwider.‹

Ich habe euch ausführlich von den vielen Wundern erzählt, [2260] die durch den Becher geschahen – auf welche Weise er sich einen jeden vorgenommen und begossen hatte –, doch ich fürchte, dass diese Sache den einen oder anderen verdrießen könnte, [2265] wenn ich diesen und jenen nennen und es gar zu weit treiben würde; – und so kam ich also darauf, dass ich hiermit ein Ende setze. Denn das ist die Art der Welt, [2270] dass sie auf Neuigkeiten aus ist. Häufig besudelt sich einer, der neue Wege einschlägt. Oft kostet der nichtige Fall der Würfel viel Besitz. [2275] Wo zwei Dinge zur Wahl stehen, nimmt man leicht das schlechte. Der Kluge fällt mit seinem Verstand ebenso auf die Nase wie der Tor, der aus Unwissenheit stürzt. [2280] Ich will euch dennoch die Hervorragendsten unter den Gästen und Ansässigen vorstellen und nennen, damit ihr sie kennenlernt – diejenigen nämlich, die aus dem Becher getrunken haben, [2285] und jene, welche aus Unredlichkeit zu Fall kamen und ihr Ansehen verloren, und wie Kay das zu Schande und Spott wendete und wie die Bitte des Boten [2290] unter dieser tugendhaften Schar erfüllt wurde.

Nachdem Monsieur Parzival getrunken hatte, nahm Herr Lanval den Becher, danach Layz von Ardyz, nach dem Milianz de Lyz, [2295] Malduz der Weise und der greise Dinodes. Nach dem trank Gandaluz und Fliez von Janduz, nach dem der König Bryen [2300] und Urien von Love, nach ihm Iwein von Canabuz und Lochenis von Onayn, danach Herr Brant Riviers und Bleos von Blieriers, [2305] danach Senpite Bruns und Gantiziers von Jascuns, danach Fiers von Ramide, der lieber kämpfte, als in Frieden zu leben, nach dem Caraduz von Caz [2310] und Cauterons von Solaz, nach dem ein Recke namens Rebedinc und König Quinedincs Sohn und ein Recke namens Quarcos aus Quine, nach ihm Hysdos von Montdoil [2315] und Galerez von Destranz und ein Recke namens Gales der Kahle, nach ihm der rote Aumagwin, nach dem Gotegrin und

Graym und Caroes und Gradoans [2320] und der Sohn des Königs Filares, danach Tallas und Gofray und der Königssohn Loes, Segremors und Nebedons, Labagides und Braynons. [2325] Nach diesem trank Quadoqueneis, Galarantis der Galoys, Gronosis und Nelotrons, Bauderons de Linis, danach Margue Gormon [2330] und Elys von Clymon, Maloans von Treveren, danach der starke Gaumerans, danach trank Guigamiers, nach ihm Davelon der Wilde, [2335] danach David von Tintaguel und Gurnesis li Isnel, danach Gartaz von Omeret und Gomeret von Quinoquoys und Querquois Daryel [2340] und Ramel von Jovenzel, danach Bylis und Dantipades und Brian der Kleinste, Glotigoran und Gligoras. Danach tranken Herr Quinas [2345] und noch viele andere, denen man diesen Becher brachte, die ich heute noch nennen könnte.

Wenn ich das edle Gefolge nennen würde, das mit dem Glückskind, [2350] König Artus, beisammen war, wie ich es oft im ›Erec‹ gelesen habe, den uns ein Dichter aus Schwaben[46] brachte, [2355] so weiß ich wohl, dass es zu viel des Guten und nicht lobenswert wäre. Deshalb habe ich nur die Ungenannten genannt, die Meister Hartmann [2360] vielleicht unbekannt waren; oder er wollte sich damit eine schlechte Nachrede ersparen, die ein böser Mann leicht tut, der nur das Böse vermehrt, [2365] wie ihn seine Natur lehrt. Das bedachte er gut. Ihn konnte ein Mann, der zwei Zungen hat, nicht leicht herabwürdigen, einer, der einem Mann von hinten [2370] üble Nachrede nachwirft und ihm vorne die Schande abwäscht. Deshalb war er vollkommen. Der Gott, der ihn uns genommen hat, möge ihn in sein Gefolge aufnehmen, [2375] und niemals soll er aus dem Buch des Lebens gelöscht werden. Der himmlische König nehme sich darum an, diese Seele mit einer unversehrten Krone zu belohnen, [2380] und er möge ihm alles vergeben, was immer er jemals in diesem Leben gegen seinen Willen getan hat. Denn durch die Schuld der Welt fiel die Missetat der Seele zu, [2385] welcher der Leib in tüchtigstem Streben gedient hat. Die Königin des Himmels, die Mutter und Jungfrau ist – ihrer Gnade sei es geklagt, [2390] wenn der Seele irgendetwas zu Schaden kommt. Vater, Sohn und Herr, Besitz, Weisheit und Macht, Gott, du einer in der Dreiheit, erhöre um seinetwillen jene, mächtiger Christ, [2395] die deine Tochter und deine Mutter und eine Taube ohne Galle ist, auf dass seine Seele

---

46 Gemeint ist Hartmann von Aue.

nicht in eine tödliche Verdammnis falle. Du hast doch selbst gesagt: [2400] Wenn sich einer vor der Welt zu mir bekennt und nicht an mir verzweifelt, dann wird ihm dasselbe von mir geschehen.

Man soll es nicht für merkwürdig halten, dass ich jemals eine solche Klage [2405] und dieses Gebet angestimmt habe. Denn wenn der reine Hartmann mein Herz besetzt, wird es kalt und heiß und birst und kracht. [2410] Das wirkt an mir seine Tugend, die er zu seiner Zeit hochhielt. O weh, tödlicher Schlag, wie hast du ihn besiegt, dass in toter Erde ruht, [2415] der stets in Freudenschar strahlte! Deren Herz stets der Freude der Welt nachjagt, die müssen die beiden mit Recht beklagen, Hartmann und Reinmar, denn um Freude kämpft ihre Lehre. [2420] Sie haben ein Vorbild der Tugend und die Lehre der Würde vorgelebt. Wenn einer den Ruhm der Frauen und ihr Ansehen so fördert, wie sie es taten, wird ihm von mir, was den Begriff [2425] Frau betrifft, nichts vorgeworfen. Sie vermochten es, alles, was an Falschheit vom Hass wegstob, stillzustellen und zu zähmen. Wo man die Güte der Frauen hinterging, setzten sich diese zwei gegen [2430] das Heer der Fälscher zur Wehr. O Güte der Frauen, dir ist durch ihren Tod geschehen, dass dir, könntest du es recht besehen, nie größerer Schaden zustieß. Dein Ruhm wird fahl und schwach, [2435] denn die, über die die Freude – vor allem die Freude der Frauen – keine Macht mehr hat, verblassen leblos. Ich muss auch den von der Aist beklagen, den guten Dietmar, [2440] und die anderen, die deren Säulen und Brücken waren, Heinrich von Rugge und Friedrich von Hausen, Ulrich von Gutenburg [2445] und der reine Hug von Salza. Gott möge sie dorthin setzen, wo ihre Seele Gnade findet! Sie haben den Acker dieser Welt mit solcher Sittsamkeit bestellt, [2450] dass sie bestmöglich handelten, wo immer sie es sich zutrauten. Immerfort pflogen sie das auf eine Art, dass sie dabei nie Schande erwarben. [2455] Gott, sei ihnen, wie ich es bin![47]

Hier will ich diese Rede beenden und wieder dort anheben, wo ich die Aventiure verlassen habe. Nachdem die Sache auf diese Weise geschehen war [2460] und alle Ritter getrunken hatten, die irgendwo in dem Saal saßen, ohne dass ein einziger in dieser ganzen Schar vergessen worden wäre, [2465] alle außer Kay und

---

47 Die in diesem Literaturexkurs Genannten gehören allesamt der bzw. den Dichtergeneration/en unmittelbar vor Heinrich von dem Türlin an.

der Bote, hielten diese den Becher bei sich. Kay sagte: ›Es ist an uns beiden, Ehre zu gewinnen. Auch wir müssen dafür einstehen, [2470] wie wir bisher gelebt haben. Trinkt, Herr Bote, und gebt mir danach den Becher! Beeilt euch aber nicht, weil ich trinken will, [2475] lieber Trinkgenosse. Wir würden ansonsten unrecht handeln, da so viele gute Ritter vor uns daraus getrunken haben. Das wird nicht schwerfallen, [2480] zumal es so sein muss. Kostet, wie der Wein meines Herren und sein Klaret schmecken. Meine Rede ist höflich, zumal ihr heute darum gebeten habt. [2485] Dass ihr es dann selbst niemals getan habt, fürwahr, bedrückt mich. Wenn ihr trinkt, dann trinke auch ich. Das werdet ihr ohne Angst tun. Ja, ihr hättet heute schon längst [2490] ohne mich trinken können, Herr. Denn die Tugend ist in euch eingegraben und wird die Schande abschaben.‹

Diese Rede hielt Kay in spöttischer Absicht. Nun trank dieser Bote [2495] kräftig aus dem Becher. Seine Tugend schützte ihn davor, dass ihm dabei irgendetwas zum Nachteil geriete. Er hätte den Wein ganz ausgetrunken, wenn es denn seine Aufgabe gewesen wäre; [2500] daran ist kein Zweifel. Sobald er vor ihnen getrunken hatte, sagte er: ›Dem Hausherrn sei Dank, dass er so gut gebraut hat! Ich habe nie etwas so Teures [2505] und Wertvolles getrunken, dass es diesem Klaret gleichgekommen wäre. Trinkt auch, es ist gut! Ich weiß genau, dass ihr das widerstandslos tun werdet. [2510] Dann seht ihr genau, ob ich den Wein richtig zu kosten verstehe. Er ist rein und spritzig, geschmackvoll und scharf, und sein Geruch [2515] ist süß und stark. Dieser edelste Gewürzwein ist bestimmt viele Mark wert. Ich glaube, der König hat seine Gäste daran gewöhnt. [2520] Kein Kopf ist so stark, dass er nicht davon bersten würde, wenn er es nicht gewöhnt wäre. Trinkt daher zuerst nur wenig und maßvoll davon. [2525] Das rate ich euch, Monsieur Kay, denn er macht schwer wie Blei und schlägt sich aufs Hirn.‹

Kay verstand diesen Spott nur zu gut, wie es all jene tun, [2530] die selbst gerne Spott treiben und ihre Zeit darauf verwenden. Auch wenn ihnen ein Spott wehtut, überhören sie ihn eher als jene, die nie Spott treiben. [2535] Jene wird er verdrießen. Diese aber sind kühner dabei als jener, der nie spottet. So war es nun auch bei Kay. Die Tugend rächte an der Schande – [2540] nämlich an ihrem Gefolge –, was diese ihr angetan hatte; das beweise ich euch. Der Lohn, den man ganz aus Hass spendet, kommt sehr rasch, [2545] und wo Hass auf Hass trifft, da herrscht Feindschaft. Eine Seite oder beide Seiten haben davon einen Nachteil. [2550] Kay musste büßen, dass er beim Spotten so selten auf seinen Anstand achtete. Deshalb wurde der Spott hier und auch sonst allenthalben besiegt. [2555] Er wollte sorglos aus dem Becher trinken. An dem war aber etwas verborgen, von dem er und seine unanständige Anmaßung betrogen wurden. [2560] Als er nach dem Becher griff, entglitten ihm sofort beide Hände ohne sein Zutun nach unten, sodass er sie kaum noch spürte. So wurde er geschändet, [2565] weil er sich derart erkühnt und jemals damit angefangen hatte. Die Gunst des Unheils machte, dass er es nicht vollbringen konnte. Der Wein sprang ihm [2570] mit großem Hass aus dem Gefäß entgegen und schüttete ihn von oben bis unten an. Da verstummte Kay wegen des großen Lärms und wurde ganz still. [2575] Das war der Wille aller, die er zuvor verspottet hatte. Da sprang Culianz der Tor viele weite Sprünge. Er rief: ›Wer will mit mir [2580] um den größten Trunk streiten? Ich schätze, denen werde ich es ordentlich zeigen. Seht, wie Kay den Becher über den Kopf leeren kann! [2585] Er hat ihn beraubt, sodass nichts mehr drinnen geblieben ist. Der Becher war eigentlich ziemlich verklebt. Das hat Kay gründlich bereinigt.‹

Sofort wandte sich der Bote [2590] wieder an den König: ›Artus, ihr habt mich gut behandelt. Solange mein Herr lebt, wird er es euch nicht vergessen. Das wage ich zu behaupten. [2595] Ich werde euch den Becher überlassen und euch dazu von einer klugen Sache und einer List erzählen, die ich, weil ich nicht sollte, noch niemandem erzählt habe, [2600] und zwar deshalb, weil ich hier zuerst die Wahrheit erkennen wollte. Das ist aber nun geschehen, wenn ich mich nicht täusche, denn mein Herr sagte, [2605] als er mich herschickte: Wenn der Becher irgendwo im Lande an einem Hof bleiben sollte, dann müsste das an diesem sein. So ist es geschehen, [2610] und ich freue mich deshalb für euch. Ihr sollt ihn gerne behalten. Solange ihr über ihn verfügt, wird er niemals mehr einem, der zuvor daraus getrunken [2615] hat, eine Verfehlung anlasten, wenn der erneut daraus trinken will, egal wie oft und wie viel, und egal wie groß seine Missetat sei. Wenn ein Gast an euren Hof [2620] kommt und wenn er daraus trinken möchte, und wenn diesen sein eigener Makel zu Fall bringt und wenn er zuvor niemals daraus getrunken hat – dann wird er gegen sein Wollen zu Fall kommen, [2625] vorausgesetzt, dass ihr ihn prüfen wollt. Hiermit gehöre er euch. Das habt ihr gewiss verdient. Ich will mit eurer Erlaubnis wieder in mein Land zurückkehren. [2630] Dort werde ich euren Ruhm stets vermehren und euch preisen.‹

Kay fordert den Fischritter heraus

Über den Ausgang dieser Angelegenheit wurde Kay traurig und dachte angestrengt nach, [2635] wie er seine Niederlage und seine Schmach, die er durch den Becher erlitten hatte, ins Gegenteil verkehren könnte. Denn das war sein Ziel: [2640] Wo immer er jemandem Schande bereiten konnte, war es unvermeidlich – darauf lauerte er. Er legte sich lieber mit einem anderen Mann an, [2645] als darauf zu verzichten. Dies war sein einziger Gedanke. Sehr oft brachte er sich aus freien Stücken in Schande, wovor ein anderer sich hüten würde. [2650] Im Übrigen wollte er diesen Gast entehren. Daran scheiterte er indes völlig und seine Schande wurde nur noch größer. Sein Herz war aus Hass so mit Eiter besudelt, [2655] dass er sich nicht ganz zu zeigen wagte. Überall, wo jemand verspottet wurde, war er dabei. [2660] Er ging zu dem Boten hin, wo dieser unter ihnen allen stand, und sagte verlogen (worauf er sich gut verstand): ›Ritter, diese jähe Trennung [2665] verleidet mir die Freude. Ihr hättet um eurer eigenen Ehre willen noch einiges zu schaffen, denn ihr habt eure Botschaft nicht so gut bestellt, [2670] wie es ein tüchtiger Bote doch tun sollte. Eure und eures Herrn Würde würde verderben. So wie ihr heute gebeten habt, solltet ihr noch ein Weilchen warten, [2675] denn euch wird Eile, glaube ich, in der Tat nichts nützen. Wenn ihr Lob und Ruhm am Hof meines Herren erbeuten wollt, dann sollt ihr mir einen Wunsch, [2680] den ich verlange, nicht ausschlagen. Das wird euch schwerlich verdrießen, deshalb seid ihr ja hergekommen, weil ihr – lasst euch daran erinnern – dasselbe heute von meinem Herrn verlangt habt, [2685] wenn ihr es nicht vergessen habt. Seht zu, dass ihr euch daran erinnert! Sehr viele Männer teilen mit dem Mund tüchtig aus, wiewohl ihr Herz oft lahm ist [2690] und keineswegs begehrt, wovon sie reden, sodass sie schließlich feige handeln. Ihr habt meinen Herrn zuvor um etwas gebeten – für wen ihr das getan habt, weiß ich wahrhaftig nicht –, [2695] was euch von seiner Würde, deren Ruhm wunderbar gedeiht, auch zufiel: eine prächtige Aventiure, nämlich dass man euch hier eine Tjost [2700] nicht abschlagen sollte. Nun will ich die Last sehr gerne tragen, gegen euch anzutreten.

Wo man euch nichts abzuschlagen vermag, könnt ihr leicht etwas verlangen.‹ [2705]

Artus sagte: ›Schweigt, Herr Kay, denn diese Sache ist nicht strafbar, außerdem wäre es eine Angelegenheit des Königs. Nun seid versichert, dass es euch leicht schlecht ergehen könnte, [2710] wenn ihn das Glück beschützt, wiewohl auch ihr Erfolg haben könntet. Man soll an allen Dingen das rechte Maß kennen. Ihr vergönnt den Ruhm [2715] niemandem außer euch selbst. Ich fürchte, ihr wollt eure Schande noch stärker vermehren. Dann trifft euch in diesem Land sehr großer Spott, ohne dass ihr davon etwas habt. [2720] Wodurch hätte dieser Bote euch ein Unrecht angetan, außer dass er wie ein guter Ritter die Botschaft seines Herrn überbrachte? Wenn darunter irgendjemandes Ruhm zergangen ist, [2725] geschah das ohne seine Schuld. Und selbst wenn er dadurch die Gewogenheit aller verloren hätte, so sitzen hier doch viele tüchtige Männer und viele edle Damen, denen, wie ihr selbst gesehen [2730] habt, dasselbe widerfahren ist. Und wenn sie glauben würden, dass es der Kampf verdecken könnte, würde man um ihretwillen so unglaublich viel mit ihm kämpfen, [2735] dass es in einem ganzen Jahr niemals zu einem Ende käme. Ihr sollt diesen guten Ritter mit solcher Nachstellung in Ruhe lassen und sollt euch verhalten [2740] wie ein Recke, der nach Ruhm strebt. Egal wie gut ihr euch da schlagt – darüber würde ich mich für euch freuen –, es nützt euch nicht so viel wie zwei Nadeln.‹ Da sagte Kay abermals: [2745]

›König und Herr, mir scheint, ich büße bei euch für ich weiß nicht was, dass ich euch so widerwärtig bin. Es ist ein sehr kleiner Hass, den ich gegen ihn hege. [2750] Und wenn er nicht ein Riesenfeigling ist, lässt er sich nicht von dem abbringen, worum er hier gebeten hat, weil er es gerne haben kann und seine Bitte danach verlangt hat. [2755] Wenn mich einer damit in Schande bringen will und es mir vereitelt, tut er mir große Gewalt an. Ich bin wie einer, der für etwas bezahlt, in dessen Genuss er nie gekommen ist. [2760] Egal wie ich handle, mein Fehler ist hier wie dort zu groß. Der Wolf ist mit Recht grau, denn was immer er in der Welt tut, egal ob es übel oder gut ist, [2765] hält man doch für böse. Wer ist so glücklich und so klug, dass er zu Lebzeiten der ganzen Welt gefallen kann? Den hätte auf dieser Erde [2770] Frau Saelde mit prächtigster Würde ausgestattet. Wenn einer mich so herabwürdigt, soll er sich an mir ein Beispiel nehmen, sich der Schande entfremden [2775] und nach dem höchsten Lob streben. Wenn ich unterliege, sitzt er oben auf dem Rad der Saelde. Denn wo immer ich mich mit Schmach überhäufe, ist das mein Schaden.‹ [2780]

Dieser Bote handelte wie ein Mann, der es versteht, auf seine Wortwahl zu achten, und der den höchsten Anstand zum Ziel aller Dinge macht. ›Herr Kay‹, sagte er höflich, [2785] ›wenn mir der Fauxpas passierte, dass ich danach verlangt habe, dann ist die Gnade lobenswert, dass es mir so schnell gewährt worden ist. Fürwahr, wenn ich mich [2790] ohne Abschied davonschliche – was aber niemals geschehen wird –, dann sollte man mich rechtens schelten. Es soll euch nicht zum Nachteil werden, dass ihr mir so entgegenkommt. [2795] Was so gerne gegeben wird, soll man gerne empfangen. Ich will meine Rückreise euch zuliebe bleiben lassen. Ihr könnt mich mit einem so [2800] gnädigen Versprechen nicht vertreiben, denn Gott selbst weiß, dass es mein eigener Wille ist. Wozu noch länger warten, wo wir doch einer Meinung sind [2805] und die süße Not uns beiden so gut ansteht? Die Rede stiehlt viel Zeit und kommt niemals zum Ende. Ihr sollt zu Pferd gegen mich antreten, [2810] wie ihr selbst vorhattet. Dann ist alles in Ehren vollbracht, worum ich hier gebeten habe. Nun gebt mir eure Zustimmung dazu. Ich bin bereit, wie ich soll, [2815] und auch Monsieur und das Gefolge werden es uns gestatten, denn ich sehe, dass sie dazu gerne bereit sind.‹ Die Sache zog sich noch lange hin, ehe sie der König zusammen ließ, [2820] wo er die Angelegenheit doch lieber geschlichtet hätte. Da half seine Bitte wenig, weil Kay ihn an seine Pflichten erinnerte. Auch bat der Gast, dass Artus ihm sein Recht zuerkennen möge, wie er es sich mit der Gabe verdient hatte. [2825] So nahm die Sache ihren Lauf. Die Neuigkeit flog von Ritter zu Ritter.[48]

Rüstung – Die Osterherren – Kays Niederlage

Geschwind kamen vier Knappen, denen die Schatzkammer oblag, mit prächtigem Helmschmuck [2830] und zwei guten Steppdecken aus rotem Samt; die wurden auf einem seidenen Tuch an jener Stelle in den Saal gelegt, [2835] wo man sie wappnen sollte. Man

---

48   Oder: ›von Ritter zu Knecht.‹

brachte ihnen rasch zwei Schilde aus Gold, auf denen sich zwei
Adler befanden, dazu prächtige Satteldecken [2840] und Lanzen aus
Lasur, ausgezeichnet bemalt mit roter Farbe, schön gestaltet. Auch
wurde eine prächtig verzierte Rüstung aus dicken [2845] weißen
Panzerringen hergebracht, außerdem ein prächtiges und zuverlässiges Helmvisier sowie Hosen, die weder schwer noch zu groß
waren [2850] – ein guter Meister hatte sie zusammengefügt –, und
solche Waffenröcke, wie man sie in Frankreich aus Taft macht, dazu
zwei mit Gold verzierte Helme, [2855] wie Spiegelglas, hart wie
Diamant. Als die Rüstung gebracht worden war, zögerte Herr Kay
nicht länger: Er schnallte sich den Lendengürtel um. [2860] Danach
wurde ihm sehr schnell seine Eisenhose angelegt. Es wurde ihm ein
Wams aus weißen Ziegenhaaren gesucht, das vom Gürtel weg eine
Spannbreite [2865] unter seinem Panzer hervorschaute. Die Pferde
wurden vor den Berg auf eine Ebene geführt, wo ihnen auf einem
weiten Feld Platz gegeben wurde, [2870] dazu Lanzen und Schilde. Die Haube unter dem Helm, der Kragen, der Waffenrock, der
Helm und die Arm- und Beinschienen wurden ihm alle geschwind
hergerichtet. Der Ritter aber, der mit Kay [2875] kämpfen würde,
blieb ungerüstet; nur sein Pferd wurde ihm gebracht und ein Schild
und eine Lanze. Er führte dort keine weiteren Waffen, wo sie beide
[2880] kämpfen sollten, im Graben vor dem Palas. Ginover war mit
Artus und mit ihren Damen dorthin in den Graben vor dem Saal
gegangen, [2885] wo sie den Kampf verfolgen wollte, ebenso das
ganze Gefolge. Der Andrang war riesig.

Die Ursache dafür, dass der Gast ganz ungewappnet blieb,
lag in einem Mangel, [2890] den ich euch erklären will. In jener
Burg gab es viele Rüstungen, von denen ihm jedoch keine passte.
Fürwahr, er konnte sich unmöglich wappnen. [2895] Nur der König
Brian hatte eine passende Rüstung mitgebracht. Die hatte Bilis,
der kleine Mann, ein reicher König und ein Zwerg, gemacht. Der
Harnisch war ihm [2900] aber am Kragen zu eng; in der Länge und
in der Breite hätte er ihm beinahe gepasst. So musste der gute Ritter
ungewappnet bleiben. [2905] Sein Kampfpartner jedoch war bestens
geschützt. Das kümmerte den Gast indes wenig. Nun möge Gott
sich ihrer beider annehmen! Es ist offensichtlich, dass ihre Gewichte
[2910] auf der Waage verschieden wiegen. Es scheint, dass die Waage
sich auf der Seite des Gastes ganz langsam in die Höhe bewegt,
wenn das Unheil es nicht verhindert, weil sein Gewicht geringer

ist.⁴⁹ [2915] Ich weiß genau, dass keine Kunst der Welt so stark ist. Wenn einer ein Pferd gegen ein Seidengewebe abwägt, wird ihrer beider [2920] Gewicht sehr ungleich sein. Dem Boten müsste für den Sieg das Glück auf Schritt und Tritt nachfolgen, denn sein Kampfgeselle ist sehr gegen ihn aufgebracht. [2925] Wolle es das Glück doch nicht, dass ihn irgendetwas von dem zu Fall bringt!

Beide begaben sich zum Kampfplatz. Hier setzten sich die Jünglinge auf ihre Pferde. [2930] Es stand nun unmittelbar bevor, wozu sie sich eben noch vermessen hatten. Den einen macht die Bewaffnung unbekümmert, der andere strebt nach Glück. Die Arglist des einen [2935] ist auf den Schaden des anderen gerichtet. Ein Hass hat sie so aufgeladen, dass er ihnen beiden schaden kann. – Diese Tjost entsprach nicht dem Brauch der Osterherren, [2940] die alle Feinde mit ritterlichem Geschick einsperren, wo immer sie gerade kämpfen mögen. So erzählt es mein Herr Wirnt.⁵⁰ Dieser Ruf hat ihnen [2945] äußerst geschadet, denn würden jene von der Mark darauf aufmerksam, würden sie alle Bindungen und Verpflichtungen bestimmt mit Hass auflösen. Herr Wirnt, der das von ihnen [2950] erzählt hat, ist so aufrichtig und verfügt auch über solchen Verstand, dass er bei derlei Angelegenheiten einen Mann bestens beurteilen kann; hat er es doch oft gesehen, [2955] wenn auf dem Feld ritterlich gejagt wird. In Kärlingen und in Britannien, in Brie und in der Champagne, in Gallien und in Norwegen, in Flandern und in Lothringen, [2960] in der Normandie und in England, im Hennegau und in Brabant, in Hessen und in Hespelgau, in Thüringen und im Breisgau, in Schwaben und in Sachsen – [2965] nirgendwo dort ist diese Sitte entstanden. Das möge man ihm glauben. Vor ihren Räubereien möge Gott die Herren vom Sand und die von Westerland, [2970] Westfalen und Franken schützen, wie auch immer dieses Spiel zuerst erfunden wurde. Wo immer sich ein Bayer im Feld mit einem Ostermann drängte, [2975] wurde er durch dessen Geschick gefangen genommen, sodass ihm, wenn ihm nicht das Heil gewogen war, die linke Seite am Glücksrad zufiel.⁵¹ Uns hingegen geht es gut,

---

49   Der Sinn ist dunkel. Gemeint ist wohl, dass die ungleiche Ausrüstung nur durch ein Eingreifen des Glücks bzw. Unglücks wettgemacht werden kann. Das *unheil* müsste dann das von Kay sein. Oder wäre *unheil* durch *heil* zu ersetzen?
50   Wohl Wirnt von Gravenberg, der Autor des ›Wigalois‹.
51   Die (im Mittelalter weit verbreitete) Vorstellung vom Glücksrad, das über

weil es ihr Geschick und ihren Mut [2980] hier zu Lande nicht gibt. Großes Leid aber fügen sie denen aus Friaul [?] zu, deren Knappen das Turnier dort mit Geheul anständig [2985] preisen, wie es bei uns am Rhein das Geschrei der Franzosen zu tun pflegt. Wenn sie so schädlich sein wollen, dann möge unser Licht niemals über ihnen leuchten.

Lassen wir also diese Sache sein [2990] und hören weiter, wie sich diese zwei dort zu Pferd machten und wie sie die Pferde vor der Schar auf dem Kampfplatz [2995] hin und her tummeln ließen, damit ein jeder sehen könnte, wie sein Pferd reagierte, wenn er es gegen seinen Kampfpartner springen ließ! [3000] Beiden stand der Sinn nach Fangen und Fällen. Ein jeder machte da viele schnelle Wendungen, weil den Pferden und ihnen selbst [3005] ganz danach war. Dort verband sich Gutes mit Gutem: das Verlangen der Recken, der Wille der Pferde. Bekanntermaßen herrschte bei beiden insgeheim derselbe Hass. [3010] Ehe ihr Kampf ein Ende nahm, fürwahr, sah man unter dem Schildrand äußerst geschickte Manöver. Denn Niederlage und Sieg nahmen [3015] sich der Sache an, wie es bei derartigen Dingen seit jeher zu geschehen pflegte, weil weder Friede noch Versöhnung Ruhe schaffen können, [3020] wenn nicht die Gier nach hohem Ruhm bereitwillig an den Tag gelegt wird.[52] Zwei Feiglingen gänzlich ungleich, neigten beide, auf die Brust gelegt, die Lanze. [3025] Nun lasst die Schenkel fliegen! Da bogen sich die Lanzen, um abzuwerfen oder zu zersplittern. Der Gast traf am besten und sein Stich war makellos, [3030] sodass Monsieur Kay rückwärts vom Pferd hinunter in den Burggraben fallen musste, ehe er hätte ausweichen können; er konnte den Fall [3035] nicht abwenden. Da wurde ihm sein Schimpfen gründlich heimgezahlt. Er lag im Kot, dass er kaum bei Sinnen war, [3040] hingestreckt wie ein Toter, der niemals von Lebensgeistern erfüllt war.

Als der Gast ihn fallen sah, folgte er ihm vor ihnen allen in den Burggraben. [3045] Inzwischen hatte sich Kay aufgerichtet, weil er hinter ihrem Rücken bei einer kleinen Tür ins Innere laufen wollte, wo ihn niemand gesehen hätte. Da geschah es aber anders. [3050]

---

das Schicksal eines jeden Menschen bestimmt und diesen entweder einer rechten, glücklichen oder einer linken, unglücklichen Seite zuschlägt, wird später breit entfaltet (15823–15945).

52 Der letzte Teilsatz ist auch mittelhochdeutsch etwas kryptisch. Der zentrale Gedanke ist: Wer nach hohem Ruhm giert, der kämpft.

Denn unterwegs erreichte ihn der Bote, der zuvor mit ihm gekämpft hatte, und kam ihm so nahe, dass er ihn hinten am Helm packte [3055] und ihn zu sich drehte, sodass er ihn gegen seinen Willen hinter sich aufs Pferd warf und ihn hin und her führte. Kay flehte heftig um Gnade [3060] und bat inständig, dass man ihm helfen sollte, denn diese Niederlage bekümmerte ihn sehr: All das bedeutete Unehre und Schande. [3065] Er vermeinte, durch den einen Fall und durch das Würgen das Leben zu verlieren. Er bot dem Ritter Bürgen[53] an, wenn er ihn am Leben ließe. Er wollte für immer sein Eigenmann [3070] und eidlich unterworfener Gefangener sein. Der Ritter ließ ihn dennoch vom Pferd hinunterhängen, bis das Gefolge überall seine Bitte vernommen hatte [3075] und er vor die Königin kam. Weil er in dieser Stunde das Ende seiner Tage sah, begann Kay, sie auf jämmerlichste Weise und mit [3080] erbarmungswürdigster Klage zu bitten, dass sie es dem Boten nicht erlauben sollte, ihm das Leben zu nehmen, weil ihr und der weiblichen Güte das nicht gut anstünde; [3085] das tat Kay so lange, bis er ihr Herz mit Bitten so erweicht hatte, dass sie es schließlich widerwillig tat, weil er sie so sehr gebeten hatte.

Ginover bat den Ritter also, [3090] dass er um ihretwillen solche Missetat verzeihen sollte, die Kay begangen hatte – das sollte ihm nicht zum Nachteil geraten –, und dass er ihr den Gefangenen [3095] nach ritterlichem Recht ausliefern sollte. Da handelte er wie ein tüchtiger Ritter, der richtig tun und lassen kann und nie maßlos gehandelt hat, und gab ihn in ihre Gewalt, [3100] sodass er ganz ihr Eigentum war, weil sie ihm zu Hilfe gekommen war und ihn vom Tod gerettet hatte. Hiermit fand diese Sache ein Ende. Artus und das Gefolge [3105] gingen wieder auf den Palas. Auch der Bote war abgestiegen und ging mit ihnen in die Burg, um vor König Artus zu treten, und er sprach mit großem Anstand: [3110] ›Artus, du bist eine Krone und ein Spiegel aller Ehren. Ich will von hier Abschied nehmen; ich wünsche euch alles Gute und danke euch. Mein Weg, den ich noch [3115] reiten muss, ist sehr, sehr lang. Gewährt mir euren Gruß, Abschied und eure Huld, weil ihr ein Übergold aller Tugenden seid. [3120] Solange ich sprechen kann, steht das außer Streit. Dieser Tag hat euren Ruhm sehr befördert, weil ich vielen davon künden werde, [3125] die davon zuvor nichts wussten. Ich werde ihn

---

53   Oder, mit unreinem Reim, ›Burgen‹.

dort so stärken, dass ihn niemand entwerten kann. Euer Lob will ich festigen, in welchem Land ich auch sein werde. [3130] Das gereicht eurer Ehre zum Gewinn.‹ Mit diesen Worten schied er dahin.

Als er Abschied genommen hatte, war bereits Kay hervorgekommen und stand bei dem Gast. [3135] Er sagte: ›Ihr habt es zu eilig. Das ist nicht weise. Ihr sollt, ehe das geschieht, von den Jungfrauen und von Madame Abschied nehmen, [3140] dann könnt ihr von hier scheiden. Sie haben euch zuliebe viel edle Kleinodien aus Edelsteinen und auch aus rotem Gold aufbewahrt. Das haben sie euch alles deswegen [3145] zugedacht, weil ihr Monsieur diesen Becher hergebracht habt, denn der Becher gibt ihnen Gewähr, dass sie rein und makellos sind. In diesem Punkt sind wir zuvor alle blind gewesen, [3150] bis es der Becher gezeigt hat, wie vollkommen und ohne jede Verfehlung sie bisher gelebt haben. Ich bin sicher, dass ihr Damen dies keinem anderen Mann geben wollt. [3155] An Wert und an Zier sind die Kleinodien überreich. Nun wisst, dass – angesichts eines solchen Wertes – die Gier danach das Gelübde des Diogenes zunichte machte, wenn er zugegen wäre; [3160] der ergriff vor jeder Art Kostbarkeit die Flucht und eiferte einem Mann nach, den er bei einer Quelle fand, wo er mit der Hand das Wasser zu seinem Mund führte, [3165] weil er es auf keine andere Weise gewinnen konnte. Diese Lebensart begann er zu schätzen: dass er Silber und Gold nicht länger bei sich haben wollte; [3170] sie wurden ihm verhasst. Er behauptete, dass solches für ihn hinfort völlig nutzlos wäre. Mäßigt also eure Eile, bis ihr die Gabe empfangen habt! [3175] Wenn ihr davoneilt, würden sie glauben, dass ihr sie verschmäht.‹

Aufbruch der Artusritter zum Turnier von Jaschune

Es wurde herzlich darüber gelacht, dass Kay so herabgesetzt worden war und dennoch nicht vom Spott abließ. [3180] Zudem sollt ihr wissen, dass, wenn einer alle Tage Spott treibt, diesen keine Schande beunruhigt, wie oft sie ihm auch widerfährt. Denn eifrig attackiert er [3185] damit so viele, die er verspotten will, dass es ihn selbst nicht bedrückt, wie dieser es hier und auch anderswo deutlich machte. [3190] Damit lassen wir es bewenden und erzählen vom Fest. Da standen viele Vergnügungen und vielerlei Unterhaltungen im Wettstreit, wie sie schon früher erzählt worden sind – [3195]

und noch mehr davon. Von dieser Aventiure, die nun an den Hof gekommen war, waren Burg und Palas und der ganze Ort gänzlich ausgefüllt, [3200] denn es wurde überall laut. Man unterließ es nicht, viel davon zu reden und viel Zeit darauf zu verwenden, wo immer zwei zusammensaßen. [3205] So dauerte das Fest drei Tage mit solcher Freude, wie ich euch erzähle, und in großem Überfluss. Geschwind verbreitete sich eine Geschichte durch einen Knappen, [3210] dass in drei Tagen vor Jaschune ein Turnier stattfinden sollte. Das würde Graf Rivalin gegen König Glays bestreiten. Wer dorthin kommen wollte, [3215] würde dort viele ritterliche Kämpfe von den Bewohnern des Landes und von den Fremden finden. Die Ritter beschäftigten sich alle unter sich damit [3220] und bereiteten sich darauf vor, heimlich dorthin zu reiten, um Lob zu gewinnen.

Gawein sagte dazu: ›Es wird Monsieur ziemlich verdrießen, wenn er es bemerkt, [3225] und er wird niemals zulassen, dass wir dorthin kommen. Dessen sollt ihr sicher sein. Es ist mein Rat, dass wir morgen ganz früh und ohne dass es der König merkt [3230] mit Waffen ausgerüstet sind – wir lassen ihn schlafen und reiten gemeinsam davon. Wenn wir nach Brezilian kommen, bevor er es bemerkt, [3235] dann kommen wir leicht davon, sodass er uns nicht mehr einholen kann. Denn sicherlich verschläft er den Tagesanbruch. Sobald er dann erwacht, weiß ich genau, dass er sich sofort [3240] auf unsere Spur setzen wird. Wenn er uns dann hier in der Nähe findet, müssen wir umkehren. Das aber ist mit unserer Ehre unmöglich zu vereinbaren, [3245] dass wir nun hier bleiben, wo uns doch das Turnier verkündet worden ist. Wer unter uns als erster aufwacht, ehe es richtig zu tagen beginnt, der sage allen anderen, [3250] dass sie sich bereit machen sollen. All dies soll aber niemand unter dem gemeinen Volk verbreiten, damit es nicht mein Herr, König Artus, herausfindet, [3255] denn dann wäre die Sache umsonst und wir werden davon abgehalten.‹ Damit war es abgemacht, und alle bereiteten sich darauf vor. Am nächsten Morgen in der Früh [3260] ritten sie alle gemeinsam vom Hof, wie ihnen Herr Gawein geraten hatte, und zwar die Besten, die Ansässigen und die Gäste, sodass nur drei von ihnen zurückblieben. [3265] Das war der zuchtlose Kay, der zweite davon war ein Recke, Gales Lischas, der dritte war Aumagwin; die mussten beim König bleiben, [3270] damit er mit ihnen die Zeit vertriebe – wo er doch so einsam zurückbleiben musste – und leichter über seinen Zorn hinwegkäme.

Gasoein – Ginover – Artus I

Artus auf Winterjagd und Schelte der Ginover

Hiermit brachen sie alle auf und ließen den König schlafend [3275] hinter sich liegen. Es bereitete ihm großen Kummer, dass man ihm die Fahrt verschwieg. Er stand auch bald mit übelster Laune auf [3280] und hätte ihnen nachreiten wollen, wenn er sie hätte finden können. Davon musste er ganz gegen seinen Willen ablassen, weil ihm der Weg zu lang war [3285] und die Gefolgschaft zu klein – er hätte sie allein, nur mit diesen dreien, verfolgen müssen. Als das nun nicht geschehen konnte, [3290] fragte er den roten Aumagwin, was sie tun könnten, ob sie jagen oder irgendetwas anderes anfangen sollten, mit dem sie in der Zwischenzeit, [3295] damit es ihnen nicht zu lange würde, einige Unterhaltung gewinnen könnten, die ihrem Rang angemessen war, bis das Gefolge zurückkehren würde. [3300] Diesem Vorschlag stimmte die Gesellschaft zu, und ein Bote wurde hinunter ins Tal nach den Jägern geschickt, damit sie, so schnell [3305] sie konnten, mit den Hunden nach Gornomant ritten. So geschah es. Die Fahrt wurde begonnen und führte sie ins Gehölz. Da wurde der König nicht enttäuscht. [3310] Auch die Jäger kamen dorthin. Diese Jagd und diese Fahrt sollten dem König ziemlichen Kummer einbringen.

Die Zeit war kalt und der Schnee tief, wie es das Gesetz des Winters ist, [3315] und die Schneewechten waren sehr tief, wodurch das Wild nicht weit laufen konnte und sofort und unablässig durch die Schneewechten einbrach. [3320] Die gewaltige Kälte ließ den König und seine Gefährten erstarren. So kam es, dass viele von den kleinen Tieren gefangen und erlegt wurden, [3325] Füchse und Hasen, Rehe und Luchse. Dort blieben sie so lange, bis sie dem Druck der Kälte weichen mussten, [3330] weil ihnen der Tag und die Kraft hinschwanden. Da machte sich König Artus mit den Seinen wieder auf den Heimweg. Nun verfügte sein eigenes Speisehaus [3335] über eine sehr große Feuerstelle, die heiß war und nicht rauchte, weil das Holz trocken war. Deshalb brannte es hell. [3340] Als Artus in die Nähe des Feuers kam, zögerte er nicht, beide Hände danach zu recken, noch ehe er hinkam, weil ihm der Frost weh tat. [3345] Das ist auch noch allgemein üblich, wenn ein Mann im Frost reitet, dass er, wenn er ein Feuer findet, die Hände reibt und sie dorthin ausstreckt, [3350] weil er damit sein Frieren ein wenig lindern will und glaubt, das würde ihnen sehr helfen und sie könnten es gar nicht genug schätzen, [3355] wenn sie dem Feuer nahe kommen.

Artus handelte genauso. Er hatte es so eilig, zum Feuer zu kommen, dass er die Hände dorthin streckte und glaubte, damit die quälende [3360] Kälte zu vertreiben. Auch wollte er nicht stehen bleiben, bis er in die Nähe des Feuers kam. Er nahm ein brennendes Holzscheit heraus und scharrte viele Kohlen hervor; [3365] er stand, saß und wärmte sich gut. Das erblickte die Königin durch ein kleines Fenster, lange bevor er sie sah, und sagte sehr verächtlich, [3370] wie es jene Frauen oft tun, die sehr wankelmütig sind und ein wenig ungehorsam: ›Wer lehrte euch dieses höfische Verhalten, Herr König, dass ihr es euch [3375] bequem macht wie eine Frau? Es mag sehr leicht eine Lüge sein, was ich sehr oft *in theorica* einen Arzt lesen hörte, dass nämlich die heißeste Frau kälter [3380] als der kühlste Mann sein soll. Das ist hier alles andere als augenscheinlich. Das wage ich wahrlich zu behaupten. Was ihr angefangen habt, hätte eine Frau nicht getan. [3385] Wenn ihr oft unter so dünnen Kleidern liegen würdet, würdet ihr die Temperatur völlig verlieren, wie es bei vielen Frauen der Fall ist. Und wäre das ganze Gehölz eine einzige Glut, [3390] würde die – glaube ich – eher ausgehen, als dass euer Körper davon eine ordentliche Temperatur empfangen würde. Das zeigt sich hier deutlich. Ein solches Feuer macht mich bange. [3395]

Auch seid ihr fürwahr nicht so heiß wie ein Ritter, den ich kenne, aber den ich nicht nennen will. Er ist allerdings sehr bekannt. Denn Eis und Schnee hindern [3400] ihn bei seinen Ausfahrten nicht mehr als Klee. Der Schrecken des Frostes setzt ihm niemals mehr zu als die Hitze des Sommers oder die Blüte der Blumen. [3405] Seine Lebensweise ist wie folgt: Ob es nun warm oder kalt ist, er trägt, selbst wenn er viel anzieht, kein anderes Gewand als nur ein weißes Hemd. [3410] Er kennt keine andere Bekleidung, und er reitet ein hermelinweißes Pferd. Er singt jede Nacht durch's Gehölz für seine Geliebte mit ebenmäßiger Stimme und klarer Kehle [3415] ein süßes Lied der Minne. Seine Bewaffnung braucht sich nicht zu verstecken. Er führt einen ganz weißen Schild. Sein Herz hüpft vor Freude, wie ihm der Gott der Minne befahl. [3420] Er führt dazu eine zinoberrote Lanze mit weißem Banner, ohne Harnisch reitet er wie ein stolzer Ritter sorglos über die Furt vom Schwarzen Dorn [3425] und erhebt sehr schön seinen Gesang in vollem Ton. Ich schwöre, dass man es ihm lohnen wird.‹

Artus auf der Lauer – Treffen mit Gasoein

Absprache und Trennung der Ritter

Hiermit schwieg die Königin. Artus verneigte sich [3430] und erschrak über das Gesprochene. Auch sie bereute es sehr, dass sie da gegen ihre eigene Ehre so groß gesprochen [3435] und den Anstand der Frauen und ihre Zucht so gar zerbrochen hatte. Artus nahm ihre Worte mit großem Unmut auf. Daran erkennt man die Güte der Frau: [3440] Wenn solche Worte, an denen die Liebe einer Frau hängt, einem zu nahe gehen, bringt das leicht Sorgen mit sich. Wo Frauen auf ihre Rede nicht um ihr hohes Ansehen willen verzichten wollen, [3445] entsteht mannigfaltiges Leid, wie es nun dem König geschah. Freudlosigkeit umfing sein Herz so sehr, dass ihm die Freude daraus entfloh. Trauernd zog er sich von ihr [3450] heimlich an einen Ort zurück, wohin er auch seine Gefährten bat, und er erzählte ihnen alles sogleich ganz genau, wie seine Frau ihn verspottet habe, [3455] und er fragte alle drei einzeln um Rat in dieser Sache. Darauf antwortete Kay, dessen Zunge selten gut sprach und dessen Stachel stets mit [3460] bitterer Hinterlist traf und der es oft verstand, sehr Ungehöriges zum Besten zu geben. Deshalb wollte er sein Recht, boshaft zu sein, nicht brechen. [3465] Nach alter Gewohnheit kommentierte er: ›Ich weiß nicht, wovon es kommt‹, so sprach er, ›dass die Damen sich so viel herausnehmen, [3470] dass sie ihre Rede vor keinem Mann verbergen wollen. Daran sind die Männer schuld. Der Gewinn davon ist aber gering. Wenn einer den Frauen zu viel durchgehen lässt, [3475] nützt ihm das nur sehr wenig. Das zeigt sich an Madame. Sie sollte in ihrem Gemach sein und uns unsere Angelegenheiten erledigen lassen. Mit ihr zu streiten, ist anstrengend. [3480] Sie hat einen so starken Willen, dass sie sagt, was immer sie will. Das ist aber immer ein mäßiges Vergnügen.‹

Männer suchen häufig genau das, was sie unbedingt verdrießt, [3485] wenn sie es dann sagen hören. Man sollte solche Rede verschweigen, die nichts bringt außer Leid. Das wäre eine große Weisheit und eine nützliche Kunst für die Welt. [3490] Wenn einer seine

Frau lieb hat, soll er wenig über sie erfragen, denn aus seiner Frage und jenes Antwort würden ihm gleich doppelt Leid, Kummer und Klage erwachsen. [3495] So erging es König Artus. Er litt schon zuvor, doch nun litt er umso mehr, als er hörte, wie Kay ihm diese Sache auslegte. Dennoch handelte er wie ein weiser Mann, [3500] der sich nach sehr leidigen Neuigkeiten selbst zu trösten versteht. Wenn den Mann etwas bedrückt, soll er sich dazu selbst Trost nehmen. Es sollte sich für die Besten nicht gehören, [3505] dass Kummer ihnen zusetzt wie einer Frau, deren Herz voller Sehnsucht ist. Denn das ist das Recht der Frau, dass ihr ihr Leid nahe geht. Es wertet sie auf. [3510] Artus verschaffte sich also selbst Abhilfe gegen sein Leid. Er sagte: ›Herr Kay, das ist eine alte Gewohnheit von euch. Auch wenn man bisweilen [3515] eurem Schelten ausweichen kann, ändert ihr eure Gewohnheit dennoch kaum einmal. Wie lange wollt ihr das treiben? Männern wie Frauen begegnet ihr mit demselben Hass, [3520] ohne dass ihr selbst wisst, weshalb. Was soll man euch glauben, wenn ihr von eurer Herrin in meinem Beisein so redet? Wenn ihr klug wärt, würdet ihr über sie kein Wort verlieren. [3525] Ihr habt sie übel angeschwärzt! Wenn ich mich nicht völlig in ihr täusche, ist sie doch treu und anständig.‹

Es geschieht sehr oft, dass ein Mann nicht für möglich hält, [3530] sich bei etwas zu verplappern, wo er es dennoch tut und dadurch sehr großen Undank erntet. So verliert er seinen Lohn, und es wäre viel besser gewesen, hätte er geschwiegen. [3535] So mancher hat seine Frau beschuldigt, dem es doch leid täte, wenn jemand anderer gegen sie und zu seiner Schande aufgetreten wäre. [3540] Diese Sache verblendet viele Männer. Wer sich nicht davor hütet, der beginnt, wenn jemand seine Frau herabwürdigt – die er doch vor uns hütet wie [3545] sein eigenes Leben –, ihr Treulosigkeit nachzusehen, wenn er herausfindet, welchen Ruf sie auf der Welt hat. Wenn einen die Rede so in die Irre leitete, [3550] dass der Ehemann den Verleumder tadelte, und wenn dieser dafür bezahlte, wie Kay nun dafür bezahlen musste, war dies doch die Macht des Ehemanns. Für Kay trug sein Rat schlechte Früchte ein. [3555] Deshalb schwieg er sogleich, und das aus gutem Grund, weil er etwas gesagt hatte, was ihn um die Gunst des Königs brachte. Das wurde an ihm gerächt, [3560] wie ihr gehört habt. Nun war der kühne Gales an der Reihe, einen Ratschlag zu geben. Er sagte: ›Herr, ich glaube, dass alles nur Madames Spott war. [3565] Dennoch wüsste ich gerne, ob es Gott selbst oder ein Trugbild wäre. Kein Mensch ist so wahnsinnig, dass er sich derart aufführt. Wenn der, den so starkes Eis nicht aufhält, [3570] von menschlicher Natur ist, sucht er Ruhm.‹

›Herr‹, sagte Aumagwin, ›das ist mein Rat, wenn es euch gut gefällt und da ihr gerne nach Ruhm jagt, [3575] dass wir zu der Furt reiten und dort auf ihn warten, ganz gleich ob er kommt oder nicht. Wer von uns ihn dort erblickt, der soll in Erfahrung bringen, wie es um seine Fahrt bestellt ist. [3580] Es kann niemals so schlimm werden, dass er es nicht einem von uns sagen wird, wenn wir nicht alle dort erschlagen werden. Schützt uns aber Gott, können wir uns bestimmt wehren, [3585] wenn er tatsächlich so nackt ist, wie ich von euch vernommen habe.‹ Der Rat gefiel dem König gut, und er entschied sich, die Sache so anzugehen. [3590] Er hatte es beschlossen, und er fragte sie einzeln, ob einer unter ihnen wäre, der vor der Ausfahrt Angst hätte. Was immer sie davon hielten, [3595] hier stimmten sie dem Vorschlag einhellig zu. Und als es schon etwas spät war, standen sie in Waffen. Er ließ sein Gefolge schlafen und ritt mit diesen dreien [3600] geschwind und ohne noch länger zu warten dorthin. Während sie ritten, sagte Artus unterwegs zu seinen Gefährten: ›Wir sollen uns, damit wir Erfolg [3605] haben, gut vor einer Sache hüten, die oft passiert ist und auch leicht passieren kann und die für uns ein ziemlicher Rückschlag wäre. Ihr wisst genau: Unachtsamkeit [3610] untergräbt jede feste Absicht. Viele leitet sie so in die Irre, dass sie davon in Verwirrung geraten. Darauf achtet gut, ihr Herren! Eine Sache könnte uns schaden, [3615] nämlich wenn wir zusammen lauerten und nicht jeder für sich auf Wache läge: Er könnte uns dann allen in der Nacht davonreiten. [3620] Wenn euch also der Vorschlag gefällt, dann sollen wir uns so platzieren, dass ein jeder seine Wache alleine hält.‹ Dem stimmten sie einhellig zu. [3625] Hört, wie er die Wache einteilte.

Als sie dem Vorschlag zugestimmt hatten, den Artus gemacht hatte, sagte er: ›Kay, ihr reitet dorthin, wo ihr zwei Meilen entfernt [3630] von Algue auf den Ritter wartet. Wenn er kommt, so denkt daran, ihn zu fragen, wer er sei und was er hier suche. Das sollt ihr nicht vergessen.‹ [3635] Kay sagte: ›Ich bin so kühn zu behaupten, dass einer von uns siegen oder einer von uns den Tod finden wird, wenn ich ihn zu mir kommen sehe.‹ ›Gales‹, sagte Artus, ›ihr reitet

[3640] mitten auf die Straße! Den Aumagwin lasse ich aber auf dem Weg bei der Furt; dort soll er Wache halten. Ich wiederum reite zum alten Weg, [3645] wo einst die Straße verlief, und lege mich dort auf die Lauer. Die ist mit Gras zugewachsen. Ein Kreuz zeigt sie noch an. Wo immer der Ritter sich dann hinwendet, [3650] muss er doch dort vorbeikommen. Er kann es nicht verhindern, auf einen zu stoßen, der nach ihm Ausschau hält.‹

Kay vs. Gasoein

Nachdem er die Wachen eingeteilt hatte, ritt der klugsinnige Artus [3655] ein kurzes Stück mit ihnen. Er nahm seinen Weg zu dem Ort, wo er dem Ritter auflauern wollte. Auch Aumagwin musste bald seine Gefährten verlassen. [3660] Da mussten sich die vier für den Hinterhalt aufteilen. Dass Kay dies bedrückte, das könnt ihr ruhig glauben. Man musste ihm bei der Wache [3665] das Zittern erlauben, denn sein ganzes Trachten richtete sich auf Hitze, weil tiefer Schnee und dickes Eis ihn in so große Not brachten, [3670] dass er zu sterben glaubte. Hätte er die Sache geahnt, als er in Tintaguel auf der Festung mit ruhiger Gemächlichkeit am Kamin saß [3675] und dort sehr guten Wein trank, wäre er daheim geblieben. Wie sehr Kay in der Nacht seine Marter beklagte, das kann ich euch kaum erzählen. [3680] Niemals hatte jemand eine härtere Nacht verlebt als er. Er suchte Ruhe von Platz zu Platz, eine Weile dort, eine Weile hier, bis ihn die Müdigkeit fest packte, [3685] während er hin und her lief, sodass er auf seinem Schild einschlummerte, und das geschah eben wegen der Müdigkeit. Als er nun die ganze Nacht gegen diese Not angekämpft hatte, [3690] hatte diese ihn so restlos geschwächt, dass er sich nicht aufrecht halten konnte. Bei der Straße in einem Graben war er niedergesunken. Da fand ihn der Ritter liegen, [3695] auf den er in der Nacht gewartet hatte. Der kam nun zu ihm geritten. Er war ihm nicht ausgewichen.

Er fand Kay schlafend. Ich schildere euch seine Bewaffnung: [3700] Das war im Ganzen nicht mehr als Schild, Schwert und Lanze und ein prächtiger Kranz, rot und gelb. Man hatte viel Mühe darauf verwendet. [3705] Ein kleines und weißes Hemd trug er, sonst nichts. Er hatte weder Rock noch Mantel an. Er trug eine Hose, überall mit rotem Scharlach durchsetzt, [3710] durch die man die Beine hindurchscheinen sah,⁵⁴ außen herum prächtige Sporen aus Gold, vorne an der Spitze zur Schärfung mit einem Stachel beschlagen. [3715] Hätte seine Fahrt in der Hitze des Augusts stattgefunden, hätte ihm die Kälte nichts anhaben können. So aber lag es gänzlich in der Hand des Glücks; er musste den Frost ertragen.⁵⁵ [3720] Er sang laut ein Lied, sodass der Wald vor Freude und Liebe ertönte. Nun bemerkte es Kay und glaubte, es wäre ein Traum. [3725] Ich glaube, er hatte ihn da so lange gar nicht gehört, bis er unmittelbar vor ihn gekommen war, und er wäre ihm beinahe davongeritten, wäre nicht das Pferd störrisch geworden, [3730] wovon Kay erwachte. Als er sich aufrichtete, erblickte er den Ritter sofort. Er machte sich auf die Verfolgung und eilte ihm rasch nach. [3735] Er rief hinter dem Fremden her: ›Kehr um, Ritter, kehr um, bei deiner ritterlichen Ehre! Wohin eilt ihr so schnell? Seht ihr nicht, dass ich [3740] ein Ritter bin, der euch haben will? Es ist ein starkes Stück für euch, dass ihr nicht umkehrt. Das Herz, das euch dies lehrt, erwirbt leicht Unehre.‹ [3745]

Er ritt schnell weiter, denn er hörte die Worte nicht, die Kay zu ihm sprach. Nun änderte Kay seine Bitte in Schelten und in Drohen. [3750] Er sagte: ›Ihr minnt nie in so hoher Art, dass ich euch nicht leicht herabsetze. Ihr werdet noch heute umkehren, und wenn ihr es auch sehr ungern tut. Ihr seid töricht, [3755] dass ihr jetzt nicht auf mich wartet. Ihr mögt wohl ein Tölpel sein, dass ihr zu dieser Zeit ausreitet. Ich muss glauben, dass ihr ein weithin bekannter Feigling seid. [3760] Ihr getraut euch nicht, wie andere Ritter untertags zu reiten, denn dann müsstet ihr kämpfen, wenn jemand gegen euch anritte. Für dieses feige Verhalten [3765] werdet ihr büßen, und auch dafür, dass ihr euch heute Nacht so vor meinem Gruß versteckt und euch so vorbei gestohlen und mich habt schlafen lassen. [3770] Wenn ihr damit Erfolg habt, dann nur deshalb, weil man es mir für besser anrechnet und ich dadurch mehr Ansehen erbeute, wenn ich in dieser Sache mit euch ein Nachsehen habe, [3775] als wenn ich es an euch ahndete. Würde dadurch nicht mein Ansehen ins Gerede kommen, so könntet ihr niemals so vornehm sein – das lasst euch eine Warnung sein –, [3780] dass

---

54   Oder: ›Er trug eine Hose aus rotem Scharlach, so zerschnitten, dass man die Beine hindurchscheinen sah, ...‹
55   Interpunktion der letzten beiden Sätze gegen die Ausgabe.

ihr es nicht hättet vergelten müssen.⁵⁶ Ihr glaubt wohl, ihr könnt euch verstecken.‹

Kay war ihm so nahe gekommen, dass dieser alles genau hörte, was er ihm hinterherschimpfte. [3785] Der Ritter vergalt die Rede aber mit keinerlei Zurückschimpfen. Er ließ ihn nicht für solch großen Frevel bezahlen, wie es doch viele [3790] getan hätten. Denn das ist ein unbescholtener Mann, der auf Böses mit Gutem antwortet. Wenn einer sich so rächt, dass er Schelten mit Schelten vergilt, [3795] nennt man das üblen Weiberstreit. Dessen war sich der Ritter wohl bewusst. Es drängte ihn nicht nach Vergeltung. Es geschah aus Klugheit, dass er überlegt und [3800] sehr höflich sagte: ›Herr, wenn ich so übel wäre, wie ihr mir selbst gesagt habt, würde ich das bedauern und ich wäre kein richtiger Mann. [3805] Einem Ritter, dessen Angelegenheit euch verborgen ist, passiert es oft, dass er in der Nacht reiten muss, auch wenn er gerne bei Tag ritte, könnte er damit seine Angelegenheit [3810] zu einem gleich guten Ende bringen. So etwas sollt ihr keinem Ritter als Schande anrechnen. Was immer euch aber davon abbrachte, es zu rächen, sodass ihr mich ob dieser Verfehlung [3815] gänzlich ungestraft lasst – ich will euch dafür danken. Ihr hättet diese Sache wohl nur mir oder einem Feigling verziehen.‹

Hochmut verblendet. [3820] Wenn der Löwe aus Furcht vor den Katzen zusammengerollt liegt, kann man da viel Kratzen, Knurren und Brüllen sehen. Sehr viele wilde Vögel [3825] legen sich mit der Eule an. Solange die Kraft und Gewalt des Reihers die Meise nicht vertreibt, ist es kein Fehler, wenn sie gegen ihn antritt. [3830] Ein Mann könnte wohl ein ganzes Heer besiegen, wenn es ohne Verteidigung wäre. Das kann ich leicht beweisen. Kay wurde von der guten Rede getäuscht, die ihm der Ritter darbrachte – [3835] was sich für das Gemüt eines Mannes doch nie gehört. Wer sollte, wenn einer sich selbst betrügt, den Schaden und den Kummer beklagen, den dieser erleidet? So erging es nun Kay, [3840] weil er zuviel geprahlt hatte. Das kam daher, dass er glaubte, ihn zu dem zwingen zu können, was er wollte. Er sagte: ›Ich sollte [3845] nicht so lange gewartet haben. Als ich euch zuerst eingeholt hatte, guter Herr Ritter, da hätte ich mich beeilen sollen, euch gefangen zu nehmen. [3850] Da dies nun so geschehen ist, so sagt mir, wonach ich

---

56 Interpunktion gegen die Ausgabe.

frage: euren Namen und wer ihr seid; und setzt nicht euer Leben aufs Spiel, indem ihr euch wehrt. [3855] Da euch das Glück gerettet hat, hat euch Gott das Leben gelassen; die Gnade kommt von ihm allein.‹

Was stört eine kräftige Eiche ein sanfter und lauer Wind, [3860] wenn er sie durchweht? Wo immer sich ein Hagelschauer zusammenbraut und er aber keinen Schaden anrichten kann, dort erträgt man leicht seinen Schrecken. Genauso verhält es sich mit dem Mut eines Mannes, [3865] der viel mehr redet, als er mit Werken tut. Dieser Degen antwortete nun Herrn Kay auf diese Rede. Er sagte: ›Bei allem, was mir je etwas wert war, [3870] ich soll euch dafür Dank wissen, doch der Ruhm wäre allzu schwach, den ihr damit erbeutet hättet.[57] Das ist nicht Tapferkeit, und es würde sich auch nicht gehören, [3875] wenn einer einen Mann erschlagen würde, ehe er ihm den Kampf ansagte. Kein Mann ist auch so kleinmütig, dass er nicht, wenn ihm denn einmal etwas misslingt, Sicherheit anbieten würde, [3880] die man dann rechtens nimmt, wie es sich für ritterliches Recht ziemt. Oft kommt es zu einem Kampf zwischen zwei guten Rittern, die beide auf Aventiure ausfahren [3885] und sich darauf vorbereitet haben. Von denen muss einer den Sieg davontragen, der andere sieglos unterliegen. So ist es seit jeher festgesetzt. In diese ritterliche Schmach [3890] müssen sich jene finden, die auf diese Weise ihr Leben erhalten wollen. Hier gibt man sich nicht mit Drohungen ab! Will jemand mit ihnen zu schaffen haben, so muss dies sehr ritterlich geschehen. [3895] Wenn sich dann zwei solche auf dem Feld treffen, hat sie das Gerücht geschwind beim Namen genannt, worüber sich ein jeder schämt, [3900] denn so sind sie beide gezähmt.‹[58]

Oft nimmt man etwas aufs Geratewohl auf sich, sodass man es später gerne los würde, wenn man könnte. Wer zu rasch nach etwas verlangt, [3905] wird es leicht bereuen. Denn niemand soll sich auf einen viel versprechenden Anfang verlassen, wenn er nicht auch schon abzuwägen versteht, worauf es hernach für ihn hinausläuft, [3910] wie es hier Herr Kay beweist. Diese Sache wurde ihm

---

57   Die ersten beiden Satzteile sind im Mittelhochdeutschen nahezu unverständlich, die Übersetzung ist nicht mehr als ein ungefährer Vorschlag.
58   Die höflich-opaken Sätze kommentieren wohl das ritterliche Gesetz (der höfischen Literatur), dass der Unterlegene im Kampf seinem Bezwinger Sicherheit leistet und dabei eben auch seinen Namen preisgibt.

verdrießlich. Er sagte: ›Ihr erzählt mir eine Geschichte vom alten Gesetz, Herr Ritter. Wie immer diese Sache ausgeht, [3915] sagt mir, wie ihr heißt, oder, fürwahr, ihr beschwört euch solchen Kummer herauf, dass nie ein solcher Dummkopf in die Welt hineingeboren wurde, [3920] dass er nicht gut darauf verzichten könnte, hätte er nur ein bisschen Verstand. Wenn ihr es mir nicht gewähren wollt, werde ich euch so eindringlich darum bitten, dass es, glaube ich, [3925] euer Hemd deutlich spüren wird. Ja, ihr könnt mit Kindern von solchen Dingen reden, denn Schlagen und Stechen, das ist für euch der sichere Tod.‹ [3930] Der andere sagte: ›Ihr betrügt euch hier selbst ohne Not. Wenn ihr noch nach ritterlicher Art meinen Namen erfahren wollt, dann sollt ihr es nicht länger aufschieben. [3935] Sonst wird er euch verschwiegen. Wenn ihr mich zu Pferd besiegen könntet, würde ich euch, bevor ich mich erschlagen ließe, sagen, wie ich heiße und wonach ihr mich fragt.‹ [3940] Kay verdross die Rede und er sagte: ›Wenn ich kann, vollbringe ich es – mit Verlaub –, noch bevor uns heute der Tag graut, [3945] dass ich euch zu leben erlaube, damit ihr mir alles sagt, was ihr über euch und über eure Sippe wisst. Euer Mutwille hat euch versengt.‹ [3950]

Da erwiderte der Ritter: ›Wenn man von Drohungen sterben würde, hätte ich nicht so lange gelebt. So eine Rede, wie ihr sie mir haltet, habe ich noch nie gehört. [3955] Wenn ihr für Ruhm hergekommen seid, dann seid ihr bei mir an den Falschen geraten. Ihr habt heute so viel gelogen, dass ich es nicht länger ertragen kann. So habt ihr mir mit eurer Fabulierkunst [3960] die Nacht gestohlen. Warum sollte ich dazu schweigen? Ihr seid nicht wert, dass man euch schätzt. Eure Zunge schneidet besser als euer Schwert, das habe ich längst erkannt. [3965] Ihr könnt von euch selbst behaupten, was immer ihr wollt, doch glaube ich davon nur so viel, wie ich es für richtig halte. Nun lasst euch von mir sagen, dass ich in dieser Sache gewiss besser aussteigen werde als ihr – [3970] so wie ihr es für euch glaubt. Wenn ich es aber weniger gut habe, dann soll sich das Glück meiner annehmen und mich vor euren Schlägen schützen, die den sicheren Tod herbeiführen [3975] und den Mann derart in Bedrängnis bringen.‹ Kay machte diese Rede sehr wütend und er sagte: ›Nun habt ihr mich über alle Maßen erniedrigt. Schuld daran bin ich selbst, [3980] weil ich euch so lange verschont habe. Ich sollte euch gleich bei der ersten Gelegenheit gezeigt haben, wie meine Lanze jene herabbiegt, die ihre Gegner sein wollen. [3985] Jetzt gibt es kein Entrinnen. Bleibt stehen! Euch ist der Kampf angesagt!‹ Der Ritter war gerne dazu bereit und hielt auf der Heide. Schnell prallten sie beide [3990] kraftvoll aufeinander. Beider Gedanken strebten nach Fangen und Abwerfen. Sie tjostierten in Wurfes Länge, [3995] was Kay teuer zu stehen kam, weil er zu Boden ging. Der Ritter stach ihn dort vom Pferd, sodass Kay in seiner ganzen Länge auf das Gras fiel [4000] und kaum mit dem Leben davonkam.

Gales vs. Gasoein

Er führte sein Pferd vor seinen Augen davon und ließ ihn in der Wegkrümmung liegen. Euch soll auch nicht verschwiegen werden, [4005] wie es Gales erging, ehe er den Ritter sah. Ich will es euch genau erzählen: Er klagte die ganze Nacht über, dass er so lange ausblieb. [4010] Es bedrückte ihn sehr, dass der so gar nicht kommen wollte – wenn er überhaupt kommen würde; auch hoffte er, dass es bald tagen würde, weil er nicht gern wartete [4015] und es ihm große Mühe bereitete, dass er so lange unter der Drangsal des Frostes auf der Lauer liegen musste. Dabei schlief er unwillentlich ein. [4020] Die Müdigkeit zwang ihn dazu. Er schlief nicht und wachte nicht, weder das eine noch das andere tat er wirklich. Daran war die Kälte schuld, [4025] die ihn fast erfrieren ließ. Nun schien es ihm, als hörte er den Ritter singen. Da wollte er aufspringen und ihm sogleich [4030] auf ein Wort entgegenreiten – er wollte nicht auf ihn warten –, weil er sich überlegt hatte, ihn im Guten dazu zu bewegen, [4035] dass er ihm bereitwillig über seine Fahrt Auskunft gäbe, oder worum immer er ihn fragen wollte. Er wollte da kein Wagnis eingehen, wie es Kay zuvor getan hatte, ehe er nicht gesehen hätte, wozu [4040] seine Bitte führen würde. Was immer diesem angemessen sein würde, darin wollte er ihm nachkommen, gleichgültig ob er Kampf oder Versöhnung wollte – was ihm eben auf [4045] seine Bitte hin lieber wäre. Sein Herz riet ihm dazu.

Kaum hatte er diesen Gedanken gefasst, eilte der Ritter schnell an ihm vorbei. Als Gales das erkannte, [4050] bereitete es ihm Leid, und er begann ihm hinterherzueilen. Bald kam er ihm so nahe, dass er ihn unterwegs einholte und mit ihm zu reden begann. [4055] Sein Gruß war zu loben. Der Ritter nahm ihn auf höfische Weise an und gab ihn ihm höflich zurück. Hier wird Gleiches mit Gleichem vergolten, wenn dem Guten Gutes widerfährt. [4060] Vielen aber bleibt dies vorenthalten, denen das Gute mit Schlechtem gelohnt wird. Gales redete klug und wollte höflich sein; er strebte danach, hier [4065] Gutes für Gutes zu bekommen, da Gutes Gutes einträgt. Er sprach, wie ein Ritter sprechen soll, der ritterlich und gut über alle Dinge zu sprechen weiß, [4070] wie ein höfisch erzogener Mann: ›Edler und teurer Recke, ich habe niemals gleichen Wert und gleichen Ruhm bei einer Aventiure gesehen, [4075] wie ich sie an euch sehe. Und wenn es wegen Frauen oder auch aus anderem Grund geschieht – ihr habt damit in einer einzigen Nacht alles Wohlwollen verdient, [4080] weil ihr so nackt und bloß in dieser großen Kälte reitet, ganz ohne den Schutz von Kleidern. Wer auch immer der Grund dieser Fahrt ist, wird es euch lohnen, wenn er gut ist. [4085] Da es mir Gott vergönnt hat, dass ich eure Bekanntschaft heute Nacht hier machen sollte, und wenn es nun der Wille Gottes wäre, dass ihr mir besser bekannt würdet, [4090] dann wäre meine Ausfahrt erfolgreich gewesen. Könnte ich doch eure schöne Gestalt mit einem Namen verbinden! Dann würde ich, wo immer ich [4095] euren Namen sagen höre, mit wahrem Mund für euch Zeugnis ablegen, wenn euch jemand den Ruhm vorenthielte.‹

›Habt Dank, Ritter!‹, sagte er. ›Ich bin aber nicht dafür hergekommen, [4100] damit ich irgendjemandem meinen Namen sage. Dass ich ihn heimlich führe, geschieht nicht in schlechter Absicht, denn jeder soll von mir halten, was er an mir schauen kann. [4105] Ich versichere euch, ich bin ein Mann, der Aventiure sucht und sich nicht darum kümmert, ob es warm oder kalt ist. Mir ist der schneeweiße Wald [4110] bei der Ausfahrt genauso lieb, als würde die Sonne niederbrennen. Nicht mehr kann ich euch sagen, als dass ich in meinem Leben fürwahr nie jemanden gesehen habe, [4115] dem ich so viel anvertraut hätte, wie ich euch anvertraut habe.‹ Gales sagte: ›Wenn es sein könnte, dass ihr mich eure Herkunft und euren Namen wissen lasst, [4120] würde ich euch gerne darum bitten wollen, zumal ich dafür diese lange Nacht gewartet habe, sodass ich mit dieser Kälte kämpfen musste und mir hier ein Leid geschehen ist. [4125] Es geschah nicht aus Feigheit, dass ich euch nicht schon darauf angesprochen habe, Ritter, als ihr zuvor bei mir vorbeigekommen seid, sondern weil ich euch aus jenem Grund freundlich begegnen wollte, [4130] damit ihr mir sagtet, wie eure Herkunft wäre und welchen Namen ihr habt. Da euch die Frage unangenehm ist, muss ich aber annehmen, [4135] dass ihr auf Räuberei herumzieht. Deshalb wollt ihr euren Namen nicht preisgeben. Ich werde dennoch herausfinden, wer ihr seid, denn wenn ihr mir diese Bitte abschlagt, die ich an euch herantrage, [4140] gibt es keine andere Möglichkeit, als dass ich mit euch kämpfe; zurückstellen will ich meine Frage gewiss nicht.‹

Er sagte: ›Kampf könnt ihr gern haben. Ihr wisst, dass das Rad des Glücks [4145] beweglich und rund ist. Es kann sich ebenso schnell für mich zum Besten wenden wie für euch. Fürwahr, Ritter, deshalb sollt ihr mich nicht verwünschen. [4150] Ihr müsst gegen mich allein fechten, so wie ich gegen euch. Es gehört sich nicht für tüchtige Ritter, dass sie so viel drohen, denn das würde den anderen nur [4155] belustigen und auch stärken:[59] Man erkennt den Feigling an seiner hochtrabenden Antwort. Wenn ein Jäger das Wild nicht an der Fährte aufspürt, wie es sich gehört, [4160] jagt es lange vor ihm her, ehe es gefangen wird. Mich langweilt diese eure heftige Drohung sehr, denn sie ist viel zu hochmütig [4165] und ihr handelt nicht dementsprechend. Ihr habt es nicht so eilig zu fechten, wie zu reden. Und wenn ich so auf mein Leben bedacht wäre, wie ihr mir vorwerft, [4170] hätte ich euch nichts verschwiegen und ihr hättet alles erfahren, bevor wir hier voneinander geschieden wären. Ich hätte es euch auf eine Weise kundgetan, [4175] dass ihr es hättet sagen können, wem ihr es zu hören vergönnt gewesen wärt. Böses treibt nichts als Böses hervor.‹

Darauf sagte Gales: ›Mein Freund, ich glaube, [4180] dass ihr ein bisschen verrückt seid. Fürwahr, ihr nehmt mein Ansinnen nicht im Guten auf, und ihr habt überhaupt keinen Grund, mir so sehr zu drohen. Ihr seid angezogen [4185] wie eine Frau.[60] Ich hingegen bin gut gewappnet, und glaubt mir, wenn ihr auf diese Weise von mir Wegzoll eintreiben wollt, [4190] könnte das sehr übel für euch ausgehen. Das wird sich schon noch zeigen. Wenn ihr mir nicht euren Namen sagen wollt, kann ich mir das nicht länger gefallen lassen, denn schon naht der Tag. [4195] Ich muss wohl ein Feigling gewesen sein, dass ich von einem so nackten Mann solche

---

59   Gegen die Anm. der Ausgabe.
60   Ich übersetze den Satz nach Hs. P und verstehe den zweiten Vers als negativ-exzipierenden Satz (die Negation kann fehlen, wenn der übergeordnete Satz negiert ist). Den Satz in Hs. V halte ich für verderbt; wenn er überhaupt etwas heißt, dann: ›Ihr tragt nichts am Körper; das gehörte sich nicht [einmal] für eine Frau.‹

Rede hingenommen habe. So kann es nicht weitergehen. Sagt mir, wenn ihr am Leben bleiben wollt, [4200] wonach ich euch gefragt habe, oder wisst, dass ihr euer Leben und eure Ehre für nichts aufs Spiel setzt. Das könnt ihr leicht verhindern: [4205] Hier gibt es niemanden außer uns beide, der es hörte oder sähe. Niemand wird uns hier verraten, was immer wir einander anvertrauen.‹ Der andere sagte: ›Wenn ich überhaupt jemanden [4210] meinen Namen würde wissen lassen, so hättet ihr euch genug bemüht, dass ihr ihn erführet und dass ich ihn euch kundtäte. Das kann aber nun nicht sein.‹ [4215] Gales sagte: ›Ihr müsst ihn sagen, oder einer von uns beiden ist verloren.‹ Sie gaben den Pferden die Sporen und packten die Schilde. Beide begaben sich [4220] aus dem Dickicht aufs offene Feld, wie es ihnen ihre Kunst eingab, einer hierhin, der andere dorthin. Sie nahmen die Lanzen unter die Achseln und ritten gegeneinander. [4225] Nun wisst, dass Gales so hasserfüllt kämpfte, dass seine Lanze völlig zersplitterte, wo sie am stärksten war; das war eine Spanne vor seiner Hand. [4230] Dieser Ritter tat es ihm gleich: Er traf ihn mit solchem Hass, dass er ihn vom Pferd warf. Der Ritter hatte es bitter nötig, dass ihn dort noch ein anderer [4235] fragte, wer er wäre: Hier liegen Gales und Kay.

Aumagwin vs. Gasoein

Er band die Pferde zusammen, nahm sie beide an die Hand und zog seines Weges. [4240] Da lag Aumagwin der Rote auf der Lauer. Der Frost brachte ihn beim Schwarzen Dorn, wo er lag, sehr in Bedrängnis. Er bat, dass der Schlag Gottes [4245] jenen auf der Stelle fällen sollte, der diese Ausfahrt verursacht hatte, und er bat, dass die Königin in diesem Wald bei ihm wäre, damit sie sähe, [4250] wie ein nackter Ritter in seinem Hemd überlebte! Wenn so einer eine Zeit lang in so kaltem Wind sein müsste, der ihm hier [4255] auch in Waffenrock und Panzer schon zu viel wäre, würde er sein Leben verlieren. Nun schien der Mond sehr hell weithin über das Feld. [4260] Nun sah er diesen Ritter an der Furt herreiten, und sah, dass er zwei Pferde führte, und bemerkte, dass es jene von Kay und Gales waren. [4265] Das bedrückte ihn ein wenig, doch er vertraute auf das Heil und ritt ihm entgegen. Er grüßte den Degen, so gut er konnte. [4270] Dieser stand ihm unterwegs in Wort und Gewogenheit ritterlich zu Diensten, ohne dass es ihn verdross, bis

Aumagwin ihn fragte, [4275] in welchem Land er geboren sei, und ihn bat, sich zu nennen. Dies geschah beim Schwarzen Dorn. Die Sache erzürnte den Fremden. [4280]

Hier musste er kämpfen. Mit Zorn ritten diese beiden sofort gegeneinander an. Ein jeder treibt sein Pferd heftig mit den Sporen. [4285] Einer von ihnen handelte sich etwas ein, das ihm doch zuwider war. Aumagwin schlug den Ritter auf den Schildbuckel – im Schlagen war er freigiebig –, [4290] sodass seine Lanze völlig zersplitterte. Der Ritter erwiderte den Stich, sodass Aumagwin in die Quelle fiel, die vor ihm aus dem Berg sprudelte. Das brachte ihm eine schlechte Zeit ein. [4295] Der Ritter führte sein Pferd davon und begann wieder zu singen. Dass Aumagwin nicht ertrank, ich glaube, dagegen half ihm, dass Kay und Gales [4300] in dem Moment vorbeikamen. Die erkannten ihn und packten ihn und zogen ihn aus dem Wasser. Da war er, völlig durchnässt, vom Frost beinahe tot, [4305] hätte er nicht geglost wegen der Anstrengung, die er durch den Degen erlitten hatte. Andernfalls wäre er gestorben. Unterwegs erzählten sich [4310] die drei gegenseitig, wie der Ritter doch in der Tat mit ihnen umgegangen war; ein jeder berichtete seine Not. Wie es da Artus erging [4315] und wie er den Ritter begrüßte, das wird nicht verschwiegen. Der Ritter fand ihn dort liegen, wo er Wache hielt; auch Artus litt darunter, [4320] dass er so lange auf der Lauer liegen musste.

Artus vs. Gasoein

Artus lag hohen Mutes auf der Wache, doch verdross ihn der starke Frost sehr, [4325] und auch, dass er so lange warten musste, weil er vor Kälte und Schnee das Leben zu verlieren drohte. Der Frost ließ ihn frieren und tat ihm weh, ebenso der Harnisch und das Eis. [4330] Seine Ohren richtete er lauschend in alle Richtungen, hierhin und dorthin. Er sagte: ›Ich muss ein Dummkopf gewesen sein, dass ich mich wegen einer Frau so ruiniere, [4335] bloß weil man behauptet, dass der Mann durch seine Mühe großen Wert gewinne. Auch ist es um das Gemüt der Frauen zu aller Zeit folgendermaßen bestellt: [4340] Sie können nicht warten, egal wonach ihnen der Sinn steht. Kaum passt einer irgendetwas nicht, spricht sie überall darüber und behält es nicht bei sich. [4345] Diese übermütigste Lebensart hat ihnen die Natur gegeben, und sie halten es für ein großartiges

Recht. Egal ob etwas krumm oder gerade ist, sie glauben, dass sie darüber im Ernst [4350] und im Scherz Gewalt haben; deshalb ist ihr Spott groß. Sie handeln, als ob sie die Ursache aller Freude wären, was freilich auch der Fall ist. [4355] Deshalb soll man ihnen ihre Rede nachsehen. Wenn es doch endlich tagen würde, könnte ich heimfahren, weil sie diese Rede nicht gesprochen hat, um mich zu schmähen. [4360] Ich weiß genau: Das geschah in Schimpf und Scherz mit edler Einfalt. Was aber, wenn sie mich schilt? Doch weiß ich genau, dass sie sich über mich [4365] freut, wenn sie mich sieht, und dass es ohne falsche Absicht geschieht. Denn wäre da etwas Wahres dran, dann bin ich sicher, dass der Ritter mittlerweile gekommen wäre. [4370] Es ist bloß eine Geschichte, die sie irgendwo gehört hat und die ihr über die Lippen kam, als sie vorhin mit mir gesprochen hat. Sehr viele Frauen bemühen sich, [4375] dass sie den Freunden die Freude verschütten. Wer soll herausfinden, was sie damit meinen, wenn sie damit nicht Herzensliebe beweisen? – Dafür halte ich es. [4380] Wer sich von einer solchen Rede beleidigen ließe, verlöre dadurch seine Freude.‹

Nachdem Artus diese Rede gesprochen hatte, blickte er auf und schaute über die Berge. [4385] Nun seht, wo auf der Ebene der Ritter, auf den der König gewartet hatte, herbeigeritten kam; er führte die Pferde an der Hand. Der König erkannte die Pferde sofort, [4390] und die Frage bedrückte ihn, wo die Ritter wären, die er darauf ausgesandt hatte. Das war ihm sehr verdrießlich und es tat ihm leid. [4395] Er begab sich auf die Heide, auf der der Ritter herbeiritt wie ein furchtloser Recke, und grüßte diesen im Guten. Es wurde ihm mit der gleichen [4400] Gesinnung vergolten, und der Fremde wandte sich von ihm ab und dem Feld zu und wollte damit von ihm wegreiten. Artus aber sagte: ›Mein Freund, wo wollt ihr hin? Kommt her [4405] und erzählt mir ein wenig mehr! Was ist den Rittern zum Verhängnis geworden, denen ihr diese Pferde gestohlen habt? Leben sie, oder sind sie tot?‹ Dieser sagte: ›Ihr bezichtigt mich [4410] ohne Grund diebischen Verhaltens, denn leicht kann ich beweisen, dass ihr übel gelogen habt. Euch hat ein Tölpel unterrichtet, der euch beigebracht hat, [4415] dass ihr den Rittern Diebstahl und nächtliche Räuberei vorwerft. Hört auf damit, dass ihr mich so angeht, zumal ihr von mir behauptet habt, [4420] ich wäre in diesem Land ein Nachträuber, und bringt mich doch eurem Artus, der in diesem Land herrscht, auf dass er über mich richte. [4425] Dann wird euch diese Sache auf ewig zur Ehre gereichen und ihr könntet niemals größeres Ansehen erwerben – das will ich euch wahrhaftig sagen –, [4430] wenn man es euch denn nachsieht.‹

›Ihr seid zu gütig. Wenn ihr sie nicht geraubt habt, dann täuscht mich mein Eindruck‹, sagte Artus, ›den ich habe, [4435] und ich kann mich aber nicht davon lösen, sodass ich euch also unmöglich von der Schuld freisprechen kann. Es müsste ein Nichtsnutz sein, dem ihr so nackt begegnet wärt [4440] und das Pferd mit einer Tjost abgenommen hättet. Wenn er bewaffnet war, müsstet ihr sie ihm beileibe im Schlaf nehmen – oder stehlen. Ihr könnt es nicht verbergen, [4445] denn ihr verhaltet euch gerade so. Oder seid ihr so reich, dass ihr, um euren Sattel zu benützen, immer vier Pferde mitführt? Oder seid ihr mit einer Botschaft [4450] in ein Land geschickt worden, sodass ihr euch beeilen müsst und ihr immer wieder eines von ihnen rasten lasst, bis das andere ermüdet ist? [4455] Das wäre eine kluge Idee.‹ Der Ritter sagte: ›Habt ihr euch das, was ihr sagt, ausgedacht, oder hat euch jemand zu so einer dummen Frage angestiftet? [4460] Wenn ich es recht bedenke, dann werde ich euch beibringen, Herr Ritter, wie und wonach ihr Ritter fragen sollt. Für die Verwandten des Mannes bedeutet es [4465] wachsenden Schmerz, wenn ihnen die Unehre geschieht, dass ihre Verwandten und Kinder so ungehorsam sind, dass sie vor ihrer Erziehung fliehen [4470] und dann in vielen Fällen von Fremden ziemlich nachlässig erzogen werden. Genau das ist euch passiert, mein guter Herr Ritter. Wenn ihr jemals Ritter gesehen hättet, [4475] könntet ihr sie jetzt besser behandeln. Ihr sollt den Gruß ändern, wenn ihr einen Ritter trefft. Dann tut ihr euch selbst etwas Gutes, denn so ist es ungehörig, [4480] und es gibt genug, die euch dafür erschlagen und es euch nicht verzeihen würden, wie ich es verziehen habe. Diese Pferde habe ich in der Tjost [4485] gewonnen wie ein tapferer Mann.‹

Darauf entgegnete Artus: ›Herr Ritter, habt ihr sie so gewonnen, dann habt ihr sie gut gewonnen. Ich behaupte – mit [4490] Verlaub – dasselbe. Lasst mich eure Waffen sehen und wappnet euch auf der Stelle damit, so wie auch ich gewappnet bin, dann tjostiert gegen mich.‹ [4495] Der Ritter sagte: ›Das gefällt mir. Ich gewähre euch die Tjost. Ich habe aber keinen Harnisch und kein Kettenhemd, und ich kann gut darauf verzichten, [4500] wie ihr hier selbst seht.‹ Artus sagte: ›Guter Herr Ritter, für den Winter ist eure Ausstattung in der Tat zu schlimm und euer Schutz zu klein, [4505] wenn ihr allein einen bewaffneten Ritter angreifen wollt. Ihr werdet untergehen, wenn ihr ein solches Wagnis auf euch nehmt. Ritter, ich will euch etwas [4510] fragen, das ihr mir sagen sollt und wodurch ihr meine enge Freundschaft sicher erringen könnt, nämlich wer ihr seid und wie ihr und euer Land heißt, [4515] denn es ist nun einmal so, dass ich es wissen muss. Ihr seid bestimmt so klug, dass ihr es mir sagt, da es nun bald tagen wird [4520] und ich wegreiten muss. Und überlasst mir in Freundschaft alle drei Pferde, die ihr mit euch führt, damit ich sie den anderen zurückgeben kann.‹ [4525] Der Ritter sagte: ›Solange ich lebe, bleibt mein Name ungesagt, es sei denn, mir geschieht ein solches Leid, dass ich völlig verzage. Die Pferde will ich euch nicht vorenthalten, [4530] da ihr ein Ritter seid und weil man das, was man auf diese Weise gewonnen hat, mit Recht jenem geben soll, der freundlich darum bittet. [4535] Bevor es noch lange so dahingeht, kümmere ich mich nicht darum, wo eines von ihnen bleibt.‹

Als diese Rede beendet wurde, fasste Artus den Ritter beim Zaum und forderte ihn auf, seinen Namen zu sagen. [4540] ›Ihr sollt euch für das schämen‹, sagte der Ritter, ›was ihr tut. Das bringt für euch nichts Gutes und wird euch großen Kummer bereiten. Ich heiße so, wie mich meine Freunde [4545] und meine Verwandten heißen. Leicht hingesagt, gewinnt ihr mit dieser Fragerei keine andere Antwort – dessen seid versichert –, wie sehr ihr euch auch anstrengt, das glaubt mir. [4550] Dass ich mir die Sache gefallen lasse, tue ich nur aus Anstand. Trotzdem seid ihr so widerspenstig, dass ihr euch hier erhofft – wie ihr schließlich selbst behauptet –, [4555] dass ich es euch sagen werde. Ich weiche vor euch nicht einen Fußbreit zurück, was ihr auch anfangen wollt [4560] im Guten oder im Bösen. Dessen könnt ihr euch sicher sein, und das wird sich schnell zeigen. Wenn ihr euch nicht beim Fragen mäßigen wollt, wird euch etwas zuteil, [4565] das euch im Nachhinein bedrücken wird und das ihr lieber vermieden hättet. Was nützt euch ein so armseliges Drohen? Viel drohen und hochmütig reden geziemt nur Frauen. [4570] Guter Ritter, unterlasst solch weibisches Zanken! Ihr müsst mehr wagen, wenn ihr mehr erfragen wollt.‹

Hierauf wurde nichts mehr gesagt. [4575] Beide waren da bereit und ergriffen die Lanzen, der eine hier, der andere dort, und sie ritten ein Stück zurück, damit ein jeder seinen Stich [4580] umso besser ausführen könnte. Sie nahmen zwei große und gerade Lanzen unter die Achseln. Die Pferde trugen die Recken bereitwillig zusammen. [4585] Wer da auf der Hut sein wollte, den musste das Geschick sehr gut schützen, damit er nicht verletzt würde, denn dort waren beide auf das Verderben [4590] des anderen aus. Nun sollt ihr wissen: Nachdem sie zusammengekommen waren, wurde da eine Tjost geritten, die zwei Rittern durchaus angemessen war, [4595] weil eines jeden Schild solche Stiche von den Lanzen auffing, dass sie, als sie aufeinander eindrangen, kaum Stand halten konnten. Die Lanzen zersprangen in so kleine Teile, [4600] dass sie durch den beidseitigen Druck in Form kleiner Splitter aufs Gras fielen. Selbst mit großem Fleiß hätte man aus diesen Stücken [4605] nicht eine Handvoll Trümmer oder Späne sammeln können. Soweit ich weiß, waren sie zerstoben und die Schilde unten [4610] wie oben zerhauen.

Durch den beidseitigen Ansturm kamen sie, als dieser auf jenen eindrang, einander so nahe, dass die Funken von den Helmen sprühten. [4615] Sie stachen so heftig aufeinander ein, dass sie die Sättel zerstörten und ein jeder seinen Sattelriemen und Sattelgurt ganz zerriss und dennoch beide im Sattel blieben. [4620] Sie vergaßen nicht auf die Schwerter: Die wurden heldenhaft gezückt. Artus kam da nicht zu kurz, ihm schlug der Ritter einen Schlag, dass das Visier [4625] im Schild stecken blieb. Weil der ihn so gut traf, wäre er bestimmt tot gewesen, hätte ihm nicht der gütige Christus in seiner Not geholfen; [4630] und dass er ihn sogleich mit seinem Schwert attackierte, wie es der Ritter mit ihm gemacht hatte, half ihm auch, am Leben zu bleiben. Da der Ritter unbedeckt war, [4635] ließ er sich den Schlag von ihm gefallen und schlug ihn nicht zurück, denn er hielt es für eine Schande, und er bat ihn, seinen Namen zu sagen, dann würde er ihn am Leben lassen [4640] und sein Freund sein. Darauf sagte aber der Ritter: ›Ihr droht mir vergebens die ganze Nacht. Würde ich darauf irgendetwas geben, [4645] sodass ich mich davor fürchtete, dann hättet ihr an mir ein sehr großes Wunder vollbracht. Ich versichere euch, wenn ihr meinen Namen erfahren wollt, [4650] müsst ihr mir zuerst entdecken, woher ihr kommt und wer ihr seid, oder ihr müsst den Kampf von vorne anfangen. Ich will euch aufrichtig sagen: [4655] Auch ihr könntet das bereuen.‹

Artus sagte: ›Guter Herr Ritter, ihr handelt fürwahr unrecht, dass ihr nicht auf den Kampf verzichtet. Glaubt ihr denn, dass mein Schwert [4660] euer glänzendes Hemd nicht schneidet?‹ Er führte das Schwert mit Hass und schlug ihm über den Rand des Schildes, sodass er den Schild bis zur Hand spaltete und dem Ritter aber ansonsten kein Schaden geschah. [4665] Dass ihm der Schlag nicht zum Verhängnis wurde, musste durch Gott geschehen, weil Artus den Schlag gegen ihn mit vollem Ernst geschlagen hatte. Auch wollte es sich der Ritter nicht von ihm gefallen lassen, [4670] sondern er schlug zurück, dass er Artus den Schild bis auf den Fuß herab spaltete. Artus wurde vom Schlag benommen und zahlte ihm den, das ist wahr, [4675] bei Gelegenheit heim, doch konnte er den Ritter mit keiner Finte kleinkriegen, solange der Schild diesen schützte. Wonach beide strebten, [4680] davon besaß er ein Übermaß. Dieses unvermeidliche, hasserfüllte Spiel trieben beide so lange, bis dem Ritter vom Schild nicht mehr als ein Fußbreit übrig blieb. [4685] Deshalb lag das Leben des unbedeckten Ritters auf der Waagschale. Artus vergaß dennoch nie auf seine Frage. Der Ritter sagte: ›Warum tut ihr das? [4690] Ich sage es weder euch noch irgendeinem Mann außer einem, den ich seit langem nicht finden kann; dem würde ich es eröffnen, und dazu verschiedene andere Dinge.‹ [4695] Artus sagte: ›Wer ist das?‹ Er sagte: ›Das ist Artus. Ich weiß aber nicht, wo seine Burg ist; doch so wird er genannt und er ist Herr über dieses Reich. [4700] Ansonsten ist er mir unbekannt.‹

Wenn einer findet, wonach er verlangt, hat es Fortuna gut mit ihm gemeint, wie sie es bei diesen beiden Recken tat, denn es war ihrer beider Anliegen, [4705] einander zu finden. Nun mussten sie einander mitteilen, was ihre Absicht war, und sie taten es gerne. Artus sagte: ›Reden wir offen. [4710] Wenn es wahr ist, was ihr behauptet – dass ihr Artus sucht –, dann hat sich hier Frau Saelde um euch angenommen. Ich bin der Mann, [4715] den ihr sucht. Artus nannte man mich stets, und den Herrn dieses Landes. Nun kann es euch nicht zuwider sein, mir euren Namen zu sagen, [4720] weil ihr mich nun kennt und ich mich euch zuerst vorgestellt habe, sowohl meinen Namen wie mein Land; deshalb ist es nur angemessen, dass auch ihr mir euren Namen sagt, [4725] selbst wenn ich es nicht ansprechen würde.‹ Der Ritter sagte: ›Wüsste ich mit Sicherheit, dass es so wäre, wie ungern würde ich darauf verzichten, euch alles zu sagen, worum ihr mich bittet! [4730] Wenn es mir aber nicht

vorher mit absoluter Sicherheit bestätigt wird, so kann ich mich nicht dazu durchringen, mich in dieser Sache so zu erniedrigen – [4735] es sei denn, ihr könnt Beweise vorlegen.‹
›Die Sache hält uns beide auf. Belasst es bei dem‹, sagte Artus, ›was ich euch versichere. Wenn euch ein Zeichen von mir bekannt ist, [4740] an dem ihr erkennen könnt, dass ich der richtige Artus bin, werdet ihr das an mir finden, dessen bin ich mir völlig sicher. Wenn man euch nicht zuvor angelogen hat, [4745] werdet ihr auch hier nicht betrogen, dessen bin ich ganz gewiss. Ihr werdet hier finden, was ich euch sage.‹ Er sagte: ›Wäre doch heute der Tag! Ich habe gehört, [4750] dass Artus an der Schläfe eine Wunde hat, seitlich am Kopf herunter, kaum einen Finger lang. Lasst euch sagen, dass mein Zweifel nachließe [4755] und mir entfiele, wenn ich die ertasten könnte.‹ Artus bot den Kopf dar und bat ihn, ihm den Helm abzubinden, damit er sehen könnte, ob er an ihm dieses [4760] Zeichen finden und so sein Gemüt mit der Wahrheit erweichen könnte. Wonach beide strebten, das musste nun an ein Ende kommen. [4765] Er tastete mit seinem Finger aufmerksam nach der Wunde. Als er diese gefunden hatte, konnte er es nicht länger verschweigen; er sagte: ›Ich will euch gerne sagen, [4770] König Artus, wer ich bin, weil mir in dieser Stunde ein solcher Freudengewinn zugefallen ist, wie ihn kaum jemand in Worte fassen könnte. Dies hat das Los der Saelde bewirkt. [4775] Gasoein de Dragoz nennen mich die Leute. Nun ist mir heute geschehen, worauf ich mich immer gefreut habe.

Artus und Gasoein: Streit um Ginover, Kampfabsprache

Da ich nun eurer Bitte nachgekommen bin, [4780] wird mich nichts davon abbringen, dass ihr mir gegenüber im gleichen Maße ritterlich und offen seid. Das ehrt euch und ist gut. Ich will, dass ihr mir gegenüber gerecht seid [4785] in einer Sache, die ich vorzubringen habe. Wenn mich mein Eindruck nicht täuscht, dann traue ich euch das leicht zu. Ich sage euch dies – wenn ich es mit Verlaub sagen darf –, [4790] weil ich es keinem Mann klagen kann außer euch, König Artus; deshalb hängt mein Trost von euch ab.‹ ›Das soll euch nicht verwehrt sein. [4795] Ihr findet Minne und Recht, was immer ihr vor mir vorbringen wollt, und ich werde es gerne tun. Wenn ich eure Klage, die euch belastet, stillen kann, [4800] dann seid ohne Sorge und erklärt mir sogleich den gesamten Sachverhalt.‹

Für diese Rede verneigte er sich vor Artus und sagte: ›In eurem Haus [4805] habt ihr etwas gefangen, das mir gehört. Und es sind schon mehr als sieben Jahre vergangen, dass sie zuerst dorthin kam, und das geschah vor allem kraft eines der Euren. [4810] Ihr besitzt sie ohne meine Zustimmung, und diese Schande schwächt euren Ruhm, denn sie dauert nun schon zu lange.‹

›Herr Ritter‹, sprach Artus, ›sagt mir, was meint ihr, das ich gefangen [4815] und euch genommen hätte? – Wenn es nicht überhaupt ohne mein Wissen geschehen ist; dann wäre ich von der Anklage frei und unschuldig daran. [4820] Ihr mögt euch wohl getäuscht haben, obwohl ich eigentlich außer mir nirgends jemanden kenne, den man Artus nennt. [4825] So muss wohl ich derjenige sein. Unter meinem gesamten Gefolge kenne ich weder Ritter noch Knecht, den man einen Gefangenen nennen würde, es sei denn, es wäre gestern geschehen; [4830] zuvor habe ich einen solchen nicht gesehen, das würde ich bestimmt wissen.‹ ›Mir ist aber bekannt, Herr König‹, sagte Gasoein, ›dass ihr die, die ich meine [4835] und die man mir geraubt hat, besitzt, auch wenn ihr das nicht glaubt: Es ist Ginover, die Königin, deren rechtmäßiger Geliebter ich seit jeher bin, und die mir von den Jägerinnen der Nacht [4840] zugesprochen ward, als sie geboren wurde. Das hat seine Geltung nicht verloren, denn später bewirkte Cupido, dass es so geschah, [4845] wie es ihr bestimmt war. Ihr sollt in meinen Worten keinen Hochmut erkennen, denn ich will sie mit solchem Beweis erhärten, [4850] dass selbst ein Kind sicher die Wahrheit, so wie ich sie behauptet habe, ersehen könnte; lasst euch davon nicht die Laune verderben.

Wenn es möglich wäre, dass ihr sie an einen Ort brächtet, wo auch wir beide uns befänden, [4855] so wollte ich es euch dort gleich mit ihr selbst beweisen. Tut bitte auch dies für mich und bringt ihr diesen Gürtel – den kennt dort niemand [4860] außer ihr und Gawein und mir – und bittet sie, um meiner Liebe willen bald mit mir zu sprechen, und zwar an dieser Stelle. Wenn sie den Gürtel erblickt, [4865] wird sie daran nichts auszusetzen haben, das weiß ich genau. Gawein erwarb für sie den Gürtel, und sie gab ihn mir, als ich mich das letzte Mal von ihr trennte. [4870] Der Gürtel hat so große Kraft, dass, wer immer ihn trägt, so wehrhaft ist, dass ihn niemand besiegen kann. Außerdem müssen ihn Männer und Frauen lieben. [4875] Seine Tugend und seine Körperkraft werden davon gestärkt. Den, der ihn hat, hintergeht Fortuna wirklich niemals. Das ganze

Rad der Saelde und alles, was es [4880] auf der Welt gibt, stehen in seiner Gewalt. Das Heil kümmert sich um ihn, ob er schläft oder wacht, sodass nie einem Mann ein größeres Stück von der Gunst der Saelde zufiel. [4885] Eine mächtige Fee, Gyramphiel, und ihre Schwerster haben ihn für ihren Freund Fimbeus von Schardin so gemacht, damit er Saelde gewinne.‹

Als Artus diese Rede vernahm, [4890] ergriffen Leid und eine kummerschwere Last sein Herz, dass es brach und ihm großer Schmerz erwuchs. In der Tat bereitete [4895] ihm die Untreue seiner Frau dieses Leid wegen der Worte des Ritters. Sehr vielen, die von einer geliebten Frau etwas Nachteiliges hören, geschieht es, [4900] dass ihnen das missfällt und es ihre Herzen betrübt und sie dabei die große Übermacht des Leides erfasst. Ein Mann erfährt an seinem Leib [4905] nie eine so schmerzliche Fessel wie jene, die ein ehrenhafter Mann wegen einer lieben Frau tragen muss. Der Gruß der Frauen ist sehr süß, wenn man sich aufrichtig um sie bemüht. [4910] Wenn aber über einen der Kummer siegt, den man wegen einer geliebten Frau hat, dann ist das Leid so mächtig, dass ihre Liebe sich dem niemals vergleichen kann. [4915] Das können jene bestätigen, denen beides zugestoßen ist. Artus handelte aber nicht so: Wenngleich die Sache kummervoll war, blieb er dabei weise [4920] und wollte keine Rede mit Tadel vergelten, noch Schelten mit Zurückschelten, sondern er sagte höflich: ›Es sollte mir allerdings unangenehm [4925] sein, guter Herr Ritter, dass ihr so völlig ohne Recht, nur wegen eures Übermuts, für nichts und wieder nichts, ganz ohne Grund diese Dinge von meiner Frau behauptet. [4930] Ich weiß sehr genau, seit ich das erste Mal von ihr Kunde erhielt, dass kein Mann ihr Laster oder Sünde vorwerfen kann – hätte sie diesen heutigen Tag nicht erlebt –, [4935] weil sie bis zum jetzigen Zeitpunkt, das ist ungelogen, keinen anderen Mann hatte außer mich.‹

›Herr König‹, sagte Gasoein, ›ich sage das nicht, [4940] um Madame in Verruf zu bringen. Eher wollte ich ihren Ruhm und ihr Ansehen vergrößern, als dass ich sie jemals eines Lasters bezichtigte. [4945] Was ich von ihr gesagt habe, ehrt sie, denn ich bin rechtens ihr Mann. Deshalb redet ihr unrecht von ihr, denn sie gab mir ihre Minne [4950] in dem Moment, als sie zu reden begann. Das hatte sie lange zuvor im Sinn gehabt. Dann brachte es Amor zu Ende; das geschah ohne Trug. [4955] Seit sie in der Wiege lag, habe ich stets für sie gesorgt, ohne dass jemand dagegen gewesen wäre, bis ihr sie mir genommen habt. Nun bin ich aber hergekommen. [4960] Das soll euch nicht bedrücken. Ich will beweisen, dass sie nach demselben sinnt und mich mehr liebt, als sie euch bisher jemals geliebt hat [4965] oder jetzt liebt, denn das gehört sich auch so. Sie würde lieber ein Jahr lang mich sehen als euch einen Tag. Es ist für einen Mann [4970] ein schlimmer Schlag, wenn er sich dazu versteigt, sein Herz in einer Frau zu begraben und besiegeln und dann doch bleiben muss, wie er ist. [4975] Wenn sie ihm dann irgendeinen falschen Gruß entbietet, glaubt er leider sofort, dass er bei ihrem Herzen sei. Da wird der Arme mit dem Bleigeschoß [4980] des Sohnes der Minne getroffen. Doch die treue Belohnung der Frauen bleibt ihm vorenthalten. So werden auf dem Feld der Minne sehr viele zweifelhafte Zelte aufgeschlagen. [4985]

Da ihr nicht glauben wollt, dass ihr mich meiner Herzensfreundin beraubt habt, will ich, was sie betrifft, nur soviel von meinem Recht behaupten, [4990] dass ich an euch eine Bitte richte, die angemessen ist und der weder Schaden noch Verfehlung anhaften: Ich will, dass ihr Madame [4995] noch heute herbringt, und wenn es hier einem gelingt, die Königin mit ritterlicher Tat zu gewinnen, soll damit dieser missliche Streit [5000] unter uns beiden entschieden sein, wenn ihr wollt. Und wisst, damit es kein Missverständnis gibt: Selbst wenn mir das Glück zuteil wird, dass ich sie bekomme [5005] und sie sich zu mir stellt, würde ich trotzdem auf alles verzichten, was immer für Anrecht ich auch auf sie habe, wenn ihr einen Mann findet, der damit seinen Wert steigern will, [5010] dass er sie mir mit einer Tjost innerhalb Jahresfrist nähme. Dann wisst, dass sie euer ist ohne jeden Einspruch und dass ich ihr in Zukunft niemals [5015] auf Vergeltung nachfolgen werde. Außerdem sollt ihr Folgendes wissen: Die Gute wird auch so wohl behütet, dass sie dieses Jahr über [5020] von meiner Seite her von jeder Verfehlung und von jeder Schandtat frei bleibt, bis mir die Reine mit Recht zufällt. Sagt mir, was ihr [5025] nun in dieser Sache zu tun gedenkt; ich stehe ihr so nahe, dass ich schwerlich auf sie verzichten kann.‹

Als Artus, das Glückskind, diese Rede vernahm, sagte er, der immer das Beste [5030] zu tun wusste – was ihm auch gut anstand –, höflich: ›Würdet ihr bitten, wie es sich zu bitten gehört, könnte ich es euch gewähren. [5035] Es ist seit langem bekannt: Wenn einer nach solchen Dingen verlangt, die man nicht erbitten kann, weist ihn das Recht nach altem Brauch ab. [5040] Dessen habt ihr euch entschlagen. Ich hätte es mir gefallen lassen, wenn ihr nichts gesagt hättet. Dennoch will ich dazu sagen: Da ihr meine Frau und ihre Liebe [5045] nach solchem Recht beansprucht, so werde ich euch hängen lassen. Ihr müsst aber die Frist für den Termin unseres Kampfes, [5050] wo eure Klage und mein Kampf ihr Ende finden werden, für uns beide verlängern. Es wäre ein Makel, wenn zwei tüchtige Ritter, [5055] die miteinander kämpfen werden, nicht beide vollkommen gleich wären. Ich bin gewappnet und ihr nicht, deshalb ist es unausgeglichen.‹ – ›Wenn einer euch vorwürfe, [5060] dass euch Schande beim Sieg befleckte, so wäre das in der Tat unangemessen, denn dann wäre ich derjenige, der ohne Sieg bliebe.‹ – [5065] ›Ein Rat ist uns beiden von Vorteil, sodass wir uns darauf einigen können. Wir sollen einen Tag festsetzen, auf den wir beide warten werden; an dem will ich selbst kämpfen. [5070] Wenn ihr euch gegen mich allein behauptet, so wisst, dass ihr euch vor keinem mehr für sie verantworten müsst. Davon seid ihr von meiner Seite auf immer frei, und ich will es ohne Groll akzeptieren, [5075] dass ihr ihr Ehemann seid.‹ Diesem Vorschlag pflichtete der Ritter bei und setzte auch die Zeit fest. Der Tag wurde in sechs Wochen zu Karidol angesetzt. [5080] Das Versprechen wurde nicht gebrochen.

Heimkehr

Der Ritter nahm sogleich Abschied, ließ ihm die Pferde dort und schied fröhlich von dannen. Artus jedoch verfiel [5085] in eine freudlose Stimmung. Sein Herz vermischte sich in seinem Inneren mit Unbehagen, weil er von seiner Frau solches gehört hatte, [5090] und er hätte die Sache gerne zu einem Ende gebracht. Er dachte: ›Ich werde sie, wenn ich vermag, dermaßen in Schande bringen, dass es sie noch hart ankommen wird, [5095] dass sie mich so mit Schande überhäuft hat. Dafür werde ich schon sorgen. Es wird ihr leid tun. Wüsste ich, was mir das Beste gegen die Schande wäre – [5100] ob ich sie auf eine wilde Insel schicken oder sie aufhängen oder verbrennen lassen sollte –, bei meiner Treu', das würde geschehen, sobald ich sie sehe.‹ [5105] Nun nahm aber sein Gedanke eine Wendung in die andere Richtung und er dachte: ›Wenn ich das täte, könnte man an meinem Herzen Wankelmut ausmachen, [5110] was mich den Inbegriff meiner Würde kosten könnte, und ich müsste mich oft dafür schämen, wo immer man es erfährt. Lieber sollte ich schwören, [5115] dass der Ritter in dieser Sache gelogen hat. Niemand bringt mich davon ab, dass sie treu und aufrichtig ist und dass es der Ritter aus Ruhmsucht, ganz ohne Grund getan hat. [5120] Nur eines raubt mir dabei den Mut und nimmt mir die Freude: dass sie mich um seinetwillen gescholten hat – das lässt mich ihm glauben, und dieser Gürtel da hat sie [5125] endgültig schuldig gemacht.‹

Allerhand kam ihm in den Sinn. Er nahm mit der Hand die Pferde, wie er sie gebunden fand, und ritt mit diesen Gedanken [5130] seinen Gefährten entgegen, auf die er die Nacht über am Weg gewartet hatte. Nun war er nicht weit geritten, als er sah, dass sie ihm entgegengingen. [5135] Da hatten die zwei den einen unter ihre Arme genommen. Der hatte seine Kraft verloren, sodass er unmöglich ohne Unterstützung gehen konnte. [5140] Die Geschichte erzählt, dass auch diese beiden so gingen, als wären sie ziemlich müde. An ihrem Verhalten war ganz deutlich abzulesen, [5145] was ihnen geschehen war. Als sie in Hörweite gekommen waren, erholte sich Artus [5150] mit ihrer Hilfe von seinem Unmut. Man erwirbt nach sehr großem Leid oft Trost. Er lachte heimlich und sagte: ›Herr Kay, erzählt uns, [5155] ob der Ritter bei euch gewesen ist! Oder wie ist es euch ergangen? Habt ihr ihn gefangen genommen? Das sollt ihr mir sagen. Wenn ihr ihn erschlagen hättet, [5160] würdet ihr davon wenig Ehre haben. Ich will euch niemals mehr auf Zeitvertreib aussenden, wenn ihr mich so mit Schande überhäufen wollt, dass ihr einen Recken erschlagt, [5165] der völlig unbekleidet und ohne Rüstung mit euch zu Pferde tjostiert hat. Ihr hättet ihn am Leben lassen sollen. Es hätte genügt, [5170] dass ihr ihn niedersticht. Ihr wusstet ja gar nicht, was ihr noch an ihm rächen solltet. Ein Bauer ist, wer so von Hass erfüllt ist, dass er den Gegner tötet, [5175] nachdem er ihn zu allem gezwungen hat, was sein Herz begehrt. Wer sich über das Recht auf Sicherheit hinwegsetzt und einen tüchtigen Ritter ermordet, ist keiner Ehre wert – [5180] man hat das auch kaum je gesehen.‹

Er ist zu schelten, der den Spott nicht verträgt und der aber selbst Spott austeilt und nimmt. Man hört sehr selten [5185] von einem Spötter, dass ihn der Spott bedrückt, ganz gleich wie wachsam er ist. So geschah es nun auch Kay: Er nahm den Spott vom König [5190] bereitwillig und ohne beschämt zu sein hin und lachte darüber und lenkte ihn auf die beiden anderen, die das sehr ärgern mochte. Er sagte: ›Ihr sollt diese beiden Herren [5195] danach fragen, Aumagwin und Gales, die können euch davon erzählen, wie der Ritter erschlagen wurde. Die sind den Feinden ein rechter Hagelschauer. [5200] Ihr habt die Sache mit eurer Frage von hinten angepackt. Nachdem der Ritter mich beim ersten Hinterhalt vom Pferd heruntergeworfen und mir den Arm gebrochen hatte, [5205] wurde ich gut gerächt. Er wurde nämlich außer von meinem noch von zwei anderen Pferden angegriffen, die er dann ebenfalls mit dem seinem betrübt dahinführte. [5210] So groß wurde sein Verlust! Wenn ich die Wahrheit sage, haben sie ihn nachhaltig davon überzeugt, dass er ihnen in Zukunft diesen Weg freigibt. [5215] Er ist ihm eine Nummer zu groß.‹

Als Kay diese Rede beendete, standen diese beiden hier in Zorn gefangen. Der Spott und die Wahrheit [5220] mussten sie sehr ärgern, und dass sich Kay herausredete und sie in die Schuld stieß. Artus sagte: ›Sagt an, wie es Herrn Gales erging [5225] und wer von euch beiden den Ritter fing oder erschlug – beide zusammen oder einer von euch? Das sollt ihr nicht verschweigen. Ich muss ihn mit Recht beklagen, [5230] dass er wegen eures starken Zorns sein Leben auf solche Weise verloren hat. Ich hätte besser schon im Vorhinein, als ich zwei mordgierige Männer auf Zeitvertreib aussandte, bedenken sollen, [5235] dass mich euer grimmes, mörderisches Herz mit Schande beladen würde. So ist es hier geschehen. Ich hätte es euch eher gegönnt, [5240] dass ihr ihm heute Nacht nicht begegnet wärt. Wie verträgt sich das mit meinem Ruf? Überall, wo man davon hört, werden ich und meine Gefährten eine schlechte Nachrede haben. [5245] Der Teufel hätte ihn fällen sollen, es ist nicht zu ändern! Als er euch in die Quere kam, konnte er nicht länger am Leben bleiben. Möge euch Gott den Mord vergeben, [5250] den ihr an ihm begangen habt, dass ihr ihn nicht gefangen und ihn Sicherheit habt schwören lassen; das würde man für richtig halten, wo immer man es erzählte.‹ [5255]

Aumagwin sagte höflich: ›Herr, wir haben um euretwillen großes Leid erlitten. Wir sind gegangen und geritten, wir waren Ritter und sind Knecht. [5260] Deshalb ist es unrecht, dass wir euch zum Gespött werden. Das ist ein Zeichen schlechten Lohnes. Anderen sei dies eine Warnung. Wenn wir nun auch Misserfolg erlitten haben, [5265] sodass wir die Pferde verloren haben und fast bis auf den Tod erfroren sind, werden wir uns doch erholen, so Gott will. Herr, wir meinen es ernst: Gebt uns frei, denn wir taugen euch zu nichts – [5270] ich bin auch sehr zuversichtlich, dass es keinen so bösen Menschen gibt, dass wir nicht bei ihm Gnade finden. Von denen, die so sehr versagt [5275] haben, hättet ihr auf ewig Unehre an eurem Hof.‹ Die erdrückende Last des Kummers verringert oft einer, der sich zurückhalten kann [5280] und seine Worte im Griff hat und der, wenn sich Zorn gewaltig zusammenbraut, alles scherzend in Heiterkeit wenden kann. Wo ein solcher Wandel geschieht, [5285] wird man gerne zufrieden sein. So kann ich es hier von Artus erzählen, der den Zorn nirgends vermehrte und ihn stets zum Guten wandte, wenn er konnte. [5290] Weder sein Mund noch seine Zunge haben ihm jemals schändliche Worte eingetragen. Damit behütete er sich und das Heil, wie noch die Meisten von ihm behaupten.

Er sagte: ›Herr Aumagwin, [5295] nun lasst diesen Zorn sein und dieses schlechte Benehmen. Was ich zu euch gesagt habe, habe ich im Scherz getan; darum haltet es nicht für böse. [5300] Ich kenne euch beileibe so gut, dass ich weiß, dass ihr zu allem fähig seid, was ein Mann vollbringen kann. Ihr sollt euch in dieser Sache nicht so verrennen. [5305] Ihr sollt meine Rede besser aufnehmen, als ihr tut. An euch hat sich bislang vollkommener Mannesmut gezeigt. Wenn ihr das Gold verzinnen [5310] oder den edlen Stein vertauschen wollt, sodass er am Markt neben dem Glas liegen muss, dann wird ihm sein Wert aberkannt, den man ihm an seinem angestammten Ort zuspricht. [5315] Wenn ihn der Schatten der Falschheit verbirgt, so liegt er darnieder. Nehmt eure Pferde wieder und kehrt zurück nach Hause.‹ Sie nahmen die Pferde [5320] von Artus und ritten fort. Unterwegs geschah es ihnen, dass sie alle einzeln berichteten, wie ihnen allen geschehen war, und sie fragten auch Artus danach, [5325] wie es gekommen wäre – ob durch Kampf oder durch Bitte –, dass ihm der Ritter kundtat, was sein Anliegen war. Da erzählte er ihnen die Angelegenheit, [5330] und welches Ende sie genommen hatte und wie der Tag auf dem Anger bei Karidol in 40 Tagen gesetzt worden wäre, wie man es zu tun pflegt. Das gefiel ihnen allen gut.

Leid sucht die Hilfe des Trostes [5335] wie ein Kranker den Arzt. Wenn einem etwas Leidvolles widerfährt, tut man beflissen, was einem dagegen Abhilfe verschafft. So wollten nun auch diese drei [5340] ihr Unglück, das ihnen zugefallen war, stillen. Deshalb wetteiferten diese drei nach der Erzählung des Königs miteinander im Bitten und Klagen. [5345] Sie baten ihn alle gemeinsam und wie aus einem Mund, dass er doch einem von ihnen gönnte, den Kampf zu fechten, und dass er daran denken sollte, [5350] wie angemessen diese Bitte wäre, wenn einer von ihnen ihrer aller Betrübnis rächen könnte. ›Ich kann mein Gelübde, wie ich es gegeben habe, [5355] nicht brechen‹, sagte er. ›Deshalb ist es nicht gut möglich. Dieser Kampf muss mir gehören, so habe ich ihn angenommen. Wie es zu dieser Sache gekommen ist, [5360] soll so gut verschwiegen werden, dass es weder Mann noch Frau jemals gesagt wird, es sei denn, dass er ausbleibt und nicht zum Gerichtstag kommt. [5365] Wenn er sich nicht darum schert, so erfülle ich doch meine Pflicht.‹ Sehr bald ritten sie auf dem Weg vor dem Schwarzen Dorn aus dem Wald heraus und auf die Burg zu, [5370] zumal ihnen der Frost weh tat, und sehr schnell gelangten sie zu Schloss Tintaguel und gingen zu viert in das Gemach der Gäste, [5375] einen schönen Palas. Dort fühlten sie sich sehr wohl, wie es eben ist, wenn einem der Frost Schmerzen bereitet hat, denn sie fanden ein lebhaftes Feuer.

Sie waren kaum eingeschlafen, [5380] als der Wächter rief und ihnen den Tagesanbruch kundtat. Artus blieb mit seinen Gefährten fast bis zur None liegen. Dann war für ihn nach der [5385] Gewohnheit des Hofes das Frühstück aufs Beste vorbereitet. Ginover saß unter ihren Damen und sie unterhielten sich darüber, wo Artus die Nacht über gewesen wäre [5390] und wie ihm der starke Frost beinahe das Leben gekostet hätte und ob sein Wagnis Verlust oder Gewinn eingebracht hätte. Da sagte die Königin: [5395] ›Es kann gut sein, dass es schlecht für ihn ausgegangen ist, denn das erkenne ich daran, dass sein Schild fehlt. Gott gebe, dass mir diese Reise nicht zur Sorge wird, [5400] denn all meine Gedanken gehen in mir durcheinander. Ich weiß nicht, was mein Herz sagt. Es hat seine ihm eigentümliche Art verlassen: Traurigkeit wohnt in ihm, [5405] wie ich nie größere empfunden habe. Was mag mein Traum bedeuten, der mich heute Nacht so gequält hat? Gott soll mir hilfreichen Rat senden, da mir Freude nicht angemessen ist. [5410] Mein Herz tut manchen Sprung, und ich weiß nicht, woher das kommt. Mein Mund, der oft lacht, ist schließlich verstummt, und das Lachen ist mir zu [5415] tiefen Seufzern geraten, die in der Welt zu nichts taugen als zur Teilhabe an großem Leid, oder wenn einen Kummer erwartet. Hab Erbarmen, Herr Christus!‹ [5420]

Als diese Rede beendet war, ließ Kay im Palas auf der Burg zum Essen rufen. Kaum hatte der König gegessen, rief er den Truchsess zu sich, [5425] damit dieser die Köche und den Tross nach Karidol schickte und sich nach dem Essen darum kümmerte, dass die Kämmerer [5430] sich darauf vorbereiteten, am frühen Morgen dorthin zu fahren, und er selbst mit ihnen. Dies war der Befehl des Königs. [5435] Das ängstigte das Fußvolk und auch das schlecht gekleidete Volk, das mit großen Sorgen von der Herberge schied, denn in den Bergen [5440] war es grimmig kalt. Sie baten, dass man den König wegen des schrecklichen Frostes von dieser Reise abbringen mochte. Artus tat es widerwillig, [5445] doch konnte er nie die Bitten der Ritter abschlagen. Daher musste er ihnen zu dieser Reise eine Woche Aufschub gewähren. Das Versprechen wurde nicht gebrochen, [5450] denn sie blieben dort. Als die Zeit abgelaufen war, brach der König auf und sandte nah und fern nach Verwandten und Männern, [5455] damit keiner seiner Landherren aus irgendeinem Grund verabsäumte, vor Ende Februar bei ihm in Karidol zu sein. [5460] Sie trafen alle gemeinsam dort ein, bis auf Gawein; der war nicht zurückgekehrt, seit er das Fest zu Weihnachten verlassen hatte. [5465] Wo er aber hingeraten war, das sollt ihr hören, und es könnte euch gut gefallen, denn es lähmt Langeweile.

Gawein und Floys und Amurfina

Hilfegesuch des Königs Floys gegen Assiles

Er suchte bei einem ungeheuren [5470] Riesen Aventiure, der am Meer hauste und so stark war, dass er ein ganzes Heer nicht zu fürchten brauchte. Er wirkte Außergewöhnliches: [5475] Den ganzen Umkreis des Meeres bezwang er einzig mit seiner Kraft, sodass ihm zehn Könige jährlich aus ihren Ländern den Zins schickten. [5480] Von denen musste ihm ein jeder einen Ritter schicken. Er machte so eindringlich deutlich, dass es auf der ganzen Welt nichts gab, was ihm glich, [5485] sodass es darüber keinen Zweifel gab. Einen Ritter hatte er selbst erzogen; er war ein naher Verwandter von ihm und wurde Galaas genannt. Der war zu Pferd sehr geschickt. [5490] Das war auch nötig: Wenn dem Riesen ein Ritter als Tribut in sein Land geschickt wurde, hatte der mit allen Sachen zu erscheinen, [5495] die ein Ritter braucht, wenn er sich gegen jemanden verteidigen will. Er musste sich sehr tüchtig wehren, wenn er gegen Galaas am Leben bleiben wollte. [5500] Denn bald nach der Ankunft, nur kurze Zeit danach, musste er gegen Galaas kämpfen. Wenn er gut mit ihm kämpfte, [5505] wurde er gut aufgenommen. Hatte er aber Misserfolg, musste er den Ritterstatus verlieren und dem Riesen fortan für immer als Knecht dienen. [5510] Das passierte gar nicht selten, denn Galaas war so tapfer, dass er alleine die Kraft von zwölf Männern hatte. Außerdem verfügte er über alles, [5515] was zur Ritterschaft gehörte; das konnte und vermochte er geschickt einzusetzen. Man fand ihn auf alle Drangsal vorbereitet. [5520] Assiles wurde der Riese genannt; er hauste auf einer ziemlich wilden Insel. Man erzählte Ungeheuerliches von ihm, etwa solche Sachen, [5525] wie dass er die Berge überschreiten würde, und viele andere Wunderdinge. Die Berge trug er von ihrem Platz, wohin er wollte. Er brach starke Scheite [5530] von großen Bäumen, wenn ihn etwas erzürnte. Als Waffe trug er riesige Bäume, wie er sie häufig irgendwo am Meer fand, [5535] oder eine Eiche oder eine Linde. Wo auch immer er in den Kampf ging, nahm er sich eine dicke Steinmauer zum Schild. Er war ein Nachbar, [5540] den seine Untertanen gerne los gewesen wären, wenn es nach ihnen gegangen wäre, denn in allen Landen gab es nichts, das so grimmig gewesen wäre, [5545] dass es seinen Anblick nicht gefürchtet hätte. Nun habt ihr also gehört, wie es dazu gekommen war, dass und wie ihm all die Länder samt ihren [5550] Bewohnern zinshaft geworden waren; das verdross sie sehr, denn der Zins, den sich der Riese ausbedang, war zu hoch bemessen. Dass man ihn so fürchtete, [5555] kam von seiner Bosheit. Der Teufel hatte es so weit gebracht, dass, was immer er sich ausdachte, niemand sich traute, dagegen zu sein; das war in der Tat offensichtlich. [5560] Als die Zeit der Tributzahlung gekommen war, wurde nicht länger damit gewartet. Der beste Ritter, den man im ganzen Land finden konnte, wurde zu ihm gesandt. [5565] Mit ihren eigenen Kindern mussten sie sich das Leben erkaufen, wenn sie nicht rechtzeitig den Ritter auslieferten. So hatte dieser Teufel mit seiner eigenen Hand erzwungen, [5570] dass es 500 Zinsritter gab, die Galaas aus den anderen auserwählt hatte, denn er war mit Schwert und Lanze ein Held. [5575] Der Mohr Galaas beherrschte beiderlei Fertigkeiten, sodass es weder zu Fuß noch zu Pferd einen besseren gab.

Im Land neben dem Reich des Riesen hauste [5580] ein ziemlich verwegener König mit Namen Floys. Auch dessen Land hatte der Riese verwüstet, zumindest soviel er davon hatte erreichen können, [5585] weil Floys sich gegen den Zins gewehrt hatte. Nun musste er vor ihm in ein Land fliehen, das Enfyn hieß, wo eine Burg mitten im Meer lag, die ihm gehörte [5590] und die fest und hoch war; dort verschanzte er sich. Die Bewohner des Landes schlossen sich ihm an, um sich dort zu verteidigen. Auch kamen jene dem König [5595] dorthin zu Hilfe, deren Besitz der Riese verwüstet hatte, denn die Burg war so gut befestigt, dass sie dem Riesen entgegenritten und auf dem Feld vor der Festung oft mit ihm kämpften. [5600] Dann fanden sie wieder ihre Zuflucht im Schloss, wenn sich ihre Lage im Kampf verschlechterte. Nun hatte zu dieser Zeit der Riese wegen des Zinses [5605] vor der Burg und zum Kampf gegen diese sein Lager aufgeschlagen, und er hatte es so weit getrieben, dass dem König Floys nicht mehr als nur 100 Männer als Unterstützung geblieben waren [5610] und dass ihm Speisen und Nahrungsmittel knapp wurden; keine andere Unterstützung war ihm geblieben, sodass sie ganz ohne Hilfe auskommen mussten.

Nachdem Floys alle Unterstützung verloren hatte [5615] und sieglos blieb, überlegte er, was er tun sollte. Er hätte es gerne zu einer Versöhnung gebracht, doch wusste er nicht, wie, denn der Riese ließ sie niemals auch nur [5620] eine Stunde lang in Frieden.

Wo er sie nur quälen konnte, tat er es. Danach verlangte es ihn sehr. Als sie nun erkannten, [5625] dass der Tod nahte und dass schnell etwas geschehen musste,[61] dass sie weder davonkommen noch länger aushalten konnten, begannen sie alle, vom Riesen [5630] eine Gnadenfrist von nur einem Monat zu erbitten. Das geschah in der Hoffnung auf Hilfe und war doch nur ein ferner Trost. [5635] Wenn sie bis dahin nicht erlöst würden, wollten sie seine Gefangenen sein. Als das nun geschehen war, sandten sie einen Boten aus durch den Wald von Brezilian, [5640], einen behänden und guten Knappen, damit er zu König Artus ginge – den und dessen Gefolge der Bote gut kannte –, [5645] wo immer er im Land zu finden wäre. Der hieß Iwanet und war sehr höfisch. Er sollte dem König Artus [5650] diese Not klagen und ihn bitten, dass er in zwölf Tagen aus Frankreich Hilfe dorthin sandte – andernfalls müssten sie verderben. [5655] Iwanet verstand es gut, diese Botschaft zu bestellen, wie es sich gehört, denn er verfügte über alle Tugenden.

Iwanet wartete nicht länger: [5660] Auf einem Steig, den er kannte, lief er durch den Wald ins Land Britannien; der war für sie der nächstgelegene und auf ihm konnte er das Land [5665] am schnellsten erreichen. Zu der Zeit, als er diese Reise und den Botendienst auf sich genommen hatte, war nun die Ritterschaft, die Gawein vom Hof weggeführt hatte, [5670] nach verschiedenen Aventiuren völlig im Wald zerstreut. Gawein kam dabei durch Zufall auf den nämlichen Weg. Als Iwanet nun durch den Wald [5675] von Brezilian daherkam, trafen sie einander an einem späten Abend: Iwanet lief mit dieser Botschaft gerade eiligst auf einem ausgeschlagenen [5680] und steilen Weg dahin, auf dem er auf Gawein stieß, und der Weg machte es ihm unmöglich, auf einen anderen Steig auszuweichen. So traf Gawein auf ihn [5685] und grüßte ihn sehr höflich. Iwanet vergalt es ihm mit einem Gegengruß, wie man soll und wie es sich gehört. Schnell hatten sie sich miteinander bekannt gemacht. [5690] Gawein fragte ihn sofort, ob er als Bote unterwegs wäre und ob er spektakuläre Neuigkeiten wüsste – damit er ihm die sagte. ›Herr Gawein, meine Drangsal –‹, [5695] sagte er kundig, ›da ihr sie erfahren wollt, sage ich sie euch gerne. Ich komme aus Alverne vom König von der Grünen Insel, [5700] dessen Land ein Riese schrecklich verwüstet hat. Der König hat mich nach Britannien und

---

61 Oder: ›... und dass es schnell gehen würde ...‹?

nach England zu König Artus geschickt – wo immer im Land [5705] man seinen Hof finden kann –, und auch zu dessen Gefolge, damit er ihnen Hilfe sendet; ansonsten hat der Widerstand des Königs gegen den Riesen ein Ende. [5710] Er kann sich vor dem starken Teufel nicht länger erretten, denn der hat ihm sowohl Burgen wie Städte verbrannt; das tat er wegen nichts anderem, [5715] als dass der König ihm nicht den Sold leisten wollte. Und der Riese hat ihn so weit vertrieben, dass ihm nicht mehr geblieben ist als eine kleine Festung – [5720] weder die schwächste noch die stärkste –, die mitten im Meer liegt. Dort verteidigt er sich und hat unter Einsatz von Leben und Besitz ausgehandelt, [5725] dass er binnen eines Monats erlöst werden kann.[62] Es gibt keine andere Rettung. Und heute ist es der sechste Tag, dass diese jammervolle Klage geschehen ist, die ich berichte.‹ [5730]

Gawein antwortete prompt: ›Ich will dir sagen, Iwanet, dass deine Mühe völlig vergeblich ist. Du findest König Artus daheim, das ist richtig. [5735] Du wirst ihn aber ganz allein, ohne seine Gefährten finden, und ich weiß nicht, wann sie wieder an den Hof kommen wollen. Ich weiß nur, dass sie in der Jagd [5740] nach Aventiure davon sind, und heute ist es der zwölfte Tag, dass sich der Hof ganz zerstreute, und ich will dir genau sagen, wie: In der Weihnachtswoche [5745] wurde ein Turnier ausgerufen, das zu Jaschune sein sollte und bei dem Graf Rivalin gegen König Glays antreten wollte; da sind wir alle hingekommen, [5750] und man ritt dort aufs Vortrefflichste. Da baten die Ritter darum, dass wir, von der Aussicht auf Ruhm angespornt, Aventiure suchten. Damit war ich ganz und gar einverstanden. [5755] Ich weiß nicht, wo die meisten von ihnen sind. Außer drei, die bei meinem Herrn geblieben sind, sind sie alle unterwegs. Ich will dir sagen: Tue, [5760] was immer du tun willst. Du sollst mir aber zuvor den kürzesten Weg in dieses Land weisen. Wisse, dass, wenn ich sie finde, mich nichts von meinem Vorsatz abbringen wird.‹ [5765] Er zeigte ihm den richtigen Weg. Damit trennten sie sich.

---

62 Was genau König Floys mit Assiles vereinbart hat, bleibt hier wie schon in der obigen Stelle dunkel.

Gawein bei Ywalin

Empfang – Die Zöllner-Aventiure

Sogleich machte sich Gawein auf, um diese Aventiure, wie sie ihm beschrieben worden war, zu erringen. [5770] Wegen dieses großen Schreckens konnte er nicht nach Hause kommen, weil er unterwegs sehr viele Mühsale zu überwinden hatte, ehe er durch den Wald und [5775] durch die wilde Klause dorthin kam, wo der Riese zuhause war, und zu den Pförtnern, wo er zuallererst viele sonderbare Geschichten von ihnen hörte. [5780] Als er zu der letzten Pforte kam, ließ ihn der Pförtner nicht sofort herein. Er prophezeite ihm großes Leid und legte ihm nahe umzukehren. Er entehrte Gawein [5785] mit vielen Schimpfwörtern, was ihm dieser aber nicht übel nahm, sondern um Einlass bat. Da begann der Pförtner, ihn noch viel schlimmer zu verwünschen, als er es zuvor getan hatte, [5790] er empfahl ihn dem Hass Gottes an und hieß ihn sich fortscheren. Doch Gawein wollte nicht vor ihm zurückweichen. Einerlei, was ihn dieser hieß, er begann, mit seinem Schwert [5795] fest auf das Tor einzuhauen. Dieser sagte: ›Bleibt draußen! Was wollt ihr dummer Mann hier drinnen? Es gibt hier nur Unglück. Wenn ihr darauf partout nicht verzichten wollt, [5800] werde ich es euch gewiss gewähren. Ihr werdet es aber hernach bereuen, dass ihr es so eilig habt, hereinzukommen. Bei meiner Treue, nie war ein Leid so groß [5805] wie jenes, das ihr im Nachhinein haben werdet; es wird enorm sein.‹ Hiermit entriegelte er die Pforte.

Der Pförtner war ein ehrenhafter Ritter, [5810] verständig und tapfer; der Riese hatte ihn mit Gewalt zinspflichtig gemacht und ihn dort im Wald auf die Wache gesetzt, [5815] und er hatte ihn mit sehr reicher Ausstattung zurückgelassen, damit er sich damit um die beiden Straßen kümmern konnte und damit er alle [5820] hereinlasse und gut verpflege, die zu ihm geritten kamen. Das geschah, um ihnen Leben und Besitz abzugewinnen. [5825] Der Ritter aber versuchte, so gut er konnte, sie aus Wohlwollen mit Worten davon abzubringen, weil er um ihr Verderben wusste. Er bemühte sich sehr darum, [5830] möglichst viele seiner Gäste davon abzubringen, damit sie den Gefahren und dem Tod auswichen und eilig davonritten, [5835] ehe die Zöllner kamen und den Zoll eintrieben. Deshalb war er zu Gawein beim Tor unhöflich: damit dieser draußen geblieben wäre. [5840] Es brachte ihm freilich gar nichts. Nun sorgte der Pförtner so beflissen für Gaweins angenehme Nachtruhe, dass er sich nichts Besseres hätte wünschen können. [5845] Ihm fehlte es nicht am Geringsten, egal was er von Silber oder von Gold haben sollte, wenn er danach verlangte.

Am Abend nach dem Essen, [5850] als sie gemütlich beisammen saßen, erkundigte sich Gawein nach dieser Angelegenheit: ob er ihm nicht sagen könnte, [5855] was der Zoll wäre und wo die Zöllner wohnten. ›Herr Gast‹, sagte er, ›mir graust davor, dass ich es euch sagen muss, [5860] denn es ist höchst beklagenswert, dass es je angefangen hat. Er hat dabei viele Ritter ihres Lebens beraubt, die den Zoll nicht zahlen wollten.[63] [5865] Das ist wahrlich beklagenswert. Wenn ein Ritter wie ihr sich unabsichtlich in dieses Land verirrt, muss er seine Rüstung hier lassen. [5870] Wenn er es aber von Herzen will, dass er mit vier Edelmännern kämpft, die sich am Zoll bereichern und ihn alle einzeln angreifen, [5875] wenn er ihnen nicht gerne gibt, was sie wollen, und wenn der Kampf so ausgeht, dass er sie alle überwindet und nicht sieglos unterliegt, dann lässt man ihn gehen. [5880] Sie wissen es aber zu verhindern, dass es jemals dazu kommt. Ihm setzt der erste so zu, dass der zweite, wie ich glaube, auf immer vor ihm Ruhe hat, [5885] nach dem, was ich bisher gesehen habe. Bei allem, was hier schon geschehen ist, hat sie nie einer besiegt. Egal welcher von ihnen als erster in den Kampf gegangen ist, [5890] er hat den Herausforderer auch besiegt und ihm den Kopf abgeschlagen. Es tut mir leid, Herr Gast: Was ihr besitzt, ist alles verloren. Wenn ihr meine Aufregung ernst genommen hättet [5895] und umgekehrt wärt, dann würdet ihr nicht eure Ehre verlieren. Als ich euch eindringlich darum gebeten habe, seid ihr meiner freundlichen, wohlmeinenden Bitte [5900] sehr wenig nachgekommen.‹ Da antwortete Gawein:

›Lieber Freund und Gastgeber, was ist, wenn es gegen diese Sache, dir ihr mir erzählt habt, Abhilfe gibt? [5905] Dass ihr mich so sehr beklagt, das möge euch Gott lohnen. Glaubt mir, nie hat mir ein Ritter meine Rüstung abgewonnen. [5910] Die brauche ich selbst, deshalb darf sie niemand von mir als Zoll verlangen. Was ich jemandem gewähren kann, ohne dass es für mich eine Schmach bedeutet, [5915] das gebe ich ihm unverzüglich und gewiss nicht widerwillig. Denn solche unsouveräne Furcht lässt leicht auf einen

---

63 Oder: ›... die es lieber behalten hätten.‹

Feigling schließen. Man soll gewähren und versagen, [5920] wie es der Ehre ziemt – das passt zu einem Edelmann –, und man soll dabei konsequent sein. Was immer ich jemandem versprechen würde, würde nicht auf die lange Bank geschoben, [5925] und worum immer mich jemand bitten würde – wenn es mir denn angemessen schiene, sodass ich es gewähren könnte –, gäbe ich auch ohne zu zögern, wem ich die Gabe vergönnt wäre, [5930] und er würde nicht lange hingehalten. Lieber Wirt, wisst, dass solche Gabe unrühmlich und außerdem beiden – dem Schenkenden wie dem Nehmenden – schmählich ist, [5935] die lange Zeit aus Geiz zurückgehalten wird, denn sie bleibt einem doch nicht, sondern sie kostet genauso viel, wie wenn die lange Zeit [5940] zu einer kurzen Weile gemacht worden wäre – und außerdem nimmt dadurch die Großherzigkeit eines Mannes Schaden. Was man nur mit Mühe erbittet, dem haftet wahrlich Schande an. [5945] Wenn weiches Blei dem harten Stahl mit seiner Kraft Schaden zufügen kann, ist der Wundkrater, meine ich, leicht geheilt. Ich will es auf mich nehmen, [5950] dass ihnen mein Leben samt der Rüstung zufallen soll, wenn ich angesichts ihrer Übermacht verzagen sollte. Wenn es denn geschehen soll, dass ich den Zoll geben muss, [5955] werde ich nicht einen Fußbreit zurückweichen, bis sie ihren Willen haben. Ich biete ihnen Schild und Schwert dar, wonach sie ja alle verlangen.‹

Ywalin sagte: ›Lieber Gast, [5960] es ist eine schwere Last und ein tödlicher Schlag, wenn einer dem Kampf gegen vier Ritter nicht aus dem Weg gehen will. Es kann ihm leicht misslingen, [5965] denn das Glück ist rund und wendet sich leider ebenso schnell zum Bösen wie zum Guten. Es versteht sich gut darauf, sich mit großer Unzuverlässigkeit Liebkind zu machen, [5970] und seine Ratschläge sind über die Zeit unbeständig. Deshalb kann sich einer nicht auf das Glück verlassen, der sich unablässig in seine Obhut begibt. [5975] Ihr habt auch oft genug gehört, wie es vielen ergangen ist, die ihr Stolz betrogen hat, weil das Glück es nicht für angemessen hielt und sie in Schande führte. [5980] So geschah es auch Orgoillos de la Lande durch Parzival, als er die Ohrfeige rächte, die er ihm hasserfüllt wegen eines kleinen Vergehens gegeben hatte, [5985] das er mit unbedachten Worten begangen hatte, als er ihn herzlich grüßte.[64] Und Miljanz tat dasselbe, als er Herrn Lanzelet aus Stolz

---

64 Die Anspielung ist so unklar wie die Verteilung der Pronomina auf die bei-

und wegen Ginover [5990] am Fluss angriff, als er sie in sein Land brachte.⁶⁵ Auf dieselbe Weise hatte sich Lohenis übernommen, als er wie ein böser, hinterhältiger Mann Gawein sein Pferd abgewonnen hatte [5995] und glaubte, ihn damit zu besiegen, wenn er später mit ihm kämpfen würde.⁶⁶ Dabei wurde er eines Besseren belehrt. Dem Habicht ist sehr oft ein Reiher entflogen und kam davon, [6000] wenn sich denn das Heil darum annahm. Herr Gast, wenn ihr aber mit diesen Edelmännern kämpfen werdet, muss euch das Heil beistehen, wenn ihr am Leben bleiben sollt. [6005] Nichts anderes kann euch helfen, es sei denn, dass sich Gottes Segen gnädig euer annehmen will.‹

Gawein über das Glück, Ywalin über Gaweins Taten, der Erzähler über Ratgeber – Gawein gibt sich zu erkennen

Wer sich darauf versteht, für sich das Beste zu wählen, [6010] lässt sich nicht belehren. Er weiß in allen Tugenden standfest zu sein. Gawein begann darüber zu lachen, dass man ihn genannt [6015] und nicht erkannt hatte. Er sagte sehr höflich: ›Viele macht das Glück reich, viele macht es arm. Diesen wärmt es, [6020] jenen lässt es frieren. Sein Dienst ist vielfältig, zugleich flink und träge. Es vereint Liebe und Hass. Es ist krank und gesund, [6025] es ist unversehrt und verletzt, hässlich und strahlend, zerbrochen und ganz, gerade und verkrüppelt. Es ist der Inbegriff von Vielfalt. [6030] Es sieht und ist blind. Es ist wie ein starker Sturm, der hin und her weht. Nirgends ist es beständig, nur in der Unbeständigkeit. [6035] Es ist sauber und schmutzig, es ist eben und rau, ausgewachsen und aufgedunsen. Es fällt und steigt, es neigt sich und sinkt, [6040] es erniedrigt und

---

den Personen. In den Perceval / Parzival-Romanen Chrétiens bzw. Wolframs ist von einer solchen Geschichte nicht die Rede.

65 Milianz (afrz. Meleagant) ist der Entführer der Königin in Chrétiens ›Charrette‹. Sein Land (oder: das seines Vaters), eine Art Anderwelt, in die er Ginover entführt, ist durch Brücken (und also auch durch einen Fluss) von der ›übrigen‹ Romanwelt geschieden. Der Exempelstatus der Geschichte ergibt sich erst aus der Kenntnis des Karrenromans: Am Ende tötet Lanzelet (Lancelot) den Entführer.

66 Die Geschichte wird später (!) im Handlungsverlauf erzählt (19346–20149). Sie entspricht der Greorreas-Episode in Chrétiens ›Perceval‹ bzw. der Urjans-Episode in Wolframs ›Parzival‹ (der Pferdedieb hat bei Heinrich einen neuen Namen bekommen).

erhöht, es birgt und flüchtet, es macht arm und reich, es nützt und betrügt, es gibt und nimmt, [6045] wie es gerade passt. Es rollt und geht, es läuft und verharrt, es schlägt und heilt, es kauft und bietet feil, [6050] es krümmt und macht gerade, es ruht und kämpft, es schläft und ist wach, es zürnt und lacht, es singt und weint, [6055] es liegt und lehnt, es zimmert und bricht, es verschwendet und macht reich, es schweigt und redet, es lauert und jagt, [6060] es rät zu etwas und hemmt, es verbündet sich und bringt zu Fall, es bringt zu Ende und ist säumig, es füllt und macht leer, es macht rau und glatt. [6065] Alles auf der Welt lebt nach seinem Willen. Es kann geschwätzig, es kann verschwiegen sein, es kann Freude und Unfreude bereiten, es kann freundlich sein, es kann schelten, [6070] es kann gehorsam, es kann unzuverlässig sein. Es muss sehr genau bedenken, was die ganze Welt braucht. Wer jemals die Hilfe des Glücks verschmähte, war zum Scheitern verurteilt. [6075] Ich habe immer und überall seine Unbeständigkeit erfahren. Nun soll mich das Heil schützen, das sich stets um Gawein kümmerte und ihm in allen Nöten beistand; [6080] dann werde ich es schon schaffen. Wie diese Sache auch ausgehen mag, euer Rat hat mich getröstet.‹

Der Beistand des Heils macht ein treues Herz, Gutes bringt nichts als Gutes hervor. [6085] Das wurde an diesem Burgherrn deutlich. Er sagte: ›Mein lieber Gast, gebt besser Acht, was ihr sagt! Was nützt euch das, dass Gawein immer gut kämpfte? [6090] Das kam mehr von seiner Tapferkeit als von seinem Heil. Glück schlägt sich allezeit gerne auf die stärkere Seite, hierin ist es beständig. [6095] Seid auch versichert: Wenn ihr die ganze Welt durchfahren würdet, fändet ihr keinen Ritter – die ganze Welt behauptet das –, der sich Gawein vergleichen könnte, [6100] denn seine Tapferkeit ist in sehr vielen Reichen bekannt. Als er Fimbeus, dem Kämpfer, den Gürtel, mit dem dieser gegürtet war, abnahm und dabei doch am Leben blieb [6105] und für Leygormon, die Jungfrau, an der Heide zu Colurmein die Blumen der Saelde pflückte – was mit großer Gefahr verbunden war –, stand selbst Frau Saelde gegen ihn.[67] [6110] Deshalb geriet ihm dort eine große Wunde zum Schaden, die er sich selbst mit seiner eigenen Lanze durch den Fuß stach, als ihn der Schlaf dermaßen gegen seinen Willen bezwang, [6115] dass

---

67   Dies und das Folgende nennt Ereignisse, die erst im späteren (!) Handlungsverlauf geschehen werden.

er sich nirgends aufrecht halten konnte, damals, als er über den Graben kam, wo er die Blumen pflücken sollte. Er erlitt auch großes Leid auf *Château au Lit merveilleux*, [6120] wo er eine Rippe und – durch einen Löwen – seinen Schild verlor; und als er Gandroy das Wild aus dem Mund nahm; und als ihn Ascurant [6125] in der Höhle niemals niederringen konnte. Wer sich nach seinem Vorbild richten will, der wird unter einem sehr beschwerlichen Treiben zu leiden haben. [6130] Er hat mit seinen Händen viel prächtiges Lob erhauen. Wenn ihr euch zutraut, dass euch das Glück mit seinem hilfreichen Schutz so beisteht, [6135] wie es Gawein oft beigestanden hat, dann hat meine Bitte ein Ende und es liegt an euch allein. Zwei sind leider einem Einzelnen überlegen. Möge es euch gut ergehen!‹ [6140]

Zu allen Sachen braucht es Rat. Wenn es aber so geschieht, dass man ihn voreilig gibt, kann das einen Konflikt nähren. Denn es ist das Recht des Weisen, [6145] dass er das Ende schon lange vor dem Anfang vorhersieht. Das Ende erscheint im Rat sehr oft hart. Wenn man aber das Ende [6150] zu spät erkennt und sich alleine um den Anfang kümmert, ist das einem Toren ein schwacher Trost; [6155] er gewinnt davon Kummer. Wenn einer aber jemandem Rat geben will, soll er zuvor das Ziel der Sache und das Herz des anderen ergründen; wenn ihm dies dann behagt, [6160] ist es für ihn ein Leichtes zu erkennen, was sich daraus ergibt und geschehen wird, sowohl Gutes als auch Böses. Deshalb kann sich der Kluge sehr leicht auf Verlust [6165] und Gewinn verstehen, was viele nicht können. Geschwind hatte sich dieser Burgherr ein Bild von Gawein zurecht gelegt. Wenn einer das Haar so nahe schert, [6170] dass er die Haut schindet, wird dabei mehr verletzt als beruhigt. Und wenn einer den Mann über Schande wie Schaden belehrt, [6175] hat er mehr auf ihn geladen, als ihn zu erleichtern, weil ihm der Rat eine harte Warnung bringt. Gawein handelte nach dieser Pervertierung [6180] des Ratgebens entsprechend.[68] Rat wie Bitte machten ihn in erster Linie zornig. Wenn jemandes Rat auf diese Weise reizt, hätte man ihn besser unterlassen. [6185] Der Rat des Freundes treibt oft Zorn hervor, was man ja oft gesehen hat.

›Lieber Wirt Ywalin‹, sagte Gawein, ›wäre es möglich, dass ihr mir genauer sagt, [6190] ob Herr Gawein bei dieser Gefahr zu etwas

---

68 *Nah des rates wandelunge* ist opak. Vielleicht heißt der Satz auch: ›Der Rat änderte Gaweins Verfassung und er handelte entsprechend.‹

nütze wäre und ob er dabei irgendwie am Leben bleiben könnte, vorausgesetzt er würde sich schützen, [6195] wie er es bisher getan hat und wie ich von euch gehört habe? Ihr rühmt ihn so ausladend.‹ Er sagte: ›Gast und Herr, dazu kann ich euch nichts sagen, [6200] außer dass er zuvor ebenso schwere Last getragen hat, ehe der Zoll unter Gefahr aufgehoben wurde, dort bei der Galeise, [6205] wo er große Not litt, als er mit zwei Riesen kämpfte.[69] Dasselbe könnte auch hier geschehen, wenn ihn die Zöllner angreifen, was mir sicher scheint.‹ [6210] ›Dann möge ihm Gott dabei helfen, lieber Wirt, und ihm Beistand senden, weil er die Gefahr in Angriff genommen hat: Ich bin es selbst, Gawein.‹ Sogleich erhob sich unter ihnen [6215] eine große und gewaltige Freude, dass ich keine größere schildern könnte. Wenn ich die beiden abwägen müsste, würde jene so viel mehr wiegen, [6220] dass diese gegenüber jener ganz an Wert verlöre.[70] Ywalin wurde sein Wunsch erfüllt: Er bekam, wonach es ihn immer verlangt hatte.

Nun erhob sich zwischen Wirt [6225] und Gast ein freundschaftliches Gespräch – ohne Leid oder Klage – über die beschwerlichen Mühsale, die ein jeder erlitten hatte. So verging ein guter Teil [6230] der Nacht in freudiger Art. Glaubt mir, der Gast wurde dort so hervorragend umsorgt, dass ihn beim Essen weder öffentlich noch im Verborgenen [6235] die Flüche vom Wirt oder von dessen Gefolge verfolgten, wo doch sehr schnell hinter dem Rücken von jemandem geredet wird. Wie schlimm es auch regnete [6240] und mit Blitzen donnerte, ich würde lieber im dichten Hagel davonreiten oder gehen, ehe ich dort bliebe, wo man sich so um mich kümmerte. [6245] Egal wo ich dann lagerte, wäre es mir doch angenehmer, als wenn ich den Hass des Wirts erleiden müsste und mir seine Gewalt im Nachhinein die Speise in den Mund verrechnete. [6250] Verflucht sollen diese Wirte sein! Herr Gawein aber brauchte bei seinem Wirt diese Sorgen nicht zu haben. Nun soll er bis morgen schlafen, und möge ihn Gott anderwärts beschützen! [6255] Seine Sache stand dort zum Besten. Die Betten waren schon gemacht.

---

69   Die Geschichte ist sonst völlig unbekannt.
70   Der Sinn ist dunkel. Wägt Heinrich hier die Freude Gaweins und Ywalins mit jener ab, die zu schildern er maximal imstande wäre?

Sieg über vier Zöllner

Sobald der Tag anbrach, machte sich Herr Gawein auf und wappnete sich sehr gut, [6260] weil er diesen Zoll höchstselbst mit Kraft und Tapferkeit begleichen wollte. Schon kamen alle vier Gesellen geritten und befahlen ihm unverzüglich, [6265] den Harnisch als Zoll zu geben; sonst würden sie ihm sein Leben nehmen. Eine andere Möglichkeit gäbe es nicht, als dass er eines von beiden wählte, je nachdem, welches ihm besser gefiel. [6270] Er sagte: ›Sterben oder Leben sind nicht voneinander zu scheiden. Wenn einer, bei dem sich das Leben noch auszahlt, den Tod erkauft, wäre das in der Tat töricht. [6275] Ich bin aber kein Kaufmann, der das Land in der Hoffnung auf Gewinn mit verkäuflichen Kostbarkeiten durchstreift, mit Häuten oder mit Tüchern, wovon ich euch Zoll geben könnte. [6280] Wäre dem so, würde ich euch alles geben, was euch beliebte.‹ Diese Worte gefielen den Zöllnern nicht. Gaumerans sagte zu Gawein: [6285] ›Ich verstehe schon, was ihr meint, wenn ihr mir mit solchem Trotz von eurem liebsten Kaufschatz erzählt. Es wird heute noch gezollt werden, [6290] dass ihr daran wenig Freude haben werdet. Das schwöre ich euch. Wenn ihr am Leben bleiben wollt, dann gebt bald euren Besitz her, denn wenn ich ihn euch entreißen muss, [6295] tue ich das so ungestüm, dass es auch den ganzen Bart und alle Haare erwischt, und ich werde euch in kürzester Zeit in den Dreck stecken, [6300] wo Kot und Mist an der Straße besonders tief sind.‹

Der Gesang von Nachtigall und Krähe tönt ungleich. Gleiches gilt für die Haubenlerche, [6305] die hat an Schwanz und Kopf eine andere Gestalt als der Wiedehopf. So ist der Böse denn nichts anderes als ein erbärmlicher Wicht. [6310] Der Gute dagegen ist in seinem Herzen so fest, dass er stets wie ein tüchtiger Mann spricht, der auf sein Ansehen bedacht ist. [6315] Wo die Arglist wütet, bieten sich Tugend und Anstand selbst Schutz und Zuflucht. Beides konnte man an diesen zweien sehen. Gawein sagte: ›Gott möge mich [6320] vor solchem Undank beschützen. Ich glaube, dass ein Ritter selten so auf der Straße gelegen ist. Gott soll es mir ersparen, dass ich jemals so zu liegen komme. [6325] Egal ob ich falle oder siege, ich will diese Sache unter uns beiden anders entscheiden, als ihr mir geheißen habt. Man wird eher Schwert und [6330] Lanze von Blut schwitzen sehen, als dass ich euch zugestehe, was ich euch doch niemals geben werde. Dann möge der

nächste den Zoll eintreiben: auch ihm sei's von Herzen gestattet.‹
[6335]
Hiermit saß er auf sein Pferd auf, und der andere tat das gleiche. Nun ging es sehr hart zur Sache, ehe ihr Kampf zu einem Ende kam, [6340] da beide ziemlich geschickt und behände waren. Außerdem trieben zornige Herzen sie gegen einander. Deshalb erlitten die Pferde an der Seite [6345] Verletzungen von den Sporen. Gaumerans wandte sich zu Gawein, nachdem er Lanze und Schild genommen hatte. Er war wütend auf seinen Kampfgesellen, das war an seinen Handlungen abzulesen. [6350] Wenn einer ein Feuer entfachen will, muss er die Feuerstelle so herrichten, dass ihm die Flamme nicht ausgeht. Dann wird er nicht scheitern, und schließlich wird sein Fächeln [6355] Erfolg bringen. Gawein hatte es nicht allzu eilig. Er ließ zuerst sein Pferd springen, um zu sehen, ob es ihm gut gehorchte und zu dieser [6360] Tjost bereit wäre. Dann prüfte er seinen Schild. Im Sattel suchte er hier und dort einen festen Sitz, und ob die Steigbügel [6365] auch nicht beschädigt wären. Er ließ den Zaum locker, legte ihn um die Hand und richtete sich im Sattel zurecht, damit er dann großen [6370] Schaden wirken konnte, wie er ihn seinem Feind gönnte.

Als er auf den Kampfplatz geritten kam, wo sein Gegner auf ihn wartete, sprengte er los. [6375] Er strahlte aus seinem Panzer wie das Bild eines Engels. – Und hätte ihn Monsieur Parzival auf freiem Feld gesehen, hätte er ihn für einen Gott gehalten. [6380] Das gestatte mir Herr Wolfram, der ihn von seiner Mutter genommen und an den Hof gebracht hat. Das kam für ihn selbst und seine liebe Mutter unerwartet, [6385] weil er sich im Wald sehr gut um ihr Anwesen kümmerte und sich emsig um alles annahm, wo sie den Wald hatte roden lassen. So erklärt sich sein Name, [6390] denn ›parce‹ bedeutet hindurch, ›val‹ ein Tal oder eine Furche. Das ist die Bedeutung seines Namens in unserer Sprache.[71] – Beide sind einander nun so nahe, [6395] dass die Pferde kaum aufzuhalten gewesen wären. Beide neigten ihre Lanzen nach vorne, gaben ihren Pferden [6400] die Sporen bis zum Anschlag und schmiegten sich geschickt in

---

71   Anspielung auf den ›Parzival‹ Wolframs von Eschenbach: Der Titelheld wird von seiner Mutter abseits der (höfischen) Zivilisation in der Wildnis (*soltâne*) aufgezogen; als er dort das erste Mal zufällig vorbeireitende Ritter sieht, hält der naive Bub sie für Götter. Chrétiens Perceval meint in derselben Szene, Engeln zu begegnen.

die Schildränder. Unter diesen Edelmännern war Liebe teuer. [6405] Gaumerans der Haarige empfing eine ungeheure Wunde, sodass ihm die Lanze hinten durch die Rüstung brach. Gawein hatte ihm diesen Stich gestochen. [6410] Das brachte ihn unbedingt zu Fall. Das Blut sprudelte so heftig aus der Wunde, dass ihn die Brüder mausetot vorfanden. [6415]

Als sie ihren toten Bruder so aus der Nähe sahen,[72] erhoben sie über ihn eine heftige Klage. Noch aber hielt sein Kampfpartner, Herr Gawein, nahe jener Stelle, [6420] wo die drei ihren toten Bruder aufhoben. Dass sie ihn nicht begruben, geschah deshalb, weil sie ihn vergaßen, [6425] zumal sie ihn zuerst rächen wollten. Das war vergeblich. Einer von ihnen, Belianz der Rote, rannte Gawein an [6430] und wollte die Schande und seinen Bruder rächen. Er zielte mit seinem Stich unter das Visier. Gawein vereitelte ihm [6435] flink den Stich und drehte sich geschickt so, dass er ihm die Lanze abgewann. Das bekümmerte Belianz aufs Äußerste, [6440] denn im nächsten Durchgang traf ihn Herr Gawein so, dass ihm von Gaweins Schwert sowohl Rüstung wie Körper schwach wurden. Ohne Gegenwehr fiel er wie eine Frau [6445] in kümmerlichem Zustand auf die Erde und verschenkte sein Leben. Da nützte ihm nichts als ein Grab.

Eumenides und Bandarab [6450] stellten großes Leid zur Schau. Die beiden Brüder gingen zu ihren toten Brüdern hin und beklagten ihren Verlust mit großer Trauergeste. [6455] Vor Jammer zerrauften sie Bart und Haare. Immer wieder berührten sie sie mit Händen und mit Füßen und mit klagevollen Gebärden, um zu sehen, [6460] ob da nicht doch noch irgend Leben wäre. Da sahen sie ihre Körper ganz leer im Blut schwimmen, als ob der Geist sie verlassen hätte. Da hob das Jammergeschrei erst richtig an. [6465] Ywalin bereitete inzwischen für Herrn Gawein sehr schnell einen kleinen Imbiss, der ihn sehr stärkte. Auch sein Pferd wurde gestriegelt [6470] und mit Futter umsorgt. Nichts vergaß man, was man ihm Gutes tun konnte. Gawein sah das gerne, auch weil er bitter nötig hatte, [6475] was er durch die Ruhe sparte: Er hatte noch eine gefährliche Fahrt zu fahren.

Als es so ergangen war und Gawein Kraft geschöpft hatte, verließ er die Burg. [6480] Nun hielten die beiden Brüder auf dem

---

72 Oder: ›Als sie ganz aus der Nähe sahen, wie Gawein ihren Bruder tötete, …‹

freien Feld vor einer Klause und erhoben die Schilde zu einer gemeinsamen Tjost. Ihr Herz brannte wie Feuer [6485] gegen Herrn Gawein. Das nützte ihnen wenig: Ihnen wurde ein Zoll gegeben, mit dem Gawein alles erfüllte, was er ihnen da zuvor versprochen hatte. [6490] Gawein ließ sein Pferd mit den Sporen gegen einen der beiden anrennen. Er wollte ihm zeigen, wozu er fähig war. Da mussten ihre Lanzen [6495] ganz zersplittern, und die strahlenden Farben der Schilde erblichen, wo sie sich mit den Lanzen trafen. [6500] Ihr heller Glanz musste vergehen, weil die Schilde zerbrachen; sie wurden durchstochen. Dann wurden die Schwerter [6505] aus den Scheiden gerissen. Beiden wurden viele Schläge geborgt und heimgezahlt. Schließlich aber musste Herrn Gaweins Gegner zu Boden. [6510] Er schlug ihm eine breite Wunde durch den Helm, dass Leben und Blut talwärts aus dem Herzen wallten.

Als Eumenides sah, [6515] was Gawein getan hatte, ritt er seinem Bruder zu Hilfe, der da noch focht und kämpfte, obgleich er halbtot war. Nun war Gawein in großer Not. [6520] Deshalb focht er wie ein wilder Bär, der sich hin und her aus der Hundemeute freibricht, sodass sie zu zweit seiner nicht habhaft werden konnten, [6525] weil er sich mit großer Umsicht vor ihnen schützte. Ein Eber wütete niemals so sehr bei der Jagd, wie hier die beiden Brüder [6530] gegen Gawein fochten, bis sie ihn so weit brachten, dass ihm die Kraft ausging. Dabei verlor der müde Gast sein Pferd – es wurde ihm erschlagen. [6535] Da brachten ihm diese beiden Recken erst richtig Leid bei. Nun begann er, sich mit dem Schild vor den Schlägen zu schützen, weil er wegen ihnen [6540] beinahe auf das Leben verzichten musste, bis er ohne Schild dastand. So bewahrte er sich. Bandarab bekam als erster von Gaweins Händen einen Schlag, [6545] stärker als der erste, genau in dieselbe Wunde, wovon er besiegt und tot auf die Erde sank und sich in den Schild hinabneigte. [6550] Sein Kämpfen nahm ein Ende.

Eumenides focht nun alleine. Sein grimmiger Mut ließ da innerste Reue sichtbar werden, die brüderliche Treue [6555] an einem Bruder suchen soll. Es kümmerte ihn wenig, wie es um sein Leben stand. Als alle seine drei Brüder tot neben ihm lagen, [6560] wollte er sein Leben aufs Spiel setzen oder die Brüder rächen. Wer sein Leben aufs Spiel setzt, soll sich nicht darüber beschweren, wenn er dabei keinen Erfolg hat. [6565] Gawein war ohne Furcht, obgleich er durch sie große Not erlitten hatte. Es brauchte auch niemand in Eumenides einen Feigling zu suchen. [6570] Unter diesen beiden erhob sich der Schwertkampf wie zuvor. Da empfing Monsieur Gawein zwei breite und tiefe Wunden, als er den Recken anlief. [6575] Davon kam er in große Not. Immer wieder bot er die Schneide seines Schwerts dar. Gawein schenkte seinem Gegner im selben Moment eine Wunde [6580] durch die Rüstung und das Schildholz, dass Eumenides davon die Besinnung verlor und sich kraftlos die Erde zur Ruhestatt erkor.

So lag er lange Zeit [6585] wie ein toter Mann, bewusstlos und besinnungslos an Füßen und Händen und am ganzen Körper, und er lag dort so lange, [6590] dass es Gawein ärgerte. Er gab ihm mit dem Fuß einen Tritt gegen seinen Fuß. Viele solche Grüße bewegten den halbtoten Mann. [6595] Nun schaute er auf seine Brüder, die neben ihm tot lagen. Dieser Jammer drängte ihn dazu, jäh aufzuspringen. Er beging an sich selbst [6600] eine höchst jammernswerte Untat. Er fasste schnell nach dem Schwert und stürzte sich tief hinein, um zu sterben. So rächte er sich. [6605] Er sagte: ›Mein Schwert, nun räche diese große Schande an mir, dass ich mit dir nicht meine toten Brüder rächen konnte. Nun will ich durch dich selbst [6610] diese Not gemeinsam mit ihnen erleiden. Du sollst mir das Herz aus dem Leib schneiden, damit ich nicht länger lebend hinter ihnen zurückbleibe, [6615] denn das bin ich ihnen schuldig.‹ Damit fiel er tot hin.

Gawein ging diese bedauerliche Untat sehr nahe, die er an diesem Ritter sah. [6620] Er stürzte hin und riss das Schwert aus Eumenides. Auch überkam ihn solcher Schmerz, dass er nicht mehr zu stehen vermochte. Ihm wurde schwarz vor Augen, [6625] denn er wurde von einer so starken Ohnmacht erfasst, dass er nicht dagegen ankam. Er war so geschwächt und hatte so viel Blut verloren, [6630] dass alle Kraft aus seinen Gliedern gewichen war. Er hatte keine Wahl, er konnte nicht länger aushalten und fiel hin. Dies sah sein lieber Wirt [6635] Ywalin sehr ungern. Er glaubte, dass der Held tot wäre, und lief eilends dorthin. Gleich bei Gawein erblickte er eine Quelle. [6640] Er nahm eine Handvoll Wasser und flößte Gawein das Wasser ein, nachdem er ihm den Helm abgebunden hatte. Das tat er in der Absicht, [6645] dass Gawein durch das Wasser seine Kraft wiedergewinnen und wieder zu Bewusstsein kommen sollte.

Danach zögerte er nicht lange, ihm die Riemen aufzuschneiden [6650] und die Haube abzunehmen, um zu sehen, ob er irgendein

Zeichen des Lebens an ihm finden könnte. Er versuchte allerlei sanfte Griffe am Arm. [6655] Er merkte, dass dieser warm war, was ihn zuversichtlich machte, dass Gawein noch am Leben wäre. Da tastete er aber weiter, ob der Puls schnell [6660] oder langsam wäre. Hieran sollte er Gaweins Leben erneut und sicherer bestätigt finden. Zephalica sagte ihm mit ihrem regelmäßigen Schlag, [6665] dass er seine Klage sein ließe; Gawein würde leben. Da wollte der Wirt nicht darauf verzichten, auch die Mediane zu fragen, damit sie ihm hier ihre Kunst [6670] genau kundtäte. Sie sagte, Gawein wäre gesund. Da fragte er Epatica, und tatsächlich, sie sagte dasselbe. Das wollte er sehr gerne glauben. [6675] Nun griff er Gawein an den Kopf, ob der etwa fiebrig wäre. Gawein schwitzte am Kopf stark und der Wirt erkannte daran, dass er Gawein [6680] schleunigst die Waffen abnehmen sollte – es war nur ein Schlaf, und darum auch hatte der Nachtschweiß von Gawein Besitz ergriffen; den galt es abzuwischen [6685] und Gawein eine Weile zuzufächeln, bis ihn der Luftzug getrocknet hätte. Dem Wirt fiel [6690] ein Stein vom Herzen, und nichts lag ihm näher, als sich hier um Gawein zu kümmern.

Das wurde alles getan. Gawein kam unterdes zu Bewusstsein [6695] und erlangte sein Kraft wieder. Die Fessel des Schmerzes verließ ihn, die ihn, geschwächt, bezwungen hatte. Noch war er sehr schwach, aber bei Bewusstsein. [6700] Da bemerkte er, dass Leute seinetwegen weinten. Er wusste überhaupt nicht, was sie damit meinten. Er griff mit einer Hand nach unten, [6705] wo sein Schwert lag, schlug damit einen Schlag in Richtung seines Wirts und sagte: ›Weicht zurück! Wer ist das, der mir meine Rüstung wegnimmt?‹ [6710] Ywalin fing seine Hand und sagte: ›Nun beruhigt euch! Was ein Freund dem Freund tun soll, dazu bin ich euch verpflichtet. Ich bin's, euer Wirt Ywalin. [6715] Ihr könnt euch über mich ruhig freuen.‹

Gawein wurde darüber froh. Ywalin nahm ihn da mit vier seiner Knappen, und sie brachten ihn rasch [6720] vom Feld auf die Burg. Da hatte Azanguse, die Wirtin, auf Befehl des Burgherrn bereits einen perfekten Wundverband [6725] aus edlen Wurzeln gesotten. Sie verstand sich ausgezeichnet darauf, weil Isolde von Irland ihr diese Kunst anvertraut hatte. Damit wollte sie nun [6730] seine Wunden heilen. Sie wurden überall mit dieser guten Salbe eingesalbt und verbunden. Gawein wurde sehr gut versorgt. [6735] Ihm wurden von Damen und Herren sehr viele Annehmlichkeiten zuteil, sodass ihn auch kein missgünstiges Gesinde verdrießen musste. Es geschieht selten einmal, [6740] dass jenes, was gewollt wird, und das, was gewährt wird, einander gleichen. Doch hört man oft sagen, was ich auch gerne glaube: Pfleger kennen die Wünsche der Herren genau und erfüllen diese sehr gerne. [6745] Das Rind hat es eilig zur Futterkrippe, und genauso fürchtet das Lamm, vom Wolf geraubt zu werden.

Nach so freundlicher Sorge war Gawein, der kühne Degen, sehr bald völlig genesen. [6750] Da wollte er unbedingt weiterreiten. So entstand zwischen ihm und seinem Wirt, der ihn von der Reise abzubringen versuchte, so gut er es [6755] mit Bitten vermochte, ein großer Streit. Auch die edle Wirtin hielt zum Wirt. Gawein hingegen bat bei ihnen freundlich um Abschied, [6760] um dorthin zu reiten, wo er hin wollte; das konnte er nicht unterlassen. Es half ihnen nichts, wie sehr sie auch baten. Als es dem Wirt nichts nützte, was er auch an seinem lieben Gast [6765] mit Flehen versuchte, befahl er seinen Gast inständig der Obhut des allmächtigen Gottes an, denn Gawein wollte um keinen Preis von seinem Vorsatz abstehen. [6770] Und er wünschte ihm eindringlich, dass Gawein in jeder Not bei Gott Beistand finden sollte. Er rüstete ihn mit [6775] einem starken und stattlichen Pferd aus, das er selbst aufgezogen hatte. Dazu bekam Gawein noch eine Rüstung und ein glänzendes Schwert, das an beiden Schneiden gut schnitt [6780] und vor keinem Stahl zurückwich. Mit dieser Gabe ritt er von dannen.

Gawein bei Blandocors

Unterwegs nach und Empfang in Ansgiure

Gawein nahm einen Weg, der um einen hohen Berg herum verlief, den ein finsterer Wald verbarg. [6785] Wer dort unterwegs war, musste gut ausgerüstet und behände sein, wenn er einen Sturz vermeiden wollte. Man konnte den Weg kaum sehen, [6790] weil er mit vielen großen Brocken und mit vielen dicken Baumstämmen übersät war, und der Berg war von den Regengüssen so ausgewaschen, dass er so rutschig war [6795] wie ein glattes Glas und scharf wie ein Schermesser. Diese Not litt er ganze fünf Tage. Dabei verhielt er sich nicht wie ein Feigling, [6800] der sich wegen einer Mühsal mit Fluchen und Schimpfen allerlei Fehler anlastet und damit ungeschehen machen will, dass er überhaupt damit begonnen hat; [6805] so einer sagt: ›Ich hielt es ja nicht aus angenehm dahinzuleben. Ich habe es mir selbst eingebrockt, nun muss ich es auch ausbaden, wie ich oft sagen hörte: [6810] so wie die Tat, so der Gewinn.‹ Fürwahr, Gawein lobte sich hier mehr, als sich zu beschuldigen, denn er hoffte, dass ihm eine solche Not einen hohen Ruhm einbringen würde. [6815] Deshalb setzten ihm weder Bäume noch Eis irgendwie zu.

An einem Mittwoch konnte er aus dieser Wildnis ausbrechen. [6820] Nun kam er nach dieser Drangsal in ein schönes, ebenes Land, wo der Kämpfer eine hohe Burg errichtet sah, um die herum zwei tiefe [6825] Gräben ausgehoben waren. Von Städten und Dörfern war sie weit abgelegen, und vor dem Tor auf der Brücke stand ein alter Herr, [6830] der Gawein seinen Rücken zugewendet hatte. Eine prächtige Kleidung aus rotem Scharlach schmückte ihn, dass die Welt nirgends [6835] eine vergleichbare Kostbarkeit hatte. Ihre Farbe war wie Feuer, sie brannte zu aller Zeit in echtem Rot. Sie griff sich weich an [6840] und ihre Farbe zeigte keinerlei Abnützung. Auch ihr Faden zeigte keinen Schaden, er war glatt, fein gesponnen, dicht gewoben, [6845] und auf dem Faden war die Wolle geschoren, edel und außergewöhnlich. Stopfmaterial nützte da wenig, denn es hätte ihren hellen Glanz sehr stark beeinträchtigt, [6850] anstatt ihr zu nützen. Auch hatte die Farbe den Träger der Kleidung nicht verbrannt. Das konnte man ihr nicht vorwerfen. An Klarheit und an Fülle [6855] hatte sie genau den richtigen Glanz. Sie war vollendet; Adanz hatte sie in Gent gefertigt.

Darunter trug er ein flaumiges Pelzwerk aus edlen Biberfellen, [6860] das prächtig genug war. Sein Wert glich wohl beinahe dem Zobel. Es wäre für den Kaiser keine Schande, es zu tragen. [6865] Davor war eine Borte aus Zobel meisterhaft angeheftet, breit und schwarz wie Kohle. Die Kleidung passte gut zu ihrem Träger, so prächtig und so lobenswert, wie sie war, [6870] denn er war von schöner Gestalt. Obgleich er schon etwas älter war, hatte ihm das Alter dennoch seine blühende Farbe noch nicht genommen. [6875] Die Natur wollte ihn so erhalten, dass das Gesetz des Alters kaum an ihm zu sehen war, außer an Bart und Haar. Diese schimmerten [6880] in grauer Farbe, die wiederum mit weißen Locken eingefangen war. Er hatte sie aufwändig zu Strähnen geflochten und [6885] mit Gold umwunden. Er stand dort nicht alleine: Vier Knappen, bekleidet mit feiner brauner Wolle und rosenfarbener

Seide, darunter ein Pelzwerk – wie eine [6890] Schneedecke, nicht zu dünn –, weder zu rau noch zu glatt – die standen dort vor dem Herrn. Gawein wandte sich nun der Burg zu, bei der er sie erblickte. [6895] Er hoffte, es dort bequem zu haben, was auch tatsächlich eintraf.

Sobald sie Gawein erblickten, wie er zu der Burg eilte, ging ihm dieser Herr entgegen. [6900] Als Gawein die Brücke erreichte, sprang er vom Pferd herunter. Der Wirt hieß ihn aufrichtig willkommen. Da waren auch seine Knappen [6905] ein Hort des ehrenvollen Anstands; sie entboten ihm honigsüße Worte und nahmen sein Pferd in Empfang. Der Wirt Blandocors ließ seinem Gast einen [6910] prächtigen graufarbenen Mantel mit einem Aufsatz aus Marderfell herbringen, ehe er ihn auf die Burg in sein Gemach brachte. Ein unbesonnener Mann [6915] würde sich sicher nicht viel dabei denken. Gawein aber erkannte daran, wie es um seinen Wirt stand. Der Wirt führte seinen Gast auf die Burg in einen Palas, [6920] wo es an nichts fehlte, hin zu einem hellen Feuer, das dort für sie aus dürrem Fichtenholz angezündet war. Das trieb Gawein rasch [6925] die Kälte aus dem Körper. Die Wirtin Amurelle schickte ihm einen Überwurf, damit er diesen auf ihr Geheiß hin zum Schutz vor dem Frost anlegte. [6930] Er war von großer Pracht, aus Marderpelz und veilchenfarbenem Stoff. Und er sollte seine Rüstung ablegen, damit er nicht von der [6935] dauernden Kälte durchdrungen würde.

Nachdem er auf die Bitte der Dame hin die Rüstung abgelegt hatte, bat ihn sein Wirt, mit ihm zu kommen. Sie nahmen sich an den Händen [6940] und gingen miteinander dorthin, wo die edle Wirtin mit ihren Jungfrauen und ihrer Tochter Sgaypegaz saß, alle mit Pelzen bekleidet. [6945] Der Wirt sorgte dafür, dass er zufriedenstellend empfangen wurde. Als Gawein in das Gemach trat, erhoben sich alle von ihren Plätzen, [6950] gingen auf Herrn Gawein zu und küssten den Degen nach dem ersten Gruß. Danach verneigten sich die Jungfrauen gefällig gegen ihn [6955] und schwiegen ein Weilchen. Dann setzten sie sich nieder. Gawein wurde ein Platz bei der Tochter des Wirtes überlassen, ein Ort, an dem er nicht [6960] ungern saß;[73] sie verstand sich darauf, ihm den Platz angenehm zu machen, weil sie es ihm durchaus vergönnt war, dass er ihr Sitznachbar war. [6965] Der Wirt erzählte seinem Gast allerlei

---

73 Interpunktion gegen die Ausgabe.

Neuigkeiten. Das mochte er nicht besonders, denn er hätte gerne mit der Jungfrau, die neben ihm saß, ein Zwiegespräch [6970] nach Freudenart geführt. ›Eine Frau weiß Liebe zu erkennen‹ – daran dachte Gawein, der tüchtige Ritter.

Das Standbild mit dem Horn – Sorge um Gawein

Als ihn die schöne Sgaypegaz auf solche Weise aufnahm, [6975] vergaß er sein Leid, doch musste er bald darauf in große Bedrängnis geraten, wie es ihm Ywalin vorhergesagt hatte, als Gawein die vier Brüder erschlug. [6980] Hier jedoch hatte er großes Vergnügen. Das dauerte aber leider nicht zu lange, und er musste sich bald wegen einer wunderlichen Sache gegen seinen Willen schmerzlich von dieser [6985] reinen Jungfrau trennen. Als sie da alle zusammen vergnügt waren, wurde ihr fröhliches Gebaren in Freudlosigkeit verkehrt [6990] und ihre Freude verletzt, und ich sage euch, weswegen: Mitten im Schloss stand ein Baum wie eine Tanne, hoch, groß, rund, [6995] aus Erz gegossen, auf dem oben ein Standbild auf einem Rad angebracht war, schwarz wie ein Mohr, das ein Horn in der Hand hielt. [7000] Um das war es folgendermaßen bestellt: Wenn ein Ritter auf die Burg kam und dort über Nacht blieb, dann blies es das gute Horn, dass man es wohl noch vier Meilen [7005] entfernt gut hören konnte; dann wussten die Zöllner sofort Bescheid, dass ein fremder Ritter nach Ansgiure gekommen war. [7010] Für diese Aventiure musste man einen sehr hohen Preis zahlen.

Dies hatte ein tüchtiger Zauberer auf die Bitte des Riesen hin meisterlich an dieser [7015] Stelle der Burg installiert. Das geschah zu dem Zweck, dass sich kein Mann vor den Zöllnern davonstehlen konnte, wie gern es ihnen der Burgherr und seine [7020] Hausleute auch verheimlicht hätten, zumal er sich dort von Kind an unfreiwillig um diese Burg kümmern musste. Das hatte er nun davon. Ich will erzählen, wie das kam: [7025] Der Riese hatte dem Wirt wegen des Zinses das ganze Heer erschlagen – bis auf jene, die er noch lebendig und gefangen in seinem Gewahrsam hatte. Das geschah, [7030] weil Blandocors sich gegen die Zinsforderung gewehrt hatte. Als der Riese sein Land so verheerte, musste er sich aus Not ergeben, damit der Riese ihm das Leben ließ. Außerdem musste er seinen Sohn [7035] dort in die Burg des Riesen zu Eygrun als Geisel senden, damit er ihn blenden lassen und über ihn verfügen könnte, wenn Blandocors, dem Rat von irgendjemandem folgend, [7040] etwas gegen den Riesen unternehmen würde.

Die Sonne der Freude, die für alle während dieses Zeitvertreibs leuchtete, wurde von finsterer Nacht beendet und mit solcher Dunkelheit umhüllt, [7045] dass sie ihrer aller Gemüt betrübte. Nun seht, wie eine Kerze tut, die plötzlich erlischt: Genauso wurde in ihre Freude Herzensleid gemischt. [7050] Während die wunderschöne Sgaypegaz, die edle Jungfrau, sich dieser Unterhaltung hingab, blies das Standbild das große Horn. Gawein hätte da geschworen, [7055] dass bei diesem Lärm die ganze Burg samt allen Türmen auf die Erde gestürzt wäre. Herr Gawein, der kühne, griff geschwind nach dem Schwert. [7060] Da erhob sich unter ihnen ein großes Weinen. Er wunderte sich sehr darüber, was das bedeuten sollte. Nun war aber niemand zugegen, [7065] der ihm den Grund ihrer Klage sagte, denn ein jeder klagte mit solchem Ungestüm, dass viele unter ihnen immerzu ›O weh!‹ riefen [7070] und sich vor Leid die Haare aus der Kopfhaut brachen. Das tat auch der Burgherr mit seinem Bart, weil er nicht anders konnte.

Dieser Jammer, den Gawein überall [7075] an den Leuten wahrnahm, machte seine Freude zunichte. Er verließ sie und ging aus dem Saal, dem Arbeitsgemach[74], hinaus, weil er ihr erbärmliches Klagen [7080] nicht ertragen konnte. Nun hörte er im Hof, beim Tor, von den Leuten großen Lärm und eilte schnell dorthin. [7085] Seht, in diesem Moment blies das Standbild abermals auf die gleiche Weise. Da war Gawein noch dort im Hof und sah es an und glaubte, dass es ein Mann wäre, [7090] der auf den Baum gestiegen war. Kurz nachdem es verstummt war, blies es erneut wie zuvor, und danach rief es laut: ›O weh, Herr Gast, ihr seid verloren!‹ [7095] Hiermit setzte es das Horn ab und verstummte. Als Gawein hörte, dass es einen Gast nannte, begriff er und dachte: ›Wenn es mich meint, [7100] wird sich die Sache schon klären. Wenn es mich tatsächlich gemeint hat, wird das vermutlich auch der Grund für jene Klage sein, die der Burgherr und Madame drinnen an den Tag legen, [7105] weil sie genau wissen, was das Blasen bedeutet. Dasselbe tun die Leute, die im Hof schreien, weil auch sie mich beweinen. [7110] Ich werde schon noch alles herausfinden. Wenn Gott mir

---

74 Arbeitsgemach – mittelhochdeutsch *wercgadem* – dürfte in der ›Krone‹ hier und auch später ein Gemach bezeichnen, das vor allem den Frauen als Aufenthaltsraum dient.

noch ein Weilchen zu leben gönnt, wird er mich auch hier sicher schützen.‹

Wenn einer die Qualität des Goldes mit Feuer mindern will, [7115] ist alle Mühe umsonst, die er auf das Brennen verwendet, weil das Gold davon immer nur besser wird. Der Schrecken bringt dem Kühnen nichts als ein starkes Herz und festen Mut, [7120] wie auch die Glut das Gold veredelt. Gawein nun war völlig unerschrocken, denn an ihm verhüllte das Fell des Lammes den Mut des Löwen. Er hielt die Sache für Geschwätz, [7125] wenn es tatsächlich um ihn ginge. Nach alledem ging er wieder hinein. Da hatten sie alle vor Schmerz den Verstand verloren, [7130] bleich und blass saßen sie herum und Damen wie Jungfrauen vergaßen sich dermaßen in ihrem Leid, [7135] dass sie gar nicht bemerkten, wer bei ihnen stand, und diesen getreulich beklagten. ›Ja, es kann uns wirklich leid tun‹, sagten Männer und Frauen, [7140] ›dass sein stattlicher Körper hier verloren sein soll wegen des ungeheuren Zorns derer, denen es das Standbild angekündigt hat. Wenn es morgen in aller Früh tagt, [7145] wird man ihn tot sehen. So haben sie es schon früher gemacht. Das können wir nicht genug beklagen. Wenn er irgend entkommen könnte, würden wir ihm seinen Kummer tragen helfen.‹ [7150]

Als Herr Gawein erfuhr, dass der Klagegestus des Burgherrn ihm galt, lehrte ihn seine Art, das Leid zu zerstreuen. [7155] Als er die Klage hörte, ging er hin, wo die Dame lag und – ohnmächtig geworden – mit all ihren Damen und mit ihrer reinen [7160] Tochter bitterlich klagte. Das, worum sie sich sorgten, fürchtete er nicht. Der Degen nahm freiwillig viele Gefahren auf sich. [7165] Er grüßte die Dame mit so süßem Dank, dass man aus seiner Stimme keinerlei Unsicherheit hören konnte. Er wollte sie einfach mit frohem [7170] Gemüt stärken. ›Reine und gute Dame‹, sagte er mit bestem Anstand, ›wozu soll die Frucht der Klage gut sein, die ich an euch wachsen sehe? [7175] Die Flausen, die euch dazu brachten, sind in der Tat tadelnswert. Was soll die Klage bringen oder wozu soll sie einen anleiten, außer dass man von ihr verunsichert wird und an Wert verliert? [7180] Dies ist der Trost, den sie spendet. Klage ist der Widerpart der Freude, dem lieben Glück ist sie leidlich verhasst.

Mein lieber Wirt, meine liebe Dame, wieso legt ihr ein solches Verhalten an den Tag, [7185] wo doch kräftiges Glück und vernünftiger Rat euer Leben dermaßen mit ehrenvollem Anstand bereichert haben? Wenn eine Nachteule einem Adler beibringen sollte, hoch zu fliegen, [7190] wären ihre Flügelschläge recht ungleich. Auch wenn einer anstelle einer Mauer einen dünnen Zaun flechten würde, brächte ihm das, denke ich, [7195] nur mäßigen Schutz und er würde davon einen Nachteil haben. Ihr wisst doch wohl: Wenn der Tor den Weisen richtig lehren soll, was zu tun ist, [7200] braucht es die Hilfe des Glücks, um seinen Rat akzeptabel zu machen. Was soll das jämmerliche Klagen bringen, die Sache ist doch nicht zu ändern, außer dass sich dabei [7205] freundliche Zuneigung zeigt, hilfreicher Trost aber damit völlig verspielt wird und der Ertrag der Freude verloren geht? Mehr hat man davon nicht. [7210] Wer – wie ihr – diese Sache recht versteht, sollte tröstlichen Rat mehr lieben als Klage. Ja, es ist eine verbreitete Meinung, [7215] dass dagegen nichts hilft: Was geschehen muss, geschieht. Wenn einer dann seine Zeit mit Klage hinbringt, während ihm die Tür des Glücks freudige Einfahrt gewährte, [7220] und wenn das einer nicht nützt, hat er umso mehr verloren. Besser ist es, Verdruss zu vermeiden, als sich übermäßig der Klage hinzugeben.

Ganz gleich, wie sehr ein Haus brennt: [7225] Wer mit kühlem Kopf auf dessen Rettung bedacht ist, dessen Mühen – die er dafür aufwendet – sind nicht vergebens.‹ So schloss Gawein [7230] seine Rede zum Burgherrn. Der antwortete: ›Lieber Gast, die Treue verzichtet ungern auf Klage, wenn die Last einer solchen Not auf einem lieben Freund liegt [7235] und ihm letzten Endes eine noch bitterere Reue bescheren wird – wovon die Klage abermals zu wachsen beginnt wie zuvor. Dem entsprechend, wie es euch [7240] meiner Ansicht nach letztendlich gehen wird, gebricht es mir an der Freudenkrone, die ich vormals und bis jetzt sehr würdevoll [7245] und freudigen Herzens gehegt habe, so gut ich konnte. Es ist nun schon der zweite Tag, der mich die Trauer lehrt und meine Laune trübt. [7250] Leider wollte es Gott so. Ich war bisweilen fröhlich, wenn es mir angemessen schien und das Glück es befahl. Dies ist nun aber schon meine zweite Not, die mich an die erste gemahnt, [7255] denn mir ist bestens bekannt, welche Gefahren auf euch warten. Gott möge darüber mit hilfreicher Gnade walten, die schon früher vielen mit Erbarmung [7260] und Schutz geholfen hat und die niemand mit Worten bis ins Letzte ergründen kann. Deren Kraft möge euch hier schirmen, wenn es denn geschehen könnte, [7265] dass ich an euch den ersehnten Strahl der Freude sähe. Euch umfängt leider der Strick des Kummers. Gott spende euch Hilfe und Sieg!‹

So hatte diese Klage kein Ende, [7270] zu der sie ihre Treue wegen des bevorstehenden Todes ihres Gastes anleitete. Doch wie großen Kummer man ihm auch prophezeite, er gab keinen Pfennig darauf. Ihm war das alles einerlei. [7275] Alles, was ihm jemals zustieß, sei es angenehm oder unangenehm, ertrug er mit Gleichmut. Er handelte wie ein Weiser, der bei Angenehmem nicht übermütig wird [7280] und sich um das Leid wenig kümmert, sondern sich in allen Dingen maßvoll den Mittelweg sucht, wie es sich noch heute für die Besten gehört. [7285] Gawein handelte stets so, dass ihm sein Kummer nicht zusetzte, wie er es vielen Leuten tut. Davon hatte er keinen Nachteil, denn Frau Saelde wohnte ihm bei. [7290] Man sagt ja, dass es ihre Art wäre, dem Guten beizustehen und den Bösen zu fliehen. Das ist auch richtig so, denn nur wenn sie sich mit menschlichem Streben verbindet, [7295] ist ihre Hilfe wirksam. Wo einer aber ein Stück weit davon abrückt, fremdelt sie schon ein bisschen und hilft ihm nicht; das braucht ihr niemand vorzuwerfen. [7300] Ein Mann soll sich gerne darum befleißigen, stets richtig zu handeln; dann folgt ihm auch Frau Saelde auf Schritt und Tritt.

Auf Leid folgt oft Angenehmes. [7305] Häufig täuscht sich der Dieb an dem, was er in der Hand zu haben meint. Was soll ihm auch seine Graberei bringen, wo er nichts Gutes finden kann? Klage schwindet durch Trost, [7310] Trost wächst aus festem Gemüt. Feuer und Holz ergeben eine Feuersbrunst. Leid, das von Furcht und Leid entzündet worden ist, schwindet durch Liebe. Soviel Liebes, soviel Leid. [7315] Für Männer und Frauen gilt dasselbe: Leid, dem der Trost versagt wird, tötet Herz und Leib. So ist das Leid an Kopf und Schwanz, denn sein bitterer, dichter Hagel [7320] erschlägt einem die Freude und wäscht einem die Süße aus, die nach Freude schmeckt, ehe der Hagel über sie kommt. Damit lassen wir es gut sein. – [7325] Als sie sich nun nach dieser jämmerlichen Klage niedersetzten, hatte die Nacht den Tag so gründlich besiegt, wie wenn einer dem anderen unterliegt. [7330] Es war längst Essenszeit. Man gab Gawein gastfreundlich viele Speisen und süßen Klaret mit prächtigen Spezereien. Hiermit sei es genug mit dieser Sache. [7335] Als man die Tafel wieder aufhob, setzten sie sich ans Feuer. Sie erzählten einander viele Aventiuren. Amurelle, die Hausherrin, [7340] ihre Tochter Sgaypegaz und ihre Jungfrauen waren nach wie vor freudlos; sie konnten sich nicht vorstellen, dass ihm das Glück so gewogen wäre [7345] und ihnen morgen so ein fröhlicher Tag bevorstünde.

Sieg über zwei Zöllner

Die vielen heiteren Geschichten ließen das Leid, das sie kommen sahen, schwinden. [7350] Inzwischen war es schon fast Schlafenszeit. Gawein richtete sich seine Bewaffnung am Abend so her, dass sie für die Anstrengung [7355] am nächsten Morgen bereit war. Furcht und Sorge fanden an ihm ein sicheres Ende. Sein Herz wollte diese Fesseln der Feigheit nicht dulden. [7360] Der Wirt ließ ihm einen Schlaftrunk ans Bett bringen. Nun musste die Nacht freudig ausklingen. Gawein schlief in der Nacht nicht zu viel, [7365] weil der Tag dazwischenkam, der bald anbrach und ihm seinen Schlaf zunichte machte. Sobald Gawein den Tag erblickte, stand er vom Lager auf, [7370] nahm die Rüstung an sich und wappnete sich schleunigst, bis hin zur Kopfbedeckung. Darüber band er den Helm, dann ging er zu seinem Pferd [7375] und sattelte es eigenhändig.

Als er sich aufmachte, war sein Wirt bereits wach. Er kam heraus und fand Gawein beim Pferd stehen, [7380] das er gerade gesattelt hatte. Da vernahm er von Dahilet über das Feld her großen Lärm, als hätte sich dort eine große Mannschaft auf einem Schlachtfeld versammelt [7385] oder als ob sich dort eine große Schar in ritterlichen Kämpfen verwickelt hätte, die ein raffinierter Angriff leicht um den Gewinn bringen kann. Bei derartigen Feindseligkeiten [7390] erhebt sich beiderseits tosender Lärm. Als Gawein den Lärm bemerkte, fragte er, da ihm dieser Aufmarsch unbekannt war, was dies wäre. [7395] ›Es sind die Zöllner‹, sagte der Wirt, ›die sich so aufführen. Lasst euch das eine Warnung sein! Mit denen werdet ihr kämpfen. Die kommen mit ihren Knechten [7400] und wollen hier den Zoll nehmen.‹ Die Rede war noch nicht zu Ende gesprochen, als schon zwei Knappen zur Burg gerannt kamen und riefen: ›Was nun, Ritter, sei vorbereitet! [7405] Dich hat deine große Torheit zu großer Not verleitet.‹

Hiermit schwiegen die Knappen, und Gawein verwehrte ihnen nicht, worum sie baten. [7410] Die Leute des Burgherrn öffneten das Tor. Alt und Jung segneten Herrn Gawein, den Degen, und wünschten ihm, [7415] dass ihn Gott schützen sollte. Gawein zeigte sich furchtlos, denn Herz und Heil spielten bei ihm zusammen.

[7420] Nun da sein Pferd gesattelt steht und Gawein sich gesammelt hat, worauf soll er länger warten? Er hatte die Sache gut überlegt und folgte ihr nun bis zum Ende. [7425] Er ergriff Zaum und Sattel und sprang, ohne den Steigbügel zu benützen, ganz plötzlich hinauf, dass seine Rüstung schepperte und das Pferd sich bog. [7430] Vom Schild ließ er sich nicht aufhalten: Den hängte er sich um den Hals, und unter die Arme nahm er eine sehr starke Stechlanze. So ritt er [7435] über die Brücke zum Tor, vor dem die Ritter mit großem Lärm hielten und sich darauf freuten, Gawein fallen zu sehen, [7440] denn sogleich sollten ihn diese beiden hasserfüllt angreifen.

Nachdem er die Brücke überquert hatte, ritt Gawein auf dem Feld hin und her. [7445] Unter ihm tat sein flinkes Pferd viele Sprünge. Nun wandte er sich mit ritterlichem Gebaren dorthin, wo die Zöllner [7450] beisammen hielten. Er sagte: ›Was nun, Ritter, was? Wer wird den Zoll in Empfang nehmen? Ich wäre euch nahe genug, damit einer ihn leicht nehmen kann. [7455] Außerdem ist auch dieser Tag so klar und so hell, dass er es ihm nicht schwer macht, den Zoll zu sehen. Man wird ihn aber hier unter uns [7460] zuerst so ausfechten müssen, dass einer von zweien ganz ohne Freude bleibt – dafür will ich sorgen.‹ Hiermit senkten Gawein und Salmaneide [7465] mit großem Hass die Lanzen. Es wurde nicht länger geredet, sondern große Ritterskunst demonstriert, als die Lanzen gesenkt und [7470] die Schilde gepackt wurden. Im heimlichen Einvernehmen legten beide wahrhaftig eine Einstellung an den Tag, der alles Zögern verhasst ist.

Ich glaube, bei dieser [7475] Tjost waren Freundlichkeiten auf beiden Seiten Mangelware, denn es war ein hasserfüllter Kampf, über den niemand zu lachen brauchte. Man hörte die Lanzen krachen [7480] und in feine Splitter zerspringen. Dann hörte man die Schwerter auf hartem Stahl klingen. Man sah auch ständig das Feuer aufflackern [7485] und die Schilde in winzigkleinen Stücken auf dem Feld liegen. Inzwischen war der Ruf der Knappen verstummt. Hier standen Leben [7490] und Gut auf dem Spiel. Weder um ritterlichen Ruhm noch um Frauen ging es da. Wer dort Matt gesetzt wurde, hatte einzig und allein das Leben verloren. [7495] Wer sich einem solchen Zorn hingab, den sollte man wohl kindisch nennen. Da sie einander so sehr Feind sind, müssen sie sich tüchtig verteidigen. Einem jeden konnte es leicht geschehen, dass er aufzehrte,

[7500] was nicht zu ersetzen ist. Salmaneide hatte aufgegeben; ihm entwich die Kraft, weil er an der Nase eine Wunde abbekommen hatte [7505] und ihn das Blut so stark überströmte, dass er an diesem ritterlichen Kampf gänzlich scheiterte. Ein Fremdling des Lebens, [7510] fällte ihn die Last des Todes.

Als er da auf die Erde fiel, ließ der Tod aus seinem Rachen mit jammervoller Stimme Worte erschallen, die seinem Bruder galten: [7515] ›Siehe, Bruder, ich bin tot; deinen Bruder, Bruder, räche!‹ Mehr sagte er nicht. So lag er tot auf dem Schnee. Sein Bruder Ansgafin stellte sogleich [7520] die brüderliche Treue, die er seinem Bruder entgegenbrachte, unter Beweis, denn die Bitte, die er von ihm vernommen hatte, jammerte ihn. Inzwischen hatte sich Gawein erholt [7525] und auch sein Pferd war ausgeruht. Oft hat es einer zu eilig, über dessen Heil das Unglück waltet. Doch ganz gleich wie lange einer schläft, ihm wird mit Sicherheit gewährt, [7530] was ihm vorherbestimmt ist. Ansgafin erging es ebenso: Als er um der Bitte des Bruders willen den Kampf gegen Gawein aufnahm, [7535] erreichte er seine Bestimmung gerade zur rechten Zeit. Da es nun geschehen würde, dass er ihn angriff, ließ der Wirt Gawein einen festen goldfarbenen Schild bringen, [7540] dazu eine große Lanze, die er gegen seinen Gegner sofort verbrauchen würde. Friede und Versöhnung kamen an ein Ende, beide brannten vor Verlangen. [7545] So wurden die Lanzen beiderseits mit Geschick hin- und hergeschwenkt.

Die Tjost begann. Als die Pferde die Sporen an der Seite spürten, [7550] sprangen sie noch wilder auf der Heide umher. Die beiden Kampfpartner fanden einander schnell. Nun war sich Gawein dessen bewusst, [7555] dass nicht klug handelt, wer sich am Anfang gleich verzettelt; sehr leicht wird so einem seine ganze Heilkunde wertlos [7560] und seine Hast und seine Eile nützen ihm nichts, wenn die Krankheit in der Zeit immer schlimmer geworden ist und ihn verdorben hat. [7565] Das bewies Gawein: Er nahm seinen Gesellen genau ins Visier, damit sein Stich nicht ins Leere ging. Unterhalb des Kinns traf er ihn mit der Lanze am Hals [7570] und warf ihn in einem Stück vom unversehrten Pferd, sodass er sich dort kaum von dem Toten unterschied und der Gaul wie ein wildes Tier [7575] über das Feld floh. Hier lag Ansgafin in seinem Schild dahingestreckt. Der Sturz hatte ihn an allen seinen Gliedern verletzt. [7580] Wenn er nun hier seine Verletzung und seine Schande noch vermehrt hätte – zumal er genau wusste, dass es für ihn nur umso schlimmer kommen würde –, wäre das dem Mann zu nichts nütze, [7585] nämlich wenn er anstatt des einen Leides ein doppeltes wählte.[75]

Wie er so im Schild lag, fürchtete er, von Gawein den Todesstreich zu erleiden, wenn er Salmaneide, [7590] seinen Bruder, rächen wollte. Als er wieder sprechen konnte, sagte er mit trüben Augen: ›Ich kann es nicht abstreiten, Ritter, ich muss euer [7595] Gefangener sein; wenn ihr mich nicht verschmäht, will ich mich euch ergeben. Ihr könnt mir den Tod wie das Leben bestimmen, ganz wie es euch beliebt. Ich begebe mich freiwillig [7600] in eure Gefangenschaft. Ich, euer Gefolgsmann, ergebe mich und küsse euch, meinen Herrn. Nun lasst Gnade über mich walten, empfangt mich zum Gefolgsmann [7605] und verschmäht mich nicht. Was soll es euch bringen, wenn ihr euren Hass so stark rächt, dass ihr mich erschlagt? Mich haben bereits der vorige Stich [7610] und der Tod meines lieben Bruders erschlagen. Deshalb braucht es keine weiteren Schläge, denn ich bin erschlagen.‹ Das Klagen des Ritters rührte Gawein, sodass Ansgafin als [7615] Gefangener des Wirtes am Leben blieb. Sowie der Kampf vorbei war, begab er sich in die Burg. Der Wirt kümmerte sich [7620] unverzüglich um seinen Gefangenen. Ahi, wie gut verstand er sich darauf, seine Leute glücklich zu machen! Er konnte unmöglich säumig werden. Hütet euch vor den Geizigen! [7625]

Ein Toter soll den anderen begraben. Wie könnte man ihn auch davon abhalten? So seien auch die Lebenden den Lebenden nicht entzogen. Dies musste hier geschehen. [7630] Diese Schar freute sich sehr, weil es Gawein so gut ergangen war. Der Zöllner aber, der krank und gefangen war, [7635] lag in großer Not: Mehr als sein eigenes Leid noch bedrückte ihn der Tod des Bruders. Sgaypegaz, die reine Jungfrau, löste Gawein die Rüstungsgürtel. [7640] Das hätte sie niemanden gerne an ihrer Stelle tun lassen. Auch ließ es sich Herr Gawein sehr gerne gefallen. Feiglinge bleiben von einem solchen Dienst [7645] der Damen gänzlich verschont. Nachdem er von ihr entwappnet worden war, setzten sie sich nieder. Nun wartete man nicht länger, sondern bereitete ein *grand manger* [7650] ganz nach

---

75 Oder besteht die Doppelung schon aus Verletzung und Schande? Das gäbe besseren Sinn, ginge aber zu Lasten der mittelhochdeutschen Syntax, die dann als eine sehr lose interpretiert werden müsste.

dem Gusto der Männer. Das ist ein Essen, bei dem sich der Wirt um so gute Gerichte bemüht, dass es niemanden, der es isst, [7655] drückt oder bläht oder jemand einen schlechten Mundgeruch davon bekommt, an dem man merken könnte, wie es ihm dabei geht. [7660]

Gaweins Hochzeit

Acclamet holt Gawein

Den ganzen Tag und die ganze Nacht lang, bis zum Morgengrauen herrschte dort bei ihnen gewaltige Freude. Gawein hatte sie ihnen gegeben, weil er so gut gekämpft hatte. [7665] Noch aber hatte er nicht alles erlitten, was er erleiden sollte. Als der Wirt mit seinem Gefolge essen wollte und bei Tisch Platz genommen hatte, [7670] und Monsieur Gawein mit ihnen, widerfuhr ihnen ein Unglück, das ihre Freude zerstörte. Eine schöne Jungfrau kam auf die Brücke vor das Tor [7675] und bat um Einlass. Davon entstand großes Getümmel. Die einen öffneten das Tor und ließen sie herein, die Knappen wiederum stießen die Tische [7680] von sich und liefen hin. Die tugendreiche Schar empfing sie in Ehren, wie es der Wirt, ihr Herr, gut zu lehren verstand. [7685] Man sah genau, dass die Jungfrau weither ins Land gefahren war, denn ihr Gaul war an der Hinterbacke abgemagert. Die Knappen baten sie, [7690] sie möchte doch absitzen. Das hätte der Wirt befohlen. Sie willigte ein und ihr Anstand nahm daran keinen Schaden. Die Bitte der Knappen wurde erfüllt. [7695]

Die Jungfrau brachte Neuigkeiten. Obzwar sie fahrend war, sollte man Folgendes nicht ungesagt lassen: Ihre Herrin würde nämlich leicht bezichtigt – wenn ich es nicht sagte –, [7700] dass sie dem Wirt die Jungfrau von ihrem Land aus Armut ganz schlecht bekleidet geschickt hätte. Diesen Zweifel will ich euch nehmen: Sie hätte leicht auch ein Bote [7705] des Königs sein können – solche Kleider trug sie, aus Gold und aus Pelz. Wer ihr darin bis ins Letzte gleichen wollte, [7710] dessen Armut musste zunichte werden, wie mir die Aventiure versichert. Mit meinem Unterhalt könnte ich eine Jungfrau unmöglich so einkleiden. Nun will ich euch mitteilen, [7715] was für Kleider sie hatte, und will dabei einzig und allein der Wahrheit folgen: Als Überwurf trug die Jungfrau einen guten Umhang aus Scharlach, [7720] der bis auf den Boden herabreichte, gefüttert mit Zobelpelz, aufs Beste verziert – glaubt mir – mit einem feinen, hellen und weißen Fell. Darunter trug sie einen bleifarbenen, [7725] mit Gold durchwobenen Brokat, ganz wie flaumiges Pelzwerk, der – ungelogen – über einen Unterrock aus weißem Hermelinpelz gezogen war. Der Rock war aus Plialt, [7730] auf dem vielerlei Tiere und Bildnisse aus Gold angebracht waren. Ihre goldene Halskette war so mit Einlegearbeiten verziert, dass nie eine bessere gesehen wurde. Wer es richtig beurteilen kann, [7735] muss dieser Jungfrau wegen ihres Gewandes allenthalben in den Ländern Ruhm zusprechen.

Mit diesen prächtigen Kleidern könnte ich sie der Schönheit nach [7740] wohl mit einer Fee vergleichen. Wer sie für sich gewinnen würde, könnte ganz ohne Sorgen leben, denn die Natur hatte ihr ein so süßes Aussehen gegeben, [7745] dass ihr selbst ein Engel in die Falle ginge, wenn er sie genau anschaute. Was soll ich mehr von ihr sagen? Ein Zelter hatte sie dorthin getragen, [7750] der schwarz war wie ein Rabe. Auf dem lag das prächtigste Reitzeug. Es war dem Zelter angemessen und zeichnete sich durch seine große Kostbarkeit aus. [7755] Ein feuerroter Samt bedeckte den ganzen Sattel bis auf die Erde hinab. Aus demselben Stoff war auch das Sattelkissen, doch war es zur Zierde noch mit einem schönen und kostbaren [7760] gelben Seidenstoff überzogen. Die Sattelbögen waren aus Silber, sehr kunstreich zugeschnitten. Außerdem war der Sattel noch mit Gestein und feinem Gold verziert. [7765] Sattel, Obergurte und Brustriemen waren mit trefflichen Borten geschmückt. Die Steigbügel waren aus Silber. Alles Geschmeide, das am Zaum befestigt war, [7770] war aus rotem Gold, mit Einlagen von edlem Gestein. Ich weiß nicht, was besser sein könnte.

Sobald sie abgesessen war, ging sie auf den Palas [7775] zum Wirt, der dort saß und mit seiner Tochter speiste, und Herr Gawein mit diesen beiden, auf seiner anderen Seite nur die Mutter und noch der Gefangene. [7780] ›Gott zum Gruß, Herrin‹, sprach der Wirt. Für so einen guten Empfang muss man dankbar sein. Sie zeigte sich erkenntlich, [7785] worauf sie sich gut verstand. Danach verneigte sie sich züchtig vor ihm und bat für einen kurzen Moment um Ruhe. [7790] Wie gerne er das täte!, sprach der Wirt zu ihr. So einem Wollen war ihr Dank sicher. Nun war es ganz still geworden. Das Mädchen aber brachte eine Rede vor, [7795] die man dort nicht gerne hörte. Es sagte: ›Meine Herrin, die schöne Amurfina von der Serre, hat mich, lieber Herr Blandocors, zu euch hergesandt. [7800] Sie bittet, gebietet und ermahnt – Widerspruch ist zwecklos –, dass ihr mir den Herrn Gawein, diesen Ritter da, gebt, oder seid versichert, dass ihr nie und nimmer [7805] auch nur einen Monat lang am Leben bleiben werdet, wenn ihr dagegen seid. Beginnt hier keinen Streit, es wäre ganz vergebens. Sie hat darauf einen Eid geschworen, dass sie euch, wenn ich von hier scheide, [7810] ohne dass man meinem Gesuch nachgekommen ist, mit Feuer und Schwert so verheeren wird, dass das Wild euer Erbe bewohnen wird. Nun entbietet meiner Herrin [7815] in dieser Sache, was ihr wollt, wenn ihr euch eines ausgesucht habt, damit ihr mich nicht länger aufhaltet.‹

So ward dem Wirt befohlen. Da sagte Herr Gawein zu dem Boten: [7820] ›Hei, ich bin gerne zu euren Diensten bereit, Madame, wenn ihr mich wollt, egal wohin ihr mich befehligt. Was immer eure Herrin durch euch bitten oder befehlen lässt, [7825] meine Fahrt und mein Bemühen sind euch sicher, wenn es wegen irgendeiner Not unabdingbar ist und so Gott will. [7830] Was immer eure Herrin verlangt, das sei ihr gerne gewährt – von Herzen und ohne Drohung. Ich will auf immer darüber froh sein, wenn sie mich brauchen kann.‹ [7835] Er warf die Tischdecke in die Höhe, stand vom Tisch auf, stellte sich neben die Jungfrau und bat um Abschied. Burgherrin und Burgherr [7840] waren davon wie gelähmt vor Trauer. Der Wirt versuchte lange, Gawein von der Fahrt abzubringen, doch es war nicht zu ändern. ›Ihr braucht nicht länger auf mich zu warten‹, sagte Gawein zum Mädchen, [7845] ›denn sobald ihr bereit seid, breche ich von hier auf, wo ihr mich auch hinführt.‹ Schnell wurden die Pferde gebracht. Das Mädchen eilte aus der Burg [7850] und Monsieur Gawein mit ihm. Glaubt mir, sein Herz und sein Wille trieben ihn auf die Fahrt.

Unterwegs nach Serre

Beim Würfelspiel ist es so: Wenn der eine gewinnen [7855] und vom Gewinn profitieren soll, kann das nicht geschehen, ohne dass der andere verliert. So ging es auch hier: Gawein fuhr fröhlich davon, [7860] während die Gemahlin des Burgherrn davon zu sterben meinte. So muss einer finden, was der andere verloren hat – das macht den einen freudlos, [7865] den anderen aber heiter. Jeder kümmert sich um das Seine. Gawein und dieses Mädchen ritten wie gesagt fröhlich dahin. [7870] Wenn heutzutage eine Frau und ein Mann gemeinsam einen langen Ausritt unternehmen, ich glaube, dann können sich beide unterwegs nicht dessen enthalten, was Frau Minne zu tun befiehlt. [7875] Das war aber damals nicht üblich. Ein Ritter konnte mit einem Mädchen ein Jahr oder sogar länger reiten, ohne dass sie ihn wegen irgendeines unzüchtigen Verhaltens fürchten musste. [7880] Heute würden viele behaupten, dass er ein miserabler Stecher wäre, wenn er sie so verschmähte. Andere Länder, andere Sitten. Herr Gawein fand des Nachts [7885] ein sehr angenehmes Nachtlager, das dem Helden dieses Mädchen – seine Begleitung – besorgte. Dann jedoch blieb er ohne Furcht und allein. [7890]

Ich weiß nicht, wohin sie ging, aber sowie der Tag anbrach, war das Mädchen mit Gaweins Rüstung zurückgekommen und brachte sie Gawein. [7895] Schnell schlüpfte er hinein. Dann ritten sie zu zweit über eine breite Heide zu einem großen Gebirge, dessen Kamm einen [7900] geschlossenen Kreis bildete. – Eine Sache habe ich vergessen: weshalb überhaupt das Mädchen von ihrer Herrin nach Gawein, dem Recken, ins Land geschickt worden war. [7905] Das will ich euch entdecken, wie es die Aventiure versichert. Ein Land namens Forey Vert war an seinem Herrn, dem König von der Serre, [7910] erblos geworden, wie es Gott bestimmt hatte. Dem hatte Frau Natur zu seinem Leidwesen einen Sohn versagt; er hinterließ nur zwei Töchter, [7915] denen er auftrug, über das Land zu herrschen, über Leute und Besitz, und er vermachte ihnen einen Zaum, der sie schützen sollte, und sagte ihnen Folgendes: Solange sie den behielten, [7920] hätten sie über das Land Gewalt, selbst wenn die ganze Welt sie hasste. Nun war die eine älter, weshalb sie sich für besser geeignet hielt, als der Vater verschied. [7925] Macht pervertiert das Verhalten der Menschen – das musste ihre Schwester Sgoydamur hier erfahren.

Der Zaum blieb der älteren; die jüngere vertrieb sie mit ihrer Macht von ihrem Erbe. [7930] Sgoydamur musste hier büßen, dass sie den Zaum nicht hatte. Wegen dieser üblen Anmaßung ihrer Schwester wandte sie sich, so schnell sie konnte, vom Gebirge aus [7935] dem Weg nach Britannien zu, um Artus zu suchen. Sie wollte ihm ihr Leid klagen, wie ihre Schwester Amurfina sie von ihrem Erbe verstoßen hatte [7940] und ihr in dem Land keinerlei Macht überließ, damit Artus um Gottes willen einen Kämpfer mit ihr zurückschickte. Davon bekam ihre Schwester Wind. [7945] Es machte ihr große Angst und sie fürchtete, dass es sie ihr ganzes Ansehen kosten könnte, wenn Sgoydamur Gawein auswählte. Ihr Vater hatte nämlich oft erzählt, [7950] wie er zur Serre vor der Klause beim Wildbach Torriure mit Gawein gekämpft hatte, als der auf Aventiure ins Land gefahren war. Wenn der Vater nicht vor ihm geflohen wäre, [7955] hätte Gawein ihn auf der Stelle erschlagen. Als dann Amurfina hier hörte, dass Gawein im Land wäre, schickte sie nach ihm. Das geschah in der Überlegung, [7960] dass sie sich damit beschützen könnte, denn niemals würde sie sich wegen eines anderen Mannes sorgen. Deshalb konnte sie unmöglich darauf verzichten. –

Gawein und seine Gefährtin [7965] ritten auf einem verwilderten Gebirgshang, wo nirgends ein Weg war oder zu sein schien, denn viele große Steine [7970] hatten ihn verschüttet. Nun hörte er vor sich einen Fluss aus dem Berg strömen, der kein Wasser zu führen schien, [7975] sondern lauter Schlamm, wo ein Stein über den anderen floss, und so groß war die Flut, dass man unmöglich hätte eine Brücke darüber spannen können.[76] [7980] Sein Strom glich nicht einem Fluss, der leise dahinfließt, wie es die tiefen Gewässer tun, sondern er machte ein Getöse, wenn er dahinströmte, [7985] dass man es wohl mehr als sechs Meilen weit rauschen hörte. Gawein bat unterdes die Jungfrau, ihm doch – wenn es ihr [7990] nichts ausmachte – zu sagen, was dieser laute, schreckliche Lärm bedeuten würde, den sie hörten. Sie sprach: ›Dies ist die Stimme einer Mure, [7995] in deren Mitte die Burg liegt, wo wir heute Abend sein werden und auf der sich meine Herrin befindet, die nach euch geschickt hat. Man wird sich dort bestens um uns kümmern. [8000] In dieser Sache könnte ihr euch auf mich verlassen.‹

Eilig ritten sie weiter und vertrieben sich die Zeit mit Gesprächen, mit vielerlei Geschichten [8005] kürzten sie die Stunden, solange sie zusammen ritten, wie es die Gebildeten zu tun pflegen. Noch ehe die Sonne gegen Abend ihren Schein beenden wollte, [8010] waren Gawein und seine Gefährtin zur Torriure gekommen. Das Mädchen wagte sich bis zur Flut vor. Als ihr Zelter bis zum untersten [8015] Beingelenk darin watete, stand die Flut völlig still, Steine und Wasser, und wartete, bis beide hinübergeritten waren, ganz gleich wie stark die Flut zuvor gewesen war. [8020] Was dem

---

76 Oder: ›... dass man kaum mit einem Bogen hätte darüberschießen können.‹

Mädchen dazu half, dass das Gewässer nun stillstand, ist mir nicht bekannt. Nun raste es wie zuvor. Was soll ich mehr davon erzählen? [8025] Sie warteten nicht lange und ritten zur Burg, die vor ihnen am Berg lag. In der Nacht kümmerte sich das Mädchen um den Gast, wie es sich gehörte. [8030] Gawein hörte und sah niemanden, als er auf die Burg kam, außer einen Zwerg. Der sagte zu ihm: ›Sei willkommen, Gawein! Dein Schild und deine Lanze haben dir [8035] hier großen Ruhm erworben. Viele haben durch sie das Verderben gefunden, die sich mit dir gemessen haben, und du bist es wert, dass man dich rühmt. [8040] Madame wird nun von ihrem Leid erlöst.‹ Gawein mochte diesen Gruß.

Gawein und Amurfina lernen einander kennen

Hiermit verschwand der Zwerg. Nun wurden Gawein und sein Pferd prächtig versorgt. [8045] Schnell kam auch das Mädchen herbei, das seine Führerin gewesen war, und führte ihn auf einen Palas an einen Kamin, der dort brannte. Sie kleidete ihn in prächtiges Gewand [8050] aus einem kostbaren Sigelat. Seine Rüstung nahm sie in gute Verwahrung. Ganz nach seinem Wunsch wurde er in der Nacht umsorgt, [8055] doch hatte er Königin Amurfina, die schöne Jungfrau, noch nicht zu Gesicht bekommen. Das war sein größtes Leid. Ständig sagte er zu dem Mädchen: [8060] ›Wann wird mich Madame sehen, die euch nach mir geschickt hat, wie ich euch heute habe sagen hören? Es geht mir zwar ausgezeichnet, aber ich würde sie doch sehr gerne sehen. [8065] Man würde mir große Gastfreundlichkeit erweisen, wenn ich sie noch sehen dürfte.‹ Gawein blieb stur und gab die ganze Nacht über keine Ruhe, bis ihm das Mädchen versprach, [8070] ihn zu Amurfina zu bringen. Minne, wer dir verfallen ist, dem folgst du auf Schritt und Tritt. Wie haben hier Mann und Frau so rasch zueinander gefunden, [8075] wo sie doch einander noch nie gesehen oder berührt haben? Wenn man harten Stahl mit weichem Blei schleift, kann man wetzen, so viel man will.

Wenn einer mit einem Falken [8080] gerne schnelle Beute machen will, muss er ihm den Vogel sehr oft zeigen. Wenn man dann mit dem Falken aufs Feld geht und der Vogel sich aufschwingt, [8085] wirft man den Falken dazu. Das geschah nun Gawein, als sich sein ganzes Sinnen nach dem schönen Mädchen aufschwang. Es war schon fast so weit, [8090] dass der gut abgerichtete Jagdvogel das Wild riss, als Gawein und das Mädchen beisammen am Feuer saßen und er es inständig bat, [8095] dass es ihm die Treue erzeigen sollte, dass er mithilfe ihres Geleites die Reine sehen könnte, und zwar rasch. O weh, Schwäche, du bist zu stark, [8100] dass sich hier an Gawein so fester Mut vor dir verbarg. Ich glaube, dass Frau Minne daran schuld ist, die viele besiegt hat, dass sie tot darnieder lagen. [8105] Sie hat Gawein gebeugt. Ihm wurde von ihr demonstriert, dass sie siegt, wenn sie kämpft. Ihre Kraft und ihre Macht haben sich die Welt untertan gemacht. [8110] Was von ihr mit Pfeil und Bogen getroffen wird, das heilt nicht. Wem sie aber ihre Gabe erteilt, der wird auf immer gerne leben. Gibt sie ihm ihre Gabe ohne Einschränkung, [8115] dann muss sein Herz in Freuden schweben.

Sie verlangt nach ihm und er nach ihr, das Heil ersteht aus gegenseitigem Begehren. Beide waren gefangen. Der Zwerg kam gegangen, [8120] der Gawein empfangen hatte, und sagte: ›Wohl auf, Ritter, geht! Madame hat nach euch geschickt.‹ Das Mädchen nahm ihn an der Hand und geleitete ihn in die Burg hinab, in den allerschönsten Saal [8125] und in das beste Gemach, das jemals ein Auge gesehen hatte; das schaute er sich gerne an. Die Dame fand er dort auf einem Bett sitzend – [8130] als Frau wusste sie genau, wie sie sich hinsetzen musste –; das Bett ragte vom Boden auf, und vier Lichter brannten davor auf Kerzenständern aus Gold. Das genügte der Dame [8135] aber noch nicht. Der Kämmerer brachte ein noch wertvolleres Licht, ein breites Glasgefäß mit Balsam, das mitten im Palas an einer Kette aus Gold hing. [8140] Als Gawein in das Gemach gegangen kam, stand die Dame von ihrem Platz auf, trat einen Schritt vor das Bett und gab ihm einen Gruß, der ein Herz für lange entzünden [8145] und verletzen konnte. Auf Französisch habe ich gelesen, dass sie ihn auf der Stelle küsste. Gelobt sei ihr süßer Mund und was er ihm da an Freuden bescherte! [8150] Nun hatte Gawein seine Qual durch den Gruß überwunden und fand an ihr alles, was Kranke gesund macht.

Was würde es bringen, wenn ich euch [8155] von all dieser großen Pracht von Gold und Fellen erzählte? Es scherte sich dort doch niemand darum, und sie fanden bei weitem nicht die angemessene Beachtung. Der größte Besitz, den man sich [8160] vorstellen könnte, wäre nichts gegen das, was in diesem Gemach herumlag. Gawein freute sich über die junge Frau und sie sich über ihn, [8165] weil der helle Glanz ihrer Hautfarbe alle Lichter in den Schatten stellte. Die Natur brauchte sich für ihren Körper nicht zu schämen. Ich glaube, sie hatte nie [8170] eine schönere Frau geschaffen. Sie hatte ihr nichts gegeben, das man hätte tadeln können, weder an Leib noch an Seele. [8175] So hatte die Natur sie behutsam modelliert. Kräftiges Rot hatte sich an ihr mit edlem Weiß untermischt, auf einer zarten Haut, die mit großer Sorgfalt [8180] über lindes Fleisch gezogen war. Ihre Augen leuchteten grau. Hohe, braune Augenbrauen zierten sie, dass sie die Herzen aller stahlen, [8185] die ihre Augen auch nur ein einziges Mal gütig ansahen. Ihr rosenfarbener Mund ging sehr eng zusammen und hatte genau die richtige Größe, [8190] was beim Küssen von Vorteil war. Ihre Zähne waren klein, die Zahnhälse ganz lilienweiß und gerade. Ihre Nase war perfekt, weder zu flach noch zu spitz. [8195] Ihr hellblondes, lockiges Haar reichte bis auf die Schultern herab. Kinn und Hals waren weiß und rund.

Ihr Hals verlief bis zur Schulterpartie herab [8200] ebenmäßig, nicht zu lang, weder zu dick noch zu dünn. An ihren Schultern waren wohlgeformte, genau richtig schmale und nicht zu lange Arme, Hände weiß wie Hermelinpelz, [8205] weder zu breit noch zu schmal. Die ganze Wonne vollkommenen Glücks lag an ihrem Leib. Ihre Finger waren klein, lang und wie gedrechselt. [8210] Ihre Nägel waren alle von derselben Farbe, wie ein glasklarer Spiegel. Vorne unter dem Mantel, an ihren anmutigen Brüsten, [8215] gab es nichts auszusetzen. Es muss euch reichen, was ich von ihr erzählt habe. Sie trug ein Gewand, das mit ihrer Schönheit harmonierte. [8220] Es war aus einem kostbaren Stoff, dessen Farbe wie die eines Pfauen schimmerte und mit dem ich nichts zu vergleichen wüsste, weder aus Gold noch aus Seide. An Kostbarkeit [8225] kam ihr das gerade recht. Ein flaumiger Hermelinpelz war darunter, der ihr gut stand. Beides spendete einen schönen Glanz, dass man es preisen sollte. [8230] Vom Hals bis auf den Boden hinab reichte eine Borte aus Zobelpelz, von solcher Kostbarkeit, dass man ihn sehr loben müsste. Die Spange und die oberen Schnüre [8235] waren aus rotem Gold. Sie trug außerdem an einer goldenen Halskette einen Adleranhänger; der beste Handwerker hätte es nicht besser machen können. [8240] Die Einlegearbeit trieb das Licht eines Rubins hervor, der dort glänzte. Obgleich neben ihm viele weitere Edelsteine lagen, machte er alleine ihre Kraft zunichte.

Ein Gebände[77] aus Gold und [8245] Edelsteinen bezwang ihr Haar, das wahrhaftig nicht zu schlecht war. Die Einlegearbeit war fein, kostbarst verziert. Vorne illuminierte es [8250] ein Smaragd, der die Trägerin vor Zorn schützte und ihr Glücklichkeit spendete. Neben ihm lag rechter Hand ein heller Paleis[78], [8255] der dafür Sorge trug, dass ihr keines Menschen Hass irgend schaden konnte. Auf der linken Seite lag ein edler Topas, der sie vor jeder Zauberei bewahrte; [8260] die ist ihm unerträglich.[79] [?] Hinten an ihrem Haupt lag ein ganz klarer Saphir, der sie vor Gift schützte und sie vergnügt machte. [8265] Dazu ist seine Kraft gut. Sie trug zwei so gute Armreifen, dass kein Auge je bessere sah. Auch der Gürtel war nicht zu schlecht, [8270] das könnt ihr mir glauben. Die Schnalle war ein Jaspis, grün und durchsichtig. Dessen Natur ist so kühn, dass er die Damen vor [8275] jedem körperlichen Gebrechen schützt. Der Gürtel war aus Irland. Die Spangen waren aus einem roten Hyazinth geschliffen. Ein edelster Ceraunius[80] [8280] umfasste den Gürtel. Der war dort nicht umsonst: Er behütete den Leib, wenn das Wetter mit Blitzen vor dem Regenguss stark wütete. [8285]

Nach der Krone des wahrhaftigen Lobes hätte man die Schönheit der jungen Frau mehr als die Göttinnen rühmen sollen, mehr als die weise Pallas oder die prächtige Juno. [8290] Ihr hätte sich auch Venus nicht vergleichen können, die von Paris unter den Göttinnen ausgezeichnet worden war, weil sie sich nackt zeigte und ihn sich so geneigt machte. Dafür – und außerdem noch wegen eines Versprechens, das sie ihm gegeben hatte – [8295] sprach er ihr, ohne zu zögern, den Preis zu. Wäre das schöne Mädchen Amurfina dort bei ihnen gewesen, hätte sie den Glanz der Göttinnen zum Erlöschen gebracht, sodass ein gerechter Ritter ihr alleine [8300] den goldenen Apfel gegeben hätte. Sie saß auf einem Bett, dass ich darauf wetten würde, dass niemals ein besseres gesehen wurde, [8305] obzwar mir zu Ohren kam, dass man einem Bett großen Wert

---

77 Ein mehrfach um den Kopf gewickeltes Band, der Kopfschmuck (verheirateter) Frauen.
78 Eine Art blasser Rubin?
79 Hs. P ist einfacher: ›die kann er überwinden.‹
80 Der Ceraun(i)us wird von Konrad von Megenberg im ›Buch der Natur‹ (Mitte 14. Jahrhundert) mit ›Donnerstein‹ glossiert. Damit dürften fossile Haifischzähne gemeint sein (gelbe Farbe, scharfe Kanten).

attestierte, das ein Pfaffe in Salye mit Zauberei gefertigt hatte und das die Mutter von König Artus [8310] mit sich nahm, als sie mit diesem Bett und vielen weiteren Kostbarkeiten das Land verließ. Es war so gemacht, dass auf ihm weder ein Guter noch ein Böser liegen konnte, [8315] wenn Laster und Schande an ihm nicht gänzlich verstummten.[81]

Auf diesem Bett wurde Gawein, dem Held, neben dem Mädchen ein Platz im Schatten angewiesen, [8320] den ihnen ein entsprechend angebrachtes Schirmbrett ganz gleichmäßig spendete. Der Zwerg und Acclamet kümmerten sich um das Essen, und Amurfina und Gawein [8325] blieben hier unter sich gemeinsam sitzen – ganz alleine. Ihr Gespräch war sanft und löblich. [8330] Frau Minne hatte ihr alle Scham vom Herzen geschnitten, da sie es ansonsten nicht ertragen hätte, dass sie so einsam waren. Was auch immer die Minne anstellt, [8335] wer kann sich ihrer erwehren? Das zeigt sich vielerorts und wird allenthalben deutlich. Niemand ist so wild, dass sie ihn nicht geschwind gezähmt hätte. [8340] Wenn hier diese beiden in Freuden beisammen sind, will das Frau Minne, denn ihr Schloss hatte auf ihr Herz so aufmerksam aufgepasst und hatte es so wachsam [8345] gestärkt, dass kein *kunterfeit*[82] es jemals hätte aufschließen können: Deshalb mussten sie nun beide Freude genießen, ohne dass sie es eigentlich angestrebt hatten. [8350] Da nun Frau Minne diese Schwäche unter sie geworfen hat, ist es nicht weiter verwunderlich, dass sie sich ganz besonders lieben.

Woran sie da dachten? – Was weiß ich! [8355] Die Aventiure belehrt mich nur über ihr Gespräch und ihre Blicke, die sie einander sehr oft sehr liebevoll vergalten und die beider Herzen mit [8360] einer Süße erfüllten, die alle Maßstäbe überstieg. Ein makelloser Wunsch fährt am Ende besser, als es am Anfang scheinen mag. [8365] Ihm wurde es nie so eng, dass er nicht beiderseits Platz gefunden hätte. Dieses süße Zögern der Minne trugen sie ohne Anstrengung, denn beide fanden [8370] den anderen gerne dazu bereit: Das musste die Minne stillen – anders hätten sie es schwer ertragen. Gawein braucht niemals darüber zu klagen, dass er auch nur ein Weilchen

---

81 Von diesem Bett und der Burg Salye wird später noch ausführlich die Rede sein (20264ff.)

82 Gemeint ist ›gefälschtes Gold‹ ebenso wie ein nachgemachter – also auch ›gefälschter‹ – Schlüssel.

Kummer litte, [8375] so sehr erquickte ihn dies. Dafür möge er Frau Minne dankbar sein, die Amurfinas Herz unverzüglich nach ihm brennen ließ, und umgekehrt genauso. [8380] Wer sollte die beiden dafür schelten? Wer sich nun befleißigte, an ihr die Güte der Frauen zu tadeln und wie ein nichtswürdiger, böser Mann ihr Lob zu zerbrechen, [8385] würdigte sich letzten Endes nur selbst herab, weil doch alles durch Frau Minne geschah. Viele Bitten, die häufig gestellt werden und die man nicht beachtet, würden zurückgewiesen, [8390] wenn nicht Frau Minne mit im Spiel wäre.

An ihnen sicherte sich die Minne den Sieg. Inzwischen war es knapp vor Essenszeit; deshalb kamen der Zwerg und das Mädchen, was Gawein insgeheim in seinem Herzen [8395] sehr heftig beklagte, weil er und die Gute ihre Unterredung beenden mussten. Dabei konnte es ihnen doch sehr wenig schaden! [8400] Die Minne hatte sie mit Liebe so gegeneinander aufgeladen, dass beide beim Herzstehlen zum Dieb geworden waren. Das ließ sich da nicht verbergen. [8405] Was sollte ich euch schon erzählen, wie viele Gerichte dorthin getragen wurden oder welche Getränke man ihnen einschenkte? Was immer ihr euch davon vorstellen könnt, das nehmt für die Wahrheit. [8410] Nur so viel sei euch gesagt: dass bei diesem gemeinsamen Mahl damals kein anderes Gesinde mit Gawein und seiner Jungfrau [8415] im Palas saß als das Mädchen, der Zwerg und Frau Minne mit ihrer Heimlichkeit. Die Augenweide beider Herzen war in der Tat die fünfte Gesellschaft [8420] beim Empfang dieses Gastes, wie in derselben Nacht deutlich wurde. Ihre Leiber und ihre Herzen waren wie ein Ja und ein Nein: So hatte sich dort Frau Minne [8425] in kurzer Zeit eingerichtet. Wem sie mit solcher Gunst dient, der kann froh sein. Gerne erlitte ich ihre Fesseln und ihre Drohungen, wenn sie mich je so belohnen würde. [8430]

Da Frau Minne bei ihnen war, mussten ihre Leiber und ihr Verstand unter ihrem Gebot stehen, denn wo sich der Minnegott auf einen Kampf einlässt, [8435] verliert der Verstand alle Weisheit, die er je hatte, und muss der Minne Folge leisten. Ein solcher Tor sagt dann dem Kummer Schach, [8440] wenn ihn die Minne ordentlich umgarnt, weil sie ihn, ein unstetes Herz, sehr leicht beugt und ihr sein Herz folgen muss, wo immer sie ihren Gruß hinwendet, zum Guten oder zum Schlechten. [8445] Von solchen Fällen gibt es bei Alt und Jung genug, an denen die Macht der Minne sichtbar wird.

Wie lag doch der arme Totan, [8450] erstickt unter Bettdecken![83] Wie schnell hatte die Minne dem weisen Salomon die Krone der Weisheit entrissen, dass er nach ihrem Gebot lebte! [8455] Ihre Gewalt schwebt über der Welt, sodass sich niemand mit gleich welchen Listen ihrem Vorsatz entziehen kann. Wenn sie dem Weisen befiehlt, wie ein Kind [8460] das Ei in der Glut zu suchen, bricht sie ihm den Verstand entzwei. Wer kann sich davor schützen? Hier hatten der Gast und das Mädchen den Fuß auf den Pfad der Minne gesetzt, [8465] beide mit einer unlösbaren Kette unter ein Joch gebunden.

Die Nacht: Zauberschwert und Minneschwur

Inzwischen war es Zeit, schlafen zu gehen. Der Zwerg und das schöne Mädchen vergaßen nicht, [8470] einen Schlaftrunk zu bringen, wie ihnen Amurfina befohlen hatte. Der brachte Gawein in große Not, denn als er ihn trank, wurden ihm sein Leib und sein [8475] Verstand ins genaue Gegenteil verkehrt und er wurde am Herzen so wund, dass niemand die Wunde hätte heilen können, kein Arzt und keine Arznei, [8480] wenn es nicht seine Geliebte täte, die schöne Amurfina, die ihm Frau Minne als Lohn verhieß und anstelle ihrer Schwester Sgoydamur unverbrüchlich anbefahl. [8485] Die konnte ihn wohl heilen. Nun musste sich das Gesinde verabschieden und abziehen. Amurfina und Herr Gawein aber saßen dort beisammen [8490] und Frau Minne mit den beiden; die anderen kümmerten sich um ihre Angelegenheiten. Nun sagt mir: War etwa die Wache schlecht, die über die beiden wachte? Ihr glaubt wohl, das Stroh [8495] lag nun nahe der Glut, weil sich Frau Minne ihrer annahm.[84] Das hätte Gawein nicht ausgehalten. Ich will euch mehr sagen: So war es dort leider nicht. [8500] Eine Wache kümmerte sich um die beiden, von der Gawein nichts wusste und die aber so stark war, dass er ihr schließlich unterlag.

Wenn ich nun keine Lust hätte [8505] und euch nicht eröffnete, was das für eine Wache war, würdet ihr die Geschichte leicht für nur halb erzählt halten: Ein schönes und breites Schwert [8510] hing mitten über ihrem Bett. Dies vollbrachte ein Wunder, dass

83 Die Anspielung ist unklar; Heinrich wiederholt sie in seiner Liste unglücklicher Liebespaare (11560–11602).
84 Interpunktion gegen die Ausgabe.

es schwer zu glauben ist, dass es jenes kluge Wissen überhaupt gibt, das solches einrichten kann. [8515] Ich würde auch nicht bei meiner Treue schwören wollen, dass es wirklich wahr ist. Wenn einer bei dem Mädchen liegen, sie zu etwas Unzüchtigem bitten [8520] oder sie gar mit unartigem Ringen bezwingen wollte – mit oder gegen ihren Willen –, dann glitt das Schwert, sowie er mit ihr zu ringen begann, aus der Scheide [8525] und half der jungen Frau, sodass ihr von einem Mann nichts geschah. Das Schwert tat dies so lange, bis er ihr gegenüber ein aufrichtiges und treues Gebaren an den Tag legte, damit sie von ihm nicht im Nachhinein [8530] Kummer haben müsste, wenn er das Verlangen seines Herzens an ihr zur Gänze gestillt hätte – so wie manch einer heute noch den Frauen verächtlich begegnet, [8535] wenn er ihr Herz nach seinem Willen gebrochen hat, wie es Frau Minne will. Die Güte der Frauen ist nämlich so vollkommen, dass sie leicht zu betrügen sind. Wenn einer sie aus Minne umschmeichelt, [8540] können sie nicht widerstehen.

In dieser Lage bräuchte Gawein den Rat eines Weisen. Die Minne hat ihn auf den Tod verwundet, und doch könnte er leicht genesen. [8545] Der Arzt ist nicht fern. Wäre Fortuna hier mit ihm gnädig, würde die Minne geschwind eine derartige Temperierung bewirken, [8550] die all seine Krankheit geschwind verdrängte. Was also nützt ihm nun am meisten, wo sie doch alle drei danach verlangen und die Wunden, die die Minne ihm [8555] und Amurfina geschlagen hat, so eitrig schwären, und die Minne es doch nicht dulden will, dass die beiden daran zu Grunde gehen? Sie können nicht sterben, beide müssen sie gesund werden. [8560] Gawein war seit jeher standhaft; nun aber verbürgen sich Amurfina und das Schwert dafür, zumal das Schwert nichts als standhafte Treue einfordert. [8565] Das Bett war gemacht. Über die beiden wachte Frau Minne, die sie schund und so entflammte, dass ihre Herzen wie ein einziges brannten. [8570] Nun wollte Monsieur Gawein der Minne Genüge getan haben. Nie war sein Verlangen so aufrecht gewesen, was ihn freilich nicht überraschte. Das Schwert aber zerbrach sein Verlangen: [8575] Als er die Dame berührte, glitt es aus der Scheide herab und gürtete ihn in der Mitte wie ein Reif.

Es drückte seinen Leib so sehr, dass er am Leib schwach wurde [8580] und tatsächlich glaubte, sein Leben zu verlieren. Er bat die junge Frau um Gnade und ließ die Hände von ihrer Seite wieder auf das Bett sinken. [8585] Ihm verstummten seine Kräfte völlig von der Ohnmacht, die das Schwert an ihm entdeckte. So lag er wie ein toter Mann, doch war er bei Bewusstsein. [8590] Er fürchtete aber den Tod, als ihm zunächst niemand zu helfen schien. Wollte er sie hier zur Frau gewinnen, [8595] müsste er sie mit seinen Sinnen beständig minnen. Wie sollte er das beweisen? Er hatte jeden Widerstand aufgegeben, da er nicht länger zu leben wähnte. [8600] Er sagte: ›Seele, nun fahr dahin und sei immer mit ihr, mit der auch ich bin, weil sie mich nicht retten kann. Du sollst ihr jene standhafte Treue schwören, die ihr der Körper schuldig geblieben ist, [8605] weil du – wie ich – zu ihr gehörst, wegen der ich die Not erleide.‹ Sobald er die Rede gesprochen hatte, ließ das Schwert von ihm ab. Dieser Treueschwur [8610] erging ohne jede Hinterlist: Amurfina, das reine Mädchen, konnte seine standhafte Treue sehr gerne annehmen. Es stand ihnen beiden gut an, dass sie sich minnten. [8615] Oft hat es die Minne denen vergolten, die ihr folgen wollten.

Sowie Gawein spürte, dass seine Mühsal verschwand und das Schwert von seinem Leib abließ, [8620] hieß ihn Frau Minne froh sein und befahl ihm Amurfina an, damit seine standhafte Treue an ihr nicht lahm würde. Er wollte dasselbe, [8625] als er sich der Sache annahm. Wie es ihm hernach erging, wird euch hier nicht verschwiegen. Ihre Liebe wurde ihm nicht versagt, als er mit Treue danach strebte, [8630] sodass weder sie noch das Schwert ihn nun daran beirrte. Nun also ist Gawein, der vormals in großer Gefahr die Länder weithin auf der Suche nach Tjosten und Kämpfen [8635] durchstreift hatte, Hausherr geworden. Nun musste er aber, ohne es zu wollen, abermals mit Frau Minne auf die Fahrt, als er das Gift trank, das ihm Acclamet eingeschenkt hatte, [8640] denn es raubte ihm den Verstand. Diese Sache will ich euch genauer erklären. Das Mädchen brachte den beiden – wie es ihr befohlen war – in jener Nacht einen Goldbecher ans Bett, [8645] nachdem Gawein und Amurfina ihren Willen und ihr Verlangen mit Liebe an ein Ende gebracht hatten: Darauf war eine so große Kunstfertigkeit verwendet worden, [8650] dass niemand die Kraft dieses Giftes zerbrechen konnte. Sobald er es mit dem Goldbecher zum Mund führte, musste er dadurch entweder lieben, [8655] auf der Stelle sterben oder den Verstand verlieren: Eines von den dreien musste geschehen. Eine andere Genesung gab es nicht, wie ich gelesen habe. [8660]

Diesen stärksten Zaubertrank tranken Gawein und Amurfina sauber aus. Ihm schwanden davon so gründlich die Sinne, [8665] dass er sich, der Sinne beraubt, selbst nicht mehr kannte und glaubte, dass er schon immer in diesem Land Herr und Gebieter gewesen wäre. [8670] So schnell hatte er sich daran gewöhnt, dass er glaubte, sie wäre bestimmt schon 30 Jahre lang seine Ehefrau. Er hatte sich selbst so sehr vergessen, dass er weder seinen eigenen Namen [8675] erkannte noch wusste, wer er war. Niemals zuvor war sein Herz angesichts einer Herausforderung feige geworden. Nun aber war es krank und weich [8680] und kannte sich selbst nicht. Das Rittertum schlechthin musste diese Verwandlung beklagen. Die Dame des Hauses und Frau Minne hingegen, nach denen sein Sinn stand [8685] und denen er sich zugewendet hatte, mussten Freude tragen. Er hatte beides gewählt, Verlust und Gewinn: Er gewann ihre Minne und verlor den Verstand. [8690] Wer es der Minne übel nimmt, dass er in eine solche Situation gerät, scheint mir dümmer als ein Kind zu sein. Minne ist angenehm – Unvernunft widerlich. [8695]

Liebe und Landesherrschaft

Diese Sache dauert schon zu lange – es reicht. Sobald der Tag die Nacht mit Licht aus dem Himmelsrund schlug, kamen vier schöne Jünglinge, wohl gegen 30 [8700] Jahre alt, die Ritter waren, schön und gut gekleidet, und mit ihnen ebenso viele schöne Mädchen sowie ein alter Kaplan. Sie alle stellten sich vor das Bett [8705], weckten Gawein auf und fragten, ob er sich nicht zur Messe aufmachen wollte. Danach kam ein großes Getümmel von Damen, eine lange Schlange, [8710] danach ein Gedränge von Rittern, alle groß und gut gekleidet. Ein jeder von ihnen hätte Hausgenosse in der Reichspfalz sein können. Die erzeigten ihm deutlich, [8715] dass sie seine Untertanen waren. Man konnte auch an den Damen nichts erkennen, was gegen den Anstand von Frauen verstöße. Sie grüßten ihren Herrn alle mit vollendetem Dienstwillen [8720] und nannten ihn den von der Serre. Niemand nannte ihn Gawein. Nun war er so einfältig, dass er sie zu erkennen glaubte, als er sie ihre Namen sagen hörte, [8725] und glaubte, sie schon früher gesehen zu haben. Das hatte in der Nacht das Gift an ihm angerichtet, wie ihr vernommen habt. Wie sollte er nun von dort entkommen, wo er nicht wusste, wer er war? [8730] So verlag er sich in diesem Land bei der Dame, ohne sich im Geringsten darum zu kümmern, was einen Ritter eigentlich ausmacht.

Da Gawein Hausherr geworden ist [8735] und nun die Straße meidet, versäumt einer, der auf ihr unterwegs ist, manchen süßen Gruß, der ihm früher von Gawein entboten worden wäre. Nun aber reiten und ziehen die Boten aus, [8740] um Gäste auf Gaweins Burg zu laden. Seht, er ist ein zweiter Artus, der niemandem etwas abschlagen kann und der Arm und Reich mit derselben [8745] Gastfreundlichkeit von seinem Besitz schenkt, ohne dass es ihn im Nachhinein reute. Ich schwöre bei meiner Treue, dass man den Gast dort sehr gerne sieht und dass nicht danach gefragt wird, [8750] wie lange ein Gast am Hof bleiben möchte, und wenn er sich dann verabschiedet, wird er nicht mit übler Nachrede verleumdet, [8755] mit der man im Nachhinein Speise und Essen zu vergelten gewöhnt ist, so wie auch vielen im Nachhinein aufgerechnet wird, wie viel sie verzehrt haben. Von Anfang an enthält man [8760] ihm nichts vor, etwa indem man um seinetwillen das Essen aufschiebt, obwohl es schon fertig ist, und es ihm damit verwehrt – wie es oft geschieht –, weil man es so lange hinauszögert, [8765] dass er nicht länger bleiben will, wenn es ihm möglich ist, Speis und Trank woanders zu kaufen. Ich rate, dass man sich von solchen Wirten abwendet und sie mit ihrer Schande alleine [8770] ihren Besitz genießen lässt. Ich, Heinrich, rate dazu, dass man sich jenen zuwendet, die es nicht verdrießt, Besitz für Ehre einzutauschen, [8775] denn es ist nichts daran verloren, solchen eine Freude zu machen. Es gibt zwei Dinge, die einen Mann schwächen können und die sowohl dem Untertanen als auch dem Herrn ziemlichen Verdruss bereiten können. [8780] Beide gründen darin, dass sie nicht zusammenpassen, also wenn sich edle Herren entweder schlechte Untertanen nehmen oder wenn ein tüchtiger Mann wegen einer Kleinigkeit nicht von einem schlechten Herrn loskommt – [8785] nämlich wenn dieser ihm wertloses Zeug schenkt. Für beide, den Herrn und den Untertanen, habe ich ein wahres Gleichnis parat, mit dem ich sie nicht belügen will. Ihnen ergeht es wie einer Fliege, [8790] die auf der Suche nach einem schwachen Glück in ein Sudtuch fällt und dafür ihr Leben lässt, ohne den edlen Samt, der daneben liegt, überhaupt zu bemerken. [8795]

Wenn nun jemand Aventiure sucht, findet er auf der Straße nichts als armseliges Geplänkel, das sich dort breit gemacht hat, seit die Minne Herrn Gawein ihre Tjost anbefohlen hat. [8800] Gawein aber zerhaut auch hier Schilde – jene der Minne nämlich – und zähmt das ungezähmte Wild. Das sei nun seine Arbeit! Alle seine Kämpfe und Tjosten [8805] hat er nun vergessen. Kräftig musste er unterm Zelt der Minne seine Stiche ins Ziel setzen. Wie kurz und schmal ihr Feld auch sein mag, hat er doch dort der Tjosten genug, [8810] wenn sein Kampfpartner Schild und Lanze senken will. Ich könnte mir denken, dass er, selbst wenn er bei der Stechlanze bleibt, dafür einen guten Bürgen findet, [8815] wie wild er es auch treibt. Denn dieser Fehde steht das Fliehen viel besser an, als wenn sich einer zu oft dem Kampf stellt; wenn er siegen will, [8820] muss er sieglos unterliegen, und es siegt hier, wer flieht. Denn die Minne scheucht den, der immerzu vor ihr flieht. Wenn einer sich aber daran macht, sie zu verfolgen, [8825] kann er sich nicht erholen, sondern er muss immerzu Kampf erdulden und dabei doch sieglos und verwundet unterliegen, von Frau Minne [8830] aller Sinne beraubt. Das ist sein Gewinn.

Die goldene Schüssel

Nun kehren wir zu unserer Geschichte zurück. Ich will euch ganz genau und so, wie mich die Fabel gelehrt hat, [8835] erzählen, wie lange er dort in den Banden von Frau Minne lag. Die Fabel erzählte, dass sie ihn 15 Tage lang in diesen Fesseln hielt. Da wurde seinen Wunden [8840] eine Arznei geboten, dass seine Fesseln entzwei brachen und es ihm ein wenig besser ging. Während er mit seinem Gefolge zu Tisch saß, [8845] ließ Amurfina, seine Geliebte, eine Schüssel ganz aus Gold mit zwei Messern zum Tisch tragen. So prächtig war sie, [8850] dass es nichts besseres gab, und unmöglich hätte man sie noch mit gleich welcher Kostbarkeit aufwerten können. In die Schüssel war ein Kampf zwischen zwei Rittern eingraviert, [8855] und beider Namen waren wahrhaftig über die beiden geschrieben. Der eine Ritter wäre vom anderen beinahe besiegt worden, hätte er sich nicht ein Gewässer als Zuflucht [8860] gesucht, in das er entwich, als ihm seine Kraft schwand. In einem Spruchband stand geschrieben: Laniure von der Serre kam im Kampf gegen Gawein kaum mit dem Leben davon, [8865] als er mit ihm bei der Torriure Aventiure suchte.

Was es mit diesem Kampf auf sich hatte, von dem die Schrift handelte, das will ich euch wissen lassen, [8870] wie es mir zu Gehör gekommen ist. Als der Vater dieser Dame noch am Leben war, schwebte sein Herz so hoch, dass er aus Tapferkeit vielerorts im Land kämpfte, [8875] wenn er von einer Aventiure hörte. Eines Tages geschah es durch Zufall, dass er auf Gawein traf, als er über die Torriure in sein eigenes Land fahren wollte. [8880] Sogleich legte er an den Tag, wonach sein Hochmut stets verlangte. Bei der Furt griff er ihn am Ufer mit gierigem Hass an. Da geschah ihm das Malheur, [8885] dass dieser ihn vom Feld jagte. Diese große Unbill wollte er seither alle Tage bis zu seinem Tod vor Augen haben [8890] und ließ es also in seine Schüssel eingravieren. Sehr bald darauf gab er aus Leid das Schwert auf. Nun wollte Amurfina dort [8895] die Ritter die Kostbarkeit sehen lassen, auch damit sie sahen, was ihrem Vater durch Gawein, ihren Geliebten, aus ritterlichem Ruhm geschehen war, wo doch schon ihr Vater ein so [8900] berühmter Ritter war, dass er mit ritterlicher Tat beileibe viel Lob und Ruhm über alle Ritter erbeutet hatte. Vor Gawein aber wurde er feige! [8905] Umso besser sollte Gawein ihrem Gefolge gefallen.

Als die Schüssel zu Tisch getragen wurde, ließ die Dame sie aus Hochmut von Tisch zu Tisch tragen und ließ all den Rittern einzeln [8910] diese Geschichte erzählen. Auch ließ sie sie fragen, wer ihnen denn als Herr lieber wäre und wen sie lieber auf immer bei ihnen zur Serre hätten: [8915] jenen, an dem hier der Schein des Sieges leuchtete, oder diesen, an dem da die Flucht gleißte. Sie sagten alle unter sich, dass sie jenen zum Herrn haben wollten, der so tapfer gehandelt hatte, [8920] dass er den anderen vertrieb und den Sieg behielt. Da wurde er ihnen gezeigt und vorgestellt: Gawein hieß er, dem ihr Herr Laniure [8925] in die Torriure entwichen war – bei ihren Damen säße er. Da baten sie alle einhellig Gott, der ihnen Gawein zugedacht hatte, [8930] dass er ihn vor allem Bösen behüten und ihm ein langes Leben schenken sollte. Die Schüssel wurde wieder zu Amurfina und Gawein auf den Tisch gebracht, [8935] damit sie sich daran ergötzen konnten. Gawein betrachtete sie unablässig und erkannte, was die Schrift sagte. Er begriff die Sache aber nicht, außer dass er die Geschichte [8940] genau an den Bildern verfolgte: wie die beiden Ritter sich mit den Schilden deckten, wie sie mit den Schwertern wild aufeinander eindrangen und wie sie viele Schläge austeilten. [8945]

Gaweins Selbsterkenntnis

Er betrachtete den Kampf so lange, bis er so klaren Verstand fasste, dass er seinen Namen lesen konnte. Er sinnierte: ›Der da, mit diesem Namen da, war, glaube ich, ich selbst. [8950] Wenn ich es nicht selbst bin, dann kannte ich ihn aber, glaube ich. Wenn mich nicht alles täuscht, dann hat man mir die Geschichte, glaube ich, erzählt. Ich habe doch sehr viel [8955] schlimme Nöte gesehen, in denen er sich befunden hatte, wo immer das auch gewesen sein mag. Vielleicht war ich sein Gefährte, dass ich ihn so gut kenne. [8960] Beim Turnier sah ich ihn viele Ritter fällen, viele Lanzen stach er dort entzwei, dieser selbige Waldverschwender[85] da. Seine Hände haben [8965] sehr viele Ritter aus dem Sattel gehoben. Sein Herz war ohne Furcht, wann immer es darum ging, Tapferkeit unter Beweis zu stellen. Wer hat um des ritterlichen Ruhmes willen so viele Gefahren erduldet wie er? [8970] Sein Schild und seine Lanze haben allenthalben in den Ländern viele Mühen überstanden, wenn jemand seiner Hilfe bedurfte. Der Frauen Unglück war sein Leid. [8975] Wo er für sie eintreten sollte, getraute er sich wohl, sie zu verteidigen. Wenn ich es nicht geträumt habe, habe ich ihn kürzlich noch gesehen, wo immer er jetzt sein mag.‹ [8980]

Er sagte zu sich Folgendes: ›Wie heiße ich, oder wer bin ich, oder wo bin ich hergekommen? Es muss mich doch jemand kennen, der mich schon früher gesehen hat. [8985] Wie immer es um mich steht: mich dünkt doch, dass ich beim Turnier viele Lanzenstiche geführt habe und nicht selten Ruhm erwarb, [8990] wo Ritter beisammen waren. Mein ganzes Leben lang habe ich mich wie ein Ritter verhalten und übertraf sogar jene an Ruhm, denen ihre Tugend einen Platz [8995] an der Tafelrunde des Königs Artus vergönnt war. Wie viele wilde Engpässe habe ich erobert, die alle königlichen Streitkräfte [9000] nicht befreit hätten![86] Ich beschützte das Erbe von Frau Janphye gegen deren Schwester.[87] Ich erschlug den Riesen

---

85 Das ist einer, der so viele Lanzen versticht, dass es einen ganzen Wald bräuchte, diese zu fertigen.

86 Ein solcher Klausenkampf wird später tatsächlich geschildert (26099–26207). – Wie schon oben wird auch hier auf Taten Gaweins alludiert, die ihren Ort erst im späteren (!) Handlungsverlauf haben.

87 Von diesem Schwesternstreit ist, soweit ich sehe, nirgends in der mittelalterlichen Literatur die Rede. Dasselbe gilt für den Großteil der hier erwähnten Taten Gaweins; ich annotiere nur jene, zu denen Parallelen bekannt sind.

Chalangelle von Clintester. [9005] Ich erlöste Lohenis[88] und 20 Ritter aus dem Gefängnis. Ich rächte Frau Andochlis, der Jasin ihren Geliebten erschlug. Ich half Zazant, als ihn ein Drache [9010] zu seiner Höhle trug. Ich rang zu Ygangsol mit der wilden Macleide. Ysazanz, dem schönen Mädchen, half ich gegen Anfroihin, [9015] als er sie entführen wollte.[89] Ich brach dort zu Chladet den Zauber, von dem mein Freund, Herr Lanzelet, beinahe verbrannt wäre, und wäre mir Garamphye [9020] nicht in den Berg entronnen, hätte er den Schleier hier lassen müssen, der so wunderschön war. Dort zu Katharach fuhr ich über die Furt in eine wilde Gegend, [9025] wo ich jenen prächtigen Besitz fand, den Parzival gesucht hatte, nachdem er vom Mädchen verflucht worden war: den prächtigen Gral und die Lanze, die alle Tage einmal [9030] drei Blutstropfen abwarf.[90] Ich erschlug zu Bleymaradarf Sarand, den Teufel, der am Meer die Sonne verschlang. Ich tat viele Trünke [9035] aus dem Jungbrunnen im Garten zu Yedochel.[91] Kambroios war nie so schnell, dass er mir nicht hätte Sicherheit schwören müssen. Fimbeus bot mir seinen Eid, [9040] als ich ihm den Gürtel nahm.[92] Edysson tat mir das gleiche, als er Segremors verriet und ihn in der Not im Stich ließ, als den die wilde Frau gefangen hatte. [9045] Als das alles geschah, hieß ich, glaube ich, Gawein. Als sich unlängst der Artushof zerstreute, war ich dort wahrhaftig bei ihnen, wenn ich es bin, Gawein, [9050] und ich hätte dann einem König zu Hilfe kommen sollen, der wegen eines Riesen in großer Pein befangen ist. Wie dies alles gekommen ist, interessiert mich doch sehr.‹ [9055]

So saß er da, ohne zu essen, und die Sache ging ihm nicht aus dem Kopf, bis er wieder ganz zu Verstand gekommen war. Sofort fasste er jäh nach dem Messer, das vor ihm auf der Schüssel lag,

---

Janphye könnte dem Namen nach aber identisch sein mit Jamphye, der Geliebten Lanzelets, die in der Handschuhprobe erwähnt wird (24079, 24113).

88 Wie Anm. 66.
89 Oder: ›... half ich bei Anfroihin, wo man sie entführen wollte‹?
90 Die Gralsgeschichte wird in der ›Krone‹ noch zweimal (!) erzählt werden (siehe das Nachwort). Gawein verdrängt jeweils Parzival aus der Rolle des Gralserlösers.
91 Auf der Insel der Jungfrauen (17477–17499) wird Gawein tatsächlich unsterblich. Anscheinend trinkt Gawein dort aber nicht aus einem Jungbrunnen, sondern erhält eine Badessenz zur geneigten Verwendung. Der Name Yedochel fällt nur hier.
92 Die Gürtelgeschichte zieht sich wie ein roter Faden durch den Text, siehe dazu ausführlich das Nachwort.

[9060] und stach sich damit in seine eigene Hand, dass es bis auf den Tisch drang. Dann sprang er vom Tisch auf. Alle Ritter, die dort saßen, [9065] kamen herbeigelaufen. Auch die Dame musste das Essen bleiben lassen. Der vermessene Gawein bat, dass man ihm seine Rüstung brächte. [9070] Das Gesinde hingegen bat ihn, es nicht zu tun und auf immer und ewig bei ihnen zu bleiben als Herr über zwei Länder. Doch wie flehentlich man ihn [9075] auch bat, er kümmerte sich nicht darum und erklärte, dass er losreiten müsste; nicht auch nur einen Tag länger könnte er es aufschieben. [9080] Er musste ihnen aber versprechen, dass er, sobald er seine Angelegenheiten dort zu Ende gebracht hätte, wieder ins Land käme, so schnell er könnte, wenn es ihm zupass käme. [9085] Hiermit nahm er von ihnen Abschied und küsste Amurfina, seine liebe Freundin. In süßester Minne schied Herr Gawein von dannen. [9090] Frauen und Männer ergaben ihn hier mit Segenswünschen in den Bann des Glücks.

Bevor er von dannen schied, brachte ihm der Zwerg Garanphiede ein ehrenvolles Geschenk: [9095] ein Schwert, das Gawein gerne von seiner Geliebten nahm und das mit beiden Schneiden Stahl mühelos wie weiches Blei schnitt und vor keiner Härte zurückschreckte; [9100] dazu einen festen, schier unzerbrechlichen Schild, der ihn wie eine Mauer schützte. Sein Wappenfeld war lasurblau, darauf ein goldenes Schloss, [9105] an dem man erkennen sollte, dass ihm Frau Minne den unlöslichen Gedanken eingeimpft hatte, einzig und allein [9110] dieser seiner Frau zu dienen und keiner anderen. Hiermit ritt er von dannen, und keiner seiner Männer folgte ihm nach. [9115] Es war nämlich seine Art, dass er keine Gefährten wollte. Die brach er auch hier nicht. Sie wären gewiss mit ihm geritten, wenn er seine Drangsal mit ihnen hätte erleiden wollen. [9120] So ergeben waren sie ihm, dass sie alle mit ihm in den sicheren Tod geritten wären. Das hätten sie ihrem Herrn als treue Gefolgsmänner bewiesen, [9125] hätte er es ihnen erlaubt. Das wollte er aber nicht tun. Wer Not gewohnt ist, schert sich nicht um schwachen Beistand.

Rettung einer Jungfrau vor Waldteufeln

Er ritt auf einer Straße davon, [9130] die gerade so breit war, dass ein Pferd gut gehen konnte. Linker Hand sah er eine Abzweigung in einen finsteren Tann. Die nahm er, weil ihm [9135] der Weg gut zu sein schien. Bald kam er zu einer Flut, wo er große Mühsal fand. Er ritt flussabwärts und hielt Ausschau nach einer Brücke oder Furt, [9140] oder ob er jemanden fände, der mit einer Barke oder Fähre über das Wasser fuhr und ihn übersetzen könnte. Er wäre gerne auf der anderen Seite gewesen. Plötzlich schien es ihm, [9145] als würde er in der Ferne irgendetwas auf dem Fluss schwimmen sehen. Er konnte nicht genau erkennen, was es war – eine Barke ohne Steuermann vielleicht –, und machte sich dorthin auf: [9150] Er tat es in der Hoffnung, dass er darin über den aufgestauten Fluss fahren könnte. Schnell war er dort. Da bemerkte er bei sich, [9155] ganz in der Nähe beim Wasser, eine sehr wunderliche Spur, die ihm unbekannt war. Er folgte ihr aus Neugier, was für Abdrücke dies wären, [9160] und wollte das unbekannte Ungetüm erkennen, wenn er konnte. Vorne schien es die Pfoten eines Hundes zu haben, die hinteren Abdrücke aber glichen [9165] durch und durch denen eines Menschen.[93]

Als er die Fährte sah, sagte er immer wieder zu sich selbst: ›Was hat diese Spuren getreten, dass sie so tief und [9170] lang sind? Herr Christus, steh' mir bei, wenn ich mich auf die Fährte des Tieres setze.‹ So eilig hatte er es zu dieser Fahrt, dass er keine Sekunde Halt machen wollte. [9175] Er dirigierte das Pferd mit den Sporen auf einen Weg, der durch dorniges Gestrüpp in einen tiefen Graben führte, bis er die richtige Fährte gefunden hatte, die auf eine Felswand hinaufführte, [9180] zu der sich das Tier hingewandt hatte. Er beschleunigte seine Fahrt sehr. Als er auf der richtigen Fährte war, fand er vor sich auf dem Weg einen Zopf liegen, [9185] mit weißen Perlchen schön zusammengebunden, blond und lang. Er lag auf einem Wildsteig, und das Wild hatte ihn völlig zerzaust. Gawein hob das schöne Haar auf, [9190] um es sich anzuschauen, und sah, dass es das Haar einer Dame oder eines Mädchens gewesen sein musste. Auf dem Schnee, der das Gras leicht bedeckte, bemerkte er drei Blutstropfen, [9195] die neben dem Zopf lagen, rein und hell. Nichts anderes ging ihm durch den Kopf, als dass er darin – das rote Blut auf dem weißen Schnee – [9200] das Antlitz Amurfinas, seiner lieben Freundin, sah. Das tat seinem Herzen weh.[94]

---

93 Es könnte auch gemeint sein, dass die hinteren Abdrücke so ›nackt‹ wie ein Menschenleib waren – also ohne Fell vielleicht? Aber lässt sich das einer Spur entnehmen?

94 Anspielung auf eine Schlüsselszene des Perceval / Parzival-Romans Chrétiens bzw. Wolframs, in der der Titelheld von drei Blutstropfen auf Schnee

Da verfolgte er die Spur so konzentriert, [9205] dass alles an ihm vorbeizog, bis er die Felswand erreichte, über die das Tier geklettert war. Inzwischen war der Abend angebrochen, ganz zum Leidwesen Gaweins. [9210] Da hörte er auf seinem Spähritt vor sich ein Geschrei – großes Weinen und Klagen –, wie von einer Frau, die in großer [9215] Not ist. Er stürmte in die Richtung, aus der die Stimme der Frau kam. Nach zwei Meilen hatte er sie erreicht. [9220] Das Tier aber war vor Gawein, als es sah, dass er es verfolgte, vom Weg in eine Höhle entwichen, wo es seit jeher [9225] sein Lager hatte. Als Gawein des Tieres ansichtig wurde, wollte er nicht ablassen, ehe er den Eingang in die Höhle erobert hatte. [9230] Ich will erzählen, wie schrecklich dieses Tier war. Es hatte sein Leben lang diese Höhle bewohnt und war über und über [9235] mit Nattern und Schlangen überzogen – ein wilder Wassermann. Das schöne Mädchen hatte er zweifellos geraubt. [9240]

Nachdem ihm Gawein reitend den Höhleneingang blockiert hatte, blieb er nicht länger bei ihm; er wollte von dem Wassermann wegreiten: Da flehte ihn die arme junge Frau an, dass er ihr aus der Not helfen [9245] oder sie auf der Stelle töten und sie damit erlösen sollte, zumal ihn Gott ihr Armen zum Trost hergeschickt hätte. Darum ließ er sich gerne bitten. [9250] Er wandte sich dem Teufel zu und stach mit der Lanze auf ihn ein, dass sie durch dessen Schulter brach. Dieser rächte den Stich an der jungen Frau und wollte sie zerfleischen. [9255] Da schlug Gawein dem wilden Mann mit seinem Schwert einen Schlag, dass er dem Wassermann den rechten Arm abhieb; er fiel ins Gras nieder. Das rettete der jungen Frau das Leben: [9260] Der Wassermann musste sie fallen lassen und begann, allen seinen Waldgesellen seinen Schaden zu klagen und sie mit gräulicher Stimme zu Hilfe zu rufen. [9265] Da erhoben seine Waldgefährten ein gewaltiges Unwetter. Mit solchem Ungestüm stießen sie zu ihnen, dass man meinen könnte, es wäre ein Hagelschauer, [9270] der den Wald mit ungeheurer Gewalt niederfällte; so spalteten sie die Bäume. Gawein band sein Pferd mit dem Zaum an den Ast einer Linde, [9275] der dem Unwetter standhielt. Dazu zwang ihn das Waldungeheuer.

Gawein rettete sich mit dem Mädchen in den Wald. Die wüste Schar der Waldbewohner fegte wie ein schreckliches [9280] Un-

– die ihn an das Antlitz seiner Geliebten erinnern – völlig gebannt ist und sich selbst vergisst.

wetter daher. Auf ihrem Weg zum Wassermann schrien und riefen sie, dass der ganze Wald davon erschallte, weil der, der den Arm [9285] verloren hatte, so jämmerlich schrie. Mit unbändigem Zorn drangen sie auf Gawein ein. Die Zungen hingen ihnen allen aus den Mäulern, [9290] ein jeder hatte einen starken Ast in der Hand; damit schlugen sie viele bittere Schläge auf den Helden. Er schützte sich und das Mädchen davor [9295] mit dem Schild, bis es ihm gelang, der Meute einen leidvollen Schlag beizubringen. So verharrte der Degen mitten unter ihnen, bis sie all ihre Äste, [9300] die sie mitgebracht hatten, verschlagen hatten und ihnen nur noch so kurze Überbleibsel in der Hand blieben, dass sie ihm wenig schaden konnten. Gawein aber schwang das Schwert. [9305] Blind vor Zorn lief er gegen die Brut des Teufels und schlug eines der Geschöpfe in der Mitte entzwei. Da erhob sich Gejammer und ein Geschrei, und alle ergriffen die Flucht. [9310] Jene, die Gawein erreichen konnte, mussten tot darnieder liegen. Es dauerte nicht lange, bis er völlig geschwächt und alle seine Kraft erschöpft war.

Kampf gegen das Waldweib

Nachdem er die Teufel vertrieben hatte, [9315] dass nicht einer von ihnen dort geblieben war, setzte ihm die Müdigkeit arg zu. Er ging zu dem Ort, wo er das Mädchen zurückgelassen hatte. Nachdem sie sich beide bei [9320] einem Baum niedergesetzt hatten, kostete ihm der Schweiß so viel Kraft, dass er die Kontrolle über sich verlor und in den Schnee fiel, [9325] weil ihm die Hitze arg zu schaffen machte. Das Mädchen pflegte ihn getreu. Nachdem er eine Weile völlig besinnungslos gelegen war, vernahm er einen grimmigen Klang, [9330] der so schrecklich tönte, dass der ganze Wald von seinem Echo widerhallte. Gawein nervte die Sache und er machte sich auf, [9335] ohne dass er sich richtig darauf vorbereitet hätte. Er war schließlich von der vorherigen Mühsal noch sehr geschwächt. Wie er sich zum Kampf fertig machte, [9340] seht, da kam eine wilde Frau dahergelaufen, deren Körper von Haaren überall rau war, die Haare ganz hart, groß und tiefschwarz gefärbt, wohl von der Länge von Schweineborsten [9345] und so glatt wie die scharfe Haut des Igels. Wäre sie die Braut des Teufels gewesen, hätte selbst der sie gefürchtet. Sie war wohl [9350] zwölf Ellen hoch.

Die Ausmaße ihres Leibs waren entsprechend. Die größte haarlose Stelle hatte sie zwischen Augen und Nase, so schmal, [9355] dass man sie kaum sehen konnte. Ihre Augen waren wie die von einem Strauß, sie brannten wie Feuer. Ihre Nase war ungeheuerlich, viereckig, breit und flach, [9360] und ein solcher Gestank brach aus ihr, dass alle in Ohnmacht fielen, die ihn je riechen mussten. Ihr Mund war dick und breit und zog sich auf beiden Seiten offensichtlich [9365] bis zu den Ohren hinauf; ihr Haar war wie das eines Mohren, schwarz und gelockt. Vier scharfe und breite Zähne ragten ihr aus dem Mund, [9370] deren vier Enden über Kreuz gingen wie bei einem Schwein. Ihr Glanz hätte einen hellen Stern zunichte gemacht, wenn der sie hätte spüren müssen. [9375] Zwei runzelige Backen hingen dieser garstigen Person auf das Kinn herab. Wie einem Leitjagdhund hingen ihr die Ohren herunter, [9380] und die waren in der Tat nicht zu schmal. Wie eine Wanne waren sie, und wenn jemals einem Mann Angenehmes durch ihre Liebe geschehen wäre, würde es mich wundern. Vorne war sie mit [9385] zwei Brüsten bedeckt, dass man damit wohl zwei Blasebälge hätte bestücken können. Eine jede davon mochte gegen 30 Zentner wiegen, [9390] wenn man sie mit Eisen ausgießen würde. Ihre Arme und ihre Hände hatten überall die Stärke von zwei Säulen. Daran waren so lange, starke [9395] und scharfe Krallen, dass ihnen nichts standhalten konnte, wenn sie sie in etwas fest hineinschlug. Unterhalb des Gürtels um die Hüften glich sie bis ins Letzte [9400] einem Affen, und doch noch viel schlimmer, weil die Stelle, die sich darunter befand, wie ein Joch gestaltet war. Runzelig und faltig [9405] wie ein Sack war ihr Leib dort. Darunter konnte man Adern erkennen, die sich wie Wagenseile ausnahmen. Ihr Nabel war so fett, dass er sich wohl eine Elle [9410] lang von ihrem Körper emporschwang. Die Beine waren bis auf die Füße hinab von ganz ebenmäßiger Unsüße, als wären sie geschwollen. [9415] Ihre Füße waren breit und kurz, und deren Haut war allenthalben von Krampfadern aufgeworfen. Ihre Klauen waren scharf und stark wie die Zähne eines Ebers, [9420] die sie bisweilen in den Füßen verbarg, wie es der Löwe tut. Hässlich und böse war sie, das könnt ihr glauben. Die Natur hatte an ihr geplündert [9425] und jede Süße an ihr gelähmt.

Sie stürmte auf Gawein los, wo er sich zum Kampf gegen sie aufgestellt hatte, schwang ihn unter den Arm und kassierte ihn förmlich ein, ehe er überhaupt so recht begriff, [9430] wie sie dorthin gekommen war. Dann trug sie ihn in den Wald davon, wobei sie ihn so hielt, dass er keinerlei Gewalt über sich selbst hatte. Sie wollte ihn hin zu einer [9435] Felswand in ein Gebirge tragen; dort wollte sie ihn erschlagen. Das war seine Rettung. Als sie über die Flut watete, wurde sie müde; [9440] Gawein gelang es, sein Schwert und die rechte Hand zu befreien, ohne dass sie es bemerkte, und schlug ihr einen Schlag unten gegen die Beine, dass die Wunde wohl [9445] zwei Spannen tief gewesen sein mochte. Als sie die Wunde spürte, schrie sie davon irrsinnig laut auf und warf ihn in die Wellen, um ihn zu ertränken. [9450] Sie war aber so geschwächt, weil ihr das verletzte Bein den Dienst versagte, dass sie sich zu ihrer Höhle zurückzog. Auf dem Weg dorthin ließ sie die Kraft im Stich. Es hatte für sie ein übles Ende, [9455] dass sie überhaupt daran gedacht hatte, sich mit Herrn Gawein anzulegen. Er eilte ihr hinterher und erreichte sie unmittelbar vor der Höhle. Da belohnte er sie ausreichend für ihren Dienst: Er schlug ihr ein Bein ab. [9460] Mit größtem Ungestüm und unter enormem Gebrüll und Geschrei fiel sie hinunter in ihren Unterschlupf. Gawein aber ertrug ihren Kummer leicht.

Kampf gegen den Riesen Reimambram

Nachdem sie in den Unterschlupf gefallen war, [9465] hörte Gawein dort drinnen auf einmal viele Mäuler laut mit dieser garstigen Person brüllen. Das jagte ihm Angst ein; er folgte der Vernunft [9470] und suchte schleunigst das Weite. Inzwischen kam ihm die schöne junge Frau weinend und Haare raufend hinterhergelaufen – sie folgte seiner Spur, die er im Schnee hinterlassen hatte –, [9475] schrie laut: ›Weh!‹, und glaubte, er wäre tot. Als Gawein das Leid der jungen Frau hörte, hätte er geschworen, dass sie erneut in Not wäre, [9480] und eilte ihr entgegen. Als sie einander erblickten, wurden sie beide froh. Da nahm er das Mädchen zu sich und gemeinsam gingen sie von dannen, [9485] aus dem Wald auf die Heide, wo sein Pferd angebunden stand. Nun hört, was sie beide tun: Er setzte das Mädchen vor sich aufs Pferd. Gawein flog regelrecht auf dem rechten [9490] Weg dahin, der sie ans Wasser und zum Fährplatz führte, wo die Barke beim Ufer auf dem Wasser trieb. Schnell packte er das Ruder und trieb sein Pferd vor der Fähre durchs Wasser; [9495] so setzte er über. Sein Glück wuchs davon.

Sobald er über das Wasser gekommen war, vernahm er hinter sich ein Geräusch, so schreckliches Wüten, [9500] als würden 1.000 Rinder auf dem Waldweg daherbrüllen. Er hielt an, weil er das Wunder schauen wollte, und sagte zur Jungfrau: [9505] ›Das müssen wohl Teufel sein.‹ ›Ja‹, sprach sie, ›Monsieur, und wären wir nicht jenseits des Wassers – ihr seht es ja selbst –, wären 100 von uns leicht [9510] durch ihren schrecklichen Zorn verloren. Hier aber können sie keinen Schaden anrichten.‹ Inzwischen liefen alle diese Teufel mit enormem Lärm ans Ufer; [9515] es war ein riesiges Heer von ihnen, und sie trugen viele verschiedene Waffen. Sie riefen und schrien, dass Berge wie Täler davon widerhallten, [9520] und ihr Geschrei klang so weit, dass man es noch in zwei Meilen Entfernung vernommen hätte. Ihr Anführer war jener, dem er das Mädchen abgewonnen hatte. Der schrie laut und beklagte [9525] den Schaden, der ihm geschehen war, als er sie auf der anderen Flussseite erblickte. Er und seine Geschöpfe des Waldes schrien ununterbrochen, weil der Versehrte es den beiden nicht heimzahlen konnte. [9530] Sie mussten unverrichteter Dinge von Gawein und dem Mädchen scheiden.

Gawein ließ die Teufel beim Ufer. Dem Mädchen hieß er auf einen Zelter aufsitzen, den er dort fand. [9535] Der war am Ufer angebunden – sie selbst hatte es getan. Sie hatte ihn hier zurückgelassen, als sie über das Wasser gefahren war. Dort hatte sie dann dieser Teufelsspross [9540] im Wald gefangen, als sie in ebendiesem Wald nach Wurzeln suchen wollte, von denen sie viele verschiedene für eine Wundarznei [9545] gesammelt hatte. Die Kräfte der Wurzeln waren ihr gut bekannt. Ihr Herr war bei einem Kampf schwer verwundet worden; sie hätte ihn leicht [9550] zu heilen vermocht, wenn sie an die Wurzeln gekommen wäre. Nun ritten sie beide von dannen, vom Wald über eine Heide zu einer Burg hin, die dort lag. [9555] Schon aber waren Tag und Nacht daran, ihre Klarheit und Helligkeit miteinander zu tauschen. Deshalb blieb Gawein nichts anderes übrig, als mit diesem Mädchen in der Nacht, die sie mit Finsternis [9560] umfing, zu dieser Burg zu reiten. Er tat dies ihr zu Ehren und weil er ihr Begleiter sein wollte nach dieser Geschichte, die ihr vorher zugestoßen war [9565] und bei der sie, als sie für ihren Herrn Wurzeln sammelte, gerade noch mit dem Leben davongekommen war.

Bald kamen sie ans Burgtor. Sie mussten nicht lange davor

halten. Es wurde ihnen rasch aufgesperrt. [9570] Gawein und das Mädchen wurden freundlich empfangen. Sie gingen beide zu einem Ritter, der dort verwundet und krank oben auf einem [9575] erhöhten Bett lag und für den die junge Frau nach Wurzeln hätte graben sollen. Vor ihm saß dort im Saal an einem Kamin seine Schwester Belahim, die Hausherrin, [9580] und weinte sehr heftig. Dazu hatte sie guten Grund, denn dieser Edelmann da hätte einen Kampf gegen einen schrecklichen Riesen fechten sollen. [9585] An diesem Kampf hing ein heiliges Gelübde, von dem Besitz, Leben und seine Schwester, die schöne Frau, abhingen. Dieser Riese war der wilde Reimambran, der schon viele Ritter erschlagen hatte. [9590] Ich will euch genau erzählen, was es mit dem Kampfgelübde auf sich hatte. Reimambran von Zadas hatte die schöne junge Frau entführt. Als ihr Bruder davon erfuhr, [9595] setzte er für die Sache einen Gerichtstag fest, an dem sie beide bei seiner Burg zu Empharab einen Kampf austragen sollten, damit er ihm seine Schwester wiedergeben würde. Das sollte morgen sein. [9600] All ihre Sorgen drehten sich um den bevorstehenden Tod des Ritters. Der Ritter und die Jungfrau – seine Schwester – entboten in ihrem Leid Gawein und dem Mädchen ihren Gruß, [9605] wie es die Tüchtigen gerne tun. Als Gawein dann vor dem Bett stand, baten sie ihn, sich zu ihnen zu setzen, und klagten ihm ihr Unglück, das er längst an ihnen ersehen hatte. [9610] Auch die junge Frau, die Gawein gerettet hatte, klagte über das Leid, das ihr im Wald geschehen war.

Als der verwundete Ritter erkannte, dass dieses Mädchen ganz ohne Hilfe für ihn zurückgekommen war, [9615] ließ er sich auf das Bett niedersinken und starb auf der Stelle vor Leid. Als seine Schwester das bemerkte, fiel sie auf ihn und schrie unablässig: ›Lieber Bruder, weh! [9620] Wäre doch ich tot an deiner statt! Wer soll mich nun morgen auslösen? Wem hast du mich hier überlassen? Wenn der verfluchte Reimambran morgen zum Gerichtstag kommt, [9625] wird sich niemand meiner annehmen – dann nimmt er mich gegen meinen Willen –, denn selbst ein Riese wäre zu schwach, gegen ihn anzutreten. Wo soll ich denn einen Mann hernehmen, [9630] der für meine Sache eintritt und die Tyrannei dieses Teufels an ihm rächt? Nun bin ich mir aber fast sicher, dass der Riese den Gerichtstag nicht mehr länger aufschieben lassen wird. [9635] Wenn er sich nämlich noch hinhalten ließe, würde ich bestimmt bei König Artus zu Karidol einen Kämpfer finden, womöglich sogar Gawein.

Dann hätte meine Not ein Ende. [9640] Schon morgen früh könnte ich hinreiten. Ich glaube, das Beste für mich ist nun Folgendes: Ich habe ein scharfes Messer in meiner Truhe verborgen. [9645] Wenn der Riese den Gerichtstag nicht fristen will, ersteche ich mich lieber damit, als dass es jemals dazu kommt sollte, dass ich seine Frau würde. Ich soll lieber tot [9650] der Erde zuteil werden, ehe er mir meinen Leib zu meinem Unglück schändet.‹

Ihrer Klage folgten viele Klagen nach. Sie sorgten sich darüber, wie sie sich [9655] beim Gerichtstag verhalten sollten. Alle, die bei ihr waren, rauften sich die Haare und weinten. Sie taten das aus Treue. Den Toten legten sie auf die Bahre. [9660] Der Held wurde von ihnen wahrhaftig getreu beklagt. Die junge Frau, die Gawein erlöst hatte, ging zu der Dame und spendete ihr den besten Trost. [9665] Sie hieß sie, ihr Klagen zu mäßigen, und erzählte ihr von dem Gast: was für ein Ritter er wäre. Er würde ihr die Last nehmen, wenn sie ihn nur darum bitten würde. [9670] Darauf würde sie auf der Stelle ihr Leben verpfänden. Davon gewann die klagende Frau vollkommene Freude und fragte dieses Mädchen, [9675] ob er denn die Kraft hätte und tapfer genug wäre, um dem Riesen entgegenzutreten. Das Mädchen sagte: ›Wären ihrer zwei, Herrin, er würde sie beide angreifen.‹ [9680] Da dankte sie der jungen Frau für den Trost, den sie ihr gespendet hatte. Gawein war inzwischen von der Klage der Jungfrau erschrocken und bat sie inständig, [9685] ihre Klage sein zu lassen. Keine Pein könnte ihn davon abbringen, ihr Kämpfer zu sein, wenn der riesenhafte Ritter käme, kostete es auch sein Leben; [9690] dessen sollte sie sich sicher sein. Die Jungfrau und die Schar dankten ihm dafür.

Das schöne Mädchen und ihr Gefolge, die so jammervoll geklagt hatten, freuten sich sehr über dieses Versprechen. [9695] Es tröstet einen, wenn man das Ende des Kummers kommen sieht. So wurden auch diese Leute dort von dem Gast getröstet. Der tote Ritter wurde [9700] unter jammervoller Klage und in großer Würde der Erde übergeben, nachdem man ihn entsprechend dafür hergerichtet hatte. Kurz vor Mittag, als das Begräbnis vorbei war, [9705] kam Reimambran von Zadas vor die Burg geritten, weil er dort ja mit Machardei, dem Bruder der Jungfrau, den alles entscheidenden Kampf um sie austragen sollte. [9710] Er stieg beim Burggraben ab. Als man den Ritter sah, erhoben sie sich von den Tischen und nahmen allesamt die Schwerter und andere Waffen,

[9715] weil sie glaubten, dass er mit einem Heer vor die Burg gezogen wäre. Schnell erkannten sie aber, dass die Landschaft ganz leer von Rittern war. Einzig ihn sahen sie mit seinem Schild [9720] auf seinem kühnen Pferd am Burghang halten und seinen Kampfgesellen herausfordern. Gawein, der aus Tapferkeit nie einer Gefahr ausgewichen war, [9725] ritt zu dem Ritter hin, der auf die Aventiure wartete.

Als Reimambran Gawein erblickte, war es ihm ziemlich unlieb, dass er ihn überhaupt anzugreifen wagte. [9730] Er täuschte sich gewaltig, denn er kannte den Recken nicht. Dem Törichten ergeht es oft so, dass er hoch hinaus will und doch unten stehen bleibt. Beide hatten ihre Pferde [9735] an den Wendepunkten des Kampfplatzes postiert. Die Pferde trugen die beiden Jünglinge zusammen. Beider Lanzen wurden mit unhöflichen Stichen verbraucht. [9740] Die Leute hatten den Eindruck, dass eines jeden Schwert seinem Herrn gute Dienste leistete. Hier musste der starke Ritter Reimambran in Schande fallen. Gawein raubte ihm [9745] mit einem Schlag seinen Helm, indem er ihn gegen das Kinn schlug und dabei das Helmvisier spaltete, als wäre es ein dürres Strohbündel, sodass ihm der Helm herunterfiel. [9750] Er schlug ihm durch die Waffenhaube hindurch einen großen Splitter vom Kopf, womit er ihn so gänzlich seiner starken Kraft beraubte, dass es ihm im ritterlichen Kampf [9755] an Macht und Tapferkeit gebrach und er den Fremden um Gnade bat: Er möchte ihn doch als Gefangenen empfangen und sich angesichts dieser seiner Bitte nicht über das ritterliche Recht hinwegsetzen. [9760] Gawein willigte unter der Bedingung ein, dass der Besiegte darauf seinen Eid leistete, dass er hier und jetzt mit Gawein auf die Burg käme und ohne jede Widerrede [9765] auf immer der Gefangene der Hausherrin Belahim wäre – auch in ihrem Kerker, wenn sie denn wollte.

Kampf gegen den Mohren Galaas

Sowie der Kampf vorbei war, machte sich Gawein [9770] mit dem Gefangenen zur Burg auf. Da wurde er erst so richtig wegen seiner großen Tapferkeit geehrt. Belahim, die schöne junge Frau, schenkte und ergab sich und ihren [9775] Besitz getreu in seine Gewalt, wenn er es denn empfangen wollte. Da musste er forteilen – eine andere Wahl hatte er nicht. Er verabschiedete sich und machte sich [9780] auf, wohin er wollte. Rasch fand er sich auf jener Straße wieder, die zu jener Klause führte, an der Galaas, der Verwandte des Riesen, wohnte. Unterwegs zur Festung von Eygrun [9785] nahm er, so gut ihn sein Verstand leiten konnte, zwei Tage lang seinen Weg zu einem dichten Hag, [9790] über dem Rauch aufstieg. Herr Gawein wählte bei einer Abzweigung einen schmalen Weg, der ihn durch das starke Dickicht führte. [9795] Bald kam er durch den langen, dichten Hag auf eine Heide, auf der Eygrun, die Burg, lag, über die der starke Galaas herrschte.

Schon kam ein Bote, der vermeldete, [9800] dass Gawein auf der Straße ritt. Man glaubte, dass er ein Zinsgeber wäre, den man aus irgendwelchen Landen dorthin entsandt hätte. Allerdings bemerkte man genau, [9805] dass er keine Fesselwappen trug. Das nahm sie ziemlich wunder, wo er doch ein Zinsgeber sein sollte. Galaas kam mit großem Hochmut zu Gawein [9810] herab auf das Feld, gut gewappnet und ausstaffiert. Er führte auf seinem Schild eine schwarze, pelzige Bärenkralle – das ganze restliche Feld [9815] des Schildes war gülden –, an der man erkennen sollte, dass er wilder war als ein Bär. Er führte eine Stechlanze, dass wohl eher eine Burg einstürzte, [9820] wenn man die Lanze mit Gewalt ordentlich darauf stechen würde, ehe die Lanze zu Bruch ginge. So ritt dieser Degen auf dem Feld zu Gawein [9825] und hieß ihn willkommen. Gawein ließ keinerlei Anzeichen von Feigheit erkennen. Er dankte für den Gruß und bat Galaas weiterzusprechen [9830] und zu erklären, warum er so gewappnet daherritt und worauf er wartete, falls er kämpfen wollte. Er würde gerne mit ihm kämpfen.

Galaas sagte: ›Einen Brauch, [9835] der seit jeher in dieser Burg gilt, wollen wir nicht brechen: Herr Gast, ihr müsst nach ritterlichem Recht mit mir Lanzen stechen. Ich will euch aber sagen: Wenn ihr diese [9840] Tjost vermeiden und von mir Gnade erbitten wollt, dann schwört mir euren Dienst als Küchenbursche, und zwar in der Weise, dass ihr auf immer drinnen bleibt. [9845] Dann sehe ich von diesem Kampf ab. Zwischen diesen beiden Optionen habt ihr die Wahl.‹ Gawein sagte: ›Hier will wohl einer gleich einen dreifachen Sechser werfen. Ich will ehrlich mit euch sein: [9850] Ihr scheint mir in der Tat ein Narr zu sein. Welcher Ritter soll schon zum Küchenpersonal werden? Das wäre des Guten zu viel. Ich werde euch sehr schnell klar machen, was ich hier zu tun gedenke. [9855] Wer sich selbst lobt und preist, hat niemand anderen, der ihn lobt, weil er Schande auf sich gehäuft hat – so wie ihr es gerade tut. Im eigenen Mund verfault [9860] und verdirbt jedes Lob. Wer aber als Ritter mit steter Tapferkeit nach Lob ringt, dem wird es nicht vorenthalten. Ich will euch versichern: [9865] ihr werdet ins Schwitzen kommen und alle eure Glieder in Bewegung setzen müssen, ehe man mich unter eure Küchenburschen führt. Was wollt ihr hier länger zuwarten? [9870] Ich gewähre euch eine Tjost. Es wird euch noch teuer zu stehen kommen, wenn ihr solche Burschen an euren Herd wünscht.‹

Die beiden hielten hier wohl zwei Wurfstrecken [9875] voneinander entfernt auf der Heide. Beider Pferde taten aufgeregt viele weite Sprünge, als sie zu beiden Seiten scharfe Sporen spürten. [9880] Mit gleichem Zorn kamen sie zusammen. Als sie aufeinander prallten, verfehlte keiner der beiden sein Ziel. Das kam von beider Geschick. [9885] Die Lanzenstiche brachten sie – als beiderseits Brustriemen und Sattelgurte nachgaben – dazu, in den Sätteln sitzend den Übertritt zur Erde zu suchen. [9890] Sie vergaßen nicht auf die Schwerter in den Scheiden. Nach beider Willen wurden sie schnell herausgezogen. Sie sprangen beide aus dem Sattelbogen [9895] und rannten aufeinander los. Galaas, der starke Mann, trachtete danach, Gawein zu fangen, und wollte mit ihm ringen, als sie einander nahe kamen. [9900] Da sprang der flinke Herr Gawein von ihm weg. Mir erzählte das Geschwätz der Aventiure, wie Gawein reüssierte, als Galaas ihm hinterhersprang [9905] und ihn fassen wollte. Dabei entglitt ihm ein Fuß, sodass er in den wogenden Morast fiel, was ihm beinahe zum Verhängnis wurde. [9910] Gawein aber wollte Galaas hier nicht auf so jämmerliche Weise besiegen. Er gab ihm Zeit, bis er dem Wasser entflohen war. Als er wieder auf die Beine kam, griffen beide wieder nach ihren Schilden [9915] und gesellten sich erneut zueinander. Gawein schlug hier Galaas eine Wunde durch die Brust, von der er so sehr verzagte, dass er vor Gawein zurückwich [9920] und kreidebleich wurde, weil ihm von der Wunde die Kraft schwand.

Nachdem Galaas diesen Treffer empfangen hatte, setzte ihm die Ohnmacht zu und er fiel in seiner [9925] ganzen Körperfülle nieder, weil er nicht mehr zu stehen vermochte. Er bemühte sich inständig um Gaweins Gnade, da Gawein gegen ihn [9930] die Aventiure bestanden hatte, und er zeigte auf die Burg hin und sagte, dass dort Zinsnehmer gefangen wären – 500 edle Ritter –, [9935] die er alle einzeln im Kampf bezwungen hätte. Auch sagte er, dass nun, wo ihm dieses Missgeschick widerfahren war, Gawein hier seinen Sicherheitseid annehmen sollte, danach den der 500 Ritter – [9940] was immer Gawein mit ihnen anfangen wollte – und dazu die Burg zu Eygrun – alles, damit Gawein ihn am Leben ließe. Wenn Gawein damit einverstanden wäre, würde er, Galaas, aus dem Land ziehen, [9945] wohin immer ihn Gawein beorderte, und auf ewig wäre er sein Gefangener. Hiermit war der Kampf zwischen ihnen beiden zu Ende. Herr Gawein und Galaas, [9950] sein Gefangener, ritten auf die Burg. Alle 500 Gefangenen kamen vor den Palas, gingen ihm entgegen und empfingen ihn aufs Beste, denn sie hatten genau gesehen, [9955] wie Galaas ihm den Eid hatte leisten müssen, als er ihm Sicherheit schwor. Deshalb waren sie in Freude befangen, denn ihr ganzer Kummer war verflogen.

Der wunde Galaas [9960] wurde sofort in die beste Pflege gegeben. Er sprach mit allen Gefangenen und berichtete ihnen von der Sicherheit, die er Gawein schuldig war, [9965] und wie er sein Leben hatte ausdingen müssen. Er befahl ihnen allen, dasselbe zu schwören, was er geschworen hatte. Diese Rede tat er nicht vergebens, weil sie alle darüber froh waren. [9970] Sie schworen Gawein Huld und Gefolgschaft. Unter ihnen herrschte die größte Freude. Sie freute der Freudengewinn, [9975] den Gawein erfochten hatte. Sie hatten auch allen Grund, sich deshalb zu freuen, weil sie aus den Banden der Gefangenschaft erlöst waren [9980] und wieder fröhlich in ihre Länder geschickt wurden. Gawein gemahnte sie in der Nacht ihrer Treue und ihres Eids, dass sie sich für das erlittene Leid [9985] an dem Riesen rächen und sich alle darauf verständigen sollten, mit ihm gegen Enfyn zu reiten. Es war nicht schwer, sie dazu zu bewegen. Sie taten es sehr gerne. [9990] Als der Morgenstern in der Früh das Tageslicht brachte, gab es unter den Rittern keinen, der nicht ganz hinter der Sache gestanden wäre. Gawein ritt mit ihnen davon [9995] und führte sie nach Enfyn. Floys und seine Helfer streiften hier ihre große Pein ab.

Sieg über Assiles, Befreiung des Königs Floys

Wiewohl Gawein aufs Beste empfangen wurde, würde es euch langweilen, [10000] wenn ich es euch erzählte. Der Riese hatte alle Helfer des Königs gefangen und erschlagen, und wenn Gawein nicht gekommen wäre, hätte Floys sich ergeben müssen, [10005] und mit ihm seine Gefolgsmänner samt ihrem Besitz, und zwar am morgigen Tag. Deshalb stand er in Leid befangen. Er konnte nicht mehr länger ausharren.[95] [10010] Gawein kam fürwahr zur rechten Zeit. Da mussten sie abermals den Kampf vor der Burg gegen den starken Riesen und sein ganzes Heer anheben. [10015] Gawein befahl allem Volk, sich an die Befestigungsmauern zu begeben und von oben herab mit großem Ungestüm gegen den starken Teufel zu lärmen. [10020] Auch verkündete er, dass er kämpfen wollte. Geschwind kamen Späher zum Burggraben gelaufen und erkundigten sich, was denn los wäre, als sie den Lärm vernahmen. [10025] Gawein stahl sich inzwischen mit seinen Gefährten hinten davon, und tapfer zogen sie gegen das Lager des Riesen. Dieser kümmerte sich dort beflissen um sein Wohlbehagen, [10030] weil er ganz ohne Angst war und glaubte – als sie alle schweigend den Hang herab kamen –, dass es Galaas und die Gefangenen von Eygrun wären, [10035] weil er die braunen Schilde sah, darauf goldene Fesseln und auf der anderen Hälfte eine Garbe. Das veranlasste den Riesen, ruhig liegen zu bleiben.

Gawein eilte dorthin, [10040] wo der Riese wie ein großer Turm unter dieser Schar lag. Da musste sein Pferd beiderseits viele Schläge mit den Sporen nehmen. Gawein rannte den Riesen mit Zorn an [10045] und rief: ›Chevalier Gawein!‹ Dabei neigte er das Banner und stach es auf dem Riesen entzwei. Da hob ein hartes und heftiges Turnier an. [10050] Manch einer versteckte sich, dem es die Saelde gewährte, dass er entkam. Viele Männer wurden dort erschlagen, die niemals davon erzählen konnten. Der Riese aber wurde vom Stich munter, [10055] als er ihn spürte. Der Teufel griff nach Gawein und wollte ihn zermalmen, weil er ihn gestochen hatte. Dafür wurde er bestens entschädigt: [10060] Der Riese empfing eine Verletzung, die ihn zwang, dort zu bleiben. Gawein schlug ihm nämlich eine Wunde durch beide Kniescheiben, dass dem Riesen davon Kraft [10065] wie Sinne schwanden. Gawein richtete seinen ganzen Hass gegen ihn, bis er den Riesen so verletzt hatte, dass er tot vor ihm lag. [10070] Andernorts verbreiteten die Ritter Gaweins derweil große Not unter dem Heer des Riesen. Welcher aus dem Heer sich

---

95 Interpunktion gegen die Ausgabe.

erdreistete, Widerstand zu leisten, hatte sein Leben verloren. Wie Weiber flohen sie, [10075] wo immer sie sich in Sicherheit bringen konnten. Verteidigung war zwecklos, wenn sie sich nicht das Leben ruinieren wollten.

So erschlug Gawein den Riesen. Aus seinem Heer wurden nicht wenige [10080] gefangen und erschlagen. Man sah auch sehr viele Feiglinge aus dem Kampfgeschehen in den Wald und in die Berge fliehen, die man unmöglich einholen konnte. [10085] Diese wollten sich dort verstecken. Der Kampf hatte ein Ende. Der Waldverschwender[96] Gawein zog mit seinen Gefährten in heilbringendem Triumph [10090] wieder auf die Burg zu Enfyn. Der vom Riesen drangsalierte König Floys freute sich da sehr über Gaweins Ankunft, denn nun war er sich seiner Erlösung gewiss. [10095] Deshalb musste ihrer aller Leid unverzüglich ein Ende nehmen. Floys bat Gawein beflissen – da er ihn hier erlöst hatte und das ganze Wohlergehen seines Landes [10100] nun an ihm allein läge –, dass er sich doch auch darum annehmen und die Krone empfangen sollte. Die wäre ihm aufgrund seiner Tapferkeit zum Lohn bestimmt. [10105] Gawein aber schlug die Bitte des Königs aus: Es wäre ihm unmöglich, sich um ein Königreich zu kümmern, auch wollte er sich nicht auf diese Weise verliegen. Vielmehr müsste er sich auf die Heimreise machen. So verhalf er Floys wieder [10110] zu Ehren und zog davon. Hier will ich es mit der Geschichte gut sein lassen, die ich bisher erzählt habe.

---

96 Wie Anm. 85.

Gasoein – Ginover – Artus II

Artus vs. Gasoein

Artus' Bericht

Wegen dieser großen Drangsal, die Gawein auf seiner Fahrt erlitt, [10115] war es ihm verwehrt, rechtzeitig nach Karidol zu kommen, sodass Artus nun den Hoftag ohne ihn eröffnete. Das will ich euch nun erzählen. Nachdem alle Fürsten, die vom Hoftag [10120] gehört hatten, mit tapferem Hochmut eingetroffen waren, wartete man drei ganze Tage auf seine Ankunft. Inzwischen herrschten am Hoftag [10125] Fest und Freudenlärm. Dann aber musste es mit dem Warten ein Ende haben, weil es die Fürsten verdross, dass ihnen Artus nicht entdeckte, warum er sie geladen hatte; [10130] das schadete seinem Ruf. Als Gawein nun nicht kommen wollte, bat Artus die Fürsten zu sich auf die Pfalz. Er sagte: ›Euch nimmt wunder, [10135] dass ich euch so lange verberge, was ich hier vorhabe. Das will ich euch sagen, ihr Herren: Ich hoffte, dass Gawein in diesen Tagen zurückkehren würde; [10140] dann hätte unser Ratschluss in dieser Angelegenheit größeres Gewicht. Nun weiß ich nicht, was der Grund ist, dass er nicht zurückkommt. Es hätte uns sehr genützt, [10145] wenn er rechtzeitig hiergewesen wäre. Da er aber nicht gekommen ist, so bitte ich euch alle, mir in der folgenden Sache euren Rat zu geben, wie es euch richtig dünkt – und behandelt die Sache aber vertraulich. [10150] Ich will euch etwas entdecken, das mir an meine Ehre geht – in dieser Angelegenheit sollt ihr mich beraten, weil ich nun einmal in dieser Lage bin.

Nun schenkt mir Gehör, Verwandte und Gefolgsmänner, [10155] die ich euch dazu geladen habe und auf deren Wohlwollen ich mich verlasse, wie ich rechtens soll, denn ihr seid es mir schuldig. Ich hatte zu Weihnachten [10160] bei dem See zu Tintaguel ein Fest ausgerufen, wie es stets meine Gewohnheit war. Dorthin kamen viele Edelmänner und wir hatten große Freude; [10165] doch Gawein plante mit den Rittern heimlich einen Ausritt für den vierten Morgen, um Aventiure zu suchen. Das Wetter damals war [10170] fürchterlich und eiskalt. Auch ich ritt in den Wald, um zu jagen, als ich so alleine zurückgeblieben war. Damit vertrieb ich mir den Tag. Dort blieb ich aber nicht lange, [10175] sondern ich ritt wegen des Frosts wieder eilig nach Hause. Dort fand ich auf dem Palas ein Feuer schön vorbereitet, über das ich sehr froh war. [10180] Ich stellte mich daneben und wärmte mich, wie es, glaube ich, die Gewohnheit aller normalen Leute ist. Die Königin aber stand gerade alleine an einem Fenster [10185] und rechnete es mir als Schande an. Sie behauptete, dass ich nicht ein solcher Liebhaber wäre wie einer, den sie kannte; der wäre einer Frau [10190] in so fester Minne ergeben, dass ihn weder Schnee noch Eis irgend davon abbrächten, an seinem Körper nichts weiter zu tragen als ein bloßes Hemd. [10195] Die Sache schien mir befremdlich. Auch verheimlichte sie mir nicht, dass dieser Ritter jede Nacht beim Mondschein über die Furt ritte, wo der Schwarze Dorn sie überdeckte. [10200] Er ritte ein hermelinweißes Pferd, sänge mit einer klaren und hellen Stimme ein Lied von der Minne und führte einen glänzenden Kranz aus süßen und schönen Blumen. [10205] Auf dem Haupt führte er einen Helm. Schild, Schwert und Lanze führte er in weißer Farbe; daran könnte man ihn erkennen. Seinen Namen wollte sie aber nicht nennen. [10210] Damit entfernte sie sich. Mein Sinn begann danach zu trachten, ihn ausfindig zu machen.

Ich erzählte meinen Gefährten davon. Schnell wurde vereinbart, [10215] dass wir gerüstet ins Gehölz reiten und alle vier einzeln auf ihn lauern sollten: Würde er kommen, könnte er uns niemals entkommen. [10220] Da mussten wir sehr lange, erdrückt von der Kälte, auf ihn warten, bis er endlich kam. Zuerst traf er auf Kay, wo dieser die erste Wache hielt, [10225] und nahm ihm mit einer Tjost sein Pferd. Gales behandelte er danach ebenso, dasselbe machte er mit Aumagwin, ehe er durch den Schwarzen Dorn kam. Die drei Pferde nahm er an sich; [10230] dann ritt er weiter und traf auf mich. Die Pferde waren mir gut bekannt. Von jenen aber, die ich auf ihnen ausgesandt hatte, sah ich keinen: Deshalb stutzte ich. [10235] Sobald er mit mir auf einer Höhe war, fragte ich, wer ihm die Pferde gegeben hätte, die er führte. Er stand Rede und Antwort wie ein tapferer Mann [10240] und sagte mir, wie er sie gewonnen hatte; ich bot ihm dasselbe an. Er erwiderte, ein Mann sollte nicht grundlos einen Kampf gegen ihn aufnehmen, der ihm im Nachhinein missfallen könnte. [10245] Das gefiel mir. Ich bat ihn, mir freundlich zu sagen, welchen Namen er hätte, und dass er mir am Ufersand die Pferde wieder zurückgeben sollte. [10250]

Dafür würde ich ihn bereitwillig hinreiten lassen, wohin er wollte. Er aber hielt es für unerhört, als ich seinen Namen zum

Gegenstand machte, und begann, mich zu beschimpfen; [10255] das litt ich mit großer Geduld. Die Pferde hätte er mir sogleich gegeben, weil er niemanden fand, der sie dort von ihm nehmen würde; deshalb waren sie ihm lästig. [10260] Schon wollte er sich von mir entfernen. Ich bat ihn abermals, dass er mir seinen Namen sagte; dafür wäre ich ihm zu Diensten. Dazu war er nicht bereit – also musste ich ihm den Kampf ansagen. [10265] Es wurde von uns heftiger gestochen und geschlagen – das könnt ihr mir glauben –, als je zwei Ritter taten, bis er ohne Schild dastand. Da blieb ihm nicht [10270] der geringste Schutz, und doch wehrte er sich weiterhin, so gut er eben konnte und solange das halt ging. Da wollte ich nicht davor zurückschrecken, [10275] ihn abermals zu bitten, ob er mir nicht doch Auskunft geben wollte. Er verneinte.[97] Solange redete ich auf ihn ein, bis er mir schließlich sagte, [10280] dass sein Name auf immer verborgen bliebe, koste es, was es wolle; es sei denn, er fände einen ganz bestimmten Mann. Schließlich konnte ich ihm abringen, dass er diesen Mann mit Artus vom Lande [10285] Britannien identifizierte. Ich sagte, dass ich es wäre. Er sprach, ich möge solche Lügengeschichten bleiben lassen.

Dieser Streit dauerte sehr lange, [10290] bis er schließlich danach verlangte, dass ich den Helm abbände, damit er sehen könnte, ob er ein Zeichen finden könnte, von dem man ihm erzählt hatte. Ich neigte ihm mein Haupt entgegen [10295] und befahl ihm, meinen Helm abzubinden, damit er sehen könnte, ob er es finden könnte. Er band mir den Helm ab. Als er das Zeichen fand und die Wahrheit erkannte, [10300] sagte er mir seinen Namen und bat mich inständig, dass ich mich ihm gegenüber gerecht erzeigte; das brächte mir großes Ansehen. Auch behauptete er, er wäre lange Zeit [10305] von mir aufs Heftigste herabgewürdigt worden. Ich fragte, was der Grund dafür wäre, weil ich ihn nicht kannte. Er nannte die Königin und behauptete, ich hätte sie ihm genommen. [10310] Er wäre aber gekommen, um zu beweisen, dass er und sie ein Liebespaar gewesen wären, ehe ich sie geheiratet hatte, und er warf mir vor, wie übel es mir anstünde, [10315] dass ich jemals seine Geliebte gefreit hatte. Davon sollte ich auf immer Schande haben. Nach vielem Hin und Her brachten wir es dazu – weil er mit ihr geprahlt hatte –, [10320] dass ich gegen ihn und er gegen mich kämpfen würde, und

---

97 Interpunktion gegen die Ausgabe.

wir vereinbarten eine Frist von 40 Tagen. Der Tag ist aber morgen, an dem er herkommen wird. Ich bitte um euren Rat, [10325] wie mir solches überhaupt je geschehen konnte.‹ Als die Rede des Königs zu Ende war, sprachen sie heimlich unter sich, dass es ein großer Unsinn wäre, wenn jemand die Verrücktheit gewönne, [10330] dass er die Güte der Frau hüten wollte. Er würde sich auf glühende Kohlen setzen.

Der Rat der Fürsten – Von den reinen Frauen

Die Herren taten wie befohlen: Sie zogen sich an einen geheimen Ort zurück, um sich zu beraten, [10335] wie Artus, der König, gebeten hatte, und befanden, dass ihm nichts so sehr zur Ehre gereichte, als auf seinen Gerichtstag zu warten. Das wäre auch allgemeiner Brauch. [10340] Das dürfte er keinesfalls unterlassen – er wäre doch so ein tapferer Mann! –, ganz gleich, ob der Vorwurf wahr oder gelogen wäre. Er sollte dort auch bereitwillig warten und zeigen, wer Recht hätte. [10345] Wenn er dort die Herrin behielte und sie unschuldig wäre, hätte er sie und seine Ehre; wäre es aber so, wie Gasoein sagte, wäre das für Reich und [10350] Krone eine große Schmach. Wenn er den Hohn erntete, dass eine einen Ritter heiraten sollte, die doch einen Fürsten haben kann, [10355] müsste dem König das auf immer leid tun. Der König folgte dem Rat. Die Neuigkeiten flogen schnell überall von Mann zu Mann: Davon entstand oben und unten [10360] vom Gesinde großer Lärm. Ginover entsandte ein Mädchen aus dem Arbeitsgemach, damit es für sie in Erfahrung brächte, was es mit diesem Lärm und [10365] solchem Betragen auf sich hätte. Sie war schwermütig.

Als die junge Frau diese Sache vernommen hatte, hielt sie es für Scham und Schande, wenn sie es der Königin sagte, [10370] es sei denn, die Königin wollte auf keinen Fall darauf verzichten und die Wahrheit unbedingt hören. Auf ihrem Rückweg ließ das Mädchen seinen Kopf hängen. [10375] Das machte Ginover beklommen. Sie sagte: ›Was sind das für Neuigkeiten, die du gerade gehört hast, dass du sie mich nicht wissen lässt? Wollte Gott, dass es gute Neuigkeiten wären!‹ [10380] Das Mädchen sagte: ›Herrin, der Spott, den ihr vorher gehört habt, ist einzig und allein euretwegen entstanden.‹ ›Warum, was habe ich getan?‹ ›Wenn ihr die Sache genau wissen wollt, [10385] Herrin – bitteschön: Der König hat sich bei allen Fürsten über euch beklagt – das war der vorige Lärm – und zeiht euch irgendeiner Sache. [10390] Dort steht Herr Kay und spottet darüber.‹ Diese Sache bekümmerte die Königin und trübte ihr Freude und Sinne. Sie seufzte tief und sagte: ›Süßer Christ, [10395] behüte mir mit göttlicher Güte meine Ehre als Frau, damit mir nichts etwas anhaben kann. Fürwahr, ich fürchte Monsieur und seinen Zorn, den er hat. [10400] Gott, sende mir deiner Gnaden Rat! Um mich steht es fürchterlich.‹

Eine Sache ist in der Tat sehr beklagenswert – das kann ich nicht verschweigen –, die den Frauen oft widerfährt [10405] und die nicht abgewendet werden kann, weil man sie immer wieder treiben wird: Was man einen bösen Schalk zu Lasten der Ehre von reinen Frauen sagen hört, [10410] das spielt man wie einen Ball weiter und macht daraus eine große Sache. Es genügen schon zwei, damit sie so blind werden, dass sie Lügen aus der Frau heraustreiben [10415] und sie sich gegenseitig als Wahrheit erzählen, weil sie die Frauen verabscheuen; obwohl sie genau wissen, dass sie einander dabei anlügen und sich selbst betrügen – [10420] ganz wie jene, die glauben, dass sie ihr Ansehen mehren, wenn sie mit ihren Frauenabenteuern prahlen. Wer auf solche Freuden von den Frauen bedacht ist, dem sei sein Ruhm herzlich gegönnt! [10425] – Und mir, dass der Name der Frau ungesagt bleibt, wenn ich heimlich bei meiner herzallerliebsten Geliebten liegen werde. Es gibt auch genügend, die mit ihrem Unfug [10430] die Güte der Frau schelten wollen und ihnen selten einmal irgendeine Güte zugestehen. Eine Frau kann sich schützen, so viel sie will: Wenn man sie mit Lügen überhäufen will, [10435] findet man mehr als genug, womit man sie herabwürdigen kann. Gäbe es jemanden, der, geistesgegenwärtig, den Ruf der Frau schützen wollte, erwürbe er einen lobenswerten Lohn, [10440] würde er daran festhalten. Er hätte an mir einen Gefährten, wenn er mich denn wollte – ich heiße Heinrich von dem Türlin, ein Weltkind –, [10445] und ich würde mich genauso bemühen wie er, sodass er mich nicht zu verstoßen brauchte. Welchen Schutzes er auch bedarf, er muss ihn nirgends anderswo suchen. Ich trage die Waffe hier bei mir, [10450] die den falschen Mann verschneidet, wenn er nicht davon ablassen will. Wenn er die guten Frauen nicht in Ruhe lässt, lasse ich mich mit ihm auf einen Kampf ein, dass einer von uns bis [10455] auf den tiefsten Grund des Herzens verwundet wird und niemals mehr gesundet.

Kampf Artus vs. Gasoein

Diese Sache müssen wir sein lassen. Sowie der Schein des hellen Tages die finstere Nacht vertrieben hatte, [10460] schickte Artus zum Münster nach dem Bischof von Grunge, damit er eine Heilig-Geist-Messe für seinen Kampf singen würde. [10465] Der wohnte der König andächtig bei. Als das Amt beendet war, ging Artus auf seinen Palas, wo ihm auf einer Steppdecke sein Eisengewand ordentlich vorbereitet war. [10470] Sogleich schlüpfte er hinein. Auch ließ er für seine nahende Drangsal ein kostbares, hohes, starkes und schnelles Pferd mit einer kostbaren [10475] Satteldecke ausstatten, mit einem gelben Samt, in den überall prächtige Kronen aus Sigelat hübsch eingefügt waren. [10480] Natürlich musste sein Waffenrock genauso sein. Ein höchst lobenswertes Banner wurde für ihn aus demselben Stoff vorbereitet. Das tat Artus nicht aus Hochmut – [10485] der war ihm verhasst. Noch bevor er fertig gerüstet war, kam der Ritter hergeritten, der mit ihm kämpfen würde, komme, was wolle. [10490] Kay sah ihn als erster und verkündete es überall. Davon entstand unter den Rittern in der Burg drinnen großer Lärm und sie liefen [10495] dem Ritter zu Liebe an die Zinnen.

Es ist schon erwähnenswert, wie dieser Held für den Kampf ausgestattet war – wie ihn da Calamit, [10500] seine Schwester, eine prächtige Fee von Lansgey, ausgestattet hatte, mit prächtigen Waffen, denen ich nichts zu vergleichen wüsste, wie viele Waffen ich auch gesehen habe. [10505] Ich will die Wahrheit sagen: Wenn es so ist, wie die Fabel erzählt, dann war an ihn tatsächlich ein so großer, prächtiger Schatz gelegt, wie ihn kein Armer je kostete. [10510] Ihm war ein ganz schlichtes, makelloses und tadelloses Wappen aus einem Plialt geschnitten, das in der Mitte und auch sonst [10515] mit großen, goldenen Löwen bestickt war. Wo das Feld ohne Gold blieb, schimmerte es wie der Schweif eines Pfauen. Gasoein war seinen Feinden am Kampffeld ein Stachel; [10520] das war an den Stoffen zu sehen. Seine Rüstung schien ansonsten leicht, weiß und gut zu sein, sein Helm wie ein Spiegel. Darauf befand sich ein Kleinod, [10525] das ihm Frau Minne anbefohlen hatte: ein scharfer Pfeil aus Gold und hartem Stahl, der durch ein Herz ging. Gasoein trug eine leichte, kleine Hose, rein und weiß, makellos. [10530] Sein Schild stand ihm gut zu Halse, dazu eine Lanze, wie sie sich gehörte. Er führte zwei gute Sporen. Wenn ein Mann mit Waffen zur Welt

kommen könnte, müsste man schwören, dass es bei ihm so wäre.
[10535] Man konnte an seinem Reiten sehen, dass er sich gut auf den Kampf gegen seinen Partner vorbereitet hatte. Er legte großes Geschick im Umgang mit den Waffen an den Tag. [10540] Banner und Satteldecke hörte man durch den Wind laut schlagen. Der Recke führte ein Wappen aus reinem Lasur, darauf ein Löwe, als hätte ihn die Natur [10545] aus Gold darauf gewirkt, der sich gebärdete, als wollte er die ganz Welt verschlingen. Handwerkskunst hatte es so eingerichtet, dass er bei Gegenwind ein irrsinnig lautes [10550] Geräusch von sich gab, als würde der Löwe hier wirklich lebendig brüllen. Der Löwe hatte lange, scharfe, ganz weit herausgestreckte Klauen, und er lag auf seine Beine gekauert, [10555] als würde er gleich zum Sprung ansetzen. Die Zunge bewegte sich in seinem Maul. Diesen Löwen bedeckte ein Schildbuckel aus Gold, [10560] in den vielerlei edles Gestein, großes wie kleines, eingelegt war. Der Ritter ritt ein hermelinweißes Pferd, das dort auf dem harten Boden [10565] vor den Zuschauern hin und zurück viele Wendungen mit behändem Auftreten nahm, bis es zur Wiese hinkam, wo der Kampf sein sollte. [10570] Für Artus wurden schleunigst Pferd, Lanze und Schild geholt. Sein Herz verlangte aufgeregt nach dem Kampf, wie einen Vogel das Wild anlockt.

Artus bestieg sein Pferd. [10575] Er vergaß nicht, was er seiner Ehre schuldig war, und nahm alle Fürsten und auch das ganze Gesinde zu sich. ›Ihr Herren‹, sagte er, ›gebt [10580] bei dieser Gerichtssache Acht auf meine Ehre: dass mich nur ja niemand dadurch herabwürdige – wie immer es mir hier ergeht, ob ich sieglos oder sieghaft sein werde [10585] (wenn ich etwa hier männliche Kraft habe, und mein Gefährte nicht) –; dass mir also niemand auf keinen Fall gegen ihn bei diesem Kampf hilft! Befehlt euren tüchtigen Knechten, [10590] sich den Kampf höflich anzusehen. Und ich schwöre, es gibt niemanden, dem ich nicht Leben und Ehre raubte, wenn er mit Waffen vor das Tor kommt und ich ihn davor sehe. [10595] Glaubt mir, es braucht sich niemand dazu erdreisten. Daran denkt, und schützt damit euch und mich. Denn unter uns hält sich wohl [10600] ein jeder für so außergewöhnlich, dass er alleine, ohne Hilfe einen anderen Ritter anzugreifen wagt. Gasoein und ich werden unsere Sache schon alleine unter uns ausmachen. [10605] Das braucht niemandem zu missfallen, egal wem der Sieg zufällt.‹ Alle Fürsten gelobten, dass sie es gerne tun würden, und befahlen dem Gesinde, [10610] sich an Artus' Gebot zu halten. Damit wurde es für sie ernst. Die kleine Schar lief zur Befestigungsmauer.

Danach ritt Artus herab zu seinem Kampfpartner, der dort [10615] vor der Burg auf der Wiese auf ihn wartete – Herr Gasoein von Dragoz – und den Artus nicht ungerne sah. König Artus sagte höflich: ›Seid willkommen, Ritter!‹ [10620] Als Gasoein den Gruß vernahm, vergalt er ihn dem König wie ein höfischer Mann. Bald aber kam es dazu, dass sie sich trennen mussten. Zwischen ihnen erstreckte sich das Feld [10625] bald über vier Wurflängen, sodass ein jeder dem anderen den vollen Einsatz darbieten konnte. Beide wollten sie erreichen, dass ihre Tjost mit voller Wucht [10630] genau auf dem anderen zu liegen käme, wenn der sich nicht geschickt mit dem Schild des Stoßes annahm, denn beide hegten dieselbe [10635] Missgunst gegen den anderen. Wenn hier einer an Geschick, Mut und Kraft sparte, konnte ihm dieser ritterliche Kampf leicht an seiner Ehre schaden [10640] und ihm eine so tiefe Fleischwunde einbringen, dass es seiner Gesundheit abträglich wäre. Während sie hier so bereitwillig des Hasses Lunte gegeneinander zündeten, [10645] gerieten sie in Aufregung. Deshalb ist es für beide nützlich, wenn sie sich gut beschützen, wo doch der Hass unter ihnen so heftig nach Gewinn und [10650] Niederlage wüten will. Dieser hielt auf jene Richtung zu, jener auf diese.

Hier fliegen die Schenkel, mühen sich die Pferde auf dem Kampfplatz mit weiten Sprüngen ab. [10655] Beide hatten das Ziel, den anderen auf den Sand zu werfen, ehe dieser seine eigene Lanze zum Einsatz bringen konnte. Die Schilde wurden geschwind als Schutz [10660] vor der Brust angeschlagen. Es gelüstete sie danach, dass sie die Lanzen neigten und den Pferden hinten die Sporen gaben. [10665] Beide verlangte es sie mit gleichem Zorn nach einander. Artus wollte Gasoein die Tjost geben, koste es, was es wolle. Da wich Gasoein [10670] bei der Weggabelung auf der Wiese aus und ließ den König vorbeireiten. Artus war missmutig, dass es nicht zur Tjost gekommen war. [10675] Er wandte sich mit Zorn der Warte zu, an der Gasoein einsam am Kampfplatz hielt, nachdem er dem König ausgewichen war. Die Ritter, die auf dem Palas [10680] saßen, glaubten freilich, dass Artus den Ritter gerne hätte vorbeireiten lassen und dass die beiden Kämpfer einander aus Leichtsinn schonen wollten, [10685] und wo immer die Rede darauf kam, hielt man es für Feigheit.

Streit über den abgebrochenen Kampf

Artus vergaß vor Gasoein allen Anstand und sagte: ›Ritter, was ist mit euch passiert? [10690] Nun habt ihr mir ja wahrlich ein ritterliches Glanzstück vorgeführt! Eure exzellente Rüstung tut mir leid. Seid ihr etwa aus List ausgewichen, [10695] um eure Ausrüstung zu schonen, oder fürchtet ihr, dass ihr hinter dem Sattel auf dem Weg oder anderswo auf dem Feld zurückbleibt, wenn ihr euch mit mir auf einen Wickel einlasst? [10700] Ich weiß schon, ihr wagt es nicht, einen Ritter durch diesen schön gemachten Schild stechen zu lassen. Ihr habt ihn wohl nur ausgeborgt. Der Löwe macht keine Anstalten, [10705] sich eures Schildes anzunehmen, und es ist nur sein Abbild, das jemandem, der es ansieht, einen Schrecken einjagt. Ein Löwe flieht beileibe nicht; er weicht vor keiner Not zurück. [10710] An eurem Schild aber ist sein Herz tot, guter Ritter. Er hat dafür das Gemüt eines Hasen und dessen Art zum Tausch genommen, dem es niemals geschah, dass er nicht floh, [10715] und wenn ihn nur eine Maus jagte. Der Löwe passt nicht zu einem Feigling: Solle er doch einen Hasen am Schild führen! Der lässt sich nirgends fassen, solange er zur Flucht fähig ist. [10720] Wenn man ihn dann einholt, stirbt er vor Angst. Wenn einer feige ist, ist das meist sein Verderben.‹

Gasoein antwortete [10725] auf die Rede wie ein tapferer Mann, höflich und mit Anstand. Er sagte: ›Ich bin bis auf den heutigen Tag nie vor etwas geflohen; davon wäre ich auf immer [10730] der Unehre verfallen. Wenn ich den Löwen wegen meiner Feigheit nicht tragen darf, bei meiner Treu', dann wird der, der mich wie einen Hasen jagen will, dafür bezahlen, [10735] solange mir Pferd und Lanze, Rüstung, Schild und Schwert und meine Kraft erhalten bleiben. Es kann leicht sein, dass es so geschieht, wie ich es mir vorstelle. [10740] Das werde ich euch schnell zeigen. Ich kann genauso gut gegen euch gewinnen, Herr König, wie ihr gegen mich; doch wir beide könnten dadurch in fernen Ländern [10745] in Schande fallen, wenn man von uns hört, wie es zu diesem Kampf gekommen ist. Daher sollten wir uns zusehen, ob es nicht in Ehren geschehen könnte, [10750] dass wir den Kampf sein lassen. Es wird uns zugute kommen, dass ihr ein edler König seid. Auch mir hat man in vielen fernen Ländern lange Zeit [10755] großen Ruhm zuerkannt. Deshalb ist der Kampf unschicklich. Sollen sich doch zwei Bauern beim Gericht mit Kampfstangen zerbläuen und zerschlagen, [10760] wenn sie nicht anders für ihr Recht und ihre Angelegenheit Sorge tragen können. Für Fürsten ist das nichts.‹

›Ritter‹, sagte König Artus, ›ich bin nicht so missgünstig gegen euch, [10765] dass ich euch nicht alle Ehren vergönnt wäre, die ein tapferer Mann haben soll, wenn es denn geschehen könnte, ohne dass ich davon einen Schaden habe. Ich würde gerne vom Kampf befreit. Wenn ihr einen Vorschlag macht, [10770] der nicht gegen meine Ehre geht, will ich euch darin folgen. Ich war zuerst wegen eures Hochmuts ein wenig gegen euch aufgebracht, weil es für das, dessen ihr meine Frau [10775] bezichtigt habt, nie ein Anzeichen gegeben hatte. Wie hätte es denn von damals bis heute gut sieben Jahre lang verschwiegen bleiben können? Wenn wahr wäre, was ihr behauptet, hätte man es bemerkt. [10780] Ich würde mich jedem Gericht stellen, das es gibt, dass ihr niemals in den Sinn kam, euch statt meiner zu lieben. Fürwahr, Herr, dann hätte sie sich [10785] sehr schlecht verhalten, wenn sie die Ehe mit unbeständiger Liebe gebrochen hätte. Der Tausch von steter Treue gegen Wankelmut würde ihr dann zum Nachteil, [10790] wie mir hochgelehrte Herren oft versichert haben. Wie könnte euch das stören, dass wir die Königin nach der Wahrheit fragen? Es kann ihr eigentlich nicht lästig sein [10795] zu entscheiden, wie es ist. Bis dahin können wir den Kampf gerne fristen. Und wie immer sie es entscheidet, so sei es unter uns beiden ohne Reue entschieden. [10800] Dafür habt meine Treue. Wenn euch das nicht passt, wird der Kampf wieder aufgenommen.‹

Nachdem Gasoein die Rede gehört hatte, sagte er: ›Ich wäre ein Narr, würde ich mich meiner Geliebten [10805] wegen, die ich liebe, irgend auf Geistliche verlassen. Denn die bringen es fertig, dass Wahrheit zur Lüge wird und dass die Lüge plötzlich eine [10810] ganz vollkommene Wahrheit birgt. Diese Künste lehrt sie die Dialektik ganz ohne Trug. Wen sie sich vornehmen, der muss – chancenlos – [10815] den ganzen Schaden haben, das weiß ich genau. Dagegen kann sich niemand schützen. Ich aber vertraue auf den Gott der Minne. Seinem Gebot [10820] will ich folgen. Er ist ohne jeden Falsch, er bietet falsches Gericht und Urteil weder für

Besitz noch für Ehre feil. Hier wagen es die Advokaten [10825] nicht, das Recht zu brechen; da ist das Recht wohlfeil. Auch wird keine Gerichtssache durch Freundschaft oder Feindschaft entschieden, [10830] wenn Frau Venus das Urteil spricht.‹ ›Herr Ritter‹, sagte Artus, ›es ist mir nicht bekannt, wie es um die beiden bestellt sei, aber wenn ihr diesen Kampf ausfechten wollt, [10835] wegen dem ihr hergekommen seid, gebe ich euch gerne Gelegenheit dazu; und wird dann einer von uns Matt gesetzt, soll er seiner Rede abschwören, und soll der andere sein Recht[98] [10840] haben. Das schwöre ich. Danach will ich streben, wie es ein jeder sollte.‹

›Ich bin zum Kampf gegen euch bereit. Mich wundert aber‹, sagte Gasoein, [10845] ›weswegen ihr danach verlangt. Ihr hättet den Kampf doch schon früher von mir haben können, als meine Karten schlechter standen und ich dennoch gegen euch mit den Leben davonkam. Das war im Wald, [10850] wo ihr mir mit drei anderen aufgelauert habt. Mein Herz ist noch dasselbe und ich trage noch dieselbe Überzeugung – es sei denn, ihr wärt einverstanden, die Sache anders zu schlichten. Schwören wir doch beide darauf, die Entscheidung [10855] an Madame zu delegieren, wo wir uns doch beide auf ihre innigste Freundschaft verlassen, auf dass sie den ganzen Streit scheiden soll, wie immer es ihr beliebt. [10860] Und wem unter uns der Ruhm zufällt, dass sie ihn aus uns beiden als jenen auswählt, der ohne Falsch und ohne Drohung ihrem Herzen am besten gefällt, der soll ihr Gefährte und [10865] ihr rechtmäßiger Geliebter sein. Diese Sache schwöre ich – was immer mir auch dadurch zuteil wird –, wenn auch ihr mit mir das Gelübde annehmt. [10870] Und zwar wollen wir uns gegenseitig schwören, dass – auch wenn es einer später bereuen wird und davon abgehen will – Widerrede ganz unmöglich ist [10875] und nicht sein kann, wie gerne einer dann auch vielleicht seinen Schwur leugnet. Häufig geschieht es nämlich, dass eine Sache neu aufgerollt wird, wenn sie einem im Nachhinein leid tut. Dazu rät ein falsches Herz gerne, [10880] wenn man im Vorhinein die Bekräftigung des Abkommens verabsäumt hat und die Sache nicht gut abgesichert ist.‹

98   Oder: ›die Königin‹?

Schiedsspruch der Ginover

›Ritter‹, sagte König Artus, ›es ist wahr, dass ich behauptet habe, dass sie mich lieber hätte als euch. [10885] Nun aber, da ihr mir diesen Vorschlag macht, werde ich den Kampf schlichten und will auch mein Schicksal ohne Groll in die Hand der Königin legen. Wem sie das Glück nun mehr gönnt, [10890] der soll sie gerne haben.‹ Damit war ihr Kampf beendet, und Gasoein machte sich sogleich mit Artus zur Burg nach Karidol auf, [10895] mit abgewendetem Banner – so wie Ritter, denen es nach Frieden verlangt. Das gestanden sie sich beide zu. Rasch verbreitete sich die Nachricht, dass der großherzige Artus und Gasoein [10900] versöhnt wären. Nun fiel das gesamte Gefolge in aufmerksames Zuhören und fröhliches Gebaren. Der Sieg ihres Herrn war ihnen sehr lieb. [10905] Schnell kamen Artus und Gasoein vor das Burgtor geritten. Dort stiegen sie beide ab und nahmen einander bei der Hand. So gingen sie beide in ihrem [10910] Eisengewand zum Hof, wo sie die Ritter, die ihnen entgegengegangen waren, empfingen. Ihr Gelübde hatten beide unterwegs nicht verloren. [10915] Ginover wurde mit ihren Mädchen auf den Hof geladen. Vielen Herzen gereichte es zum Schaden, dass mit deren Schönheit – die heimliche Blicke provozierte – geangelt wurde, [10920] denn was in die Augen sticht, gebiert Kummer.

Sie trat vor den König hin und hatte ihn gerade erst gegrüßt, als sich der Ritter schon vor ihr verneigte. Artus schwieg nicht länger. [10925] Er sagte: ›Herren, Verwandte und Gefolgsmänner, die ich euch eingeladen habe, hört meine Worte, die ich hier öffentlich verlautbaren werde. [10930] Ich wisst genau, dass ich die Königin, die hier steht – dass ihr mich ja nicht lügen lasst! –, vor sieben Jahren zu lieben begonnen habe; seither waren wir zusammen, [10935] wie es bei der Ehe üblich ist, und ich glaubte, sie wäre meine Gemahlin. Nun ist dieser Ritter hergekommen und hat behauptet, dass sie sich in rechtmäßiger Minne für ihn und gegen mich verbürgen würde. [10940] Er hat sich dafür zum Kampf gestellt. Der ist nun so geschlichtet worden – und wir haben es mit Eiden besiegelt –, dass wir diesen Streit zu einem Ende brächten [10945] und ihn ihr überantworteten. Sie soll am heutigen Tag den Kampf unter uns beilegen, wie ich ihr sogleich auftragen werde. Eine andere Möglichkeit gibt es nicht: Sie soll sich dieses Herrn [10950] oder meiner annehmen, damit wir herausfinden können, was an der

Angelegenheit wahr sei. Herrin, das will ich euch noch sagen: Wenn ihr schließlich diesen Held [10955] statt meiner zur Liebe wählt und wenn er euch besser gefällt, könnt ihr unserer Hilfe gewiss sein. Er ist es wahrhaftig wert, und ihr macht mit ihm eine gute Partie. [10960] Wenn ihr aber bei mir bleiben wollt, dann wurde niemals eine Frau unter allen Frauen mehr geehrt. Ihr werdet eure Ehre nicht verlieren, wohin ihr euch nun auch wendet.‹ [10965]

Als diese Rede zu Ende war und Ginover begriffen hatte, dass die beiden ihre Streitsache von ihrer Wahl abhängig machten, schwoll ihr das Herz vor Leid, was ihrem Herzen Kummer brachte. [10970] Sie verschwieg ihre Gedanken – die waren völlig verborgen –, doch man konnte sehen, dass sie in großen Sorgen war, weil sie öffentlich vor der ganzen [10975] Welt kundtun sollte, ob sie bisher etwas verheimlicht hatte. So stand sie unter ihnen, und ihr Verstand schwankte, was sie tun sollte [10980] oder wen sie nehmen würde. Da verlangte Gasoein, dessen Herz in Sehnsucht befangen war, nach einer Entscheidung. Der bittere Anstand [10985] bereitete ihm größten Schmerz. Er sagte hasserfüllt zum König: ›Herr König, ihr tut mir Gewalt an. Ihr habt sie so umstellt, dass sie nirgends hingehen kann. [10990] Wie lange soll sie noch so herumstehen, weil ihr sie nicht dorthin gehen lasst, wo ihr Herz von sich aus steht? Ihr gewinnt hier wahrlich einen schwachen Ruhm, dass ihr mich auf diese Weise [10995] listig in Schranken weisen wollt. Erinnert euch an euren Eid und seid mir gegenüber aufrichtig.‹

Artus befahl der Königin, dorthin zu gehen, [11000] wo es ihr beliebte, und sich nicht davor zu drücken. Den Rittern befahl er zurückzuweichen. Da wurde sie bleich und dann jäh rot, [11005] weil ihr eine verborgene Herzensnot bei dieser Wahl zusetzte. Ich weiß nicht, wonach ihr Herz heimlich strebte, in die Nähe oder in die Ferne. Sie sagte: ›Herr König, [11010] wollt ihr mir das zum Lohn dafür geben, dass ich euch bisher so schön gedient habe?[99] Wenn ich nun Abschied von euch verlange, dann deshalb, weil ihr, [11015] Herr, mich schlecht belohnt habt. Das kann aber nicht sein. Ihr werdet mich bei euch sehen. Wollt ihr denn, dass ich mit einem Mann, von dem ich noch nie gehört habe, [11020] unter größter Schande in sein Land fahre, nur weil ihr es euch in eurem Zorn einbildet? Das weiß ich wohl zu verhindern. Wie soll ich es ihm

---

99 Interpunktion gegen die Ausgabe.

denn verwehren, [11025] wenn er 1.000 Eide darauf schwört, dass er mich mehr minnt als alle Frauen? Ich fühle mich ihm doch deshalb nicht mehr verbunden.‹ Diese Rede verletzte [11030] Gasoein. Als er sie hörte, suchte er zornig das Weite, ohne Abschied zu nehmen. Artus erwies ihm seine Ehre, indem er höchstselbst mit ihm ritt [11035] und ihm freundlich Gesellschaft leistete. Dafür dankte er ihm nicht.

Ginovers Entführungen

Gotegrin entführt seine Schwester

Was geschehen muss, geschieht. Deshalb konnte sich Ginover vor diesem Laster nicht behüten. [11040] Wo das Heil wütet, macht sich Unglück breit, egal wo es sich niederlässt. So erging es der Königin. Wie sehr brach dort das Unglück [11045] das Gesetz des Heils! Es gab einen Edelmann, einen Grafen mit Namen Gotegrin. Karlin von Galor wurde sein Vater genannt, [11050] ein prächtiger König, weithin bekannt, ehrenhaft, großherzig und gut. Er war väter- und mütterlicherseits Ginovers Bruder. Diese Angelegenheit blieb Gotegrin und den Seinen [11055] nicht verborgen und war ihm eine regelrechte Lockspeise. Er war heimlich mit 40 Bewaffneten in die Nähe des Artushofes geschlichen, sie versteckten sich in den Bergen[100]. Dann schickte er einen Boten aus – [11060] einen behänden Späher –, der alles daran setzte, dass er für ihn diese Sache genau in Erfahrung brächte – der Späher schwor es –, [11065] ob es ihr wirklich überlassen worden wäre, jenen zu nehmen, nach dem sie am meisten verlangte und den sie am liebsten wollte. [11070] Der Späher erfüllte den Willen seines Herrn gut. Er blieb die ganze Verhandlung über am Hof, bis er verstand und erkannte, was Ginover tat und sprach [11075] und wie es alles geschah.

Dann entfernte er sich unverzüglich, eilte zu seinem Herrn und erzählte ihm die Geschichte, die ihm missfallen musste. [11080] ›Und wenn sie den Mut gehabt hätte‹, behauptete er, ›hätte sie Gasoein de Dragoz gewählt, hätte der König nicht davon profitiert, dass dies all den Fürsten [11085] sehr missfallen hätte und dass sie sich von dieser Schande in Frankreich niemals hätte erholen können.‹ Nachdem der Bote gesprochen hatte, [11090] sagte Gotegrin zornig: ›Der Tod ist

---

100   Oder: ›unter ihren Rüstungen‹, oder: ›im Verborgenen‹.

ihr sicher, dass sie es zu tun wagte‹, und er machte sich vom Forst mit einem Banner [11095] sehr schnell nach Karidol auf. Er beeilte sich sehr und trabte ohne Rast dahin, soviel er eben aus dem Pferd herausholen konnte, [11100] bis er vor den Palas kam, wo all dies geschehen war. Dort stand Ginover alleine auf einem Felsen, wo sie darauf wartete, [11105] dass der König von dem Geleit zurückkäme, das er Gasoein erwiesen hatte. Das brachte sie in große Not. Als ihr Bruder sie erblickte, rächte er seinen Zorn hemmungslos. [11110] Er fing sie beim Haar und schwang sie grob vor sich aufs Pferd. Dann eilte er geradewegs auf den Wald zu [11115] und war schon ein schönes Stück mit ihr in den Wald entkommen, ehe die Ritter am Hof die Pferde nehmen konnten. Der Plan Gotegrins war, [11120] sie zu entführen, ehe es überhaupt jemand merkte. Er hatte sie in die Acht getan.

Nachdem er sie in den Wald gebracht hatte, bat sie ihn inständig [11125] und flehte ihn an, ihr doch zu sagen, was all dies sollte; doch er sagte nichts, außer dass er ihr auf der Stelle das Leben nehmen wollte. [11130] Keine andere Sühne verlangte er, wie er ihr immerzu schwor. So wandte sie ihre Blicke aus dem Innersten hin zu Gott, dass er ihres Herzensleides [11135] und ihrer Unschuld gedächte und dass ihr sein Bote in solchem Leid zu Hilfe käme und sie um Gottes herrlicher Gnade willen erlöste. [11140] Viele Dinge kamen ihr in den Sinn. Als sie den Tod vor Augen hatte, sprach sie sehr oft voll Jammer: ›Bruder, um Gottes willen, hab Gnade mit mir! Du verachtest mich [11145] ganz ohne meine Schuld. Lass mich deine Huld haben und schenke mir mein Leben! Dann will ich immerfort bis zu meinem Tod deine Gefangene sein.‹ [11150] Mit Tränen in den Augen warf sie sich ihm zu Füßen und begann heftig zu weinen. All das bewirkte nur, dass er sie umso [11155] mehr entleiben wollte, und er lachte, je mehr sie sich quälte. Ihr Herz krachte in ihrem Innern vor solchem Leid und brach, [11160] weil sie diese schwere Bürde mit nichts verringern konnte und es ihr in keiner Weise gelang, seine Huld zu gewinnen.

Er scherte sich nicht um ihr Flehen [11165] und versicherte ihr nur immerfort den sicheren Tod. Nun beweinten alle seine Gefährten diese große Not und fielen ihm von den Pferden [11170] herab zu Füßen, damit er ihr eine Buße auferlegte, wenn sie denn irgend gefehlt hätte – dies würde ihm redlich anstehen, für jenes aber müsste man ihn tadeln –, [11175] und er sollte daran denken, dass sie sein eigen Fleisch und Blut – seine eigene Schwester – wäre. Er aber wurde nur sturer und sturer und schwor viele Eide darauf, dass er sie noch in dieser Nacht [11180] um keinen Preis schonen würde. Die Ritter rissen sich Haare und Bart aus vor Trauer. Sie rächten das Leid Ginovers getreu an sich selbst. [11185] Mit Recht reute sie Ginovers Tugend, so rein, dass ihr Leib stets unbefleckt blieb. Die gute Ginover [11190] stand hier ohne den Schutz des Heils in Kummer. Dafür sollte man das Glück schelten, dass es die große Tugend Ginovers auf solche Weise zu vergelten wusste – [11195] sie nutzte ihr hier kein bisschen – und Ginover nun in solchem Zweifel befangen war.

Als es nicht sein konnte, dass er sie am Leben ließ, rief sie laut und schrie [11200] und wiederholte es wieder und wieder: ›Weh mir, weh! Warum muss ich sterben, wenn Lügner mir eine Sache ankreiden, an der ich nie Schuld gewann? Ich werde nur wegen eines Wortes sterben, [11205] das ich in Übermut zum König gesagt habe. Darüber erbarme dich, Gott, und sende mir Armen deine Hilfe – dazu ist es Zeit –, [11210] denn hier gibt der Tod meinem Leben grundlos ein Ende. O weh, ich arme Frau!‹, sagte sie oft jammervoll und blickte inständig auf zu Gott, [11215] damit er ihr Hilfe schickte und ihre Unschuld erkannte. Diese Not bewegte die Ritter: Ein jeder lag vor Gotegrins Füßen auf der Erde und bat ihn, [11220] dass er die Königin um Gottes und um ihrer Gefolgschaft willen am Leben ließe. Auf diese Bitte gab er ihnen keine andere Antwort, als dass er sie von ihnen in den Tann [11225] wegführte, so weit er konnte. Da eilten die Ritter alle in Tränen davon, weil sie diese bemitleidenswerte Sache an ihr ungern sehen wollten. [11230] Nachdem er eine Meile geritten war, ließ er sie dort, wo er sich gerade befand, hinab aufs Gras. Er schwang das Schwert, wand ihre beiden Zöpfe um die Hand [11235] und wollte in diesem Moment zuschlagen. Sie begriff die Sache sofort und begann laut zu klagen; so laut rief sie um seine Gnade, dass der Wald überall [11240] von ihrer Stimme erschallte und ein jammervolles Echo gab.

Rettung und Entführung durch Gasoein

Nicht alles ist vergeblich, was Gefahr und Zorn an die Oberfläche treiben. [11245] Nicht selten entsagt das Ziel dem Bogenschuss und wird das Geschick des Schützen betrogen. Das zeigte sich nun auch hier. Beobachte es an Gotegrin, [11250] der Ginover der Gewalt des Todes überantwortet hatte! Ihrer aber ward da nicht vergessen. Der verwegene Gasoein, der zuvor um Ginover gekämpft hatte, [11255] kam traurig und missmutig in den Wald geritten. Leben und Besitz galten ihm wenig. Eine todfinstere Wolke [11260] umhüllte den Glanz seiner Freude zur Gänze; er war vom Pfad der Freude abgekommen. Er ritt dort in der Nähe herum, ob er irgendetwas finden könnte, das ihm als Pfand gegen [11265] seine große Schande nützlich wäre. Dabei war er ihr so nahe gekommen, dass er ihr Weinen vernahm und den Ritter und den hellen Glanz des nackten Schwertes erblickte. [11270] Auch hörte er ihren Namen nennen, wodurch er sie sogleich erkannte, denn oft sprach sie aus ihrem Mund: ›Ginover, weh dir, weh!‹, [11275] während sie im Schnee lag. Sobald er sie erkannte, attackierte er Gotegrin mit großem Ungestüm und schleuderte ihn mit der Lanze [11280] tatsächlich vom Pferd auf einen Ast, dass ihm Arm und Halsbein brachen. Damit war die Sache zwischen ihm und Gasoein entschieden. [11285]

Gott hatte ihr Hilfe gesandt. So wurde Ginover erlöst. Nun hört, was Gasoein tat. Er wandte sich an sie mit Flehen und Bitten, ob sie, wenn [11290] er es verlangte, mit ihm in sein Land fahren würde. Er wollte sie in Ehre und Treue halten und wollte um ihretwillen viele [11295] Feste feiern lassen. Derweil lag die Dame ohnmächtig und kreidebleich. Kraft und Stärke hatten sie inzwischen ganz verlassen. [11300] Sie wusste nicht, ob es Tag oder Nacht wäre, ganz wie wenn man zu schnell aufsteht, und sie hörte nicht, was er sagte. Als er das bemerkte, [11305] erdachte er sich eine List, mit der er sie rasch ganz in seine Gewalt bringen konnte. Ohne dass sie es merkte, legte er sie an seinen Arm. [11310] Die Pferde band er zusammen und führte sie mit sich weit weg von ihrem Bruder in den Tann. So lag sie, bis sie wieder zu Sinnen kam.

Nachdem sie wieder zu Sinnen gekommen war [11315] und in dieser großen Not aufsah, was mit ihr geschehen wäre, erblickte sie Gasoein und glaubte aber noch, [11320] dass es ihr Bruder Gotegrin wäre. Da sie ihn gewaffnet sah, umfing sie eine große Pein. Da sagte Gasoein zu ihr: ›Madame, beruhigt euch. [11325] Ich bin es, der euch auf immer all euer Leid vergessen machen wird. Geruht, euch auf das Pferd zu setzen, und reitet mit mir in mein Land, Frau Ginover, wo ihr für immer, [11330] solange ich lebe, mit mir die Krone tragen werdet. Wir werden ein fröhliches Leben führen. Ich habe euch euer Leben gerettet, dafür seid ihr mir zu Dank verpflichtet. [11335] Wir halten uns hier schon zu lange auf, wir wollen uns aufmachen. Bleiben wir hier zu lange, bringt uns das großen Schaden ein und sonst gar nichts, [11340] sollte man uns hier finden. Ich habe aus Liebe zu euch bisher viel Kummer erlitten. Nun ist es schließlich doch so weit gekommen, dass mich das Glück belohnt.‹ [11345]

Tränen brachen aus ihren Augen, und leidvoll sprach sie: ›Ritter, hört auf damit. Ihr seid ein Tor, wenn ihr das denkt. [11350] Wie sehr kränkte ich die Würde aller Frauen, wenn ich für euch dazu bereit wäre, meinen Mann zu verlassen – wenn ich einen solchen Fehltritt beginge [11355] und ich mich zu einer solchen Leichtsinnigkeit hinreißen ließe, mit euch heimzufahren, damit ich eure Kebse wäre! Da hätte ich Kupfer und Messing anstelle von Gold gewählt. [11360] Nachdem nun aber Frau Saelde meine Sache zum Unheil gewendet und meine Freude verletzt hat, kann sie mich bestimmt auch heilen. Niemals werde ich die standhafte Treue [11365] der Frauen beflecken – so Gott will –, denn einen Fehler, den ich begehe, hält man nachher allen Frauen vor. Ich will und soll hier alleine an dieser Stelle bleiben [11370] und will Weg und Pfad zurück nach Karidol suchen, wenn der König geruht, mir zu verzeihen. Herr Ritter, reitet euren Weg [11375] dahin, das ist gut für euch, damit euch hier bei mir nicht durch irgendjemanden Trübsal widerfährt. Denn wird man hier euer gewahr, seid ihr ganz verloren.‹ [11380]

Er sagte: ›Dazu gibt es keinerlei Veranlassung, denn mein Leben und mein Tod wären mir eher einerlei, als dass ich euch unterwegs verließe, Madame, das wisst ihr, [11385] so wie ihr auch wisst, dass ich niemals von meinem Schwur Abstand nehmen würde, selbst wenn die ganze Welt mit mir um euch kämpfen sollte. Entweder man gibt mir euch frei, [11390] oder ich sterbe. Sollte ich aber dabei ins Verderben stürzen, wird die Seele darüber selten klagen. Es ist meine Bestimmung, dass ich an dieser Fahrt den gewissen Tod finde [11395] oder an euch, Herrin, den Sieg nehme. Deshalb lasst eure Rede sein. Nehmt das Pferd, das mir gehört, und setzt euch darauf; ich werde dieses nehmen. Die schreckliche Not, die ich aus Liebe [11400] zu euch erlitten habe, wäre schlecht vergolten, wenn ihr mir nicht besser lohnen wollt, dass ich euch vom Tod errettet habe. Ihr solltet sie mir auf andere Weise lohnen! [11405] Verflucht sei das Herz, dass euch dazu geraten hat, und hört endlich mit dem Streiten auf! Das steht der Güte der Frauen schlecht an, die einen auf Dank hoffen lässt, [11410] und sei es auch gegen ihren Willen.‹[101]

Ginover erschrak über diese Worte so sehr, dass sie im Innersten daran verzweifelte, und sie dachte daran, dass ihre Kraft allein [11415] gegen ihn nicht ausreichte; ansonsten sah sie aber niemanden, der ihr gegen ihn hätte helfen können. Es fiel ihr dazu auch keine kluge List ein, [11420] mit der sie ihn irgendwie hätte umstimmen können, damit doch noch alles ehrenvoll ausginge. Auch fürchtete sie schrecklich, dass ihr der König große [11425] Unehre vorwerfen würde und dass sie niemals mehr das Wohlwollen ihres Bruders gewinnen könnte. Gasoein aber verzehrte sich so sehr nach ihrer Liebe, [11430] dass sie fürchtete, dass er noch im Wald bei ihr liegen und sie vergewaltigen würde, ehe er sie laufen ließe. Und sie wusste nicht, was sie dagegen tun könnte. [11435] Widerstand war zwecklos, wenn er nicht von sich aus davon Abstand nahm. All dies ließ ihr keine andere Wahl, als ihm gegen ihren Willen zu gehorchen, denn die Bitte, [11440] die er tat, war Befehl. Deshalb braucht sich niemand daran zu stören. Ich will euch zwei Gründe dafür nennen, um euch zu beweisen, [11445] dass es so geschehen musste: Die Natur verschmäht nicht, was ihr am besten zupass kommt; darauf richtet sie dann ihr Verlangen, wenn ihr die Furcht beigesellt ist, [11450] denn Schwäche und Genesung der Frau hängen an einem seidenen Faden. Wenn die Natur irgendeine Freude wittert, bringt sie es so weit, dass sie allen fürsorglichen Schutz, jede vorsichtige Behütung hinter sich lässt, [11455] die sie doch eigentlich vor ihrer Schwäche bewahren sollten. Ich lege meine Hand für sie ins Feuer, dass sie niemals auch nur einen Fußbreit von ihrem Standpunkt zu seinem hin abgewichen wäre, wenn er sie nicht dazu gezwungen hätte. [11460] So feierte Gasoein einen Erfolg. Sie schwangen sich auf die Pferde.

Der Artushof trauert um Ginover

Sie ritten beide davon über Feld und Heide, rasch hatten sie [11465] vier französische Meilen zurückgelegt. Den Grafen ließen sie dort hinter sich. Der hatte guten Grund, missmutig zu sein, denn er war schwer verletzt und lag nach Lanzenstich [11470] und Fall tobend

---

101 Abschnittswechsel gegen die Ausgabe wegen Dreireims.

im Gras. Seine Gefährten waren inzwischen alle auf dem Rückweg und beweinten den Tod der reinen Königin aufs Heftigste. [11475] Sie wussten nichts von der Not, die Gotegrin, ihr Herr, litt. Bald hörten sie aber, dass unweit vor ihnen jemand klagte. Sie eilten hin [11480] und dachten bei sich, dass es noch die Königin wäre. Davon wurden sie sehr froh. Als sie zu der Stelle kamen, fanden sie dort ihren Herrn krank [11485] und verwundet auf dem Gras in seinem Schild liegen; aus Ohnmacht war er vornüber niedergesunken. Der restliche Körper ragte in die Höhe, [11490] als wäre er erschlagen. Das beklagten sie sehr heftig und fragten, was ihm geschehen wäre. Er berichtete ihnen ganz genau, dass es Gasoein war, der dies tat, [11495] und dass er ihm außerdem auch die Königin genommen hätte und dass er, Gotegrin, nicht wüsste, wohin er gekommen wäre. Sie vergaßen sich vor Klage, dass sie ihn so alleine gelassen hatten. [11500] Gasoein ließen sie ziehen und dachten nicht eine Sekunde daran, ihn zu verfolgen, weil sie es eilig hatten Gotegrin wegzubringen und sein Leid sie bedrückte. [11505] Schnell wurde er auf eine Bahre gelegt und sie brachten ihn mitsamt diesen Neuigkeiten unter großen Qualen auf die Burg nach Karidol. Inzwischen war König Artus [11510] wieder vom Geleit zurückgekommen. Als man ihm die Neuigkeit erzählte – was geschehen wäre –, wurde das Volk mit jämmerlichster Klage umfangen. [11515] Die Fürsten, die an diesem Tag bei Artus waren, ergingen sich in Klagegesten.

Der ganze Hof [11520] war eine einzige Klage. Alt und Jung beteiligten sich daran, denn Ritter und Damen, [11525] Knappen und Mädchen – alle waren sie gar schmerzlich in diesem Leid befangen. Ihre Freude war zerflossen – wer sich darauf versteht, konnte das deutlich erkennen. [11530] Weinen, Tränen und Schluchzen waren dort wegen dieses unheilvollen Geschehens wohlfeil. Das sah man dort und sonst nichts, wie an Orten, an denen nichts als Leid geschieht: [11535] jammervolle Klage und Brustschläge, großes Weh und fürchterliches Leid, zerrissenes Gewand, zerrauftes Haar, erbleichte Leiber, die ihren Glanz verloren hatten, brechende Herzen, krachende Glieder. [11540] Anstelle des höfischen Betragens der Frauen, anstelle von freudigem Lachen, anstelle von Schnallen und Armreifen wurde die bittere Lauge ihrer Augen so emsig vergeben, dass nichts diesem jämmerlichen [11545] Dasein vergleichbar wäre. Die Freude musste weichen, denn Unfreude und Freudenhass residierten hier gewaltig. Die Griechen klagten bitterlich, [11550] als

Helena mit Paris aus Griechenland schied – deshalb wurde Troja niedergebrannt. Wiewohl all dies reichlich zur Klage Anlass gibt, [11555] weil viele dort ihr Leben verloren, ehe Troja fiel, ist es doch nichts im Vergleich zu dieser Klage hier. Gewiss, wir kennen viele Geschichten, in denen großer Jammer geschah:[102] [11560] als sich Frau Dido wegen Eneas verbrannte und erstach und Herr Tristrant um Frau Isolde willen den Tod wählte, als man Graland kochte [11565] und Iwein den Verstand verlor, weil ihn Frau Laudine verstieß, als Leander ertrank – auch nötigten Medea ihre Gedanken leider dazu, [11570] dass sie ihre Kinder tötete, sodass niemand sie retten konnte – und als die Frauen Totan aus Liebe erdrückten, wie sehr er auch flehte, als Frau Tispe und Herr Piramus [11575] das Leben verloren, als König Theseus in den Tod geschickt wurde, als Eiter und Gift den Krieger Alexander zerbrachen, [11580] als sich Adriachnes voll Jammer mit dem Tod rächte, als der kühne Hercules in einem Hemd verbrannte und Frau Yoles um seinetwillen [11585] tot darnieder lag, die sich und ihm durch ihre Schuld den Todesschlag gab, und als Deydamia aus Leid lebendig ins Grab ging, [11590] als Phyllis sich erhängte und als Myrrha durch den Stachel des Leides zu einem Baum wurde, als sich Daffnes erschlug, auch dass Dirces es so weit brachte, [11595] dass Agamemnon erschlagen wurde, und Thyestes sein eigenes Kind zu essen vorgesetzt wurde, und als die Delphine den Hippolytus in der Meeresflut [11600] zermalmten, wie es seine Stiefmutter eingefädelt hatte, und sie so an ihm rächten. All das gab zu großer Klage Anlass. Aber ich will euch fürwahr sagen: [11605] Dieser Jammer hier, der sie alle gleichermaßen umfing, war noch größer; er verwehrte ihnen jede Freude.

Ginovers Vergewaltigung – Rettung durch Gawein

Gasoein ritt seines Weges. Er war sehr glücklich über den Gang der Dinge. [11610] Sehr oft küsste er sie, weil es ihn sehr danach gelüstete, während er auf dem Weg dahinritt. Er konnte darüber

---

102 Die folgenden Verse listen unglückliche Liebeskonstellationen – meist Liebestode – aus der antiken und mittelalterlichen Literatur. Die meisten der genannten Geschichten sind gut bekannt, einige Anspielungen sind heute nicht mehr verständlich. Für nähere Informationen siehe den Kommentar von Gudrun Felder. Ich verzichte auf eine Kommentierung, weil die Stoßrichtung des Exkurses schon anhand einzelner Exempel evident wird.

verfügen, was ihm von Herzen Freude bereitete – [11615] hingegen verstörte die Unfreude Artus und seine Männer. Sie ritten dahin durch den Tann, bis sie eine Heide erreichten. Hier sollten sie ihr Versprechen brechen:[103] [11620] Sie stiegen sofort ab, denn eine dicht belaubte Traube aus Bäumen umschloss die Heide fest – das ist die Wahrheit –, [11625] sodass der Ort von außen nicht eingesehen werden konnte. Auch drängte ihn die Minne, die all sein Sinnen auf die Königin gerichtet hatte.

Nebenan stand eine schöne Linde, [11630] die viele schöne Zweige weit auf die Heide gestreckt hatte und damit ein schönes Plätzchen der Heide überdachte. Im Schatten dieser schönen Linde [11635] saßen sie ab. Die Pferde band er ein wenig entfernt an die Äste einer Linde, die dafür stark genug waren. Seinen Schild hing er neben sich. [11640] Kriegslust umfing sein Herz, sodass er sich auf ihren Schoß niederließ und seine Hand, so oft er konnte, unter ihr Gewand stieß. Ein jedes Mal aber wies sie seine Hand ab [11645] und bat ihn inständig, dass er sie um Gottes willen mit solchem Unfug verschonte, zumal es für ihn schändlich wäre, wenn er ihren Leib [11650] irgend schändete, wo sie doch noch nicht einmal sein Land erreicht hätten. Damit gemahnte sie ihn seiner Treue und seines Eides und bat ihn, [11655] ihr Leid zu lindern, indem er von solchen Dingen und diesen Unanständigkeiten Abstand nähme. Er aber bat sie flehentlich, dass sie ihm unverzüglich erlauben sollte, [11660] nur ein einziges Mal – mit ihrer Erlaubnis – seine Hände unter ihren Kleidern an ihr Gesäß zu legen; kein größeres Leid wollte er ihr dann zufügen. [11665] Beiden war nach Krieg zumute.

Sie erkannte sehr genau, dass er in Flammen stand wie der lüsternste Mann. Deshalb hätte sie sich gerne mit List vor ihm geschützt, [11670] wenn sie nur irgend könnte. Sie begann, sich mit Händen und mit dem Mund heftig zu wehren. Er hingegen schwor ihr tausendmal Treue und zahllose Eide, [11675] dass er ihr keinerlei Derbheiten mehr antrüge, wenn sie sein Verlangen damit stillte und es ihm gestattete, dass er ihr nacktes Gesäß [11680] angreifen, es berühren dürfte. Dann würde er sie unverzüglich in sein Land geleiten. Ginover wusste nicht, dass eine Burg verloren ist, [11685] wenn ihre Bewohner den Feinden so weit entgegenkommen, dass

---

103 Wohl: dass er sie in sein Land geleitet. Förmlich geschworen wird dies aber, soweit ich sehe, nie, wiewohl Gasoein eigentlich mit Eiden nicht geizt.

sie die Burgtore vor dem Kampf in Frieden aufschließen und diese in der Vorburg einquartieren. In so einem Fall ist der Kampf [11690] beiderseits rasch zu Ende. Die Feinde werden mit erhobenem Banner eindringen. Daran wird die Dummheit der Burgleute offenbar. Friede oder Versöhnung gibt es da nicht. [11695] Ginover aber glaubte, das Beste zu tun. Als er ihr gegenüber so sehr seine Treue beteuerte, gab sie seinem Willen nach und erlaubte, worum er gebeten hatte. Das war der falsche Schritt: [11700] sie wurde unter des Kummers Joch gespannt.

Als sie ihm die Erlaubnis gab und ihm befahl, seinen Willen zu erfüllen, um dann schnell weiterzureiten und nicht länger an dieser Stelle zu verweilen, [11705] fiel er vor Liebe auf die Knie. Sehr schnell ließ er seine Hände unter das Gewand an ihr Gesäß gleiten. Als er ihren Leib spürte, war es um den Frieden geschehen, [11710] denn Minne kroch von Glied zu Glied und setzte ihn ganz in Brand. Ihre Küsse und ihr süßer Körper wussten dieses Feuer gut zu schüren. Dennoch wäre es nicht ihre Schuld, [11715] wenn sie nun hier seine Frau würde. Schließlich hätte er dasselbe getan, wenn sie es ihm nicht erlaubt hätte, wie es halt immer noch geschieht. Nachdem er ihr Gesäß ertastet hatte, [11720] glitt seine Hand an viele Stellen, wo es ihm eben gerade am liebsten war, bis er vor den Palas kam, über den allein Frau Minne herrscht, die dort ihr heimliches Versteck hat.[104] [11725] Dort suchte er nach dem Schloss. In ihrer buschigen Au zerzauste er das Blätterwerk[105], das mit Blüte entsprungen war, denn er drang mit so großer Gewalt heran, [11730] dass er einen guten Teil davon niederriss, wozu einen die Lust eben treibt. Vor dem Tor saß er ab und wollte sie erstürmen. Dank sei Gott! Da konnte [11735] sein Rammbock die Riegel der Befestigungsanlage, womit sie verschlossen war, nicht so leicht zerbrechen, denn sie

---

104 Oder: ›... deren verborgenes Gebirge (scil. der *mons veneris*) dort liegt‹.
105 Das mittelhochdeutsche Wort ist *broz*, das die mittelhochdeutschen Wörterbücher mit ›Knospe, Spross‹ übersetzen (z. B. Lexers Handwörterbuch, Bd. I, Sp. 361). Das passt nicht so recht in den Kontext. Wohl ließe sich die ›Knospe‹ ohne viel Aufhebens metaphorisch deuten, aber warum sollte Gasoein sie zerstören bzw. zerzausen (mittelhochdeutsch *zervüeren*)? Stimmiger ist es daher, *broz* zu lat. *frons* ›Blätterwerk, Laubwerk‹ zu stellen – ein Kollektivum also –, was laut ›Deutschem Wörterbuch‹ s. v. *brosz* (Bd. 2, Sp. 399) durchaus möglich ist. Die aufblühende Knospe auf das männliche Geschlecht zu beziehen, wie Gudrun Felder dies in ihrem ›Krone‹-Kommentar vorschlägt, sehe ich keine Notwendigkeit. Es ist nicht alles männlich, was sprießt.

setzte sich zur Wehr. [11740] Auch hatte sie das, wonach Gasoein kämpfte, so in ihrer Gewalt – weil es für sie ein derartiges Leid bedeutete –, dass sie es ihm eine ganz schöne Weile verweigerte.

Als er auf diese Weise keinen Erfolg hatte, [11745] schwang er sich zwischen ihre Beine und wollte sie so bezwingen. Derweil ritt Herr Gawein im Wald durch den Tann auf einem gut ausgetretenen Weg daher, [11750] der ihn direkt zu ihnen brachte. Damit hätte er nie und nimmer gerechnet, als er von dem Riesen wegritt, nachdem er die Aventiure erbeutet hatte! Er fand ihn, wie er mit ihr rang [11755] und sie gerade bezwingen wollte. Sie weinte heftig darüber. Gawein aber erzeigte ihr seine Tugend. Als er sie weinen sah, wandte er sich zu ihnen hin und sagte: [11760] ›Ritter, was soll diese Gewalt? Wie habt ihr euch jemals derart gegen die Damen erkühnen können, oder wer hat euch solche Unzucht beigebracht, die Frucht dieser Gewalt gegen die Damen zu wenden? [11765] Damit überhäuft ihr euch, sie und das ganze Rittertum mit Schande. Man könnte euch gut und gerne dem Lohenis in seinem Verließ beigesellen.[106] In dieser großen Schmach [11770] seid ihr sein Geselle. In meinem Land müsstet ihr dafür büßen.‹ Diese Worte waren Gasoein außerordentlich zuwider [11775] und er hieß ihn voll des Zorns, doch seines Weges zu ziehen: Worauf wollte er hier warten? Er könnte auf seinen Rat verzichten, und er behauptete, dass es wohl ein Bösewicht gewesen sein musste, [11780] der ihn, Gawein, erzogen hätte, dass er sich so ungebeten daran macht, jemandem Rat zu geben, noch dazu in einer solchen Situation. Dass ihm sein Erzieher das nicht beigebracht [11785] und sich dermaßen an ihm vergangen hatte! Gawein widersprach ihm und sagte: ›Solche Dummheiten braucht ihr einem Ritter nicht zu erzählen! Wer in der Welt seinesgleichen finden will, muss, glaube ich, viele Mühen aufwenden, ehe er fündig wird. Ich hätte gerne Auskunft über die Dame, wer sie sei. Wenn mich meine Augen nicht täuschen, kenne ich sie von früher. Auch ist es nun einmal so, dass ich sie sprechen muss. Solange müsst ihr eure ›Unterredung‹ [11790] um meinetwillen unterbrechen. Wenn sie dann will, reite ich weiter.‹ Gasoein ließ vom Ringen ab.

Ginover schämte sich über alle Maßen. Deshalb nahm sie vorne ihr ganzes [11795] Gewand und verbarg sich darin, damit die Aus-

---

106 Wie Anm. 66.

maße ihrer Schmach vor Gawein geringer schienen. Das ist nicht ihre Art allein; es ist die Art aller Frauen, [11800] und sie glauben, damit ihre Schmach gänzlich zu verbergen. Sie schämte sich vor dem Recken – das hatte er sofort verstanden –, weil er sie hier [11805] mit dem unbekannten Ritter in solchen Schanden gefunden hatte. Er aber wollte sie weder an Freude noch an Ehre kränken, denn das würde sie schlecht aufnehmen [11810] und ginge außerdem gegen seinen Anstand. So ritt er also nur näher zu ihr hin und bat sie, dass sie ihm diesen Vorfall genau erzählte: ob es nach ihrem Willen wäre, [11815] dass der Ritter sie hier bei sich hatte. Da brach die Königin sogleich in bitterliches Weinen aus und entdeckte den ganzen Vorfall, wie es alles geschehen war, [11820] und blieb bei der Wahrheit, ohne etwas auszulassen.

Der Kampf Gawein vs. Gasoein in fünf Teilen

Gawein sagte: ›Wenn die Sache wahr ist, dann seid ganz ohne Sorgen; wenn man von eurer Unschuld erfährt, [11825] gewinne ich euch bestimmt die Gunst des Königs, meines Onkels. Sitzt auf und reitet wieder nach Hause – und wartet nicht länger, bis die Wege enger werden, [11830] wenn sie die Nacht bald so umhüllt, dass wir sie nirgends ausmachen können; dann geschieht es leicht, dass wir im Wald die rechte Spur verlieren [11835] und nicht wissen, wie oder wohin wir uns wenden sollen.‹ Diese Worte verletzten Gasoein de Dragoz. Er sagte: ›Ritter, wäre ich unbewaffnet, [11840] könnte es gut sein, dass ihr mir Madame entführt, ohne dass ihr mit mir kämpfen müsst. Indes, solange mir meine Hände zu Hilfe taugen [11845] und der Tod mein Leben nicht beendet hat, wurde nie so viel für eine Frau aufs Spiel gesetzt, wie ich tun werde. Dass ihr auf die Idee gekommen seid, [11850] sie in meiner Gegenwart zu entführen, würde mir vielleicht Sorgen machen, wenn ihr zu viert wärt.[107] So sieht's aus, Ritter.‹

›Damit weiß ich nichts anzufangen‹, [11855] sagte Gawein, ›aber ich will sehen, wozu ich es hier bringe, und zwar hier und auf der Stelle. Wohl auf denn, euch ist der Kampf angesagt! Einer von uns wird sich der [11860] Sicherheit entschlagen müssen.‹ Gasoein

---

107 Oder: ›... zu entführen, würde mich sogar dann bekümmern (und ich würde mich dagegen wehren), wenn ihr zu viert wärt.‹

kam hoch zu Pferd. Sein Herz wütete in seinem Innern mit großem Unmut gegen seinen Kampfpartner, [11865] und er bewegte sich im Sattel hin und her und brachte seine Lanze in Anschlag, weil er Gawein gerne schaden wollte und ihn der Hass gegen ihn drängte. [11870] Dasselbe fand er auf der anderen Seite. Nun sind sie beide mit gleichem Zorn auf den Kampfplatz gekommen. Hier wurden Lanzen und Sporen auf Pferden und Schilden [11875] mit schnellen, großherzigen Stichen gleichmäßig verteilt, dass die Lanzen nicht heil blieben, weil sie sie gründlich zerbrachen. Sie stachen sich bei der Tjost [11880] mit den Lanzen durch die Schilde, dass sie bis auf den Kern völlig zerbrachen und zersprangen. Sogleich wurden die Schwerter aus den Scheiden geschwungen. [11885] Damit wurden ihnen beiden viele bittere Schläge geschlagen. Wenn nicht Schilde, Rüstungen und der Schutz der Saelde die beiden geschont hätten, [11890] hätte es nicht lange gedauert, denn beider Schwerter verlangten gierig nach dem anderen.

Streit und Kampf wurden von beider Hochmut [11895] immer wieder auf vielfältige Weise neu angefacht, denn Hass und Neid herrschten dort unter ihnen. So trugen sie beide dazu bei, dass dieser ritterliche Kampf bitter wurde. [11900] Nie hatte es einen so dichten Hagelschauer gegeben, wie die Feuerblitze von ihren Schwertern aufstoben, wo sie auf die Helme klangen [11905] und die Schilde zerhauten, bis sie es so weit brachten, dass die Schilde in so kleinen Splittern auf die Erde fielen, dass beiden vor der Hand [11910] nicht mehr als das Schildband blieb; so sehr waren sie zerschlagen. Danach konnte man sie die Schwerter zweihändig führen sehen. Sie rannten gegeneinander [11915] und hieben ohne Schutz aufeinander ein. Da wurden tapfer so viele Schläge und Stiche aufgewendet, dass mich wundernimmt, was sie am Leben hielt. Beide empfingen [11920] dabei jeweils drei breite, tiefe Wunden, dass das Blut in kräftigen Wellen grimmiglich daraus hervorbrach und wie ein Bach zu strömen begann. [11925] Das raubte ihnen Kraft.

Sie suchten nach Ruhe, um sich ein Weilchen ihrer Wunden anzunehmen, so gut es eben ging, bis sie wieder besser zu dem [11930] anstrengenden ritterlichen Kampf fähig waren und sie einen Teil ihrer Kräfte wiedergewonnen hatten. Ginover hätte da den Hass sehr gerne geschlichtet [11935] und in der Sache Frieden gestiftet, als sie ihre Entschlossenheit wahrnahm. Doch was sie auch bat oder sprach, es nützte nichts: Beide stürmten erneut [11940] aufeinander los. Beide schlugen sie hier so viele bittere Schläge, bis die Pferde sie aus Müdigkeit[108] schon nicht mehr tragen konnten. [11945] Sie aber kämpften weiter, bis sie auf die Erde niedersanken, denn die Kraft hatte sie im Stich gelassen. Das hatten sie davon.

Nun standen sie auf den Füßen. [11950] Hasserfüllt und ungestüm verlangten sie mit den Schwertern nach einander. Wo sie konnten, schlugen sie einander [11955] sehr viele breite Wunden. Sie gönnten einander nichts und schonten sich wenig. So lange trieben sie das, bis Gawein dem Kämpfer [11960] sein Schwert aus der Hand schlug, dass es auf die Heide hinschoss und sich wie eine Sichel bog. Das tat Gasoein sehr leid. Er lief auf die Heide [11965] und begann, sein Schwert zu suchen. Nun verlangte es Gawein nicht danach, ihn zu erschlagen, da er unbewaffnet war. Er hätte es leicht tun können. [11970] Nachdem Gasoein sein Schwert wiedergewonnen hatte, lief er wieder gegen Gawein. Erneut erhob sich unter ihnen beiden eine so mörderische Schlacht, dass sie beide vor Müdigkeit und [11975] Ohnmacht auf dem Kampfplatz in ihren Rüstungen hinsanken, als wären sie beide tot, denn ihre Leiber wurden ihnen schwer und sie konnten nicht länger standhalten. [11980] Deshalb konnten sie nichts dagegen tun. So lagen sie sehr lange, weil sie der Kummer zwang, ehe sie wieder zu Sinnen kamen. Als sie ihre Kräfte wieder [11985] teilweise zurückgewannen, gaben sie sich erneut in die Obhut des Heils und erfreuten sich ihrer Kräfte.

Sie schwangen sich von der Erde auf und sprangen wieder wie zuvor [11990] zu den Schwertern, wiewohl sie beide Schmerzen litten und stark verwundet waren. Gasoein wandte sich seinem Pferd zu und wollte aufsitzen. [11995] Da zeigte die Müdigkeit an ihm, was sie zu tun imstande war: Als er sich darauf schwingen wollte, stürzte er so heftig, [12000] dass er sich, völlig entkräftet, die Erde als Ruhestatt auswählte. Gawein schaufelte an seinem eigenen Grab: Er hob Gasoein wieder auf, weil es ihm, Gawein, sehr zusetzte, [12005] dass Gasoein so entkräftet darnieder lag und sich ihm dennoch nicht ergeben wollte. Sowie dies geschehen war, verließ ihn diese schmerzvolle Fessel. Dass er bei diesem ritterlichen Kampf [12010] an der Aventiure scheiterte, das kam – wie mich die Geschichte lehrt – dem Pferd in der Tat sehr teuer zu stehen. Dem schlug er

---

108 Ob das die Müdigkeit der Kämpfer (realistisch) oder der Pferde (hyperbolisch) ist, bleibt offen.

nämlich den Kopf ab [12015] und sagte: ›Das sei dein Lohn dafür, dass ich hier vor meiner Geliebten von dir zu Boden gestürzt bin. Du trägst mich keinen Schritt mehr. Das ist deine gerechte Strafe dafür, [12020] dass ich so schwach werden konnte. Du wirst der Erde überantwortet, egal wie es mir noch ergehen wird.‹ Gawein erzeigte seinem Gegner hier aufrichtige Verbundenheit. Als er sah, [12025] wie Gasoein sich an seinem Pferd rächte, nahm er hasserfüllt sein Schwert und tat dem seinen das gleiche. Das tat er in der Hoffnung auf den Ruhm, wenn er dieselben Vor- und Nachteile [12030] wie sein Gegenüber haben würde. In jeder anderen Situation wäre es ungehörig gewesen, sein Pferd auf solche Weise zu erschlagen.

Als sie, wie mir scheint, auf die Pferde verzichten mussten, [12035] hatten sie doch keinen Frieden. Wer von ihnen am Leben bliebe, musste zu Fuß nach Hause gehen. Nun erhoben die beiden abermals ihre vorherige Arbeit. [12040] Davon mussten ihnen Kraft und Fleisch ermatten und schwinden. Bald konnte man sie wieder auf dem Kampfplatz liegen sehen. Sie hatten so viel [12045] Kraft und Blut verloren, dass sie, wiewohl sie noch voller Mut waren, von diesen beiden gänzlich geschieden waren, [12050] der Kraft und des Blutes wahrhaftig nackt und bar. Sie stellten einander mit Stichen nach, während sie voreinander zurückwichen. [12055] Beide waren sie vor Müdigkeit so schwach, dass sie gegen ihren Willen auf ihre Schwerter stürzten, wovon Schwerter samt Scheiden unter ihnen zerbrachen. [12060] Kraft und Verstand hatten sie längst verlassen.

Als die Königin sah, wie schlimm es um sie stand, band sie ihnen die Helme ab. [12065] Als sie ihre Ohnmacht erkannte, lief sie los, Wasser zu suchen, um ihnen Linderung zu verschaffen. Es dauerte nicht lange, dass sie ein Gewässer gefunden hatte, [12070] das keine Meile entfernt war. Sie tunkte ihre Ärmel gut zur Hälfte hinein, denn sie konnte es nicht mit der Hand fassen oder einschließen [12075] und fürchtete, das sie es dann vergießen würde. Damit besprengte sie ihre Gesichter. Das nützte ihnen insofern, als sie sich davon erholten und wieder zu Kräften kamen. [12080] Ginover begann, sie beide anzuflehen und zu bitten, so gut sie es verstand, dass sie beide um ihretwillen in guter Sitte vom Streit abließen. [12085] Es sollte die beiden doch eigentlich verdrießen, denn hier war kein Ansehen zu gewinnen! Auch behauptete sie, dass dieser Kampf niemals Ruhm eintragen könnte. Man würde sie höchstens dafür schelten, [12090] wo immer man davon hörte, und die schwere Bürde beäugen, die sie hier auf sich luden: Sie liefen Gefahr, sich einen Schaden einzuhandeln, der sich nicht einfach wieder abwaschen ließ. [12095]

Die beiden schwiegen und schielten auf ihre Schwerter, die dort zerbrochen herumlagen. Das rächte sich an ihnen. Sie liefen aufeinander los [12100] und packten sich mit den Armen, um miteinander zu ringen, sich ineinander zu verheddern und sich mit den Füßen zu verschränken. Beide erzeugten sie mit dem Brustkorb enormen Druck [12105] und vollführten viele ›französische‹ Stöße. Dieser stand, jener bog sich, jener riss, dieser wankte, dieser machte sich schwer, jener senkte sich, jener auf-, dieser abwärts, [12110] der hierhin, der dorthin, dieser so, jener so. Der riss diesen da mal am Gürtel, mal daneben, mal ruckartig, mal mit permanentem Druck, [12115] mal oben, mal unten, mal gemeinsam, mal einzeln, mal hier, mal dort – beide waren einander gleich viele Bewegungen vergönnt. [12120] Dieser schwang jenen hin, der folgte ihm gerne nach. Dazu hatte es wiederum dieser eilig. Inzwischen schonte sich jener, bis dieser sehr müde wurde. [12125] So erhob sich abermals ein neuer Kampf. Dieser zwang sich unter jenen, darauf erhob der sich, dann machte sich jener schwer, dieser hin, jener her, einer ermattete, der andere baute Spannung auf. [12130] Einer richtete die Sinne auf den anderen, so gut er konnte. Zuletzt jedoch gönnte Frau Saelde dem Gawein, bei diesem Ringkampf Erfolg zu haben. [12135] Er rang Gasoein zu Boden. Anders konnte es nicht sein, wo Frau Saelde einmal an ihn gedacht hatte. Die Müdigkeit machte ihnen aber beiden zu schaffen und sie verloren das Bewusstsein. [12140]

Sie waren mit Müdigkeit so gesättigt, dass sie, auf dem Kampfplatz liegend, beide einschliefen. Ginover lief weinend zu ihnen hin, wie sie dort lagen. [12145] Es ging ihr sehr nahe und bedrückte sie außerordentlich. Sie glaubte, dass die beiden ganz bestimmt tot wären. Wegen dieses Unglücks [12150] erhob sie immerfort ihre Hände zu Gott. Währenddessen träumte Gawein in dieser schlimmen Not, wie er eines Morgens sehr früh [12155] von Karliun nach Afluo in den Wald geritten war. Da begegnete ihm ein Wildschwein, das sich auf Nahrungssuche befand, und attackierte ihn. [12160] Das brachte ihn in große Not, weil es ihm mit einem scharfen Zahn viele Wunden schnitt, bis er es mit seinem Spieß durchschoss, dass es tot darnieder lag. [12165] Er erschrak über die Not, die er im Traum erlitten hatte. Derweil war er vom Blutschweiß völlig ausgetrocknet. Schnell begriff er, [12170] dass sein erfolgreicher Eberkampf ein Traum gewesen war. Sobald er vom Traum erwachte, lachte er und stand sofort auf. [12175]

Ginover redete auf ihn ein, dass er mit ihr davonreiten und den schlafenden Gasoein dort auf dem Sand liegen lassen sollte. Das könnte er ruhig tun. [12180] Wozu bräuchte er noch mehr Sühne? Doch Gawein missfielen diese Worte und er sagte, dass er lieber erschlagen werden wollte, als dies zu tun. Auch sollte sie ihre Ratschläge sein lassen [12185] und sie niemals mehr vorbringen, denn sie wären unpassend und es wäre eine große Schande, wenn er den Ritter dort auf dem Sand schlafen ließe. [12190] Die ganze Welt würde ihn mit Recht verdammen und verfluchen. Er sagte: ›Ich will lieber überlegen, ob ich einen Weg finden kann, dass ich ihn oder er mich [12195] besiegen könnte.‹ Er verschwand im Tann und suchte da alles Mögliche. Nun hatten aber Frost und Eis die Äste auf dem Boden festfrieren lassen, [12200] dass sie so hart waren, dass er, was immer er dort fand, unmöglich mit den Händen aus der Erde reißen konnte. Wie er nun so herumsuchte, [12205] fand er nichts, das ihm hätte nützen können – nur zwei Lanzenstücke, sonst nichts. Wer dringend eine Waffe braucht, ist nicht heikel. [12210]

Er machte sich rasch auf den Rückweg und ging aus dem Wald zu seinem Kampfpartner, der noch dem Schlaf frönte. Gawein weckte ihn süß [12215] und gab diesem Recken das bessere Stück an die Hand. Als der das Stück spürte, seufzte er tief und sagte: ›Dank sei dem, der meinen Schlaf störte, [12220] denn ich befand mich in großen Ängsten. Mir schien, ich träumte, wie ich mit der Königin in einem schönen Kahn zu Garadigas auf dem großen Fluss gewesen wäre. [12225] Dann schien mir, dass uns ein großes Unwetter heimsuchte, vor dem ich mich zunächst unter dem ersten Verdeck verbarg, bis es ruhiger würde. [12230] Das war völlig vergebens. Der Schutz, den ich gewählt hatte, konnte mir nichts nützen. Wir näherten uns immer mehr einem Felsen, gegen den der Kahn schließlich getrieben wurde, [12235] wobei er auseinander brach. Dort ging ich unter und ertrank. Die Königin schwang sich nach oben und schaffte es auf den Felsen hinauf.‹ Da sagte Monsieur Gawein: [12240] ›Ich höre aus eurem Traum deutlich heraus, dass ich euch besiegen werde.‹ ›Nein‹, sagte er, ›es bedeutet vielmehr, dass ich euch zeigen werde, was ich noch alles zu vollbringen imstande bin.‹ [12245] Gasoein schwang das Lanzenstück und lief damit auf Gawein los. Mir scheint, er wartete nicht lange, bis er auf seinen Gefährten einschlug. Damit wollte er ihn zu Fall bringen. [12250] Gawein vergalt ihm diese Absicht: Er zerbeulte ihm den Kopf ziemlich, bis ihm sein Lanzenstück zerbrach. Da bezwang sie abermals die Last der Müdigkeit, dass sie sich beide setzen mussten. [12255] Der Schweiß brach aus ihnen hervor und sie verloren das Bewusstsein.

Wieder ging die Königin zu ihnen. Sie wischte sie mit ihren Ärmeln überall ab, wo Blut an ihnen klebte, [12260] und beweinte ihr streitlustiges Gemüt in großem Leid, denn das Blut strömte so heftig aus ihren Wunden, dass Anger und Weg [12265] überall damit besprengt waren. Das war es, was ihr die Freude nahm. Nachdem die beiden so lange gesessen waren, bis Ohnmacht und Schmerz sie verlassen hatten, [12270] wollten sie, wie zuvor, wieder miteinander kämpfen. Da bat die weinende Königin die beiden geistesgegenwärtig, dass sie den Kampf aufschieben sollten, [12275] bis sie wieder gesund wären. Selbst waren sie ja so stark verwundet, dass sie gar nicht auf die Idee kamen damit aufzuhören. Auch erinnerte Ginover die beiden daran, [12280] dass Alexander, der kühne Mann, den Porus einst verschonte, als der bei der Tjost sein Pferd verloren hatte, bis ihm ein anderes gebracht worden war. Sie sagte: ›Ihr verhaltet euch wie zwei Hofhunde, [12285] die sich wegen eines Knochens zerfleischen! Was nützt euch denn dieser verzagte Kampf, in dem ihr steckt, wenn er euch doch nur wenig Ruhm einträgt?‹ [12290]

Darauf antwortete Gasoein: ›Wir könnten darin übereinkommen, dass ich diesem Rat folge.‹ Sowie er das gesagt hatte, stürzte er zu Boden: [12295] Schuld war die Ohnmacht. Aus demselben Grund schwand auch Gawein die Kraft, sodass er als aufrichtiger Gefährte dem Ritter den Sturz vergalt und ihn die gleiche Schwäche [12300] vor Schmerz niederwarf. Als sie nun beide wieder zu sich gekommen waren, sagte Gawein: ›Guter Ritter, ich sehe wohl, dass euch die Schwäche fast den Tod bringt. [12305] Wenn ihr auf euer Leben Acht geben wollt, so kommt mit mir nach Karidol; dort ist es für mich leicht einzurichten, dass ihr von eurem Schmerz befreit werdet – allerdings unter der Bedingung, dass ihr schwört [12310] und Sicherheit gebt, dass alles das, was ihr hier gegen Madame gesagt habt, eine Lüge sei und dass sie von euch jetzt und für immer unbehelligt bleibe.‹ [12315]

Gasoein sagte: ›Das wäre zuviel verlangt. Ich sage euch, was ich tun werde: Ich will, dass ihr hier bleibt und mir ungehindert das Pferd und Madame überlasst. [12320] Wenn das geschehen kann, dann mögen euch eure Worte verziehen sein, und ihr solltet mir dafür danken, dass ich euch leben lasse, denn ich hätte euch doch erschlagen.‹ [12325] Gawein sprach mit feinem Anstand: ›Ich sehe wohl, Herr Ritter, dass euer Befinden miserabel ist. Ich will euch gerne für das, was ihr mir Gutes tut, danken. [12330] Ihr habt jedoch wegen des Blutverlusts und wegen der großen Wunden, die euch nicht verbunden sind, eure Kraft meistenteils vergessen. Ihr würdet euer Leben ziemlich rasch [12335] verlieren, wenn ihr mir nicht glaubt. Es bedeutet euch wohl rein gar nichts, wenn ihr sterben müsst. Ich will mich aufrichtig mit euch um einen Weg bemühen, [12340] durch den euer Ansehen sich nicht im Geringsten verringern wird. Damit werde ich euch das Leben erhalten und retten. Ich will euch ritterliche Treue schwören. [12345] Kommt mit mir nach Karidol! Dort werde ich so gut für euch sorgen, dass ihr rasch gesund werdet, dessen seid euch sicher. Sobald ihr gesund werdet [12350] und mir den Tag nennt, verschaffe ich euch ein Pferd und eine Rüstung und bringe auch Madame, die Königin, wieder zu dieser Stelle her, und wenn ihr sie gewinnt, [12355] werdet ihr auch ihre Liebe genießen.‹

Heimkehr nach Karidol und Hoffest

Als der Ritter diese Worte hörte, gefielen sie seinem Herzen sehr gut, und er sagte: ›Darauf möchte ich von euch und auch von Madame [12360] Sicherheit und Eid bekommen; ihr will ich gerne vertrauen, dass sie es nie brechen wird, und nun will ich euch gerne folgen, doch ihr sollt Folgendes wissen: [12365] Ich hätte mich eher am ganzen Leib zerreißen lassen, als dass ich jemals dorthin gekommen wäre, wäre der Schwur nicht ergangen, den ihr, Herrin, mir gegeben habt.‹ [12370] Damit ließ er es gut sein. Sogleich band Herr Gawein das Pferd von der Linde los, wo es an einem Ast festhing, sattelte es und setzte den Ritter darauf. [12375] Ginover schlüpfte aus ihrem Mantel und hüllte den Ritter darin ein. Gawein setzte auch die Königin hinter ihn, damit sie ihn vor der Kälte schützte und ihn festhielte, [12380] weil er vor Schwäche kaum noch über seine Kraft verfügte. Gawein ging voran und führte sie.

Als er zwei Meilen voran gegangen war, überfiel ihn eine starke Müdigkeit, [12385] weil er in Waffen einherschritt; das kam von den Schmerzen der Wunden. Er ersuchte die Königin, eine Zeit lang zu Fuß zu gehen, weil er müde war und auf allen Vieren [12390] am Boden im Schnee kroch.

Sobald er sie darum gebeten hatte, stieg sie unverzüglich ab und setzte ihn hinter Gasoein; sie ging neben den beiden einher [12395] und kümmerte sich um den Zaum. Nun war sie kaum eine Meile gegangen, da hatte sie die Müdigkeit bereits erfasst und sie lag darnieder. [12400] Die ganze Nacht lang bis zum Tagesanbruch mussten Gawein und die Königin die Mühsal ertragen: Wenn einer von ihnen reiten wollte, so musste der andere warten, [12405] bis dieser wieder ausgeruht war. Als nun der Tag anbrach, waren sie schon so nahe, dass sie Karidol sehen konnten. Darüber freuten sie sich sehr, [12410] denn der Ritter von Dragoz hatte so viel Blut verloren, dass er kaum aus dem Sattel zu bringen war, in dem er saß; sie mussten sich bemühen ihm herabzuhelfen. [12415] Sie hoben ihn auf die Erde. Sie wuschen und schrubbten Pferd und Reitzeug. Mit viel Mühe wurde er vom Blut gereinigt. [12420] Weil die Burg schon so nahe war, kam ihnen die Idee, zu dritt – die Königin und die beiden Männer – auf das Pferd aufzusitzen und weiter [12425] bis auf Schloss Karidol zu reiten. Bald kamen sie zur Klause, wo ihnen ein schönes Mädchen begegnete. Die war vom Schloss herabgeritten und klagte und weinte. [12430] Sie glaubte wahrhaftig, sie hätte ihre Herrin verloren; und sie wollte sich dem Tod ergeben oder auf immer weiter reiten – was sie dabei auch erleiden müsste –, [12435] wenn sie ihre geliebte Herrin nicht finden könnte. Sie hatte nicht darauf hoffen können, dass sie ihre Herrin dort sehen würde.

Als nun das Mädchen ihre Herrin erblickte, grüßte sie liebevoll [12440] und kehrte zum Schloss zurück, wo sie König Artus sitzend und klagend vorfand. ›Herr, ich will euch Neuigkeiten berichten,‹ sagte sie, ›die ich gehört habe. [12445] Ihr werdet mich für diese neue Nachricht herzlich empfangen. Lasst euren Kummer sein und schlagt den Pfad der Freude ein: Madame und euer Neffe, [12450] Herr Gawein, sind in der Stadt; bei sich haben sie Gasoein, verwundet und gefangen. Wie es ihnen ergangen ist, das weiß ich nicht, [12455] doch habe ich genau gesehen, dass sie beide schwer verwundet sind, wer immer das getan hat; alle drei reiten sie auf nur einem Pferd, weiß wie Schnee.‹ [12460] Als Artus diese Botschaft hörte, schwamm sein Herz in solcher Freude, dass kaum einer sie in Worte fassen könnte. Die Liebe machte, dass er keine Sekunde zögerte. Er ging zum Burgtor, [12465] vor dem er viele Ritter fand, denen Kay die Neuigkeiten erzählte, wie das Mädchen sie auch ihm erzählt hatte. Die Königin ritt zur Brücke.

Da erhob sich große Freude. [12470] Ginover ließ den Ritter von Dragoz und danach Gawein, ihren Neffen, herunterheben. Herr Kay hob Ginover herunter und sagte: ›Das ist eine reiche Beute, [12475] die Madame da gebracht hat, dass sie nackt, ohne Rüstung, zwei Ritter besiegt hat. Ihr ist gelungen, was Monsieur misslang, [12480] der diesem Fremdling im Feld um ihretwillen nicht entgegentreten wollte. Sie aber hat es für ihn getan und hat den Fremdling mannhaft zunichte gemacht. Ihr Herz ist furchtlos, [12485] sie verdient wegen ihrer Mannheit mit Recht einen Platz an der Tafelrunde. Sie hat wahrlich gut gejagt, dass sie ganz alleine seit gestern [12490] Gotegrin und Auguintester[109] und diese beiden durch Tjost in prachtvoller Aventiure ritterlich bezwungen hat. Zwei Recken wären da beinahe [12495] an einer seichten Wunde zugrunde gegangen, wie sie ihr wenig schaden könnte, wenn sie nur ein wenig weiter unten wäre.‹ Über diese Rede begannen sie alle [12500] heftig und laut zu lachen, außer Artus; der wurde darüber zornig. Für die beiden wurde ein Raum ausgesucht, wo man ihnen ihre Wunden verbinden sollte. Man ließ nach einem Arzt suchen, [12505] der sich darauf verstand.

Es wurde ihnen ein Platz in einem prächtigen Palas zugewiesen, der oberhalb eines Gewässers lag und an dem die Luft gesund war; [12510] auch wurden zwei gute Ärzte, wie es nirgends bessere geben konnte, aus Montaillire herbeigeschafft, die ihre Patienten im Auge hatten[110] [12515] und nach solchen Speisen trachteten, die die beiden Kranken weder drückten noch blähten, die auch nicht schwer im Magen lägen und nicht abführend wirkten, am Anfang leichte, [12520] danach festere Speisen, die ihre Körper von übermäßiger Luft entleeren konnten, jedoch nur in dem Maße, dass sie nicht von Kräften kämen, [12525] wie es einem Kranken leicht passiert; weder zu süße noch zu saure Speisen gab es, damit das Süße

---

109 Wer das sein soll, ist völlig unklar. Denkbar wäre ein Defekt der Überlieferung; dann könnte es – mit *von* für handschriftliches *vnd* – ›Gotegrin von Auguintester‹ sein.

110 Oder: ›... die sich um ihre Diäten kümmerten ...‹.

und das Saure nicht ihre Natur vermischten, bevor die Kranken es vertragen könnten. [12530] So lagen sie das ganze Jahr darnieder, krank und schwach, just bis zu jenem Fest zu Pfingsten, das der Mai bringt, sodass sie also nur mit Mühe gesund wurden [12535] und dann doch bis auf die Narben fast ganz geheilt waren. Lediglich Gaweins Wunden eiterten innen: sie hatten trotz der Salbe [12540] nach innen zu nicht zusammenwachsen können, weil er sich bei jener Anstrengung übernommen hatte, als er zu Fuß gegangen war und seinen Kampfgefährten hatte reiten lassen. Das gereichte ihm hier nun zum Schaden. [12545]

Der Ritter war ganz gesundet. Ehe noch der Hoftag stattfinden sollte, ging er zum König, neben dem Karidohrebaz saß. Er stand vor Artus und sagte: [12550] ›Artus, ich habe hier eine so herrliche Pflege erhalten, dass ich nie eine bessere hatte. Dafür sei euch gedankt, denn mich bedrückte große Not. [12555] Nun hört, was ich sagen will; nichts werde ich verheimlichen, weder Wahrheiten noch Lügen. Ich hatte mit Gawein wegen Madame – eurer Frau – [12560] eine Frist gesetzt bis zu jenem Tag, an dem wir beide wieder gesund wären; so hatte ich es ihm kundgetan. Wenn ich siegte, sollte ich [12565] lieben, ohne dass man mir Rechtsbruch vorwürfe. Nun würde ich sehr gerne eure Huld gewinnen, da ich sie ohne ihr Zutun mit Worten verleumdet [12570] und euch völlig hintergangen habe. Das sollt ihr mir vergeben. Ich will hinfort meinen Besitz und mein Leben immerzu und aufrichtig unter euer [12575] Gebot stellen, König Artus. Wenn ihr befehlt, bleibe ich hier bei Hofe Gefolgsmann, und ich will im Kerker bis an jenen Tag büßen, [12580] an dem ich eure Huld und die meiner vielgeliebten Herrin erlangen kann. All das wird sich bald zeigen, wenn ihr es durch eure Huld erlaubt.‹

Artus vergab ihm die Missetat, [12585] wie ihm seine Gefährten geraten hatten. Dasselbe tat auch die Königin um seiner und der Ritter willen, die für ihn eintraten; sie verlieh ihm die Mitgliedschaft am Hofe. Nun erhob sich überall unter dem Gefolge [12590] eine enorme Freude. Die Nachricht und der Lärm pflanzten sich bis zu jenem Ort fort, wo Gawein wohlbehütet[111] lag. Es war für ihn ein Freudentag und eine freudige Nachricht, [12595] sodass er endlich all seinen Kummer vergaß, denn er kannte den Ritter – auch seine

---

111 Oder: ›der kranke Gawein‹.

Kraft und seine Stärke – besser als alle seine Gefährten: [12600] Deshalb freute er sich so für ihn. Nach dem Brauch des Königs wurde ein Hoftag angesetzt und auf den Pfingsttag gelegt, so wie es sich Herr Gawein gewünscht hatte. [12605] Die Burg und die Stadt füllten sich so sehr mit Gästen, dass alle auf dem Feld Herberge nehmen mussten. Das geschah ganz nach seinem Willen. [12610] Da gab es viel Freude. Nun will ich jene Geschichte fortsetzen, von der ich zuvor erzählt habe: Sgoydamur, das schöne Mädchen, die von der schönen Amurfina [12615] mit Gewalt aus Land und Herrschaft vertrieben worden war – sie war nun über Feld und Wald geritten, hatte den ganzen harten Winter lang die Lande durchstreift, [12620] voll Mühe und immer auf der Suche, und sie hatte ihr Leben in der Hoffnung aufs Spiel gesetzt, dass ihr Artus ihr Land erlöste, wen immer unter seinen Rittern sie sich dazu erbitten würde. [12625] Sie kannte ihn als so standhaft, dass er das unverzüglich tun würde.

Das Maultier ohne Zaumzeug

Sgoydamurs Hilfegesuch

Nun, am Morgen des Pfingsttages, geriet das Gesinde in Sorge und fing an, nach Aventiure zu verlangen, [12630] und die geschätzten Gäste forderten, dass sich eine solche ereignen möge. Das war kurz vor dem Essen, und der König und all seine Gäste saßen [12635] in einem Saal, der zum Wald hin ging, damit sie ihren Blick über die weite Heide schweifen lassen konnten, alles in der Hoffnung auf Aventiure. Schaut hin, wo das schöne Mädchen [12640] Sgoydamur herbeiritt! Der König freute sich sehr darüber, als er sie herbeireiten sah. Sogleich sagte er zu seinen Gefährten: ›Hier kommt uns eine Aventiure.‹ [12645] Das Gefolge, wer immer in der Stadt war, lief und rannte aus dem Palas vor das Tor. Inzwischen war auch das Mädchen angekommen. Ginover, die Königin, hatte die Nachricht gehört: [12650] Sie kam mit ihren Damen, einer herrlichen Schar, dorthin, um sie zu sehen. Der Hofstaat, der der Jungfrau vor das Tor hinaus entgegengegangen war, [12655] empfing sie höflich. Dafür sagte sie ihnen allen Dank. Ihr Zelter, den sie auf dem Weg zum Hofe ritt, war ein weißes Maultier. Ihr Reitzeug war passgenau geschnitten, [12660] mit Gold schön durchschossen, nur eines bereitete ihr Verdruss: dass sie ohne Zaumzeug kam. Ihr Körper war wert des Lobes, wäre er auf Freude gerichtet gewesen. [12665] Sie aber hatte sich einer bitteren Trauer bemächtigt.

Sie ging dorthin, wo der König saß, und, obwohl sie ohne Freude war, verneigte sie sich freundlich vor ihm. [12670] Sie sagte: ›Die mächtige Krone, die über Himmel und Erde Gewalt hat, in deren großer Macht alles liegt, die möge euch, erhabener König, Leben, Besitz und Ehre [12675] beschirmen und erhalten, auf dass ihr immer über die Freude der herrlichen Welt verfügen mögt; und wer euch das missgönnt, dem soll solches Leid widerfahren, [12680] wie es mir armem Mädchen von meiner Schwester widerfahren ist. Daher suche ich Rat und Rettung bei euch und eurem Gefolge und hoffe, dass ich hier jemanden finden kann, [12685] der mir in solcher Not ein treuer Kämpfer ist; dem wollte ich mich anbieten und seine Kampfesmühe mit meiner Liebe abgelten, [12690] wenn er mir mein Zaumzeug wiedergewinnt, das ich verloren und weswegen ich aller Freude abgeschworen habe. Allerdings wird es ihm eine strenge

Fessel sein, wenn er es wiedergewinnen soll, [12695] es sei denn, er ist sehr tapfer. Mag sein, dass ihn die Kraft verlässt, ehe er es erkämpft hat; dennoch soll niemand davor zurückschrecken, denn ich biete meinem Kämpfer sehr reichen Lohn. [12700]

Darüber hinaus will ich euch daher doch sagen, dass man die Aventiure sehr wohl erbeuten kann. Wenn jemand hier wäre, der aus Liebe zu mir diese Fahrt auf sich nähme, [12705] so würde ich ihm bei dieser Gefahr Hilfe nicht vorenthalten; ich wollte ihm sogleich mein Maultier borgen, das zu dieser Reise bestens taugt und das ihn, ohne sich einmal [12710] umzuwenden, zu einem Schloss führt, wo das Zaumzeug zu finden ist.‹ Dem Mädchen am nächsten stand der Truchsess, Monsieur Kay. Der hatte ihre Bitte genau gehört. [12715] Er sagte: ›Da ihr, Herrin, aus solchem Grund hergekommen seid, soll Monsieur bei diesem Fest doch dienen, wer will; selbst wenn das Zaumzeug in der Hölle wäre, [12720] würde mich das nicht davon abhalten, mich für eure Liebe, Madame, dort zu versuchen; aber lasst euer Weinen sein. Ich will dorthin, wählt mich!‹ [12725] Sie sagte: ›Herr, das tue ich. Sobald ich mein Zaumzeug habe, wisst, dass ich euch dann all eure Wünsche erfülle, wie es denn auch meine Pflicht ist.‹ [12730] Noch verweigerte sie ihm den Kuss. Er nahm nichts als sein Schwert und wagte – da sie es ihm versagt hatte – nichts weiter von ihr zu verlangen. [12735] Er nahm Abschied von der Guten und ritt aus Scham darüber, dass sie ihm eine Absage erteilt hatte, los; nicht länger wollte er warten.

Kays Fehlversuch

Als er nun auf dem Maultier saß, [12740] verbot ihm Sgoydamur, das Maultier irgendwie zu lenken, weder zu Wasser noch zu Land, egal wohin es sich wenden wollte. Danach begann sie noch mehr [12745] zu weinen und zu klagen und sagte vor dem ganzen Hof, sie wüsste genau: die Aufgabe sei für den Truchsess zu gewaltig und [12750] er würde mit leeren Händen wiederkommen. Herr Kay machte sich auf den Weg und tat, wie ihm das Mädchen geheißen: Er ließ das Maultier seinen Weg gehen. Bald kam er zu einem dunklen Wald, [12755] durch den er reiten musste. Dort hatte sich das Getier auf seinem Weg von weither zu einem Lager zusammengerottet, Leoparden und Löwen [12760] mit aufgesperrtem Kiefer, genau dort, wo er durchreiten musste, sodass das Maultier auf seinem

Weg einen sehr schmalen Durchgang wählte, der mitten durch sie hindurchführte. [12765] Deshalb fürchtete sich der Truchsess sehr. Die Tiere erwiesen dem Maultier wegen dessen Herrin die Ehre, dass sie sich vorne tief hinunter auf die Knie beugten [12770] und ihren wilden Grimm sein ließen, denn sie kannten das Maultier gut. Sogleich nahm das Maultier seinen Weg auf einem schmalen und schlecht begehbaren Steig, [12775] der sie beide aus dem Wald hinausführte.

Den Weg konnte es leicht gehen, weil es ihn schon oft genommen hatte. Es gelangte in ein tiefes Tal, das nach innen zu [12780] so finster und schrecklich war, dass ich nicht weiß, ob irgendetwas außer der Hölle mit ihm zu vergleichen wäre. Sein Boden und sein Abhang verströmten einen tödlichen Geruch, [12785] weil alles ganz voller Kröten und Schlangen war; und das Tal umschloss zwei große Schlangendrachen, die aus ihren Kinnbacken [12790] ein wildes Feuer bliesen, aus dem ein ungeheurer Sturm wüst hervorbrach. Dadurch erlitt Kay solchen Schmerz, dass er beinahe tot war. [12795] Als er in der Gefahr am Leben blieb, wurde ihm doch so heiß, dass ihm Hitze und Schweiß beinahe den Tod gebracht hätten. Als er nun diese starke Not überwunden hatte, [12800] fing er wiederum an zu frieren, dass er fürwahr das Leben zu verlieren glaubte. Die kurze Zeit, die er in diesem Tal war, schien ihm so lange wie ein ganzes Jahr. [12805] Als er heil herauskam, gelangte er neben diesem Tal auf eine Ebene, wo die Sonne heiß herunterschien. Da fand er eine reine und [12810] erquickende Quelle, um die sich ein schöner, breiter Sadebaum[112] gerankt hatte. Ihr Wasserfluss breitete sich weithin über einen schön Platz aus. [12815]

Kai stieg bei der Quelle ab. Dem Maultier war der Schweiß ausgebrochen, Kay nahm ihm den Sattel ab. Weil er nach der großen Gefahr im Hafen der Gnade gelandet war, [12820] glaubte er, hier alle seine Not zu Ende gebracht zu haben. Er brach Äste vom Baum und versorgte sein Maultier gut mit Wischen und Striegeln, [12825] so wie man es mit müden Pferden tun soll, sodass dessen Müdigkeit verflog und es wieder so dienstbereit war, als ob es sehr lange geschont worden wäre; danach ließ er es trinken. [12830] Da er es zu der Fahrt eilig hatte, sattelte er es wieder und nahm seinen Weg in jene Richtung, in die das Maultier von selbst ging. Bald kam er auf

---

112 Eine Wacholder-Art, auch Stink-Wacholder genannt.

einen Steig, [12835] der ihn auf eine Heide führte, zu einer einsamen Wegscheide. Als er nun zu einem Gewässer kam, dessen Fluss und Strömung schwarz, tief und breit waren, [12840] fand er – welchen Weg er dabei auch hin und her ritt – weder Brücke noch Steg noch eine Barke zum Übersetzen, noch bemerkte er irgendeiner Mutter Kind, [12845] wieviel er auch daneben herritt. Herr Kay ritt nun so lange, bis er durch Zufall einen Steg, schmäler als eine Hand, entdeckte, der ganz aus Stahl war; [12850] das zeigte sich an den Kanten, die auf beiden Seiten messerscharf waren.

Das Maultier bemerkte den Steg, wandte sich dorthin und wollte hinaufspringen. [12855] Kay versuchte es zurückzuhalten, weil er das Wasser fürchtete, und er dachte: ›Warum soll ich mich ertränken? Wie konnte ich nur auf den Gedanken kommen? [12860] Der Steg ist so schmal, dass ich hinunterfallen würde, und dann könnte mich niemand retten. Fürwahr, eher würde ich dem Minneglück für immer abschwören, [12865] als auf diese Weise zu ertrinken.‹ Sogleich wandte er sich heimwärts, genau jener Route zu, auf der ihn das Maultier hergetragen hatte. Hier will ich nicht mehr erzählen. [12870] Als das Mädchen auf Karidol hörte, dass Kay mit leeren Händen zurückkam, ging sie vor den König und bat ihn flehentlich, er möge ihr noch einmal einen Kämpfer [12875] zur Verfügung stellen; die Belohnung würde dieselbe sein. Nun wäre Herr Lanzelet gerne ihr Kämpfer gewesen. Sie sagte aber: ›Mein Herr König, [12880] wenn euch Freude etwas gilt, dann müsst ihr mir Herrn Gawein als Kämpfer geben, den Sohn eurer Schwester, den man mir in Anfrun bei der Serre zur Torriure ...[113] [12885] Der ist ein vortrefflicher Held, einen anderen will ich nicht.‹ Da rührte ihn ihr Weinen und er ließ Gawein ihre Worte bestellen. Wie deutlich zeigte sich doch an seinem Herzen, [12890] dass er vor keiner Gefahr zurückschreckte!

---

113   Die Überlieferung ist offenbar gestört, möglicherweise ist es eine Anspielung auf 7949–7955. Vielleicht wäre zu ergänzen: ›... den man mir in Anfrun bei der Serre zur Torriure nahm / raubte‹.

Gawein bei Gansguoter

beheading game

Sowie man Gawein erzählt hatte, wie sehr das Mädchen weinte, wie sie ihre Kleider zerfetzte und ihre Haare ausriss, und man ihm sagte, dass sie aus dieser Ritterschar [12895] niemand anderen als ihn zum Kämpfer haben wollte, stand er auf und ging hin zu ihr, wo sie weinend saß. Er sagte: ›Herrin, tröstet euch. Wenn ihr mich als Kämpfer verlangt, [12900] wird euch das auch gewährt werden. Mögen meine Wunden auch noch frisch sein: keine Pein kann mich davon abhalten, dass ich euch euren Zaum zurückbringe.‹ Mit diesen Worten ging er hinab, [12905] wo er das Maultier stehen fand: ganz nackt, ohne Rüstung und ohne Schild und Lanze, nur das Schwert führte er mit sich. Er saß auf und ritt davon. [12910] Die schöne Sgoydamur schickte ihm viele Segen hinterher. Der Degen folgte dem Maultier und überließ ihm ganz die Führung. Bald war er in den Wald gekommen, [12915] in dem die Tiere waren; die erwiesen ihm große Ehre. Von dort ritt er rasch weiter durch das schreckliche Tal [12920] und gelangte bald zu dem Abgrund, wo das tiefe Wasser floss. Er sah dort nur das nackte Ufer ohne irgendeine Gelegenheit überzusetzen. Es bedrückte ihn sehr, [12925] dass ihm der Wasserweg abgeschnitten war.

Er ließ das Maultier frei laufen. Am Ufer auf dem Flusssand eilte es rasch den Weg entlang, bis dieser es just zu dem Steg führte, [12930] an dem Kay umgekehrt war. Gawein mied den Steg nicht: Er gab dem Maultier einen Schlag, damit es auf den Steg sprang, so schnell es konnte. [12935] Darauf ging es in sicherem Passgang, nur selten glitt ihm ein Huf ab, dass es ihn gerade noch zur Hälfte aufsetzen konnte. [12940] So überquerte er den Fluss. Das Maultier trug ihn auf einem engen und schmalen Weg abwärts zu einer Wiese, weg vom Fluss und hin zu einem Gebäude. [12945] Eine selige Klause umschloss es, sodass es vor aller Welt sicher war. Die Mauer war wie aus Glas, glänzend, hoch und glatt, und es gab nirgends [12950] – weder außen noch innen – eine Zinne, auf der nicht ein Kopf gesteckt hätte; nur eine einzige war noch leer. Um die Burg lief ein tiefer Graben [12955] von oben bis ins Tal hinab, der, aus Steinen gemauert, ewig bestehen würde; in ihm floss ein tiefes Gewässer. Es war ein großes Wunder, [12960] denn das Wasser trieb die Mauer im Kreis herum, sodass sie keine Sekunde stillstand. Sie drehte sich ganz schnell im Kreis herum, wie eine Welle trieb sie dahin, ohne je Halt zu machen, [12965] ganz wie eine Mühle, die mahlt; so hat es die Aventiure erzählt.

Als Gawein dieses Wunder sah, das sich an der Burg ereignete, wunderte er sich sehr darüber, [12970] und er hätte die Burg vor allem auch innen recht gerne gesehen. So musste es schließlich auch geschehen. Er ritt über die Brücke und gab auf alles sehr genau Acht, [12975] bis das Tor zu ihm herumkam: Er gab dem Maultier die Sporen und stürmte so schnurstracks durch das Burgtor, dass er nirgendwo anstieß; [12980] nur dem Maultier wurde von dem Tor der Schwanz zerzaust: Schuld war ein Türnagel, der zur Hälfte aus dem Schloss herausragte. In der Burg nahm das Maultier [12985] einen Pfad abwärts, bis es zu einem schönen Saal kam; vor diesem blieb es abrupt stehen. Gawein spähte nach Leuten, ob jemand dort drinnen wäre. [12990] So jemanden hätte er sehr gerne nach all diesen Merkwürdigkeiten befragt.[114] Als er nach solchem trachtete, jedoch niemand auf der Straße war, ging er in den Palas, um [12995] dort, vor einem Fenster stehend, Ausschau zu halten. Da kam ein Zwerg dahergegangen und er grüßte ihn. ›Hab Dank, mein Freund!‹, sagte er. Mehr sagte er nicht. Danach [13000] hatte er es eilig davonzugehen; er wandte sich wieder seinem bisherigen Weg in die Burg hinein zu, weg von Gawein. Der blieb dort abermals alleine zurück.

Gawein wunderte sich, was das zu bedeuten hatte. [13005] Er lehnte sich an ein Fenster und blickte hin und her. Da sah er einen sehr schönen Mann aus einer Tür treten, der die besten Kleider trug, [13010] die je ein Mann gesehen hatte. An dem geschah folgendes Wunder: Sein Körper und seine Kleidung wurden jäh von einer solchen Verwandlung ergriffen, [13015] wie sie keines Menschen Zunge je ergründen könnte. Er begann, seine Schönheit mit einem so schrecklichen Aussehen zu verhüllen, dass, wie ich glaube, nichts lebt, [13020] was so hässlich wäre. Nun aber will ich euch die Geschichte weitersagen und bis zum Ende erzählen: Von diesem Mann waren viele Männer erschlagen worden, die auf Jagd nach Aventiure waren. [13025]

Gerade war er noch ein gelehrter Pfaffe gewesen, der sich nun derart verkehrt hat. Dazu befähigte ihn Zauberei: Er konnte sein

---

114 Die Übersetzung folgt dem Fragment D. Nach P müsste es (im Mittelhochdeutschen allerdings gegen den Reim) heißen: ›So jemanden hätte er sehr gerne eingehend befragt.‹

Aussehen ändern, wie er wollte. [13030] Durch diesen Pfaffen waren viele große Aventiuren geschehen. Selbst wenn ich sie alle erzählen wollte, brauchte es niemanden zu langweilen. Er hieß der höfische [13035] Gansguoter von Micholde, mit dem Artus' Mutter heimlich Britannien verlassen hatte. Er war der Oheim von Amurfina und Sgoydamur. [13040] Diese Burg und den Palas hat er für diese beiden Jungfrauen so erbaut, dass alles unablässig im Kreis läuft, damit niemand über Brücke oder Stege [13045] in die Burg kommen kann. Wenn aber jemand dort gesehen wurde, konnte er nicht mit heiler Haut davonkommen. An dieser Stelle lassen wir diese Sache sein und beginnen wieder mit unserer Erzählung: [13050] Als Gansguoter anfing, sich zu verwandeln, beobachtete Gawein es aufmerksam. Gansguoter nahm eine breite Hellebarde über die Schulter. Er ging die Stiege hinauf zum Saal, [13055] stellte sich vor Gawein, wo dieser saß, und sagte zu ihm ganz ohne Feindseligkeit: ›Sei willkommen, Herr Gawein.‹ ›Vielen Dank‹, sagte der, ›wenn du es im Guten meinst.‹ [13060] ›Natürlich, ich schon! Du aber, Herr Gawein – das eine lass dir sagen – hast deinem Herzen weiß Gott viel zu lange Folge geleistet, dass du hierher in diese Burg gekommen bist, [13065] denn all deine Mühe ist hier verloren.

Willst du nun das erkämpfen, was viele gute Ritter hier ihr Leben gekostet hat? Um den Zaum, wegen dem [13070] du hergekommen bist, ist es so bestellt: Ehe man dir den ungehindert überlässt, musst du einige Kämpfe kämpfen, von denen dir einer leicht den Tod einbringt. Das sage ich dir, Gawein!‹ [13075] Gawein antwortete: ›Wenn ich schon deshalb sterben muss, wird es eben so sein; im anderen Fall werde ich den Zaum bekommen.‹ Danach wartete er nicht länger. Nachdem diese Worte gesprochen waren, [13080] nahm Gansguoter sich um Gawein an und führte ihn an der Hand hinfort in einen Saal, dann von diesem eine Stiege hinab. Dort fand Gawein ein schönes Gemach vor: [13085] Er sah eine Tafel, die mit Brot und Wein gedeckt war, und daneben auf der anderen Seite ein Bett, das schön aufgebettet war. Obenauf lag ein mit Seide [13090] und Gold durchwirkter Stoff. Gansguoter brachte ihm bald zwei Becken mit Wasser. Danach setzte er den Recken an die Tafel und forderte ihn auf zu essen; [13095] und kaum dass er sich gesetzt hatte, trug er für Gawein vielerlei Speisen auf. Nachdem Gawein genug gegessen hatte, schob Gansguoter den Tisch beiseite und befahl ihm, zu Bett zu gehen, [13100] damit er sich dort niederlegte und sich ausruhte, denn die Müdigkeit hatte ihn träge gemacht.

Im Fortgehen sagte er: ›Freund Gawein, wähle [13105] aus zwei Spielarten, die ich dir zur Auswahl geben werde, eine aus, damit ich die andere habe: Schlage mir jetzt mit dieser Hellebarde, die ich trage, meinen Kopf ab [13110] und lass mich morgen bei Tage dir den deinigen abschlagen, oder aber schlag mir morgen den meinigen ab und lass mich heute Nacht zuerst zuschlagen.‹ Gawein sagte: ›Egal wie es ausgehen wird: wenn es sich nicht abwenden lässt [13115] und es sich denn so verhält, will ich heute der erste sein und werde dich morgen den meinigen abschlagen lassen.‹ Er sagte: ›Ich will verflucht sein, [13120] Gawein, wenn ich etwas Besseres verlange. Nun nimm die Hellebarde und geh her, und schlage, bevor du dich schlafen legst, wie immer du vermagst, auf dass du uns damit weiterbringst.‹ [13125] Gawein nahm die Hellebarde zu sich, stellte Gansguoter mitten in den Saal und versetzte ihm einen Schlag, dass der Kopf wie ein Ball in den Saal rollte und Gansguoter ohne Kopf zurückblieb. [13130] Nachdem er von Gawein den Streich erhalten hatte, ging er lange im Saal herum auf der Suche nach dem Kopf, bis er ihn endlich fand. Er nahm ihn sogleich in seine Hand, ging von dannen und schwieg. [13135] Er stieg die Stiege hinunter. Ich weiß aber nicht, wohin er sich wandte.

Gawein legte sich zum Schlafen nieder. Sobald es morgens tagte, erwachte er [13140] und wollte sich aufmachen und um das Zaumzeug kümmern. Nun hört von dem Pfaffen: Der kam in den Saal gegangen, gesund wie kein anderer Mann, [13145] dem er den Kopf abgeschlagen hatte. Er trug die Hellebarde über seiner Schulter und sagte: ›Gawein, wenn deine Ruhe heute gut war, dann freue ich mich darüber. [13150] Lieber Freund, ich erinnere dich an dein Versprechen, das du gegeben hast, damit du es auch hältst, wie du es mir in der Nacht verheißen hast.‹ Gawein sagte: ›Was sollte ich [13155] mit dem Titel eines Ritters, wenn ich das unterließe? Es gehört sich, dass ich dir gegenüber genau so handle, wie du zuvor mir gegenüber gehandelt hast. Ich werde in derselben Spur gehen, die du vorher gegangen bist, [13160] wenn du es mir nicht erlässt. Hierher! Schau, hier bin ich!‹ Höflich stellte er sich vor ihn hin, ohne sich irgend zu bewegen. Gansguoter führte die Hellebarde [13165] und schlug zweimal, wobei er völlig daneben traf und Gawein nicht verwundete. Die Aventiure behauptet von ihnen, dass dies deshalb geschah, [13170] weil Gansguoter gerne sehen wollte, wie tapfer Gawein wäre; denn dieser Zauberer hätte ihn sehr ungern erschlagen. Eher hätte er ihn beschützt, [13175] denn er war mit ihm verschwägert. Amurfina, Gaweins Geliebte, war die Schwestertochter des Pfaffen. Deshalb kam Gawein von ihm heil davon. Gaweins Muhme wiederum war [13180] die Blume Ygerne, die Mutter von König Artus: und die liebt nun Gansguoter, der sie mit Fiedelspiel gewann, als Utpandragon starb; [13185] er hatte sie nach Madarp geführt.

Die Kampfreihe: Löwen, Ritter, Drachen

Als dies nun geschehen war, sagte Gawein zu Gansguoter: ›Wo du mich am Leben gelassen hast: wer soll mir nun das Zaumzeug geben, [13190] dessentwegen ich hergekommen bin?‹ ›Gawein, lieber Freund‹, sagte er, ›wie man den Zaum erringt, werde ich dir noch beibringen, ehe die Mittagszeit kommt. [13195] Du wirst noch viele Schläge zu Pferd und zu Fuß machen, bevor dir der Zaum zufällt. Mache dich bereit! Du musst sehr bald [13200] mit zwei wilden Löwen kämpfen. Zehn Ritter mit zehn Schilden könnten leicht scheitern, wenn sie gegen sie antreten würden. Zuvor aber sollst du noch essen.‹ [13205] Gawein, der Kühne, sagte: ›Ich will sofort kämpfen! Schaffe mir eine Rüstung herbei, denn du weißt, dass ich eine brauche.‹ Gansguoter sagte: ›Die Burg ist voll davon, [13210] davon bringe ich dir eine Menge.‹ Bald trug er Rüstungen für zehn Ritter zu ihm hin und bat ihn, daraus auszuwählen, was ihm davon gefalle, [13215] denn er sah ihn unerschrocken. Gawein dankte ihm.

Als nun Gawein, der fremde Gast, sah, dass es ihm an nichts mangelte und er wie ein Ritter ausgestattet war, trug ihm Gansguoter eigenhändig [13220] acht feste und starke Schilde herbei und wies ihn an, sie im Kampf vorsichtig und klug einzusetzen. Eine stählerne Lanze brachte er dazu. [13225] Das tat er in der Absicht, dass Gawein, wenn ihn sein Schwert im Stiche ließe, damit Hiebe verteilen und kämpfen könnte, bis er ihm ein anderes bringen würde. [13230] Sowie Gansguoter all das getan hatte, ging er sogleich von Gawein fort zu einer Grube, wo er die Löwen fand. Einen von ihnen band er rasch los und zog ihn mit sich heraus und [13235] dann dorthin, wo Gawein vor der Tür im Freien stand und wartete. Der Löwe tobte übermütig: Als Gansguoter ihn aus der Hand ließ

[13240] und der Löwe den Ritter erblickte, kratzte und riss er die Erde auf und begann sich heftig zu sträuben. Gawein wollte ihm nicht ausweichen und trat energisch auf ihn zu. [13245] Vor Zorn nagte er an seinen Krallen, schlug sich selbst mit dem Schwanz und griff ihn blitzschnell an, sodass Gawein ihn abwehrte, wobei der Löwe ihm den Schild voll Ingrimm [13250] schnell von der Hand zerrte.

Gawein wurde sehr zornig, dass er den Schild verloren hatte. Sehr rasch nahm er einen anderen. Mit dem Schwert lief er nun [13255] gegen diesen schrecklichen Löwen und schlug einen Schlag gegen ihn, mit dem er die Kette zerhieb, weswegen der Löwe mit fürchterlicher Stimme laut brüllte. [13260] Voll Wut ging er auf Gawein los wie ein schrecklicher Hagelschauer und schlug ihm vorne mit dem Schwanz auf den Schild, dass dieser vollständig zerbrach. Der Gast aber nahm einen anderen Schild [13265] und wandte sich wieder zu ihm. Der Löwe zerrte ihm den Schild von der Hand weg, wobei er völlig zerbarst; Gawein wiederum spaltete ihm das Haupt bis auf die Kehle, [13270] sodass er davon tot niederstürzte, weil ihm die Wunde bis zum Herzen ging. An seiner statt ließ Gansguoter auf Gaweins Wunsch den anderen Löwen kommen. [13275] Als dieser nun dorthin gelassen wurde, begann er unmäßig zu heulen, zu brüllen und zu scharren, und es grauste ihm, weil er den Löwen tot sah: [13280] Die Augen wurden ihm im Kopf feuerrot. Voll Zorn sprang der Schreckliche gegen Ritter Gawein und raubte ihm [13285] den Schild, den er als Schutz vorstreckte. Der Löwe tat ihm so große Not, dass er zu sterben meinte.

Er griff sich den nächsten Schild, den er als Schutz vor sich hängte [13290] und dem Löwen entgegenhielt. Der beobachtete das sehr genau und rannte sogleich gegen ihn an. Abermals verlor Herr Gawein durch dieses Tier den – inzwischen schon dritten[115] – Schild. [13295] – Mittlerweile war nur mehr ein Schild übrig. Der Ritter nahm diesen achten Schild an die Hand. Der Löwe riss ihm – über den Rand des Schildes hinweg – vorne die Halsberge herunter. Gawein schonte ihn nicht länger, [13300] denn es war höchste Zeit geworden: der Kampf zwischen ihnen beiden kam zu einem Ende. Der Ritter erstach den Löwen durchs Herz, dass dieser tot

---

115 Soll dies anzeigen, dass ein Schildverlust ausgelassen wurde? Dann käme man auch auf die behaupteten acht Schilde.

hinfiel. Nachdem der Ritter die Löwen erschlagen hatte, [13305] bat er Gansguoter, ihm zu sagen, wer ihm das Zaumzeug geben würde. Der sagte: ›Bisher bist du nur durch einen Traum gewandelt. Aber binnen kurzem wirst du dich [13310] tief im Blut waten sehen, ehe dir das Zaumzeug gegeben wird; indes, wenn es nach mir geht, sollen wir erst einmal in die Laube gehen und ein wenig essen, [13315] damit dir die Kraft nicht schwindet. Du wirst sie bald brauchen.‹ Doch Gawein wollte diesem Rat nicht folgen. Da führte er ihn mit sich davon in ein schönes Gemach, [13320] in dem ein verwundeter Ritter lag. Dem ging eine tiefe Wunde durch den Körper hin zum Herzen. Viele Tage lang war er mit Schmerzen so darniedergelegen, [13325] dass ihm niemand helfen konnte, und ich sage euch, wie es kam, dass er von der Wunde nicht genas. Es war ein solcher[116] Brauch: Wenn ein Ritter zu ihm geritten kam, [13330] der Aventiure suchte, und im ritterlichen Kampf gegen ihn antrat, und wenn er diesen Ritter überwinden konnte, so durfte der kein anderes Pfand geben als seinen Kopf; [13335] keine andere Sicherheit akzeptierte er. Den Kopf schlug er ab und steckte ihn an eine Zinne. Den Körper übergab er dem Grab. Wenn er aber bei einer solchen Unfreundlichkeit[117] [13340] von einem Ritter verwundet wurde, konnte er unmöglich gesunden, bis der nächste Ritter dorthin gelangte: Dann aber wurde er so kerngesund, dass ihn nicht eine einzige Ader schmerzte. [13345]

Als nun Gawein in das Gemach ging, empfing ihn der Ritter ganz vergnügt und wurde auf der Stelle gesund. Er sagte: ›Das Heil hat mir doch noch ein Stück prächtigen Glücks behalten. [13350] Ich werde in Freude alt werden, nun dass ihr zu mir hergekommen seid. Ihr müsst mit mir einen Kampf streiten. Dagegen hilft nichts, denn so ist es hier nun einmal.‹ [13355] Gawein war dazu bereit. Gansguoter brachte ihnen zwei äußerst behände Pferde dorthin, wo Berhardis gerüstet worden war. Sie saßen auf. [13360] Ihre Schilde vergaßen sie nicht, sie wurden um die Hälse gehängt. Mit zwei langen Lanzen stachen sie aufeinander ein, sodass sie Zügel [13365] und Sattelbögen zerrissen und beide Ritter zur Erde stürzten. Beide sprangen auf und zückten, aufs selbe gerichtet, die Schwerter aus der Scheide. [13370] Da musste sich der Stahl vom Blut verfärben. Sie

---

116 Mit der Anm. der Ausgabe.
117 Also: in einem solchen Kampf.

zerhieben die Schilde an den Armen bis auf die Hand. Beide waren sie großmütig [13375] im Austeilen und Zurückgeben. Sie machten sehr selten Halt: So maßen sie die Schläge und befleißigten sich unablässig darum, vom Morgen bis zum Mittag. [13380] Da vergalt es Gawein mit einem Streich gegen den Ritter, durch den dieser zu Boden stürzte und vom Kampf genug hatte.

Er nahm ihm den Helm ab, [13385] dann die Haube und die Rüstung, und schlug ihm den Kopf ab. Nachdem er ihn dessen beraubt hatte, gab er ihn dem Zöllner. Da war noch eine Zinne frei, [13390] an die Gansguoter ihn steckte. Sie gingen fröhlich gemeinsam zum Palas hinauf, in dem er die Nacht zugebracht hatte. Sogleich legte Gawein die Waffen ab. [13395] Erneut bat er Gansguoter wie schon zuvor um das Zaumzeug. Der antwortete: ›Diese Bitte ist völlig aussichtslos. Du musst zuvor noch genauer erfahren, [13400] wie schwer es zu gewinnen ist. Ich habe hier in der Nähe noch zwei schreckliche Drachen, gleich alt, die furchtbar sind, [13405] zumal sie wildes Feuer aus ihren Kinnbacken schleudern. Mit diesen beiden Drachen musst du, Gawein, zuvor noch kämpfen. Viel Leid wird dir von ihnen geschehen. [13410] Und es sei dir versichert: Du solltest für diesen Kampf, der für dich sehr gefährlich sein wird, eine stärkere Rüstung tragen; ich werde dir genügend davon herbeischaffen. [13415] Wenn du mit ihnen kämpfen willst, wird es für dich ein weiteres sehr schweres Spiel sein.‹

›Gansguoter‹, sagte er, ›mein Freund, und wären sie noch grauenvoller als die Teufel in der Hölle, [13420] ich werde mich jetzt im Kampf zu ihnen gesellen. Eine große Rüstung, stark und dazu hart, die beste, die es hier gibt, [13425] die bring mir unverzüglich her. Das wünsche ich.‹ Gansguoter gewährte ihm, worum er bat: Harnisch, Schild und Schwert, alle fest und zuverlässig, [13430] brachte er ihm rasch her. Damit wappnete sich Gawein. Sehr bald war er mit hellstrahlenden Ringen ausgerüstet. ›Freund‹, sagte er, ›nun bringe [13435] einen der Drachen in den Ring, damit ich diesen Zweikampf mit ihm schnell zu Ende bringe und, ohne Zeit zu vergeuden, bald wieder nach Hause komme.‹ [13440]

Gansguoter holte den Wurm. Da erhob sich zwischen ihnen ein stürmischer Kampf. Als er in den Ring sprang, ging Gawein ihn heftig an und stellte seinen Schild zur Wehr. [13445] Der Wurm spielte im Ring auf vielerlei Weise mit seinem Schwanz. Indes war Gawein klug und richtete seine Verteidigung darauf aus, ihn zu überwältigen, [13450] wenn er seiner habhaft werden könnte: Darauf lauerte er mit Bedacht. Als er das lange getrieben hatte, rollte der Drache seinen Schwanz ein und stürzte wütend auf Gawein los, [13455] voraus ein schreckliches Horn, das er auf der Stirn trug. Er schlug es durch seinen Schild, dass es bis zum Körper vordrang. Gawein aber schlug dem Wurm [13460] das Horn vom Haupt, sodass er, dessen beraubt, vor ihm niedersank und ihm der Tod durch die Wunde das Leben abgewann. Als dieser besiegt war, [13465] bat Gawein Gansguoter, den anderen verfluchten Drachen hereinzulassen, der dieses Teufels Bruder war: Er war außen an der Hautoberfläche grün wie Gras, [13470] durchmischt mit roten Flecken aus dicken, breiten Schuppen, die deutlich hervorragten. Als Gansguoter ihn in den Ring ließ, stürzte er voll Zorn auf Gawein [13475] und wollte ihn zermalmen. Damit wollte er seinen Kampfpartner rächen. Er wollte ihn mit seinem Wedel fällen; – da erwischte dieser ihn [13480] – das war sein Unglück – und schlug ihn ihm sauber ab, als wäre es eine Nabe. Diesen Verlust rächte der Drache sehr schnell: Das Feuer brach ihm aus dem Rachen; [13485] das blies er gegen Gawein und brannte ihm den Schild von der Hand, dass nichts davon übrig blieb.

Als er nun so ohne Schild dastand, wurde seine Not erst so richtig groß, [13490] denn der Wurm stürmte gegen ihn und umfing ihn mit so heftigem Feuer, dass er für sein Leben keine Rettung mehr sah. [13495] Er musste sein Gesicht mit dem Arm vor dem Gestank schützen, den der Eiterdrache mit dem Feuer auf ihn schleuderte. Auch waren seine Klauen [13500] so scharf, dass er Gaweins starke Rüstung herunterriss, als wäre sie nur ein zartes Blatt. Die ganze Zeit über fürchtete Gawein den Tod, denn der Drache versetzte ihn in große Not. [13505] Gawein blieb nichts übrig, als ein Risiko einzugehen. Er begann darauf zu achten, ob er den Drachen irgend unaufmerksam fände. Gawein streckte ihm die linke Hand hin, die der Drache verschlingen wollte. [13510] Da schlug ihm Gawein eine Wunde durch den Hals, die ihn tot zu Boden warf: Der Drache war erschlagen.

Die Familie Amurfinas

Von dieser öden Wiese [13515] führte ihn Gansguoter den Pfad herab in einen Saal. Er hörte dort sehr lauten Lärm, jedoch sah er niemanden. Das wunderte ihn, weswegen er an Gansguoter [13520] die Frage richtete, was das denn wäre. Er sagte: ›Du wirst die ganze Geschichte kennen, noch ehe du gespeist hast. Dies alles hier sind die Mädchen, [13525] die du von ihrem großen, bis heute währenden Leid erlöst hast. Sie setzen große Hoffnung in dich, denn du bist ihrer aller Herr. Ihre Herrin ist deine Geliebte, [13530] die schöne Amurfina, die Frau Minne dir beim Gießbach zum Lohn gab, als du die Aventiure bei der Serre suchtest. [13535] Sie fürchteten, dass die Löwen und die Drachen dir schadeten. Indem du nun aber diesen Sturm so hinweggefegt hast, hat sich ihre Freude, die vorher [13540] zaghaft und langsam war, umso stärker vermehrt. Sie hatten Angst um dich; noch größer ist jetzt ihre Freude. Und ich will dir noch mehr erklären: [13545] Das Getier, das du erschlagen hast, und den Ritter, der mit dir kämpfte – um die kann es dir leid sein, denn sie alle unterstehen dir; den Schaden hast du dir einzig und allein [13550] wegen deiner Schwägerin zugefügt. Sie ist, glaube mir, die Schwester Amurfinas, deiner Geliebten, deretwegen du dir, ich weiß es genau, solchen Schaden zugefügt hast, [13555] denn sie wird auch das Zaumzeug bekommen. Das Mädchen heißt Sgoydamur. Du aber hast dadurch so herrlichen Ruhm erbeutet, dass dich der Schaden in keiner Weise [13560] zu reuen braucht: Das Heil waltete über deinem Tun, dies soll dein Freudentag sein.

Ich will dir von Sgoydamur erzählen, die nach dir zum Hof reiste, [13565] und von Amurfina, deiner Geliebten, und von ihrer Mutter Ansgye, die natürlich meine Schwester war. Diese, welche die beiden zur Welt brachte, nannte man die von Ylerne. [13570] Die Mutter von König Artus, Ygerne, verließ, wie alle Welt weiß, mit mir Karidol; ich brachte sie nach Madarp, als Utpandragon starb. [13575] Der also bin ich, Gawein. Du wirst mich sicher erkennen, und du wirst auch deine Muhme sehen. Nie könnte mir eine Freude widerfahren, die sich [13580] der süßen Nachricht verglich, dass ich dich gesehen habe. Auch du sollst davon keinen Nachteil haben: Ich werde dir eine Gabe geben, die dir das Leben sichert, [13585] solange du sie hast. Wenn du sie nicht unterwegs verlierst, wirst du auf *Château au Lit merveilleux* kommen, denn deine Mutter ist um deinetwillen lange freudlos gewesen, [13590] von Kummer bedrückt. Es sei dir gesagt, was es für eine Gabe ist – und bist du dir selbst lieb genug, dass du sie annehmen willst, wird sie dir gut anstehen: [13595] Es ist eine prächtige Rüstung, wie es auf der Welt nicht ihresgleichen gibt, und dazu alles, was ein guter Ritter braucht, weiters ein Schwert, das so scharf ist, dass seine Schneide gewiss [13600] harten Stahl besser schneidet als weiches Blei. Wenn es dir recht ist, dann komm mit, es ist ganz in der Nähe.‹

Diese Worte gefielen Gawein gut. [13605] Gansguoter hatte sie noch nicht zu Ende gesprochen, als der Zwerg, der ihn vorhin empfangen hatte, herbeikam und sagte: ›Gawein, Madame wartet im Gemach auf dich, [13610] deine Geliebte Amurfina.‹ Daraufhin nahm ihn Gansguoter mit sich und legte ihm gute Kleider an. Er führte ihn durch den Saal davon und in viele Zimmer und Gemächer. [13615] Da hörte er großen Lärm von einer stattlichen Gesellschaft; aus diesem heraus hörte er Mädchen sanft sprechen und singen und große Freude vollbringen. [13620] Das fing an, ihm sehr zu gefallen, und er bat Gansguoter, ihm zu erklären, was solche Freude und dermaßen süße Töne bedeuten würden. Unterdessen war er an den Ort gekommen, [13625] von dem aus der Freudenjubel des stattlichen Gesindes an sein Ohr gedrungen war: an jenen Ort, wo seine Geliebte Amurfina in einem kostbaren Prunksaal saß, als wollte sie gerade das Essen auftragen lassen. [13630] Doch sie wartete noch auf Gawein und freute sich über seine Ankunft. Als dieser nun in den Palas trat, schraken alle zusammen von ihren Plätzen auf und verstummten. [13635] Amurfina ging von der Dienerschaft zu ihm hin und küsste ihn: Frau Minne senkte sich so tief in seinen Geist, dass er sie schließlich erkannte. Das Gefolge rühmte ihn immerfort [13640] und empfing ihn ehrenvoll. So musste sich die Freude vermehren, wie es denn die Liebe zu lehren versteht.

Große Freude erhob sich in der Burg unter jenen, denen zuvor der Weg von den beiden [13645] Eiterdrachen versperrt worden war, die alle Leute, die sie im Freien fanden, mit ihren Kinnbacken verschlangen; daher hatten sie sich [13650] in Erdlöchern vor ihnen versteckt und niemals gewagt herauszukommen. Sowie sie erfahren hatten, dass Gawein diese erschlagen hatte, fingen sie an, Gott inständig zu danken. [13655] Damit genug davon! Als sie Platz genommen hatten, teilte Gawein ihnen allen mit, dass sie sich, sobald es am nächsten Morgen tagen würde, bereit halten sollten, [13660] gut beritten und gut gekleidet; er würde seine Geliebte gerne zu seinem Oheim führen: das müsste sein. Als nun frühmorgens [13665] der Tag dämmerte, waren sie alle dazu bereit, gut gekleidet und gut beritten. Die Kleider der Ritter waren jeweils aus zwei Seidentüchern geschnitten. [13670] Mit 20 Gefährten und zwölf Mädchen, die er gut kleiden ließ, nahmen er und Amurfina Abschied. Die anderen ließ er zurück, [13675] damit sie auf der Burg wären; er wollte sie nicht entvölkern. Er nahm das Maultier beim Zaumzeug und dazu die schöne Amurfina sowie zwölf Saumtiere, [13680] die die Diener auf dem Weg vorantrieben. Nicht länger verweilten sie dort; sie zogen nach Karidol, ohne je die Rücken [13685] der Pferde zu verlassen – so lange diese es ertragen konnten –, bis sie über die Brücke kamen.[118] Was soll ich mehr davon erzählen? Nach drei Tagen erreichten sie Karidol. [13690]

---

118 Interpunktion gegenüber der Ausgabe geändert.

Doppelhochzeit

Sie wurden bestens empfangen: Sowie die Nachricht an den Hof gelangt war, kamen Artus und der Hofstaat Gawein über die Brücke beim Burggraben entgegen. [13695] Auch Ginover hatte sich mit vielen Mädchen aufgemacht, deren süßer Anblick vielen Rittern behagte; Grund war ihre Schönheit, [13700] sodass manch ein Herz zu brennen begann. Nun endlich kam Gawein mit seiner Freundin zur Brücke geritten, wo man auf ihn wartete. [13705] Mit viel Liebe wurden sie dort empfangen. Da freute sich Sgoydamur, als sie an dem Maultier den Zaum sah, und wurde doch missmutig, [13710] als sie ihre Schwester erblickte. Sie wunderte sich, wie das geschehen konnte, dass sie hierher kam. Sgoydamur wusste nichts von der Geschichte und wie sich alles zugetragen hatte. [13715] Voll überschwänglicher Freude begaben sie sich zum Burgtor, je zwei und zwei, Ritter und Damen. Da konnte man sehen, [13720] wie die Tugend das Feld bestellt hatte.

Der Empfang war vortrefflich. Ginover nahm Amurfina, ihr Gefolge und ihre Schwester Sgoydamur [13725] zur bequemen Vergnügung beiseite. In großartiger Weise schuf sie, dass man sich um die beiden kümmerte, und scherte sich nicht um das Essen. Sie setzte sich nicht zu Tisch, [13730] konnte sie sie doch besser versorgen als irgendjemand sonst. Dies billigte Artus um Herrn Gaweins willen. Nach dem Essen bat Herr Iwein [13735] Gawein zu erzählen, wie die Aventiure gewesen wäre, in der er das Zaumzeug zurückerobert hatte. Als er anfing, ihnen von all den vielen Gefahren auf der Burg [13740] und unterwegs zu erzählen, dankten sie Gott inständig, dass Gawein die Aventiure trotz seiner frischen Wunden so gut überstanden hatte. [13745] Nachdem er das alles zu Ende erzählt hatte, rechnete es niemand Herrn Kay als Feigheit an, dass er umgekehrt war, wie sehr man ihn auch zuvor geschmäht hatte. Als sie das Zaumzeug sahen, [13750] sagten sie, dass – bei ihrer Treue – niemand ihn[119] dafür zu tadeln brauchte.

Sowie sie das gesagt hatten, bat Gawein den König, nach Königin Ginover zu schicken, [13755] damit sie zu ihnen käme und die Damen mit sich brächte, die sie dazu für angemessen hielt, ferner die beiden Schwestern und deren Mädchen, [13760] auch dass Artus

119   Gawein oder Kay?

die Ritter versammeln möge, damit sie in den Saal kämen. Dorthin kamen in prächtiger Schar Ginover und all die Ritter. Als sie sich nun alle gesetzt hatten [13765] und einem jeden im Saal ein Platz überlassen worden war, bat Gawein sie um Ruhe. Er sagte: ›Ihr wisst alle ganz genau – ich will es gerne berichten –, [13770] dass meine liebe junge Herrin, in deren Gnade ich mich ergeben habe, mich hier als ihren Kämpfer erwählte. Ihr wisst auch alle genau, in welcher Weise das geschah: für ihre Minne und ihren Körper, [13775] damit sie meine Frau wäre; und dass ich mit ihr tun könnte, was ich wollte, wenn ich so gut kämpfte, dass ich ihr das Zaumzeug brächte, [13780] das ich ihr nun hergebracht habe. Nun verlange ich, dass sie mich entlohnt und sich – wenn sie mir diese Worte gestattet – ohne Widerrede meinem Verlangen ergibt.‹ [13785] Sie antwortete: ›Ich leugne es nicht: Ich soll euch gehören!‹ ›Nun hört genau hin, meine Hausgenossen, und auch ihr, Herr König, Monsieur, damit es mir nicht zum Schaden gereicht, [13790] wenn sie es sich anders überlegen und mich damit betrügen würde. Sie hat es selbst gesagt, so soll das Gelübde auch erfüllt werden; ihr sollt mit mir dafür sorgen. [13795]

Herrin, nehmt euer Zaumzeug, das gönne ich euch, und tut, wie ihr mir versprochen habt.‹ Sgoydamur antwortete: ›Herr, wenn ihr mich minnen wollt, so gelobe ich, [13800] dass ich mich darüber freue und in eure Hand gebe. Wenn ihr, Herr, euch überlegt habt, zu wessen Gunsten ihr das Zaumzeug hergebracht habt, gehorche ich euch gerne, wenn er denn ein adeliger Mann ist. [13805] Vorneweg aber sei euch gesagt: Gebt mich keinem Feigling, denn einen solchen will ich nicht nehmen; wenn er meiner Ehre nicht angemessen ist, dann lasst mich meiner Wege ziehen.‹ [13810] ›Die Bitte will ich erfüllen‹, sagte er, ›und den Streit schlichten. Herr König, da ihr hier nun der Richter des Landes seid und wir beide Kläger sind, [13815] sind wir mit dieser Sache vor euch getreten, wie ihr es denn von uns beiden gehört habt: Nun urteilt über diesen Fall! Ihr werdet auf unsere Aussagen hin sicher ein Urteil finden; [13820] lasst es euch nicht mühselig werden, zumal sie sich zu ihrer Aussage bekannt hat, wie es von Rechts wegen auch sein soll.‹ Daraufhin wurde mit unzweifelhaften Beweisen befunden, [13825] dass Sgoydamur, weil sie sich Gawein anheim gegeben hatte, nun auch gemäß seiner Beschlüsse handeln müsste: Die Rechtslage war ganz eindeutig.

Dem wurde Folge geleistet. Nun rief er sogleich Gasoein [13830] und Sgoydamur zu sich und erklärte ihm, wie es um ihre Schwester stand. Er nahm sie bei der Hand und sagte: ›Lieber Gefährte, [13835] wenn auch sie es will, dann übergebe ich dir dieses Mädchen in unlösbarer Verbindung rechtmäßig zur Ehefrau; [13840] und ich gebe dir mit ihr ein Land, dessen Herrn man dich nennen soll; darin steht ein Schloss, bei dem du dich nicht zu sorgen brauchst, dass es jemals eingenommen werden könnte. [13845] Herrin, euch sei nicht verschwiegen, dass er von königlichem Geschlecht ist. Er heißt Gasoein de Dragoz, dort trägt er die Krone.‹ Sie sagte höflich: [13850] ›Herr, seine Minne will ich verlangen! Ich erkenne an euch so viel feinen Anstand – um den ihr euch stets bemüht habt –, dass ihr mich nach allem, was ihr wisst, gewiss nicht entehren würdet. [13855] Was immer ihr mir auftragt, niemals will ich dagegen sein.‹ Ginover gab Gasoein einen Ring als Minnepfand, den steckte er Sgoydamur an die Hand [13860] und küsste sie, ohne dass man ihn erst darum hätte bitten müssen.

Nun gab es dort ein großes Fest anlässlich der beiden Hochzeiten, schließlich gehörte er dem Hof an. Man erwarb großes Ansehen [13865] mit Spenden an das fahrende Volk: Wer den Hof verließ, war so gut bedacht worden, dass er keinen Mangel an Silber und Gold litt; [13870] soviel jemand davon nehmen wollte, man gab es ihm, ohne es zu wägen. Unterdessen veranlasste Ginover, dass man sich mit großer Hochachtung um die Gäste kümmerte: Das brauchte ihr niemand beizubringen. [13875] Sie beherrschte es so ausgezeichnet, dass sie damals allen Damen ein Vorbild an Großzügigkeit war: Bedurfte jemand ihrer Hilfe, wurde er unverzüglich versorgt, [13880] sodass all seine Armut schwand. Artus tat es ihr gleich. Entweder tat er es auf ihre Bitte hin, oder sie wegen seiner, sodass ihre Einmütigkeit [13885] zwiefach war; es ist nämlich dasselbe, von dem ihnen und auch uns aller Besitz kommt. Wollt ihr es noch genauer wissen? Es geschah durch weibliche Güte: [13890] Sie kann das Herz der Männer zu allen Freuden anleiten und alle guten Eigenschaften vermehren, und die Grüße der Frauen sind so geartet, dass sie Gift versüßen, [13895] egal wie bitter es vorher war. Es kommt mir zwar wie eine Geschichte vor, und doch weiß ich, dass es stimmt. Das wurde mir nicht erzählt, nein, ich habe es selbst erfahren. [13900] Schließlich trage ich noch die Wunde: verbunden ist sie, aber nicht geheilt.

Hier will ich nun die Rede über die Frauen sein lassen. Sie käme mir nach wie vor zupass, [13905] wenn sie mir nicht Zeit und Tage raubte und wenn sie nicht mein sehnsüchtiges Klagen vermehrte. Und ist es nicht merkwürdig, [13910] dass es einem immer schlechter geht, wenn man sein Leid vor Augen hat? So ergeht es auch mir! Wenn ich mir vornehme, die Frauen zu loben, und dann daran denke, [13915] wie die Güte der Frau manchen Mann umsorgt hat, von dem ich weiß, dass er sich nie bemüht hat, sie zu loben, dann dörrt das meiner Freude Kern – und dennoch werde ich nicht davon ablassen, [13920] ihnen Gutes nachzusagen. Hiermit will ich das abbrechen und vom Fest erzählen: Es dauerte 15 Tage in kostbarer Pracht. [13925] Dann aber wurde von den Rittern vor der Burg von Monteley in Orkanie ein Turnier anberaumt. So löste sich der Hof auf, da Artus alle seine Ritter aufforderte, [13930] dorthin zu reiten. Auch er selbst ritt mit ihnen in den Aventuros-Wald. Gawein suchte sich einen eigenen Weg, auf dem er seine Gefährten verlor. [13935]

Zweiter Teil

Erste Wunderkette

Die Aventiure: Schwert und Lanze

Als sie nun in den Wald kamen und alle sich auf den Weg machten, strengte Gawein sich, die Tjost im Sinn habend, an, weil er in der ersten kämpfen wollte. [13940] Da ging ein Weg neben ihm her, der ihn von seinen Gefährten wegführte. Auf diesen trieb er sein Pferd, ohne es recht zu bemerken, wie es alle Leute zu tun pflegen, [13945] die in Gedanken versunken sind; sie sind davon schnell blind. Rasch ritt er den ebenen, breiten und bestens planierten Weg dahin. [13950] Auch seine Gefährten pausierten nicht: Sie ritten schnell durch den Wald, was Gawein unterwegs den Schaden eintrug, dass sie nicht auf ihn Acht gaben. So verlor er den Anschluss an die Gruppe. [13955] Er ritt seinen Weg schnurstracks weiter, beinahe bis zur Zeit der Vesper. Da hörte er – ganz nahe, wie ihm schien – einen harten Kampf. [13960] Er machte sich in Richtung des Lärms auf und bemerkte erst jetzt, dass er sich im Wald verirrt und seine Gefährten verloren hatte. Als er nun hörte, wie die Lanzen [13965] Leute fällten und die Schwerter erklangen, wie die Knappen mit Geschrei aufeinander eindrangen, da meinte er, dass die Tafelrunder hier ein Turnier abhielten. [13970] Sein Herz trieb ihn an hinzureiten, so schnell er konnte.

Er gab dem Pferd die Sporen. Unerschrocken ritt er durch Hecken und Dornen dorthin, [13975] wo er die Ritter gehört hatte; dahin hatte er es sehr eilig. Je mehr er ihnen nachjagte, desto weiter aber waren sie von ihm entfernt. Er ritt so lange auf dieser Fährte, [13980] bis ihm eine Jungfrau auf einem hohen kastilischen Pferd – weiß wie ein Schwan – entgegenritt, die bitterlich weinte und klagte, und sie hatte einen Ritter [13985] in seiner ganzen Rüstung – wie sie ein Ritter rechtens trägt – an sich gelehnt, den sie beweinte. Dieser Ritter aber war tot. Weinend entbot sie Gawein ihren Gruß, [13990] wobei sie voll Jammer sagte: ›Wenn ich doch dieses Leid statt deiner ertragen könnte! Nie widerfuhr einer Frau auf Erden größeres Leid, als mir widerfahren ist. [13995] Lieber Gott, mach, dass ich noch einmal sehe, dass Parzival einen guten Tag hat!‹[120] Als

---

[120] Auch möglich ist: ›... dass ich noch einmal einen guten Tag – ohne Parzival – erlebe‹; je nachdem, ob man mittelhochdeutsch *an* oder *âne* ansetzt. Einmal wird Parzival Gutes gewünscht, einmal wird er verflucht.

er zu Gornomant Lanze und Gral erblickte, dass er da mein Leid und den Kummer [14000] vieler Damen nicht abwandte, und als der arme Fischer ihn all dies in der Nacht sehen ließ, dass er ihn da nicht fragte[121] – das bedaure ich noch außerordentlich! [14005] Und nicht weniger dauert mich, dass König Artus und seine tugendreiche Ritterschaft sich mit solch träger Gesellschaft[122] entehren. Das ist ihrer edlen Sippschaft nicht würdig.‹

So ritt sie klagend vor sich hin. [14010] Nun hatte Gawein ihr Herzensleid zwar gehört, aber nicht gesehen. Er blickte ihr angestrengt nach, denn es wühlte ihn auf, dass er sie hatte vorbeireiten lassen, [14015] ohne sich nach diesen Sachen zu erkundigen. Aber wie sehr er auch wollte, er konnte sie nur soweit einholen, dass er sah, wie sie an ihrer Seite den toten Ritter mitführte, [14020] dessen Tod ihrer Schönheit die Freude gebrochen hatte:[123] Das betrübte Gawein außerordentlich. Er schlug auf derselben Straße wieder seinen alten Weg ein. Nun hörte er abermals vor sich, [14025] wie Ritter so heftig wie zuvor gegeneinander kämpften und wie eine Stimme wehklagte. Als er da die Stimme hörte, machte er sich rasch dorthin auf den Weg, [14030] weil er es sehen wollte. Flugs war er dorthin gekommen und fand eine Ritterschar, die so geschmückt war, wie es beim Turnier üblich ist, [14035] alle mit der gleichen Wappnung: die war sehr fein und ganz weiß, wie ein Hermelin; und sie hatten sich wie ein Schwarm ineinander verflochten, [14040] sodass sie umso besser in der Lage waren, sich sicher zur Wehr zu setzen. Und wenn ich darauf schwören müsste: Es waren wohl 600, von denen sich keiner im Kampf [14045] von den anderen abhob, es sei denn, dass er tot im Gras läge; denn es wäre ein Wunder, wenn einer es schaffte, am Leben zu bleiben.

Gegen all diese Ritter kämpften ein ziemlich breites Schwert [14050] und eine lange Lanze sowie zwei weiße Pferde, über denen Schwert und Lanze schwebten. Wer sie führte und welches Leben in ihnen steckte, wer mit ihnen Schläge tat [14055] oder sie im Kampf trug – all das konnte Gawein nicht erkennen. Er sah nur, wie sie am Kampfplatz gegeneinander anrannten und viele Tjosten ritten, und er sah, wie sie ohne Unterlass [14060] Wunden schlugen und Glieder

---

121 Angespielt wird auf Parzivals/Percevals Versagen auf der Gralsburg, wie es Wolfram und Chrétien erzählen.
122 Gemeint ist Parzival, der in die Tafelrunde aufgenommen wurde.
123 Oder: ›... dessen Tod ihre schöne (ganze?) Freude gebrochen hatte‹?

lähmten, sodass nach einer jeden Tjost und nach einem jeden Stoß etwa 30 Ritter tot in den Sand fielen. [14065] So sah man blutigen Schweiß die Lanze hinabrinnen, und auch der Zierrat des Schwertes wurde blutfarben und rot. Wegen dieser schrecklichen Not [14070] schrien sie so furchtbar, dass man ihre Stimmen wohl vier Meilen weit hörte. Bald war es daran gekommen, dass diese jämmerliche Heerschar [14075] tot und wehrlos hingestreckt lag. Als Gawein dieses mysteriöse Leid erblickte, wunderte er sich ziemlich darüber, dass niemand unter den Rittern [14080] den Kampf überlebte, und was das alles sollte. Erst jetzt realisierte er, dass das Schwert und die Lanze ganz blutig waren. [14085]

Als nun alle erschlagen waren, sah er, wie die Pferde diese Lanze und das Schwert davontrugen. Gawein war begierig danach, diese Aventiure zu erbeuten [14090] und jemanden zu finden, der ihm sagen könnte, was dies bedeutete. Nun seht, wo er der Aventiure nachjagen wollte! Er hatte es dabei höchst eilig [14095] und verfolgte die Spur, die die Pferde zuvor gegangen waren. Um keinen Preis wollte er von ihnen ablassen. Er war noch nicht lange in ihre Richtung geritten, als sich die Heerschar, die hinter ihm [14100] erschlagen lag, entzündete und in Flammen aufging, dass die Nacht vom Feuer hell wie der Tag wurde. Gawein beobachtete [14105] diese große Aventiure, und das bestärkte ihn umso mehr, der Sache nachzugehen – mehr und mehr verlangte es ihn danach. Er stürzte den Pferden hinterher; [14110] Heide, Gebirge und Wald sah er an sich vorbeiziehen, ohne sich von ihrem mächtigen Anblick zu einer Rast hinreißen zu lassen, bis der Tag anbrach. [14115] Da waren sie in ein Land gekommen, überall verbrannt und ganz öde. Wer dort wohnen müsste, hätte bald das Leben verloren. [14120] Weder Gras noch Korn wuchsen dort, nur Hecken und Dornen.

Die Wunder

Das Mädchen und der Riese – Die alte Frau und das Tier

Durch dieses Land musste er reiten, zumal er von dieser großen Aventiure nicht lassen wollte. [14125] Über ein gewaltiges Gebirge kletterte er in ein anderes Land, in dem er unterwegs eine große Aventiure fand. Er sah ein schönes nacktes Mädchen, [14130] ganz ohne Kleider, das einem ungestalten, mit einer Kette gefesselten

Riesen mit einem Holzstück die Vögel von seinen frischen Wunden verscheuchte [14135] und ihn doch nicht retten konnte: Sie rissen ihm das Fleisch mit so gierigem Ungestüm herunter, dass sie ihn durchschlugen, bis zum Herz hin abnagten [14140] und seine Eingeweide zerstückelten. Dem Mädchen taten sie nichts. Gawein nun bat dieses Mädchen nicht, ihm diese Aventiure zu erklären. Das unterließ er aus folgendem Grund: [14145] Er fürchtete, in der Zwischenzeit die vorige Aventiure aus den Augen zu verlieren, wenn er sich nicht beeilte. Nach dieser Sache fand er [14150] gleich die nächste: Er sah eine Art Tier, stark und schrecklich und völlig grün wie Gras. Vorne am Kopf, auf der Stirn [14155] hatte es ein langes, scharfes Horn und noch zwei weitere seitlich daneben, die hoch aufragten. Auf dem Tier lag ein ausgezeichnetes und reich geschmücktes Reitzeug, [14160] das hinunter bis auf die Erde reichte und rot wie Blut war.

Darauf saß eine alte Frau, deren Äußeres mit Kleidern so reichlich verziert [14165] und geschmückt war, dass es zu lange dauern würde, es zu beschreiben. Ihr Haar trug sie offen über den Rücken geworfen; es war ganz und gar eisgrau [14170] und reichte ihr über die Lende. Sie trug kein Gebände, sondern nur ein goldenes Schappel[124]. Sie hatte gelb unterlaufene Augen, ganz wie der Tod, [14175] doch aus ihren Augen brannte ein Lichtschein wie Feuer. Im Übrigen mangelte es ihr an lobenswertem Aussehen. In der linken Hand führte sie [14180] ein dickes Hanfseil, womit sie einen großen grauenhaften Mohren gefesselt hielt, der splitternackt war. Er lief neben ihr her [14185] und schrie mit jämmerlicher Stimme, wenn sie ihn unsanft mit einer Geißel schlug, die sie bei sich führte. Gawein nun tat es sehr leid, dass der Mohr so jämmerlich schrie, [14190] und er hätte ihm gerne geholfen, doch wollte er nicht Halt machen, und er wollte sich auch um keinen Preis mit Frauen zanken, denn das hätte ihn nur aufgehalten und ihn von seinem Ruhm entfernt. [14195]

---

124 Ein kranzartiger Kopfschmuck der Frauen. Etymologisch verwandt ist frz. *chapeau*.

Der Ritter mit dem Frauenkopf – Ein aufgespießter Kopf

Deshalb ließ er sie vorbeireiten. Er fürchtete auch, die Aventiure, der er nachritt, zu verlieren. Schnell jagte er auf dem Weg hinterher, als er in seiner Nähe [14200] eine Aventiure erblickte. Ein Ritter flüchtete sich auf einem hohen Pferd eilig zu ihm hin. Er war gut gewappnet, und schwarz wie Kohle waren [14205] sein Schild und seine Eisenrüstung. In der rechten Hand trug er an den Zöpfen einen Kopf, den man einer Frau geraubt hatte. Ihm jagte ein roter Ritter hinterher, [14210] der ihm ritterlichen Kampf anbot. Wie nahe ihm dieser auch kam, er vermochte immer wieder zu entkommen; so floh er vor ihm. Da bat ihn der Ritter, inne zu halten [14215] und auf ihn zu warten, damit er zeigte, ob er ein Ritter wäre. Dieser kümmerte sich überhaupt nicht darum, sondern maß die Straße [14220] nur immer schneller vor sich aus und floh, so gut er nur konnte. In kurzer Zeit waren die beiden an Gawein vorbei von der Heide in den Wald geritten. [14225] Dort drinnen konnte er sie nicht mehr sehen. Heftigst beklagte er, dass er nicht sehen würde, was den beiden geschehen sollte und was er später als wahre Geschichte hätte erzählen können. [14230]

Hier nun verlor er das wunderbare Geheimnis des Schwertes und der Lanze aus den Augen. Er musste nicht lange reiten, bis er einen großen Wald [14235] am Saum eines Gebirges erreichte, das die Pferde vor ihm erkletterten. Am Waldrand sah er einen Schild unter einem Baum liegen. An diesen war ein gesatteltes Pferd [14240] mit seinem Zaum angebunden, und ein wohlgeformter Helm hing am Sattelbogen, und auf der einen Seite hing, aus der Scheide gezogen, ein blankes Schwert, [14245] dessen Stahl hell glänzte. In dem Schild dort befanden sich eine kostbare Rüstung und eine gute Hose, doch waren sie ganz und gar [14250] überströmt mit und durchtränkt von frischem Blut. Ein großes, tief blaues Banner steckte da, auf dem der Kopf eines Ritters [14255] aufgespießt war, der über dem Banner prangte. Darunter lag ein tödlich verwundeter Jagdhund mit abgeschlagenem Hinterteil. Zu all dem hörte Gawein zwei leidvolle Stimmen [14260] heftig klagen, die wie die Stimmen zweier Mädchen klangen. Sehen konnte er dort aber niemanden. Plötzlich waren es drei geworden, und sie klagten voll Bitternis, [14265] dass ihr Herzensleid Gawein von dieser Aventiure verjagte.

Die Kristallburg

Er ritt über das Gebirge, danach stand sein Sinn. Da kam er in das nächste Land, [14270] in dem er eine schöne Aventiure kennenlernte. Er sah einen schönen Palas mitten auf einer Wiese stehen, um den eine Mauer ging, [14275] so schön und so hoch, dass ihre Höhe insgesamt bestimmt zwölf Klafter[125] erreichte. Alles war aus Kristall, durchsichtig und dünn. [14280] Aus dem Inneren hörte er am fröhlichen Gesang eine Vielfalt an Vergnügungen, die so süß und überwältigend war, dass er daran Gefallen fand. Bald danach sah er [14285] einen schrecklichen Bauern, der schwarz wie Ruß war, weither aus dem Wald über das Feld schreiten. Er war etwa sechs Klafter groß [14290] und schwang vor sich eine Keule aus ganz rohem Stahl; die schwang er ständig etwa 30 Schritt weit vor sich her über das Feld, und ich schwöre, man hätte damit [14295] einen starken Wagen beladen können, der bestimmt vier Pferde gebraucht hätte, und selbst der hätte die Keule kaum zu tragen vermocht, wenn ich der Geschichte glauben soll. Der Bauer lief splitternackt zielstrebig über das Feld [14300] in Richtung dieser fröhlichen Schar.

Als er die Mauer erreicht hatte, schwang er die Keule über die Schulter und schlug einen so gewaltigen [14305] Schlag gegen die Mauer, derart grauenerregend, dass sie davon ganz und gar einstürzte und zu brennen begann. Die schönen Mädchen drinnen, die sich zuvor dem Vergnügen hingegeben hatten, [14310] schwiegen und lagen ganz still; alle fingen sie Feuer. Als nun das Haus außen und innen in Brand geriet, ging der Bauer in das Feuer [14315] und fegte mit seinem Keulenstiel viele der Mädchen übereinander und haufenweise ins Feuer. Nun bekümmerte Gawein der Tod dieser Mädchen sehr und auch dass er ihnen unmöglich [14320] aus dieser Not helfen konnte. Unterdessen brach die Nacht herein.

Die Duftheide und der Feuerfächer

Die Nacht über ritt er erneut, ohne sich unterwegs irgendwo aufzuhalten, [14325] weder um zu ruhen noch aus Bequemlichkeit, bis er abermals den Tag wahrnahm. Er sah die Aventiure, also war er auf dem richtigen Weg. Er erblickte sie nahe vor sich [14330] und begann ihr nachzueilen; er behielt sie im Auge, und so eilte er ihr

---

125 Der Klafter misst eine Armspanne, also ca. 1,7 oder 1,8 m.

stets nach, wohin sie sich auch vor ihm bewegte. Rasch stieg er ein Gebirge hinauf, [14335] das ihn in ein Land trug, das voll der Wonne war – eine süße Augenweide. Eine Heide war es, ganz mit Rosen übersät, [14340] sodass eine strahlend rote Farbe sie überall, soweit sie reichte, überzogen hatte. Von ihr strömte ein so süßer Duft, dass selbst der, den – wenn ihr so wollt – [14345] die Welt mit all ihren Speisen und Getränken bewirtet hätte, davon keine so große Kraft gewonnen hätte, wie sie hier zu gewinnen war. Als Gawein der Duft und der süße Geruch von der Heide her anwehte, [14350] verging seine ganze Schwäche und verduftete[126] auf der Stelle. Er wandte sich über die Wiese hin einem engen Pfad zu, dem Gang der Aventiure folgend.

Da sah er seltsame Dinge: [14355] Da stand ein schöner Jüngling in prächtiger Kleidung – allerschönste, kostbare Pracht war an ihn gelegt –, doch war an seinem Körper [14360] ein großes Unglück zu sehen: Ein scharfer Pfeil war ihm durch die Augen geschossen, und er war unten an seinen Beinen mit zwei Eisenketten stark [14365] gefesselt und an ein Bett gebunden. Er hielt einen Fächer in der Hand, mit dem es folgende Bewandtnis hatte: [14370] Wenn er den Fächer bewegte, zerstörte er damit den hellen Glanz der Rosen, denn der Wind, der vom Fächer wehte, war wie Feuer. [14375] Mit diesem Fächer kümmerte er sich unablässig um eine Jungfrau, die vor ihm auf einem Bett lag. Nun erzählt das Buch, sie sei tot gewesen. Ihre Decke war durch und durch rot, [14380] von derselben Farbe wie die Rosen; der Leichnam aber war überall weiß wie Hermelin, und an ihrem rechten Arm lag ein kleiner Zwerg. [14385] Er hatte eine prächtige Krone aus einem einzigen Edelstein. Der Glanz der Krone leuchtete wunderschön über die herrliche Heide, wodurch er die Rosen [14390] ihrer strahlenden Schönheit beraubte. Es war nämlich ein Rubin, von Natur aus vollkommen, sodass er strahlte und glänzte. Daneben auf dem Bett lag ein Ritter, [14395] der eine klaffende Wunde mitten durchs Herz hatte. Er war schwarz wie ein Mohr, und der Lanzensplitter, an dem ein braunes Banner hing, [14400] steckte – wohl eine Elle lang – noch in ihm. Gawein gingen viele Gedanken durch den Kopf, als

---

126 Die pseudo-etymologisierende Übersetzung von *berochen* ist dezidiert falsch, doch sehe ich keine elegante Möglichkeit, den Vers, der vielleicht in der Heidelberger Handschrift schon unverständlich ist, ins Neuhochdeutsche zu bringen.

er dies alles sah. Aber er wagte es nicht, anzuhalten und zu fragen, [14405] wiewohl es ihm nicht langweilig geworden wäre, wenn er es gewagt hätte.

Der unfurtbare Fluss, Rettung durch Gener von Kartis

Von dort ritt er abermals weiter, vergaß aber nicht, sich alles in seinem Herzen zu merken. [14410] Bald kam er zu einem tiefen und breiten Fluss. Als die Pferde, denen er hinterherritt, zum Wasser kamen, nahmen sie ihren Weg [14415] darüber und gingen dabei im Passgang, als ob es ein flaches Feld wäre. Als Gawein dieses Wunder sah, tat es ihm sehr leid, denn er fürchtete, sie zu verlieren, [14420] wenn sie ihm da entkämen. Da ritt er am Wasser entlang auf und ab und hin und her, ob er nicht eine Stelle fände, an der er übersetzen könnte; [14425] die Sorge, dass alles umsonst gewesen wäre, zwang ihn dazu. So lange ritt er am Ufer umher, ohne eine Furt oder eine Brücke zu finden, bis schließlich die prächtige Aventiure vor seinen Augen verschwand. [14430] Da war es um seine Freude geschehen. Gawein dachte angestrengt nach, wie er es bewerkstelligen könnte, dass ihm der hohe Ruhm, den diese Aventiure versprach, nicht entginge, und wie er es anfangen sollte, [14435] dass er doch über den Fluss käme. Er nahm den Zaum fest in die Hand und wandte das Pferd in Richtung Wasser. Er hoffte sehr, so eine Furt zu finden. [14440]

Als Gawein sich nun ins Wasser ließ, glaubte er, dort festen Sand zu finden; da fand er nichts als weichen Schlamm. Er ging mitsamt dem Pferd unter und wäre beinahe ertrunken. [14445] Es war so tief eingesunken, dass nur noch der Kopf sichtbar war, und es steckte im Schlamm fest, sodass Gawein sich nicht aus dem Morast befreien konnte. [14450] Immer tiefer sank er ein. So saß Gawein in großen Sorgen, selbst konnte er sich nicht helfen; doch das Heil, das sich oft um ihn kümmerte, ließ ihn nicht im Stich. [14455] Wie er nun geradewegs auf den Tod zusteuerte, gedachte Frau Saelde seiner Vortrefflichkeit; deshalb wurde ihm das Leben gerettet: Während er diese Not erduldete, ritt eine Dame ans Wasser heran. [14460] Sie führte einen Sperber auf der Hand und hinter sich, an einer seidenen Leine, einen Vogelhund, der zur Hälfte rot war wie Feuer, zur anderen Hälfte weiß. [14465] Seine Stimme klang wie eine Flöte, nur dass er sehr klein war. Weiter führte sie ein reines

Glas mit sich, das mit etwas gefüllt war; was aber drinnen war, [14470] das sagt uns die Geschichte nicht.

Sie bot ihm rasch ihre Hilfe an, zumal er in Gefahr war. Hätte sie es nicht getan, wäre er nicht mit dem Leben davongekommen. [14475] Sie sagte: ›Herr Gawein, fürchtet euch nicht und passt auf, was ich euch sage: Ich werde euch aus dieser Gefahr retten, wenn ihr mir euer ritterliches Ehrenwort gebt, dass ihr mir ohne jede Arglist [14480] gewährt, was ich bald von euch verlangen werde.‹ Gawein sagte: ›Ich bin dazu bereit! Euch sei gewährt, was ihr hier von mir verlangt, [14485] wenn es uns beiden zur Ehre gereicht und nicht gegen meine Treue gerichtet ist.‹ Damit war sie zufrieden. Sie warf das Glas in die Flut, sodass es in viele Stücke zerbrach. [14490] Das Wasser wurde so von dem, das aus dem Glas rann, zu Glas und ringsum bis hin zu Gawein hart wie Stein. Unverzüglich ritt sie selbst hin [14495] und befahl ihm, auf den Sattel zu steigen.

Sie reichte ihm die Leine und forderte ihn auf, sie teilweise um den Kopf des Pferdes zu legen – auf keinen Fall sollte er sich fürchten –, [14500] und in Richtung des Seiles auf das Wasser zu springen. Das tat er und sprang zu ihr. Sie sagte: ›Jetzt ziehen wir das Pferd aus dem Morast.‹ [14505] So wurde das Pferd nun rasch an dieser Leine aus Schlamm und Morast gezogen. Sie nahm die Leine wieder an sich, und beide ritten auf dem Strom [14510] zurück ans Ufer, wobei ihre Pferde nicht tiefer einsanken als auf gewöhnlichem Erdboden – so hart und so sicher war die Furt für sie geworden. [14515] Am Ufer bemerkte Gawein haufenweise[127] Blut und sah einen Waffenrock daneben im Ufersand liegen, durch den hinten eine Lanze gesteckt war. [14520] Sie war mit Gold eingelegt, und in der Falz stand mit goldenen Buchstaben geschrieben: ›Davon kam ich zu Tode. Wer die Lanze aus mir herauszieht, [14525] muss mich auch rächen. Das möge er bedenken.‹

Als Gawein nun diese Aventiure fand, stieg er auf die Erde, las die Buchstaben [14530] und bekreuzigte sich dabei. Nachdem er die Buchstaben gelesen und verstanden hatte, worum es ging, wollte er sich die Lanze herausziehen. Sie aber bat ihn, es zu unterlassen [14535] und ihr ihre Bitte zu erfüllen. Gawein kam dem sofort nach und ließ die Lanze dort stecken. Dann bat er sie, ihm zu enthüllen,

---

127 Was *ein grôzer stoc* Blut sein soll, wie ihn hier Hs. P und D haben, weiß ich nicht. Möglich wäre eine Besserung zu *schoc*, was so viel wie ›Haufe‹ bedeutet.

was es mit dieser Aventiure auf sich hätte. [14540] Sie sagte: ›Ich wage nicht, euch diese Geschichte in allen Details zu erzählen; nur soviel: Mit dieser Lanze wurde ein Ritter – er hieß Rahin de Gart – erschlagen. Dies geschah wegen des großen Hochmuts, [14545] mit dem er meinen Bruder behandelte, den er wegen dessen Erbes gefangen genommen und es ihm mit Gewalt abgepresst hatte. Dafür bezahlte er später mit dem Leben, wie ihr selbst gesehen habt – [14550] und dies ist heute geschehen. Ich habe euch unter der Bedingung gerettet – was ich ja tatsächlich getan habe –, dass ihr ihn nicht rächt und also nicht eure Treue zu mir [14555] brecht, die ihr mir geschworen habt, als ich euch ans Ufer brachte. Ich heiße Gener von Kartis, und mein Bruder, Humildis, besitzt in der Ritterschafft hohes Ansehen.‹ [14560]

Die merkwürdige Burg

Nachdem sie das gesagt hatte, jagte sie wieder auf Falkenbeize und sprach kein Wort mehr zu ihm. Als Gawein zurückblickte, waren der See und das Wasser [14565] wieder weich geworden wie früher und es floss wie zuvor mit gleichmäßiger Strömung talwärts. Gawein nahm den Weg, der ihm am nächsten lag, [14570] und überquerte die Heide über einen breiten Scheideweg; er scheute sich nicht davor, denn es schien ihm unbedenklich. So ritt er den ganzen Tag lang, [14575] bis der Abend nahte. Da sah er eine Burg, die schön rund war, mit hohen, schlanken Zinnen, kunstvoll gebaut. [14580] Im Innern befanden sich vier sehr hohe Türme, und bei jedem lag ein Palas. Die Burg war nicht verschlossen. Zwei Burgtore führten hinein, [14585] die beide offen standen, doch davor waren zwei Brücken hochgezogen, die an zwei Schwibbogen mit Ketten gut befestigt waren, höher als eine Schaftlänge, [14590] und die ganze Burg war von Gräben umschlossen, die rundherum so breit und so tief ausgehoben waren, dass es fast unmöglich war, so hinüber zu rufen, dass man es drüben auch hörte. [14595] Inzwischen war Gawein zur Brücke gekommen. Die Kette löste sich oben und die Brücke schoss herunter. Ich habe keine Ahnung, wovon er hier profitierte.

Gawein freute sich darüber, [14600] dass ihm dadurch der Eintritt ins Haus offen stand. Er ritt nun ohne Zögern über die Brücke auf das Tor zu. Als er unmittelbar [14605] vor das Burgtor kam, hielt er an und schaute hin und her, ob jemand drinnen wäre. Da kam ein Pförtner, der zwei Schlüssel in der Hand trug. [14610] Ich weiß nicht, woher der Pförtner ihn kannte: Er nannte ihn beim Namen und begrüßte ihn und führte ihn durch die Burg hin zu einem schönen Saal. Gegenüber befand sich ein Pferdestall, [14615] vor dem er ihn absteigen hieß. Dann schickte er ihn eine Treppe hinauf in den prächtigsten Saal, der hübsch mit frischen, süß duftenden [14620] Blumen bestreut war. Im Saal fand er einen grauhaarigen Greis auf einem Bett sitzen. Der schien den Verstand [14625] eines Hundertjährigen zu haben, und seine Kleider waren weiß wie Schnee. Das Alter machte ihm dermaßen zu schaffen, dass es ihm unmöglich gewesen wäre, [14630] in die Stadt hinunter zu reiten; er konnte sich gerade noch so viel bewegen, um sitzen zu können. Dieses jedoch vergaß er nicht: [14635] Sowie er Gawein erblickte, sagte er mit sanfter Stimme: ›Seid mir willkommen, Gawein!‹ Als dieser wiederum den Gruß vernommen hatte, sagte er ihm großen Dank. [14640] Es war die Schuld des Pförtners – seines Führers –, dass er nicht länger beim Greis verweilte.

Er ging sich die Burg anschauen, damit er sagen konnte, wie sie gebaut war, [14645] und auch um zu sehen, ob er irgendeinen Ritter drinnen finden könnte, denn er fürchtete in der Burg Feindseligkeit, wie er es oft erlebt hatte. [14650] Er wandte sich nach links, wo er eine schöne Kapelle fand. Er ging hinein, um zu beten. Als er das eine Zeit lang getan hatte, wollte er wieder heraus. [14655] Da verwandelte sich das Licht des Tages in eine so finstere Nacht, dass er nicht das Geringste sah und nur noch herumtastete. Als ihm das Licht so völlig entschwand, [14660] ging er von der Tür zurück, fiel auf die Knie und flehte inständig zu Gott. Plötzlich entflammte ein Feuer und entzündete überall die Kerzen, [14665] und von oben durch das Gewölbe kam an einer goldenen Kette unmittelbar vor ihm und genau an jener Stelle, an der er sein Gebet verrichtet hatte, ein Sarg aus Sarder[128] herunter auf den Fußboden, [14670] in dem ein breites Schwert lag. Es freute ihn sehr, dass ihm diese prächtige Aventiure zufiel. Er blickte das Schwert lange an und untersuchte, wie es gemacht war. [14675]

Schnell verschwand der Sarg geheimnisvoll vor seinen Augen, sodass er ihn nicht mehr sah; das trübte ihm seine Freude. Er stand

---

128 Ein Edelstein; eine Abart des Chalzedon.

auf und suchte umher, [14680] im Gewölbe und an der Wand, was denn damit passiert sei. Da sah er zwei Hände aus der Mauer ragen, die mit derlei Waffen geschützt waren, [14685] als ob sie die eines Ritters wären. Sie hielten einen sehr schweren Lanzenschaft mit einer Spitze aus Gold, aus der es stark blutete. [14690] Wie ein heftiges Unwetter schlug ein Donnerschlag von Mauer zu Mauer durch die Kapelle, der Gawein durch Mark und Bein ging [?] und alle Lichter zur Erde warf; [14695] sie erloschen alle durch diesen großen Krach und es wurde finster wie zuvor. Nun hörte Gawein eine Stimme jammervoll dreimal ›Weh!‹ rufen. [14700] Er wusste beileibe nicht, was für eine Stimme das war, nur dass sie klagte, das hörte er genau. Die Stimme hatte diesen jammervollen [14705] Schrei noch kaum beendet, als sich schon nach ihr ein großes und jammervolles Klagen erhob: Das war so laut und so jammervoll, dass Gawein davon dermaßen erschüttert wurde, [14710] dass er wie tot hingestreckt lag. Inzwischen war es wieder Tag geworden.

Als der Tag in die Kapelle leuchtete, kam Gawein wieder auf die Beine und nahm alles um sich herum genau wahr. [14715] Nun sah er die Kapelle leer, wie sie zuvor gewesen war, doch hörte er einen Priester Messe lesen – sah ihn aber nicht. Er achtete auf all dies sehr genau [14720] und ging von der Kapelle weg dorthin, wo er vorhin im Saal den Greis zurückgelassen hatte. Er ging kreuz und quer durch die Burg, die voller tüchtiger Ritter war. [14725] Sie empfingen ihn aufs Prächtigste und unterhielten ihn bestens. Das dauerte aber nur kurz. Sie gingen bald in das schöne Gemach essen, [14730] in dem sich der Greis befand, denn die Nacht hatte ganz vom Licht des Tages Besitz ergriffen, wie es denn nächtens zu geschehen pflegt. Dort wurde das Essen aufgetragen. [14735] Man bewirtete die Ritterschaft aufs Feinste und erwies ihnen alle Ehre. Gawein lobte die Gastlichkeit.

Als sie sich niedergesetzt hatten [14740] und alle bis auf den Greis fröhlich speisten, sah Gawein von ferne, wie vier schöne Jungfrauen vier goldene Kerzenleuchter [14745] mit Kerzen in den Saal trugen; sie trugen vier Kronen und kostbare Kleider, denen ich nichts vergleichen kann. Eine jede von ihnen sah so aus, [14750] als ob sie eine mächtige Herrscherin wäre. In ihrem ganzen Auftreten waren sie frei von allem Makel. Nach diesen vier Mädchen [14755] ging ein noch schöner geschmücktes Mädchen, das vor sich ein schönes Gefäß aus Kristall trug, randvoll gefüllt mit frischem

Erste Wunderkette

Blut. [14760] Drinnen lag ein schönes Rohr aus feinem rotem Gold, das ebenfalls in der Obhut dieser Dame lag. Sie hielt das Rohr mit der rechten Hand und nahm es aus einem wollenen Tuch heraus, [14765] in das es eingewickelt war. Die Dame hatte dieses Tuch um den Hals der Röhre herum gewunden und hatte es nun wieder weggegeben.[129] Gemessenen Schrittes gingen sie einher, ohne irgendjemandem ihre Beachtung zu schenken, [14770] bis sie alle fünf hin vor den Greis kamen. Dort kniete die eine sich vor ihn hin. Gawein beobachtete alles messerscharf.

Die anderen standen daneben, [14775] eine oben, drei unten; die fünfte reichte ihm das Rohr. Damit trank er das rote Blut aus dem Kristall, den sie trug. Als der Alte genug getrunken hatte, [14780] erhob sich die junge Frau anständig, wie Damen es zu tun pflegen. Sie verneigte sich vor ihm. Dann schritten die fünf wieder aus dem Saal und weg waren sie. [14785] Nun war Gawein aufgefallen – weil er darauf geachtet hatte –, dass, wie viel der Greis auch getrunken hatte, das Blut dadurch nicht im Geringsten weniger geworden wäre, [14790] oder zumindest nicht in einem Ausmaß, dass Gawein es hätte bemerken können. So wollte es das Wunder einrichten. Gawein dachte viel darüber nach. Er wurde ungeduldig, weil sie so lange speisten, [14795] denn während sie dort saßen, wollte er nach nichts fragen: Er wollte damit auf einen günstigen Zeitpunkt warten und mit Bedacht agieren. Auf einmal wurden die Tische [14800] überall im Saal aufgehoben. Das nährte das Verlangen, das in seinen Gedanken wohnte.

Niemand blieb bei ihm sitzen, nachdem sie gegessen hatten. [14805] Sie gingen alle vom Saal in die Burg hinunter. Gawein blieb alleine zurück. Er hoffte, sie würden allesamt wieder zurück in den Saal kommen; [14810] dann wollte er sie über das Wunder der Aventiure ausfragen. Doch kein einziger war hier dabei, den er später noch einmal sehen sollte. Gawein hatte es aber nicht eilig: [14815] Worum es auch ging, stets konnte er seine Neugier bändigen, indem er wartete, bis die Dinge ans Licht kamen und er die Wahrheit herausfand. Wiewohl er in seiner Weisheit [14820] alle Sachen binnen kurzem von Kopf bis Fuß begriff, so wollte er sich doch niemals über dieses Gesetz hinwegsetzen, das man die Weisen oft [14825]

---

129 Oder: ›Die Dame hatte dieses Tuch rund um ihren Hals gewunden.‹ Beide Übersetzungsvarianten sind unsicher.

in ihren Sentenzen sagen hört: Jener Mann ist lobenswert, der so besonnen ist, dass er eine Sache genau erforscht, anstatt leichtsinnig [14830] alle Vorsicht über Bord zu werfen und zu meinen, über etwas Bescheid zu wissen, bevor es zu Ende gegangen ist. So saß er wohl die halbe Nacht in Gedanken versunken, [14835] bis er erkannte, dass die Nacht für ihn nutzlos verstrich. Sie kamen nicht. Gawein wurde davon missmutig, weil ihm das alles überhaupt nichts brachte.[130] [14840]

Er stand auf und ging weg dorthin, wo ein Kerzenlicht brannte. Das nahm er in die Hand und zündete damit vier Kerzen an, die rund um das Bett gesteckt waren. [14845] Gawein wünschte sich, dass ihm der Kranke die Aventiure enthüllen würde, auch wie es um die Leute bestellt sei und wo sie hingekommen wären. Er fand den Körper vom Geist verlassen, [14850] denn er war tot. Es war kein Wunder, wenn er darüber erschrak, denn er sah, dass er tot war. Er ging vom Toten im Saal [14855] in die Burg zum Pferdestall, wo er sein Pferd gelassen hatte. Als er in den Stall eintrat, fand er sein Pferd bei der Futterkrippe. Man hatte es mit Heu und kräftigem [14860] Korn gut versorgt und hatte ihm frisches Grünzeug bughoch[131] aufgeschichtet. Auch für Gawein hatte man ein ordentliches Bett mit teurem Bettzeug [14865] hergerichtet – ich weiß nicht, wer das tat. Es stand bei der Mauer, und weder zu kurz war es, noch zu schmal. Ferner standen da noch zwei weiße Pferde. [14870] Gawein kam darüber ins Grübeln.

Nachdem er seine Waffen abgelegt hatte, hob er seinen Harnisch auf und legte ihn auf seinen Schild. Sein Herz konnte den Tagesanbruch kaum erwarten, [14875] seine Sorgen ließ er alle sein: Er wollte am Morgen mehr über die Aventiure ausforschen. Doch seine Hoffnung sollte ihn trügen. So ging er schlafen. [14880] Schnell hatte ihn der Schlaf umfangen. So schlief er bis zum Tag, ohne dass ihm der Schlaf viel galt, bis die Sonne hoch stand. Dann erwachte Gawein [14885] und sah sich überall um. Doch er sah nichts als seine Lanze und seinen Harnisch auf dem Schild und rings um sich herum ein weites Feld. [14890] Er sagte: ›Um Gottes willen, wie bin ich auf dieses Feld gekommen? Es hat mich doch am Abend ein recht tüchtiger Mann bei sich aufgenommen, wo ich mich bestens

---

130   Oder: ›Gawein wurde davon missmutig, wenngleich ihn das alles überhaupt nicht interessierte.‹
131   Der Bug bezeichnet das Schulterteil (des Pferdes).

unterhalten habe, [14895] denn da war auch eine große Ritterschaft, und auf der Burg feierten sie ein Gastmahl, das ausgezeichnet war, wenn mir auch später die gute Laune abhanden kam und meine Freude zerging, [14900] weil der Gastgeber starb. Das Gefolge war verschwunden. Wie konnte man mir all dies rauben? Das wird mir noch zur Schande gereichen!‹

Wie er so vor sich hinredete, [14905] schüttelte er den Schlaf ab und legte seine Waffen an. Dann fand er sein Pferd über dem besten Futter – Korn und Gras –, [14910] und es war davon schon ziemlich satt. Gleich daneben fand er den Sattel und das Zaumzeug liegen, das vom Dunst und vom Tau, der über Nacht gefallen war, feucht war. [14915] Er packte gleich den Sattel und warf ihn aufs Pferd. Auch was man sonst noch so dazu braucht, war alles hergerichtet. Er legte dem Pferd den Zaum an [14920] und nahm Schild und Lanze. Dann setzte er auf und nahm einen alten Weg, den er dort in der Nähe fand; der führte ihn in einen Wald, [14925] in dem es zu Gaweins Freude viele Wege gab – doch sollte er noch dafür büßen.

Die Saelde-Aventiure

Unterwegs nach Ordohorht

Reise zu Gyramphiel und Fimbeus – Ursache der Feindschaft – Falscher Rat

Er nahm einen Weg, der ihn eigentlich wieder heimwärts führen sollte. [14930] Gawein wusste genau, dass am Hof heftig um ihn geklagt wurde, und er wollte seinen Gefährten auch die Geschichten erzählen, die er seither erbeutet hatte. [14935] Doch der Weg führte ihn in ein Land, in dem er viel Mühsal erleben sollte. Das kam von einem Edelstein, dessentwegen ihm größte Feindschaft widerfuhr und den er aus einem Gürtel herausschlug, [14940] den der Held Fimbeus trug; auf dem Kampfplatz raubte er ihn ihm. Es war dies jener herrliche Gürtel, den man an den Hof brachte und den Gyramphiel von Gahart [14945] für Fimbeus von Schardin gemacht hatte, damit dieser unbezwingbar wäre in jeder Art ritterlichen Kampfes. Ein einziger Stein war es, der die ganze Kraft des Gürtels zusammenhielt: [14950] Ohne ihn war die Kraft und die Macht der anderen Steine gering, denn er allein hütete ihre Kraft, wenn er neben ihnen lag. Hatte er sie aber nicht in seiner Obhut, [14955] waren die übrigen Steine kraftlos. Fimbeus nun verlor diesen Stein aus dem Gürtel, als Gawein einen ganzen Tag und eine ganze Nacht lang gegen ihn kämpfte. Gawein besiegte ihn eben deshalb, [14960] weil er ihm den Stein abgewann: Er tat einen Schlag, der ihm den Schild spaltete, sodass er mit der Schwertspitze die Panzerringe des Fimbeus erreichte. Da sprang der Stein [14965] aus der Fassung und ging verloren. Zufällig und ohne irgendeine Absicht rollte er unter Gaweins Fuß. Sogleich vertrieb ihm die Kraft des Steines all seine Müdigkeit, [14970] und Gawein wurde in der Tat stärker als je zuvor. Über Fimbeus hingegen stürzte die Last des Kampfes zusammen und er wurde so schwach, dass ihn die Müdigkeit fast in den Tod trieb. [14975] Das war Gaweins Sieg.

Den Stein behielt Gawein stets in gewissenhafter Obhut, weil er ihn dem Fimbeus abgewonnen hatte und an ihm wahrhaftig [14980] so große Kraft verspürte. Als er nun in das Land kam, über das Fimbeus und Gyramphiel herrschten – von denen ihm der Gürtel zugefallen war –, [14985] hätte er gewiss das Leben verloren, wenn nicht Fortuna auf ihn Acht gehabt hätte. So aber litt er nur große

Not. Der Stein half ihm, dass er schließlich doch mit dem Leben davonkam. [14990] Gyramphiel war eine Göttin und hatte aus Liebe zu ihrem Mann diesen Gürtel gefertigt, denn unablässig war sie in Sorge, dass Fimbeus aus Tapferkeit – nach der er [14995] jagte und um die er kämpfte – das Leben verlieren würde. Bei dieser Aventiure unterstützte sie Frau Saelde mit einem Stein, der für ihn keinen Schaden zuließ, weil er die Kraft aller Steine in sich vereinte. [15000] Sie tat dies, weil sie ihre Schwester war. Als Fimbeus aber keinen Gürtel mehr hatte, musste er tagein, tagaus die Aventiure der Minne erbeuten; denn draußen, fürchtete Gyramphiel, würde man ihn erschlagen. [15005]

Als nun Gyramphiel gehört hatte, dass Gawein ins Land gekommen wäre, freute sie sich darüber sehr; sie wollte, wenn möglich, die Schande rächen. [15010] Ihren Geliebten trieb sie dazu, auf die Straße zu reiten, um Gawein unterwegs zu erwarten und ihn auf seine Burg einzuladen, denn sie wollte Gawein Schaden zufügen. [15015] So allerdings spielte es sich nicht ab. Gawein kam zufällig eines Tages, als es Abend wurde, zu dieser nämlichen Burg nach Gahart auf der Suche nach einer sicheren Unterkunft: [15020] die wurde dem Helden dort sehr teuer berechnet. Als er in Gyramphiels Herrschaftsbereich kam, empfing sie ihn gut, doch kam es nicht von Herzen. [15025] Vielmehr hoffte sie, dass ihr Geliebter – womit auch immer – gegen Gawein hohen Ruhm erringen könnte, denn Gawein hatte ihr an Fimbeus, [15030] ihrem Mann, Leid zugefügt: Dessen wollte sie stets eingedenk bleiben.

Gawein beim Wildschütz – Drachenkampf bei der Klause zu Anfrat

Jedoch: Sie vermochte nicht, ihm einen Schaden zuzufügen, wiewohl Gawein durch einen falschen Rat doch eine sehr schwere Last aufgebürdet bekam. [15035] Sie erzählte ihm, dass es zu Anfrat eine große Aventiure gäbe, die man ganz mühelos und kampflos in ritterlicher Art erringen könnte, wenn man nur einen kleinen Drachen erschlug. [15040] Sobald das geschehen wäre, könnte man Frau Saelde in ihrer ganzen Herrlichkeit sehen. Dadurch würde der, der über die Klause wachte,[132] unermessliches Heil erringen.

---

132 Damit ist offenbar der ›neue‹ Herr der Klause – nach des Drachen Tod – gemeint. Die Aussage ist schon im Mittelhochdeutschen ungewöhnlich.

[15045] Nun glaubte Gawein, sie hätte ihre Worte aus Freundlichkeit gesprochen. In Wirklichkeit wollte sie sich damit an ihm rächen. Die Nacht verschwand wie gewohnt, [15050] was Gawein kaum erwarten konnte. In der Früh, als es zu tagen anfing, war er aufbruchsbereit und ersuchte die Dame, ihm zu sagen, wohin er sich wenden müsste. [15055] Er sagte, er wolle sich an dieser Sache versuchen. Sie wies ihm den Weg von der Burg durch einen dunklen Wald. Gawein hörte ihr konzentriert zu [15060] und machte sich auf. Bis Mittag war er zur Klause – und also zu dem Hinterhalt – gekommen, über die der Drache herrschte und wo er lauerte. [15065] Was soll ich lange davon erzählen? Gawein fand dort weder Haus noch Herberge. Ein Wildschütz, der eine wilde Ziege trug, kam von einem hohen Berg herabgestiegen [15070] und hatte den Weg hinunter in Gaweins Richtung genommen.

Den bat er, ihm zu sagen, wie man hier den Preis der Aventiure erringen könnte. Er sagte: ›Herr Ritter, wonach ihr verlangt, [15075] ist euer sicherer Tod! Aus dieser großen Not kann euch keine Tapferkeit erretten. Ihr solltet – das rate ich euch – dieses unendliche Leid gänzlich meiden [15080] und lieber nach einer Aventiure streben, zu der Mut und Kraft euch bewegen.‹ Gawein antwortete: ›Freund, alle diese Schrecken fürchte ich recht wenig. Als ängstliche Feigheit [15085] würde man es mir anrechnen, wenn ich mich an euren Rat hielte. Ich muss mein Glück versuchen, ganz gleich wie viele Mühen mir dies einbringt. [15090] Wer weiß, vielleicht überlebe ich diese Aventiure doch durch ein Wunder, wenn ich im Herzen standhaft bleibe.‹ Damit ließ er es sein. Der Wildschütz ging seines Weges [15095] und Gawein wandte sich der Warte zu: Das bereute er sehr, als er die Wahrheit kennenlernte. Er fand das Tier in einer hohen Felswand liegen: [15100] Dadurch war die Durchfahrt durch die Klause unmöglich. Als er das Tier erblickte, gab er seinem Pferd die Sporen: Er ritt eine Tjost hinauf [15105] gegen das Felsloch, die man wohl loben sollte. Das Tier aber fing den Angriff ab. Hier musste Gawein hohen Zoll zahlen.

Die Tjost war absolut vergeblich. Das Tier sprang mit wildem Grimm [15110] heraus gegen Gawein. Es blies aus seinem Mund einen großen und langen Atemwind, dass Gawein davon auf der Stelle vollständig in Brand geriet. [15115] Der Schild, das Pferd, die Rüstung – alles fing zu brennen an. Mit solcher Feindseligkeit hatte er nicht gerechnet. Unmöglich hätte er hier diesen großen [15120]

Ruhm erworben, wenn er nicht ganz wie Eis gewesen wäre, und das obwohl der Harnisch brannte und dieser vom starken Feuer an seinem Körper so dünn [15125] und porös wurde, dass man ihn leicht hätte zerreiben können. So stand er da und brannte, bis er ganz nackt war, bis auf jene Kleidungsstücke, die der Gürtel umschloss, [15130] also die Unterkleider. Auch er selbst blieb unversehrt: Ursache dafür war der Stein, dessen Wesen so rein war und der so große Kraft besaß, [15135] dass das Feuer seinem Körper nicht schaden konnte. Nachdem Gawein ihn dem Fimbeus von Schardin wegnahm, ließ er ihn neu einfassen und trug den Stein fortan, damit er ihm nützte. [15140] Daran hatte ihn sein Verstand nicht getäuscht.

Als nun Gawein völlig schutzlos war, trieb ihn der Drache zur Höhle hin und wollte ihn vernichten. Doch sofort bekam er [15145] Hilfe und Unterstützung: Er fand ganz viele Rüstungen und Schwerter in der Höhle, die auf der einen Seite ganz voll davon war, und daneben viele Knochen, [15150] fleischlos und sauber abgenagt. Die Aventiure sagte mir, als ich sie zu lesen anfing, dass es Ritter waren, [15155] die vom Tier getötet worden waren: Ritter, die den Ruhm der Aventiure hatten erringen wollen, die das Tier aber mithilfe seines Feuer allesamt lebendig [15160] in das Loch forttrug. Damit genug davon!

Gawein erging es nicht so. Er nahm sich ein schönes Schwert und wandte sich wieder gegen das Tier. [15165] Das Schwert nahm er wie ein ordentlicher Held mit beiden Händen und er hieb die Haut und den dicken Schuppenpanzer mit dem Schwert entzwei, als ob es ein gebratenes Ei wäre. [15170] Das Tier blieb ihm für diese Attacke nichts schuldig: Es blies ein Feuer aus, dass der ganze Wald davon in Brand geriet und das ihm das Schwert bis auf den Griff zerstörte. [15175] Als er es schmelzen sah, wich er sehr behände vor dem Tier in die Höhle zurück, wo er noch weitere Schwerter wusste. Zufällig bekam er eines zu greifen, [15180] das sehr stark war. Da zögerte er nicht länger: Sofort wandte er sich dem Untier zu, direkt vor der Höhle, denn es war ihm hinterhergelaufen. [15185] Es stürzte sich auf Gawein und wollte ihn wegziehen. Unmittelbar bevor es sich mit seinen scharfen Klauen zu ihm hinunterbeugte und ihn packen wollte – [15190] das wäre sein sicherer Tod gewesen –, streckte er das Schwert zum Schutz vor. Wie ein Eber stürzte es sich hinein: So musste das Untier sterben, denn er durchbohrte es mit dem Schwert so weit, [15195] dass es ihm oben am Rücken wieder austrat. Das raubte ihm alle Kraft.

Nachdem sich Gawein an dem Untier gerächt hatte, ereignete sich ein großes Wunder: Durch das Blut und die Eiterhitze [15200] entzündete sich flugs das Schwert und fing so sehr zu brennen an, als wäre es dürres Stroh. Dann ging auch der Drache in Flammen [15205] auf und verbrannte. Gawein überlegte hin und her, was er nun tun sollte, zumal ihm die Kleider und der Harnisch verbrannt waren; [15210] die hatte er hier verloren, das wusste er genau. In der Höhle gab es viele Harnische, aber an allem anderen fehlte es, und so musste er eben ohne Ausrüstung [15215] und zu Fuß die Straße nehmen. Er wollte wegen des unreinen Gestankes nicht länger dort bleiben. Er wählte jenen Weg, der der Klause am nächsten war. [15220] Der führte ihn zu einer Burg, die ganz in der Nähe war und einer schönen jungen Frau gehörte: Siamerag von Lembil wurde sie genannt.

Bei Siamerag von Lembil: Ratschläge für Gawein

Das war am späten Abend. [15225] Gawein, als er – schutzlos und unbedeckt – zur Burg gegangen kam, wurde dort mit großem Pomp empfangen. Sein weithin bekannter Name [15230] gereichte ihm zum Vorteil. Harnisch, Pferd und Kleidung richtete Siamerag sogleich mit allem nötigen Schmuck für ihn her, [15235] und sie dankte Gott, dass er den Drachen überwunden hatte. Das kam von Herzen, wie sie ihm später beweisen sollte. Sie wusste genau, dass ihm Hass [15240] diese Aventiure eingetragen hatte, denn sie erinnerte sich gut an den Kampf, den er mit Fimbeus stritt und bei dem er den Gürtel errang. Sie war nämlich damals in Ordohorht, [15245] wo ihn die Schwester der Saelde fertigte. Weiters gab ihm die junge Frau ein kostbares Kleinod: einen prächtigen Waffenrock, fest wie ein Diamant und [15250] aus einer Art Seide, die niemand mit keiner Art Stahl zerschneiden konnte. Immer, wenn er ihn trug, sollte er an sie denken. [15255] Und sie sagte ihm außerdem, dass er ihn aus größter Not retten würde, in der er den Tod fände, wenn er ihn nicht trüge, und dass ihn Laamorz von Janfrüge [15260] mit Zauber belegen würde.

Er dankte ihr für diese Worte, denn er wusste nicht, dass diese Aufgabe vor ihm lag. Er hatte gehofft, endlich [15265] eine Rast einlegen zu können, bis er das von ihr gehört hatte. Nun aber fragte er sie weiter, wie es dazu kommen würde, dass Laamorz mit ihm kämpfte. [15270] Sie antwortete ihm: ›Ich will euch sagen, wie es um ihn bestellt ist und wie es euch ergehen wird. Hass und falscher Rat haben euch in diese Gefahr getrieben. Ich sage euch, auf wessen Bestreben und durch wen das geschehen ist: [15275] Gyramphiel hat es getan, wegen Fimbeus, ihres lieben Ehemannes, der gegen euch sieglos blieb, als er den Gürtel verlor. Deshalb wollte sie euch verraten [15280] und hat euch diese Grube gegraben, denn sie wusste um diese Gefahr hier und auch, dass ihr überall und stets wagemutig seid. Als sie euch zum Drachen sandte, [15285] hoffte sie, ihr würdet keinen Erfolg haben und dass er euch verbrennen und ihr das Leben verlieren würdet; dass euch aber, wenn ihr dort nicht den Tod gefunden hättet, Laamorz erschlagen sollte, [15290] wenn ihr euren weiteren Weg nach Janfrüge nehmen solltet, wo schon viele erschlagen wurden, weil Laamorz von Zauber beschützt wird.[133]

Ihr werdet dabei aber heil davonkommen, [15295] wenn ihr euch an meinen ehrlich gemeinten Rat halten wollt: Ihr werdet morgen sehr früh nach Janfrüge kommen, denn es liegt nur knapp vier Meilen von Lembil entfernt. [15300] Eine gute, starke Burg ist es, vom Zauber gut beschützt und mit großen Künsten so eingerichtet, dass wann immer binnen Jahresfrist ein Ritter dorthin kommt, [15305] dieser mit Laamorz, dem Helden, kämpfen und so sein Nachtlager und das Essen verdienen muss. Selbst wenn er die Kraft von 30 Männern hätte, [15310] wird er dort den Tod finden, wenn er diesen Ritterkampf gegen Laamorz auf der Burg zu einem Ende bringen will. Nichts vermag dies abzuwenden mit Ausnahme des Waffenrocks [15315] und des siegreichen Steines, der euch gerettet hat. Natürlich wird sich der Kampf sehr in die Länge ziehen, weil er euch gerne in die Enge treiben will. [15320] Das sollte euch bewusst sein. Er könnte ohne Schwierigkeiten ein ganzes Jahr kämpfen, ohne zu unterliegen, wenn der Kampf nur in der Burg stattfände. [15325] Herr Gawein, mein lieber Freund, es würde euch nicht schaden, wenn ihr von ihm beharrlich und immer wieder zum Kampf angehalten werdet: Mit der Zeit [15330] würdet ihr nur immer besser fechten; euch würde keine Müdigkeit belasten, noch würde

---

133 Oder: ›... außer Laamorz verzichtet(e) auf den Zauber.‹

ein Schwert euch schneiden. Dasselbe aber würde auch ihm zuteil werden, wenn der Kampf ewig dauern sollte. [15335]
Daher gebe ich euch einen Rat: Es gibt ein Stück Rasen neben dem Burggraben, gleich vor dem Tor, einen kleinen Hügel hinauf – dorthin sollt ihr den Kampf verlegen, [15340] und denkt an meinen Rat: Ihr werdet ihn besiegen, aber ihr sollt ihn am Leben lassen und ihn – als Preis für sein Leben – auffordern, euch das Knäuel zu geben, [15345] mit dem man den See überqueren kann und das ihm seine Schwester Ylameret von Lanoyer sandte. Damit schafft ihr es – macht euch deswegen keine Sorgen – von diesem Land [15350] nach Ordohorht, wo Frau Saelde daheim ist. Ihr sollt aber Folgendes wissen: Es steht um dieses Knäuel so, dass ihr es nie [15355] mit bloßer Hand angreifen könnt. Wollt ihr es mitnehmen, müsst ihr es aufwickeln und es fest vorne in diesen Waffenrock binden. [15360] Sonst ist all eure Mühe vergeblich. Freund, lasst euch sagen: Wenn euch das gelingt und ihr das Knäuel so zum [15365] tiefen See bringt, dann sollt ihr zuerst ein Ende des Fadens an eurem Finger festmachen und das andere Ende mit viel Schwung auf den See werfen. [15370] Dann wird der Faden sich bis ans andere Ufer über den See schwingen; und fürchtet euch nicht im Geringsten, dass euch der See Schaden zufügte. Befestigt dann den Faden am Ufer [15375] – das sei euch nicht verheimlicht –, reitet ganz sorglos über den See und lasst das Knäuel einfach liegen. So werdet ihr übersetzen können. Wenn ihr zurückgeritten kommt, [15380] werdet ihr den See im selben Zustand vorfinden; so muss es sein.‹

Kampf mit Laamorz, Gewinnung des Knäuels

Gawein freute sich über diese Worte. Ihre Nacht verstrich während manch kurzweiliger Unterhaltung. [15385] Am nächsten Morgen brach Gawein fröhlich von Lembil auf. Hierauf fing er an, seine Dinge so einzurichten, wie es ihm das Mädchen geraten hatte, damit er mit voller Kraft [15390] die Aventiure erbeutete, so wie das Mädchen es gesagt hatte. Die Freude machte ihn leicht und schnell. Bald war er zum Schloss Janfrüge gekommen. [15395] Er fand alles so vor, wie er es in Lembil gehört hatte. Man empfing ihn sehr gut und sein Pferd wurde in den Stall geführt. Der Gastgeber gesellte sich [15400] zum Gast, um sich mit ihm zu unterhalten. Er sagte:

›Ihr habt großen Hunger, wir sollten sogleich essen gehen. Ihr sollt mir aber einen Vorschlag, den ich euch machen will, nicht übel nehmen: [15405] Wir beide sollten uns vor dem Essen zu Pferd im Ritterspiel üben, denn glücklicher Eifer macht keinem guten Ritter Schande. Abgesehen davon gilt bei mir dieses Recht: [15410] Wer hier Essen bekommen will, der muss es dem Gastgeber auf diese Weise bezahlen. Wenn ihr aber diese Sitte tadeln und weiterreiten wollt, [15415] so müsst ihr, Herr Ritter, dennoch – gegen euren Willen – kämpfen, denn kein Ritter vermag sich hier vor dem Kampf zu drücken, es sei denn, er wäre bereit, mir schon vor dem Kampf [15420] Sicherheit zu versprechen, indem er mir mit Händen und Zunge aufrichtige Gefolgschaft anbietet. Der Ritterkampf muss aber hier in der Burg stattfinden, [15425] ganz gleich, ob ihr, Herr Ritter, es mit mir aufnehmen oder ob ihr euch in meine Gnade überantworten wollt.‹

›Herr Wirt, mein Freund, ich werde, solange ich in eurer Burg bin, eurem Wunsch nachkommen,‹ [15430] sagte Gawein, ›das ist vernünftig. Ihr aber sollt wissen, dass ich euch, wenn ich hier gegessen hätte, diesen hohen Lohn bezahlt hätte, bevor ich über Acker oder Feld [15435] davongeritten wäre. Wenn ihr das in Freundschaft fordert, so will ich es gerne tun, selbst wenn es nicht euer Recht wäre, wie ihr sagt. [15440] Mir sind in vielen Ländern beileibe viele gute Ritter zu Pferd entgegengetreten und haben sich an mir versucht, aber noch keiner hat von mir im Voraus [15445] Gefolgschaft verlangt. Auch hat mich niemals ein Schwert bezwungen, sodass ich irgendjemandes Mündel geworden wäre, so wie ihr es jetzt ganz ohne Kampf von mir verlangt. [15450] Da ihr aber von solchem Schlag seid, dass ihr die Bezahlung direkt auf die Hand wollt, will ich euch vor dem Essen wahrlich nicht mit einem solchen Pfand abspeisen. Ich will euch lieber zuvor [15455] auf dem Kampfplatz vor dem Tor sicheren Lohn zahlen. Dort, Herr Wirt, sollt ihr euren Zoll nehmen, dort werde ich ihn euch geben, wenn es nun einmal so sein soll.‹ [15460]

Eine Zeit lang widersetzte sich Laamorz. Er hätte lieber vor dem Palas mit ihm gekämpft, doch er musste über den Burggraben, wie ungern er das auch tat, [15465] denn Gawein wollte den Rat des Mädchens nicht übergehen. Die beiden kamen mit den Pferden auf eine grüne Wiese. Von diesen kühnen Helden [15470] gab es Außerordentliches zu sehen. Jeder wollte dem anderen drohen, was aber der andere nicht zuließ. Nun seht, wie der Falke bei der Beize nach dem Wild verlangt; [15475] genauso traten die beiden auf diesem Kampfplatz einander entgegen, feindsinnig und gierig auf das Leid des anderen, ohne es selbst eigentlich [15480] zu bemerken, denn zwei gleichermaßen erhitzte Gemüter trieben sie gegeneinander, Laamorz und Gawein. So mussten denn die Schenkel fliegen [15485] und mussten sie die Sporen bis zum Knöchel in die Pferde schlagen und die Spitzen an den Lanzen mussten sich unter den Stichen biegen und die Schilde zu Boden fliegen [15490] und an den Rändern ausbrechen. Da lernten sich Gastgeber und Gast so richtig kennen. Keinem von ihnen fehlte es an Mut; aus diesem Grund [15495] konnten sie nur durch des anderen Sturz zur Ruhe kommen, denn dieser Hass schwoll bei beiden mit gleichem Grimm an.

Die Sattelbögen gaben unter [15500] den Stichen der beiden nach und die Bänder der Zügel lösten sich; die Pferde stürzten hinten bis zum Kniebug in den Sand und mussten sich vorn [15505] wegen der Stiche aufbäumen. Von diesem harten Ritterkampf hatten sie Stärke und Kraft verloren. Als nun die Lanzen verbraucht waren, [15510] nahmen beide ihre Schwerter aus der Scheide; grimmig bot jeder seinem Gefährten die Spitze und die Schneide dar – denn eines jeden Leben [15515] war in der Acht des anderen –, und jeder wollte seinem Gegner gerne den sicheren Tod bereitet haben. Beide hätten es gerne so weit gebracht, wenn es denn hätte sein können. [15520] Das war an ihnen offensichtlich. Die Schwerter gaben lauten Klang, als die beiden mit solcher Wut aufeinander eindrangen, denn der Grimm, den sie einander [15525] einschenkten, kam aus demselben Fass. Sie erhoben sich und wankten, sie schlugen und stachen, sie übten gegenseitig Vergeltung. Ihr innerer Schmerz wurde immer mehr: [15530] Beide kämpften und fochten sie gemeinsam um ihrer beider Ehre, und die gleichen Gedanken hatten sie, weil ein und dieselbe Gesinnung sie antrieb. So fochten und kämpften sie beide [15535] den ganzen Tag lang, bis der Abend über sie hereinbrach, ohne dass die beiden auch nur einen Moment lang gerastet hätten.

Jeder der beiden täuschte den anderen mit Finten. Aus den Helmen sprühte häufig [15540] die Feuerflamme. Eine derartige Liebe war höchst selten, und gar nicht wie jene, die Ethiocles und Polimedes verband, von denen ein jeder, [15545] wenn er gemusst hätte, treu für den andern den Tod gewählt hätte.[134] Von diesen hier wollte aber jeder erreichen, dass er davonkäme und der andere in diesem Kampf [15550] an seiner Stelle stürbe. Das Verlangen und die Absicht dieser beiden Gesellen war also ganz anderer Art, denn einer gönnte dem anderen viel eher den Tod als sich selbst. [15555] Wenn dort Liebe war, herrschte hier unter diesen beiden Hass. Das konnte man an ihrem Benehmen sehen. Sie waren beide böse. Die Güte versteckte sich während dieses Kampfes [15560] ganz und gar vor den beiden, keine Liebe konnte sie trennen. Jeder kämpfte gegen seinen Kampfgefährten um den Sieg, [15565] denn ein Gemüt trieb sie beide an. Deshalb mussten die Schilde ganz dem Erdboden zuteil werden. Beide kämpften sie heftig [15570] um Glück und Heil, denn eine Gesinnung hatte sich über sie ausgebreitet. Das machte den Kampf sehr wechselhaft.

Sie kämpften sehr lange und mit großem Ungestüm, [15575] bis Gawein in diesem furchtbaren Kampf den Sieg errang und von Laamorz verlangte, dass er ihm Sicherheit gäbe oder aber ihm eine Bitte gewährte, die er an ihn richten wollte. [15580] Darauf wollte Gawein nicht verzichten, im anderen Falle würde er ihm das Haupt abschlagen. Laamorz antwortete: ›Ritter, ich will euch kundtun: Alles, was ich besitze, Burgen und Länder, [15585] soll euer Erbgut sein. Darüber hinaus will ich euch zu ritterlicher Treue gemahnen, auf dass ihr gestattet, dass ich meine Missetat euch gegenüber bereue [15590] und ihr mich also am Leben lasst. Ich schwöre euch echte Sicherheit und bin zu allem bereit, das ihr von mir verlangen wollt, denn durch eure Hand, Gawein, war ich [15595] bereits dem Tode zugesellt. Ich werde in allen Ländern euren Ruhm verbreiten und euren Namen preisen. Das leiste ich euch, [15600] weil euch die Ehre zuteil wurde, mich zu besiegen und an Ruhm zu übertreffen. Ich hätte geschworen, dass nie, auf der ganzen Welt, [15605] ein so guter Ritter von irgendeiner Mutter geboren würde, der mich besiegen könnte. Nun hat mich die törichte Hoffnung, die ich hegte, betrogen.‹ [15610]

Mit diesen Worten streckte er ihm zum Beweis die Hand entgegen. So hatte der Kampf ein Ende und Gawein nahm ihn als

---

134 Gemeint sind wohl die thebaischen Brüder Eteokles und Polyneikes, Söhne des Oedipus, die, vom Vater verflucht, einander im hasserfüllten Kampf erschlagen. Entweder kannte Heinrich den Thebenmythos nur ungenau, oder die Anspielung ist ironisch.

seinen Gefolgsmann an. [15615] Dann kehrten die beiden von dort über die Brücke in die Burg zurück. Gawein trug ihn über dem Rücken in seine eigene Burg, obwohl auch er – was er sich freilich [15620] nicht anmerken ließ – sehr müde war. Sein Pferd wurde in einen schönen Stall gebracht. Viele gute Speisen wurden Gawein vorgelegt. [15625] Niemand beklagte den Gastgeber, obwohl dieser schwer verwundet und sehr mitgenommen war. Er musste sich zur Ruhe legen, befahl aber noch, den Gast mit großem Anstand [15630] ganz besonders zu umsorgen. Auf der ganzen Welt wurde kein Gast je besser behütet. So war Hass zu Liebe geworden, auch wenn das nur sehr selten vorkommt. [15635] Ich höre nämlich die Klugheit sagen, dass zweier Feindschaft im Kampfring bestehen bleibt, wenn eins das andere [15640] in Schande stürzt. Auch wenn die Elster zugleich schwarz und weiß ist, würde ich das schon auszulegen wissen,[135] wenn ich mich darum bemühte; [15645] ich will mich aber nicht länger damit aufhalten: Ich muss die Aventiure erzählen, meine Rede ist dem Müßiggang verschrieben.

Gawein bei Frau Saelde und ihrem Kind, dem Heil

Ankunft in Ordohorht: der See Laudelet und die Edelstein-Burg

Als es Tag wurde, [15650] hielt der kühne Laamorz Wort: Er gab Gawein das Knäuel, wie er es ihm versprochen hatte. Gawein machte sich in Richtung Laudelet auf: [15655] So hieß dieser See. Mit einem Segensgruß verließ er den Burgherrn. Bald war er zum See gekommen. Er folgte dem Rat, den ihm das Mädchen zuvor geraten hatte. [15660] So kam er sehr rasch hinüber ins Land, das Ordohorht genannt wurde und wo Frau Saelde wohnte. Er sah einen wunderbaren Palas, [15665] der ihn anstrahlte. Dieser war mit kundiger Hand meisterlich aus Sardersteinen und aus Hyazinthen errichtet, [15670] und nach dem Wunsch der Haushernn war vielerlei Wunderbares aus einer Unmenge von Rotgold darunter gemischt. Eine prächtige Reihe Beryllen [15675] war in die Mauer eingelegt, die vier Ecken der Reihe bildeten edle Smaragde, darin Paleise[136], strahlend

---

135 Anspielung auf den ›Parzival‹-Prolog, wo das Elsterngleichnis prägnantes Abbild poetologischer und – im weiteren Sinne – epistemologischer Unwägbarkeiten und Aporien ist.
136 Vgl. Anm. 78.

weiße Kristalle.[137] [15680] Unmittelbar daneben lagen, sorgfältig angebracht, edle Chrysoprase, die einmal rundherum gingen und die von prächtigen Topasen [15685] unterbrochen wurden. Direkt neben diesen lag eine Reihe aus Saphiren, darunter eine Reihe aus assyrischen Jaspisen, [15690] die ein Onyx schmückte. Die nächste Zeile bestand aus zwei Onyxen und Sardonyxen; an der nächsten befanden sich die [15695] schönsten Chrysolite. Daneben behüteten riesige Turine die Mauer. Über der Tür gab es ein prächtiges Säulenhäuschen aus einem Rubin. [15700] Darüber war ein Kapaunenstein vor Perlen kunstvoll in rotes, reines, weiches Gold eingelegt, darunter ein Prasem, grün wie Gras. Die Tür war ein Diamant, [15705] beständig und hart. Unter allen diesen Steinen waren an der Mauer zuallerletzt Korallen, Karneolen und Amethysten [15710] aufs Feinste befestigt, wie es die Baumeister geraten hatten. (Gawein beeilte sich.)[138] Achite und Achate lagen unten beim Boden [15715] als wären sie nichts wert, auf der anderen Seite der Chalcedon, perfekt ausbalanciert und wie es der Meister einzurichten verstand.

An den Zinnen lagen [15720] außen und innen Seravine und Magnetsteine. Über dem Saal erhob sich ein rundes und hohes Gewölbe, das den Saal ohne eine weitere Decke [15725] ganz überdachte. Innen und außen mangelte es ihm nicht an reichem Goldsand und an Edelsteinen: [15730] Damit war es überall gleichmäßig bis auf die Zinnen hinab geschmückt. Sein Glanz war über die Maßen hell. Obenauf schwebte ein Adler [15735] aus rotem Gold, wie es sich gehörte, der den Edelsteinen ebenbürtig war. Ausladend und groß war er, kostbar und wertvoll, [15740] und im hellen Schein der Sonne erzeugte er ein großes Lichtfeuer: Wenn sie sich früh am Morgen seinem Glanz zuwandte, dann wurde das Land [15745] von einem solch herrlichen Licht durchflutet, als ob es ganz und gar in Flammen stünde, denn auch die Steine gaben ihren Glanz dazu. Rundherum gab es rund 100 gleich geschnittene Fenster, [15750] die dem Saal das Tageslicht brachten. Das wäre gar nicht nötig gewesen: Niemals hätte die Nacht dem Saal schaden können, indem sie

---

137 Interpunktion gegen die Ausgabe. Die Syntax ist allerdings hier wie überhaupt bei der Burgbeschreibung so lose, dass nicht immer klar ist, wo welche Steine wie in- und über- oder nebeneinander liegen. Die Übersetzung bietet e i n e n möglichen Vorschlag, sich das Äußere der Burg vorzustellen.
138 Der Satz könnte ein Schreiberversehen der Handschrift sein und wäre vielleicht zu tilgen.

ihm Finsternis brachte, denn die Steine gaben von Natur [15755] aus ein so starkes Licht, dass es selbst den hellsten und heitersten Tag übertraf.

Ich bin überzeugt, dass die Burg als Augenweide geschaffen wurde, [15760] denn sie bereitete solche Freude, dass sie sogar Kranke gesund machte. Jetzt will ich euch kundtun, von welcher Art die Fenster waren. Das wird euch nicht langweilen: [15765] Sie waren durchwegs mit einem Schwibbogen aus grauem Hyazinth eingefasst, aus dem auch das Gesims und die Fensterstöcke waren. Darüber ragte ein fürwahr [15770] prächtiger Giebel aus Topasen empor; darunter hatte ein Granat den unteren Platz inne. Am Fuß der Fenstersäulen hatte man [15775] einen Onyx gesetzt. Jedes Fenster war mit zwei schönen Säulen verziert, die farblich zweigeteilt waren: Es waren zwei verschiedene Steine, [15780] der eine ein Emetin, der andere ein grüner Jaspis. Den Fenstertüren gab ein Karfunkel Helligkeit und Halt: [15785] Davon erstrahlte der Palas. So war der Saal rundum gemacht. Ich fände es zum Lachen, wenn hieran irgendetwas nicht perfekt sein sollte. [15790]

Als nun Gawein den Saal erblickte und der Glanz in seine Augen drang, dachte er, das Land stünde in Flammen, weil er so sehr geblendet wurde. [15795] Er bereute es sehr, jemals in dieses Land gekommen zu sein, bis er bemerkte, dass es sich um einen prächtigen Saal handelte. Auf einem leicht zugänglichen Weg [15800] ritt er vom See ins Tal hinunter. Als der Saal ihm entgegenstrahlte, beeilte er sich sehr. Bald kam er so nahe an ihn heran, dass er die Tür erreichen konnte – [15805] da ließ er die Steigbügel sein und sprang vom Pferd vor das Tor. Sein Pferd band er davor flugs mit dem Zaum an einen schönen Baum, [15810] eine edle Zeder. Lanze und Schild steckte er unten neben den Baum. Er nahm Helm und Helmhaube vom Kopf, wie ein sorgfältiger Ritter [15815] das zu tun pflegt; die hängte er sich um den Hals. Das Schwert nahm er in die Hand und trat durch die Tür ein. Er nahm eine Stiege [15820] und ging immer weiter, bis er bei einer Tür anstand.[139] Das war für ihn, mir scheint, kein Nachteil.

---

139 Die mittelhochdeutsche Syntax ist unklar, sinngemäß wird aber wohl das Übersetzte gemeint sein.

Gawein und das Rad der Saelde

Auf einmal hörte er dort ein Gewirr von Stimmen. Er trat durch die Tür [15825] und fand etwas Großartiges und Herrliches: Hier saß in ihrer Majestät, hoch erhoben auf einem aus Gold geschmiedeten, mit Einlegearbeiten verzierten Rad, Frau Saelde und mit ihr ihr Kind, das Heil. [15830] Von ihr wehte ein tückischer Wind, der das Rad antrieb; sie aber verweilte unterdes trotzdem beharrlich an ein und derselben Stelle. Wenn der Wind so blies, [15835] drehte sich das Rad schnell, und jene, die am Rad hingen, wechselten ihre Position; wo sie dann aber hängen blieben, dort mussten sie bleiben. [15840] Eine Schar Männer und Frauen hing an dem Rad. Für viele bedeutete das Umlaufen des Rades einen Schaden, viele andere hingegen hatten davon einen Nutzen: Wer ans linke Ende kam, [15845] wurde arm und nackt, welcher Mensch aber auf die andere Seite geschleudert wurde, dem ging es prächtig und glänzend und er wurde in jeder Hinsicht vollkommen. Nun will ich euch erklären, [15850] was es mit den beiden auf sich hatte und woher dieses Wechselspiel kam, dass es derartige Wirkung zeitigte. Frau Saelde und ihr Kind, das Heil, waren auf der rechten Seite [15855] an Körper und Kleidung mit großer Pracht geschmückt – alles stand nur nach Freude. Zur anderen Seite hin aber sahen sie alt, blind, schwarz und bleich aus. [15860] Diese Hälfte war jämmerlich, vor ihr schreckte die Freude zurück. Dort trugen Saelde und Heil auch armselige Kleider, zerrissen und so verschlissen, dass man den Körper durchsah. [15865] In der Hand hielt die Saelde eine Geißel und der Fuß war ihr und dem Heil vom Rad gerutscht. Zu ihrer Linken war der Palas ganz fahl. [15870]

Als nun Gawein in den Saal trat, blieb das Rad stehen und Frau Saelde erhielt einen gleichmäßigen Teint, überall schön und strahlend war sie, wie sie vorher nur auf der rechten Seite aussah. [15875] Überdies begann die gesamte Menschenschar auf beiden Seiten darin zu wetteifern, ein schönes Loblied mit einer wundersüßen Melodie auf sie zu singen, [15880] und alle verneigten sie sich. Da befahl ihnen Frau Saelde zu schweigen. Inzwischen war Gawein sehr nahe an sie herangetreten und sie sagte zu ihm: ›Sei mir willkommen, Gawein, und grüß' Gott! [15885] Hast du diesen Gesang gehört? Er ist zu deinen Ehren, denn ihnen wurde ihre Freude vermehrt. Gawein, durch dich, durch deine Ehre wird [15890] all ihr

Die Saelde-Aventiure

Leid zerstreut sein. Niemand von ihnen wird mehr zum linken Teil des Rades gedreht, denn um deinetwillen – weil du gekommen bist – lade ich sie zu meinen Freuden. [15895] Mein lieber Freund, sag, was du von mir verlangen willst! Darüber hinaus will ich dir alles Glück schenken, über das ich verfüge, Sieg und Heil in allen Dingen [15900] dieser Welt gebe ich dir, und deinetwegen will ich deinen Oheim, König Artus, so mächtig und sein Herrscherhaus so immerwährend und so beständig machen, [15905] dass es ihm an nichts mangeln soll. Er habe, um aller Welt zu geben, und auf ewig möge er ganz ebenmäßig im Weltenlauf dahintreiben, wie es sein Wille ist.‹[140]

Er verneigte sich zum Dank vor ihr. [15910] Bald hatte sie ihre Rede beendet. Sie gab ihm einen Ring und sagte: ›Dies sei ein Zeichen der Vollkommenheit aller Dinge. Solange Artus ihn besitzt [15915] und trägt, kann sein Hof nicht untergehen und wird immer in jeder Hinsicht vollkommen sein. Bringe ihm den Ring und bestelle ihm, dass er ihn behalten möge. [15920] Auch du selbst wirst in allen Dingen über alles verfügen, was man sich nur wünschen kann. Hiermit schütze euch Gott – du kannst hier nicht länger bleiben.‹ Gawein verneigte sich vor ihr und ging [15925] wieder hinweg zu seinem Pferd – an jene Stelle, wo er es zurückgelassen hatte – und machte sich wieder auf den Weg. Er ritt in der Obhut von Frau Saelde wieder über den See hinüber, [15930] über den er schon zuvor geritten war. Er war froh über diese Aventiure. Nun nahm er eine schöne und gerade Straße. Da begegnete ihm ein guter Ritter, [15935] der Gawein auf seine Burg einlud. Die beiden ritten gemeinsam vom Weg fort auf einen schmalen Pfad, und sie wollten auch nicht länger warten, denn die Essenszeit nahte [15940] und die Sonne brannte nieder. Daher beeilten sie sich umso mehr, dass sogar die Pferde nass wurden: Das kam vom Schweiß, der ihnen wegen der Hitze ausbrach. [15945] Plötzlich erblickte Gawein eine Burg.

---

140 ›im Weltenlauf‹ ist ergänzt; der Satz ist sonst kaum verständlich.

Zweite Wunderkette

Besuch bei Aanzim von Amontsus, Kampfverbot – Das erste Unwetter

Auf diese Burg führte ihn der Ritter. Sie wurde Amontsus genannt, weil sie auf einem Berg lag. Die Geschichte sagt uns, [15950] dass der Ritter, dem sie gehörte, dort nicht von seines, sondern von Frau Saelden Gnaden Burgherr war. Er hieß Aanzim und war zu Pferd ein guter Ritter. [15955] Besitz und Ansehen hielt er in Ehren, und stets gewann er mehr davon, als er verlor, denn ihm stand das Tor der Saelde [15960] immer offen; außerdem war er unermüdlich. Alles, was sie ihm gewährte, wusste er in Ehren zu verwenden. Auch sein Gefolge [15965] war darin nicht zu verschwenderisch: Man folgte seinem Willen. Gawein brachte er aufrichtige Gastfreundschaft entgegen. Die beiden unterhielten sich [15970] den ganzen Tag über prächtig. Länger möchte ich mich hier nicht verheddern[141], denn ich habe noch viel zu erzählen. Als es in der Früh tagte, nahm Gawein Abschied. [15975] Da geleitete Aanzim ihn ehrenvoll zu einem Wald und trug ihm auf, schnurstracks und geradewegs in rechter Richtung durchzureiten. [15980] Hernach, so befahl er ihm, solle er nicht erschrecken, was an Kummer und Not er auch hinter sich hören würde und wie sehr ihm das auch widerstrebte. [15985]
 Weiters sagte er ihm noch, dass er nicht darauf achten sollte, was hinter ihm ritte, denn das könnte ihm nicht im Geringsten schaden oder nachteilig sein; [15990] und er sollte sich mit keinerlei Ritterkampf aufhalten, denn der würde ihm dort im Wald im Übermaß angeboten werden; auch sollte er sich unterwegs keinen Augenblick [15995] aufhalten, sei es wegen eines Mannes oder wegen einer Frau. Hiermit gab er ihm seinen Segen. Nachdem er ihm all dies erklärt hatte, ritt Gawein in den Wald und ließ Aanzim zurückreiten. [16000] Er wollte auch nicht länger an diesem Ort verweilen. Wie Aanzim ihm befohlen hatte, wandte er sich rasch rechter Hand auf einen Pfad [16005] und folgte diesem eilig. Da wuchs hinter ihm ein Unheil: Mit großem Lärm krachte der Wald zusammen; [16010] die Stämme und Äste machten großen Lärm. Dann fiel der Wald völlig in sich zusammen, dazu kamen die Blitze [16015] eines starken

---

141 Ich lese *en-weben* statt *entweben*.

Unwetters, das so heftig war, dass es Gehölz und Felswand – was immer es vor sich fand – zerschnitt und verbrannte. [16020]

Erste Versuchung – Zweites Unwetter

Nach dem Hagel erhob sich ein Donnerwetter, das Gawein mit enormer Schärfe traf, denn er geriet davon bald in sehr große Not. [16025] Von Natur aus kochte der Regen und brannte so fürchterlich, als ob er durch ein starkes Feuer absichtlich zum Sieden gebracht worden wäre. Dazu kam [16030] ein Felssturz aus großen und kleinen Gesteinsbrocken. Die glühten außergewöhnlich, weil eine Flamme sie so sehr umfing, dass sie [16035] davon durchsichtig waren und hell leuchteten, ganz wie ein Klumpen Eisen, wenn er aus der Esse gezogen wird. Man durfte sich auch sicher sein, [16040] dass sie wie Feuer alles in Flammen aufgehen ließen. Hätte das Glück Gawein nicht beschützt, wäre er dort leicht auf der Strecke geblieben. Als dieser Schrecken vorbei war, begann es heftig zu schneien: [16045] Die Flocken waren wie Blei und setzten ihm sehr zu; überall wo sie ihn trafen, zerbläuten und zerschlugen sie [16050] seinen Harnisch und seinen Leib, dass es ihn sehr schmerzte und er sich doch wenig darum kümmerte.

Er kam nicht vom Weg ab. Dann erschien vor seinen Augen [16055] das Licht einer starken Feuersbrunst. Dann hörte er ungelogen hinter sich schreien: ›Ritter, haltet ein! Stecht eure Lanze gegen einen Ritter entzwei, [16060] wo ihr doch auf Aventiure zu diesem Ort gekommen seid! Fremder Ritter, flieht nicht so schnell! Bei der Ehre eines Ritters, [16065] haltet an! Ihr habt es zu eilig, wo euch doch ein Ritter nachjagt, der euch eine Tjost gewähren will. Wenn ihr mit Lanzen jemals Tapferkeit für Damen bewiesen [16070] oder jemals von einer reinen Frau Freude erlangt habt, und wenn euch noch jemals von einer Frau Gutes geschehen soll, dann zeigt das hier [16075] und ich werde euch rühmen.‹

Gawein ritt weiter vor sich hin, doch jagte dieser seiner Spur nach, bis er ihn erreichte und ihn an seine Tapferkeit erinnerte, [16080] auf dass er ihm die Tjost gewährte. Während er das forderte und Gawein anbettelte, ritt auf dem Pfad im Wald ein schönes Mädchen geradewegs auf ihn zu, [16085] das heftig weinte und klagte. Ihr Gewand war zerrissen. In der Hand führte sie das Haupt eines erschlagenen Ritters. Das klagte sie Gawein [16090] mit jämmerlichster Klage. Sie sagte: ›Gawein, was ich euch sage, soll euer Mitleid erregen, und rächt den armen Ritter, dessen Haupt ich hier in der Hand trage,[142] [16095] wenn euch jemals durch Frauen die Freude ergeben war! Also lasst mich in Gottes Namen nicht ungerächt. An ihm wurden Ritterrecht und [16100] Treue zerbrochen. Daher rührt mein Schmerz, wenn ich nicht sofort gerächt werde.

Herr Gawein, lasst angesichts dieser meiner Sorgen sehen, [16105] was man von euch gewohnt ist. Wie sehr kamen euer Wohlwollen und eure Tapferkeit jenen zustatten, die bei euch Rat und rettende Hilfe suchten, [16110] denn das Leid von Frauen hat stets eure Freude zerstört, ehe es gerächt war. Nun sollen mir eure Hilfe und euer gnädiger Beistand, die schon viele unterstützt haben, nicht vorenthalten sein. [16115] Dieser Ritter war mein Geliebter, und er besaß den höchsten Ruhm, den je ein Ritter trug; deswegen hat ihn dieser Feigling, der von ihm ritterlichen Kampf forderte, erschlagen. [16120] Er tat es aber nicht mit Körperkraft, denn jener schlief gerade, als er über ihn kam und ihm den Kopf abschlug, den ich hier vor euch in der Hand halte. [16125] Das ist der Grund für meinen Kummer.‹

Nachdem sie das gesagt hatte, brach vom Wald her der Hagel los wie zuvor. Noch immer bedrängte ihn der Ritter [16130] mit Bitten und Schelten. Die junge Frau wiederholte derweil unablässig, dass er ihren Ritter rächen solle. Dann bat wieder der Ritter, Gawein möge um Ritters Ehre willen kämpfen. [16135] Sie jammerte daneben heftigst und schmähte Gaweins Tapferkeit, weil er beiden den Kampf versagte (wie es ihm Aanzim vor dem Wald befohlen hatte). [16140] Und so ritt Gawein vor ihnen auf dem Weg dahin. Doch weder konnte er sich auch nur ansatzweise aus ihrer Gewalt losreißen, noch Rettung vor seinem Schelten und ihrer Klage erringen, [16145] denn beide waren ihm auf den Fersen und riefen: ›Feigling!‹

Zweite Versuchung – Drittes Unwetter

Danach erhob sich eine Windsbraut, die mit Donner und Sturm einen solchen Lärm erzeugte, [16150] dass Gaweins Ohren taub wurden. Dieses Ungemach betäubte ihn so sehr, dass er weder

---

142 Interpunktion gegen die Ausgabe.

hörte noch sah. [16155] Der Ritter und das Mädchen, denen er den Kampf verweigert hatte, waren davon inzwischen verschwunden. Hernach legten sich die Winde plötzlich. [16160] Eine Finsternis war bis zu den Wolken hinaufgestiegen und hatte sich vor die Sonne geschoben, doch war sie so schwach, dass man den Tag noch gut sehen konnte. Nun kam ihm eine freudlose Frau [16165] auf dem Weg entgegengeritten, die wegen eines kleinen Kindes großen Schmerz erlitten hatte: Dem war ein Pfeil durchs Herz geschossen. [16170] Der Schmerz dieses Kindes tat der Dame weh, weshalb sie laut rief und schrie: ›Weh mir, liebes Kind, o weh!‹

Ihre Klage war sehr jammervoll. [16175] Nun hörte Gawein abermals jemanden nach ihm rufen: ›Ritter, kehre um! Wie sehr ihr auch von mir wegeilt, einer von uns muss doch unterliegen. Wenn es euch beliebt, dann sollt ihr [16180] nicht schwachsinnig den Mut verlieren und ihr sollt bei der Würde aller Ritter nicht den ritterlichen Kampf verweigern. Ich bin fürwahr dazu bereit, wenn ihr es wagt, gegen mich zu kämpfen; [16185] hier ist niemand außer uns beiden. Bleibt stehen und flieht nicht! Wenn euch die Ehre zuteil wird, dass ihr mich besiegt, seid ihr ein glücklicher Mann [16190] und gewinnt dadurch an Wert. Bei der Minne aller Damen, gewährt es mir, auf Verlust oder auf Gewinn! Gawein, furchtloser Held, [16195] gebt hier nicht alles auf, was man je an euch gefunden hat. Erinnert euch an alle Tapferkeit, damit ich nicht so unverrichteter Dinge abziehen muss, wo ich doch hergekommen bin, [16200] um eine solche Aventiure zu erringen.‹

Mit diesen Worten bat ihn der Ritter, mit ihm zu kämpfen. Die Dame trug das Kind, das er als tot erkannte, mit sich [16205] und klagte ihm den schmerzvollen Kummer. Sie bat ihn, den Tod, den er an dem Kind sah, zu rächen, und sie fing an, ihm alles zu erzählen, so wie es sich ereignet hatte. [16210] Nun sollte er sich aber da nicht aufhalten; deshalb ritt er von den beiden fort. Die Frau und der Mann folgten ihm mit Klage und Bitte, doch keinem davon gab er nach [16215] und folgte beharrlich seinem Weg. Nun begann das Unwetter erneut fürchterlich zu toben wie zuvor, glühende Steine begannen dicht hernieder zu prasseln, [16220] und zugleich begann ein Starkregen aufzuwallen, dessen Wasser heftig zu brennen begann. Plötzlich sah er die Frau [16225] und den Ritter nicht mehr. Ich weiß nicht, wie das kam oder was sie hinten abgeschnitten hatte.

Dritte Versuchung – Viertes Unwetter – Die Saelde-Botin

Er litt große Not und Pein, weil er ohne Schutz [16230] durch dieses große Unwetter ritt. Hinter ihm jagte ein Ritter daher, der so laut ›Ritter, halt!‹ rief, dass mit ihm zugleich der ganze Wald wie mit einer Stimme erschallte. [16235] Dieser Ritter war außerdem so groß, dass es nie einen größeren gab. Er ritt alles andere als gemächlich. Bald hatte er Gawein eingeholt und bat ihn geflissentlich, [16240] ihm um ritterlichen Ruhmes willen eine Tjost nach rechter Aventiureart nicht zu verweigern. Wenn das Heil, was den Sieg betrifft, ihm gar in solcher Weise hülfe, [16245] dass er ihn besiegte, würde sein Ruf dadurch gewinnen. Doch wie sehr er ihn auch bat, Gawein kümmerte sich nicht um ihn; er ritt seinen Weg, so gut er [16250] vermochte, weiter vor sich hin. Der Ritter aber, der ihn reizte, ließ keine Sekunde von ihm ab.

Das wurde Gawein lästig. Da vernahm er ganz in seiner Nähe [16255] vor sich auf dem Weg ein jammervolles Klagen, das er auch bald erblickte. Ein Ritter und ein Zwerg litten größte Not [16260] wegen einer wunderschönen jungen Frau, die sie auf einer Bahre mit sich führten. Ihr Klagen zeigte deutlich, dass ihr Tod sie bedrückte. Als sie Gawein erreichten, [16265] baten sie ihn aufrichtig, sich den Tod dieser schönen jungen Frau zu Herzen zu nehmen und den Jammer und das Leid nicht ungerächt zu lassen; [16270] dies sei der Befehl seiner Freundin Amurfina. Aufgrund dessen wäre er ihnen zu ihren Gunsten als Kämpfer gegeben.

Oftmals riefen sie ihn beim Namen [16275] und flehten ihn an, hier nicht den Mut zu verlieren. Sie zeigten auf den Ritter, der ihnen nachjagte, und boten ihm ihre Gefolgschaft an, [16280] damit er ihr Kämpfer gegen so große Drangsal wäre, wo er ihnen doch gegeben sei, um für ihr klagevolles Leben zu kämpfen. Da ihm dies verboten war, [16285] legten sie die junge Frau von der Bahre nieder ins Gras und hielten über ihr fürwahr eine solche Jammerklage, dass – bei aller Welt! – selbst ein Feigling [16290] sie gerächt hätte, so sehr hätte ihr jammerndes Klagegeschrei seine Freude gestört. Genau diese Wirkung hatte es auf Gawein, denn ihr Klagegeschrei drang bis zum Himmel. [16295]

Unter all diesem Gejammer schimpfte der Ritter. Wie oft nannte er Gawein einen Feigling, weil er nicht kämpfte! Davon vervielfachte sich sein Kummer, und allerlei Gedanken gingen ihm durch den

Sinn, [16300] da ihn beides bedrückte: ihr Klagen und sein Schelten. Wenn es ihm nicht vorher verboten worden wäre, hätte er es ihnen vergolten. Überdies schmerzte ihn, [16305] dass Amurfina, seine Geliebte, befohlen hatte, das Mädchen zu rächen, und dass er dieses Gebot brechen sollte. Schließlich hatten ihn doch auch der König und der Hof als Kämpfer hingeschickt.[143] [16310] Ganz gleich, was von all dem er nicht befolgt, man könnte es ihm übel anrechnen; doch eines davon musste er wählen, das war unvermeidlich. Er musste es zu einem Ende bringen, [16315] denn beides könnte ihm Schande eintragen.

Beide stritten sie um ihn: der Verlust und der Gewinn von Ruhm. Welches davon er auch wählte, er verlor doch von keinem etwas, [16320] denn es gibt zwei Tugenden, die keinerlei Übel sehen können: Das sind Tapferkeit und Beständigkeit. Schließlich sind beider Ratschläge völlig gleichwertig, [16325] tugendhaft und ohne Schande. Darum: Wenn er das eine sein lässt, ist es doch mit dem anderen zugleich getan, wenn er nur eins der beiden tut. Die Tapferkeit würde der Bitte[144] nachkommen [16330] und wäre darin standhaft. Aber auch der Befehl oder der Rat eines Freundes verlangen uneingeschränkte Standhaftigkeit. Um Tapferkeit ist es nämlich so bestellt, dass sie auf Standhaftigkeit nicht verzichten kann. [16335] Wenn er also der Bitte nachkommen will, ist der Rat daran nicht verloren, denn das eine ist das Kind des andern; will er aber dem Rat folgen, muss er auch hierbei über [16340] Standhaftigkeit und Tapferkeit verfügen. Nun möge er eins wählen, denn keines von beiden wird seinem Ruhm schaden.

Ihr Jammer bedrückte ihn so sehr, dass die Standhaftigkeit beim Ratschluss [16345] unterlag und sich verstecken musste. Er wollte sich wahrlich nicht weiter darum kümmern, wie er sich aus der Affäre zöge, wo ihn dieser Ritter und die Klage des Mädchens derart quälten. [16350] Ich weiß nicht, ob es euch gefallen wird: Er wollte mit ihm kämpfen. Da kam im selben Augenblick ein Mädchen eilig dort vom Wald hergeritten [16355] und rief ihm alsbald entgegen: ›Was wollt ihr tun? Hört auf, Herr Gawein, ihr richtet

---

143 Der Sinn ist dunkel. Wohin haben sie ihn geschickt? In den Dienst Amurfinas? Oder auf diese Wunderkette?

144 Gemeint sind die Bitten (oder ist die letzte Bitte), die an Gawein herangetragen wird. Rat wiederum meint im Folgenden offenbar den Rat des Aanzim, nicht zu kämpfen.

Schaden an, der sogleich auf euren Oheim, König Artus, und auf euer [16360] ganzes Vaterland fallen würde. Wenn ihr gegen den Ritter kämpft, würdet ihr dasselbe Leid verursachen, wie es durch Parzival geschah, als er nicht redete!‹ [16365] Beider Lanzen waren gesenkt, denn beiden verlangte es danach, in Ritters Art gegeneinander zu kämpfen. Nun wagte das tugendhafte Mädchen nicht, die Tjost zu unterbrechen, [16370] weil die beiden einander so nahe gekommen waren und sich schon hinter die Schilde krümmten. Ehe es aber zur Tjost kam,[145] hob sie einen langen Kolben, [16375] den sie bei sich trug, mit beiden Händen in die Höhe und schlug damit ungefähr einen Schritt vom Boden aufwärts gegen einen Baumstamm, dass er wie faulender Bast [16380] auf die Äste niederbrach.[146] Dadurch setzten erneut ein Regenschauer und kalter Schneefall ein, die zugleich Eis und Feuer eintrugen. Unterdessen verschwand der Ritter [16385] und mit ihm die Bahre.

Die Ritter – Abschied von der Saelde-Botin

Das Mädchen blieb bei ihm und Gawein machte sich wieder auf den Weg. Wie groß das Unwetter auch war und wie verderblich es zu sein schien, [16390] er scherte sich nicht darum, denn ein Held übersieht leicht einen kleinen Schrecken, wenn er früher oft größere erlebt und erlitten hat. [16395] Die beiden ritten nicht weit, bis sie unmittelbar vor sich durch den Wald her einen großen Ritterkampf hörten: Bald konnten sie ihn auch sehen. [16400] Schnell kamen sie hin. Als die Ritter Gawein bemerkten, ließen sie vom Kampf ab und forderten Gawein einzeln auf, ihnen eine Tjost zu gewähren, [16405] wenn er länger leben wolle. Dagegen half nichts. Einer sagte: ›Er erschlug meinen Vater. Das werde ich an ihm rächen und mit ihm kämpfen. [16410] Davon lasse ich mich nicht abbringen.‹

Ein anderer aber sagte nach diesem: ›Er hat seine Treue mir gegenüber gebrochen, ich werde mit ihm kämpfen.‹ ›Warum soll ich warten müssen?‹, [16415] fügte der nächste dazu. ›Er erschlug drei meiner Brüder, deshalb habe ich mehr Recht auf ihn.‹ ›Wie sehr ihr mich vergesst! Ihr Herren wisst genau, [16420] dass ich sein

---

145 Interpunktion gegen die Ausgabe.
146 Zersplittert hier der Kolben und regnet gleichsam auf die Äste, oder stürzt der Baum um und kommt wie morsches Holz auf seinen Ästen zu liegen?

eigentlicher Gläubiger bin‹, sagte wiederum ein anderer. Da sagte einer: ›Wisst ihr noch, wo er mich vor einem Jahr verriet, als ich Britannien verließ? [16425] Deshalb scheint mir, dass ich das größere Anrecht habe.‹ ›Doch mir hat er noch mehr angetan‹, sagte da noch einer unter ihnen. ›Niemand von euch soll mit ihm fechten außer ich allein. [16430] Er hat mich an meiner Schwester entehrt, indem er sie beschlief.‹ Einer überschrie den anderen, und jeder wand sich gegen ihn in den Schild.

Gawein ging allerhand durch den Kopf. [16435] Da drängte sich einer vor sie alle, der auf einem roten Pferd saß. Er befahl allen Rittern, still zu schweigen. Das wurde ihm beileibe nicht verweigert: [16440] Sie alle schwiegen still. Er aber sagte: ›Es sei hier euer gemeinsamer Wille, dass ich alleine mit ihm und für euch alle kämpfe, [16445] und ich möchte, dass das euren Gefallen findet, denn ich habe ein Recht darauf, und ihr könnt es hier alle selbst sehen. Ich scherze nicht. Vor euren Augen führt er [16450] meine Freundin mit sich, die schöne Samanidye. Das tut er, um mich in Schande zu stürzen, und ich will eine Rache üben, dass man in allen Ländern davon hören soll.‹ [16455]

Hiermit ergriff er den Schild, kraftvoll trat er in die Steigbügel, die Lanze schlug er unter den Arm. Gawein wollte sich das nicht gefallen lassen und das Gleiche tun. [16460] Das Mädchen aber brachte ihn davon ab und ließ es nicht zu, dass er kämpfte, sondern befahl ihm weiterzureiten, wie viele der Ritter ihm auch gedroht und den Tod verheißen hätten [16465] und hinter ihm nachjagten. So ritten Gawein und das Mädchen vor sich hin durch den großen Wald, wobei sie ihm keine Macht über seinen Willen und seine Kraft ließ [16470] und ihm untersagte, irgendjemandem im Wald ritterlichen Kampf zu gewähren. Die Ritter forderten ihn ständig heraus, bis die beiden das Weite gesucht hatten.

So lange ritten Gawein und das Mädchen, [16475] bis sie aus dem Wald auf eine Heide kamen. Dort musste die Jungfrau bald umkehren. Höflich und ehrerbietig [16480] vertraute sie Gawein Gott an und teilte ihm mit, sie sei eine Botin: Frau Saelde hätte sie geschickt, damit er mit ihr ganz sicher durch den Wald reiten könnte – [16485] denn sie kannte das Wesen seines Herzens in Sachen Tapferkeit, das feige Schande immer gänzlich vermied und eine Grundfeste der [16490] Tugend und Beständigkeit war – und damit er also nichts gegen den Rat ihres Bruders Aanzim tat: Damit hätte er eine so schwerwiegende Missetat begangen, [16495] dass der Hof davon untergegangen wäre. Damit schloss sie die Geschichte.

Der zweite Gawein

Der Tod von Aamanz, des ›zweiten Gawein‹

Aamanz jagt Gygamet

Sogleich nahmen die beiden voneinander Abschied. Beide gingen sie ihrer Wege. [16500] Er sah einen Ritter namens Gygamet vor sich dahineilen, denn diesem war ein Ritter nahe gekommen, der ihm eifrig nachjagte. Er war nicht feige, [16505] doch stand es um ihn folgendermaßen: Oftmals tun Leute etwas Gutes, das man ihnen für schlecht anrechnet. Ich sage euch, warum dieser Held vor jenem so sehr floh: [16510] Er hatte dem Ritter, der ihn verfolgte, den Bruder erschlagen. Daher jagte dieser ihm nach und wollte ihn erschlagen, und deshalb floh er von ihm: [16515] weil er ihm etwas angetan hatte.

Der Ritter, der den anderen jagte, wurde, wie mir die Aventiure berichtet, Aamanz genannt. Als solcher kannte man ihn aber nicht, [16520] weil seine Ähnlichkeit zu Gawein ihn ganz seines Taufnamens beraubte: Alle die ihn kannten, nannten ihn den zweiten Gawein. [16525] Man nannte ihn mit Recht so, denn er glich Gawein in jeder Hinsicht, der Tapferkeit wie auch dem Äußeren nach. So gab man seinen Namen auf und nannte ihn nur so, [16530] wie ich gesagt habe. Weil es nun einmal so ergangen war, dass Gygamet seinen Bruder erschlagen hatte, hegte er – des Bruders wegen – alle Tage einen derartigen Hass gegen ihn, [16535] dass er unter Einsatz seines Lebens nach Rache strebte, wie ich es erzähle.

Zedoech vs. Aamanz

Deshalb hatte er ihn sich vorgenommen. Aus diesem Grund nun war es das Glück des Verfolgten, dass der Verfolger davon abgebracht wurde. [16540] Als er noch mit großem Zorn auf dem Weg dahinjagte, kam ihm von vorn ein Ritter entgegen, der ihn nicht weiterreiten ließ: Er packte ihn beim Zaum [16545] und hielt ihn fest, bis der andere entkommen war. Beide waren sie stark, erfahren und tapfer, und so musste ihre Gleichwertigkeit in ritterlichem Kampf sie voneinander trennen. [16550] Sie redeten daher kein Wort miteinander, sondern gingen auseinander. Ich vermute, dass sie das taten, damit jeder seine Lanze [16555] umso besser verstechen konnte, wie es ihm beliebte, denn beide waren vom selben Gedanken getrieben.

Zedoech wurde der berühmte Held genannt, [16560] in allen Tugenden gleichmäßig vollkommen, der mit Aamanz, genannt der zweite Gawein, kämpfen sollte. Sie waren beide bereit und so wurden ihre Lanzen rasch vertan; [16565] der Sieg aber ging gegen Zedoech an Aamanz. Nach ritterlichem Recht gab er ihm jedoch die Möglichkeit, ihm zu seiner Rettung [16570] ritterliche Sicherheit zu schwören. Allerdings wollte Zedoech dem Aamanz wegen des großen Ruhmes, den Aamanz gegen ihn errungen hatte, auf keinen Fall diesen Eid schwören. [16575] Als Zedoech ihm das verweigerte, erzürnte das den Helden: Er entblößte das Haupt des Zedoech vom Kriegsgewand, und es gab keine andere Wahl: [16580] Entweder musste er ihm Sicherheit geben, oder er hatte in Aussicht, das Haupt zu verlieren. Diese beiden Möglichkeiten bot er ihm an, damit er eine davon wählte. [16585]

Wie sehr aber er auch drohte, Zedoech wollte hier weder mit der Hand noch mit der Zunge Sicherheit geben. Da ergriff ihn Aamanz bei den Haaren und wollte ihm den Kopf abschlagen – [16590] er konnte sich das nicht gefallen lassen. In dem Moment kam Gawein zu den beiden geritten und ersuchte Aamanz damit aufzuhören. Da sagte dieser wie ein wütender Mann, [16595] der sich selbst alles zutraut: ›Wenn ihr mir, Herr Ritter, den Zoll an seiner statt zahlen wollt, dann will ich ihn am Leben lassen; auch wenn ihr wagt, für ihn gegen mich zu kämpfen, [16600] will ich ihn ohne Zaudern gehen lassen, wohin er will. Ich werde euch aber kurzerhand genauso mitspielen wie ihm und ihr werdet meine Geisel für ihn sein. [16605] Damit wäre diese Sache abgewendet.‹

Der ›erste‹ vs. den ›zweiten Gawein‹ – Auslieferung des Aamanz an Gygamet und Zedoech

›Glaubt mir‹, sagte Gawein, ›viel gibt es, das ein Mann wagt, wenn er es von Herzen tun will. Da ihr aber, Herr Ritter, mir tatsächlich [16610] wegen einer bloßen Meinungsverschiedenheit, die ich nicht einmal provoziert habe, den Kampf angesagt habt, und weil der Ritter Leid erduldet und von mir erlöst werden kann, [16615] werde ich ihm am heutigen Tag zu Diensten sein, zumal er dadurch gerettet werden kann, was immer mir dabei zustoßen mag. Komme ich dann in dieselbe Lage, [16620] in die er geraten ist, werde ich lieber Sicherheit geben, als dass mir das Leben genom-

men wird. Ich würde es aber sehr bedauern, wenn es dazu käme.‹ [16625]
Er sagte: ›Dagegen will ich schwören, dass ich mich niemals retten werde, indem ich Sicherheit schwöre. Solltet ihr mich besiegen, wollte ich eher leidvoll, [16630] aber aus freien Stücken tot sein, als mich jemals dadurch zu retten, indem ich euch nach Ritterart Sicherheit schwüre. Wohin ich dann auch ziehen würde, [16635] überall hielte man mich für einen Feigling. Daher wäre ich lieber erschlagen, als dass ich den Leuten unangenehm und zuwider wäre, wie ich es sonst nie war.[147] [16640] So eine Bauernposse könnt ihr euch sparen. Lieber wäre mir der sichere Tod, als der Gefolgsmann eines Ritters zu werden.‹

Hiermit begannen sie den Kampf, [16645] der von ihnen kraftvoll lange ausgefochten wurde. Von diesen Kampfgefährten könnte ich euch allerlei Wundersames erzählen: wie nämlich sie beide zu Ross [16650] und zu Fuß kämpften, doch fehlt mir die Zeit dafür, denn ich muss mich weiterhin an die Aventiure halten. [16655] Was würde es bringen, wenn ich im Erzählen redegewandt den einen als schwach und den anderen als tapfer hinstellte? Nach dem Zeugnis der Geschichte [16660] scheint mir keiner von beiden ein Feigling zu sein. Allerdings gönnte Frau Saelde Herrn Gawein den Sieg. Damit lasse ich es mit dem Kampf gut sein; mir ist nach etwas anderem: [16665]

Nachdem Gawein den Aamanz hier besiegt hatte, wie es beim ritterlichen Kampf zu geschehen pflegt, verlangte er von ihm Sicherheit, denn der Ertrag einer solchen Aventiure war ihm lieber als der Tod seines Gegners. [16670] Aamanz aber entbot ihm nichts als die ständige Bitte, ihm den Tod zu geben. Er wollte ihm keinen Eid leisten, und wie gern Gawein ihn auch geschont hätte, [16675] wollte er doch nicht am Leben bleiben. Zu dem Gespräch kam zufällig Gygamet und bat Gawein, er solle Aamanz befehlen, an Gaweins Stelle ihm, Gygamet, den Eid zu leisten, [16680] und er flehte und bettelte heftig darum. Zedoech tat dasselbe, und sie boten Gawein ihre Gefolgschaft an. Außerdem machten sie ihn [16685] auf eine gewaltige Aventiure aufmerksam, wodurch sie ihn sich ganz nach ihrem Willen geneigt stimmten. Gawein konnte nicht ahnen, welchen Verdruss ihm das noch bereiten würde. [16690]

---

147 Der letzte Teilsatz ist unsicher, die Handschrift ist hier offenbar verderbt.

Hätte er gewusst von dem Hass der beiden, der unerbittlich nach dem Tod des Aamanz verlangte, hätte er ihnen diesen in dieser Notlage auf keinen Fall ausgeliefert. [16695] So aber empfing der Held Gawein die beiden als Gefolgsleute. Bevor er sich dann von ihnen trennte, übergab er ihnen beiden den besiegten Degen, damit sie ihn gesund [16700] heimwärts reiten ließen und nichts anderes von ihm verlangten, als ritterliche Sicherheit zu schwören. So ritt er davon und nahm seinen Weg in Richtung Aventiure.[148] [16705] Zedoech und Gygamet ließ er dort bei dem Ritter. Damit will ich mich von Gawein abwenden und erzählen, was jene aufführten: Die Treue, die sie geschworen hatten, [16710] übergingen sie in kürzester Zeit und brachen sie an dem gefangenen Degen. Gottes Segen möge sie dafür fällen!

Am Artushof: Klage um den totgeglaubten Gawein

Jagd auf den weißen Hirsch – Hoffest: Gygamet bringt ›Gaweins‹ Kopf

Sie schlugen ihm den Kopf ab. Dies geschah nun aber in der Nähe jenes Ortes, [16715] an dem Artus zu jagen pflegte, und die Zeit bzw. der Tag fiel auf einen Tag nach jenem, an dem er mit allen Fürsten den weißen Hirsch jagen musste. [16720] Was soll ich viel davon erzählen? Ihr habt schon längst gehört, wie es dazu gekommen ist, welchem Zeremoniell das Fest folgt, überhaupt wie es sich damit verhält [16725] und dass das Fest deshalb zu Karidagan in Karadas stattfand. Alle waren sie dorthin gekommen, der König und die Königin, Ritter und Damen, [16730] um zu sehen, wer den weißen Hirsch erlegte und welche der Damen und Mädchen man als die tatsächlich küssenswerte [16735] auswählen würde. Lasst mich euch diese Sache erklären – und möge sie euch nicht verdrießlich werden!

Als der Hirsch endlich erlegt war und der heitere Zeitvertreib [16740] ein fröhliches Ende genommen hatte und als Artus in Karadas voller Freude herrlich mit Gästen und Gefolgsleuten zu Tisch saß und speiste, [16745] da kam Herr Gygamet doch tatsächlich vor den Tisch geritten und trug mit seiner Hand an den Haaren den Kopf jenes Ritters, der der zweite Gawein genannt wurde. [16750]

---

148 Also wohl: die Aventiure, von der ihm die beiden erzählt hatten.

Der zweite Gawein

Da die Bänke am Hof weit entfernt vom Palas auf der Wiese unter einer Linde standen, wollte Gygamet nicht eher anhalten, als bis er vor den König gekommen war.[149] [16755] Was er dann sagte, stand ihm nicht zu sagen an, und es machte den Freudenjubel zunichte, als er es ihnen entdeckte:

›König Artus,‹ sagte er, [16760] ›eine Aventiure bringe ich zu diesem großen Fest. Ihr werdet mir selbst einräumen, dass zweifellos nie eine Aventiure von solcher Bedeutsamkeit [16765] an diesen Hof gekommen ist, wie man sie hier nun sehen wird. Schaut dieses Haupt, das ich hier in der Hand halte: Das gehörte Gawein. [16770] Ich bin ihm kaum lebend entkommen und habe ihn doch besiegt. Von mir liegt er in fairem ritterlichem Kampf erschlagen, weil er mir durch seine große [16775] Tapferkeit die uneingeschränkte Sicherheit gänzlich verweigerte, nachdem ich den Sieg über ihn errungen hatte.

Nachdem ich mir das lange hatte gefallen lassen, schlug ich ihm den Kopf ab [16780] und wollte ihn nicht am Leben lassen. Ich wusste wohl, dass niemand diese Sache geglaubt hätte, hätte ich seinen Kopf nicht her an den Hof gebracht. [16785] Andernfalls hätte man gemutmaßt, ich hätte mir die Sache des großen Ruhmes wegen ausgedacht. Wenn hier aber jemand so kühn ist, dass er wagte, für ihn Rache zu nehmen, dann soll er mir das sagen: [16790] Da draußen vor dem Burgtor will ich auf ihn warten und mit ihm kämpfen. Hiermit, o König, erbitte ich mir Abschied, um weiter zu reiten, [16795] und seid versichert, dass ich warte, ob jemand mit mir kämpft.‹

Damit ließ er vor ihnen allen den Kopf auf die Tafel des Königs hinunterfallen. [16800] Er machte durch die Pforte kehrt und ritt seines Weges. Hier will ich die Geschichte Gygamets verlassen. Nachdem er weggeritten war, [16805] hätten das Gefolge vor dem König und auch der König selbst geschworen, dass er es aus irgendeinem Zorn heraus oder aber aus Spottlust getan hätte, [16810] und sie brachen in Gelächter aus, denn der Kopf war so gut zugedeckt, dass nicht eine Haaresbreite davon entblößt war. Es kümmerte sich auch niemand darum, [16815] wie er aussah, nur die Geschichte verbreitete sich überall unter ihnen. Am Hof und im Saal entstand dadurch großer Lärm. [16820]

---

149 Interpunktion gegen die Ausgabe.

Kay enthüllt den Kopf

Nun stand aber der Truchsess, Her Kay, auf der einen Seite gleich daneben und sagte: ›Wozu soll dieses Gespött gut sein? Wisst ihr nicht, dass der wahre Gott alle Dinge vollbringen kann? [16825] Was, wenn wir diesen Schicksalsschlag mit Sünden gegen ihn verdient haben? Gar mancher hat sich selbst eine Grube gegraben, weil er dabei gar nicht auf den Gedanken verfiel, dass er sich damit ein Leid einhandeln könnte, [16830] bis er die Wahrheit erkannte. Noch wissen wir alle nicht, was es mit dem Kopf auf sich hat; der Ritter jedoch, der ihn gebracht hat, sah wie ein starker Mann aus, [16835] sodass seine Worte wahr sein könnten – so wie er es öffentlich gesagt hat. Man kann an ihm keine Feigheit erkennen, wie ihr gesehen habt. Freilich ist es unwahrscheinlich, dass es tatsächlich so geschehen ist, [16840] denn Gawein war doch so tapfer; doch gegen die Macht des Glücks gibt es nichts, wenn es einem gewogen ist. Wir werden gleich herausfinden, ob Gawein tot oder noch am Leben ist.‹ [16845]

Über diese Worte wurde sehr geklagt, weil das die Fürsten und mit ihnen das Gefolge nicht erfreute. Kay gab ihnen allen sogleich Gewissheit, [16850] weil ihn mehr als alle anderen eine das Herz verzehrende Not umfangen hatte. Er trat vor den König, wo der Kopf auf der Tafel lag, den Nacken gegen den König, [16855] das Gesicht gegen Kay gekehrt: Das wurde sein Unglück. Zu Tode betrübt, riss er vor ihrer aller Augen die Hülle vom Kopf, mit der er bedeckt war. [16860] Als er den Kopf enthüllt hatte und das Gesicht erblickte, erstand ein großer Jammer. Kay nahm den Kopf in seinen Arm und klagte und weinte [16865] so bitterlich und liebkoste ihn so,[150] dass hier das Licht der Treue erstrahlte.

Er glaubte, es wäre Gawein. Davon wurde sein Schmerz [16870] traurig und jammervoll, wie man deutlich an ihm sehen konnte. Augenblicklich fiel er zu Boden, er zerzauste seine Haare und zerriss sein Gewand, [16875] sodass die Klage dem Lob der Treue wahrhaftig angemessen war. Er nahm den Kopf fest in den Arm und küsste ihn unzählige Male. Danach erhob er ein Geschrei, [16880] das bis zum Himmel stieg. Wenn er zwischendurch nach dem Küssen und Kosen verstummte, ließ er seine Klage hernach

---

150 Oder: ›… und tat dies mit einer Intensität …‹, wenn man *meinen* als kontrahierte Form zu *megenen* ›stark, mächtig, zahlreich machen‹ stellt.

stärker ertönen als zuvor [16885] und rief aus tiefem Schmerz oft und höchst jammervoll: ›Weh!‹ Im Laufe dieser heftigen Klage umfasste eine Ohnmacht seine Kraft zur Gänze, wie das bei Schmerz zu geschehen pflegt, [16890] und er fiel wie tot nieder. Nun wurde es unter ihnen laut, weil der Jammer so reichen Gewinn vorfand.

Als sie nun den Jammer sahen, hatten es alle eilig. [16895] Sie sprangen von den Tischen auf und drängten sich über Kay hinweg, wie er dort lag und beinahe auf den Tod zuging, aller seiner Kräfte beraubt. [16900] Das Haupt hatte er an seinen Mund gedrückt, als ob er es unmittelbar vorher geküsst hätte. Er hatte es so fest [16905] über sich gepackt, dass es ihm – obwohl ihm die Kraft und das Bewusstsein geschwunden waren – niemand unter ihnen hätte abnehmen können, [16910] bis er schließlich wieder zur Besinnung kam und seine Kraft wiedererlangte.

Wo Herz und Zunge zuvor danach rangen, der Freude zu dienen, herrschte nun Wandel: [16915] Die Last der Trauer hatte die Freude bezwungen. Sie musste als Fremdling weichen – das reut mich. Überall brachen sich [16920] Kummer und Unfreude gleichermaßen Bahn: Manch' süße Melodie verklang, der heitere, unbeschwerte Scherz und das Erzählen von Aventiure kamen [16925] trostlos zum Erliegen, die jammervolle Klage raubte der Flöte ihren süßen Gesang und die allgemeine Klage beendete den Klang der Fiedeln und Harfen abrupt. O weh, wie zerging da der Schall [16930] des süßen Tamburs, als die Stadt und der Saal von französischen Stimmen widerhallten.

Kays Klagerede

Unter diesem Klagelärm, den dort alle [16935] Anwesenden verursachten, erhob Kay eine Klage, so voller sehnsüchtigem Schmerz, dass ein Diamant davon zu Bruch gegangen wäre. [16940] Daher befehlen das Buch und dessen Meister Christian[151], ihn dafür zu

---

151 Gemeint ist Chrétien de Troyes, der ›Erfinder‹ (oder: erste namentlich bekannte Dichter) des französischen Artusromans. Von ihm stammen unter anderem: ›Erec et Enide‹, ›Cligès‹, ›Le Chevalier de la charrette‹ (›Lancelot‹), ›Le Chevalier au lion‹ (›Yvain‹), ›Le Conte du Graal‹ (›Perceval‹). Heinrich nennt ihn noch an zwei weiteren Stellen (23046, 23982), dort jeweils auch mit dem Beinamen *von Troys*.

preisen, dass ihn sein Herz solche Tugend und Tapferkeit fassen ließ, denn er beklagte – so hat es mir [16945] die Aventiure berichtet – den Tod dieses edlen Ritters mit vollkommener Treue. Dazu hatte er guten Grund und deshalb litt er Not.

Kay erhob erneut seine Klage und zog den Kopf heftig und [16950] immer wieder zum Mund. Er richtete jammervolle Blicke hinauf zu Gott und sagte: ›Wenn ich die Wahrheit zu sagen wage und sagen darf, [16955] so geschah es auf dein Geheiß hin, Herrgott, dass der beste Ritter, der jemals Lanze und Schild trug, erschlagen ist; und dabei wäre es schon schlimm genug, [16960] wenn ein Herr es getan hätte und nicht du die Schuld daran trügest. Das ist mir ziemlich klar. Ich weiß auch genau, dass deine Hand über die ganze Welt waltet; [16965] dagegen ist nichts zu machen. Gawein hat dafür bezahlt.

Herrgott, ich habe gesehen und ich habe viele Leute sagen hören, was ich jetzt glauben will: [16970] Der Schmerz der Welt ist dein Zeitvertreib, und das Leid ihrer Herzen ist dir lieb. Was bringt deiner Gottheit ein so hinterhältiger Mord? Und wenn ich es wagte, o Gott, [16975] meine Worte bis zu dir hin zu strecken, mein Herz zu öffnen und ganz aufzuschließen, dann könntest du empfinden, was meine Zunge zu sagen weiß. [16980] Nun muss ich, Herr, leider brechen, was ich niemals gebrochen habe, weil ich bisher stets meine Meinung gesagt habe, ganz gleich wonach mir der Sinn stand. Doch obwohl ich schweige, herrlicher Gott, [16985] bin ich dir doch insgeheim gram. Stünde nicht der Tod unter deinem Gebot, müsste ich auch ihn schelten. Wie willst du bei all deiner unermesslichen Macht [16990] diesen tugendhaften Recken ersetzen, der durch dich tot darnieder liegt? Wenn du dich seiner schon nicht annehmen wolltest, warum musstest du ihn dazu noch erschlagen? Darum muss mein Auge meine Wange [16995] mit vielen Tränen waschen.

Mein ganzes Ansehen lag an ihm, das ist mir nun versagt. Was soll mir noch mein Leben? Sein Tod allein [17000] hat aller Freude ein Ende gesetzt: Denn der reine Gawein war aller Ritter Ehre, ein Bild und ein Maß des Ruhmes und der Tugend, [17005] ein Fähnrich weiser Jugend, ein Siegel der Treue, ein reueloser Stamm der Großherzigkeit, eine Blume aller Ritterschaft, des Anstands Wurzel und Kraft, [17010] der Tapferkeit unverdorbener Kern, gegen jeden Schrecken ein Leitstern, gegen jede Not ein Schutzschild; immerfort strebte sein Herz mit ungeheuchelter Beständigkeit danach, [17015] stets genau das zu tun, worum man ihn gerade bat.

Der Frauen Güte hat verloren, was geboren war, ihnen treu zu sein, denn er war der Kämpfer von ihnen allen. [17020] Durch ihn konnten viele schöne Frauen einer Notlage entrinnen, und viele wurden von ihm zu Grunde gerichtet, die danach trachteten, reine Frauen zu belästigen. [17025] Wer könnte alle seine Tugenden aufzählen? König Artus, gebt das Reich und die Krone auf und schenkt ihm das als Lohn dafür, dass eure Freude auf ihm beruhte, [17030] so wie es Freunde für Freunde tun. Wozu taugt unsere Freude ohne ihn? Legt die prächtigen Kleider ab und die ritterlichen Rüstungen darüber! Alle erdenkliche Freude [17035] sei aus der Welt geschafft, denn Klage und Sorge erwarten uns.[152]

Edle Damen und Mädchen, gebt eure Freude [17040] angesichts dieses Leides ganz auf und verflucht den Tag, den ihr heute gesehen habt und an dem dieses Leid geschehen ist. Das wäre recht getan. [17045] Ritter und Jünglinge, folgt mir in dieser großen Trauer und beklagt diesen Schmerzensschlag, der die ganze Welt rühren wird. [17050] Auch seien alle hellen Tage zu dieser Klage geladen, auf dass sie ihren hellen Schein aufgeben und auf immer dunkel seien. Ich bitte euch, ihr roten Blumen, [17055] dass ihr mit mir den Tod dieses Helden damit beklagt, dass ihr hinfort auf eure schöne Farbe verzichtet. Ferner will ich von den Vögeln verlangen, [17060] dass sie ihren wundersüßen Gesang aufgeben und so ihren Dank sagen, weil ihn ihr Leid immer bedrückte.

Ihr Damen, lasst – darum bitte ich euch – eure gewohnte Freude [17065] und gebt sie ganz auf, auf dass ihr hier drinnen wegen der jammervollen Zeit, in die unsere Tage fallen, für immer ohne jede Freude seid. [17070] Auch will ich, dass ihr den Helden so ehrenvoll beklagt, wie ich es euch weisen werde. Ihr sollt auf prächtige Kleidung, die euch Frauen heiter zu Gesicht steht, verzichten [17075] und euren Schmuck zusammenbinden und all dieses hochmütige Zeug[153], das ihr über eure Haare tut, einwickeln. Gebt alles Hoch-

---

152 Gegen die Ausgabe. Dort steht: *Wann clagen vnd sorgen / Sollen wir vf vns borgen.* Doch ist *borgen ûf* etw. nach BMZ I, S. 163 nur belegt als ›warten auf etw.‹. Vermutlich hat ein Schreiber die Wendung nicht mehr verstanden, an *borgen* im Sinne von ›leihen‹ gedacht und das *wir* eingefügt.

153 Die Übersetzung ist nicht mehr als ein Vorschlag – ich weiß nicht, was ein *stolz* sein soll, den man über das Haar gibt. Oder ist *stolz* Adverb?

gefühl auf! Macht eure helle Haut dreckig! [17080] Seid bleich und fahl! Macht eure glatten Augenbrauen überall struppig! Freudlosigkeit sei euer Gebot! Nie mehr soll man an euch irgendwelche [17085] Zeichen der Freude erblicken. Euren Mund, der stets freudig rot glänzte und süßes Lachen darbot, sollt ihr bleich halten, und niemand soll Minne von euch verlangen! [17090] Nun kommt alle zu mir her und seid Bürgen meiner Klage.‹

Allgemeine Klage, Klage der Frauen

Als seine Rede verstummte, sank er hin und lag da wie ein Toter. [17095] Artus und mit ihm seine Hausgenossen begannen mit ihrer Klage. Sie nahmen Herrn Kay den Kopf aus dem Schoß, und alle, die dort standen, [17100] fingen an, mit ihm zu klagen und allen Freuden abzuschwören, Hausleute wie Gäste. Davon wurde die Klage so heftig, dass manches Herz zerbrach, [17105] denn es entstand ein derartiger Jammer, dass ihn niemand in Worte fassen könnte – nur dass alle wie aus einem Mund gemeinsam schrien und viele tiefe Seufzer [17110] aus ihren Herzen nahmen. Kaum einen Dornenstrauch versagten sie sich dabei: Sie rissen und zerrten an den Kleidern und am Leib, [17115] so wie es eine liebevolle Frau über ihrem einzigen Kind zu tun pflegt, die sofort ihren Körper zur Gänze zerstört und beteuert, [17120] dass sie es nicht erträgt, wenn ihr an ihm ein Leid geschieht. Genauso konnten auch diese hier sich darüber unmöglich mäßigen.

Nach dieser Klage kam die gute, schöne und reine [17125] Ginover gegangen, und mit ihr die Damen und Mädchen. Nur die beiden Schwestern Sgoydamur und Amurfina [17130] waren nicht zugegen. Alle anderen waren mit Ginover ganz der Freude bar in den prächtigen Saal gekommen; keine einzige, die an diesem Fest [17135] teilnahm, hatte sich davongestohlen. Als sie den Kopf mitten unter all den Leuten liegen sahen, erhoben sie wegen des großen Leides ein Klagegeschrei. [17140] Sie wollten nicht darauf verzichten, es zu küssen, eine jede für sich. Hier war ein unglaubliches Klagen zu hören.

Da verblasste der helle Teint vieler Frauen, [17145] weil er von Tränen so heftig überströmt wurde, dass ihre Augen davon rot

Dann sollten die Frauen den Schmuck zusammenbinden und ›stolz‹ (mit Fassung?) einwickeln, den sie sonst auf ihr Haar tun.

wurden, was ihnen nicht gut stand und was ihnen den gewohnten Glanz raubte; [17150] der war einst so freudig beschaffen gewesen, dass er die Macht hatte – wo immer er gütig hinstrahlte, und wäre es ein steinernes oder stählernes Herz gewesen –, [17155] alles für sich einzunehmen, wenn er jemanden nur ein einziges Mal mit ehrlicher Güte anblickte. Viele haben das bestätigt.

Dies schlug nun ins Gegenteil um. Die Kleider wurden heruntergerissen und die schönen Haare zerrauft. Was je zur hohen Freude taugte, wurde gänzlich verworfen. Keine der Damen und Mädchen gab sich [17160] bei dieser verzweifelten Klage eine Blöße. Fleißig eiferten sie nach dem Hauptpreis dieser Klage. Deswegen wurden ihre weißen Hände heftig gerungen, [17165] zugleich schlugen sie dabei unablässig fest auf ihre Brüste. Niemand hatte je von etwas gehört, das diesen Klagen vergleichbar gewesen wäre. Mit Recht erhebt sich große Klage, [17170] wenn ein guter Mensch stirbt, der ehrenvoll gelebt hat. Dass der Tod einen solchen doch nicht hinfort risse!

Sgoydamurs und Amurfinas Klagereden

Als diese Klage verstummte, kamen Amurfina und ihre Schwester [17175] Sgoydamur dazu. Da wurde die Klage noch heftiger als zuvor. Sgoydamur hob das Haupt in die Höhe und drückte es fest an sich. [17180] Sie sagte: ›O weh, ich arme Frau, und du, liebster, seliger Mann, dass ich je von dir Kenntnis erhielt, dessen erbarme sich Gott! O weh, wer soll mich Arme [17185] hier all meine Tage lang trösten, wo ich doch durch dich allein über die Herrlichkeit allen Glücks verfüge! Ich bedaure, dass ich dich in dieser Welt jemals sehen musste.‹ [17190]

An dieser Stelle berichtete mir das Buch, dass sie den Kopf wohl tausendmal küsste, ehe sie es sich verwehrte und ihn ihrer Schwester gab, die es ihr nun gleich tat. [17195] Auch sie nahm ihn zu sich und begann dieselbe Klage; sie sagte: ›Weh dir, Amurfina, wie konnte dich die Minne so betrügen! Fürwahr, hier wurde, was man von alters her [17200] zu sagen pflegt, weder Lügen gestraft noch widerlegt: Wer der Nachbar der Minne ist, dem wird sie sauer, auch wenn man behauptet, sie sei süß; [17205] da ist bittere Galle darunter, die ihre Süße überzieht. Wohl dem, der vor ihr flieht! Der wird von ihr nicht zugrunde gerichtet. Als sie mir befahl, nach ihrer

Regel zu leben, [17210] versprach sie mir Süßes. Solcher Art sind die Grüße der Minne! Ich fürchte, dass sie schwer im Magen liegen.

Gott, Glück und Frau Minne, welch Unglück [17215] habt ihr mir angedeihen lassen, als ihr mir mit Absicht einen Mann ermorden wolltet, der stets in aller Würde um eure Gunst warb [17220] und der das Herz immer am rechten Fleck hatte. Er tat immer, was ihm am Besten schien, so gut er eben konnte; und er konnte es gut und täuschte sich nie. O weh, dass ich auf ihn und [17225] seine edle Tugend verzichten muss! Bei aller Welt! Nun hat die Schande zweifellos, was sie wollte, denn hier liegt einer tot, dessen Tod mir Kummer gibt. [17230]

Gawein, süßer Geliebter, wem soll nun großer Ruhm nützen, da du der Welt genommen bist! Vater, Geist und süßer Christ, was habe ich arme Frau getan, [17235] dass du, mir zum Leid, der Welt einen Mann entrissen hast und sie nun freudlos einer Trauer überlässt, die jeden Tag aufs Neue [17240] sein wird, bis in alle Ewigkeit. Da du ihn nicht am Leben lassen wolltest, wäre es besser, er wäre nie geboren. Mein lieber Mann und Herr, du hast dafür bezahlen müssen, [17245] dass die Leute nicht wollten, dass jemals ein Ritter geboren würde, der über einen so auserwählten reichen Schatz an Tugenden verfügte und diesen auch noch [17250] so ausgeglichen verwaltete. Amor, Kind der Minne, es ist überdeutlich, dass du blind und unverschämt bist, ein rechter Krüppel der Aufrichtigkeit, [17255] auch dass dein Pfeil, den dein Bogen in mein Herz schoss, sehr scharf ist: Er steckt noch so drinnen, wie es deine Mutter Minne – treulos, wie sie ist – befahl. [17260] Dass ich ihn gerne empfing, muss mich nun reuen. Wenn ihr schon an mir euren Willen getan habt, hättet ihr doch Gawein, meinen lieben Mann, beschützen sollen, [17265] wie ihr es mit Eneas tatet, als er nach eurem Rat mit Turnus um die schöne Larie, seine süße Geliebte, kämpfen musste:[154] [17270] Dann wäre ich jetzt ebenso froh, wie die beiden damals waren.

Verflucht sei der lichte Tag, an dem der Mord an meinem Geliebten geschah. [17275] Die Bäume und Zweige, die Blumen und das grüne Gras am Ort des Kampfes, alle seien sie verflucht! Nie-

---

154 Vergils ›Aeneis‹ ist im 12. und 13. Jahrhundert durch volkssprachliche Bearbeitungen bzw. Übersetzungen im französischen und deutschen Raum bestens bekannt. Larie müsste dann freilich Lavinia heißen, vgl. ›richtig‹ Vers 533.

mals soll der Boden an der Stätte, [17280] wo er fiel, Tau oder Regen empfangen! Das Datum sei aus dem Kalender gestrichen! [17285] Verderben soll alles, was dort zugegen war und das Leid meines Geliebten mit ansah, als er tot hingestreckt lag! Dass keines von ihnen ihm [17290] in seiner Not helfen wollte!¹⁵⁵

Seele, verlasse mich endlich! Du weißt genau, dass du und ich dem süßen Gawein nun folgen müssen. [17295] Wozu sind wir ohne ihn hier noch gut?‹ Dabei wurde sie ohnmächtig. Sie sank auf ihre Schwester nieder und ihre Glieder wurden ganz schwach, sodass sie es kaum spürte, [17300] dass ihre Schwester Sgoydamur, als sie diesen Jammer erblickte, ihr den Kopf aus der Hand nahm und damit aus dem Saal ging. Auf und ab durch die Leute begann [17305] das Jammergeschrei von Neuem und wurde sein Tod beklagt, dass ich, selbst wenn die Muße es mir erlaubte, kaum erzählen könnte, was das Buch erzählt, [17310] wie nämlich jeder einzeln für sich klagte. Die Geschichte treibt mich weiter.

Gawein wird auf der Insel der Jungfrauen unsterblich

Hier verlasse ich also die große Klage und kehre zu meiner Erzählung zurück: Nachdem Gawein von Zedoech und Gygamet [17315] der Weg durch den Wald zur Aventiure gezeigt worden war und er ihnen den gefangenen Ritter zugesellt hatte – worum ihn die beiden ja gebeten hatten –, ritt er auf Wegen und Pfaden [17320] durch Wald und Gebirge, ohne dass er irgendwo eine Herberge oder einen Hinweis auf eine solche finden konnte. Wohl fand er aber eine völlige Ödnis, um die herum sich ein breiter See erstreckte. [17325] Von diesem Land hatte er nun schon früher viele Geschichten gehört. Woran er es aber erkannte, das will ich euch kurz erzählen. Mitten auf dem See sah er [17330] ein breites und langes Rasenstück schwimmen, das zum Ufer hintrieb, wo sein Pferd aus dem See trank.

Das Rasenstück gehörte zu einer Aventiure, die ich nicht verschweigen will. [17335] Mit dem Rasenstück war es so, dass es über den See verfügte: Es hatte die Eigenart, dass es zum Ufer hinschwamm, wenn dort einer nach einer Überfahrt suchte. [17340] Wenn aber der, der sich an die Überfahrt machte, nicht frei von

---

155 Oder: ›... weil keines von ihnen ihm in seiner Not helfen wollte.‹

jeder Schande war, musste er am Ufer bleiben, ohne dass ihm sein Wunsch erfüllt wurde, und eine Welle trieb das Rasenstück [17345] wieder weg; wenn aber an dem Mann, der die Überfahrt verlangte, keinerlei Schande zu finden war, gewährte ihm der Rasen die Überfahrt [17350] und brachte ihn mühelos und ohne Fährlohn in das Land. Das Rasenstück rief in Gawein die Erinnerung an diese Sache wach, sodass er das Land erkannte.

Das Rasenstück trieb ans Ufer. [17355] Es lud Gawein auf sich, ohne sich – glaubt mir – im Geringsten gegen ihn zu sträuben, und setzte ihn sanft über. Am anderen Ufer setzte es ihn ab, [17360] und Gawein folgte wieder seinem Weg. Da fand er eine kunstvoll gebaute, große Stadt, der aber eine Sache fehlte: Weder in ihr noch sonst irgendwo [17365] in diesem Land konnte er etwas finden, das einem Manne glich. Die Stadt war aber voll der allerschönsten Frauen, die Gott je auf der Erde [17370] Gestalt werden ließ. Gawein verließ die große Stadt und wandte sich aufwärts einem Schloss zu, das einen jäh aufragenden, kreisrunden Felsen [17375] umfing. Unverdrossen ritt er darauf zu.

Als er nun zur Burg geritten kam, wurde er von der Burgherrin mit hohen Ehren empfangen. [17380] Sie kam ihm mit beinahe 100 Mädchen entgegen. Sie wollte ihm das Nachtquartier nicht verleiden und ließ ihn deutlich erkennen, [17385] dass sie ihn gerne sah. Sehr herzlich sagte sie zu ihm: ›Grüß Gott, mein Herr! Wer hat euch so weit bis an diesen abgelegenen Ort gebracht? [17390] Wenn ihr wollt, werdet ihr es in der Fremde gut haben. Ihr scheint mir ein kühner Held zu sein, dass ihr es bis zu mir geschafft habt, und zwar deswegen, weil ich zu meiner Zeit [17395] hier kaum einen Ritter gesehen habe; die Mädchen, die ihr hier vor euch stehen seht, können das bestätigen. Lieber Gast, wir sollen an einen Ort gehen, wo ihr euch ausruhen [17400] und euren Harnisch ablegen könnt. Man sieht euch die Müdigkeit an.‹ Er sagte: ›Vielen Dank, Madame! Weil es euer Wunsch ist, soll es so sein.‹

Sie nahm den Gast an der Hand, [17405] lobenswert und sehr ehrerbietig, und führte ihn in einen Saal, der überall mit prächtigem Seidenstoff behängt war; auch auf dem Estrich war überall [17410] Seidenstoff ausgebreitet, auf den eine große Menge von Blumen gestreut war. So hatte es die tugendhafte Dame um ihrer eigenen Ehre willen angeordnet, [17415] weil die edlen Blumen – Lilien und rote Rosen waren es – dem Saal einen edlen Duft gaben. Die Dame des Hauses kümmerte sich [17420] in der Tat mit großem Anstand um den Gast. Bevor sie sich zurückzog, stellte sie die Bedingung, dass er aus zwei Dingen eines wählen müsste. Das war keine kleine Gabe. [17425]

Wenn ihr nicht erfahren würdet, wie die Burg und das Land genannt wurden, wäre das nur eine Geschichte mehr, wie man sie haufenweise erzählt; [17430] das würde mich um viel Ruhm bringen. Eine Dame und die Aventiure selbst würden sie vielleicht für eine Kamingeschichte oder albernes Gerede halten, wie man es im Winter am Dorf erzählt, denn die Kehlen [17435] und Zungen der Damen sind zahlreich und bringen oft lautes Gelächter hervor; das können sie nicht lassen. Wenn ihnen nur eine kleine Hitze jäh in den Körper fährt, [17440] erzählt die eine und singt die andere voll Freude wegen der Wärme, und sagt: ›Ich schwitze! Mir ist viel zu heiß. Seht, wie stark der Schweiß [17445] an mir herunterrinnt! Wenn einer mich noch richtig zu minnen versteht, würde ich es leicht mit einer Jungen aufnehmen.‹ Freilich: Selbst wenn man so eine in glühende Kohlen legen würde, könnte man ihr keinen Schweiß ausbrennen [17450] und würde man keinen Schweiß sehen können, denn eine solche ist kälter als der Schnee. Ihr Schabernack bereitet mir endlosen Schmerz. Soll doch der Teufel ihre Minne in Angriff nehmen!

Damit will ich diese Sache sein lassen, [17455] denn es dauert mich, dass ich oben so viele Worte auf sie verschwendet habe. Es tut mir leid, heute und immer, dass ich hier überhaupt an sie gedacht habe. Und hätte mich nicht die Sache, von der ich [17460] gesprochen habe, darauf gebracht, hätte ich es nicht getan und hätte ich die Sache eher fallen lassen. Nun aber will ich zu Ende bringen, was ich euch versprochen habe, [17465] und will mich meiner vorigen Geschichte zuwenden. Das Land und der große See wurden folgendermaßen genannt: Das Land hieß das Land der Mädchen, [17470] der See ward Aifayes geheißen. Das Rasenstück wiederum, auf dem Gawein übergesetzt war, hieß ›Burgtor‹, die Burg selbst Rohur. Levenet hieß die Dame. [17475] Unaufgefordert erwies sie Gawein wahrhaftig große Ehre.

Als Gawein um Abschied bat, wurde ihm zugestanden, von zwei Dingen jenes zu nehmen, [17480] das ihm besser zusagte: das Land und die Minne der Burgherrin und dass er dort für immer Herr wäre, oder dass er auf immer jung [17485] und beschwerdefrei leben würde. Eins der beiden wollte sie ihm schenken, welches er eben lieber wollte. Er dankte ihr dafür und wählte für sich die reine Jugend, [17490] damit er auf ewig in vollkommener Tugend leben würde. Sie gab ihm eine Goldbüchse, in der etwas war, von dem heute niemand [17495] mehr weiß. Damit sollte er sich so baden, wie sie es ihn lehrte. So ehrte sie ihn. Hiermit ritt Gawein davon. [17500]

Das Turnier des Leygamar

Quoikos und Gawein als Gefährten

Er ritt abwärts und von der Burg weg. Das Rasenstück brachte ihn – wie schon zuvor – über den See. Er folgte bald einem alten Weg, [17505] der, wie er sehen konnte, gut ausgetreten und voller frischer Hufschläge war. Deshalb schlug er ihn ein. Er kam nie von diesem Weg ab, [17510] bis er einen Wald erreichte, der mit Blumen und grünem Klee ganz nach Freuden geartet war; dazwischen sangen viele Vöglein und zwitscherten voller Freude. [17515] Dies alles und die Sonne, die heiß brannte, brachten Gawein dazu, dass er unter einer schönen Linde aufs Gras abstieg und sein Pferd [17520] hinten an einen Ast band.

Die Zeit wurde ihm dort nicht lang. Wenig später kam zufällig ein Ritter auf ihn zugeritten, der auch diesen Weg genommen hatte; [17525] dem führte man drei Pferde mit. Ich glaube allerdings, dass niemand mit ihm ritt außer fünf seiner Knappen, die alles bei sich hatten, was ein Ritter braucht. [17530] Sein Wappen war schwarz wie Kohle, nur die Rüstung schien aufwändig zu sein: Sie war weiß und gut, die Pferde waren rot wie Blut. [17535] Die Knappen waren gut gekleidet. Als er auf Gawein zuritt, lief dieser ihm rasch entgegen und bat ihn, dort bei ihm, wo er sich hingelegt hatte, eine außertourliche Rast einzulegen. [17540]

Der Ritter dankte ihm für diese Worte, denn er hatte Ruhe nötig; er war weit geritten. Außerdem freuten ihn die Ehre und die freundliche Aufforderung, [17545] die Gawein an ihn richtete, sodass er es umso lieber tat. Damit ehrte auch er ihn und saß auf die Erde ab. Mit großer Wertschätzung [17550] begegneten sie einander; ihre Gesellschaft verdross sie nicht im Geringsten, weil sie sich da miteinander bestens unterhielten, [17555] zumal ein jeder erzählen konnte, was er wusste: Gegenseitig beantworteten sie sich, während sie da so lagen, bereitwillig alle Fragen [17560] nach Herkunft und Verwandtschaft.

Unter anderem bat Herr Gawein sein Gegenüber, dass er ihm nicht verheimlichen und ihm sagen sollte, zu welchem Zweck [17565] er sich für diese Reise entschieden hätte oder von woher es ihn hierhin verschlagen hätte. Das hätte er gerne gewusst. Da sagte der Ritter besonnen: ›Das will ich euch sagen: [17570] Ich wollte eine

Aventiure erbeuten, die mir hier in der Nähe gewiesen wurde. Man sagt, dass nicht weit von hier bei einem Schloss ein Turnier stattfinde – dorthin will ich eilen –, [17575] und zwar am morgigen Tag, glaube ich. So habe ich es zumindest gehört. Der Graf Leygamar hat es wegen seiner Tochter anberaumt, und wer dort das Beste vollbringt, [17580] dem gibt er die schöne und hochsinnige Tochter samt Hab und Gut.

Habt ihr Lust, edler Ritter, das Turnier gemeinsam mit mir aufzusuchen, [17585] und zwar als gleichrangige Gefährten? Ich höre aus euren Geschichten heraus und sehe es euch an, dass ihr nach Ruhm und [17590] Aventiure reitet. Es kann gut sein, dass einer von uns die Aventiure und damit zugleich die edle Dame erkämpft, wenn uns das Glück hold ist. [17595] Auch bin ich nicht von so niedriger Geburt, dass ich nicht als Gefährte zu euch passte. Ich heiße Quoikos der Brite von Montihs Dol, und Senpite Bruns[156] ist [17600] mein Bruder, ein Ritter, wie er im Buche steht, denn er hatte sich nie geschont.

Würdet ihr den Helden kennen, müsste man euch nicht lange bitten, mir diese Sicherheit und [17605] Gesellschaft nicht auszuschlagen, zumal wir Erfolg haben könnten. Rüstung und Verpflegung habe ich mehr als genug: Wenn ich das verpfänden würde, [17610] bekäme ich mehr als tausend Mark dafür. Zudem sind die Pferde, die ich hierher gebracht habe, kräftig. Bevor diese zum Stehen kommen, werden wir schon so viel erbeutet haben, [17615] dass andere vermutlich den Schaden davon beklagen werden. Ritter, schlagt mir diese Bitte nicht ab!‹

Er drang so sehr in Gawein, dass dieser ihm die Bitte erfüllte. Gemeinsam ritten sie weg [17620] durch Wald und dichten Tann, bis sie auf das Feld kamen, wobei sie sich gegenseitig einen reichen Schatz an Aventiuregeschichten erzählten, womit sie sich den langen Weg [17625] angenehm machen wollten. In dieser kurzweiligen Unterhaltung ritten sie bis in den Abend hinein. Da bat Quoikos seinen Gefährten, dass er ihn [17630] wissen ließe, wie er hieß. Die Bitte wurde ihm erfüllt; Gawein antwortete: ›Mein Name wird nicht verschwiegen, denn ich habe mich nie dafür geschämt: Fürwahr, ich heiße Gawein, [17635] das weiß die ganze Welt.‹

---

156 Senpite Bruns ist Teilnehmer an der Becher- und Handschuhprobe (2305, 24653).

Der Name sagte Quoikos etwas, er kannte ihn; es schien ihm eine große Wohltat, die Frau Saelde ihm erwiesen hatte, und er freute sich sehr darüber. [17640] Von nun an nannte er Gawein immerfort seinen Herrn, weil er seine Tugenden und sein Herz genau kannte. Mit Leib und Gut [17645] diente er ihm, wie es sich gehörte, und seine Knappen taten dasselbe, solange er ihn begleitete. Bald kamen sie zum Schloss Sorgarda, [17650] wo das Turnier anberaumt war. Alle Fürsten des Landes waren dort mit großem Pomp; Schloss, Stadt und Wiese waren damit [17655] umfangen, wie es der Burgherr gewünscht hatte.

Der Streit der Schwestern

Ankunft auf Sorgarda – Flursensephin hält sie für Kaufleute

Da die Stadt schon überfüllt war, mussten Gawein und dieser Ritter vor den Palas reiten – und zwar auf der Straßenseite der Damen, [17660] die dort zwischen zwei Boulevards saßen –, direkt vor eine kleine Kapelle, die hoch oben auf einem Felsen vor dem Palas stand. [17665] Gawein tat auch hier, was er stets zu tun pflegte: Wenn er zu einer Kirche ritt, stieg er ab und sprach sein Gebet. So geschah es auch hier. [17670] Sowie er vor die Kapelle kam, sprang er auf die Erde; er nahm sein Schwert in die Hand, band seinen Helm vom Kopf los und befreite sich von seinem Eisengewand. [17675]
So ging er in die Kapelle. Den Ritter und die Knappen ließ er draußen vor der Türe. Die Jungfrauen hatten sich aus den Fenstern gelehnt [17680] und hatten Acht darauf, was es wohl bedeute, dass Gawein ganz allein in die Kapelle gegangen und der andere davor geblieben war. Sie diskutierten untereinander [17685] eifrig darüber. Da sagte eine Jungfrau zu ihnen: ›Ich kann euch leicht die Wahrheit von den beiden sagen, denn ich habe sie durchschaut: [17690] Es sind zwei Kaufleute. Sie führen reiche Habe und großes Gut mit sich, und es ist ein schlauer Einfall von ihnen, als Ritter zu reisen, um sich dadurch vor Raub zu schützen. [17695] So sehen sie sich vor.
Ihre Ledertaschen sind prall gefüllt, auch erkenne ich an ihren Lederbeuteln, dass sie voller Schätze sind, und sogar ein Kind könnte sehen, [17700] dass das keine Rüstung ist, weil sie nicht scheppert, wie es doch sein sollte. Sie sind mit Silber und Gold vollgestopft. [17705] Gar manche große Geldkatze haben sie noch

versteckt und verbergen sie mit großer Ängstlichkeit geflissentlich bei sich, und hätten sie nichts zu verheimlichen, [17710] würden sie nicht auf diese Weise reisen. Ihr werdet schon noch sehen, was ihnen heute Nacht geschehen wird.‹

Als sie das gesagt hatte, blickte Gawein zum Fenster hinauf. [17715] Als er zurückkam, fürchtete er, dass seinen Gefährten das einsame Warten gelangweilt hätte. Er saß wieder auf und ritt in die Stadt auf der Suche nach einem Wirt. [17720] Er irrte nicht lange umher, bis er bei einem wackeren Kaufmann eine Unterkunft fand; der richtete für ihn ein prächtiges Zimmer her, sodass es ihnen dort an nichts fehlte, [17725] denn dieser Bürger war so ehrbar, so brav und so reich, dass in dieser Stadt niemand seinesgleichen wohnte; [17730] auch war er kühn, und sein Haus stand gleich unter dem Palas. So hoch war es, dass man alles sehen konnte, was darin geschah, [17735] wenn man es denn sehen wollte.

Streitgespräch von Quebeleplus und Flursensephin

Der Jungfrauen gab es zwei. Die eine achtete genau darauf, welche Figur ein jeder der Gäste machte. Die Worte, die ihre Schwester [17740] gesprochen hatte, brachen ihr das Herz, und gerne hätte sie Rache dafür genommen, denn die beiden gefielen ihr. Sie sagte: ›Schwester, was ihr sagt, ist ganz und gar gelogen. [17745] Die Gäste sind ihrem Auftreten nach alles andere als Kaufleute. Es wäre keine Schande, wenn ihr euch für einen von ihnen interessieren würdet. Mir scheint – wenn ich [17750] mich nicht täusche –, dass ihr von ihnen morgen noch manchen schönen Lanzenstich sehen werdet, und ich bin unbesorgt, dass der, den ihr zu eurem Ritter erwählt habt, [17755] verloren ist, wenn einer dieser beiden ihm mit Kampfeszorn entgegentritt.‹

Sie sagte: ›Ich werde schon dafür sorgen, dass du damit aufhörst, solche Frechheiten über tapfere Ritter zu verbreiten. [17760] Was bildest du dir ein, dass du es wagst, überhaupt von Tjosten und vom Stechen zu reden? Wer hat dir das erlaubt? Bei diesem meinem Haupt [17765] will ich dir in Wahrheit schwören: Wenn mein Mütterchen es dir nicht untersagt, muss eben ich es dir tagtäglich mit manchem harten Schlag [17770] beibringen, und zwar so lange, bis ich es dir ausgetrieben habe, damit du dich nie mehr auf einen Streit mit einer erwachsenen Frau einlässt. Du stichelst und hetzt

[17775] mehr als ein frecher Knecht, und das steht Mädchen nicht an: Die sollen stets den Mund halten. Dieses ungezogene Verhalten kann ich dir gerne auf den Rücken legen.‹ [17780]

›Kinder‹, sagte ihre Schwester darauf, ›die noch nicht volljährig sind, sollen reden wie Kinder. Weise hinwiederum sollen sich so verhalten, wie es ihrer Weisheit gebührt. [17785] Herrin, wenn ihr – und es wäre das erste Mal, dass mir solches von einer edlen Jungfrau zu Gehör kommt – den einen rühmen und im selben Atemzug den anderen tadeln wollt, [17790] dann handelt ihr euch den Ruf der Spielleute ein, die auf Ehre verzichten und die anständigen Leute wegen ihres Besitzes schelten, den sie auf andere Weise nicht zu erwerben wissen. [17795] Ich glaube, dass euch keiner dieser Helden etwas getan hat. Ich muss sie in Schutz nehmen, wenn ihr eure Rede nicht bessern wollt. Das könnt ihr mir nicht verbieten, [17800] weder im Guten noch im Schlechten.‹

Diese Worte bedrückten ihre Schwester; sie sagte: ›Das ist die Art eines Hofhundes: Wenn man ihn schimpft, bellt er umso mehr, weil er sich so darüber freut, [17805] wenn er zurückbeißen kann. Genauso bemüht sich auch die Biene zu stechen, wenn man sie immer verscheucht, wenn sie dabei nicht auf der Strecke bleibt. [17810] So stur kannst du gar nicht sein, dass ich dir deine Flausen nicht bald ausgetrieben habe; und dein Hochmut wird fallen, wenn du dein Geschwätz nicht sein lässt. Man hat dir oft angesehen, [17815] dass es dir an Ehrfurcht mangelt. Von nun an soll der Besen keine Sekunde von deinem Rücken weichen. Du hast dir hier so viel herausgenommen, [17820] dass es meinen Vater reuen wird, dass man es dir nicht rechtzeitig verboten hat.‹

Sie sagte darauf: ›Herrin, die Gewalt, die ihr mir mit eurer großen Macht und kraft eurer großen Ungnade [17825] in Aussicht gestellt habt, habe ich mit meinen Worten nicht verdient. Ich habe es lediglich nicht geduldet, dass ihr euch verplappert. Ich weiß nicht, warum ihr einen Ritter [17830] straft, der für Ruhm auszieht. Ich werde sehen, ob Fiers von Arramis, euer Geliebter, der morgen eure Hand erwerben soll, gegen ihn das Feld behaupten kann. [17835] Ich glaube, dass ihm sein Hochmut morgen gänzlich vergolten wird. Der, den ihr da beschimpft habt, sei dort mein Ritter. Wenn eurem Fiers nicht seine scharfe Klaue[157] hilft, [17840] wird er vor meinem

---

157 Gemeint ist das Wappen des Fiers.

Ritter zu Boden gehen, und die Flammen des meinen werden die Greifen des euren geschwind versengen.‹

Diese Worte ließ ihre Schwester ihr nicht durchgehen: Voller Zorn gab sie ihr [17845] eine Ohrfeige, die so heftig war, dass ihr das Blut aus Nase und Mund brach und sie dreimal hintereinander aufs Pflaster niederfiel. [17850] Diesen Schaden und diese Schmach, weswegen Damen, Ritter und Mädchen die ältere schalten, musste sie von ihr erdulden. Die jüngere machte sich aber nichts daraus [17855] und ertrug es gerne. Die Nachricht wurde Leygamar, dem Vater der beiden, bald zugetragen; er eilte wegen der Töchter dorthin und wollte die Sache mit eigenen Augen sehen [17860] und ergründen, wie es zum Streit gekommen war, zumal er vorher überhaupt nichts dergleichen gehört hatte. Unterdessen war das Mädchen mit drei Frauen ganz aufgelöst [17865] herunter zu dem Bürger gekommen. Sie wollte Herrn Gawein ihr Leid klagen und ihm versichern, dass sie seinetwegen geschlagen wurde. [17870]

Quebeleplus besucht Gawein – Konflikt und Friedensschluss mit Leygamar

Das Mädchen fand die drei – die beiden Ritter und ihren Gastgeber – beisammen in einem Privatgemach. Eine der Frauen trat an den Gastgeber heran und bat ihn, zu ihrer Herrin zu gehen. [17875] Der Gastgeber und die beiden Ritter schossen in die Höhe und stürzten aus der Tür, wo sie das schöne, reine Mädchen [17880] mit weinenden Augen fanden, was sie allerdings zu verbergen suchte. Sie begrüßten sie freundlich, was sie wiederum mit einem süßen Lohn vergalt [17885] und sofort aus Scham errötete. Dazu hatte sie allen Grund.

Als sie das Mädchen nun empfangen hatten, gingen sie gemeinsam ins Haus hinunter, um sich zu setzen. [17890] Das Mädchen sagte weise: ›Ritter, lasst euch geklagt sein, dass ich heftig weinendes Mädchen um euretwillen heftig geschlagen wurde; das tat Flursensephin, [17895] meine Schwester, aus Zorn darüber, dass ich euch viel mehr und stärker rühmte als ihren Geliebten und darauf beharrte. Dafür habe ich bezahlt; [17900] hätte ich euch geschmäht, hätte sie mir nichts getan. Nun wollte ich nicht unterlassen, euch davon zu unterrichten. Ich bitte euch inständig, [17905] dass ihr für ihre Minne niemals ein Turnier oder eine Tjost eingeht. Ich will euch heute in der Hoffnung gewinnen, [17910] dass ihr morgen im Ring während der Turnierkämpfe mein Aventiureritter seid und diesen starken Groll rächt.

Wenn ihr mir gewährt, worum ich bitte, [17915] will ich euch, ehe morgen der Tag anbricht, das beste Kleinod senden, das ich habe. Aber seid nachdrücklich gewarnt: Ein Ritter wird auf den Kampfplatz kommen [17920] mit Namen Fiers von Arramis. Sein Herz strebt nach hohem Ruhm und er führt eine Greifenklaue als Wappen. Wenn er seinen Weg über den Sattelbogen hinters Pferd sucht, [17925] hat sich meine Hoffnung, die ich in euch setze, erfüllt. Herr Ritter, wenn meine Bitte Erfolg hat, dann ziehe ich fröhlich von dannen, denn nach einem Verlust macht der Gewinn [17930] noch mehr Freude als zuvor.‹ Gawein lachte darüber und sagte: ›Herrin, seid versichert: Ich will euren Groll gerne rächen, wie ihr es verlangt, oder, wenn ich es vermag, sogar noch mehr.‹ [17935]

Während das geschah, brach Leygamar durch einen Hintereingang in das Haus ein – zuvor hatte er es rundum mit Wachen umstellen lassen, [17940] sodass niemand mit Leib oder Gut herauskommen konnte, ohne dabei alles zu verlieren. Den Rat zu diesem Einfall hatte ihm Flursensephin geraten, [17945] um ihrer Schwester zu schaden. Der Wirt und seine Gäste befanden sich in der Gesellschaft dieses reinen Mädchens. Keiner von ihnen wusste, was los war, [17950] bis der Bürger bemerkte, dass im Hof sein Herr bei den Seinen war, die Waffen an der Hand. Es schien aber, dass er in der Not [17955] nicht verzweifelte.

Er stürmte in den Hof. Gawein sprang wie ein Löwe auf und war als erster vor der Tür. Er nahm sich die Ritter vor: [17960] Mit dem Schwert, das er trug, schlug er sie aus dem Hof hinaus und ließ sie keine Sekunde in Ruhe, bis dem Wirt von Graf Leygamar, seinem Herrn, ein Frieden zugesichert wurde. [17965] Dann erzählte er ihnen, dass er nur deshalb hergekommen wäre, weil man im Haus einen Feind ausgekundschaftet hätte. Da sagte dieser gute Ritter: [17970] ›Hier sind nur die, die ihr seht.‹

Nachdem der Friede unter ihnen besiegelt war, bereute Leygamar dieses ertraglose Unternehmen und diesen großen Gesichtsverlust sehr, [17975] denn er hatte rasch erkannt, dass ihm[158] ein Unrecht

---

158 Ihm selbst, dem Wirt oder Gawein und seinem Gefährten?

geschehen war. Er ging zu Herrn Gawein und sagte: ›Ritter, lasst mich für dieses Unrecht und für dieses schlechteste Benehmen, [17980] die ich als Frucht eines jähen Mutes euch entgegengebracht habe, jene Buße auf mich nehmen, die ihr selbst verlangt, denn ich habe mich, teurer Held, [17985] schlecht gegen euch verhalten, und nicht ihr gegen mich. Man hat euch und euren Gefährten bei mir verleumdet, und die, die den Rat gaben, taten das aus Hass. [17990] Sie sollten mir einen besseren Rat gegeben haben.‹

Gawein verzieh ihnen die Angelegenheit. Darüber war Leygamar froh. Er ging mit ihnen ins Haus und fand drinnen seine Tochter [17995] Quebeleplus, das kleine Mädchen, wo sie zuvor mit den drei Frauen ihr Leid geklagt hatte, denn sie hatte dort bleiben müssen; sie konnte nicht zurückgehen, [18000] nachdem sie den Kampf gehört hatte, und war, ganz außer sich, dort sitzen geblieben. Als nun Leygamar seine junge Tochter erblickte, begrüßte er sie und sagte: [18005] ›Süße Tochter, sag, was hast du hier gemacht, und wieso bist du hierher gekommen?‹ Man erklärte ihm, wegen welchen Leides [18010] sie hergekommen war – da musste er über diese Geschichte lachen.

Hiermit war die Sache erledigt. Das Kind ging mit seinen Mädchen wieder auf die Burg. [18015] Gawein ließ sie ihren Ärmel hier herunten als Kleinod; dabei bat und befahl sie, er möge einen Kampf in der vordersten Reihe wahrnehmen: [18020] Fiers von Arramis heiße er und sei der Geliebte ihrer Schwester, um dessentwillen sie geschlagen wurde. Würde der von einer starken Stechlanze zu Boden befördert [18025] und geschähe dies durch Gawein, so wäre ihr Kleinod gut verwandt. Er sollte auch wissen, dass ihre Minne unverzüglich sein Pfand würde.

Das Turnier

Die Teilnehmer und ihre Wappen

So verblieb man. [18030] Die Gäste bereiteten sich nach Ritterart und so gut sie konnten auf dieses ritterliche Spiel vor. Es waren nämlich sehr viele, [18035] die wegen der Jungfrau dorthin gekommen waren, weil ihr Vater Leygamar sie nach allgemeiner Sitte dem geben wollte, der unwidersprochen der allerbeste Ritter wäre. [18040] Alle, die diese Nachricht hörten, kamen aus ihren Ländern herbei und eiferten nach Ruhm. Zwei edle Fürsten von jenseits des Meeres, Poydas und Yger, [18045] brachten ein großes Heer mit sich.

Cavomet von Arabien kam mit einer prächtigen Schar zu diesem Turnier. Zwei Brüder, Melde und Effroy, [18050] brachten ein großes ritterliches Gefolge. Auch kam mit großer Macht Laamez von Babylon, der das Zepter und die Krone zu Baldac trug; [18055] Aschalon, dessen Schwestersohn, der über Syrien herrschte, war ihm über das Meer gefolgt; und ein Jüngling aus Syrien, ein Verwandter der beiden, der Varuch [18060] genannt wurde, war auch da. Vor dem Schloss auf der Ebene schlugen sie alle ihre Zelte auf. Sie fassten einen großen Platz und einen weiten Kreis ein, [18065] denn dort waren viele junge Männer, die alle in diesem Kreis lagerten und mit Brüdern und Verwandten Geselligkeit übten.

Aus Schilden war um die Gäste [18070] ein riesiger, gewaltiger Zaun großräumig errichtet, daran allerlei, ganz verschiedene Wappen, [18075] obwohl es doch eine einzige Rittergesellschaft war. Cavomet, der Mohr, führte als Wappen einen Anker – mit dem wollte er die Furt zu dieser Jungfrau suchen; [18080] genauso wollte Melde sie mit einem Schwert erkämpfen, das er für ihre edle Minne im Feld führte. Effroy führte, um Glück zu erringen, [18085] Fortuna auf einem Rad; das gereichte vielen zum Schaden, weil er ritterlich daherritt. Yger war so klug, eine breite Sense zu führen. [18090]

Poydas, der Jüngling, brachte auch ein Wappen in den Ring, das gepriesen wurde: Es war ein prächtiger Leopard auf einem Zobel, aus Hermelin geschnitten; [18095] alle, die mit ihm ritten, führten dasselbe Wappen. Einen breiten Adler führte Laamez von Babylon, der mit seinen Gefährten [18100] nach dem Minnelohn des Mädchens strebte. Aschalon brachte als Wappen eine Kette aus Gold – damit wollte er sich mit Besitz und Leben [18105] in die Gefangenschaft des Mädchens begeben. Varuch führte einen Elefanten, damit man seine Herkunft umso besser erkennen könnte. In der Stadt waren viele Ritter [18110] aus verschiedenen Ländern untergebracht, die ich nicht alle nennen kann und die mir auch die Erzählung des Buches nicht nannte. Ich will aber einige davon [18115] aussuchen, denn man soll die Goldkörnchen aus dem Sand auflesen: Daher will ich mir keinen Nachteil einhandeln, indem ich die Namen derer nicht sagte, [18120] denen diese Aventiure doch große Tapferkeit zugesteht und deren Namen sie nicht verschweigt. Von weither waren sie dorthin gekommen, als sie hörten, [18125] wie es um dieses großartige Gelübde stand: die beiden Gefährten aus Agardas, Hardifius und Elymas.

Das Wappen, das diese Helden führten und das sie zu Felde brachten [18130] sollte ihren Mut offenbaren: Ein Einhorn war es. Wie leicht das in Zorn geriet, habt ihr schon früher gehört. Der Graf von Bygame [18135] und sein Bruder Sorgarit führten die Ruder, denn sie herrschten auf dem Meer. Der tapfere Held Heymet und seine Gefährten [18140] Rayns, Greyns und Egri führten den Löwen. Das Wappen des Mytarz von Ansgewe, eines guten Helden, und des Cleyr von der Voie, war eine Garbe. [18145] Dann war da ein Held Lorez von Yassayda mit schönem Gefolge. Baruz und Enfrye, Mamoret und Clamorz, [18150] Anfoyes und Forducorz, Ludufis und Ployborz:

Dies waren seine Gefährten. Wer nun hören will, welche Wappen sie alle hatten, [18155] dem erzähle ich es, wie ich es auf Französisch gelesen habe: Es war ein strahlend weißer Schwan. Es gab da noch eine Menge anderer Ritter, deren jeder sein eigenes Wappen trug, [18160] wie es ihm am besten passte, ausgenommen diese Gesellen da,[159] die Gefährten des Herzogs von Aram: Bryans und Azinde, Anschoes und Emerit, [18165] Roydes und Meranphit, Fidelaz und Jambruz, Samoris und Saruz Skaarez und Gymaret Clerdenis und Sagarz, [18170] Neiliburz und Azet, Malpardons und Karet, Vamgainziers und Pafort, Susavant und Stiport, Finc de Seminis, [18175] Agariz und Gentis: Sie alle führten den Flügel. Was sollte ich mich abmühen, wenn es gelogen wäre? Ich werde mich nie dafür schämen, [18180] was mir die Erzählung bietet.

Vorbereitungen für den Kampf

Nun war es daran gekommen, dass sich ein jeder Mann auf dem Feld für diese Mühen bereit machen musste. [18185] Am andern Morgen waren viele Helden in Gedanken schon auf dem Kampffeld, wenn sie sich die Hosen anlegten, darüber ihren Knieschutz, [18190] auch ein Wams und ein Koller[160] musste man dann haben. Sie ließen sich Zeit damit. Auch eine Halsberge brauchte es, weiters noch zwei oder drei Knappen, [18195] die dem Ritter die Helmhaube

---

159 Interpunktion gegen die Ausgabe.
160 Der Kragen der Rüstung.

festbanden und das Wappen so anbrachten, dass es ihm bequem war. Schlussendlich gehörte ein Plattenpanzer vor die Brust – [18200] wenn einer sich irgend im ritterlichen Umfeld bewegte, gehörte der Panzer unbedingt dorthin: Er war sehr nützlich, wenn man stechen wollte. Auch darf man nicht vergessen, [18205] ein Wams oder einen seidenen Waffenrock darüber zu ziehen – dann sah er wie ein echter Ritter aus.

Ein Ritter brauchte auch starke Lanzen. Nichts ließ er ungetan, [18210] was er sonst noch für die Tjost nötig hatte – und wenn dann sein Pferd geschickt war und sein Helm leicht und fest, mit einem Kleinod verziert, [18215] so brauchte er nichts mehr zu tun, als sich den Schild um den Hals zu hängen und ein Schwert in die Hand zu nehmen. Und wenn er dann nicht allzu arm war an Geschick oder Mut, [18220] konnte es leicht sein, dass es einem Törichten weh tat, wenn er gegen ihn anrennen wollte. Das wäre vielleicht eine Idee, wenn ein solcher Dummkopf den Schild zu Halse nähme: [18225] er würde mit großer Schande zu Boden gehen. Jetzt wollen wir aber solches Geschwätz lassen und von den Rittern dort erzählen. [18230]

Vorkämpfe

Die Helden waren bald bereit, denn ein stolzer Geist trieb sie aufs Feld. Ein Knappe brachte die Nachricht, dass ein Held aufs Feld gekommen wäre [18235] und eine Tjost gegen einen stolzen Araber genommen hätte. Diesem hätte er im Kampf nur wenig Ruhm zugestanden: Er ließ ihn hinterm Sattel [18240] auf dem Weg knapp über dem Boden schweben, dass er heftig hin und her baumelte, ohne dass ihn der Wind durchgerüttelt hätte. Er musste sofort auf trockenem Land [18245] eine Furt auf dem Sand nehmen, noch ehe er seine Lanzen verbraucht hatte.[161]

Dem berühmten Quoikos tat es von Herzen leid, als er die Wahrheit entdeckte. [18250] Er band seinen Helm auf seinen Kopf und entfernte sich heimlich von Gawein. Da kam ein Ritter aus der Gästeschar allein neben einem Wald dahergeritten; [18255] er hatte seine Lanze gesenkt, es verlangte ihn nach einer Tjost. Ihn hatte Quoikos erblickt. Heimlich jagte er über das Feld auf den Recken zu, [18260] der ein Gefährte des Herzogs von Aram war. Quoikos

---

161 Der Besiegte ist Cavomet, der Araber, der den Anker zum Wappen hat.

bescherte ihm einen solchen ritterlichen Absturz, dass er in den Sand hinab [18265] gegen den Huf des Pferdes stürzte; der Sturz hinterging ihn dermaßen, dass ihn der Schmerz um seine Kraft betrog.

Ein Ritter, der diese Tjost mit ansah, sagte voller Schmerz: [18270] ›Ich habe eine Tjost gesehen; wer sie ausgetragen hat, weiß ich nicht genau, aber ich habe den Flügel[162] wahrlich in Bedrängnis gesehen.‹ [18275] Nach diesen Worten wandte er sich dorthin, wo er die Tjost gesehen hatte. Malpardons und Karet[163] erblickten den Helden und eilten beide [18280] über das Feld zu ihm hin. Furchtlos wandte er[164] sich für denselben Preis gegen sie. In einer prächtigen Tjost vernichteten sie die Lanzen; [18285] unter der Vorherrschaft hohen Ruhms war dort Minne sehr teuer.

Noch wussten die Ritter in der Stadt nichts von diesen Ereignissen, denn sie waren heimlich geschehen. [18290] Nun rüsteten sie sich, als ob sie gleich aufs Feld wollten. Effroy und Melde kamen mit gleichen Lanzen heraus und verlangten nach einer Tjost. [18295] Gegen sie waren Mamoret und Baruz,[165] unbemerkt von ihren Gefährten, ausgeritten: Sie hatten sich heimlich aufs Feld begeben in der Suche nach Rittern, [18300] die ihnen Gelegenheit zu zwei Tjosten und zum Lanzenverbrauch gäben. Das fanden sie dort. Da wurden Fortuna und das Rad[166] [18305] prächtigst durchstochen, auf der anderen Seite wurde dem Mamoret das Einhorn durchbrochen. Baruz tat dem Melde dasselbe und durchbohrte das Schwert[167], [18310] sodass der Stahl ihn kaum schützen konnte. Jeder bekam, wonach er verlangte.

Noch mehr Vorkämpfe

Das hörte Fiers von Arramis und sagte: ›Ich werde etlichen den hohen Ruhm rauben [18315] und werde einen jeden schnellstens und eigenhändig hinters Pferd in den Sand befördern, der hier hofft, die

---

162 Das Wappen des Herzogs von Aram.
163 Leute des Herzogs von Aram; sie sind nun also zu dritt?
164 Ist das der eine Beobachter, der gegen die beiden anderen kämpft, oder ist es Quoikos, der gegen drei Aram-Leute tjostiert?
165 Leute des Lorez von Yassayda.
166 Effroy.
167 Meldes Wappen.

Das Turnier des Leygamar

Minne meiner Dame zu gewinnen. [18320] Ich diene ihr seit langem und hoffe noch immer, von der Reinen belohnt zu werden. Wenn mein Schild und meine Lanze das Feld aufsuchen, [18325] werde ich so manches Zelt zerstören, dessen Besitzer sich erdreistet hat, mich mit ritterlicher Tat auf dem Feld zu prüfen und die Dame meines Herzens [18330] über das Meer zu entführen; so einer wird mich nicht wehrlos finden. Mag sein Adler[168] auch weit umherschweifen – wenn meine Klaue[169] seiner gewahr wird, reißt sie ihn mühelos aus seiner Schar.‹ [18335]

Inzwischen kam ein Knappe gelaufen. ›Wo sind denn nun Ritter und Lanzen?‹ rief er. ›Ich habe hier einen Ritter gesehen, der eine Lanze ergriff und einen Schild zum Hals nahm. [18340] Mir scheint, er hat eine Tjost verdient! Er verhält sich jedenfalls so. Sein Adler ist prächtigst – es ist Laamez von Babylon. Wer nun reichen Minnelohn [18345] empfangen will, der zögere nicht. Eine prächtige, strahlende Kette hält neben ihm: Ich glaube, das ist der Recke Aschalon de Syria. [18350] Neben den beiden glänzt ein schneeweißer Elefant; das ist Varuch von Syrien. Wohlan nun, Ritter, auf, auf!‹

Der Schwan[170] hatte diese Worte gehört [18355] und war mit drei Gefährten gegen diese vier[171] auf den Kampfplatz gekommen. Sofort begann zwischen ihnen eine ritterliche Tjost; sie brachte aber niemandem großen Gewinn ein, [18360] nur die Lanzen wurden verbraucht. Da wollte sich der Schwan wieder dem Frieden zuwenden, doch der Leopard hinderte ihn am Rückzug: Das war der junge Poydas, [18365] der mit einem Trupp auf Lauer ausgeritten war. Deshalb litten sie großes Leid, weil sie die Gefährten ihrer Gegner übersahen, die sich alle [18370] ganz in der Nähe aufhielten; Ludufis und Enfrye[172] führten die Schar an.

Als sie ihre Not bemerkten, ritt ihnen das Einhorn[173] voll des Zorns [18375] zu Hilfe in den Kampf. Gegen das hatte der Anker eine Tjost verloren, Cavomet, der herrliche Held aus Arabien. [18380] Sie stießen mit der Schar zusammen und brachen Lanzen in diesem

---

168   Das Wappen des Laamez von Babylon.
169   Die Greifenklaue ist Fiers' Wappen.
170   Das ist Lorez.
171   Laamez, Aschalon, Varuch – und wer noch?
172   Sie gehören zu Lorez.
173   Entweder Hardifius oder Elymas.

prächtigen Kampf. Forducorz und Ezdeiz[174] [18385] bekamen als erste die Kampfesmühe zu spüren; sie stemmten ihr Banner hart dagegen. Mit Stichen und Schlägen wurde hier eine Bataille begonnen, [18390] bei der die Lanzen weiße Panzerringe durchstachen und dabei selbst zu Bruch gingen; Kleinodien und Schilde fielen auf die Erde: [18395] In dieser Sache waren sie alle großzügig.

Hauptkampf

Unterdessen erhob sich von den Knappen großer Lärm, dazu ertönte die Flöte laut mit dem Tambur, denn die Helden hatten sich darauf [18400] verlassen, dass es noch dauern würde. Die Löwen und die scharfe Sense nahmen noch nicht am Spiel teil – Heymet, Greyns, Rayns, Egri und Yger –; [18405] diese fünf wurden von ihren Gegnern in Schach gehalten.[175] Bald sah ein Ritter das Schwert[176] in einer eigenen Tjost Gegner fällen; das Rad der Saelde – Effroy, [18410] der Bruder dieses Helden – verlangte nach demselben. An dieser Stelle musste das große Turnier beginnen. Viele kamen in Not, bevor das Spiel zu Ende kam. [18415]

Fiers von Arramis sprach: ›Eine Sache ärgert mich: Ich sehe dort den Adler[177] mächtig schweifen und neben ihm den Anker[178]; [18420] ich glaube, sie haben vor, sich in die Tjost zu begeben. Es würde mir von Herzen gefallen, wenn ich den Adler rasch zu fassen bekommen [18425] und ihm seine weiten Flügel stutzen könnte. Darum will ich es versuchen, wenn es mir möglich ist. Auch soll der Anker die Furt auf dem Sand suchen; [18430] die Kette und der

---

174 Wohl: aus dem Lager des Lorez.
175 Oder, mit Tausch von Subjekt und Objekt: ›diese fünf hielten wacker dagegen und verteidigten ihre Gefährten‹. Mittelhochdeutsch heißt es: *Die funff hielten zů wer / Vnd zů hůt ir gesellen.* – ze wer halten (gegen jmd.) heißt, gegen jmd. kämpfen, dagegen halten, sich verteidigen. Also: Die fünf kämpften, oder sie wurden von den *gesellen* bekämpft. Aber was heißt *ze huot halten*? Zurückdrängen? Oder ist gemeint: ›hielten dagegen, ihren Gefährten zum Schutz?‹ Und wie aber geht all dies damit zusammen, dass doch gerade behauptet worden war, dass sie noch nicht am Kampfgeschehen teilnehmen? Ist das alles futurisch zu lesen: dass sie kämpfen und ihre Gefährten schützen – von nun an, im Hauptkampf, weil es jetzt richtig losgeht?
176 Melde.
177 Laamez.
178 Cavomet.

Das Turnier des Leygamar

Elefant, die Sense und der Leopard[179] – sie werden nicht länger geschont! Wohl denn, brechen wir auf!‹

Er nahm die Lanze unter den Arm [18435] und man rief: ›Chevalier Aram! Hier kommt einer, der nach dem Adler verlangt!‹ Laamez, der Adler, gewährte ihm eine Tjost. Nachdem die beiden [18440] den Frieden beendet hatten, warfen des Fiers Hände den Babylonier in den Sand, sodass der Adler den trockenen Boden für seine Luft ansehen musste. [18445] Davon verlor Cavomet geschwind seinen edlen Mut: Er warf den Anker in die Flut, doch wegen des starken Gegenwindes fand er in den Wogen keinen Halt – [18450] er war zu leicht. Begierig ritt Fiers von Arramis in den Ring; Cavomet, den Araber, schickte er mit dem Anker [18455] aufs trockene Land; dort blieb er in Schande.

Aschalon de Syria, dem Helden mit der Kette, bereitete diese Schande Schmerz; [18460] er wollte die Tjost gegen Mytarz mit der Garbe; der gewährte dem Helden unverzüglich diese Aventiure. Ein kostbares Banner nahm er [18465] unter den Arm, dann gab es da eine Tjost, die nicht lange dauerte. Nun musste man die Kette ausgestreckt auf der Erde liegen sehen; [18470] daneben sank ein Banner nieder, das den Helden dort zudeckte. Fiers von Arramis ritt hin, um seinen Gefährten zu helfen. Er erbeutete großen Ruhm; [18475] das tat Quoikos leid.

Er sagt zu Herrn Gawein: ›Alle reiten aus, nur ihr nicht. Held, warum tut ihr das? Wie wollt ihr den Zorn des Mädchens [18480] gegen den Helden rächen? Seht ihr, wie er dort sticht, schlägt und Gefangene nimmt? Er wird euch nicht verschmähen. Viele hat er dort abgeworfen, [18485] ganz furchtlos ist er und greift mit seiner scharfen Klaue überall wild um sich. Keiner vermag etwas gegen ihn. Ritter, wenn ihr nicht dorthin wollt, [18490] dann wisst, dass mich das traurig macht.‹

Gawein ergriff eine Stechlanze und drehte sich in Richtung des Fiers von Arramis, der beim Tjostieren [18495] unter ihnen allen den Preis erbeutet hatte. Doch jeden, den Gawein angriff, verbrannte er mit dem Feuer seiner Lanzenspitze, sodass auch dieser Waldverschwender[180] hinterm Sattel blieb [18500] und auf die Erde kullerte, in der seine Klaue Halt suchte. Sofort schützten ihn 20 Gefährten

---

179 Aschalon, Varuch, Yger und Poydas.
180 Wie Anm. 85.

aus Aram, doch durch den Sturz musste er [18505] Herrn Gaweins Gefangener sein. Er bot ihm Sicherheit: So wurde seine Klaue zerschlagen.

Ein Knappe kam gelaufen und rief aufgeregt nach Tjostieren. [18510] Varuch mit dem Elefanten wurde gerade von Gawein auf den Sand gestochen. Darum erzürnte Hass den Grafen von Bygame, [18515] und es schmerzte ihn dessen Missgeschick. Nicht anders ging es seinem Bruder Sorgarit – der war mit ihm einer Meinung. Die beiden führten die Ruder. Sie griffen Gawein sofort [18520] mit zwei ziemlich starken Lanzen an. Hier musste Gawein dem einen sein Verlangen erfüllen; Quoikos war der vierte im Bunde, er nahm sich den anderen vor. [18525] Ein jeder Stich der beiden wurde mit größter Präzision angelegt. Gawein und Quoikos erbeuteten Ruhm und Sicherheit.

Da flogen die Flügel aufs Feld [18530] und rissen viele aus der Ruhe. Überall auf dem Feld erstand durch Lanzen und Schwerter großer Lärm. Die einen wollten stechen, [18535] die anderen bemühten sich, Gefangene zu machen, hernach sah man wieder zwei oder drei daherlaufen, die Schilde und Lanzen führten, dazwischen liefen Knappen, [18540] die Banner und Lanzensplitter und Kleinodien trugen, dort prügelten sich welche mit enormen Keulen.

Mit diesen wurde Gawein handgemein. [18545] So hatte das Turnier Bestand ohne eine einzige Waffenpause. Leygamar von Ansgoy stieß ohne Vorwarnung auf Gawein, der ihn mit der Lanze [18550] sofort in den Sand beförderte. Quoikos fing an, ihn zur Sicherheit zu nötigen. Leygamar fürchtete den Tod und bot sie ihm sogleich an, [18555] denn Clerdenis und Azet wollten sich an ihm bereichern, und das gereichte ihm beinahe zum Unheil: So wurden aber auch diese beiden [18560] und zwei ihrer Gefährten gefangen. Daher musste das Turnier bestehen bleiben und konnte nicht zu Ende gehen.

Als aber der Schwan[181] erkannte, dass Leygamar, der Herr des Landes, [18565] ausgefallen war, kam er eilig mit zehn seiner Gefährten aufs Kampffeld geflogen. Da sah man, wie Ritter gefällt, Gefangene genommen und aufeinander gedrungen wurde, [18570] man hörte die Schwerter auf Schild und Helm erklingen und sah dichten Staub gewaltig aufstieben und die Schilde [18575] von

---

181 Lorez.

kräftigen Stichen zerspringen. Mittlerweile verließ die Pferde die Kraft, und die Lanzenschäfte lagen auf dem Feld verstreut. [18580] Gar mancher verlor seine Freude: Ehe sich das Ritterspiel auflöste, landete gar mancher durch Gaweins Hand unsanft im Sand. [18585] Hier endet das Turnier.

Schlichtungsverhandlungen

Nachdem sich das Turnier aufgelöst hatte, erzählte man im Palas den Damen die Neuigkeiten: wie Leygamar und [18590] Fiers von Arramis, der Held, von einem auserlesenen Recken im Turnier gefangen worden wären; und dass ein jeder gänzlich verloren gewesen wäre, den dieser Recke mit der Spitze seiner Lanze [18595] von vorne erreichen konnte. Der Held selbst wäre unbekannt, und es verhielte sich mit ihm so, dass niemand seinen Namen nennen oder ihn identifizieren konnte, [18600] weder an seinem Wappen noch an seinem Kleinod; man wusste nur, dass er als Wappen rote Flammen auf schwarzem Grund führte, die man kaum sehen konnte, und einen weißen Ärmel als Kleinod. [18605] Er zeigte sich sehr darum bemüht, dass der ihm zerhauen würde; die Dame, der dieser Ärmel gehörte, wird dies gerne gesehen haben, wenn er es in ihrem Dienste tat.

Als Flursensephin diese Nachricht [18610] hörte, brach sie aus Leid um ihren Vater und ihren Geliebten zusammen und begriff sofort, dass der Ritter ihrer Schwester den Preis errungen hatte: Davon erschrak sie so sehr. [18615] Das kleine Mädchen hingegen freute sich sehr über die Neuigkeiten, die man erzählte. Die Freude der beiden Schwestern über die Nachrichten war ungleich: [18620] Was die eine bedrückte, darüber freute sich die andere. Nachdem diese Sache nun erledigt war, ritt Gawein – und bei ihm Quoikos, der Brite – mit größter Pracht [18625] zu seiner Herberge. Eine Menge Spielleute und Knappen folgten ihm in der Hoffnung auf reichen Lohn, wie es stets ihre Art war. [18630] Da ließ Gawein die erbeuteten Pferde unter ihnen verteilen.

Die Ritter ritten alle wieder in die Stadt zurück, wie es üblich war, und machten es sich bequem. [18635] Nach dem Essen wurde dann über die Gefangenen gesprochen. Der Gastgeber Leygamar kam vom Schloss herunter und mit ihm die große Schar derer, [18640] die Gawein gefangen hatte. Man schlichtete die Angelegenheit nach dem Gesetz: Leygamar und Fiers von Arramis wurden [18645] dem kleinen Mädchen geschickt, damit sie mit ihnen tat, was ihrem Herz beliebte. Die anderen wurden von Gawein und Quoikos dem Wirt überantwortet; fortan konnte er [18650] von aller Armut befreit leben, weil sie ihm so unsagbar reiche Güter zum Lösegeld gaben. [18655] Natürlich konnte jeder von ihnen – wie heute ja auch – mit ihm verhandeln, doch war er nun arm oder reich, er musste entsprechend zahlen.

Am nächsten Morgen wurde Flursensephin [18660] wegen dieser Aventiure zu Gawein geleitet – so war es entschieden, ohne Wenn und Aber. Graf Leygamar befolgte das Urteil bereitwillig.[182] Nun verlangte Gawein, sich auf sein Recht berufend, [18665] von ihnen allen und bat sie um den Gefallen, dass er – mit ihrem Willen – zugunsten seines Gefährten, der sich mit ritterlicher Kraft als tapfer [18670] erwiesen hatte, zurücktreten dürfte; der wäre für Flursensephin eine gute Partie: Er besäße Burgen und Länder und hätte einen festen Wohnsitz. So lange bat Gawein darum, [18675] bis man es ihm zugestand. Nun wurde mit viel Aufwand ein Fest vereinbart, das eine Woche lang dauerte – nicht eher wurde es beendet. [18680]

---

182 Gemeint ist, dass dem Champion des Turniers die Hand Flursensephins gehört.

Gawein unterwegs

Gawein auf Karamphi

Die Jagdgesellschaft – Begegnung mit Enfeydas

Nachdem all dies geschehen war, nahm Gawein Abschied und machte sich auf den Weg; das tat denen in Ansgoy über die Maßen und aufrichtig leid. [18685] Gawein ritt auf einen dichten weitläufigen Wald zu, in dem er den süßen Klang von Jägern und Hunden hörte. Nun hätte er gerne herausgefunden, [18690] wer hier auf Jagd war. Er entschied sich, quer durch den dichten Wald zu reiten, bis er auf die rechte Fährte kam, gerade dort, wo das Wild [18695] auf einer schönen Wiese erlegt worden war. Gut 20 Ritter fand er dort und einen grauhaarigen Herrn – die Spur hatte gestimmt.

Sowie sie Gawein erblickten, [18700] gingen sie alle auf ihn zu und begrüßten ihn. Nach der Begrüßung baten sie ihn abzusteigen; das aber wollte er ihnen nicht zugestehen: [18705] Er bedankte sich kurz und ritt mit diesen Worten weiter seinen Weg, der aus dem Wald hinausführte. Er überließ sie ihrer Jagd. Bald war er aufs freie Feld gekommen, [18710] wo er auf einer weiten Au ein wunderschönes Zelt erblickte; drinnen waren eine Dame und vier schöne Mädchen, die von der Heide [18715] frische Blumen hineingetragen hatten, wie ich das Buch sagen hörte. Sie war des Maies wegen dorthin gekommen, denn ihr Leben war ganz auf Freude eingestellt, [18720] und sie verfügte über das Beste, was die Welt an Freuden zu bieten hatte.

Diese Dame war eine Göttin und die Base von König Artus; sie trug die mächtige Krone [18725] von Avalon. Ihr Name war Enfeydas. Sie hatte Gawein schon auf dem Feld von weitem erkannt. Als er nun seinen Weg [18730] vom Zelt abwandte, ehrte sie ihn damit, dass sie ihm entgegentrat und den Helden aufs Beste begrüßte. Er sprang von seinem Pferd [18735] und dankte ihr herzlich für den Gruß, den sie ihm darbot, denn sogleich musste er mit freundlicher Erlaubnis ihren roten Mund küssen; [18740] ihr Herz verzehrte sich danach.

Danach setzte sie sich nieder und sagte: ›Ritter, wisst ihr, dass ihr ein naher Verwandter von mir seid? Mir scheint, es ist sehr lange her, [18745] dass ich euch nicht mehr gesehen habe; es war damals, als mir an meinem Bruder Utpandragon, an dessen Stelle nun sein Sohn Artus die Krone in Britannien trägt, großes Leid widerfuhr.

[18750] Aber lasst mich euch sagen: Ihr werdet heftig beklagt. Alle glauben sie, ihr wärt tot; deshalb ist das Hofgesinde um euretwillen in jammervollem Leid befangen, und der König und die Königin [18755] und mit ihnen ihre Gefährten lassen ihre Ämter ruhen. Die Freude, die sie haben sollten, ist zur Gänze begraben, weil sich niemand[183] bei Hofe darum annimmt; [18760] die Klage hat gesiegt und die Freude überwunden.

Dazu will ich euch noch dieses sagen: Der Weg wird euch hier ganz in der Nähe zu einem Schloss führen, [18765] das Karamphi genannt wird; da werdet ihr in große Not geraten, aber doch nicht den Tod erleiden. Lasst euch das von mir eine Warnung sein. Ich würde euch freilich eher raten – wenn ihr [18770] meinem Rate folgen wollt –, heute Nacht besser hier zu bleiben, als so spät noch anderswo ein Nachtquartier zu suchen. Wollt ihr nicht doch [18775] hier bei uns Frauen bleiben, wo doch die Gefahr auf euch wartet – auch wenn euer Herz natürlich auf Gefahr sinnt und sie liebt?‹

Schachspiele mit Seymeret – Das Gralsabkommen

Damit war das Gespräch zu Ende. [18780] Gawein verabschiedete sich und ritt auf seinem vorigen Weg von dannen. Die Angst machte ihm nicht mehr Sorgen als die liebste Nachricht, hätte man ihm eine solche überbracht. [18785] Allerdings sorgte er sich, dass Zorn und Hass die Freude, die der kühne Artus mit seinen Gefährten stets hochzuhalten pflegte, belagerten, [18790] sodass er sie deshalb preisgeben musste. Die Gefahr aber und die schreckliche Geschichte, von denen ihm erzählt worden war, fürchtete er nicht. Rasch ritt er auf dem Pfad dahin, [18795] bis er zur Brücke an das Burgtor kam.

Dort wurde er eingelassen. Oben vor dem Turm saßen ein Zwerg und ein Mädchen; sie spielten behände [18800] auf einem Brett Schach. Dem Mädchen fiel Gawein sofort auf, als man ihn einließ. Überschwänglich begrüßte sie ihn. [18805] Später würde sie ihm zeigen, dass ihr Gruß von Herzen kam. Sie nahm einen samtenen Mantel und ein ebensolches, weiß-rotes Oberkleid, [18810] und befahl dem Zwerglein, Gawein damit einzukleiden; Gaweins Rüstung sollte das Zwerglein an einen bestimmten Platz in ihrem Gemach legen und sorgfältig pflegen. [18815]

---

183 Gegen die Ausgabe (*nymme*).

Ihr Befehl wurde ausgeführt. Gawein musste – sie bestand darauf – mit diesem schönen Mädchen hinauf vor den Turm gehen und mit ihr das selbige Spiel spielen. [18820] Dabei redeten sie viel und führten prächtige Schachgespräche. Aber aufgepasst: Als Gawein dort im Wald die Ritter traf, war einer unter ihnen, der ihn gut kannte. [18825] Er war der Sohn des alten Burgherrn und hieß Angaras von Karamphi. Von seiner Entdeckung erzählte er niemandem. Er eilte mit seinen Männern – [18830] zwölf Ritter, gute Helden – aus dem Wald hinaus zum Nachtquartier, wo er erwartete, Gawein zu finden; das sollte für Gawein unbequem werden [18835] wegen einer alten Schuld, die einst geschehen war.

Ein altes Sprichwort sagt: ›Alte Schuld liegt und rostet nicht.‹ Das konnte man hier gut sehen, denn Gawein hatte den Bruder des Angaras [18840] in einem Turnier erschlagen. Das war vor langen Tagen geschehen, als Angaras noch ein Kind war – man erzählte ihm die Geschichte später, als er zum Mann herangewachsen war. [18845] Darum jagte er Gawein hinterher und wollte seinen Bruder rächen. Er erkundigte sich, wo Gawein abgestiegen wäre. Rasch gab man ihm Auskunft, [18850] dass er in der Burg zu Karamphi wäre und dort übernachten wollte. Über diese Information freute sich Angaras sehr und machte sich auf den Weg dorthin. [18855]

Sehr bald war er mit seiner Ritterschar dort angekommen; ohne Vorwarnung fielen sie über ihn her. Das wäre beinahe sein Schaden geworden, wäre nicht das reine Mädchen gewesen, [18860] das ihm zur Seite stand. Als sie sie heranlaufen sah, sprang sie jäh auf und sagte: ›Wehrt euch, Ritter, sonst seid ihr tot!‹ Sofort lief die Jungfrau [18865] in dieser Not zu ihrem Bruder hin, umschlang ihn mit den Armen und ließ ihn nicht von der Stelle. Inzwischen hatte nun Herr Gawein das Schachbrett zu fassen bekommen, um sich zu verteidigen, [18870] denn sein Schwert und seine Rüstung befanden sich im Gewahrsam der Jungfrau.[184] Er trat den Rittern auf der Stelle entgegen und nahm sie sich zum Schlag vor. Er tat nicht wie ein Feigling, [18875] der in so einer Situation flieht oder sich mit einem Schirmdach zufrieden gibt.

Gawein prügelte sie aus dem Palas; viele, die Angaras gesund ins Haus gebracht hatte, empfingen dabei [18880] Beulen und Wunden. Die Jungfrau Seymeret schlug hintennach die Tür zu und

---

184 Interpunktion gegen die Ausgabe: Das Komma nach 18870 ist zu tilgen.

befestigte sie tüchtig mit Riegeln und Schlössern. [18885] Dort ließ sie ihn nicht bleiben, sondern forderte ihn auf, auf den Turm zu gehen, und ging selbst mit ihm hinauf, denn vor der Tür unten gab es in der Burg ein großes Gedränge. [18890] Hin und her riefen sie: ›Alarm! Kampf dem Mörder!‹ Gawein aber blieb unverzagt, auch nachdem Angaras die Sache vom Tod seines Bruders erzählt hatte. [18895] Dazu spendete ihm das Mädchen Trost.

Auf den Befehl von Angaras nahm man große Baumstämme und ging damit zur Tür vor dem Palas. [18900] Damit wollten sie die Tür aufbrechen und an dem Fremdling ganz schnell den Zorn ihres Herrn rächen. Diese Mühe war aber vergebens, denn inzwischen war sein Vater gekommen. [18905] Als er die Geschichte hörte, wurde sein Herz schwer, wie es einem tüchtigen, aufrichtigen Wirt eben geht, dem die Ehre seines Hauses [18910] von früh bis spät mehr bedeutet als sein eigener Schaden.

So musste Angaras den Kampf aufgeben, und der Hass und die Zwietracht wurden [18915] zwischen den beiden dergestalt beigelegt und beendet, dass Gawein schwören musste, ohne jede betrügerische Absicht binnen eines Jahres [18920] für ihn den prächtigen Gral und die Lanze[185] zu erringen, oder dass er nach Ablauf dieser Frist zurückkäme und sich in Gefangenschaft begäbe, und dass er eines davon wählte, [18925] welches von beiden er auch wollte. Er gelobte es in Treue, weil es so sein sollte. Dann hob da abermals ein prächtiges und mannigfaltiges Freudenspiel an, [18930] und das Datum des Gelübdes wurde auf ein Jahr und einen Tag[186] festgelegt. Dann geleitete ihn das reine Mädchen Seymeret auf jene Weise hinunter, wie ich vorher erzählt habe.[187]

Gawein und der schwarze Ritter

Die Klage der drei Damen

Gawein wurde dort gut umsorgt, [18935] wie es tüchtige Männer lieben Gästen tun sollen. Frühmorgens ritt er fort und machte sich auf den Weg. Bald kam er zu [18940] einem Lager auf einer Heide. Da fand er zwei Mädchen über einer Frau weinen, die er unter

---

185   Also: die Gralslanze.
186   Oder: ›auf Jahr und Tag‹?
187   Oder: ›Dann lenkte ihn das reine Mädchen Seymeret ab wie zuvor.‹

ihnen im Schoß der einen liegen sah. [18945] Die beiden litten großen Schmerz, da diese offensichtlich tot war. Herr Gawein fragte sie, was es mit dieser Klage auf sich hätte, und er bat, ihm dieses Leid [18950] zu offenbaren und kundzutun. Sie sagten: ›Ritter, wir wollen euch bis ins Letzte ergründen, worüber wir klagen, wenn uns Gott in euch jemanden gesandt hat, der sich dessen annimmt. [18955]

Die Dame, die hier tot liegt, war mit ihrem Geliebten zu einem Fest gekommen, wo er alsbald mit ritterlichem Kampf großen Ruhm errang. [18960] Als aber heute früh der Morgen tagte, kam aus dem Kreis der Gäste schließlich ein schwarzer Recke angeritten, der eine unübliche Lanze führte: [18965] Sie war breit und auf beiden Seiten messerscharf, denn ihr Stahl war spiegelglatt. Mein Herr bemerkte das. Da es ihn nicht nach Frieden verlangte, [18970] gewährte er diesem Recken eine Tjost, wie er es schon bei vielen getan hatte. Da traf ihn der schwarze Mann am Herzen – er durchbohrte ihn –, und entriss ihn gegen unseren [18975] Willen dieser Welt, als er ihn mit der langen Lanze vom Pferd warf.

Von diesem Schmerz liegt sie tot. Nun helft uns, edler Degen, [18980] dass wir sie nach Hause bringen – wir sind zu schwach, um eine tote Frau in die Höhe zu heben. Wir werden es zeitlebens und auf immer vergelten [18985] und darum auf ewig euer Ansehen mehren, wenn ihr uns Frauen bei dieser schwierigen Aufgabe dadurch unterstützt, dass ihr sie ein kleines Stück weit [18990] über die Heide bringt. Wir beide werden euch derweil zu Fuß begleiten, solange wir können, weil wir, edler, berühmter Ritter, in eine solche Lage noch nie gekommen sind. [18995] Deshalb sorgen wir uns sehr. Friede und Freude sind uns gram.‹

Die Bitte der Mädchen erbarmte nun Gawein, weshalb er ihren Willen erfüllte und die tote Frau vor sich aufs Pferd nahm. [19000] Er wandte sich auf seinem Weg schnurstracks über die Heide einem Wald zu und hätte die Fahrt doch gerne abgelehnt, wenn er es gewagt hätte. Als er dann vor den Wald kam, [19005] fragte er die Mädchen bei einer Weggabelung, welchen Weg er einschlagen sollte; den wiesen sie ihm. Er wandte sich mit ihnen dorthin, [19010] so gut er es verstand, dem Weg zu folgen. Unterdessen fing die tote Frau an, sich zu bewegen und ihren Körper und ihre Hände [19015] nach oben zu strecken – plötzlich riss sie das Gebände von ihrem Kopf und dazu allen Schmuck, der an ihren Kleidern lag. [19020] Gawein erschrak davon, was man bei Toten schon einmal darf.

Er ließ sie hinunter ins Gras. Dort jammerte sie und klagte und rief ihn immer wieder an; [19025] sie sagte: ›Gawein, ihr könntet meinen Gatten noch leicht rächen! Er brennt dort wie eine Kohle, und der Ritter hält bei ihm. Dieser Weg, diese Fährte [19030] führen euch geradewegs zu ihnen hin. Auch will ich eure Führerin sein, wenn ihr angesichts dieses gewaltigen Mordes Erbarmen mit mir Gottverlassener haben wollt.‹ [19035] Als sie diese Worte zu Ende gesprochen hatte, fiel sie nieder und schrie und rang nach Schmerz: Sie zerriss ihr Gewand, fuhr sich mit beiden Händen [19040] rasch und heftig in die Haare und begann, sich böse und gründlich zu zerraufen.

Daraufhin erhoben die beiden Mädchen [19045] eine schmerzerfüllte Klage; sie rangen ihre Hände mit jammervoller Qual und beugten sich immer wieder über ihre Herrin, wie sie dort lag [19050] und sich ihrer Klage hingab; in dieser waren sie beide ihre Gefährtinnen. Jede der beiden klagte, dass man sie dafür loben musste. Sie rissen sich Kleider [19055] und Schleier vom Leib, sie verschonten ihre Brüste nicht mit harten Schlägen. Auch musste all ihr langes blondes Haar [19060] aus der Kopfhaut gerupft und gerissen werden und musste ihr Gesicht durch viel Heulen anschwellen. Sie gaben zu erkennen, [19065] was in ihrem Kopf vorging.

Gawein nun bedauerte die schönen Frauen und dass sie ihre schönen Körper so malträtierten und quälten und sich dabei in keiner Weise [19070] mäßigen wollten. Er bat sie damit aufzuhören. Das half nichts, solange sie sahen, wie er sich sträubte, [19075] ihrer Bitte, die sie an ihn gerichtet hatten, nachzukommen. Schließlich konnte er nichts mehr machen; er musste ihre Bitte erfüllen, zumal ihn das Unglück reiner Frauen [19080] immer schon entrüstet hatte und ihr Leid auch das Leid seines Herzens war. Er verwandte Kraft, Sinn und Herz, Hab und Gut darauf, [19085] wie er das Leid vertreiben konnte, strebte er doch stets tüchtig nach Ehre.

Weil er darauf nicht gut verzichten konnte, musste er ihre Bitte erfüllen. Seine Herz nötigte ihn dazu. [19090] Er ging zu ihnen und forderte sie auf zu schweigen: Er wollte, so gut er könnte und wenn er sollte, ihren Geliebten gerne rächen, wenn die Dame ihm nur mitteilte, [19095] an welchem Ort er den Ritter, von dem die Mordtat begangen worden war, zur Aventiure finden könnte. Das teilte sie ihm voll Freude mit. [19100]

Nachdem er das gesagt hatte, ließen die Dame und mit ihr die Mädchen von ihrer Klage ab. Ihr Herz wandte sich vom Leid ab und zur Freude hin. [19105] Wo die Gunst der Saelde solches tut, ist der von ihr bewirkte Sinneswandel einhellig zu loben und zu ehren; wo sie es aber unternimmt, die Freude [19110] zur linken Seite[188] hinzudrehen, dort hat sie der Freude das Unheil allzu nahe beigesellt. Deshalb werden wir noch oft kein Erbarmen finden; [19115] darum auch gehen unsere Tage freudlos dahin, und darum leben wir in Jammer und Klage. Was ich nun von den Damen erzähle, passt dazu:

Sieg über den schwarzen Ritter – Gawein als Erlöserfigur

Die Unfreude wurde hier um einen reichen Gewinn gebracht. [19120] Sie standen auf und gingen zu dem Platz, wo der Ritter lag, gegen den der mörderische Streich zuvor geführt worden war. Ein Ritter, schwarz wie ein Mohr, [19125] hielt dort bei ihm, wo er brannte. Dieser Mohr hatte ein nicht sehr leichtes Eisengewand an und führte in der rechten Hand eine breite Lanze, [19130] die zu beiden Seiten schnitt wie ein sehr scharfes Schermesser. Sie glänzte hell, und die Farbe des Stahls war strahlend wie Spiegelglas, [19135] denn er war schön und hart. Das Auftreten des Ritters selbst war von großem Zorn bestimmt, und sein Wappen war durch und durch schwarz. Gawein zögerte nicht länger. [19140]

Er sagte: ›Recke, sagt mir, wenn es euch beliebt: Warum habt ihr den edlen Helden erschlagen? Ich höre die Damen, die mit mir ziehen und [19145] die jetzt hier stehen, ihn aufrichtig beklagen; sie beschuldigen euch des Mordes. In der Tat, wenn ihr das getan habt, so habt ihr falsch gehandelt, denn Mord und Raub soll man [19150] Dieben und Räubern überlassen. Sollte ich die Unwahrheit sagen, braucht euch all dies nicht weiter zu kümmern, aber so hat es mir die Klage dieser Damen mitgeteilt, [19155] und ich sehe daran, dass er[189] mit einer ungewöhnlichen Ritterslanze erschlagen ist, dass ihr es gewesen sein müsst, da ihr die Lanze ja hergebracht habt.‹

›Mord, guter Herr Ritter‹, sagte er [19160] ›stünde – wie ihr ganz richtig von mir behauptet – einem Degen schlecht an. So etwas würde ich auch niemals tun. Wenn ich aber von der Dame, die hier

---

188 Die linke, die Unglücksseite des Glücksrades.
189 Gegen Hs. und Ausgabe. Ich ersetze *nye* durch *in(e)*, was leicht ein Schreib- oder Lesefehler des Schreibers der Handschrift gewesen sein kann; sonst verstehe ich den Satz nicht.

klagt, dessen beschuldigt werde [19165] und sie einen besonnenen Kämpfer zur Seite hat, will ich mich wegen dieser Missetat verteidigen, wie es sich für einen Ritter gehört. Das weiß ich und – bei meinem Leben – das vermag ich auch zu tun, [19170] ehe ich mir das lange von ihr vorwerfen lasse. Meist ist es so, dass eine Sache misslingt, wenn sie nicht gleich am Anfang, [19175] sondern erst am Ende geregelt wird. Auch wäre es gar manchem nützlich, wenn er seine Sachen weise erledigte.‹

Gawein sagte: ›Ihr habt die Wahrheit gesagt. Sie hat mir ihr Leid geklagt, [19180] also werde ich, wenn ich es vermag, dafür Rache nehmen und will nicht davon ablassen; denn ich habe an euch erkannt, dass der Mord – das weiß ich jetzt – durch eine andere Lanze nicht geschehen wäre, [19185] wenn also ihr nicht diese Lanze hergebracht hättet, um diesen Helden zu töten. Davon musste er die große Not erleiden – das ist so gut wie Mord! Daher sei euch wegen seines Todes [19190] auf der Stelle der Kampf angesagt, denn das Recht ist mir die Mühe wert, und ich werde nicht davon abgehen. Eure Lanze wird mich schon eher in Stücke schneiden müssen!‹ [19195]

Hiermit musste die Tjost beginnen. Die beiden rannten mit großem Zorn gegeneinander an. In genau derselben Weise richteten sie die Lanzen gegen die Schilde, [19200] und beide führten sie die Lanzen sehr gefährlich mit den Händen. Gawein zielte bei seinem Stich hinterlistig auf eine Stelle zwei Finger breit unterhalb des Kinns, [19205] in Richtung Schildrand, womit er seinen Kontrahenten mausetot in den Sand schleuderte.

Da geschah etwas sehr Außergewöhnliches: Als das Blut aus der Wunde brach [19210] und auf die Lanze spritzte, stieg von dieser eine Flamme auf, und in kürzester Zeit begann der Schaft bis zu Gaweins Hand heftig und in so [19215] heller Lohe zu brennen, dass nie ein Auge eine hellere gesehen hätte. Im selben Moment verbrannte auch der Ritter samt seinem Pferd und [19220] der Rüstung, die er trug. So gut seine Lanze auch geschnitten hatte, nun verbrannten ihr Schaft und ihr Stahl auf einmal so gründlich, dass von ihr nichts übrig blieb, [19225] als was man hätte zerreiben können wie dürres Stroh. Darüber wurden diese Damen froh und dankten ihm alle sehr.

Sie freuten sich sehr [19230] über die Rache und stillten an ihm alle kummervollen Gedanken, wie es ein fröhliches Herz zu tun pflegt, das sein Leid ganz vergisst. Ihr wisst ja selbst, [19235] wie es um solche Sinneswandel steht, und so hatte sich eben auch hier die Last des Jammers binnen kürzester Zeit verwandelt, sodass es ihren Herzen an Unfreude gebrach und diese dort zum Fremdling wurde. [19240]

Gawein wunderte sich sehr darüber, dass sie nun solchen Gefallen an der Freude fanden, gegen die sie sich gerade eben noch so gesträubt hatten. Er bat die Mädchen einzeln, ihm dieses größte [19245] Wunder von dem Ritter und von ihnen selbst zu erklären, denn sein Verstand konnte nicht recht begreifen, dass er die Ritter vor seinen Augen [19250] in Flammen aufgehen sah. Da tat die Dame einen tiefen Seufzer und sagte: ›Ich erzähle euch, was der eigentliche Grund für das Unglück dieser Ritter ist: [19255]

Ein Geschlecht hatte sein Seelenheil verwirkt, weil es durch seinen großen Hochmut Gott nicht fürchtete. Deshalb wurde von Gottes Herrlichkeit festgesetzt, [19260] dass sie ihr verbrecherisches Leben in solchen ritterlichen Kämpfen beenden müssten. Das war von Geburt an ihre Bestimmung, und Leib und Seele [19265] wären dabei gänzlich verloren. Dieser schwarze Mann aber war von Gott zu seinem göttlichen Boten und Scharfrichter bestellt – [19270] dazu ermächtigte ihn diese Lanze. Keine Hilfe und kein Trost konnte sie vor ihm retten, sodass sie Erlösung gefunden hätten, [19275] ohne dass Leib und Seele zerstört würden.

Nur[190] wenn – wie ich euch sage, Held –, ein Recke den schwarzen Ritter im feindlichen Lanzenkampf zu Felde besiegte [19280] und dieser Recke nicht zu diesem Geschlecht gehörte, konnte diese große Not ein Ende haben. Nun haben eure Hände diese Seligkeit erkämpft. [19285] Dafür werden euch Damen und viele edle Degen Gottes Segen wünschen, denn ihr habt dieses Land, das auf ewig dem Tod verpfändet war, [19290] unter Einsatz eures Lebens erlöst, wodurch mir armer Frau große Freude zuteil wurde, wie ihr ja selbst gesehen habt. Ich will euch noch mehr berichten: [19295]

Es war vor langer Zeit geweissagt worden, das dieses dauernde Leid so lange dauern sollte,[191] bis – wenn es denn Gottes Wille wäre – Gawein in dieses Land käme.[192] [19300] Dann würde es von seiner Hand ohne jeden Zweifel erlöst werden. Seither ist das

---

190 Interpunktion gegen die Ausgabe.
191 Interpunktion gegen die Ausgabe.
192 Interpunktion gegen die Ausgabe.

Land lange Zeit in so jämmerlicher Verfassung gewesen, dass aus fremden Ländern [19305] viele Helden kamen, denen hier das Leben geraubt wurde und denen es schlecht erging, wenn sie hier Aventiure suchten – bis jetzt, wo wir endlich erlöst sind. [19310] Gott hat euch diesem Land zu Hilfe gesandt; dadurch ist unser Leid abgewendet und ist das Heil hier gelandet.

Ich bin überzeugt, [19315] dass geschieht, was immer jemandem geschehen soll. Viele Helden vermochten es nicht, uns aus der Not zu erlösen. Nur durch eure Tapferkeit [19320] sind wir erlöst, das war Gottes Wille. Ihr seid sein wirklicher Bote, und er hat euch dazu auserwählt. Ihr seid es, Gawein, der Held, dessen bin ich mir ganz und gar sicher. [19325] Mögt ihr auf immer in Freude und ohne jeden Kummer leben, wie auch ihr[193] uns die Freude geschenkt habt, die uns sehr lange verwehrt war! Nun sind wir durch euch gerettet [19330] und allen Leides beraubt.‹

Gawein seufzte vornehm angesichts der großen Aventiure, die ihm da zugestoßen war, und auch angesichts des kläglichen Lebens, [19335] von dem er durch die Frauen hörte. Er konnte nicht länger dort bei ihnen bleiben: Er bat sie um Abschied und spendete ihnen einen liebevollen Segen. [19340] Sie beteten, dass Gott ihn behüten möge. Hiermit trennte er sich von den Damen. Er gelangte auf einen passablen Weg, der ihn zum Wald führte. [19345] In diesen schlug er seine Spur.

Der Betrüger Lohenis von Rahas

Der wunde Ritter – Die Vorgeschichte des Konflikts

Gar bald kam er in einen Wald, der durch die Schatten der Bäume dicht und kühl war. In diesem fand er einen Weg, [19350] den er sogleich einschlug. Unter einer Linde stieß er auf einen Ritter, der dort lag und um den sich eine Jungfrau kümmerte – er lag in ihrem Schoß. [19355] Es gab dort weder Schild noch Lanze, nur ein Zelter war bei ihm angebunden. Wenn man ihn ansah, schien es, als ob er sehr schwach wäre. Dieses Leid kam [19360] von einer großen, unverbundenen Wunde. Dadurch hatte er viel Blut verloren und es gebrach ihm an Kraft. So fand Gawein den Helden liegen. [19365]

---

193 Oder: ›... weil ihr ...‹

Ihr sollt auch Folgendes wissen: Der Ritter wurde Lohenis von Rahas genannt. Um ihn hatte es die Bewandtnis, dass er dort an dieser Stelle [19370] aus Rache lag, und ich sage euch, wie das kam: Er war Gawein gram wegen einer Kleinigkeit, die ich euch gleich [19375] kundtun will: Lohenis war Hausgenosse und Gefährte der Tafelrunde. Dann aber verdiente er sich mit einer großen Unzucht den Kerker, [19380] die er, von Minne getrieben, einer Jungfrau antat; Gawein hatte ihn deshalb gefangen genommen und ließ ihn nach dem Rat des Hofstaats für die Missetat [19385] büßen, wie es der Anstand verlangte.

Ich habe im Buch gelesen, dass es bei Hofe einen unverbrüchlichen Brauch gab, wie er sich für die Krone gehörte; [19390] zuallererst war er für die Fremden, aber auch für die Ansässigen ausgedacht und erfunden worden war. Der Hof war immer voll von edlen Mädchen und Damen. [19395] Wenn die nun einer öffentlich oder heimlich anschauen wollte, wenn sie spazieren gingen, wurde er daran wahrlich nicht gehindert – man nahm es ihnen [19400] in keiner Weise übel. Wonach ihnen auch der Sinn stand, es geschah ohne Aufsicht.

Ich will euch noch mehr davon sagen: Die Mädchen waren es gewohnt [19405] und es war damals noch allgemein üblich, dass ein Mädchen ein ganzes Jahr lang mit einem Ritter unterwegs sein konnte, ohne dabei die Würde ihrer Ehre zu verlieren. [19410] Wenn sie sich nicht selbst dafür entschied, ihm ihre Minne zu gewähren, weil er sie so umwarb, dass ihr die Liebschaft zusagte, wurde diesem Mädchen von ihm nicht [19415] gegen ihren Willen Gewalt angetan. Wenn er ihr hingegen dennoch irgend Gewalt antat und die Geschichte publik wurde, dann wurde er geächtet; [19420] Besitz und Gefolge wurden ihm aberkannt, und das Reich und die Krone machten ihn zum Vogelfreien. Wenn er aber je gefasst wurde, [19425] musste er für diesen maßlosen Hochmut auf hässliche Weise in den Kerker gesperrt werden;[194]

es sei denn, es trat der Fall ein, dass ein Ritter [19430] ihn befreien wollte und dieser nacheinander, ohne Unterbrechung – und ohne auch nur ein einziges Mal zu scheitern – 20 Ritter einzeln gefangen nähme. [19435] Die würde man dem Mädchen ohne jede Arglist als Entschädigung für ihre Schande geben, damit sie mit deren Besitz

---

194 Zum Abschnittswechsel (Dreireim) im Satz siehe das Vorwort.

und deren Leben täte, wonach es sie gelüstete. [19440] Er[195] selbst musste dann das Land für sieben Jahre verlassen. Wenn sie den Helden hingegen minnen wollte, musste er bis zu ihrem Tod in ihrem Minnedienst stehen. [19445] Diese Buße bei Nötigung durch Notzucht hatte König Artus festgelegt.

Lohenis von Rahas nun hatte an einem Mädchen eine sehr große Schandtat begangen: [19450] Als sie mit ihm über eine Heide ritt, überwältigte er sie dort gegen ihren Willen und ohne ihre Zustimmung. Das schöne Mädchen führte hier am Hofe und beim König Anklage wegen dieser Notzucht, [19455] denn Lohenis war dort Gefolgsmann. Da fing ihn Gawein alsbald und warf ihn in den Kerker, damit er zur Strafe für sein unzüchtiges Betragen ein Gefährte der Hunde wäre. [19460] Zu seinem Kummer und Leid war er 14 Wochen dort eingesperrt. Davon ging man nicht ab.

Alle Ritter hassten [19465] Lohenis abgrundtief für sein Vergehen und wegen des Mädchens, das von edler Geburt war. Man zürnte ihm sehr. Deshalb musste er so lange [19470] in dem harten Gefängnis liegen, ohne dass er befreit wurde, bis ihn schließlich Gawein auf jene Art aus der Grundfeste der Schande löste, wie ich erzählt habe. [19475] Dann aber verschmähte ihn das schöne Mädchen, um dessentwillen er die Schmach erduldete, und er musste in großer Unehre von Land und Hof scheiden, [19480] denn dort wurde ihm von der Ritterschaft und von seiner königlichen Majestät die Hofgemeinschaft verweigert.

Es war sieben Jahre her, dass ihn die tugendreiche Schar [19485] aus ihrem Kreis verstoßen hatte. Die Kränkung hatte er stets in seinem Herzen behalten. Als er nun hörte, dass Gawein in der Gegend sei, [19490] wollte er die Kränkung und den Schmerz an ihm rächen. Er wagte aber nicht, die Sache in einem offenen Kampf anzugehen. Stattdessen ließ er sich mit List [19495] an seinem Körper eine große Wunde zufügen – ich weiß nicht, wie er das anstellte – und er befahl, dass man ihn dort auf die Wiese brachte und auf den Weg legte, [19500] wo Gawein, der kühne Degen, entlang reiten würde. Dann machte er sich sogleich an sein Täuschungsmanöver,[196] und zwar deshalb, weil er sich rächen [19505] wollte, wenn er denn könnte.

---

195 Nicht der Befreier, sondern der Vergewaltiger.
196 Interpunktion gegen die Ausgabe.

Die List

Als Herr Gawein ihn fand, konnte er ihn nicht mehr erkennen, auch wenn er ihn lange angesehen hätte. Das geschah durch Zauberei. [19510] Nun rührte ihn aber sein Schmerz und noch viel mehr das Weinen der Jungfrau, die dem Ritter in der Tat große Treue bezeigte, [19515] indem sie erkennen ließ, dass ihr seine Not sehr weh tat. So glaubte Gawein, der Ritter sei tot, und ging näher an ihn heran. Da sagte Lohenis von Rahas [19520] voll Treulosigkeit zu ihm: ›Gawein, um Gottes willen, erbarmt euch meiner Not, weil ihr mich wahrhaftig dem Tode sehr nahe seht. [19525] Nun tut wie ein guter Ritter, an dem man Treue sehen kann.

Steigt ab um meinetwillen, der ich verwundet bin, und helft mir, meine Wunde, die noch nicht verbunden ist, zu verbinden. [19530] Wenn ich noch einen Funken Hoffnung auf Leben in mir fühlen kann, dann werdet ihr, edler Ritter, für eure Tat von Gott belohnt werden, wenn ihr vom Pferd absteigt.‹ [19535] Als er das gesagt hatte, band Gawein sein Pferd neben ihm an, kniete sich vor ihn ins Gras und verband ihn dann, so gut er sich darauf verstand. [19540] Dann wollte er sogleich seinen Weg weiterreiten. Nun fing Lohenis an, Gawein kläglich anzujammern.

Er sagte: ›Gawein, werter Held, [19545] auserwählt in allen Tugenden, haltet euch an eure Gewohnheit und gewährt mir einen Gefallen, um den ich euch bitte, denn selten habt ihr abgeschlagen, [19550] was man von euch verlangt hat. Ich werde gewiss bald sterben, denn ich kann nicht gerettet werden. Lasst euch bei Gott die schöne Emblie, meine liebe Freundin, [19555] anbefohlen sein, und führt sie mit euch fort, sobald ich begraben bin. Da ich selbst sie nicht haben soll, gönne ich sie niemandem mehr, [19560] denn sie ist edel genug für euch. Ich will euch darüber nicht im Unklaren lassen: Ihr Vater war König Emil.

Noch um einen weiteren Gefallen bitte ich, zumal mir Gott gnädig war und euch [19565] zu meinem Trost hergesandt hat. Bei ihm, der euch und die ganze Christenheit erlösen wird, schlagt mir meine Bitte nicht ab! Nämlich dass ich die süße [19570] Gottesspeise empfangen könnte, seinen wahrhaftigen Leib, ehe mir der schreckliche Tod mein Herz bricht und solange ich noch sprechen kann. [19575] Man sagt, dass hier in der Nähe ein Einsiedler wohnt, der auch ein Priester sei. Wir wären in kürzester Zeit dort. Leiht mir euer Pferd, um dorthin zu reiten! [19580] Ich verspreche, meine Geliebte wird es euch zurückbringen, dessen seid ohne Angst.‹

Der kluge Gawein schlug ihm diese Bitte ab, doch tat er es mit großer Höflichkeit, [19585] um die sich heute die meisten nicht mehr bemühen wollen. Er sagte: ›Ich könnte es mir leicht erlauben, was ihr verlangt – und wäre mein Pferd auch [19590] das beste, das es je geben könnte –, wenn ich nur meine Fahrt beendet hätte und ihr dann bei mir wärt, um mich darum zu bitten. Dann würde ich dem gerne nachkommen, was ihr hier von mir wollt – [19595] es wäre sogar meine Pflicht! So aber, unterwegs, darf mich niemand darum bitten: Einem Ritter von meinem Schlag, der aus Ruhm die Länder durchstreift, ist sein ganzes Eisengewand zu nichts nütze, [19600] wenn er mit den Füssen in den Staub tritt.‹

Lohenis sagte: ›Wenn das schon nicht sein kann, dann erweist mir doch wenigstens diese Gnade: Dort reitet ein Ackerknecht; seht doch, ob ihr es für mich erreichen könnt, [19605] dass er mir um euretwillen seine Mähre borgt, damit man mich zu dem Einsiedler bringen kann. Dann habe ich Hoffnung, dass ich noch gesund werden könnte, [19610] wenn ich von dem Einsiedler gespeist werde und mir von ihm die Beichte abgenommen wird: Für viele bedeutet es eine Erleichterung, wenn sie die Speise empfangen, die sie Gott näher [19615] bringt, und wenn sie sich bekehren lassen, indem sie Besserung geloben.‹

Der hässliche Kerl

Nachdem er das gesagt hatte, blickte sich Gawein rasch um, [19620] ob die Sache wahr wäre. Seht! Da ritt ein hässlicher Kerl mit hässlichen Kleidern während des sanften Gesprächs der beiden die steinige Straße daher. [19625] Ich erzähle euch, von welcher Art dieser Kerl war: Seine Hautfarbe war wie Gras, grün und dazwischen immer wieder schwarz, wie ein Ungetüm. [19630] Sein Haar war spitz wie bei einem Schweinsdachs und stand wild zu Berge; daraus tröpfelte ein übler Tropfen, der es befeuchtete und benetzte. [19635]
Die Haut strahlte und glänzte. Darunter waren seine beiden Augen, dunkel und gelb, die tränten und mit Eiter verschwollen waren. Aus Gruben [19640] erhoben sich die Backen hoch hinauf bis zu den Wimpern. Ansonsten sah das Gesicht aus, als ob es zerstampft worden und ganz fleischlos wäre, [19645] nur vorne hatte

sich die Stirn nach außen zugespitzt wie ein Horn und ragte hoch auf. Diese Stelle war umwunden und aufgetrieben von großen schwarzen Adern, [19650] bei denen sich eine kunstreich in die andere fügte, sodass man beileibe hätte sagen können, dass er ein Netz über die Stirn gezogen hatte. Die Ohren waren aufgebogen [19655] wie bei einem großen Hofhund. Die Natur hatte bei ihm alles Menschliche ausgespart.

Augenbraue und Wimper waren struppig, seine Nase groß und aufgedunsen. [19660] Oben bei der Stirn konnte man sie kaum erkennen, weil sie sich dort tief in die Stirn eingrub. Weiter vorne war sie sehr hoch, flach, verdreht und breit. [19665] Aus ihr ragte eine gewaltig große Haarlocke, und wäre die nicht so hart gewesen, hätte man aus ihr einen Zopf flechten können. Zu jeder Zeit hingen überall [19670] in ihr Tropfen desjenigen Unflats, den der Körper bei der Nase hinauslässt. Sein Mund war schmal und breit, wobei ständig und gegen seinen Willen über die Lefze [19675] Spucke aus dem Mund trat. Dagegen konnte er nichts machen.

Die Spucke rann ihm unablässig über Bart und Schnurrbart. Darunter war die Haut aufgebläht. [19680] Der Bart stand ihm so, als hätte man die Barthaare einzeln auf die Wange gesät: Er war, was den Wuchs betrifft, nicht von großer Dichte – man hätte seine Haare leicht abzählen können. [19685] Auch hatte er etwa die Länge eines Fingers und er hatte nirgends eine Biegung, oder zumindest nicht mehr als eine scharfe Ahle. Seine Zähne waren überall schartig und abgenagt, [19690] nur vier, die einander gegenüber standen, ragten wohl zwei Handbreit hervor. Sie waren rostig und schwarz, wie dreckiges Harz, [19695] das schwarz und rot ist. Ein Hund, der nicht Brot, sondern Knochen nagt, hätte sie gut gebrauchen können.

Sein Kinn war lang und schmal, der Kopf riesig, [19700] der Hals mager und dünn und bis zum Halsbein hinab hinten und vorne mit Beulen und großen, langen Adern überzogen, [19705] die zum Teil eitrig angeschwollen waren. Überall sonst war er von einem großen, flechtenartigen Ausschlag überzogen. Man sah an ihm vorn und hinten [19710] je einen großen Buckel, die beide bis zum Unterleib hinabreichten. Darüber hing die Wampe, wie man es von der Wassersucht kennt. [19715]

Sie war aufgebläht und aufgedunsen, und dort, wo der Bauch zu Ende war, da war er so dünn, dass man ihn mühelos durch zwei Hände hätte durchziehen können. [19720] Seine Arme waren krumm; er konnte sie weder nach oben recken, noch konnte er sie ausstrecken, um es sich bequem zu machen, weil sie bis auf die Hände [19725] ganz und gar verkrüppelt waren. Wo nicht die Kleidung sie bedeckte, sahen sie aus wie zwei verkohlte Scheiter, die ein Feuer überzogen hatte. Genauso verrunzelt und entstellt war er am ganzen Körper, [19730] bar jeder Schönheit.

Hände und Finger schätze ich nicht minder, denn sie waren angeschwollen. [19735] Außerdem klebte an der Hand der Dreck wohl zwei Finger breit. Ich glaube, er schnitt seine Fingernägel nur selten! An ihnen war das alte[197] Horn [19740] eingewachsen und ausgehärtet. Um die Nagelwurzeln kümmerte er sich selten: Sie hatten seine Nägel ganz überwachsen, dass sie nicht einmal in der Mitte unter ihr hervorschauten, [19745] wo man sie am besten sieht, wenn sie eben nicht von Fleisch bedeckt sind.

Weiters waren seine Beine lang, mager und dünn, verkrümmt, schmutzig und schmächtig, [19750] wo man sie durch die Hose sah. Die Füße waren kurz und breit, sodass auch ein geübtes Auge kaum die Zehen daran sehen konnte. Diese waren ohne Nägel [19755] und unten ganz flach. Die Fersen standen hinten ab und sahen aus wie Sporen, sie ragten über der Erde empor. Die Kleider, die er trug, [19760] waren ziemlich mies. Sie waren aus Flachstuch geschnitten und waren vom ständigen Tragen sehr beschädigt. Zum Teufel damit, [19765] wenn ich das alles im Einzelnen sagen müsste!

Im Übrigen war sein Schuhwerk an den Ballen beider Füße ganz durchgewetzt. Ich kann euch an ihm nichts [19770] auch nur im Geringsten süßer machen, da ihn die Natur mit Absicht so hässlich gestaltet hat: Er wurde von ihr zu einem Ungeheuer gemacht. [19775] Wo sie zu ihm hätte zahm sein sollen, war sie wild. Sie raubte ihm die menschliche Art und formte aus ihm deren Zerrbild. Wo man bei menschlichen Geschöpfen [19780] Männlichkeit und Menschenart erkennen konnte, da raubte den beiden bei ihm ein trügerischer Schein den Sieg.[198] Die Natur wollte an ihm nicht schuld sein, wie sie selbst behauptete, [19785] als sie ihn zum ersten Mal erblickte. ›Ich habe dich nicht geschaffen‹, sagte sie nachdrücklich.

---

197 Gegen die Ausgabe und mit der Hs.
198 Der ganze Satz ist sehr unsicher, ich verstehe den Text hier kaum.

Die Schindmähre

Dieser Kerl ritt einen Gaul, der kaum auf dem Weg vorankam. Müde und faul war er. [19790] Ich will euch sagen, woher das kam, dass er so träge war: Er hatte in seinem ganzen Leben noch kein richtiges Futter oder Gras gefressen; mehr als ein paar Disteln waren ihm nicht vergönnt. [19795] Damit musste er sich begnügen und sein Leben damit und mit unablässigen Schlägen fristen; immerzu war er hart am Verenden. Dazu hatte er allen Grund, [19800] denn der Sattel, der auf ihm lag, befahl es ihm und nahm sich geflissentlich seiner an: Das war für das Tier ein schmerzlicher Schlag.

Ich sage euch, wie der Gaul beschaffen war: [19805] Seine Farbe war wie die eines Schwans, wenn er nicht mit einer dicken Schicht Dreck überzogen gewesen wäre, der seit vielen Jahren an ihm klebte, denn er wurde sicher [19810] nie gestriegelt oder gepflegt. Er war so dürre und unansehnlich, als ob er wirklich ein volles Jahr angehängt gewesen wäre. Sein Kopf war lang und groß, [19815] ganz ohne ein einziges Haar, als ob er die Räude erwischt hätte, denn davon kommt das. Seine Augen waren ihm glasig geworden. Er hätte wohl kaum mit den Zähnen [19820] so viel grasen können, dass es für seine Ernährung gereicht hätte, denn es fehlte ihm die nötige Kraft, um sein Gebrechen zu überwinden.

Es war ein alter Schindgaul. Ein Zahn stand hier, der andere dort, [19825] und alle waren sie dünn und lang. Der unterste drang vor den anderen aus dem Gaumen – das war der Wolfszahn.[199] Auch hatte man ihm oft die Maulfäule ausgebrannt und ihm dabei das Backenfleisch zerschnitten. [19830] Das Geschwulst hatte sich aber nicht gescheut wieder nachzuwachsen. An all seinen Gliedmaßen hatte er allerlei Gebrechen, nichts fehlte, [19835] was einen Makel in sich trug. Hinten hatte die Mähre Sattelhöhe, vorne hingegen war sie niedrig, weshalb sie nicht gut aufrecht auf allen vieren stehen konnte. [19840] Wenn das Pferd gehen wollte, begann es hin und her zu schwanken. Im Übrigen verlangte es wahrhaftig nicht danach zu gehen, das kann ich bezeugen.

Ich hätte mit ihm mein Glück gefunden![200] [19845] Es war bauchschlächtig und höckerig, und es hatte ein Kniegeschwulst. Ein Beingeschwulst und die Kniesucht teilten seine Kniescheiben entzwei.

199 Oder: ›Unter ihnen drang der Wolfszahn zuerst aus dem Gaumen.‹
200 Sehr unsicher.

Es trat nirgends auf den Huf, [19850] sondern ging auf den Ballen. An allen vieren war es mit Hufspalt behaftet. Den Gelenken setzten Mauke und Pusteln arg zu. [19855] Herzschlächtig und schwach, mit *mort*[201] behaftet und ungesund war es – wund von allen Gebrechen, die ein Pferd jemals befallen hatten[202] –, krumm und immerzu nickend, [19860] mit dem Dummkoller[203] behaftet und schändlich.

Wenn ich genau sein soll, war es hinten auf die Hachsen zusammengebrochen. Dazu war es lahm und [19865] hatte eine rotzige Nase, an der sich kein einziges Haar fand, obwohl sie nicht geschoren war. Wisst auch, dass es weder Schweif noch Hufeisen hatte. [19870] Auch die Mähne, vorne hinter den Ohren, konnte man unmöglich loben: Die Räude hatte sie so gründlich abgeschoren, dass dort kein einziges Haar stand. Alles, was je die Qualität eines Pferdes zu mindern vermocht hatte, [19875] fand man an ihm zur Genüge. Es konnte weder einen Wagen noch einen Pflug schleppen oder ziehen, und niemand brauchte darauf hoffen, es jemals daran zu gewöhnen. [19880]

Es konnte weder Passgang noch Trab, und nur mit Mühe gelang es ihm, nicht auf die Erde zu krachen, denn es war des Lebens müde. Es lief nicht und sprang nicht, [19885] sondern es lahmte an allen vieren. Es galoppierte nicht und ging nicht, weil es sich vor Müdigkeit kaum auf den Beinen halten konnte. Wo immer es sich anlehnen [19890] oder stützen konnte, zögerte es nicht. Schnelle Sprünge und schneller Rückzug, wie man sie bei einer würdigen Tjost tat, waren ihm teuer. [19895] Es konnte sich auf viele lange Stunden einstellen, wer mit ihm über Berge und steile Abhänge, durch Moore und auf Straßen reiten wollte. Hier höre ich mit meinem Bericht auf, [19900] denn ich scheue die Maßlosigkeit.

Auf dem Gaul lag ein Sattelzeug, das dem Wert des Tieres sehr angemessen war und zu ihm passte: Es war rundum [19905] schlecht und hässlich. Ein Sattel wie eine schmale Schüssel, dünn wie Knochen und ganz ohne Leder! Stattdessen war er aus Bast gemacht [19910] und sehr fest geflochten, und anstelle des Brustriemens war ein grobes Seil hineingebunden. [19915] Anstelle der Steigbügel war an beiden Seiten ein Reifen aus einer Gerte gewunden. Die Steigleder waren hart und von derselben Art. [19920]

201 Wohl eine Pferdekrankheit.
202 Interpunktion gegen die Ausgabe.
203 Eine Gehirnerkrankung des Pferdes.

Um nichts auszulassen, will ich erzählen, dass das Sattelkissen aus einer Strohmatte geschnitten war. Auch fehlte nicht, dass die Gegenleder [19925] aus unangenehmen Ruten von Eichenzweigen waren. Unten hielten den Sattel aus Strohbündeln gewundene Sattelgurte. Ich will gerne glauben, [19930] dass einer leicht zu Sturz käme, wenn er sich darauf setzte und es ihm – trotz allem – gelänge, mit dem Pferd gegen ein anderes anzurennen,[204] denn das dürre Strohbündel [19935] würde sich sehr rasch auflösen. Den Teufel über ihn, samt Rock und Pferd!

Statt eines Zaumes war ihm [19940] aus Bast nur ein Zäumchen geflochten, das zwei Mäuse leicht zerbissen hätten, wenn man sie beide zusammen [19945] daran angebunden hätte. ...[205] dem Klepper in den Mund mit dreimal drei Strähnen. So ritt er die Straße daher. Nun war aber Gawein sehr neugierig geworden, [19950] einmal wegen dieser außergewöhnlichen Erscheinung, aber auch wegen der Bitte des Ritters. Er ging dem Kerl auf der Stelle entgegen und fragte ihn danach, woher er geritten käme und wo er hin wollte [19955] und welche Not ihn auf diesen Weg gebracht hätte, wo er sich doch so beeilte.

Gawein verliert sein Pferd

Es bedrückte und nervte ihn, dass Gawein ihn danach gefragt hatte, von wo er geritten käme. [19960] Äußerst unhöflich – wie es ein schlimmer Schalk tut, der böse und blöd zugleich ist – fing er an, ihm Antwort zu geben, und sagte zu ihm, was es ihn denn [19965] anginge, wo er hin wollte. Es wäre weder sein Wille noch seine Pflicht, ihm auch nur andeutungsweise zu sagen, woher er ritt oder wohin er sich wenden wollte, [19970] und er begann, Gawein mit üblen Schimpfworten herabzusetzen. Gawein fasste das als Scherz auf und verlangte eine Antwort auf seine Frage.

Aber weder im Guten noch im Bösen konnte er ihn [19975] zu keiner Zeit soweit erweichen, dass er ihn sein Geschäft und seine Tätigkeit hätte wissen lassen. Weil er ihm das lange vorenthielt [19980] und immerzu nur schrie und schimpfte und sich Gawein gegenüber sehr grob gab, wies dieser ihm sehr sanft den Weg vom

---

204 Oder (mit geringfügiger Konjektur): ›... und wenn das Pferd – trotz allem – überhaupt dazu taugte, gegen ein anderes anzurennen ...‹
205 Fehlvers. Der Satz ist nicht herzustellen.

Klepper abwärts: [19985] Gawein beförderte den Kerl flugs auf die Erde, was dieser allerdings unsanft zu spüren bekam. Deshalb schrie er laut und lief vor Gawein davon in den Wald. [19990] Abermals fing er an, Gawein zu beschimpfen, und gab kaum einmal Ruhe. Gawein jedoch hatte keine Lust, es ihm heimzuzahlen.

Nachdem Gawein das getan und Lohenis und die schöne [19995] Emblie, die Geliebte seines Herzens, dies mitangesehen hatten, nahm Emblie schnellstens ihren Zelter, wie er dort beim Zaum angebunden war, und saß auf. [20000] Lohenis war alles andere als träge: Gar schnell sprang er auf, schwang sich auf Gaweins Pferd und führte es vor Gawein [20005] her und hin, vor und zurück, und er rief: ›Chevalier Lohenis! Nun wird Gawein für die Schande und die schmachvolle Tat büßen – wenn ich es je vermag –, [20010] die er ohne meine Schuld, gegen das Wohlwollen des Hofstaates und nur seiner großen Macht willen[206] beging, indem er mich dem Kerker überantwortete und als Verbrecher bezichtigte.‹ [20015]

Damit ritt er davon. Abgesehen davon, dass er die gewichtige Anschuldigung gegen sich wahrnahm, hatte Gawein die Heimtücke des Lohenis noch nicht so richtig begriffen, [20020] bis er ihn davonjagen und allem Guten entsagen sah. Erst jetzt verstand er die ganze List. O Untreue, du begräbst alle Tugend und Ehre in dir! [20025] Wohin soll sich Gawein nun wenden auf dieser miesen Mähre? Aber man wird schon noch an ihm sehen, wozu sein Herz imstande ist. Es gelang Lohenis nicht, ihn [20030] mit diesen heimtückischen Dingen in die Knie zu zwingen.

Als sich Lohenis und seine Dame von ihm abwandten, hatte Gawein schnell eingesehen, was Lohenis mit seinen Worten bezweckt [20035] und was sie bedeutet hatten und was für ein immens hasserfüllter Zorn in ihnen lag. Das tat seinem gewohnten Frohsinn allerdings nicht den geringsten Abbruch, [20040] denn das ist doch die Wahrheit: Er verstand es – und das ist auch gut so –, stets die nötige Distanz zu wahren, was immer geschah. Das konnte man hier sehen: Es kümmerte ihn nicht weiter, [20045] dass man ihn derart betrogen hatte – nur dass der Hochmut hier das Glück geradewegs am Sieg hinderte.

Da es nun so gekommen war, packte er die schnöde Mähre [20050] sogleich beim Zaum und zog sie mit einiger Mühe zu einem

---

206 Oder: ›nur durch seine große Macht‹?

nahe gelegenen Baumstumpf. Wenn sie ihn nicht verschmähen würde, wollte er aufsitzen, [20055] denn ein anderes Pferd bekam er hier nicht, weder geschenkt noch für Geld. Ganz gleich wie sehr ihm das zuwider war, er konnte doch nicht darauf verzichten. Es geschieht immer wieder, [20060] dass ein tüchtiger Mann durch ein Unglück in die Situation kommt, etwas lieb zu gewinnen, das ihm rein durch Missetat und nur aus Verrat zugefallen war. [20065]

Allerdings ging ihm diese Treulosigkeit nicht aus dem Kopf, nachdem er sich auf die Mähre gesetzt hatte, und er sorgte sich, dass man ihn so sehen könnte, [20070] ohne zu wissen,[207] wie es dazu gekommen war. Dann hätte er es noch am ehesten verschmerzt, obzwar ihm diese Mühsal hier sehr nahe ging, denn er war es nicht gewohnt, [20075] solche Gäule zu reiten und solchen Kummer zu erleiden. Darüber dachte er viel nach und rang innerlich damit. Das war nur billig, [20080] denn diese Mähre war seinem Pferd an Güte und an Körperkraft ungleich.

Als er eine Weile geritten war, kam ihm der Kerl hinterhergerannt, von dem ich zuvor erzählt habe [20085] und dem er den Gaul genommen hatte. Er rief Gawein allerlei Flüche hinterher, während dieser vor ihm im Wald ritt, ohne ihn loszuwerden: [20090] Immerzu war ihm der Kerl auf den Fersen, so schnell Gawein auch reiten mochte, bis er auf eine Heide kam. Der Kerl nahm seinen alten Weg zurück durch den Wald, [20095] aber Gawein beschuldigte er nun noch stärker als zuvor des Raubes und wurde dabei immer heftiger.

---

207 Eigentlich: ›… es sei denn, man wusste …‹

Gawein beim *Château au Lit merveilleux*

Gawein kümmerte sich nicht weiter darum, was der Knecht rief und was ihm nicht passte[208]. Er ritt vor sich hin über die Heide. [20100] Da fand Gawein bald eine schöne Augenweide: ein Land und ein Schloss, das sehr schön war und auf der gegenüberliegenden Seite eines breiten Stroms [20105] auf einem hohen Berg lag. Rundherum zog sich eine Ebene, herrlich anzusehen. Weizen, Korn und Gras, Obst, Blumen und Reben – [20110] das waren die Gaben dieser Felder, die um die prachtvolle Burg lagen. Sie schenkten dem weiten Land stets einen süßen Geruch.

Die Aventiure erzählt, [20115] dass dieses Schloss prachtvoll und kostbar sowie fest und wehrhaft war. Das kam von Felsen und Gräben, über die es sich erhob, [20120] als ob es natürlich gewachsen wäre. Ringsum war es mit Türmen und Mauern umfangen. Lange, breite und aus Marmor geschliffene Steine [20125] fassten den Bau überall ein, grün, weiß und blau, allenthalben tüchtig mit Gold untermischt. Gansguoter von Micholde [20130] wollte das so gemacht haben.

Ein Palas war dort rings umher mit wohl an die 500 Fenster und Bögen versehen, die von Säulen aller Art Farben [20135] unterteilt waren. Überall waren sie rundum mit Armbrüsten und Bögen bestückt, die dort kunstvoll montiert waren. [20140] Die hatten große Gewalt: Wenn man die Fenster zumachte, ließen sie sofort Sehnen und Pfeile niedersinken. Tat man sie aber irgendwann [20145] wieder auf, sei es im Krieg oder im Frieden, spannten sie sich sogleich wieder wie zuvor. So war es darum bestellt – Gawein würde es später noch kennenlernen. [20150]

Kampf gegen Ansgü

Gawein ritt genervt dahin, weil er sich an diesem Gaul eher Arme und Beine zerbrochen hätte, als ihn auch nur halbwegs in Richtung Ziel zu treiben. [20155] Beinahe hätte er die Nacht auf freiem Feld verbringen müssen, wäre ihm dort nicht ein Kampf zugedacht worden, der ihm Leid bringen sollte, ihm aber schließlich sehr zugute kam. [20160] Das kam vom Hass des Lohenis: Er sandte von

---

208 Gegen die Anm. der Ausgabe.

Rahas einen Recken auf Gaweins Pferd auf dem schnellsten Wege ins Land [20165] und bläute ihm ein, dass er Gawein erschlagen sollte und sich von ihm diese Schande und diese Schmach nicht gefallen ließe, die er, Lohenis, von Gawein bei Hofe erlitten [20170] und von der er ihm schon oft erzählt hätte.

Auch berichtete er ihm davon, wie er, Lohenis, Gawein nun überlistet hätte und wie leicht er Gawein in diesem ritterlichen Kampf besiegen könnte, [20175] bevor Gawein überhaupt begriff, was los wäre. Er wüsste doch wohl, dass Ritters Kraft nicht viel wert war, wenn er zu Fuß auf der Erde gehen musste, ganz gleich wie kühn der Ritter auch wäre. [20180] Solcherlei Geschichten erzählte er ihm so viele, bis der Ritter ihm aus Zuneigung versprach, dieses schwierige Spiel zu wagen und es auch wirklich zu tun. [20185] Ansgü hieß dieser Ritter.

Zwei Lanzen brachte Ansgü bei Madarp zur Furt – so hatte es ihm Lohenis geraten. Auch Gawein hatte diesen Weg genommen. [20190] Er hatte aber keine Ahnung von dem Plan, bis er zufällig bemerkte, wie Ansgü dort wild auf ihn zustürmte, dabei seinen Namen schrie und ihn bat, nach Ritters Art [20195] auf die Tjost zu warten. Es war nicht schwer, Gawein darum zu bitten, denn die Mähre blieb nach drei Schritten immer für weitere 30 stehen. Außerdem hatte es der Ritter eilig, [20200] der mit Gawein kämpfen wollte. Er konnte ihn ohne Schwierigkeit einholen, während Gawein unfreiwillig warten musste.

Es war natürlich nicht wirklich unfreiwillig, nur insofern, als der Gaul, [20205] auf dem er ritt, so schwach war: Deshalb wartete Gawein ungern, einfach weil er sich dessen so über alle Maßen schämte. In kürzester Zeit trafen die beiden sich auf dem Weg. [20210] Hier nahmen sie eine Tjost in Angriff, die wacker und schadbringend zugleich war. Ich will es euch von vorne bis hinten erzählen: Ansgü bot Gawein seine Lanze an, [20215] denn Gawein war seine ja verbrannt. Nun hielt Gawein die Mähre beim Zaum dort, wo sie stand, wobei sie nie auch nur einen einzigen Schritt nach vorne oder nach hinten tat, [20220] wie doch ein Pferd tun würde, wenn man ihm die Sporen gibt. Diese Mähre hatte hinten und vorne den Geiern Sicherheit geschworen.[209]

So also musste Gawein stehen bleiben. [20225] Er und Ansgü

---

[209] Also: ›hatte sich ganz den Geiern ergeben‹.

nahmen ihre Schilde zum Schutz vor die Brust. Da wurden ihrer beider Begierde und ihr Verlangen auf eine harte Probe gestellt: Beide sorgten eifrig [20230] für kunstvolle Hiebe, damit sie nicht Schild, Pferd oder Lanze verloren. Ansgü nahm von seiner Position dort Anlauf. [20235] All seinen Fleiß legte er daran, damit er dabei keinen Fehler machte. Da wurde Gawein von Glück und Tapferkeit gerettet, wie sie es oft taten, [20240] wenn er es nötig hatte. Er stach Ansgü mit der vorderen Spitze seiner Lanze vom Pferd, dass dieser, völlig entkräftet, in die Dornen fiel. [20245]

Nachdem die Tjost geschehen war, packte Gawein geschwind das Pferd, von dem er jenen geworfen hatte. Oft ist es so, wie die Sprichwörter sagen: [20250] Man sieht sehr gerne wieder, was einem irgendwann zu Unrecht geraubt worden war. Und: Schon die kleinen Kinder – die noch recht schwach an Verstand sind – sagen, [20255] dass schnell zerrinnt, was man zu Unrecht gewinnt. So erging es auch Ansgü. Gawein fing sein Pferd und freute sich darüber von Herzen. [20260] Er setzte sich darauf und ließ die Mähre stehen – und er hätte das nicht gemacht, wäre er nicht in dieser Lage gewesen.

Beim Fährmann Karadas – Ein Kampf an der Furt

Ansgü lag wie halbtot, [20265] weil ihn die Kraft und die Wucht des Hiebes dem Tod nahe brachten; es war ihm zu viel geworden. Gawein aber rief zum anderen Ufer nach dem Fährmann, dessen Amt Karadas, [20270] ein tüchtiger Ritter, bekleidete, der unter dem prächtigen Schloss am Fluss hauste. Er reagierte schnell auf den Ruf und war in kürzester Zeit auf der anderen Seite, [20275] auch vier seiner Knappen kamen ans Ufer. Er trat aus dem Fährschiff und bat um das Fährgeld.

Gawein sagte sehr freundlich: [20280] ›Was wollt ihr als Lohn für die Überfahrt haben? Ich bin gerne mit der üblichen Taxe einverstanden.‹ Der Fährmann sagte: ›Mein Freund und Herr, [20285] wer hier die Überfahrt nimmt, der muss mir Pferd und Rüstung als Fährgeld bieten, oder er belohnt mich damit, dass er eine ritterliche Tat vollbringt, [20290] wie ich es euch, edler Gast, sagen will: Er soll hier an der Wehr auf eine Tjost warten, bevor ich ihn übersetze. Darauf muss er hier nicht lange warten, [20295] er wird schnell eine finden. Wenn ihm das Glück zur Seite steht, sodass es ihm gelingt, einen Helden zu bezwingen, so will ich diesen zum Zoll haben. [20300] Dann habe ich alles, was ich wollte, das versichere ich euch.‹

›Der Zoll ist schwer‹, sagte Gawein, ›doch eins der beiden sollt ihr sogleich von mir haben, tüchtiger Ritter, [20305] wenn es denn so bestimmt ist. Dort liegt doch ein Ritter. Wenn ihr nun damit zufrieden seid, dann nehmt ihn euch doch als Fahrtrecht, denn der selbige Edelmann [20310] hätte mich sehr gerne erschlagen wollen. Mein Heil ließ mich aber einen ritterlichen Sieg gegen ihn erbeuten, und er fiel selbst in den Fallstrick, den er mir gelegt hatte. [20315] Auf diese Weise auch habe ich ihm dieses Pferd abgejagt, das zuvor meines war. Nehmt den Ritter als den euren an, dann sind wir beide zufrieden.‹ Der Fährmann versagte Gawein nicht, [20320] worum er ihn bat.

Er bemächtigte sich des Recken und führte sie beide schnurstracks über den Strom in sein Haus. Dort wurden die beiden Ritter von diesem tugendhaften Degen [20325] gut umsorgt. Er sah zu, dass man sich anständig um ihre Verpflegung und ihre Unterkunft kümmerte. Hühner und Fisch, Fleisch von zahmen Tieren und Wildbret – [20330] alle möglichen Speisen ließ er ihnen auftischen. Auch am Wein sparte er ihnen gegenüber nicht: Er war geläutert und klar, [20335] süß und zugleich auch scharf, und er schäumte im Fass, wenn man ihnen einschenkte. Wer hier nicht auswich, dem spritzte es in die Augen. [20340] Der Wein war beileibe so, dass er besser nicht hätte sein können. Man hatte die Trauben zur richtigen Zeit gelesen und in den Fässern bewahrt, schlechte Hefe kannte er nicht, [20345] und darum bekam er niemandem schlecht.

Der Fährmann behandelte sie wie ein guter Wirt, der nichts ungetan lässt, womit er einen tüchtigen Mann ehren kann, [20350] zumal er es sehr gerne tut. Er kam ihnen in allem entgegen und machte es ihnen sehr angenehm. Abends nach dem Essen ging Gawein dann in einen Palas, [20355] der in Richtung Schloss angelegt war und in dem er mit seinem Wirt Platz nahm, um die Burg besser beobachten zu können. Nun hatten sich die Jungfrauen auf der Burg [20360] nach dem Essen und zur Unterhaltung gerade im herrlichen Saal des dortigen Palas rings herum in die Fenster gesetzt, sodass kein einziges frei blieb. [20365]

Sie waren schön und trugen gute Kleider. Unter ihnen saß ein schönes Mädchen, das an Freuden nichts zu wünschen übrig ließ. Der Gast fragte den Wirt, was es mit diesen Mädchen auf sich hätte, [20370] die vom Saal herab einen herrlichen Anblick boten, und er fragte auch, wer die Burgherrin oder der Burgherr dieser prachtvollen Habe wäre, und wer das ehrbare Mädchen, [20375] das da unter ihnen saß und auf das die Natur, noch mehr als bei den anderen, so reiche Kunst verwandt hatte. Da sagte der Wirt sogleich: ›Das soll euch bekannt werden. [20380]

Herr Gast, die Burg, die ihr seht, hat ein sehr tüchtiger Ritter erbaut, der Gansguoter hieß. Er brachte einen äußerst kostbaren Schatz in dieses Land, [20385] der zu einer Frau gehörte, die man die Schöne Blume Ygerne hieß und die für die Minne dieses Helden auf ihr ganzes Erbe verzichtete. Sie war eine Königin [20390] und trug die Krone Britanniens. Ihr Mann hieß Utpandragon, und ihr Sohn heißt Artus. Er herrscht mächtig über Städte, Länder und Burgen in Britannien, [20395] so weit das Reich geht und bis zum heutigen Tag, wie man uns oft erzählt hat und wenn nicht falsche List uns täuscht.

Sie hat all die Mädchen hergebracht. [20400] Dafür sorgte Gansguoter, weil es durch Zauberei geschah. Auf dieselbe Art gewann er sich diese Burg und nannte sie Salye, denn er hat sie [20405] mit Zauberei gemacht und sie mit List so ausgestattet, dass niemand sie einnehmen kann. Darüber hinaus vermag kein Mann über Nacht dort bei diesen [20410] reinen Frauen zu bleiben, wenn er nicht ganz ohne Schande wäre. Ein solch Auserwählter wurde aber meines Wissens auf der ganzen Welt nie geboren, [20415] denn auf dieser Welt ist keine Rose ohne Dorn.

Fände sich aber ein Ritter, dem es durch seine Tugend vergönnt wäre, eine Nacht über dort zu bleiben und nicht von seiner Schande vertrieben zu werden, [20420] gäbe man ihm das schöne Mädchen ganz sicherlich zur Geliebten, dazu Burg und Gesinde, Land, Leute und Erträge, [20425] Wald, Wasser und Felder, Männer und Dienstmannen. Die Dame, der wir und das Land unterstehen, ist nämlich ihre Großmutter. Der Vater des reinen Mädchens [20430] hieß Jascaphin von Orkanie. Wegen des Erbes, das er hinterließ, war ihre Mutter von ihrem[210] Vetter vertrieben worden.

Ich will euch noch mehr davon erzählen: Viele ehrenhafte Recken [20435] wollten diese Aventiure erbeuten, denen es übel vergolten wurde, weil sie dort ihr Leben verloren, wenn sie sich

---

210 Wohl: vom Vetter des Mädchens, nicht der Mutter.

entschlossen, sich auf einem Bett auszuruhen, das dort steht [20440] und das folgende Eigenschaft hat: Wer darauf ruhen will, findet viel Unruhe, wenn die Schande an ihm irgend verfangen hat – dann hat er sich [20445] den sofortigen Tod verdient. Wunden über Wunden werden ihm in seinen Körper geschlagen, sodass er dem Land und der Frau viel eher abgeschworen hätte – [20450] wenn er sich so hätte wehren können –, als sie auf diese Weise zu erringen.‹

›Herr Wirt‹, sagte Herr Gawein, ›wenn darüber kein Zweifel besteht, wenn das wirklich wahr ist, was ihr sagt, [20455] würdet ihr mich dann dorthin geleiten? Ich würde die Burg und die Blume Ygerne sehr gerne sehen, auch dieses so reine Mädchen, von dem ihr mir erzählt habt, [20460] dazu die schönen Jungfrauen und wie die Burg und der prachtvolle Saal innen gestaltet wären, und ich würde gerne alles erkunden, Wohnräume und private Gemächer. [20465] Da es von außen so herrlich ist, wollte ich damit auch von innen gerne vertraut werden, bevor ich mich wieder von hier aufmache.‹

›Lieber Freund und Gast, [20470] es kümmert mich schwer, dass ihr nach solchen Sachen verlangt, bei denen euch weder Schild noch Schwert jemals wirklich retten können. Er stürzt sich in den Tod, [20475] der sich vornimmt, diese Aventiure zu bestehen; dagegen hilft nichts und dagegen lässt sich nichts machen. Eure Bitte schlage ich euch nicht ab, ich werde euch auf die Burg bringen – [20480] doch nur unter der Bedingung, dass ihr nicht dort bleibt und danach wieder mit mir herunter in mein Haus zurückkehrt, damit mein Leid, das mich oft [20485] schmerzt, nicht noch größer wird.‹

So endete das Gespräch. Sie blieben nicht länger sitzen und legten sich hiermit schlafen. Die Nacht ging für Wirt und Gast [20490] angenehm zu Ende. Als nun der Tag anbrach, machten sie sich beide auf. Da sahen sie über das Feld ein Mädchen und einen Ritter [20495] hastig in Richtung Fährplatz eilen, die laut nach der Fähre riefen. Der Wirt sagte: ›Nun richtet euch zur Verteidigung, Herr Gast, man will gegen euch antreten. Ich kann es unmöglich unterlassen, [20500] euch zu ihnen überzusetzen. Gott möge euch gutes Glück schenken! Bereitet euch, wir müssen dorthin!‹

Binnen kurzer Zeit wurde Gawein gewappnet und machte sich auf zur Fahrt [20505] dorthin zu seinem Kampfpartner. Das Schiff wurde über das Wasser und ans andere Ufer gestoßen. Beide Kontrahenten hielten nun auf einem breiten Pfad auf dem Feld,

[20510] wo sie sich in großer Behändigkeit übten. Kunst und Glück, Wagemut und Tapferkeit – die sind dem Mann ein sicherer Schutz. [20515] Sie begleiteten nur Gawein. Warum wollt ihr, dass er noch wartet, seinem Pferd noch nicht die Sporen gibt und seine Lanze noch nicht vorne auf den Schildrand neigt? [20520] Auf dem Sand rannten sie aufeinander los.

Gawein schlug seine Lanze, die stark genug war, unter die Arme, was sein Gegner deutlich zu spüren bekam, [20525] weil er davon gar schnell auf den Sand geworfen wurde. Das Mädchen Mancipicelle – so hieß die nämlich – lief eilig zu Gawein, [20530] als sie ihn absteigen sah. Sie rief dem Recken entgegen, dass er den Ritter am Leben lassen und von ihm Treue und Sicherheit zu schwören verlangen sollte. [20535] Da hieß Gawein seinen Wirt, diesen Schwur von seinem Gegner entgegenzunehmen, der allerdings vom Sturz beinahe tot war. Gawein nahm ihn selbst und [20540] dessen Pferd mit sich und brachte ihn über den Fluss. Das Mädchen aber blieb darüber in Sorge.[211]

Die Aventiure zu Salye

Ankunft auf der Burg – Sorge um Gawein

Damit war der Kampf zu Ende. Auch war es Essenszeit, [20545] und das Essen war schon fertig zubereitet. Gawein wartete nicht länger und gemahnte den Wirt an sein Versprechen, dass er nach dem Essen unverzüglich mit ihm auf die Burg ritte [20550] und dann nicht länger damit wartete – so hätte er es am Vorabend versprochen. Der edle Wirt verabsäumte es nicht und löste sein Versprechen ein. Er stattete Gawein, den prächtigen Degen, [20555] mit prachtvollen Kleidern aus, die er ihn anlegen hieß, sowie mit einem guten Zelter von blutroter Farbe, zu dem ein äußerst kostbares Zaumzeug gehörte. [20560] So hieß ihn Karadas zu dem Palas reiten.

Sie warteten nicht länger und ritten auf dem Weg zur Burg. Bald kamen sie zum Burgtor, [20565] vor dem ein Stelzfuß mit einer silbernen Stelze saß. Man sah, dass er alles andere als arm war: Seine ganze Kleidung [20570] war gut und prächtig. Als er die beiden herbeireiten sah, schlug er das Burgtor schnell zu. Währenddessen sagte er voller Zorn: ›Zieht weiter! Was habt ihr hier verloren?

---

211 Oder: ›Das besorgte Mädchen aber blieb zurück.‹

[20575] Auf Gäste wie euch kann ich gerne verzichten! Auch meine Herrin verzichtet gerne darauf. Einen Tölpel, randvoll mit Schande, werde ich schon noch von der Pforte vertreiben.‹

Hätte er den Wirt nicht gekannt, [20580] wäre er sofort mit einem Stab auf Gawein losgegangen, den er so nur immer wieder ungestüm gegen ihn schwang. Trotzdem gelang es Gawein, mit seinem Wirt [20585] gegen den Willen des Mannes durch die Pforte in die Burg zu kommen. Er wandte sich in Richtung Palas, hin zu einer stattlichen Stallung neben einem herrlichen Saal. Dort ließen sie die Zelter [20590] beieinander stehen. Die beiden Männer aber gingen um die Burg herum, ohne darin auch nur eine einzige Frau oder einen einzigen Mann zu bemerken, bis schließlich zwei Knappen [20595] kamen und ein schönes Mädchen – prachtvoll schön gekleidet –, das ihn begrüßte.

So mussten die beiden nun mit diesem schönen Mädchen [20600] auf einen Palas gehen, wo jenes verzauberte Bett listig installiert war, vor dem sich niemand retten konnte außer der eine, [20605] der sich von Kindheit an vor aller Falschheit behütet hatte. Nur wer nie betrügerisch auf etwas Schändliches sann und wer sich auch nie einer Sache [20610] zuwandte, die ihm auf irgendeine Weise zum Tadel gereichen könnte, der konnte darauf liegen. Andernfalls würde ihn diese Rast sein langes Leben kosten, [20615] weil ihn dann der sofortige und sichere Tod erwartete. Es konnte einem schon sehr zu Herzen gehen, dass die Kunst je solche List darbot.

Auf diesem Palas vertrieben sie sich den Tag, [20620] und das Mädchen kümmerte sich um sie, bis es Abend wurde. Dann ließ sie sich von vier Knappen unterstützen und bewirtete Gawein freundlich, ganz wie es die Großherzigkeit lieben Gästen [20625] gegenüber einfordert. Darauf hatte dieses reinste Mädchen große Acht. Man sagt doch von Truchsessen, dass sie gerne mit Besserwisserei glänzen, [20630] wenn sie eines großen Mangels innewerden. Das gab es hier nicht. Das Mädchen hatte alles im Blick, nicht nur das Wesentliche, sondern auch eine jede Kleinigkeit.

Als nun die Tafel eröffnet war, [20635] bat Karadas Herrn Gawein, dass er wegreiten, warten und am Morgen wieder zurückreiten sollte, wenn er die Burg besser kennenlernen wollte. Darum sollte er – das wäre [20640] sein, des Karadas, Rat – sich von der Jungfrau verabschieden und sein Leben nicht aufs Spiel setzen. Diese Worte gingen Gawein gegen den Strich und er sagte sehr höflich: [20645] ›Gott im Himmel lohne euch den Rat und die Treue! Der Gedanke an dieses Bett, das ich hier sehe und für äußerst kostbar halte und auf dem nie Ritter Ruhe fand, [20650] würde mich aber auf immer reuen, wenn ich mich nicht darauf niederließe, zumal dieses Mädchen es mir gönnt.‹

›Tut das nicht, lieber Gast! Viele, die hier denselben [20655] Übermut erkennen ließen, scheiterten dabei, und es wäre ihnen ungleich besser bekommen, hätten sie es sein lassen, denn niemand kann sich vor dem Verlust seines Lebens schützen, [20660] wenn er sich auf diesem Wunderbett ausruhen will. Ich verwette mein Leben darauf, dass noch heute Nacht [20665] das Ende eurer Tage naht, wenn ihr meinen Worten keinen Glauben schenkt. Diese Beute kann ich euch versprechen.‹

›Mein lieber Herr und Freund, nun lasst es gut sein mit eurer Rede! [20670] Selbst wenn ich hier mein Verderben finde, mehr als einen Tod werde ich nicht sterben. Lasst es mich doch um Gottes willen tun, wo ich es unbedingt tun will [20675] und auch nicht darauf verzichten werde! Eines weiß ich nämlich in der Tat genau: Irgendwann werde ich sterben, wann immer das sein mag. Niemand aber stirbt, [20680] bevor seine Zeit gekommen ist. So wird es auch bei mir sein. Es kann leicht sein, dass ich dies hier überlebe, auch wenn ich der erste wäre, denn das Heil ließ den Kühnen nie im Stich.‹ [20685]

Alle Bitten des Karadas waren vergebens. Mit Kummer und großem Zorn verließ er das Schloss. Sein Herz hatte Gawein geraten, sich auf das Bett zu legen. [20690] Mit Tränen in den Augen verließ ihn das Mädchen und versperrte den Saal, wo sie die Damen allesamt in Jammer um diesen kühnen Kämpfer versammelt fand. [20695] Den glaubten sie so gut wie tot, weil vor ihm viele durch dieses Bett den Tod erlitten hatten. In diesem Jammer konnten sie den Morgen kaum erwarten. [20700]

Das Wunderbett

Das Mädchen fand in dieser Nacht kaum Schlaf. Gawein jedoch kümmerte sich wenig darum, wie es ihm ergehen würde. Noch ehe der Schlaf über ihn kam, begann sich das Bett zu rühren [20705] und alle Schellen zu bewegen, dass sie ohrenbetäubend läuteten.

Danach knallten mit einem Mal die Fenster zu. Die Armbrüste und die Bögen, [20710] die ja zuvor gespannt gewesen waren, gaben dadurch manch ungestümen Schuss von sich: Wohl 500 Geschoße, Bolzen und Pfeile [20715] feuerten sie auf das Bett. Gawein hatte das Glück, dass er davon keinen Schaden nahm, weil er bis an diesen Tag ohne [20720] jede Schande gelebt hatte.

Als sie den Lärm hörten, der durch die Schellen und die scharfen Geschoße entstanden war, brachen die Damen [20725] auf der Stelle[212] in Tränen aus und erzeigten damit diesem tugendhaften Gast, der sich aus freien Stücken in Todesgefahr begeben hatte, große Treue. [20730] Herr Gawein hörte die vielen leidvollen Klagen genau, und er war bei sich ganz aufgebracht über den Kummer, den er vernahm. Er wusste nicht, was sie beirrte, aber es war klar, dass sie alle [20735] in großem Leid befangen waren, weshalb es ihn zu wissen drängte, was der Grund ihrer Trauer wäre.

Darüber schlief er sogleich ein. Wenig später rief aber schon [20740] der Wächter an der Zinne. Im Bestehen[213] der Aventiure verschlief Gawein den Morgen. Das brachte diesen reinsten Damen abermals Sorge [20745] um das Leben des edlen Recken. Wie es nun also zu tagen begann, gingen vier Jungfrauen von schöner Gestalt und mit ihnen vier Knappen auf den Palas. [20750] Sie wollten diesen Recken gemeinsam im Geheimen begraben. Sie glaubten ihn tot, da zuvor – das heißt: vor ihm – nie einer am Leben geblieben war, der sich auf das Bett gelegt hatte. [20755] Sie alle mussten jene Drangsal nach der Art des Bettes erleiden.

Als sie nun auf den Palas gingen, war auch Gaweins Wirt Karadas wieder auf die Burg geritten. [20760] Er hatte den Morgen kaum erwarten können: Wie es Gawein ergangen wäre? Er litt klägliche Not um seinen Gast Gawein. An ihm zeigte sich große Treue zu Gawein, [20765] obwohl er für ihn ein völliger Fremder war, wobei ich allerdings gehört habe, dass auch bei ganz fremden Dingen die Pflicht der Treue bewirkt, dass man ihnen von Herzen gewogen ist. [20770] So war denn auch des Karadas Treue wahrhaftig stark, obwohl er nichts über seinen Gast wusste. Passt auf: Dass er der Treue hier ganz zu Recht Kredit gegeben hatte, [20775] konnte der Edelmann da noch gar nicht wissen.[214]

---

212 Gegen die Ausgabe (*twalen* statt *qualen*).
213 Oder: ›Nach Bestehen der Aventiure ...‹
214 Interpunktion gegen die Ausgabe.

Die Herzen der Knappen und Mädchen, die wegen dieses Leides auf den Saal gegangen waren, litten durch diese schmerzlichen [20780] Dinge große Pein. Mit ganz leisen Schritten gingen sie ans Bett heran, in dem er lag. Obwohl der helle Tag über ihn schien, schlief er tief und fest. [20785] Gemeinsam gingen sie ganz nahe an den Gast heran. Die Geschoße staken alle oben in der Zierdecke und hatten ihn [20790] nicht im Geringsten berührt. Als sie nun dies erkannten, war ihnen dieser Anblick sehr lieb. Dann wandten sie sich ganz nahe seinem Haupt zu. [20795] Da begriffen sie, dass Gawein, der Fremde, ganz und gar lebendig und gesund war.

Als sie ihn tatsächlich [20800] quicklebendig und gesund fanden, wuchs ihre Freude und sie kehrten auf der Stelle ganz leise um und gingen zu [20805] ihrer Herrin Ygerne. Sie sagten: ›Herrin, wollt ihr ein sehr großes Wunder sehen? Der Gast, den uns Karadas brachte, liegt auf dem Palas [20810] gesund im Bett und schläft tief. Gott hat seinem Leben große Ehre erzeigt. Frauen und Männer werden [20815] dieses Wunder gerne sehen.‹

Eine große Freude packte sie. Ygerne ging mit ihren Damen des Wunders wegen auf den Saal. Derweil hatte Karadas [20820] im Schmerz um seinen Gast den Freudenlärm und die frohe Nachricht noch nicht gehört. Oft geschieht es, dass man Freude gewinnt, nachdem man traurig war. [20825] Karadas hatte es wegen seines Gastes, Herrn Gawein, eilig, zum Saal zu kommen. Inzwischen waren die versammelten Damen mit Ygerne vor das Bett gekommen und hatten mit eigenen Augen gesehen, [20830] dass er ganz und gar gesund war. Dafür lobten sie wohl tausendmal Gott und seine Herrlichkeit. In diesem Moment kam der tugendhafte Karadas herangelaufen. [20835] Er raufte sein Haar und handelte sich große Trauer ein.

Er glaubte den Recken tot. Herr Gawein aber hörte diese klägliche Not im Schlaf sehr wohl, [20840] sodass er davon so heftig erschrak, dass er aus dem Schlaf hochfuhr und nackt vor das Bett auf eine Bank sprang, mitten unter diese tugendhafte Schar, ohne sie zu bemerken – [20845] Schuld daran hatte der Schlaf –, bis ihm schließlich Ygerne eine prachtvolle Decke vor seine leibliche Scham warf, die sie vom Bett genommen hatte. Erst jetzt erkannte er [20850] die Schande, die ihm widerfahren war. Das tat ihm sehr, sehr leid und er klagte darüber in seinem Herzen. Ygerne aber wollte nicht länger dort bleiben.

Kampf gegen den Löwen

In Freude ging sie davon [20855] und ließ Karadas bei ihm. Der brachte ihm sein Eisengewand und hieß ihn sich sogleich damit wappnen; das musste sein. Dann brachte er ihm [20860] einen glänzenden Stahlhelm und eine Lanze. Auch auf den Schild wurde nicht vergessen, den brachte ihm Karadas geschwind und sagte: ›Meiner Meinung nach solltet ihr eurer Wege ziehen [20865] und euch nicht weiter für diesen Kampf verschwenden, edler Degen. Da ihr es geschafft habt, auf dem Bett zu liegen, müsst ihr einen Kampf schlagen, der euch – vielleicht hat man euch ja noch nicht gewarnt – [20870] mit Sicherheit den Tod bringt.

Wenn es euch gelingt, im Kampf zu siegen, wird euch diese Dienerschaft, die hier in dem Land ist, untertan sein. Obendrein wird euch noch dieses schönste [20875] Mädchen gegeben. Gott behüte euch Leib und Leben, denn ihr schwebt in Gefahr: Der Löwe, gegen den ihr kämpfen müsst, besitzt große Kraft. [20880] Selbst wenn ihr zu zweit oder zu dritt wärt, hättet ihr genug Mühe damit. Ich sage euch das deshalb, damit ihr euch entsprechend gut schützt. Seid flink und nicht zu träge, [20885] dann wird euch nichts geschehen! Gott hat euch mir – mit eurem[215] Verlaub – zum Herren hergesandt, und mögen Leute und Land in eurer Hand bleiben!‹ [20890]

Kaum dass er zu Ende gesprochen hatte, kam der Stelzfuß, der ihn vorher bei der Brücke durch das Tor eingelassen hatte, zornig auf den Saal gegangen. [20895] Mit beiden Händen hatte er einen schrecklichen Schlägel gepackt, hart wie Stahl, und schlug damit an eine Türe in der Wand des Saales. [20900] Heraus sprang ein großer, starker Löwe, der hier aus seinem Zorn keinen Hehl machte: Er schrie und lärmte. Es ging ihm ganz gegen den Strich, [20905] dass er Gawein vor sich sah. Er riss scharrend den Boden auf und hatte schlechte Laune.

Gawein zahlte ihm den Zorn und die Aggression heim, [20910] die er ihm entgegenbrachte. Er schützte sich mit seinem Schild und nahm sein Schwert in die Hand. Wie ein hervorragender Kämpfer ging er zum Tier [20915] und schlug ihm ganz schnell hintereinander vier Schläge, während er dem Löwen als Schutz immerzu seinen

---

215 Ich lese mittelhochdeutsch *er* als ›ihr‹, was eine Schreibvariante sein kann; sonst würde es heißen: ›wenn er [also: Gott] gestattet‹ / ›wenn es ihm beliebt‹ / ›mit seinem Verlaub‹, und darin sehe ich keinen Sinn.

Schild entgegenhielt, bis der Löwe einen solchen Zorn [20920] und eine solche Wut bekam – denn Gawein verschonte ihn nicht –, dass er Gawein zornig ansprang, seine beiden Vorderpranken in Gaweins Schild schlug [20925] und mit den Zähnen am Schildrand nagte. Diesen Zorn verzieh Gawein dem Löwen nicht.

Nachdem der seine messerscharfen Krallen zornig in den Schild geworfen hatte und ihn dem Ritter nehmen wollte, [20930] trug Gawein dafür Sorge, dass genau dies nicht passierte. Er ließ den Schild zornig nach unten hängen[216] und schlug einen Schlag dagegen, der dieses Tier [20935] mit solcher Wucht traf, dass ihm beide Pranken vorn in dem Schild blieben und er aber davon tot zu Boden geschleudert wurde. [20940] Damit hatte Gawein den Kampf in recht kurzer Zeit und ohne Schmach beendet. Das sollte ihm später zugute kommen.

Feier von Gaweins Erfolg – Verhandlungen über Gaweins Herrschaft über Madarp

Nachdem der Kampf zu Ende war, [20945] stimmten der Stelzfuß und Karadas einen Lobgesang an. Sie sagten damit Gaweins glücklichem Triumph großen Dank, und sie begannen, seine heilbringende Ankunft [20950] mit den süßesten Liedern hoch zu preisen. Danach erklangen am Bett die Schellen in den süßesten Melodien, [20955] und die Armbrüste ließen ganz artig ihre Sehnen locker: Sofort fiel der ganze Schatz an Geschoßen herunter. Große Freude machte sich [20960] im Schloss breit: Alles wimmelte und man hörte viele klare Stimmen.

Dadurch entstand ein großer Lärm. Die ganze Festung wurde [20965] von oben bis unten davon erfasst. Dann kamen Ygerne, Orcades und Clarisanz gegangen. In aufrichtiger Treue freuten sie sich darüber, [20970] dass Gawein alle Tugenden, die man sich nur wünschen kann, so fest und so vollkommen beiwohnten, denn sie sahen diesen Freudentag alle sehr gerne. Als sie sich ihm näherten, [20975] sprang er ihnen vom Bett entgegen. Sie boten Herrn Gawein einen herrlichen Empfang, auch wenn da noch keine von ihnen ahnen konnte, wie recht sie damit taten. [20980] Gawein sah sie sehr gerne, wie er später immer wieder behauptete.

216 Oder: ›Er haute den Schild zornig nieder ...‹

Eine jede von ihnen küsste ihn, der diesen süßen Gruß sehr höflich entgegenzunehmen verstand; [20985] es war ihm auch sehr willkommen. Es durfte auch deshalb gerne so sein, weil keine Schande dagegen stand – es sei denn, er hätte sich den Gruß gar zu eifrig geholt.[217] Damit also hatte er hier [20990] und noch vielerorts sonst den reichen Lohn der Welt erworben.[218] Nur kurze Zeit nach diesem Empfang kamen 500 [20995] Jungfrauen von herrlicher Pracht zu ihnen dorthin gegangen, die an Kleidung und an Schönheit nicht voneinander zu unterscheiden waren. Die Natur hatte sie alle [21000] mit der gleichen Lobeskrone begabt.

Sie verneigten sich höflich vor Gawein. Nach ihnen kamen viele ruhmreiche Ritter, die ebenfalls alle die gleiche Kleidung [21005] trugen, ihn empfingen und dann alle zusammen im Palas Platz nahmen. Danach erschienen weise alte Männer. [21010] Nach ihnen drangen 500 schöne Knappen durch die Tür. Herr Gawein wunderte sich, woher sie alle kamen. Nachdem sie ihn nun alle empfangen hatten [21015] und in bester Laune dort zusammensaßen, wartete Ygerne, wie mir scheint, nicht länger.

Sie stand auf und sagte: ›Ihr Damen und Herren! [21020] In einem Akt der Gnade wollte Gott all unser Unglück beschauen, wie er uns am heutigen Tag offenbart hat. [21025] Lasst Trübsinn und Klage! Seid froh und guten Mutes, denn dieser Held hat euch und euren Besitz erlöst. Deshalb seid zuversichtlich! [21030] Er soll euer Herr sein: Clarisanz, meine Enkelin,[219] die Königin von Orkanie, oder ihre Mutter Orcades soll seine Gemahlin sein. [21035] Guter Ritter[220], freut euch darüber, dass euch Gott diese Ehre erwiesen hat. All euer Leid hat sich gewendet, und der Hort edler Freude ist vermehrt.

Ritter, empfangt sie alle als euer Gefolge, [21040] die ihr hier vor euch stehen seht, und dazu noch Burgen und Ländereien. Dies alles will ich in eure Hand legen und geben, und will nach eurer Herrschaft leben. [21045] Ihr habt es euch verdient, dass es so sein soll. Zudem will ich euch um etwas bitten, das ihr mir gerne ge-

---

217 Gawein ist ja mit den Damen verwandt.
218 Interpunktion gegen die Ausgabe.
219 Mittelhochdeutsch steht *niftel*, was die Schwestertochter oder einfach eine nahe Verwandte bezeichnet. Dass es die Enkelin ist, ergibt sich erst später.
220 Man könnte auch Plural lesen, Ygerne würde dann die Ritter auf der Burg adressieren.

währen werdet, weil es keinen Schaden bringt: [21050] Setzt eine Frist fest, nach deren Ablauf ihr uns sagt, wer ihr seid; denn daraus entstünde viel Missgunst, wenn wir euch nicht kennen und euch nicht so nennen würden, [21055] wie wir von Rechts wegen sollten. Deshalb würden wir gerne euren richtigen Namen erfahren. Das mögt ihr uns gönnen – es wäre uns ein großer Gewinn.‹ [21060]

Unwissen schenkt dem Gedanken Freiheit, weil er dann ohne jede Einschränkung so lange hin und her laufen kann, bis er die Wahrheit findet. [21065] Sehr leicht kann es sein, dass er dann umkehrt, obwohl er ein sicheres Ziel erreicht zu haben meint, wenn er neuen Banden unterworfen wird. Genau dies geschah hier, [21070] denn wenn die Blume Ygerne Gawein erkannt hätte, hätte sie ihm nur ungern das Land und alles, was dazu gehört, samt der Minne [21075] seiner Schwester auf diese Weise als Belohnung angeboten.

Die Wahrheit ist, sie erkannte ihn nicht. Gawein aber erhob sich höflich inmitten dieser tugendhaften Gesellschaft [21080] und sagte: ›Was die Leute unbedacht tun, das zieht Schaden nach sich. Sprecht nicht voreilig so zu mir, Herrin. Wenn ich es wünschen darf und ihr einverstanden seid, [21085] dann gebt mir eine Frist von zwölf Tagen und lasst euch dann die Antwort geben. Denkt inzwischen auch ihr weiterhin über diese unsere Angelegenheit nach. Das wird beiden Seiten von Nutzen sein. [21090] Bringt die Meinung eurer Leute in Erfahrung, und was ihnen am liebsten wäre. Am zwölften Tage werden wir im gegenseitigen Einvernehmen einen Entschluss fassen, wie wir es vereinbart haben.‹

Gawein und Gyremelanz

Mancipicelle reizt Gawein zur Blumen-Aventiure

So verblieb man. [21095] Sie waren danach nicht lange im Palas gesessen, als dort die Jungfrau Mancipicelle, von der ich bereits gesprochen habe, zu ihm hin trat. [21100] Es war jene, die der Ritter, gegen den Gawein gekämpft hatte, mit sich an den Fährplatz gebracht hatte. Sie saß unverzüglich ab, als sie vor den Saal geritten kam. [21105] Den Zelter band sie an einen Haken und eilte in den Saal. Ein höfliches und wohlerzogenes ›Seid gegrüßt!‹ entbot sie allen.

Danach sagte sie zu Gawein: [21110] ›Held, schütze uns heute vor aller böser Absicht. Wenn ich es wagen darf, meine Bitte vorzubringen, und ihr das nicht für ungehörig haltet, [21115] möchte ich gerne fortfahren: Ich kann nämlich kaum glauben, dass ihr – wie ich doch sagen höre – diese große Aventiure je erbeuten konntet. [21120] Der Liebe willen wird doch – man wird mir hier beipflichten – allerhand behauptet, das wahrscheinlich nie wirklich passiert ist. Deshalb ist euer Ruhm, wenn man [21125] ehrlich ist, nicht sehr groß. Ob es aber tatsächlich so geschehen ist, wie man behauptet, werde ich noch genauer prüfen.

Hier in der Nähe liegt eine schöne Wiese. Rings um diese fließt ein klares Wasser, [21130] weder sehr tief noch besonders breit. Die Wiese ist überzogen mit einer bunten Blumendecke: tiefes Rot, Weiß, Blau, Gelb, Braun und Blaugrün. [21135] Unter all diesen Blumen stehen auch vier Blumen, die ein Bach, dessen Lauf nur kurz ist, von den anderen abschneidet und umströmt. [21140] Klar und schmal ist dieser Bach, doch durch sein Wasser werden die Blumen niemals welk, weil er die weite Wiese tagein tagaus bewässert. [21145] So hält er die Dürre fern, und sie kann sich nie an der Wiese bereichern.

Macht doch unter all diesen Blumen, meiner Herrin zum Gefallen, einige zu einem Kranz. [21150] Es wäre ihr ganz gleich, ob die Blumen rot oder gelb, weiß, braun oder blau wären oder was immer sie für eine Farbe hätten, Hauptsache nur, sie stammen von dieser Wiese. [21155] Nehmt aber eine von den vieren dazu, damit deren reiner Duft meine Herrin verjüngt. Das Alter hat ihrer Jugend nämlich zugesetzt [21160] und hat ihr die süße Kraft der Jugend zur Gänze genommen. Ritter, ich bin in dieser Sache in der Hoffnung auf eure Gnade hergekommen, damit ihr mir gewährt, [21165] wonach ich mit steter Bitte sinne.

Wenn dies alles geschieht, zweifle ich keinen Tag länger daran, dass ihr hier die Beute der Aventiure [21170] tapfer errungen habt. Wenn ihr mir aber meine Bitte verwehrt, dann hat mich die Geschichte von eurem Ruhm getäuscht und sie wäre nichts als Lug und Trug. [21175] Ich wünsche euch nicht, dass es so wäre. Bis an mein Lebensende würde ich um euch trauern. Ich habe euch die Botschaft [21180] überbracht, tugendhafter Ritter, wie sie euch meine Herrin bestellen ließ. Ich weiß nicht, ob sie bei euch verfängt.‹

Gawein sagte: ›Junge Dame, ich vertraue ganz auf Gott, [21185] dass ich eure Bitte erfüllen werde. Er ist es vor allem, der mich dazu bewegt. Da ihr auf meinen Erfolg hofft, [21190] will ich mein ganzes

Streben darauf richten. Ich gewinne euch die Blumen, kostet es mich auch das Leben! Selbst wenn der Teufel sie [21195] in seinem Maul verborgen hätte, würde es mich nicht davon abhalten, im Dienste eurer Herrin zu siegen. Und wenn ich dafür kämpfen muss, wird es eben so sein.‹ [21200]

Sie dankte ihm für seinen Entschluss und war sofort zur Ausfahrt bereit, um ihm den Weg zu weisen, wo sie ihn schon einmal so voll und ganz für ihre Absichten gewinnen konnte. [21205] Sie gab Acht, dass er seinen Vorsatz nicht wieder aufgab, und sie fürchtete, dass ihn jemand von seinem Entschluss abbringen könnte. Deshalb hatte sie es eilig aufzubrechen. [21210] Sie hätte gut und gerne auf diese Befürchtungen verzichten können, denn Gawein mied stets alles, wodurch er sich irgendwie unbeliebt machen könnte. [21215] Er wollte sich nicht dadurch schaden, dass er etwas, das er versprochen hatte, nicht hielt – dort würde sich Falschheit einschleichen.

Nachdem nun beide ausgeredet hatten [21220] und Frau Ygerne erkannte, dass es ihnen damit ernst war, sagte sie gütig zu Gawein: ›Ritter, wenn ihr meinen Rat hören wollt, dann rate ich euch, dass ihr [21225] diese Fahrt mir zuliebe aufgebt, die dieses Mädchen von euch verlangt, denn sie wird euch Schaden bringen und wird euch trotzdem nicht die Ehre großen Ruhms eintragen. [21230] Dieses Mädchen möchte euch nämlich nur gerne zu den großen Mühen verleiten, deren Gefahren sie kennt. Wenn ihr in dieser Sache [21235] meinem Rat folgen wollt, unerschrockener Degen, dann ignoriert dieses unnütze Gelübde, das ihr gegeben habt.

Ich will euch noch mehr davon erzählen. Dieses Mädchen hat sich in all ihren Tagen [21240] dieses Verrats bedient: Wenn sie einen Recken fand, der nach Aventiure durch die Länder zog, wie es schließlich viele tun, erzählte sie diese Geschichte, [21245] bis sie ihn mit ihrer verschlagenen Bitte so weit gebracht hatte, wie sie wollte. Mit dieser Bitte brachte sie ihn an den Ort, [21250] wo er den Tod fand. Auf diese Weise hat sie euch diese Fahrt für den Verlust eures Lebens aufgespart.

Der Groll darüber, dass ihr bei dieser großen Aventiure am Leben [21255] bleiben konntet, tut ihr im Herzen weh, denn viele gute Ritter haben hier ihr Leben verloren, wenn sie, gar zu leichtfertig, in ihrer Rüstung eine Zeitlang im Bett lagen. [21260] Weil euch der Schicksalsschlag bei dieser Aventiure verschont hat, ist sie hergeritten, um euren Ruhm auf irgendeine Weise [21265] zu verringern und zu schmälern. Dahin wollte sie euch bringen – ich weiß das ganz genau –, weil sie euch in eurer Gesundheit gerne in den Abgrund des Todes stoßen wollte.‹ [21270]

Nachdem sie zu Ende gesprochen hatte, wandte man sich bittend und flehentlich an ihn. Das taugte nicht einmal für eine Schlehe. Denn wie sehr sie auch baten – [21275] und obwohl hier alle unverzüglich und eifrig in ihre Klage einstimmten –, Gawein ritt von der Burg. Das wurde von Herzen beklagt, [21280] doch konnte man nichts dagegen tun. Denn wonach dem Mann sein Sinn steht, das ist ihm oft nicht auszutreiben, vor allem wenn er ganz und gar nach Ruhm strebt, und die Reise wird gewiss fortgesetzt. [21285]

Auf der Wiese von Colurmein: Gawein beim Blumenpflücken und Kränzebinden

Karadas konnte sich nicht von den beiden trennen. Er ritt mit ihnen davon. Gawein nahm sein Pferd und ein leichtes Reisegewand. [21290] Das hatte ihm dieses Mädchen geraten, die ihm von einem breiten Wasser erzählte, über das er schwimmen sollte. Deshalb wollte er nicht [21295] mehr Waffen mit sich führen als Schild, Schwert und Lanze, weil er die Gefahr[221] scheute, und er trug dafür Sorge, dass sein Pferd von aller Wappnung befreit würde, [21300] weil es sonst in den Fluten schwer daran zu tragen hätte, und das wiederum könnte jenem die Zuversicht kosten, der es zuvor überladen hatte.

Gawein ritt ganz zuversichtlich. [21305] Sein Wirt und dieses Mädchen ritten mit ihm auf die Straße. Wären ihm nicht Weg und Land unbekannt gewesen, hätte er das nicht geduldet. [21310] So aber musste er es ihnen zugestehen. Sie waren noch keine vier Meilen Weges geritten, als sie bereits das Wasser unweit [21315] vor sich sahen. Hier mussten seine Begleiter umkehren, und auch er sah zu, dass er schnell dorthin kam. Binnen kurzem war er an der Furt. [21320] Dort gab es nun aber weder eine Brücke noch eine Fähre.

Gawein gab dem Pferd die Sporen. Furchtlos hielt er auf das tiefe und gefährliche Wasser zu und verschwendete keinen Gedanken [21325] daran, womit er sich die Sache hier angenehmer machen könnte. Lange schwamm er und trieb er dahin, ehe er das Ufer

---

221 Also: das Ertrinken, nicht Gefahr schlechthin.

erreichte. [21330] Hätte er nicht einen Pfad gefunden, der mit Steinen gepflastert war, wäre er wohl kaum mit dem Leben davongekommen. Es hätte ihn das Leben gekostet, wenn er noch lange [21335] in dieser großen Not gewesen wäre – länger, als ich davon erzählt habe –, denn das Pferd hatte den Mut verloren.

Als er nun das Ufer erreicht hatte, ließ er sein Pferd abtropfen [21340] und streifte es gut ab, wovon ihm auch seine Müdigkeit zur Gänze entwich. Dem Wasser entlang ritt er ins Tal, bis er einen Steg fand, [21345] über den ein herrlicher Steig geradewegs und ganz eben auf die üppige Wiese ging. Nichts anderes gab es dort als den hellen Schein schöner Blumen, [21350] der Gawein rot und weiß und mit vielen anderen Farben anstrahlte. Auch bemerkte er einen Geruch, der ihm alles Unangenehme vertrieb. [21355]

Als nun der Geruch zu ihm strömte, geschah etwas sehr Merkwürdiges: Gawein wurde von einem beglückenden Schlaf umfangen, durch den ihm die Kraft aus all seinen Gliedern wich, [21360] sodass er auf der Stelle vom Pferd fiel. Der erdrückende Schlaf kam mit solcher Gewalt über ihn und machte ihm so viel Mühe, [21365] dass er sich nicht davon erholte. So musste er es erdulden, bis er den Schlaf soweit überwand, dass er aufspringen und sein Pferd an einen Ast binden konnte. [21370] Dennoch wollte die Last des Schlafes nicht von ihm lassen. Das war sein Pech.

Seine Müdigkeit war enorm. Vor Schlaf schoss er auf die Erde und konnte nicht mehr aufrecht stehen. [21375] Er musste dieses Ungemach so lange dulden, dass er fast eingeschlafen wäre, denn er war wohl schon gegen 30mal auf das Gras gefallen. Nachdem er so den Graben überquert hatte [21380] und die Blumen holen wollte, sprang er endlich zornig vom Schlaf auf und griff nach seiner Lanze. Er wollte es vergelten, dass er so schläfrig war, [21385] und stach sich die Lanze mit einem Mal durch den eigenen Fuß. Da war er vom Schlaf befreit und entging dessen bösem Gruß.

Gawein handelte schnell [21390] und machte sich zwei Blumenkränze, wie es das Mädchen verlangt hatte. Dann suchte er ohne Zögern die Stelle, an der diese vier Blumen [21395] standen. Er fand sie problemlos. Von denen pflückte er zwei mit seiner Hand, zwei ließ er stehen. Dann machte er sich auf den Rückweg. Nachdem er wieder übers Wasser gewatet war, [21400] fand er ohne Schwierigkeit sein Pferd, wo er es zuvor auf der Wiese angebunden hatte.[222] Es aß Blumen und Klee, wo er es zurückgelassen [21405] hatte, was ihm nicht schadete.

Kampf Gawein vs. Gyremelanz – Vertagung – Botschaft an Clarisanz

Gawein bestieg wieder sein Pferd und es ging ihm wieder besser, als es ihm eben noch ergangen war. Der Schlaf und aller Kummer [21410] hatten ihn ganz und gar verlassen. Schon sah er den Steg, über den er auf dem Hinweg geritten war. Er musste nicht lange auf dieser Wegscheide warten, [21415] bis er einen Ritter über die Heide und ihm entgegenreiten sah, der gewaltig aus dem Weg drang und auf eine Weise ritt, als hätten ihn grimmiger Mut [21420] und Zorn befallen. Die beiden hatten sich ihm verschworen, das war an ihm ganz offensichtlich.

Er war gut gewappnet. Als er noch nicht einmal ganz bis an Gawein herangekommen war, [21425] kündigte er ihm schon den Frieden auf und drohte sehr zornig. Gawein hielt das für einen Scherz und hörte doch, dass dieser Ritter gegen ihn feindselig war, was er ja schließlich auch behauptete. [21430] Außerdem sah Gawein es ihm an, weil er sich aufgebracht verhielt und einen Eid nach dem anderen schwor, dass Gawein des Todes wäre. Das wollte er ihm dartun, [21435] ehe er ihn von sich ließe. Wie übel er ihn aber auch verwünschte, so wenig fürchtete sich doch Gawein, denn dort hatten Hass und Gegenhass zwei Körper ganz besetzt. [21440]

Gawein musste sich viel anhören, bis der Ritter ihm so nahe gekommen war, dass er ihn auch richtig verstehen konnte. Unterdessen trafen sich diese beiden auf der Heide [21445] mit einer ungleichen Tjost. Immer wieder musste Monsieur Gawein sein Leben waghalsig aufs Spiel setzen. Am Ende aber trugen beide von der Tjost [21450] keinen Schaden davon, abgesehen davon, dass die Kraft der Lanzen hier ganz zunichte wurde: In jämmerlichem Zustand fand man sie auf der Erde liegen, [21455] jeglicher Würde entschlagen – sie waren zu Splittern geworden.

Nachdem die Tjost beendet war, nahm ein jeder, bis ins Innerste von Zorn erfüllt, sein Schwert. [21460] Davon waren die

---

222 Interpunktion gegen die Ausgabe.

Schilde in kurzer Zeit verloren, denn beide geizten sie nicht mit Schlägen: Sie wollten sicherstellen, [21465] dass sie hier Verluste erlitten, und beide gaben Acht, dass ein jeder bekam, was ihm zustand, damit der andere nicht traurig darüber klagen musste. [21470] Darum fanden die wilden Schwertkämpfe kein Ende, denn Hass und Feindschaft entflammten und ließen die ganze Zeit über nicht nach.

Nachdem nun die Schilde zerschlagen waren, [21475] weil mit ihnen nur wenig Nachsicht geübt wurde, und so da lagen, da musste Gawein gegen den Recken viel aufs Spiel setzen, weil er nichts hatte, mit dem [21480] er sich vor ihm hätte schützen können. Die Aventiure berichtet von Gawein, dass er vor dem jungen Degen manchen schnellen Sprung tat, wodurch dieser Ritter so manchen Schlag verspielte, [21485] den er, ganz decouragiert, von Gawein zurückbekam, der wiederum den Schlägen klug auswich und sie mit dem Schwert auffing. Keiner der beiden beendete den Kampf, [21490] bis die Müdigkeit sie umfing.

Nun ließen beide vom Kampf ab. Gyremelanz hieß der Recke, der gegen Gawein kämpfte. Als er hier Gawein ohne Furcht fand, [21495] wiewohl er ungewappnet war, hielt er es für ein großes Wunder und sagte sofort zu ihm: ›Ihr seid ein tapferer Kämpfer, das habe ich wohl an euch bemerkt. [21500] Ritter, was ist mit euch los, dass ihr euch mit so geringer Bewaffnung in eine so große Gefahr wie diese hier wagt, in der Hoffnung, dass das Heil euch rettet? [21505] So etwas tut nur ein einfältiges Gemüt, über das kein klarer Verstand wacht und das Gut und Böse nicht unterscheiden kann.

Es könnte leicht einmal schlecht für euch ausgehen und es könnte euch den Tod bringen, [21510] wollt ihr euch in solcher Not immer nur auf die Hilfe des Glücks verlassen, wie ihr es auch gegen mich tut.[223] Wisst ihr nicht, dass sich das Glück – weil es so unbeständig ist – [21515] bisweilen wendet und dann den Mann schädigt, der sich so darauf verlässt? Das haben jene oft genug erfahren, deren Wagemut sie nicht [21520] davor schützen konnte, denn es beginnt zu wüten, wenn man es gerade nicht erwartet. Außerdem kann es euch nicht helfen, wenn euch ein wirklich großes Unglück widerfährt. [21525]

---

223 Interpunktion gegen die Ausgabe.

Wenn ihr Aventiure sucht und euch dessen nicht so widmet, wie es der Art eines Ritters ziemt, solltet ihr die Fahrt – wenn ihr klug seid – lieber unterlassen, [21530] es sei denn, ihr würdet die Aventiure so angehen, dass ihr euch vor Schaden schützen könntet, wie es sich für solch einen Edelmann, wie ihr mir einer zu sein scheint, [21535] gehörte und ihm von Rechts wegen anstünde. Nun muss ich den Kampf aufgeben, obwohl ihr mir mehr Schaden zugefügt habt, als ich je von einem Mann auf der ganzen Welt erlitten habe, [21540] und obwohl ihr doch nach dem Tode strebt und nicht von mir ablasst.‹

›Wenn einer einem anderen Feindschaft ansagt, ist dieser nie so feige, dass er flieht, sondern er wird kämpfen. [21545] So ist es unter Edelmännern‹, sagte Gawein, ›das wisst ihr genau. Deshalb soll ein vornehmer Ritter den anderen nicht herabsetzen; er soll vielmehr dafür sorgen, dass er ihm auf einer Ebene [21550] begegnet, wo immer er kann. Andernfalls vernichtet und schwächt er damit seinen Ruhm, ganz gleich, ob er ihm unterliegt oder ob er wie ein Feigling fliehen will. [21555] So einem will ich all seine früheren Tjosten aberkennen, und hoher Ruhm und Aventiure werden ihm hinkünftig sehr teuer werden.‹

Gyremelanz sagte: ›Ritter, ihr habt recht. [21560] Da ihr so leicht bewaffnet seid, könnte ich euch leicht besiegen. Trotzdem will ich den Kampf sein lassen – allerdings unter der Bedingung, dass ich ihn [21565] in zwölf Tagen zu Ende führen kann. Dafür seid mein Bürge, wenn ich den Kampf dann von euch fordere. Außerdem verlangt es mich nach einer Auskunft, um die ich euch durch Gott bitte, [21570] auf dass euch meine Frage nicht verdrießen möge und ihr mir gütigst Antwort gebt. Ich werde mich dafür hier und überall treu dafür erkenntlich zeigen.‹ Gawein versprach, die Bitte zu erfüllen. [21575] Da sagte Gyremelanz Folgendes:

›Ritter, wie werdet ihr genannt? Wenn ich das wüsste, wäre ich dessen immer froh. Da ihr es mir, lieber Freund, [21580] versprochen habt, sollt ihr es mir sagen, denn ich habe in meinem ganzen Leben nie euresgleichen gesehen. Deshalb würde es meine Freude enorm bereichern, [21585] wenn ich euch kennenlernen dürfte. Ich will euch die Wahrheit darüber sagen: Ich hätte euch nicht so weit gejagt, wäre es nicht deshalb gewesen, weil ich danach trachtete, durch den Kampf [21590] euren Namen in Erfahrung zu bringen. Das schien mir nur zu angemessen, da ich von eurem Ruhm gehört hatte.‹

Gawein sagte: ›Das sei euch nicht verwehrt. Mein Name wurde nie jemandem verschwiegen [21595] und wird es auch heute nicht. Weder aus Furcht noch aus Sorge verheimliche ich ihn vor jemandem und habe das auch niemals getan. Wenn mich jemand in Freundschaft [21600] nennen möchte oder mich kennenlernen will, wie ihr es nun offenbar von mir begehrt, Ritter, werde ich ihm diesen Wunsch wie einem Freund gewähren, will er nicht darauf verzichten. [21605] So will ich es auch mit euch halten, Ritter. Ich bin der Schwestersohn von König Artus und heiße Gawein. Darüber besteht kein Zweifel. So nennen mich auch alle Leute.‹ [21610]

›Da ihr es seid, Gawein,‹ sagte Gyremelanz, ›so vernehmt im Guten eine Botschaft von mir, die euch in keiner Weise verärgern soll. [21615] Die sollt ihr für mich der reinen Clarisanz bringen, die sich bisher in höchster Tugend vor aller Unehre behütet hat. Diesen guten Ring [21620] bringt ihr als Wortzeichen und bestellt ihr dabei von mir, dass sie, als ich sie zuletzt sah, mir gegenüber behauptete, sie trüge es leichter, [21625] dass Gawein, ihr Bruder, ganz in den Fängen des Todes läge oder an Füßen und Händen verstümmelt wäre – wie sehr ihn das auch schmerzte –, [21630] als dass ich nur ein klein wenig an einem Finger verletzt wäre. Beglückend waren ihre Nachrichten.‹

›Ich kann nicht glauben, dass je eine Jungfrau [21635] eine solche Rede getan hätte und man sie nicht für diese Bosheit gezüchtigt hätte, denn sie wäre allzu kühn, sollte sie es tatsächlich gesagt haben. [21640] Deshalb biete ich euch den Kampf als Pfand, dass dies nie geschah und niemals ein derartiger Frevel die Güte der Frauen störte. Mit Lanze und Schild [21645] will ich das beweisen und will zu dieser Sache manch tüchtigen Ritter laden. Die Frist wollen wir eidlich auf jenen Tag setzen, [21650] auf den unser vorheriger Kampf verschoben worden war.

Zuvor aber will ich, wenn möglich, noch die Botschaft der Jungfrau bringen. Wie immer sie mich diesbezüglich unterrichtet, [21655] es wird mir als Wahrheit gelten. Auch wird ihr mein Name nicht gesagt oder wer ich bin, bis ich mich diesem Kampf nähere – wenn es denn gilt, was wir beide [21660] darüber abgemacht haben –, damit ich euch da rechtens entgegentrete, wie wir es beide gelobt haben, und ihr mir ebenso, sei es zu meinen Vor- oder Nachteil.‹ [21665] So verblieb man. Sie bestiegen ihre Pferde und brachen in Richtung Schloss auf. Die Blumen und die Kränze nahm Gawein an sich. [21670] Über die herrliche Heide war der Ritter sein Gefährte. Er brachte Gawein ganz sicher zu seinem Weg und kümmerte sich sehr höflich um ihn. [21675] Dort blieb Gyremelanz, und Gawein ritt dahin. Er führte die reiche Beute mit sich nach der Burg. Bis direkt an die Klause kam Mancipicelle, dieses böseste Mädchen, [21680] zu ihm geritten. Sie hatte alle ihre Freude verloren, denn dass ihn dort keine Gefahr erwartete, war ihre Lüge gewesen.

Zurück auf Salye: Gaweins Erfolg – Irritationen der Botschaft

Das ließ sie sich jedoch nicht anmerken [21685] und erhob mit trügerischem Herzen einen Freudenjubel des Lobes. ›Seid mir herzlich willkommen, tugendhaftester Degen!‹, sagte sie. ›Ihr habt nunmehr errungen, [21690] wofür man euch immer preisen soll, denn niemals hat ein Ritter in unserer Zeit eine dieser Blumen gepflückt, und niemals hat ein Ritter auf dem Bett je angenehme Ruhe gefunden. [21695] Gott hat euch hier an beidem eine hohe Ehre zuteil werden lassen und so den hohen Ruhm eures Lobes vermehrt. Mit größter Freude [21700] bitte ich euch, dass ihr mir diese Ehre erzeigt:

Gebt mir eine Blume her. Von ganzem Herzen bitte ich darum, dass ihr mir einen Kranz gebt, und wünsche euch, dass ihr auf ewig [21705] in Freuden und ohne Not lebt. Auch sei euch gesagt: Ich wollte euch verraten. Darum hatten mich zwei Ritter gebeten, die beide sehr bekannt sind. [21710] Ihre Namen will ich euch nennen: Lohenis von Rahas und Ansgü taten das. Ich habe aber keine Ahnung, aufgrund welches unglücklichen Zufalls [21715] sie euch so hassen. Sie wollten euch erschlagen haben, das könnt ihr mir glauben.‹

Gawein kam der Bitte dieses Mädchens äußerst bereitwillig nach [21720] und achtete wenig auf ihr Gerede. Mit der Blumenbeute wandte er sich zur Burg nach Madarp und bestellte die Botschaft des Ritters. [21725] Ygerne, die tugendhafte, musste zugegen sein, ebenso Orcades – alle drei Damen also. Als er ihr die Botschaft ausrichtete, errötete Clarisanz [21730] und mit ihr Mutter und Großmutter. Mit der Rede übergab er das Wortzeichen. Davon wurde Clarisanz bleich, [21735] und alle drei fürchteten sich und richteten die ganze Klugheit der Frauen – die eine Sache schnell durchdacht hat – darauf, wie man ihn davon abbringen könnte, damit alles mit Anstand zuginge, denn all dies bedrückte sie. [21740] Deshalb stritten sie die Geschichte ab.

Sie lenkten ihn von der Sache ab und gaben ihm deutlich zu verstehen, dass dies alles nichts bedeutete, und hatten doch keinen blassen Schimmer, [21745] wie es um ihn stand,[224] weil dieses Wissen noch vor ihnen floh und die Wahrheit ihnen gänzlich verborgen war.[225] Sie glaubten tatsächlich, dass er hier Herr sein sollte, [21750] weil er es sich schließlich mit seiner großen Tapferkeit verdient hätte; und sie wollten, dass er das Mädchen Clarisanz heiratete. Sie hätten darauf geschworen, [21755] doch dann musste doch alles anders kommen. Was sie sich da alles mit ihm ausgedacht hatten, brachte ihnen bei ihm nichts.

Damit war das Gespräch zu Ende. Bald kam sein Wirt Karadas [21760] und freute sich sehr darüber, dass Gawein bei seinem Unternehmen so große Ehre zuteil wurde, denn Karadas hatte die Blumen und den strahlenden Kranz gesehen, [21765] den Gaweins Schwester Clarisanz auf ihrem Haupt trug und den Gawein der lieblichen Wiese zu Colurmein geraubt hatte. Der ganze Hofstaat [21770] freute sich darüber, was Ygerne und Orcades sehr gerne hörten, ohne die Freude irgend zu unterbinden, denn sie hatten es so angeordnet. [21775] Sie freuten sich auch selbst und fürchteten nicht, dass ihnen Trauer drohen könnte.

Männer und Frauen, Ritter und Damen waren ihm ganz und gar ergeben. [21780] Das könnt ihr mir gerne glauben, hatte er doch an beiden Aventiuren Erfolg gehabt. Alt und Jung, Knappen und Mädchen, alle waren sie ihm treu ergeben, ganz eins [21785] mit ihm an Herz, Leib und Besitz. Hilfe, Freude und Rat suchten sie an ihm, [21790] Burgen und Ländereien standen völlig in seiner Hand.

Artus kommt nach Salye

Gaweins Botschaft an den traurigen Artushof

Als es am nächsten Morgen tagte, erzählte Gawein seinem Wirt etwas, das er ihn streng geheim zu halten bat. [21795] Er reite[226]

---

224 Also wohl: wer er war.
225 Sehr frei. Im Mittelhochdeutschen sind die Subjekte durch Pronomina ersetzt, dass damit ›Wissen‹ und ›Wahrheit‹ gemeint sein könnten, ist nicht mehr als ein Vorschlag.
226 Ich interpretiere das mittelhochdeutsche *reit* als diphthongierte und apokopierte Variante von ›normalmittelhochdeutsch‹ *rîte* (3. Pers. Sg. Konj. Präs.).

hinunter in die Stadt, und er befahl ihm, ihm dort einen Knappen zu suchen und diesen mit Pferd und Kleidung auszustatten, weil er diesen bald [21800] außer Landes schicken wollte. Der Wirt gewann für Gawein in der Stadt rasch einen geschickten Knappen, gut beritten und gut gekleidet, wie es Gawein gewünscht hatte. [21805] Länger wollte Gawein den Knappen nicht verwirren und sagte ihm im Beisein des Wirtes heimlich die Botschaft. Dann hieß er ihn ausreiten, so schnell er konnte – [21810] er sollte nicht länger damit zuwarten –, um Artus zu suchen und ihm die Botschaft zu bestellen. Er befahl ihm, sich zuerst nach Britannien und Karidol zu wenden, [21815] und unterrichtete ihn, welcher Weg ihn am besten und ungehindert dort hinführte.

Hiermit ritt der Knappe von dannen [21820] über Berg, Feld und Wald, bis er in jenes Land kam, in dem er König Artus und seine Bekannten fand. Er fand sie freilich [21825] ohne auch nur den geringsten Zeitvertreib, und kein einziger Gast befand sich am Hof – was sonst nur sehr selten geschah –, weil es ihnen an Freude gebrach. Diesen Kummer bereitete ihnen [21830] der Tod von Monsieur Gawein. Sie hätten darauf geschworen, dass er das Leben verloren hatte, da ihnen sein Haupt gebracht worden war und sie seither nichts [21835] von seiner Rückkehr gehört hatten. Allumfassend war das Leid, das der Hof jammervoll beklagte.

Es geschah zu Karidol, dass Artus auf seinem Palas saß, [21840] in jammervoller Klage versunken. Auch Ginover beklagte Gawein in großer Treue, wie sich das bei einem tüchtigen Mann eben auch gehört. [21845] Daran dachte sie immerzu, und mit ihr alle ihre Damen, denn die Galle des Jammers war gänzlich über sie gekommen und hatte all ihre Freude [21850] in ihrem Netz gefangen, sodass ihr Jammer und ihre Reue davon immer wieder erneuert wurden und noch jetzt am Ende waren wie ganz am Anfang. [21855] Ihre Klage war von langer Dauer und schnürte sie in enge Fesseln.

Wie sie nun alle so saßen, tieftraurig wegen Gaweins Tod, [21860] und es niemandem unter ihnen gelang, Freude an den Tag zu legen, hört!, in dem Moment ritt der Knappe, von dem ich zuvor erzählt habe, auf einem apfelgrauen [21865] Zelter an den Hof und setzte dort ab. Dann ging er auf den Saal. Überall gingen ihm die edlen Ritter anstandsvoll entgegen. [21870] Sie empfingen den Knappen unter ihnen sehr höflich und führten ihn vor den König: Das sollte ihnen allen zum Vorteil gereichen.

Als er schließlich dort stand, [21875] sagte er: ›Edler und tugendhafter König über diese Länder, Gott schenke euch alle Ehre, die euch euer Neffe gönnt, dessen Botschaft [21880] und dessen Gruß ich hergebracht habe und den ich euch nun sogleich nennen soll und werde, auf dass ihr ihn erkennen könnt: Es ist der edle Gawein, [21885] an dem nie Schande oder Laster gefunden wurden und den ich – völlig gesund und frei von allem Leid – vor gut einer Woche [21890] bei einem nahe gelegenen Schloss verlassen habe.

Durch mich lässt er euch ausrichten – und das muss auch so sein –, dass ihr um seinetwillen an diesen Hof kommen sollt. Er hat einen Kampf gegen [21895] einen auserwählten Recken vereinbart – das ist durch zweierlei Aventiuren zustande gekommen –, gegen den er also binnen kurzem antreten wird. So muss es sein. [21900] Das lässt er diesen erfahrenen guten Rittern ausrichten und bittet, dass sie davon nicht verzagen und ihm dorthin zu Hilfe kommen, denn dies – lasst euch das gesagt sein – [21905] stünde seinen Ehren gut an.

Ihr sollt auch wissen, dass er bei diesem Kampf einem Mann gegenübertreten wird, der stets gegen euch kämpfte und alle Zeit auf euren Schaden aus war, [21910] womit er auch konnte, ob er es nun tat oder ihn euch zudachte. Er wird Gyremelanz genannt, und ich kann dafür bürgen, dass kein Ritter je so kühn [21915] eure und eures Hofstaates Ehre gefährdete und euch je so sehr zur Last fiel, wie dieser es immerzu tut. Deshalb, König, ist es richtig, [21920] dass ihr nicht länger damit wartet, diese Reise um Gaweins willen zu unternehmen, denn noch nie war er so sehr darauf angewiesen.

Dieselbe Botschaft und all diesen Kummer lässt er durch mich [21925] auch Ginover bestellen, auf dass sie ihre Damen und ihre Mädchen zu sich nimmt und mit der ganzen Pracht ihrer Schönheit auf der Stelle dort zu ihm hin kommt. [21930] Weder heute noch irgendwann könnte sie ihm – wenn sie ihm diese Bitte erfüllte – einen größeren Dienst erweisen, keinen, der ihm so nützte [21935] und den er sich so inständig von Herzen wünschte. Auf ewig stünde er in ihrer Schuld. Diese Botschaft ließ er euch und Madame bestellen.‹ [21940]

Die *renovatio* der Freude am Artushof

Der Bote hatte noch nicht ausgeredet, als ihn schon der König unterbrach. Vor Freude sprang er vom Stuhl auf, küsste den Knappen ohne offensichtlichen Grund mehr als 30mal [21945] und gab ihm seine große Freude zu erkennen. Überall taten die Hofleute dasselbe, wodurch ein höfischer Freudenjubel entstand. Dieses freudenreiche Geschehen [21950] wiederum sah ein Mädchen, das Ginover fröhlich davon erzählte. Sie sagte: ›Herrin, ich habe – wenn ich es sagen darf – [21955] etwas Gutes gesehen, das Freude bringt.

Einen Boten habe ich bei Artus, dem König, stehen sehen, der, mir scheint, angenehme Nachricht bringt, [21960] denn der König und die Hofleute haben ihn mit großer Wertschätzung empfangen, und noch ehe er seine Botschaft ganz gesagt hatte, sah ich den König und alle die Seinen in Freude strahlen. [21965] Ich will euch die Wahrheit sagen, so gut ich kann: Sie umarmten und küssten ihn, drückten ihn oft liebevoll an die Brust [21970] und zogen ihn zwischen sich hin und her, nachdem er seine Nachricht gesagt hatte. Ich versichere, dass sie nach Freude trachteten[227].

Auch euch hörte ich dort nennen, [21975] weil ich ihnen die ganze Zeit auf Schritt und Tritt hinten nachgeschlichen war, bis sie mir von der Türe in den Saal entwichen: So entkamen sie mir, [21980] und deshalb konnte ich nicht mehr hören, als dass ihnen diese Botschaft zu Freuden gereichte und dass man Gawein – ich weiß nicht, wo – zu Hilfe kommen soll. [21985] Soviel habe ich von der Nachricht aber gehört: dass er tatsächlich lebt. Deshalb will ich, dass ihr mich mit einem prächtigen Willkommen belohnt. Weder Silber noch Gold will ich, [21990] sondern nur, dass ihr mir zum Dank für die Nachricht gewogen seid.‹

Von dieser Nachricht erhob sich unter den Damen im Arbeitshaus auf der Stelle der süßeste Tumult. Sofort wurden wieder [21995] Gold und gutes Gewand gesucht, das zuvor von Trauer und Sorge aus ihrer Obhut geworfen worden war, weil sich die Freude lange Zeit vor ihnen verborgen hatte. [22000] Perfider, freudloser Hass hatte ihnen dies eingebracht und ihnen dieses Jammergeschrei beschert, das ihnen bis zu diesem Zeitpunkt erhalten geblieben war. Diesem Jammer[228] schlug nun das Schwert der Freude [22005] zahl-

---

227 Unsicher. Siehe die Anm. der Ausgabe.
228 Mit der Hs. gegen die Ausgabe.

reiche und tiefe Wunden, weil die Freude ihn in der Burg unter ihren Freunden aufgespürt hatte.

Hier eroberte die Freude ihren Rang zurück, weil Frauen und Männer sich [22010] wie zuvor ihrer befleißigten und das Sorgen und Trauern ganz sein ließen. Diese liebsten Nachrichten bewirkten, dass sie von nun an [22015] höchst standhaft und noch länger als zuvor in dieser Freude verharren sollten. Das war an diesem Tag und von da an auf immer ganz eindeutig zu erkennen. [22020] Es hatte seinen guten Grund: Gawein hatte sich um das Wohlwollen der Welt so verdienstvoll gezeigt, dass von ihm in guter Erinnerung immer nur das Beste gedacht wurde. [22025]

Die Freude über die Nachricht gab ihnen großen Hochsinn, der ihnen bis dato verwehrt war. Deshalb glaube ich, dass man dort alles zu schmücken begann [22030] mit kostbarer Zierde, mit Gold und mit Edelsteinen, um die sich die Frauen alle zusammen aus dem Hochgefühl heraus annahmen und die zuvor herumlagen, weggeworfen, [22035] weil man sich nicht um sie kümmerte, und zwar seit jener klagebringende Tag traurig erschienen war, an dem man ihnen Herrn Gawein totgesagt hatte. [22040] Diese Nachricht hatte ihre Freude entzwei geschnitten, sodass sie mit ihnen verzagte.

Zuvor sah man Haare raufen, nun konnte man sehen, wie armselige Gebände abgestreift wurden; [22045] zuvor sah man die Hände sich jammervoll winden, nun sah man, wie mancher kostbare Kranz aufgebunden wurde; zuvor war ihre Farbe bleich und gelb, [22050] nun wurde sie hell und klar; zuvor war ihr schönes Haar verfilzt und stumpf, nun war es abermals mit manchem kleinen Kopftuch verschlossen; [22055] zuvor war da großes Weinen, nun war da fröhliches Lachen, zuvor bitteres Herzkrachen, nun konnte man sehen, wie uns Freude gemacht wurde.

Nun ward dort prachtvoll einher geschritten. [22060] Zuvor musste die Freude weichen, nun thronte sie wieder dort; zuvor waren die Brauen pelzartig, danach wurden sie schmal und ebenmäßig; zuvor zerfloss die Stirn in übler Verfassung [22065] und war rau und hoch, wo nun eine glatte Ebene war; zuvor waren die Münder bleich, nun wich die Blässe der Röte; zuvor konnte man die Augen kaum erkennen, [22070] nun waren sie schön und hell; zuvor bezwang manche Träne die Wange, nun konnte man davon Gewürzwein abwaschen; zuvor wurden die Brüste zerschlagen, nun mussten sie Spangen tragen; [22075] zuvor waren die Hände schmutzig, nun weiß, lang und schmal; zuvor waren die Nägel vorn nicht von Staub verschont, nun waren sie davon unberührt; [22080] zuvor stand das Gewand in die Höhe, nun lag es ganz in Falten; zuvor war es schwarz wie Kohle, nun war es von vollkommener Schönheit.

Was zuvor geschwiegen hatte, das erhob sich nun. [22085] Die Fiedler richteten über ihre süßen Leiche und lenkten so manches Herz sehr nach der Freude. Manch süße und gute Note [22090] erklang alsbald von der Harfe, auch begann die Rotte ihren Gesang schön mit einer prachtvollen Melodie. Das vergalt ihr die süße Drehleier gar schön. [22095] Die Flöte und die Kleie[229], die Leier und die Posaune, sie alle wollten sich da nicht unter den anderen verstecken; man mochte sie sehr gerne aushalten, [22100] weil sie fröhlich hallten. Außerdem erklangen am Ende noch in gemeinsamer Freude mit den anderen Monochord und Psalterium, Holunderholzflöte und Geige. [22105] Auch Drehleier und Tambur wollten nicht schweigen. Eine glückliche Nachbarin war dort – mit all ihrem Gesinde – Frau Musica, [22110] die zuvor anderswo gewesen war.

Die Geschichtenerzähler begannen da sogleich, Geschichten und Erzählungen vorzutragen. Auch Schach- und Spielbretter [22115] wurden auf den Saal gebracht, und bald wurden die Schilde an die Wände gehängt und die Rüstungen in Trögen gereinigt [22120] und die Helme mit prachtvollem Aufputz geschmückt. Schnell hatte man Tjosten und ein Turnier anberaumt. Die Rösser und Pferde [22125] wurden gut gewaschen und gepflegt. Hier wurde an nichts gespart, was sie zur Freude brauchten. Da musste ihre Traurigkeit sich fortscheren und dieser großen Freude erliegen. [22130] Wo das Glück sie gedeihen lässt, fällt der Freude ihr Sieg leicht.

Aus Freundschaft zu Gawein kümmerte sich Kay sehr beflissen um die Freude all dieser Leute, [22135] denn die glückliche Kraft der Freundschaft band ihn ganz fest an Gawein: Eher hätte er Besitz und Ländereien, Herren, Seele und Leben, Verwandte, Kinder und Frau [22140] für immer verlassen und gänzlich von sich gewiesen, als dass ihm – Gawein – irgendein Leid geschehen wäre. Daran könnt ihr ablesen, dass sein Spott nicht von Boshaftigkeit kam. [22145] Die Besten liebte er immer, nur den Schwachen und Bösen

---

229 Welches Instrument dies wäre, ist unsicher.

zürnte er stets. Allerdings nahm er niemanden aus: Wenn er zu spotten begann, blieb niemand ohne Tadel. [22150] Im Übrigen war er ein tüchtiger Mann.

Oft findet man Trost, wo zuvor allerlei Angelegenheiten in Leid verstrickt waren. Genauso hatte auch dieser Jüngling [22155] mit dieser lieben Nachricht ihrer ganzen Klage und Betrübnis, die sie wegen der vorherigen Geschichte überkommen hatte, ein Ende gesetzt. [22160] Obzwar diese Nachricht von Gaweins Tod falsch war, bedurften sie doch dringend des Trostes. Dabei will ich diese Sache belassen, denn sie hält mich nur auf.

Reisevorbereitungen und Ankunft in Madarp

Nach dieser süßen Botschaft [22165] wurde binnen kurzem eine sehr große Heereskraft zusammengestellt, weil Kay unermüdlich und rasch dazu befohlen hatte, von Stadt zu Stadt, von den Burgen zu den Dörfern. [22170] Dieses Heer war als Hilfe für Gawein gedacht, worum dieser ja durch den Boten gebeten hatte. Also wurde die Heerfahrt im Land ausgerufen. [22175] Schnell war alles mobilisiert, das zu Artus' Reich gehörte.

Mit kostbarem Reitzeug war das Heer zu dieser Aufgabe bereit, [22180] in jeder Hinsicht bestens ausgerüstet, wie es sich für eine solche Reise eben gehört, zumal sich hier niemand unter ihnen gerne lumpen lassen wollte. Nie wurde eine schönere [22185] und prächtigere Heerfahrt gefahren. Was soll ich mich lange damit aufhalten? Ich bringe ihre Herzen damit ja doch nicht weiter. Ich will sie schnell reiten lassen, wo ich das Heer schon einmal bis zum Hof gebracht habe. [22190]

Ich muss euch vorher aber noch sagen – denn ich kann es nicht verschweigen –, was Ginover tat. Auch sie sandte fleißig nach Damen und Mädchen [22195] und befahl ihnen, sich so prachtvoll zu kleiden, dass sie den schönen Göttinnen glichen an Sittsamkeit und Verstand, [22200] an Schönheit und an Pracht, wie sie – so erzählt die Geschichte – die Natur an sie verschwendet hatte.

Es waren so viele, dass man sie nicht mehr zählen konnte. Niemand wollte sich hier verstecken. [22205] Auch Amurfina und Sgoydamur benahmen sich beide sehr löblich. Inzwischen waren Burg und Palas, Lauben und Gemächer – [22210] glaubt mir – überall voll von diesem süßen Tumult, weil sie sich alle über die Reise, die sie erwartete, freuten. Auch König und Königin [22215] gewannen davon Freude.

Mehr wird euch hiervon nicht gesagt, außer dass sie, als der nächste Morgen tagte, bereits alle unterwegs waren. Die Aufsicht über das Heer hatte [22220] Herr Kay inne, das war sein gutes Recht. Da konnte man manchen Edelmann und so manches Zelt sehen, mit denen Weg und Feld über und über bedeckt waren. [22225] Alle freuten sie sich wie ein Löwe auf das Schlachtfeld. Dazu schallte freudig die Posaune und erklang die Flöte.

Wenn ich euch nun damit bedrängte, [22230] dass ich diese Geschichte mit edlen Sprüchen in die Länge zöge – was ich leicht könnte –, würde mir das wohl den Undank von so manch einem eintragen, zumal wenn ich euch die Geschichte [22235] ohne Anlass zu lang machte und damit meine Kunst schwächte – die doch zu allem bereit ist –, indem ich aus einer kurzen Geschichte eine lange Erzählung von tiefer Bedeutung fertigte [22240] und sie strahlen ließe wie Zinn[230], ganz gleich wie lang die Aventiure in Wirklichkeit wäre.

Deshalb lasse ich das bleiben, auch weil ich schon vorher an anderer Stelle von großer Ritterschaft erzählt habe. [22245] Davon würde meine Kunst wenig Kraft gewinnen, wenn ich es nun wiederholte. Am siebten Tag, ganz früh, kam das Heer in das Land, das Madarp genannt wurde, [22250] vor die Burg zu Salye. Kay befahl den Leuten, das Lager so nahe vor dem Schloss aufzuschlagen, dass man gut hinauf sehen konnte. [22255]

Schnell wurde auf dem Feld aus vielerlei Zelten ein Heerlager aufgeschlagen, das die Wiese beim Fluss so gründlich überzog, [22260] dass man dort kaum noch ein Stück vom Feldboden sehen konnte. Die Wiese und die ganze Umgebung veränderten sich gründlich, ganz als hätten sie von Anfang an [22265] einem Heer als ›Weide‹ gedient. Dafür stand Gawein ein, und das Heer verlangte danach.

---

230 Zinn ist – im Mittelhochdeutschen sprichwörtlich, aber auch in der Tat – ein sehr stumpfes Metall.

Lösung der Aventiure

Das Familientreffen

Als nun Ygerne die Fremden sah, und was diese dort trieben, [22270] wurde sie darüber traurig, wie es für eine Herrin üblich ist, die in Sorge um ihr Land ist. So suchte sie in der Sache besorgt Rat bei Gawein, [22275] denn sie wusste nicht, wie es dazu gekommen war. Da riet ihr Gawein dringend, sich nicht mehr zu sorgen, und er sagte ihr, dass dies der berühmte Artus – ihr Sohn – wäre. [22280] Darüber freute sie sich sehr.

Trotzdem wurde sie dabei vor Scham heftig durchgebeutelt, weil Gawein auch seinen eigenen Namen nannte, sodass Mutter, Schwester und [22285] Großmutter ihn endlich erkannten. Dann ritt er mit einem Gefährten davon, von der Burg hinunter, und ließ Ygerne und die beiden anderen mit reichem Freudenschatz zurück. [22290] Auch er selbst war darüber froh, dass er sie gefunden hatte, weil Kinder gegenüber ihren Müttern nun einmal so sind, wenn diese lieb zu ihnen waren.

Rasch fand Gawein [22295] in einem Zelt den König und die Königin beisammen. Als die beiden ihn erkannten, sprangen sie ihm entgegen. Auch die Tafelrunder [22300] hasteten zu ihm hin: Von ganzem Herzen empfingen sie ihn gerne, das kann man wohl glauben. Sie liebten ihn alle, [22305] und die Galle des Hasses verschonte sie. Deshalb bereiteten sie ihm einen pompösen Empfang.

Nach diesem Empfang saßen sie nicht lange, bis Gawein dem König von [22310] der großen Pracht erzählte, die es auf dem Schloss gäbe. Er erzählte ihm auch von seiner Mutter Ygerne. Das hörte Artus sehr gerne, [22315] denn er hatte sie noch nie gesehen. Es sollte freilich bald geschehen, weil er ganz in ihrer Nähe war. Artus hatte großes Verlangen danach, wie mir die Aventiure geschworen hat. [22320]

Danach ließ er sie wissen, dass auch seine Schwester Orcades dort bei ihrer Mutter wäre. Außerdem erzählte er Artus von der jungen Clarisanz [22325] und von Gyremelanz, mit dem er kämpfen sollte. Das gefiel Artus und seinen tüchtigen Rittern gut, wenn denn der Kampf auch Gaweins Wille wäre, [22330] weil man es nun einmal so vereinbart hätte. Das Heer freute sich über diese Nachricht. So verblieb man.

Nun ritten Ginover und König Artus [22335] sogleich mit Gawein auf die Burg, ohne noch länger zu warten, und mit ihnen viele Ritter. Gawein schickte einen Boten zu den Frauen auf die Burg, [22340] der ihnen sagte, dass Artus sie besuchen und sehen wollte. Das war ihnen angenehm, denn sie kleideten sich gut und bereiteten einen langen, [22345] ausladenden Empfang vor.

Hier nahm die Liebe ein liebliches Aussehen an, weil sie vom Band vollkommener Treue gefesselt war, wie es rechtens war und wie es sich gehörte. Damit hatte es Folgendes auf sich: [22350] Niemand konnte dieses Band lösen, denn Kinder sollen ihre Mutter von Rechts wegen immer haben. Auch wissen die Kinder nicht zu leben, wenn nicht treu nach der Mutter. [22355] Hieran erneuert sich[231] immerfort das ureigenste Gesetz der Natur, das nicht zu ändern ist, es sei denn durch schändlichen Hochmut.

Jedermann weiß doch, [22360] dass an Mutter und Kind der Ursprung und Urgrund aller Treue liegt. Es dauerte nicht lange, bis der König auf das Schloss gekommen war. Da war von beiden Seiten [22365] ein gar süßer Empfang zu hören, den zu erzählen euch langweilen würde. Ihr könnt euch ja selbst gut denken, dass er voll prächtiger Freude war, ohne jeden falschen Argwohn, [22370] weil Artus und Ygerne beide Freude daran gewannen.

Nach dem Empfang nahm Ygerne Artus, ihren lieben Sohn, bei der Hand. [22375] Sowohl Burgen wie Ländereien begann sie ihm zu zeigen, und wollte ihm auf der Stelle und bei ihrem Leben alles auf einmal zu eigen gegeben haben. [22380] Artus aber wollte es nicht annehmen. Dann erzählten ihm die drei Frauen sehr genau, was sie hierher verschlagen hatte. So schwebte die freudenreiche Schar den ganzen Tag über in reiner Wonne. [22385]

Nachdem Artus ihr Wesen so gründlich erfahren hatte und auf welch prächtige Tugend es gerichtet war, war er darüber von Herzen froh. Er und Ginover blieben nun bei Ygerne auf dem Schloss. [22390] Er vertrieb sich die Zeit dort aufs Beste, was seinen Hofleuten zugute kam. All den Seinen erwies man vollkommenen Dienst, wie es sich gehört, woran ihr Geist und ihr Reichtum [22395] offenbar wurden. Man tat das aber ganz und gar nicht des Ruhmes wegen, für den so mancher tüchtig ist.

---

231 Gegen die Ausgabe und mit dem Konjekturvorschlag Ehrismanns (*sich* statt *sie*).

Ygerne und ihre Gäste begannen, sich ausgiebig die Zeit zu vertreiben – [22400] woraufsie sich gut verstanden –, weil kein Gebrechen gleich welcher Art, das ihre Freude beeinträchtigt hätte, sie daran hinderte, abgesehen von diesem Kampf, [22405] den Monsieur Gawein demnächst mit Gyremelanz ausfechten sollte. Das aber raubte ihnen genau gar keine Freude und man sorgte sich deswegen nur wenig, [22410] denn sie kannten ihren Mann gut.

Verlobung von Gyremelanz und Clarisanz, Schlichtung des Konflikts, Rückkehr nach Karidol

Am nächsten Tag war es soweit, dass dieser Kampf zwischen Gawein und Gyremelanz sein sollte. Da wurde es von Artus' [22415] Gewalt bestimmt, dass man Clarisanz zum ehelichen Bunde in Gyremelanz' Hand geben sollte, wie es doch die Sitte verlangt, [22420] und dazu das prächtige Land Madarp und alles, was dazu gehört. Ygerne unternahm nichts dagegen, weil sie es gerne hörte –[232]

doch nur unter der Bedingung, [22425] dass, wenn sie im Ring den ritterlichen Kampf angehen wollten, dies mit einer solchen Eideskraft gefestigt würde, dass an keinem der beiden [22430] irgendein Makel der Lüge zu finden wäre. Beide schworen den Eid aufrichtig. Dann aber wurde es beflissen verhindert, damit nichts geschah. [22435] Wenn das Buch etwas anderes behauptete, würde ich euch das ungeschminkt erzählen.

Ich kann euch schon sagen, dass niemand die beiden deshalb für feige zu halten braucht, [22440] denn beide hatten sich wie tüchtige Männer auf den Kampf vorbereitet. Auch hätte ihnen die Gewalt von Herzen leid getan, die man über sie übte, wäre es nicht Clarisanz gewesen, die zwischen sie [22445] trat und der Sache ein Ende machte. Sie ging zu beiden Parteien hin und bat sie, auf den Kampf zu verzichten. So vernichtete sie den Hass: Weibliche Güte gibt viel Gutes. [22450]

Nachdem man dies nun so vereinbart hatte, wurde sogleich nach Heimfahrt getrachtet und darauf gedrängt, dass Gyremelanz und die junge Frau [22455] bei Tagesanbruch mit Artus nach Karidol reiten sollten. Man musste nicht lange darüber streiten, weil Artus darauf bestand. Gyremelanz wehrte sich nicht dagegen, [22460] zu-

---

232 Zum Abschnittswechsel (Dreireim) im Satz siehe das Vorwort.

mal es schon lange sein Wunsch war, dieses Haus der Tugend zu sehen, dem man so große Würde nachsagte.

Schnell waren sie vorbereitet, herrlich beritten und bekleidet, [22465] und mit ihnen ihr gesamtes Gefolge, dessen Menge ich unmöglich beziffern kann, weil es so außergewöhnlich viele waren. Damit will ich es belassen, ich kann es mir ja selbst erzählen.[233] [22470] Als es am Morgen zu tagen begann, nahm Artus Abschied von ihnen. Clarisanz tat das gleiche und auch Gyremelanz, ihr Geliebter. Das durfte nicht unterbleiben. [22475] Dann wandten sie sich nach Janphis.

Ginover nahm sich sogleich Clarisanz, der Geliebten von Gyremelanz, an. Nicht anders handelte der edle Recke Gawein [22480] gegenüber seinem Schwager. Gemeinsam verließen sie das Land nach Janphis, der prachtvollen Stadt: Gyremelanz hatte darum gebeten, weil das Land ihm gehörte. [22485] Er wollte es ihnen zeigen, damit man umso besser von ihm denken würde. König Artus, dieser Schrein der Ehre, kam dem Wunsch gerne nach.

Freudig [22490] ritten sie den Weg, der sie in ihr Land führte. Nur Kay wurde vorausgeschickt, um die Fürsten des Landes zu den Festlichkeiten zu laden. Er ließ sehr weit nach ihnen reiten [22495] und hatte da bald viele von ihnen versammelt – noch ehe König Artus und seine Begleiter wieder nach Hause gekommen waren –, weil von den Nachrichten alle ganz fröhlich wurden. [22500] Mit großem Getöse sammelten sie sich in Cornwall.

Von dort aus wandten sie sich Karidol zu und waren dort kaum abgesessen, als auch schon König Artus kam. [22505] Da bereitete man sich gegenseitig einen sehr ehrenvollen Empfang. Sie hatten ein Übermaß der Freude und mussten darum gar nicht erst bitten. Dann begann ein Ritterspiel, [22510] das sie Buhurdieren nennen: Da sah man manchen Recken vor den Damen Tjosten reiten, wozu sie die Ginover eigene Art und ihr[234] edler Sinn leicht anzuspornen wussten, [22515] der gerne alles tut, was die Leute gut dünkt.

---

233 Oder: ›... ich will mich mit der Geschichte beeilen‹?
234 Ginovers oder jener der Recken?

Das Hoffest zu Karidol

Da vertrieb man sich ausgiebig die Zeit, weil es der Wirt gerne sah. Dasselbe galt für die Hofleute, [22520] weil sie eben mit diesen Sitten aufgewachsen waren. Dass es ihn danach verlangte, hatte diesen Grund: Was ein Mann gewohnt ist, von dem kommt er kaum los. [22525] Wenn auch noch seine Natur danach verlangt, muss man es ihm geben, nicht anders kann es sein. Ebenso verhielt es sich mit diesem Wirt und mit seinen Hofleuten. [22530] Ich finde nichts daran, was seinen Ruhm schmälerte.

Das Fest war allemal groß: Gäste und Ansässige verschenkten Pferde und Kleidung. [22535] Da waren – dem König zu Ehren – viele freigebige Hände. Er war darin ein guter Lehrmeister, weil er sich davor nicht drückte. Manches schöne und hohe Pferd, [22540] Silber, Kleider und Gold – es war in der Tat ein reicher Lohn, den er da dem fahrenden Volk gab. Dazu riet ihm seine Großherzigkeit, von der er sich nie trennte. [22545]

Nichts wurde hier unterlassen, was zur Ehre gereichte, denn das Fest wurde mit größter Ehre begangen und ausgiebig wurde geehrt, was da an Hofleuten gekommen war, [22550] ehe der Hoftag und die Vermählung zu Ende gingen: Hier kaufte man eine glückliche Ehre, der sich nichts vergleichen könnte. Den tugendhaften Recken [22555] empfingen sie als neuen Hausgenossen. Sie hingen seinen Schild unter ihre Schilde, und zwar an den ersten Platz, weg von dem Ort, wo all die Gäste ihre Schilde hinhingen. [22560] Dazu gaben sie ihm hier auch mit allgemeinem Einverständnis einen Platz unter ihnen an der Tafelrunde.

Gaweins Verpflichtung zur Gralsfahrt

Gaweins Rede

So blieb er also bei dort bei Artus. [22565] Hier verlasse ich die Aventiure dieses Recken und erzähle wieder von Gawein, was er erbeutete und was er erlitt – so wie ich es schon zuvor erzählt habe – [22570] und wie es ihm nun ergehen sollte. Noch bevor sich der Hoftag auflöste, gedachte er seines Versprechens, was ein Ritter schließlich auch tun soll, der seine Treue nicht vergisst. [22575] Er ging von seiner Schwester weg auf den Saal, wo der König saß und das ganze Gesinde, um vor seinem Onkel zu stehen. Dann begann er eine Rede, [22580] die er nicht verschweigen wollte.

Er sagte: ›König, hört mich an! Da diese Fürsten und auch ihr hier zu diesem Fest der Freude zusammengekommen seid, [22585] kann ich nicht darauf verzichten, euch mein Missgeschick zu künden und zu erzählen. Ich wollte – das ist euch ja gut bekannt – Aventiure jagen. [22590] Währenddessen wurde ich euch tot hier an diesen Hof hergebracht. Ein Ritter hatte sich das ausgedacht, den ich vor seinen Feinden rettete, die ihm, wäre ich nicht [22595] dazwischengegangen, das Leben genommen hätten. Aus Ritterehre löste ich ihn aus Schaden und Schande, worüber er mit mir ganz zornig wurde – dafür schäme ich mich für ihn. [22600]

Ihr wisst nur zu gut, was dann geschah: Die Trauer um meinen klagebringenden Tod zerbrach die Freude des Hofes, auch wenn es ganz ohne Grund war, wie ihr selbst an mir seht. [22605] Es gehört zu einer Aventiure dazu, dass man an ihr die Wahrheit entfesselt und diese mit sicherem Zeugnis herausfindet. Wer beim Lügen erwischt wird, [22610] der soll wegen des verlogenen Scheins nichts mehr gelten, wo man tapfere Ritter für den Ruhm, den sie erworben haben, preist und zu hohen Ehren bringt. [22615] Wonach das Herz des Mannes verlangt, dazu soll man ihm verhelfen, wenn es denn so redlich ist, dass man ihm nachkommen kann. Tapferkeit bedarf der Obhut der Saelde, [22620] und die Freude der Guten ist der Schrecken der Bösen.

Ich will meine Rede nicht in die Länge ziehen und euch auch nicht damit bedrängen, wenngleich ich viel zu reden habe. Ich werde mich bemühen, euch alles [22625] schnellstmöglich zu berichten. Als ich von euch wegritt, um nach Aventiure zu jagen, brachte mich ein Weg in ein unbekanntes Land. [22630] Darin fand ich enorme Aventiuren, die ich selbst dann kaum zu erzählen imstande wäre, wenn ich die Zeit und die Muße dafür hätte, an denen es mir aber mangelt, [22635] weil ich anderes zu erzählen habe. Ich bereute bald, dass der Weg mich dorthin gebracht hatte, weil ich dort unfairen Kampf und eine ziemlich schlechte Zeit erlebte. [22640]

Ich hatte mich schon vor vielen Jahren dort aufgehalten, als wir uns der Beute prächtiger Aventiure wegen zu Babylon und zu Baldac auf einem großen Turnier versammelt hatten, [22645] das Angsir von Slaloy und Gamur, der Sarazene, und Fyrus Bahandin gegen euch, Herr, betrieben. Dazu waren viele Ritter [22650] aus der Barbarei gegen die Unsrigen gekommen. Bei diesem Turnier waren auch Angaras von Karamphi und sein Bruder Dahamorht, [22655] den ich mit ritterlicher Tat vernichtete. Leider geschah mir da ein Missgeschick, weil ich ihm die Helmhaube bis unter den Waffenrock hinab spaltete. Das war unser beider Unglück, [22660] darum will ich Gott anflehen. Sein Leben ging zu Ende, ehe das Spiel aufhörte.

Ich war daran ohne Schuld. Gar schnell schloss ich – [22665] denn diese Sache geschah, ehe ich mich's recht versah –, dass er sich schlecht geschützt hatte. Sein Tod betrübte mich mehr als irgendjemanden der Seinen. [22670] Wegen dieses Ritters bin ich nun in große Not geraten. So büße ich für seinen Tod, das ist wahr, ganz ohne meine Schuld. Ich will es öffentlich machen, [22675] wie Angaras an mir ritterliches Recht brach, wie es niemals zuvor geschehen war. Deshalb sollte es mir schlecht ergehen.

Es war ein Unglück, dass ich diesen Weg einschlug. [22680] Nun kann man aber nichts mehr dagegen tun, und so kann ich es euch ganz unaufgeregt erzählen, weil es nun einmal so war: Der Weg brachte mich in das Land Karamphi. [22685] Ich vermeinte, dort freies Geleit zu haben, wie ich es auch früher stets hatte, wiewohl mir Enfeydas, eure Base, Herr, auf meinem Ritt durch Avalon erzählt hatte, [22690] dass ich Not leiden würde, wenn ich diesen Weg nicht vermied. Das wollte ich ihr nicht glauben, bis ich es selbst in großer Not erfahren musste, [22695] als ich in das Land des Angaras kam, wo mich des starken Kummers Bande banden.

Auf einer Wiese begegnete ich Angaras, wie er ein Rotwild jagte. [22700] Bei ihm auf den Feldern lagerten viele Knappen und Ritter und spielten mit den Hunden[235] unter großem Lärm. Sie waren mir aber beileibe [22705] alle unbekannt. Ich ging zu ihnen hin und wurde von ihnen gut empfangen: Sie flehten mich alle mit gemeinsamer Bitte an [22710] zu bleiben. Das tat ich nicht, weil ich weiter wollte und es noch zu früh war, um Herberge zu nehmen. Als sie das begriffen, [22715] ließen sie es sein und übergaben mich dem Segen Gottes, auf dass er mich schütze.

Weiter ritt ich auf meiner Straße, schneller als gewöhnlich, [22720] weil der Abend nahte. Im Nu erreichte ich Karamphi. Dort bezog ich ein Nachtquartier. Angaras, den Helden, erreichte bald

---

235 Also wohl: jagten mit ihnen.

die Nachricht, [22725] dass es Gawein wäre, der vor ihm auf dieser Straße geritten wäre. In unritterlicher Art begann er mir nachzujagen und wollte mich erschlagen haben, [22730] wo immer er mich gefunden hätte. Ich war nun inzwischen abgesessen, um es mir bequem zu machen, was mir voll und ganz gelang. Das geschah auf seiner Burg. [22735] Wenig später war Angaras unterwegs zu Ohren gekommen, dass ich auf seine Burg gekommen wäre. Daran ließ er mich keine Freude haben, was doch – alle Welt [22740] wird mir beipflichten – selten geschieht.

Man sagt im Allgemeinen, dass ein Wirt eine große Verantwortung trägt.[236] Das wollte dieser tapfere Ritter – völlig gegen seine Ehre – an mir zerbrechen [22745] und so den Bruder rächen. Und hätte mich nicht seine eigene Schwester so sehr in Schutz genommen, wäre ich nicht mit dem Leben davongekommen, denn ich hatte meine Waffen abgelegt. [22750] Darauf hatte seine Schwester Soreydos[237] nach meiner Ankunft bestanden, sie hatte befohlen, mir Rüstung und Waffen abzunehmen. Das tat sie aber in guter Absicht und spielte mit mir Schach, [22755] weil wir beide Lust auf Vergnügen hatten, was mir hier wahrhaftig beinahe zum Unglück gereichte. Als er so jähzornig über mich kam, ich ohne jede Vorwarnung, [22760] hätte ich diese Speise beinahe teuer bezahlt und vergolten, wofür man ihn in aller Welt hätte schelten müssen. So kam es, Monsieur, [22765] dass ich doch schließlich mit festen Eiden hoch und heilig schwören musste, dass ich binnen Jahresfrist zurückkehrte, [22770] und zwar mit allem, das einem gefangenen Ritter ansteht.

Auch verlangte er von mir viele Eide, dass ich das mannigfaltige Wunder [22775] von dem wunderlichen Gral in allen Details in Erfahrung brächte, und dass ich niemals mehr für die Dauer einer ganzen Woche an eurem Hof bleiben sollte, damit dieser Hof sich auflöse. [22780] All das musste ich schwören, dass ich es täte, wenn mich hier nicht der Tod verwüsten sollte. Daran ist nicht zu rütteln, solange mir Gott zu leben gönnt. [22785] Ich bitte euch, Herr, dass ihr es im Guten aufnehmt und mir dies zum Dank für meinen Dienst gewährt: Ich verlange nach Abschied und bitte auch, dass ihr mich unterstützt, [22790] indem ihr wegen dieser Angelegenheit

---

236 Sehr frei. Wörtlich: ›Man gesteht einem Hause großes Recht zu.‹
237 Oben heißt sie Seymeret.

nicht traurig seid, denn – bei meinem Leben! – eher würde ich mich begraben lassen. Das schwöre ich.‹ [22795]

Des Hofes Sorge und Gaweins Trost: der Ring der Saelde

Nachdem er ausgeredet hatte, wurde die Stille von sehr großem Lärm unterbrochen. Artus und alle anderen erschraken über die Rede. [22800] Als sie richtig begriffen, was er ihnen da entdeckt hatte, tat ihnen sein Ansinnen wahrhaftig aus vollem Herzen leid, denn diese schwierige Aufgabe [22805] konnte niemand bewältigen. Deshalb wollten ihn alle von der Reise abbringen, weil sie wussten, welche Gefahr damit verbunden war. [22810] Obzwar ihnen bekannt war, was für ein standhafter Kämpfer er war, mussten sie gerade dies an ihm rügen, weil von ihm allein die ganze Freude des Hofes abhing: [22815] Er war ihr alleiniger Ursprung. Als nun Gawein diese allgemeine Aufregung um ihn wahrnahm, tat es ihm leid, dass es so gekommen war. Sehr gewandt ergriff er erneut das Wort: [22820]
›Herr, hört, was ich euch sage: Ihr sollt gar nicht erst an Klage denken, wenn ich um Abschied bitte; ihr sollt ihn mir vielmehr gerne geben. Das ist eure Pflicht. [22825] Es ist doch so: Ein tapferer Ritter soll lieber über alle Gefahren hinwegsehen, als dass man ihm Untreue und Feigheit vorwürfe. Da ich nun einmal dutzende Eide [22830] auf diese Reise geschworen habe, wäre es mein Untergang, wenn ich sie nicht täte. Ich weiß auch ganz genau, dass es unter all diesen Leuten niemanden gibt, der mir davon abriete. [22835] Auch bin ich mir sicher, dass ihr mir eher eure Gunst versagen würdet, nämlich wenn ich darüber verzagte, als mir davon abzuraten. Ich will, dass ihr es mich [22840] um eurer Gnade willen tun heißt. Dazu seid ihr verpflichtet. Was taugte ich zu dieser Ritterschaft, wenn ich so feige wäre, dass ich nicht wagte, diese Aufgabe in Angriff zu nehmen? [22845] Damit will ich es belassen, weil ich noch anderes zu sagen habe.

Ich soll euch noch eine Sache erzählen, über die ihr euch sehr freuen könnt und für die ich euch hier und heute [22850] den Beweis bringe:[238] reiche Aventiurebeute von derselben Reise, bei der mir auch das andere passiert war. Ein Weg brachte mich [22855] ohne

---

238 Interpunktion gegen die Ausgabe.

mein Zutun in das Land, in dem die Saelde zu Ordohorht bei Sianist haust. Es war mein Glück, dass ich je auf diesen Weg kam, [22860] weil mich dort die Freude all meine Not vergessen ließ: Sie saß in ihrer ganzen Würde und Majestät mit größter Herrlichkeit [22865] auf einem prächtigen Palas, wo ihr Anwesen errichtet war. Bei ihr ihr Kind, das Heil, als ein würdiger Erbe. Hier war Freude billig zu haben. [22870]

Um meinetwegen besänftigte sie allen Kummer derer, die links am Rad hingen, und so wurde deren kummervolles Mühsal in Heil verwandelt. [22875] Auch die auf der rechten Seite gewannen davon noch mehr Freude: All ihr Kummer wurde von Frau Saelde um meinetwillen zerstreut. Mit solcher Gnade wurde ich [22880] dort von ihr empfangen. Mit ihren Händen gab sie mir einen heilbringenden Ring. Herr, der soll der eure sein, sie hat ihn euch durch mich schicken lassen. [22885] Um ihn ist es so bestellt, dass, so lange ihr ihn behaltet, ihr immer über Reichtum und vollkommenen Ruhm verfügen werdet, wie ihr es auch wenden wollt, [22890] zu unermesslichem Besitz oder zum Sieg. Es ist wahr, der Ring vermag beides, das hat sie mir offen gesagt. Auch spendete sie mir ihren vollkommensten Segen, [22895] auf dass er stets über mich wachte in allen Nöten. Ich wollte nicht länger warten: Ich nahm Abschied und setzte mich wieder auf jene Fährte, [22900] die mich mit dem siegreichen Schatz, den sie euch geschickt hatte, zurückbringen sollte. Deshalb, Herr, ist es so, wie ich euch gesagt habe: [22905] Ich will nicht, dass ihr unter all diesen Sachen irgendeine meiner Nöte beklagt, wo euch doch die Saelde ein so glückliches Wortzeichen hat bringen lassen, das ich herumreichen [22910] und öffentlich herzeigen kann, Armen und Reichen, wer immer es gerne sehen will. Was damit geschehen ist, kann ich euch alles bis ins Letzte berichten.‹ [22915]

Hiermit überreichte er den Ring. Der glänzte von Gold und Edelsteinen so hell, dass alle Ritter, die sich dort bei Artus [22920] auf der Burg befanden, zu staunen begannen und ein jeder einzelne von ihnen bat, ob sie den Ring anschauen dürften. Bald kam es den Damen [22925] und Ginover zu Ohren, dass im Saal eine glückliche Aventiure vor sich ginge, die in jeder Hinsicht prachtvoll und kostbar wäre. [22930] Die Damen baten die Königin, einen Boten hinzuschicken: Sie sandte ein Mädchen, damit sie dort die Neuigkeiten in Erfahrung brächte. Das Mädchen erzählte dann,

[22935] was Gawein gebracht hatte. Der ganze Hof war allein damit beschäftigt, die Neuigkeit eilte von Ritter zu Ritter.

Die Handschuhprobe

Ankunft der Botin

Nachdem der König und alle, die gekommen waren, gehört hatten, [22940] wie alles geschehen war und wie Frau Saelde Gawein in ihrem Land geehrt hatte, indem sie Artus durch ihn diese Kostbarkeit schickte [22945] und ihm das höchste Heil wünschte, waren sie alle froh darüber. Sie stellten seinen Ruhm deswegen so hoch, dass es ihn nimmer bedrückte, was er dabei an Mühsal [22950] erlitten hatte oder noch erleiden sollte, obwohl das eigentliche Joch seiner Not ihn erst auf der kommenden Reise erwartete, die ihm in jeder Hinsicht ganz und gar unangemessen war, [22955] weil an ihr jedes freudige Lachen sträflich untersagt war, bis er diese furchterregende Fahrt überstanden hätte. Es wäre kein Wunder, wenn Kay [22960] vor dieser Last fliehen würde: Die Aventiure sagt ihm mir gegenüber solche Feigheit und mancherlei Unfug nach, wiewohl sie mir auch schwor, dass hier nichts von dem geschehen sei. [22965] Sie erzählte mir vielmehr dieses: Als Kay die Bedeutung der Aventiure erkannt hatte und gesehen hatte, dass Gawein um Abschied bat und nicht von der Reise lassen wollte, bat auch er beim König [22970] um Abschied. Das gleiche tat mit ihm Herr Lanzelet. Artus kam all ihren Bitten nach.

Auch Kalocreant bat um das gleiche. Am nächsten Morgen wurde [22975] die Sache noch brisanter. Dem König war das alles wegen seines Neffen Gawein sehr unangenehm. Alle anderen, Männer wie Frauen, empfanden dasselbe [22980] aufgrund seiner großen Tugendhaftigkeit, wie es Freunden gegenüber Freunden ergeht, denn niemals hatte ein Ritter diese Gefahr in Angriff genommen und war dabei am Leben geblieben. Diese Not um Gawein [22985] hatte alle ergriffen, die dort auf dem Palas waren. Dagegen war nichts zu machen. Gawein hingegen wollte es nicht aufgeben, sollte es ihn auch sein Leben kosten. [22990] Wie sie nun so oben auf dem Palas saßen, setzte vor dem Burgtor das lieblichste Mädchen ab, schön herausgeputzt und gekleidet [22995] und prächtig geschmückt. Iwanet brachte die Neuigkeit augenblicklich an den

Hof. Das Mädchen ging sogleich zu Artus auf den Saal, [23000] wo der gesamte Hofstaat in Leid befangen war. Als sie herbeigegangen kam, sprangen die Ritter auf: Alt und Jung [23005] stürzten auf sie zu.

Sie geleiteten das Mädchen vor den König. Sie wollte nicht länger warten: Sie verneigte sich vor seiner Majestät und brachte seiner würdigen Krone [23010] ihre Botschaft ausgesprochen höflich und taktvoll und ohne Hast. Sie ließ sich Zeit, um dann ihre Rede zu beginnen. [23015] Sie sagte: ›König, soll ich etwa meine Erzählung schon anheben dürfen, und wird es euch auch nicht missfallen, wenn ich damit beginne, ehe alle Damen dieser Burg [23020] samt der Königin dazugestoßen sind? Was ihr wollt, dass ich nun tue, das sagt mir. Ich aber will, Herr, dass ihr nach der Königin sendet. [23025] Ohne sie kann ich dies zu keinem Ende bringen. Deshalb also muss sie hier zugegen sein.‹ Herr Kay ging nach den Damen.

Ginover und die Damen [23030] kamen – herausgeputzt, wie es für Frauen üblich ist – auf den Saal gegangen. Sie empfingen das Mädchen sehr herzlich. Sie hatten noch gar nicht richtig Platz genommen, [23035] als dieses Mädchen, das an den Hof gekommen war und von der ich bereits vorher erzählt habe, schon anfing, ihre Botschaft zu sagen. Allerdings habe ich bisher verschwiegen, wie sie geschmückt war: [23040] Es wäre durchaus der Rede wert und ich sollte es eigentlich erzählen, wenn mich nicht die Geschichte dieser Aventiure weiter jagen würde. Andernfalls sollte ich darüber nicht [23045] schweigsam sein, weil im Französischen der Meister der Aventiure, Christian von Troys, das Mädchen mit Lob überhäuft hat. Die Unmuße bringt mich aber davon ab, und außerdem bin ich mir sicher, [23050] dass dem, der stets tugendhaft war, ohnehin bestens bekannt ist, dass jener, der einen ehrenwerten Boten in ein so fernes Land schickt, diesen makellos [23055] auszustatten weiß und ihn mit allem versieht, was er braucht. Darum wollte ich mir's ersparen.

Die Botschaft

Das Mädchen stand vor dem König, wie alle Boten, die sich gut [23060] zu benehmen wissen, es zu tun pflegen, während sie ihre Botschaft überbringen. Sie sagte: ›König Artus, euer Hof und euer Haus sind überall bekannt. [23065] Es lebt heutzutage niemand, der sich mit euch vergleichen könnte. Allenthalben preist man die Vollkommenheit eurer Tugendherrlichkeit. Führwahr: Nie ward auf der Erde, [23070] in ganz Frankreich, ein Mann bekannter, als ihr, Herr, es seid. Ebenso ist auch diese tugendhafte Gesellschaft ganz ohne Zweifel [23075] frei von allen Fesseln der Schande, was wiederum euch sehr ehrt und euren prächtigen Ruhm ganz uneingeschränkt vermehrt. Frau Saelde wollte an euch [23080] den Hort allen Heiles horten, Taten wie Worte – all das, wonach ihr je gestrebt habt.

Ihr sollt mich gerne anhören, und es ziemte euch nur zu gut, [23085] zumal es euch von Vorteil und in jeder Hinsicht nützlich ist. Ich bringe eine Botschaft und tue das in der gewissen Hoffnung, dass man sie gut aufnehmen wird. [23090] Madame Gyramphiel von Sianist lässt euch einen Handschuh schicken, der ihr von Frau Saelde und ihrem Kind, dem Heil, zuteil geworden ist. [23095] Mit dem hat es Folgendes auf sich: Wer ihn an seiner Hand trägt, wird zur Hälfte unsichtbar, während seine andere Körperhälfte ganz normal und deutlich zu sehen ist. [23100] Ich werde euch sehen lassen, wie das geschehen kann, nachdem ich fertig erzählt habe, wie es sich damit verhält. Von diesen Handschuhen gibt es nämlich zwei: [23105] Wer diesen hier, den ich als Aventiurebeute an den Hof hergebracht habe, anzuziehen vermag,[239] dem wird Frau Saelde – das kann ich ihm versichern – ganz zweifellos [23110] auch den andern schenken. Der Preis für diese Beute ist aber ein hoher.

Ich sage euch, wie es darum bestellt ist: Wenn einer ein falsches Herz hat – sei es ein Mann oder eine Frau – [23115] und wenn sein Leben mit irgendwelchen Schandmalen beschmutzt ist, wenn es also nicht in allen Dingen ganz und gar wie Stahl ist – was Wankelmut und Untreue einem Herzen [23120] leicht antun können –, so wird dies hier offenbar werden, wenn eine solche Person dieses Kleinod tragen will. Das könnt ihr mir glauben. Das Kleinod kann im Übrigen [23125] jede Art Schwäche sowohl an Frauen wie an Jungfrauen anzeigen – bei Jungfrauen Worte und Gedanken, Gedanken und Taten bei Frauen –, und zwar immer mit Rücksicht [23130] darauf, auf welche Weise jemand schwach ist. Die Ritter nehme ich gleich mit dazu: Der Handschuh markiert präzise deren Tugend und Tapferkeit, deren Rohheit und Feigheit – [23135] was für die Betroffenen

---

239 Gemeint ist: anzuziehen vermag, ohne dass der Handschuh an ihr oder ihm einen Makel sichtbar macht.

Abstürze ganz unterschiedlicher Art bedeuten kann. Auch hat er die besondere Gabe, dass er an den Frauen erkennt – ich will das nicht verheimlichen –,[240] welche Frau sich darauf versteht, [23140] sich getreulich gut und aufrichtig und von ganzem Herzen heimliche Liebhaber zu halten, die sie sich nach dem Rat ihres Herzens zu Ehren stiller Freuden erwählt hat.[241] [23145] Wenn sie verheiratet ist und wenn sie ihre Treue nicht gewissenlos entzwei teilt – wo sie doch schon einen Mann erhört hat – und wenn sie ihn nicht auf hinterhältige [23150] Weise zu einer betrügerischen Minne nötigt und wenn aber auch er ihr gegenüber nicht wankelmütig solches tut, sondern sich ihr gegenüber vor Derartigem hütet – was er ihr schuldig wurde, [23155] als sie seinen Willen erfüllte –: dann kommt der Handschuh ihr zustatten. Legt sie dem Mann gegenüber aber auch nur eine Spur Unehrlichkeit an den Tag, verfällt sie der Schande. [23160] Darüber bin ich mir ganz sicher.‹

Hiermit nahm das Mädchen dieses rühmenswerte Kleinod und bot es dem König dar. Sie sagte: ›Herr, überlegt, [23165] was ihr vom Kleinod und von meiner Rede, die ich gesagt habe, haltet, und sagt, was euer Wille sei. Ich muss zugegen sein, wenn ihr die Güte habt, [23170] dass ihr es an Rittern und an Damen erproben lasst. Ihr würdet daran in der Tat große Wunder schauen. Soll er im Speziellen [23175] von den Frauen angezogen werden, wird man manche rosarote Farbe, deren Teint die Natur vormals über und über mit Glanz überzogen hatte, ganz erbleichen sehen. [23180] Auch die Ritter bleiben davon nicht unbehelligt, wenn sich hier an ihnen irgendeine Verfehlung zeigt.

Vor ihnen allen aber will ich – [23185] wenn ich meine und meiner Herrin Bitte nicht unerfüllt sehen soll –, selbst diesen Handschuh vor den Augen der Öffentlichkeit anlegen, damit ihr seht, ob ich darüber [23190] die Wahrheit gesagt habe. Ich werde sehr bald dazu bereit sein und will mir damit nicht viel Zeit lassen, weil ich, Herr, meine Heimkehr kaum erwarten kann. [23195] Nun seht, was hier eurer Ehre ansteht! Das lasst geschehen, auf dass ich und diese Schar sehen können, auf welche Weise eines jeden Geliebte [23200] und einer jeden Geliebter einander den hohen Preis eines standhaften Herzens bewahrt haben. Auch falsche Feiglinge wird man

---

240 Interpunktion gegen die Ausgabe.
241 Interpunktion gegen die Ausgabe.

schauen – solche vorzuführen, versteht der Handschuh gut. [23205]
Schande und Tugend weiß er mit der gleichen Waage abzuwägen.
Wem aber meine Rede missfällt, der soll mir nicht zürnen.‹ Hiermit
nahm Artus [23210] den Handschuh, weil ihm dies gut anstand.

Gyramphiels Hass gegen Gawein: der Gürtel des Fimbeus

Bevor ich weiter erzähle, will ich euch genauer erklären, weshalb
dieses Mädchen, von dem ich erzählt habe, [23215] dorthin gesandt
worden war und von wem, auf dass euch meine Unmuße hier
nicht die Erzählung der Fabel unterschlage und euch nicht die
Wahrheit vorenthalte und auch damit ihr deutlicher einseht, [23220]
dass sie größten Hass dorthin gebracht hat. Ich sage euch, wie es
mit diesem Hass anfing: Es war ein durch und durch vollkommener
Ritter, [23225] der Fimbeus von Schardin Angys hieß. Den hatte sich
eine schöne Göttin zum Geliebten genommen und gab ihm ihre
süße Minne alle seine Tage. [23230] Sie bereiteten einander in großem
Ruhm ein herrliches Leben, wie es noch vielen aus Minne oder aus
Liebe widerfährt.[242] Die Göttin hatte ihm verboten, [23235] sich je
wieder, vom Ruhm getrieben, auf Aventiure zu wagen, bis sie ihn
so versorgen könnte, dass er, was ihn anlangt, [23240] vor allem
Kummer sicher wäre. So erzählte es die Geschichte.

Da also hieß sie ihm kunstvoll einen Gürtel machen, mit dem
sie ihn vor aller drohenden [23245] Gefahr schützen wollte. Der
ward mit solcher Kraft gemacht, dass ganz und gar ohne Furcht
sein durfte, wer immer ihn trug. Ich sage euch: Noch viele [23250]
andere Tugenden waren an ihm, und keine davon verheimliche
ich euch: Wer ihn trug, wirkte höfisch und gut, wohl erzogen und
klug, über alle Maßen schön. [23255] Allen Lobes, das ich hier zu
sagen unterlasse und ihn nicht entsprechend damit würdige, war
er übervoll. Wer mit diesem Gürtel umgürtet war, genas von jeder
Gefahr. [23260] So habe ich es auf Französisch gelesen.

Das kam von der Macht des Steines und von der großen Meisterschaft, die man darauf verwendet hatte. Kunst und Schöpfungsgabe standen ihr, [23265] die ihn machen ließ und ihn so glücklich haben wollte, zur Verfügung. Das war die Schwester dieser Gyramphiel, weil deren Herz nach der Minne dieses Ritters brannte. [23270]

---

242 Oder: ›wie es noch vielen aus Minne, nicht aus Liebe widerfährt‹?

So wurde der Gürtel also von der Saelde Gnaden mit prächtigem Verstand und entsprechender Kunstfertigkeit gewirkt. Fimbeus ging wieder seiner [23275] alten Aventiurejagd nach, wie es zuvor stets seine Gewohnheit gewesen war. Das erlaubte ihm Gyramphiel, weil sie nun nicht mehr um ihn fürchtete. [23280] Aus Anlass einer solchen Aventiure kam er nach Karidol, wo man ihn gut empfing, wie man eben Recken empfangen soll.

Man brachte ihm große Wertschätzung entgegen. [23285] Solange der Hoftag währte, blieb Fimbeus dort bei ihnen in der Hoffnung, dass ihm eine Aventiure zufiele, was in jeder Hinsicht geschah; denn alle, die ihn anschauten, [23290] hielten ihn für ein Wunder. An einem dieser Tage sandte Ginover nach ihm, freilich ganz bar aller weiblichen Schande und ohne jeden Hintergedanken. [23295] Sie hielt ihn lediglich für höfisch und klug und gut erzogen – daran täuschte sie sich beileibe nicht –, und es war schon immer ihre Art gewesen, den Gästen so freundlich [23300] entgegenzutreten, wie sie nur konnte und wie es ihrer Ehre anstand. Er gefiel ihr bestens. Das kam, wie schon gesagt, einzig von diesem Gürtel. [23305] Sie begriff die Sache genau und bat ihn, ihr den Gürtel zu zeigen.

Sofort bot er ihr den Gürtel dar und bat, dass sie ihn von ihm als Geschenk haben sollte. [23310] Das wollte sie nicht tun: Sie wollte ihn nur anschauen, sagte sie, und ihn außerdem den Damen zeigen. Zu beidem gab er ihr die Erlaubnis. [23315] Damit verließ er sie. Die Aventiure schwor mir, dass sie den Gürtel sogleich über ihr oberstes Gewand gürtete und im Palas, [23320] wo alle Damen in prächtiger Gesellschaft versammelt waren, hin und her ging. Sie hatte sich so verändert, dass diese tugendreiche Schar [23325] sie verwundert bestaunte.

Alle wunderten sie sich, dass sie so sehr und so zu ihrem Besseren verwandelt schien. Alt und Jung [23330] begannen danach zu fragen, was die Verbesserung in so kurzer Zeit bewirkt hätte. Niemand kam auf den Gedanken, dass es wegen des Gürtels wäre. [23335] Dies war ihrer aller Sorge. Ginover freute sich darüber sehr. Vor Glück und Wertschätzung waren ihr Herz und Gemüt erhaben, wie es denn in großer Freude geschieht, [23340] und sie wurde darüber von Herzen froh. Sie machte eine glückliche Erscheinung, während sie den Gürtel trug. Ihre Gedanken gingen wild durcheinander, wie sie es einfädeln könnte, [23345] dass sie den Gürtel mit Anstand ganz gewinnen könnte. Weder wollte sie Fimbeus minnen

Das Hoffest zu Karidol 351

noch den Gürtel als Geschenk akzeptieren, denn beides könnte sie [23350] in Verruf bringen und ihren Ruhm lähmen.

Recht wild waren ihre Gedanken, da sie ganz alleine gegen die Bekannten und die Gäste stand. Ihr Herz kam nie zur Ruhe: [23355] Wie könnte sie es anstellen, dass ihr der Gürtel bliebe, ohne dass es ganz lasterhaft wäre? So, wie er ihn ihr nach Minneart [23360] gegeben hätte, wollte sie ihn nicht haben. Wenn sie ihn aber nicht haben sollte, täte es ihr doch von Herzen leid. Ein Gedanke jagte ihr Herz [23365] bald hier-, bald dorthin: dass sie je wieder von dem hohen Ruhm fallen würde, den sie durch den Gürtel vor ihnen allen erworben hatte. [23370] Ihre Gedanken drehten sich darum, wie sie dies vermeiden könnte, wenn das Heil es ihr gönnen wollte.

Ihr Herz lenkte ihren Willen, sodass sie endlich zu dem Entschluss kam, dass sie den Gürtel zurücksandte, [23375] bevor sich der Hoftag auflöste. Damit schied der Ritter von dannen. Sie aber wurde darüber sehr betrübt, dass ihr der Gürtel nicht geblieben war. In ihrer Traurigkeit [23380] schickte sie nach Gawein und nahm ihn zur Seite, um ihm die Sache zu erzählen, ihm ihren Kummer zu klagen und nach seinem Rat zu verlangen. [23385] Auch bat sie, dass er ihm um ihres Dienstes willen hinterherreiten und mit ihm um den Gürtel kämpfen sollte und dass er nicht länger damit warten sollte.

Gawein tat dies ungern, [23390] doch er musste ihrer Bitte nachkommen, denn er sah an ihrer Klage, dass das starke Leid ihr übel zusetzte. So trennten die beiden sich [23395] hier umgehend. Er befahl, dass ihm sein Pferd und seine Rüstung gebracht wurden. Er musste fürwahr noch große Not leiden, ehe er den Gürtel erwarb. [23400] An dieser ritterlichen Aufgabe hatte er eine sehr schwere Bürde zu tragen. Das kam von der Macht des Gürtels – und doch gewann er ihm den Gürtel im Streit ab. Wie er ihn ihm abgewann, [23405] habe ich schon vorher erzählt. Deshalb wäre es töricht, wenn ich hier nochmals erzählte, wie es alles geschah. Ich meine, dies würde niemand loben. [23410] Sicherheit wie Gürtel führte er beide von dannen. Wer auch immer – Frau oder Mann – dies Gawein als Raub anrechnete, der täte ihm große Gewalt an, [23415] weil es Ginover mit ihrer Bitte ganz ohne sein Zutun erzwang. Das wäre zu lang zu erzählen.

Dieses Mädchen nun war vom Hass ihrer Herrin dorthin [23420] zu diesem Fest gebracht worden, als diese der Beschämung gedachte, die ihrem Geliebten geschehen war, und daran, dass Gawein mit dem Leben davonkam, als sie[243] ihn auf ihre Burg geladen [23425] und ihn an einen schrecklichen Drachen verraten hatten, dem aber Gawein das Leben nahm, wiewohl er von ihm in große Not kam. Dass Gawein dabei dennoch nicht getötet wurde, [23430] kam von dem Stein, den einzig dieser Gürtel in seiner Macht[244] ganz umfasste. Dadurch kam Gawein immer wieder, hier und anderswo, mit dem Leben davon. [23435] Hier lasse ich diese Geschichte und erzähle wieder vom anderen.

Probe der Frauen

Artus kam der Bitte des Mädchens nach: Er gab ihr sogleich den Handschuh und sprach, dass er gerne sähe, [23440] welche Wunder durch ihn geschehen könnten. Das Mädchen wartete nicht länger, den Handschuh anzulegen, und zog ihn an ihre rechte Hand. Im Nu verschwand die rechte Seite [23445] ihres Körpers so vollständig, dass man an ihr nicht eine Haaresbreite von Körper oder Gewand sah. Artus und alle anderen sagten, sie hätten ein solches Wunder nie gesehen. [23450] Kay aber spottete dabei wie üblich: ›Um Gottes willen, schaut euch diesen Schritt an! Wer hat jemals ein Mädchen einen so weiten Schritt schreiten sehen, [23455] wie dieses Mädchen es getan hat? Selbst wenn sich zwölf schnelle Männer gemeinsam im Wettkampf gegen sie anstrengten, würde ich gegen die zwölf auf sie alleine setzen.[245] [23460] Wer könnte sich mit ihr messen? Hier sehe ich einen Fuß. Ich weiß aber nicht, wo oder wie ich den anderen Fuß finde. Er ist äußerst flink. [23465] Sagt ihr doch: Wo ist er hin? Wenn ich keinen Unsinn geträumt habe, hat sie nichts anbrennen lassen.‹

Kay bewirkte mit dieser Rede, dass Artus selbst und alle [23470] anderen lachten. Lauthals bemühte er sich, die Dame herabzusetzen. Die Botin aber ging im Saal herum, damit Ritter und Damen [23475] dieses Wunder, das da geschah, schauten. Kay aber sprach, dass es alle hören konnten: ›Ihr Damen, nehmt euch ein Beispiel

---

243 Gyramphiel und Fimbeus.
244 Ob das die Macht des Steins oder des Gürtels ist, ist auch mittelhochdeutsch offen.
245 Wörtlich: ›... würde ich sie alleine für mich gegen die zwölf antreten lassen.‹

Das Hoffest zu Karidol

an diesem Schritt,[246] auf dass es euch zum Ruhm gereiche! [23480] Wenn ihr hier am Hof zu einem großen Fest geladen seid, wo euch sehr viele Fürsten sehen sollen, dann muss man nicht so lange warten, bis ihr daherkommt. [23485] Wenn ich mich nicht täusche, ist dieses Mädchen in der Tat nicht lahm. Der Grund dafür, dass sie sich auf der rechten Seite schämt und sich dort nicht sehen lässt, sind eure Vergehen, [23490] die sie an euch genau weiß. Ihr könnt es ja selbst sehen, deshalb schämt sie sich so sehr. Selbst ist sie bar der Schande, zur Hälfte die Gefährtin vollkommener Tugend.‹ [23495]

Ich könnte euch lange erzählen vom heimlichen Seufzen und Klagen der Damen. Aber was brächte das, außer dass hier dadurch die Rede in die Länge [23500] gezogen würde? Die lange Erzählung der Aventiure gestattet dies nicht, auch dass ich dieselbe Klage und das gemeinsame Leid der Damen schon zuvor beim Becher [23505] und beim Mantel[247] erzählt habe. Deswegen stehe ich hier davon ab. Als das Mädchen im Palas herumgegangen war, sodass ein jeder und eine jede [23510] dieses Wunder gesehen hatten, stellte sie sich vor den König und sagte: ›Herr, ich habe getan, wie ich versprochen habe. Nun tut ihr ebenso!‹ Sie nahm den Handschuh ab [23515] und gab ihn Artus hin. Da war sie wieder auf beiden Seiten für alle sichtbar, ganz wie zuvor.

Nun standen beim König Gawein, Iwein und Kay, [23520] denen der König gebot, dieses Kleinod zu den Damen zu tragen; Artus ließ den Handschuh dort sämtliche Schwächen des wankelmütigen Herzens, [23525] stille Taten wie Gedanken, rügen, und er bestimmte, dass Ginover bei dieser Geschichte die erste sein sollte, und nach ihr die anderen. Aus Frauenhass hatte es Kay, [23530] schneller als die anderen beiden, allzu eilig nach diesem Handschuh; dafür sollte er eine schmerzvolle Buße erleiden. Es war natürlich auch die Hoffnung der Damen, dass Kay so der erste wäre, [23535] an dem die Schande sichtbar würde, wenn denn dadurch sein bitterer Spott endlich zum Erliegen käme, weil er vor ihnen der Bote des

---

246 Wörtlich: ›... achtet genau auf diesen Schritt ...‹
247 Während die Becherprobe zu Beginn der ›Krone‹ erzählt wird, ist die Mantelprobe nur in anderen Erzählzusammenhängen erhalten: einmal als Teil des ›Lanzelet‹ Ulrichs von Zatzikhoven, dann im ›Mantel‹-Fragment des Ambraser Heldenbuchs, das dort unmittelbar vor Hartmanns ›Erec‹ steht. Man hat aus Heinrichs Notiz früher auf seine Autorschaft des ›Mantel‹ geschlossen, doch wurde diese Ansicht von der Forschung inzwischen aus verschiedenen (u. a. stilistischen) Gründen wieder verworfen.

Handschuhs sein sollte. Der Bote[248], den Kay grundlos [23540] verspottet hatte, wünschte dasselbe. Als Kay nach dem Handschuh griff, erfüllte das Kleinod sogleich all ihre Bitten.

Als nämlich Kay das Kleinod in seine Hand nahm, wickelte es sich [23545] außen und innen mit solchem Hass darum herum, dass er nicht glaubte, es zu überstehen, wenn es nur ein bisschen länger so hingehen sollte. Es brannte und drückte ihn so sehr, [23550] dass er hier, ehe er Abhilfe gegen seinen Kummer fand, ganz gegen seinen Willen seine Verfehlungen rügen musste, die er oft begangen hatte. So stand er gefangen, [23555] bis er sich selbst für die große Gewalt schalt, die er seit jeher und all seine Tage mit Spott verübt hatte, und auch für die größten Missgeschicke, [23560] wenn er etwas versuchte und dabei doch nichts als Schande gewann. Nachdem er das alles getan hatte, begann der Handschuh ihn loszulassen. Allen, die dort saßen, [23565] tat es wohl, aber auch leid, dass er so jämmerlich schrie. Das geschah aber ganz heimlich: Wegen seiner Zunge getraute sich keiner von ihnen, seine Gefühle zu zeigen. [23570] Alt und Jung fürchteten ihn gar sehr, weil er immerzu und ungerechter Weise ihr Ansehen beleidigte. Kalocreant aber rächte sich hier [23575] an Kay und verspottete ihn. Er sagte: ›Seht, was das für ein wunderbarer Beichtvater ist, der so zuverlässig ist, dass er nicht eher Ablass gewährt, [23580] als bis ihm der Mann sein Innerstes vollständig entdeckt hat. Er erweckt wahre Reue. Wenn ihr[249], Kay, eure Schuld nicht wiederholt, dann habt ihr Gottes Gnade. [23585] Darüber habe ich mich genauestens informiert. Ihr seid nun wie ein Taufkind, vor aller Schande kann man euch verbergen.‹[250]

Kay schwieg und ließ den Kopf hängen. [23590] Er sann aber darauf, den Spott mit Gegenschelte zu vergelten, sobald sich an Kalocreant die Möglichkeit dazu ergäbe. Artus bat inzwischen die anderen beiden, Gawein und Iwein, [23595] den Handschuh gemeinsam zu tragen und ihn den Frauen hinzubringen. Monsieur Gawein nahm ihn [23600] da sogleich von Kay an sich. Die Aventiure belehrt mich, dass er davon keinen Schaden hatte. Er trug den Handschuh unter die versammelten Frauen. [23605] Dafür wurde ihr, die ihn

---

248 Natürlich ist es eigentlich eine Botin. Ich behalte den Genuswechsel hier und im Folgenden bei.
249 Lies *er* = *ir*.
250 Der letzte Halbsatz ist unsicher, *getarn* ist nur hier belegt.

dorthin geschickt hatte, so mancher Fluch zuteil. Gawein gab den Handschuh sofort an Ginover, wie es ihm aufgetragen war.

Ginover nahm den Handschuh, [23610] der ihr nicht schlecht stand, und zog ihn an ihre rechte Hand. An ihr bezeugte er deutlich, dass sie ohne Makel war und das Leben einer reinen Frau, [23615] wie die Welt sie genau deshalb braucht, führte. Weil ich die ganze Wahrheit sagen muss, sei euch gesagt, wie gut er zu ihr passte, [23620] bis sie ihn abnahm. Er war wie für sie gemacht, um die Hand bequem und glatt, und verbarg sie auf der einen Hälfte ganz. Nur ihr rosenfarbener Mund [23625] strahlte an der rechten Seite, und auch nur auf dieser. Ihre andere Seite war bleich: Sie wurde so blass davon, dass man sie kaum noch sehen konnte.[251] [23630] Das nahm Ginover die Freude, weil sie sich sehr davor gefürchtet hatte. Schuld hatte Kay, der niemanden ohne Spott ließ und der nun auch hier in der Tat [23635] nicht darauf verzichtete.

Er sagte: ›Ihr Herren, seht her! Madame verlangt es zu küssen! Ihr Mund ist so rot, ganz so, wie sie ihn diese Nacht [23640] Monsieur darbot. Wisst ihr, woher er diese Art hat, dass er so geteilt ist, rot und bleich zugleich? Das will ich euch auflösen: [23645] Seht ihr am Mund die schwache, bleiche Stelle? Dies geschah, als sie für Herrn Gasoein einen Kuss locker machte, als sie miteinander alleine [23650] im Wald waren, wo ihr dann Gawein schleunigst gegen Gasoein zu Hilfe kam, damit dieser sie nicht entführte. Schließlich geschah es doch gegen ihren Willen, [23655] dass er sie küsste und mit ihr rang. Ihr hatte auch der Mantel gut gestanden, und obwohl der Becher voll war, begoss sie sich damit nicht. Wer sie prüfen will, braucht [23660] hier kein Vergehen zu suchen. Sie ist der Gipfel aller weiblichen Treue – Treue hat sie mehr als genug!‹

Damit zog sie den Handschuh aus. Herr Gawein trug die Kostbarkeit [23665] zu seiner Schwester Clarisanz. Darüber freute sich Herr Kay nicht zu wenig, weil er an ihr gerne sehen wollte, wie der Handschuh sie an Aufrichtigkeit und Gemüt verriet. [23670] Die gute Clarisanz legte den Handschuh an. Dabei blieb es ihr nicht verwehrt, dass sie zur Hälfte ganz verschwand, außer dass hier ihr

---

251 Nicht nur der Mund, sondern Ginover als ganze scheint zu erblassen, wohl weil sie sich schämt. Erst Kay reduziert die Blässe auf den Mund, um den Kontrast zum sichtbaren roten Mund auf jener Seite herauszustellen, die eigentlich unsichtbar bleiben sollte.

Herz unbedeckt [23675] blieb und ein Teil der Hand. Kay sagte: ›Mir ist gut bekannt, was diese Sache meint und was der Handschuh an dieser Jungfrau sichtbar macht. [23680] Ihr Herz kann offenbar weiter schauen als bis zu ihrem Geliebten, auch greift ihre Hand nach hohem Ruhm. Darüber kann sich Gyremelanz, ihr Geliebter, gut freuen! [23685] Sie ist vollkommen aufrichtig. Er soll ihr nur die Blume hegen, auf dass sie immer jung bleibe. Wenn ihm dies nicht glückte und sie den Tod fände, [23690] könnte er das kaum jemals in Treue überwinden. Denn wer könnte eine solche Treue an Alt oder Jung finden?‹[252]

Das hörte sie sehr ungern. [23695] Der Handschuh wurde Ygerne, Artus' Mutter, gegeben. Sie streifte ihn ganz ebenmäßig über ihre Hand, und ich will euch sagen, wie er ihr passte, auf dass es euch nicht verdrieße. [23700] Die Aventiure erzählt, dass er sie auf der rechten Seite überall ganz zudeckte, sodass dort nicht mehr von ihrem Körper entblößt war als das Auge und das Ohr. [23705] Da sprach Herr Kay spöttisch so: ›Herr, schaut eure Mutter an! Wie gut gefiel ihr Gansguoter mit seinem Fiedeln, als sie nach seiner Minne brannte! [23710] Wie fröhlich waren die Blicke ihres Auges, wenn sie ihn sah, und was man sprach, wie gerne hörte ihr Ohr das! Um ehrlich zu sein, mich stört ihr Alter. Denn wäre sie noch ein wenig jünger, [23715] machte sie einen Freudensprung, höher als ihr Geliebter ist,[253] dass ein Männerherz davon froh würde. Auch wenn es heute nicht so ist, war es doch einst so.‹

Viele lachten darüber, [23720] dass er sie so herabwürdigte, obwohl es ihnen gar nicht danach war. Gawein gab den Handschuh seiner Mutter Orcades, an der er keinerlei Schande [23725] anzeigen konnte – so gut stand er ihr –, außer dass ihre Brust entblößt war. Da sagte Kay überaus arglistig: ›Schaut dies Wunder! [23730] An dieser Brust sog einzig Herr Gawein in seiner ersten Zeit. Nun seht, wie kühn sie ist. Die Brust will sich nicht verbergen lassen, wie es bei den anderen der Fall ist. [23735] Wenn ich es richtig verstehe, hat

---

252 Ich verstehe die Pointe nicht. Natürlich wird auf Gyremelanz' Blumenwache, von der weiter oben erzählt worden ist, alludiert, aber das macht noch keinen Witz. Wird hier mit der Blume als habitualisierte Virginitätsmetapher (Blumen brechen etc.) gespielt?

253 Mittelhochdeutsch *Enbor óber ires amijs ho*, was aber keinen besonders guten Sinn ergibt. Hüpft sie besonders hoch, weil Gansguoter sehr groß ist? Oder ist der Vers einfach verderbt?

Das Hoffest zu Karidol 357

Gawein seine Kraft und Tapferkeit daraus gesogen. Habe ich mich aber darin geirrt, dann gab sie wohl Gelegenheit zu süßen Griffen, [23740] die zu den Grüßen der Minne gehören und diesen gut anstehen und die auf den Grund des Herzens reichen. Eines von beiden oder beides ist wahr. Sie lässt sich gerne angreifen, [23745] was für ein Griff das auch sein mag.‹

Direkt neben ihr saß die süßeste Amurfina. Der gab man nun den Handschuh. Darüber sorgte sie sich wenig. [23750] Sie nahm ihn und legte ihn an, wobei ihr Unglück sie mit wenig Schaden strafte, außer dass ein Teil ihres Körpers sogleich unbedeckt war. [23755] Als ihre rechte Hälfte unsichtbar wurde, blieb ihre Stirn sichtbar. Kay fing diese Schande mit Spott auf. Er sprach: ›Die Verfehlung, [23760] die sich hier an ihr zeigt, ist, dass sie bei der Heirat mit ihrem Eid zu weit trieb: Sie ließ Gawein nicht bei Blandocors bleiben, [23765] den sie mit Kämpfen so ins Verderben stürzen wollte, dass das Wild das Erbe über sein ganzes Land angetreten hätte, wenn er ihn ihr nicht [23770] mit ihrem Mädchen gesandt hätte. Ich schließe daraus, dass sie ihrer Jungfernschaft leid war.‹

Gawein gab den Handschuh an Sgoydamur. Auch an ihr brachte er sofort ein aufrichtiges [23775] Gemüt und ein aufrichtiges Herz in Erfahrung und ob sie jemals, aus Liebe oder aus Missmut, irgendetwas getan hätte, was gegen die weibliche Güte stand. Das sollte er anzeigen [23780] und Vergehen und Tugend gleichermaßen an ihr abwägen.[254] Sgoydamur, die reine Jugend, streifte den Handschuh über, der ihr so gut passte, [23785] dass es ihr daran an nichts gebrach, nur dass die Last eines kleinen Males sie bei dem Verschwinden bedrückte. Obwohl sie hier großen Erfolg hatte, zeigte sich doch der Umfang ihres Gürtels. [23790]

Kay bemerkte dieses Mal. Er sagte: ›Fest wie Stahl ist das Herz dieser Jungfrau! Sie hat immer nur Gutes gedacht und getan. [23795] Darüber mag sich ihr süßer Liebhaber Gasoein wohl freuen, hätte sie nur dies eine in ihrer Kindheit unterlassen, nämlich sich so oft die Taille [23800] messen zu lassen, wie dieser Anblick hier zeigt. Was aber ist das Problem, wenn man sie an der Taille maß? Das wäre kaum ein Makel, der zur Schande gereicht. [23805] Sie ist jedoch flink am unteren Teil und langsam im Kopf. Wenn man sie freilich unten herum gut betäubt, wird sie im Kopf schnell, und dann –

---

254 Interpunktion dieses und des vorigen Satzes gegen die Ausgabe.

haltet das nicht für albernes Gerede – [23810] traut sie sich, ihre Haut zu verteidigen.‹²⁵⁵

Was er sagte, musste sein. Nach ihr wurde der Handschuh zu Frau Laudine getragen. Ich will sagen, wie er ihr stand. [23815] Er passte ihr gut und doch nicht perfekt, weil ihr auf der rechten Seite alles rings um die Schulter unbedeckt blieb. Nun war aber Kay hier, der ihnen nichts nachsah, [23820] sondern stets rügte, was geschah, ganz gleich ob es nichtig oder bedeutsam war. ›Nun seht, ihr Herren‹, sagte er, ›was dies bedeutet und wie es euch gefällt, [23825] dass diese Dame so knausrig und verschlagen ist, dass sie alles, was sie aus weiblicher Güte tat, so gut zu verbergen wusste. Das sieht man hier sofort. Doch wie beflissen sie es auch verbirgt, [23830] morgen oder übermorgen kehrt sie es dann doch hervor. Davon gewinnen wir einen großen Nutzen, was unsere Geliebten angeht: Die müssen sich ganz von Sittenlosigkeit [23835] und ihrem Vorbild befreien, die Schande fremden und bereitwillig standhaft werden.‹

Nach ihr gab man den Handschuh Frau Enite hin, [23840] die ihr zur Seite saß. Mit dem Anstand einer Frau nahm sie ihn und legte ihn freiwillig an, wobei sie ein wenig schamrot wurde. Das geschah nicht aus Sittenlosigkeit. [23845] Die Aventiure schwor mir, dass er ihr gut passte, doch geschah es nicht, dass sie am ganzen Körper bedeckt war: Entblößt waren [23850] Hüfte und Fuß. Kay sagte: ›Wenn ich mir diese Verfehlung anschaue, gibt es keinen Zweifel: Ihre Füße sind ihr zu Diensten, [23855] wenn Minne ihr Geleit gibt und wo man Minne findet. Die Hüfte will dasselbe: Sie gab Geleit entlang des Weges. Monsieur Erec kam ihr [23860] allerdings zur rechten Zeit. Sie musste diesen Minnestreit damals wie zu aller Zeit zu Ende bringen.‹ [?]

Nach Frau Enite saß dort eine Dame, die man nicht vergessen wollte. [23865] Die begehrte Monsieur Parzival. Sie war die neunte an der Zahl, und auch an ihr bewirkte der Handschuh, dass sie ganz betrübt wurde. Als sie ihn an ihre Hand legte, [23870] machte er ihnen allen bekannt, wie sie bisher gewesen war. Die rechte Hälfte verschwand ihr, sodass sie hier nicht mehr zu sehen war, ausgenommen die Vorderseite des ganzen [23875] rechten Beins, bis zum Nabel hinauf. Kay sagte: ›So ein überaus und höchst würdevolles

---

255 Oder: ›… ihre Haut anzubieten.‹

Das Hoffest zu Karidol 359

Angebot könnte man schwerlich ausschlagen. [23880] Dieser Jungfrau kam zugute, dass Parzival sie verschmähte, denn sie konnte kaum ertragen, dass er sie so lange abwehrte. Seht, wonach die Minne von der da heimlich verlangt, [23885] dass sie sich so präsentiert! Das nämlich erkenne ich an dem Bein, das sie aus freien Stücken nach oben hebt. Sie will, dass ihr Burgtor immer offen ist. [23890] Es verdrießt sie ganz, dass ihr die Freude bisher verwehrt war.‹[256]

Bei ihr saß dort gleich daneben Madame Galayda, die Herrn Kays Liebhaberin war, [23895] die Schwester der Herzogin Leymas von Syandrie. Ihr gegenüber wurde der Spott kräftiger als bei ihnen allen, die dort in dieser Frauenschar [23900] herabgesetzt worden waren. Man gab ihr den Handschuh hin, was beide nicht gut leiden konnten. Als er sie nämlich verschwinden lassen sollte, gebrach es ihm an seiner Kraft, [23905] und seine Kunst ging ihm an ihr verloren, weil sie – ungelogen – nackt blieb bis auf die Augen: Die schienen uns wie die einer Blinden zu sein. Alles, was es da sonst noch gab, [23910] war für alle zu sehen. Kay sagte: ›Ich will an dieser Stelle behaupten, dass man unter diesen Damen keiner so gut trauen kann wie meiner Freundin. [23915] Er wäre nicht ganz bei Sinnen, der ihre Minne für unredlich erklärte.

Seht ihr, wie schamvoll sie ist? Sie schämt sich so sehr, dass sie ihre Augen nicht einen Moment lang zu öffnen wagt. [23920] Mit wie viel Recht sie dieser[257] Handschuh an Standhaftigkeit von allen anderen ausnahm! Wie ungern würde sie irgendetwas gegen mich tun! Wie ungern ließe sie sich [23925] eine Bitte zum Vorwurf werden, weil sie sie nicht sofort und auf der Stelle erfüllte! Noch ehe sie es mit dem Mund verspricht, ist es schon getan. [23930] Meines Erachtens hat sie an Großherzigkeit dem König den ersten Rang abgelaufen. Sie gibt ihren Körper ungebeten, ganz gleich was ein Mann davon haben will. Selten wird sie verflucht, [23935] weil sie etwas aufschiebt oder abschlägt. Sie kann bei einer Tjost unmöglich ›Nein‹ sagen. Ihr Herz verlangt es nach Tjosten, wie immer man diese aufs Feld bringt, und wie immer man sie angeht, [23940] nimmt sie Stiche wie Schläge hinten und vorn, von der Seite, unten

---

256 Vielleicht eine Anspielung auf Parzivals und Cundwiramurs nächtliche Begegnungen in Wolframs ›Parzival‹, bei denen es – nach zwei keuschen Nächten – erst in der dritten Nacht zu sexuellen Handlungen kommt.
257 Gegen die Ausgabe (*Diser* statt *Disen*) und die dortige Anm.

und oben, dass niemand in ihre Fußstapfen zu treten vermöchte.

Wohl mir, dass ich euch je sah! [23945] Denn was immer mir je an Unglück geschah oder an Schande widerfuhr, die Art eurer Tugend hat es an mir ganz verhüllt. Wenn noch irgendeine alte Missetat [23950] eine neue Schuld an mir weckt, finde ich leicht Abhilfe dagegen: Bedecke es nur einfach wie zuvor, denn beider Ruhm hängt an euch, der eure und der meine. [23955] Seid in Zukunft genau so, wie ihr bisher gewesen seid! Dann werden euch die Frauen euer Leben lang um eure Treue beneiden.‹[258]

Da Kay nicht vergaß, [23960] seine Geliebte wegen ihres aufrichtigen Scheiterns viel mehr zu verspotten als alle anderen, soll man ihm auch nachsehen, wenn man ihn von den anderen sagen hört, [23965] was euch unschicklich scheint. Er wollte niemanden von Spott und Hohn ausnehmen. Gawein und der Bote gaben den Handschuh [23970] Flursensephin. So musste es sein, denn sie war dort die nächste. Ihr Körper verschwand auf der rechten Hälfte. Aus reinem Unglück [23975] blieb von ihrem Körper eine Partie sichtbar, die man bei Frauen nicht in aller Öffentlichkeit anschauen will und mit der Lohnenswertes vergolten wird.[259] [23980] Ihr wisst genau, was ich meine, denn sie ist der eigentliche Ursprung.

Hier sagt Christian von Troys, dass Quoikos diese Dame eines Tages Gawein zuliebe [23985] dorthin brachte, weil er dachte, dass er Gawein dort finden würde, und zwar in der Absicht, Gawein zu preisen, aber auch wegen der Lügengeschichte [23990] von Gaweins angeblichem Tod, die viele betrogen hatte. Schließlich wollte er auch bei Hofe erzählen, mit welch großer Tapferkeit Gawein diese Dame mit ritterlicher Tat [23995] erbeutet hätte, als sie noch eine Jungfrau war, und wie er ihm, Quoikos, zugestand, dass er an seiner Stelle ihr Geliebter und Gemahl wäre. Auch der Dame verlangte es sehr danach, [24000] den Hof zu sehen, dem sie so viel Tugend nachsagen hörte. Das geschah.

Nun wenden wir uns wieder unserer Geschichte zu. Ihr Verlangen geriet ihr zum Nachteil, [24005] weil sie streng behütet wurde. Kay sprach: ›Ein solcher Hochmut war bislang unbekannt! Seht, was von ihrem Körper vorsteht und so hoch emporstrebt [24010] und

---

258 Oder: ›Dann werdet ihr den Frauen euer Leben lang wahrhaftig verhasst sein.‹
259 Oder: ›... und die etwas gewährt, das lohnenswert ist.‹

sich mit solcher Fülle präsentiert! Wer immer es in Angriff nehmen will, es ist makellos. Sie würden selbst auf einen Stein anziehend wirken, darüber besteht kein Zweifel. [24015] Der Lohn, den Frau Minne spendet, liegt bei ihr ganz vorne, wenn ich es recht verstehe. Kühner als ein Einhorn ist sie, dass sie es herzeigt, [24020] denn sie hat sich wild nach vorne gebeugt für eine Stoßattacke. Hier vorne ist sie äußerst kühn – hinten bedarf sie keiner Sporen.‹

Darüber lachten alle Leute. [24025] Den Handschuh nahm Parkie und stellte sich der Wahrheit. Er tat nach seiner Gewohnheit: Auf der rechten Seite verbarg er sie und wurde ihr doch ein wenig lästig, [24030] wie großherzig er sich ihr gegenüber auch gab. An ihr blieb einzig der untere Teil sichtbar. Kay sagte: ›Das war ein Unglück, dass es dem Stachel geschah, [24035] dass er sie so heftig spaltete und nie damit aufhören wollte, bis er ihr schließlich hinten stecken blieb, wie ihr selbst seht. Wenn ich die Wunde richtig [24040] auszumessen weiß, wird sie genesen;[260] das wüsste ich genau, wenn es denn sein sollte. Allerdings hat sie außen einen so weiten Riss, dass ich glaube, dass er den Stachel recht unvorsichtig tief hineingesteckt hat. [24045] Herr Lucanus, macht ihr den Arzt und ergründet uns die Wunde, damit der Grund für ihre Verletzung gefunden und sie ordentlich verbunden wird.‹

Nach diesen Worten entstand überall [24050] im Saal großer Lärm. Das verdross die Damen[261] sehr. Auch die Ritter hätten die Unehre gerne vertuscht, wäre Kay von der Art gewesen, [24055] dass er das geduldet hätte. Das war aber nicht der Fall, denn er quälte mit Spott, wen er nur konnte. Ich sage nicht, in welchen Fällen es angemessen war. Niemand rechnete es ihm als Ehre an. [24060] Seine ganze Gewohnheit hatte ihn dabei so durch und durch unbeliebt gemacht, dass er es bei niemandem vermied. Deshalb musste man es erleiden, zumal es niemandem gelang, es [24065] durch Tugend abzuwenden. Nicht einmal sich selbst gönnte er, unverspottet zu bleiben. Alle Aventiuren behaupten, dass er das alle Tage trieb, [24070] und sie schwören ganz sicher, dass es nicht zu ändern wäre. Wen sein Strick einmal umfangen hatte, über den triumphierte sein Spott.

Nachdem Kay diese Worte gesagt hatte, [24075] gaben Gawein und Lanzelet den Handschuh dort weiter an eine Dame, die da saß:

260 Eigentlich Konjunktiv II.
261 Oder: ›die Dame‹.

die Geliebte von Herrn Lanzelet, die schöne Jamphye.²⁶² [24080] An der verübte er große Gewalt. Ich weiß nicht, wofür sie da büßte, dass er sie nicht verschwinden ließ, denn sie war zuvor niemals irgendeiner Schande bezichtigt worden. [24085] Hier aber musste sie dem allgemeinen Kummer der Damen unterliegen. Wäre ihr der Richter wegen Lanzelet nicht so gewogen gewesen, hätte er [24090] ihr Missgeschick damals wie heute gerügt.²⁶³ Es kam damals nicht dazu, weil er um ihres Geliebten willen davon Abstand nahm, dem die Erzählung des Buches so hohen ritterlichen Ruhm zusicherte, [24095] und weil dessen Mühen dadurch zum Teil nutzlos gewesen wären, wenn der Richter der Geliebten Lanzelets auch nur den leisesten Anschein unsteter Minne gegeben hätte. [24100] Deshalb musste auch er²⁶⁴ sich hüten. Wiewohl den Mann an der Verfehlung seiner Frau kaum eine Schuld trifft, würde er deshalb doch sehr leicht ins Gerede gebracht von bösen Doppelzungen, [24105] die sich überall zugesellten, wo man diese Sache erwähnte. Deshalb war es nur angemessen, dass er sie ausnehmen sollte, obzwar ihr auch der Mantel [24110] recht schlecht gestanden hätte. – Ich komme zurück zur Lehre der Aventiure.

Jamphye zog den Handschuh an. Es war nicht verwunderlich, [24115] wenn sie davon Kummer bekam, denn Kay war mit seiner Zunge unmäßig und wild. Wie ihr aber misslang, das will ich euch verkünden. [24120] Die ganze Vorderseite ihres Körper nahm sich aus wie wilde Wellen; nur auf der Rückseite war es anders, dort war sie gut bedeckt. Ich will genau beschreiben, wie die Wellen [24125] über sie strömten und wo sie sich heimlich und öffentlich überschlugen. Eine ließ der Handschuh oben über die Stirn sich ausbreiten. [24130] Die nächste schoss gewaltig über ihre Brüste und Hände. Dazwischen blieben das rechte Auge und der Mund völlig transparent und für alle zu sehen.²⁶⁵ [24135] Eine weitere wälzte sich dort darunter bis zum Nabel talwärts. Die Stelle in der Mitte, wo minniglich gekämpft wird, blieb bis aufs Knie hinab nackt. [24140]

262 Ist das die früher erwähnte Janphye (9001), der Gawein in einem Erbstreit beisteht?
263 Bezieht sich das auf andere Tugendproben? Oder gar, wie man früher meinte, auf den ›Lanzelet‹ Ulrichs von Zatzikhoven und die dortige Mantelprobe? Und wer ist der Richter? Kay? Der Handschuh? Oder ein Erzähler?
264 Wer? Der Richter? Der Erzähler? Oder nun Kay?
265 Wörtlich: ›... durchsichtig und bekannt.‹

Weiter unten ging eine Welle über die Beine und Füße. Ich muss euch sagen, dass Kay sie mit Spott grüßte.

›Herr Lanzelet‹, sagte er, [24145] ›ich verbürge mich für eure Dame, dass sie sich gut behütet hat. Was bedeutet diese wilde Flut, wenn nicht einen standhaften Körper von vollkommener Tugend, wie sie eine Frau, die recht zu handeln weiß, [24150] ihr Leben lang unbescholten hat? Wer ihr etwas vorwerfen wollte, müsste schon lügen. Seht her: So standhaft das Meer, so standhaft ist auch sie. [24155] Ihr höchst wankelmütiges Verlangen wird viele Frauen entehren: Mir scheint, dass sie Lanzelet mit ihren Liebhabern, denen ihre Augen hinterherschauen, immer wieder betrügt. [24160] Wen es heimlich nach ihrem Herz verlangt, auf den wartet bei der Minnejagd die buschige Au der Minne. Seht, wie ihre beiden Füße eine Furt machen, so gut sie nur können! [24165] Was auch noch kommen mag, ich gönne es niemandem, dass ihm der Handschuh solche Standhaftigkeit attestiert. Nun schaut, ob sie jemanden im Auge hat!‹

Bei ihr fand man eine Dame, [24170] die sich Herr Kalocreant zur Freundin erkoren hatte. Die machte der Handschuh weder hinten noch vorne irgend unsichtbar. Das einzige, was da verschwand, [24175] war in der Tat sehr klein: die Waden an den Beinen von den Füßen bis zu den Knien. Kay sagte: ›Was hätte ich für einen Anlass, um zu lügen? [24180] Herr Kalocreant und ich, uns beide verband seit jeher eine so feste Freundschaft miteinander, dass wir unzertrennlich waren. Deshalb wollten auch [24185] unsere beiden Freundinnen sicherstellen, dass sie sich um unserer Liebe willen dieselben Gepflogenheiten der Minne auferlegten und sich nicht davon abbringen ließen. Was hätte uns Besseres passieren können? [24190] Man sieht an ihnen exakt dasselbe Ausmaß großer Tugend. Niemand braucht ihnen eine Falle des Wankelmuts zu stellen. Sie verstehen sich beide darauf, alle Männer [24195] auf Trab zu bringen, wobei sie sich nicht ein bisschen schonen. Wie gut für uns, dass wir sie haben!‹

Damen und Ritter lachten darüber. Nun muss mein lieber Gales sehen, [24200] wie das, was den anderen geschehen war, an seiner Geliebten erging. Sie wurde Filleduch genannt. Die legte den Handschuh an, der sie zur rechten Seite gleichmäßig [24205] und präzise entzwei teilte wie ein Ei. Vom Gürtel aufwärts bis zum Kopf war sie davor gefeit, dass irgendjemand sie sah. Darunter aber [24210] sah man sie vollständig. Kay begann, sie lauthals zu verspotten. Er sagte: ›Gales, hier könnt ihr sehen, wie eure Freundin [24215] euch vom Gürtel aufwärts ihre Minne beweist. Darunter aber hat sie einen öffentlichen Marktstand aufgeschlagen. Das sollt ihr ihr allerdings nachsehen! [24220] Mit dem unteren Teil habt ihr nichts zu schaffen. Kümmert euch darum, was dem oberen Teil geschieht. Es mag euch wohl bekommen, dass ihr sie liebt [24225] und euer Herz in ihr vergrabt, denn so manchen hat sie mit ihrer Minne gelabt!‹

Nach ihr wurde der Handschuh sogleich zu Frau Acclamet getragen. Die minnte Aumagwin. [24230] Sie legte ihn an, weil es nun einmal so sein musste: Von ihrem Körper blieb an der rechten Seite nicht ein Sandkorn sichtbar mit Ausnahme von Hals und Haaren. Kay sagte arglistig: [24235] ›Gesetzt den Fall, ich wollte nun etwas Boshaftes sagen – was sollte ich denn dieser Jungfrau vorwerfen? Herr Aumagwin, ihr könntet ihr gewiss alle Ehren zutrauen. [24240] Bittet sie, die Damen zu unterweisen, wenn sie sich das Haar richten, damit sie es auf genau diese Weise legen und ihren Nacken zur allgemeinen Freude präsentieren. Auch wenn sie darauf lag, [24245] so ist ihr Hals doch äußerst gerade. Sie hat wohl doch auf geheimen Wegen nach der Minne schicken lassen, wohl wissend, dass Nacken und Gewand die Minne noch gerne willkommen heißen. [24250] Sie wird einen nicht verschmähen, denn sie weiß schon, worum es geht. Wenn sie es genossen hat, geht sie oft hin, grast und weidet Klee.‹

Der Erzähler, seine Geschichte und die Frauen

Hiermit will ich es gut sein lassen [24255] mit dem, was ich von Damen und Mädchen erzählt habe, weil ich auch nach vielen Stunden das mannigfaltige Wunder nicht eigentlich berichten [24260] oder verstehen könnte, das der Handschuh hier an jeder einzelnen vollbrachte: wie er ihren Wankelmut auf vielfältige Weise einfing [24265] und wie Kay sie mit Scherzen verspottete und rügte. Schließlich gehörte es sich auch nicht, so viel von Frauen zu sprechen, was über die Fassungskraft des Herzens hinausgeht, [24270] zumal es mir nicht ansteht, mich je ihrer Schande und ihrer Scham zu befleißigen. Niemanden vermag das Herzensleid von Frauen mehr zu betrüben, [24275] denn ich trage es mit ihnen und ihr Glück ist meine ganze Freude. Deswegen bitte ich um Gnade, damit man

Das Hoffest zu Karidol 365

mich nicht beschuldigt, dass ich an dieser Geschichte mein Versprechen [24280] gebrochen hätte, denn die Güte der Frauen weiß, dass niemand Gutes erkennen kann, wenn man darauf verzichtete, auch Übles und Schlechtes zu nennen.[266] [24285] Die Welt weiß, dass das eine dem anderen entgegensteht. Es geschah und geschieht stets im Dienste der Besten, wenn ich auf der Tugend Grund [24290] den Ruhm der Frauen festige und stärke. Das war beileibe stets meine Art und ich will es auch weiterhin damit halten. Was dabei an Lob auch für alle anderen Frauen abfallen mag, [24295] sei ihnen den Besten zuliebe gerne vergönnt. Wo aber ich einen weiblichen Fehltritt aus weiblicher Schwäche nicht vertuschen kann, [24300] wird dies doch niemand für ein Laster ansehen außer jenem, der sich aus tückischem Herzen der Schande verschrieben hat, denn die Aventiure erzählt, dass eine Frau nichts als Gutes vollbringt. [24305] Wenn ich hier irgendetwas anderes erbeute als ihr Wohlwollen, geschieht das stets ohne meine Absicht. Niemals will ich meinen Dienst [24310] von ihnen abwenden. Damit will ich schließen und meine Zeit nicht vergeuden.

Wenn ich nun aus Maßlosigkeit die Prüfung überginge, [24315] wie sie an den Rittern geschah, wäre dies der süßen Güte der Frauen allzu leicht unangenehm. Wiewohl ich hier sehr vorsichtig agiere, kann man mir doch Vorwürfe machen, [24320] wenn man mich noch um den Ertrag weltlichen Ruhms bringen will. Trotzdem strebt mein Dienst danach, weil ich mich mein ganzes Leben lang stets darum bemüht habe und seit jeher [24325] diesen festen Willen in mir trage. Herz und Zunge gelten zur Gänze ihrem ehrenhaften Dienst. Es ist freilich auch bestens bekannt, dass es die Frauen nicht honorieren, [24330] wenn sich jemand überhaupt nicht um die Unterhaltung der Welt bemüht. Ich weiß gar nicht, ob ich schweigen oder reden soll. Die Maßlosigkeit befiehlt mir zu schweigen, [24335] während mich die Würde der Frauen und auch die Aventiure zum Sprechen treiben. Den beiden will ich folgen. Wenn mir jemand zürnt, dann ist das halt so. [24340] Soll doch der Bösen Gericht Anklage erheben, wenn es mir gelingt, in der Gunst der Besten zu stehen.

---

266 Schwer verständlicher Satz. Mehr als ein Vorschlag kann die Übersetzung nicht sein.

Probe der Ritter

Hier will ich von den Rittern erzählen: Der Handschuh wurde wieder dorthin getragen, wo der König saß. [24345] Der zog ihn ohne jeden Widerwillen an seine rechte Hand, wovon er zur Hälfte verschwand, dass dort von ihm nichts mehr zu sehen war. Da sagte Monsieur Gawein: [24350] ›Ritter, ihr sollt froh sein! Ihr seid dieses Handschuhs ledig und vor ihm gerettet, da ihn Monsieur ohne Verfehlung und völlig korrekt gewonnen hat, [24355] wie ihr und der Bote seht, denn dies war die Bitte des Boten.‹ Da sagte Kay, der Seneschall: ›Der Bote erspart es niemandem. Ihr, Herr Gawein, müsst euch deshalb [24360] für den Gürtel verantworten, den ihr dem Fimbeus im Auftrag der Königin und mit vorgespielter Freundlichkeit wie ein Straßenräuber genommen habt. Ob ihr nun dafür bezahlt? [24365] Nun, seid davor gewarnt! Wir werden es sehen. Wenn der Handschuh sich darauf versteht, die Aufrichtigkeit eines Herzens zu erkennen, kann es hier leicht geschehen.

Monsieur Gawein, diese paar Worte [24370] allein, die ihr hier gesprochen habt, werden nun ja wirklich nicht genügen, damit ihr den Handschuh unbesorgt anlegen könnt. Wollt ihr die Verfehlungen [24375] der Ritter übergehen, wo man die Damen hier gerade samt und sonders bloßgestellt hat? Wenn ihr ihnen wohlgesonnen wärt, solltet ihr diese Worte nicht gesagt haben. [24380] Was hättet ihr damit erreicht, wenn dieser Bote und mit ihm seine Herrin beschuldigt würden, dass diese den Handschuh einzig aus Frauenhass aus ihrem Land [24385] hergesandt hätte? Wenn der König und der Bote den Rittern die Probe erließen, könnten die Damen ihre Klage zu Gott erheben, dass wir an ihnen Spott suchten. [24390]

Glaubt ihr denn, dass der König damit den prächtigen Schatz gewonnen hat, und haltet ihr ihn für so geizig, dass er niemandem vergönnt ist, hieran Ehre zu erwerben?[267] [24395] Er versteht es gewiss, noch alles zu seinem Nutzen zu wenden! Das ist der Anfang und das Ende des Wertes, den die Welt an ihm hat, und vergeudet ist seine Lebenszeit. [24400] Wie wenig begreift doch die Welt, dass der, den sie den Großherzigen nennt, so böse und ganz und gar knausrig ist. Es passt doch nie und nimmer zu ihm, [24405] dass er es ganz für sich behält! Er sollte doch ein klein wenig aus der

---

267 Die mittelhochdeutsche Syntax des Satzes ist eigenwillig; ich übersetze sinngemäß.

Hand geben, das wäre besser, als dass er es alles behielte. Herr Kalocreant oder ich wären ihm [24410] doch wirklich nahe genug – dass er sich nicht dazu aufraffen konnte, ihn uns zu überlassen oder den anderen, die da saßen! Beim Becher hat er dasselbe getan. [24415] Er versteht es, Bitten nicht nachzukommen, wenn er davon einen Nutzen hat. Herr Gawein, wo es nun einmal so steht, so legt ihn doch an – dagegen hilft nichts.‹

Gawein kam dem Befehl nach, [24420] weil er Kays Spott, was den Handschuh anging, gar wenig fürchtete. Er passte ihm tatsächlich nicht besser als Artus; er passte ihm aber auch nicht schlechter, wie mir die Aventiure [24425] aufrichtig schwor. Kay sagte: ›Wie heimlich es ihm vor uns gelungen ist, den Handschuh so weit zu umschmeicheln, [24430] dass er ihm nun dies gönnt! Wie gut er doch plaudern kann! Er brächte es wohl fertig, einer hungrigen Katze eine Maus abzuluchsen, nachdem sie schon hundertmal [24435] das Haus nach ihr abgesucht hat. So erschmeichelt er sich, was er will. Doch ganz gleich was für ein exzellenter Schmeichler er ist, hier nützt es ihm nicht viel. [24440] Mit seinem fröhlichen Plaudern und seiner weibischen Art erreicht er nun wenig. Auch wenn er durch und durch französisch ist, muss er den Handschuh nun doch freigeben, [24445] weil uns der König hier nichts ersparen will und weil er ihn vor Gawein gewonnen hat,[268] ganz gleich was noch geschieht.

Dieses Versprechen muss gehalten werden.‹ Unverzagt legte Gyremelanz [24450] den Handschuh an, und auch an diesem wirkte der Handschuh Wunder. Er ließ ihn aber nicht zur Gänze verschwinden: Augen, Mund, Hals und Haare blieben deutlich sichtbar. [24455] Kay sagte: ›Ich will euch das genau erklären, ihr Herren. Er muss daheim den Blick seiner Augen oft über die Heide in Richtung Colurmein [24460] in die Ferne schweifen lassen, wo er die Blumen hütete, die so gut sind gegen das leidvolle Alter. Wäre er da blind gewesen, wären die Blumen so wohlfeil geworden, [24465] dass sich ein jeder seinen Teil genommen hätte, wie er wollte. Der Mund diente dazu – und das war auch gut so –, dass man ihn gut hören konnte, [24470] wenn er auf der Heide umherstreifte und den Eindringlingen drohte, denn wer dorthin kam, schlief ein.‹

---

268 Interpunktion gegen die Ausgabe.

Nun nahm den Handschuh Herr Gasoein,[269] an dem sich dasselbe zeigte: [24475] Er wollte nicht völlig verschwinden. Abgesehen vom Gürtel war er hinten vom Kopf abwärts nackt. Auch verhüllte der Handschuh den Mund vorne nicht. [24480] Alles Übrige war entschwunden, dass es niemand sah. Kay aber sagte spöttisch: ›Wenn ich ehrlich sein soll, Ritter, dann stünde euch der Mund [24485] hier nicht so, wenn ihr den Damen nicht übel nachreden würdet. Dabei sind wir beide schnell zur Stelle, die Wahrheit kann man an meiner [24490] lieben Herrin sehen. Ich halte es für eine echte Sünde, dass ihr sie vor kurzer Zeit um ihre Minne gebeten habt. Er ist wohl nicht ganz bei Sinnen, [24495] wer sich nach solchem Gewinn sehnt.‹

Nach ihm nahm ihn Lanzelet, dem er auch dasselbe tat. Es blieben aber schwache Male des Tadels zu sehen: Die Augenbraue versteckte sich nicht, [24500] alle dort konnten sie sehen. Auch die Wimpern verbargen sich weder oben noch unten, man sah sie, und das Auge war verschlossen. Alles andere war verborgen. [24505] Kay sagte: ›Herr Lanzelet, ihr seid in Sorgen gefahren, als Milianz euch und mir die Pferde auf der Verfolgungsjagd erschlug und ihr auf einen Karren [24510] sitzen musstet, weil euch die Müdigkeit dazu zwang, während ich – verwundet – mit der Königin hingeführt wurde. Das war aber auch schon das Schlimmste. [24515] Wenn ihr sonst nichts getan habt, dann tut euch der Handschuh unrecht. Er hat ganz genau erkannt, dass ihr die Minne der Göttin verschmäht habt, [24520] die euch im See erzogen hat. Wenn ich wollte, könnte ich noch mehr sagen. Ihr wisst genau, worauf es hinausliefe.‹

Den Handschuh nahm Herr Iwein, an dem er kaum Male des Tadels [24525] anzeigte und doch etwas: Nicht mehr vergaß er an ihm als den Fuß und die Hand. Kay sagte: ›Seht den Kämpfer, wie überaus gern er streitet [24530] und wie er danach geizt! Das Heil brachte uns das Glück, dass sein Löwe starb, denn wäre der noch bei ihm, würde er niemanden am Leben lassen. [24535] Und seht – auch wenn wir das nun los sind –, wie seine Hand und sein Fuß nach Mordtat gieren! Wer dies richtig zu verstehen weiß, wird dem nicht widersprechen [24540] und euch anlügen.‹ Solcher Spott störte Iwein kaum. Erec, *le fils du roi Lac*, musste sich nun nach ihm der Probe stellen. Auch ihm ersparte er nicht, [24545] was er des Tadels erkannte. Über Erecs Brust ging rundherum eine Blöße wie ein

---

269 Interpunktion gegen die Ausgabe.

Reifen, die ihn ganz umfing. Keinen anderen Teil seines Körpers konnte man sehen. [24550] Nun war aber Kay da und sagte: ›Mein lieber Freund, an euch ist deutlich zu sehen, wie sehr euer Herz um Frau Enite [24555] zu kämpfen und zu ringen begann. Dazu wollten euch ihre Schönheit und Frau Minne zwingen, soweit ich mich entsinne, was aber nicht lange anhielt. [24560] Wenn ihr ihr kein Unrecht tun wollt, dann hat sie verdient, dass Minne und Hass sich an euch niemals untermischen. Schließlich hat sie eure Pferde [24565] mit solcher Treue gepflegt, dass sich eure Freude mit gutem Grund erneuern konnte, zumal es sich nicht gehörte, dass ihr zuerst Dienst von Damen [24570] nehmen und dann das Gebot von Frau Minne übergehen und Ernst in Spott wenden würdet. Gott steh' euch bei, auf dass es euch später nicht leid tue!‹

Herr Lucanus, der Schenke, [24575] musste nun den Handschuh anlegen – wenn ich mich recht daran erinnere –, denn Kay, der ihm das zu tun befahl, wollte ihn hier ungerne auslassen. [24580] Es geschah ohne Widerrede. Der Handschuh behandelte ihn nicht weniger gerecht als die anderen: An der rechten Seite ließ er ihn oben geradewegs verschwinden, [24585] ausgenommen die Hand und das Knie. Kay unterbrach die Sache mit Spott und sagte: ›Wie großherzig er ist! Er schenkt zu aller Zeit kniend ein. [24590] Er soll ein ›Damenschenke‹ sein! Gott segne mir die Meine und befreie sie von Durst, auf dass er nicht oft wegen des Durstes vor ihr knien müsse! [24595] Ansonsten würde er es ihr so süß machen, dass sie es gerne genösse, wenn sie nicht davon angespritzt würde.‹

Nun nahm Parzival den Handschuh. Kay freute sich schon [24600] sehr darauf zu sehen, was der Handschuh hier von Parzival behaupten würde. Er ließ ihn verschwinden und doch nicht ganz. An seinem Körper blieb von oben bis unten [24605] ein circa zwei Finger breiter Streifen unbedeckt. Kay sagte: ›Das hat er sich schon als Kind verdient, denn seither gab es nichts, das [24610] seinen Ruhm geschmälert hätte. Die Tugend hat ihn seither auf so vielfältige Weise bereichert, dass der Handschuh dies mit dem kindlichen Fehltritt gar nicht vergleichen könnte, [24615] der doch kaum einen Schaden anrichtet. Das ist eine merkwürdige Sache. Oder sollte man hier daran denken, dass er seine Mutter wie ein Dummkopf verließ und in diesem Aufzug [24620] an den Hof kam, um Ritter zu werden? Dabei raubte er einer Dame einen Ring und küsste sie so oft, wie es ihn gelüstete – obwohl sie deswegen weinte! –, [24625] weil man sie in einem Zelt auf dem Bett alleine gelassen hatte. Deshalb musste dies hier nun so sein, wie man es schon damals an ihr sehen konnte.‹[270]

Nun nahm ihn Kalocreant, [24630] dem der Handschuh – wie den anderen vor ihm – nicht optimal passte: Vorne blieb er vom Fuß aufwärts bis zum Kopf davor gefeit, [24635] dass irgendetwas von ihm zu sehen gewesen wäre. Hinten aber sah man ihn bis zu den Füßen hinunter vollständig. Kay sagte: ›Das ist der Sturz, den er von dem Pferd stürzte [24640] in jenem Wald, in dem die Quelle sprudelte. Dies hatte Laudines Mann mit einer Tjost getan, als Kalocreant dort den Stein begoss. Kalocreant kann sich bei seiner Tapferkeit bedanken, [24645] dass er seine Ruhestätte mit Pferd und Rüstung bezahlte und zu Fuß von dannen gehen musste. Das musste er nun auch beim Handschuh erwerben, als es ihm schließlich passierte, [24650] dass der ihn – er hatte es uns ja selbst erzählt – auf dieselbe Weise niederstach.‹

Was sollte ich mehr davon sagen? Nach ihm legte Senpite Bruns diesen Handschuh an – [24655] davon wurde nichts mehr erzählt –, und dann alle, die dort waren. Kay kümmerte sich danach um ihren Spott, keinen einzigen ließ er entkommen, [24660] ganz gleich wie sehr sie das störte. Er übte fleißig vielen feinsinnigen Spott an einem jeden, egal ob arm oder reich, [24665] weil er darauf lauerte und sich darum bemühte, wo er konnte. Oft auch verspottete er sich selbst aus seinem eigenen Mund. Warum sollte es mich denn [24670] kümmern, was er alles trieb, wenn er weder Freunde noch Verwandte und nicht einmal sich selbst damit verschonte? Er jagte nach seinem Spott und wurde dessen niemals müde. [24675]

Nachdem dies nun alles geschehen war, forderte die versammelte Schar von Kay, dass er es nun auch selbst tun sollte. Da schwor er aufrichtig, dass ihm der Handschuh niemals an seine Hand käme; [24680] er passte ihm halt einfach nicht. Wie gerne würde er sein Recht darauf an jemanden delegieren, der es auf sich nähme, [24685] ihn zu tragen! Ihm, Kay, reichten zwei gute Handschuhe, die er für ein paar Pfennige bei einem Krämer kaufen

---

270 Spielt Kay darauf an, dass Jeschute für ihr vermeintliches Techtelmechtel mit Parzival von ihrem Geliebten Orilus gedemütigt wird und sie in zerrissenen Lumpen reiten muss, sodass unter ihrer Kleidung ihre nackte Haut sichtbar wird?

könnte, [24690] und nicht einen Dornenstrauch würde er für 100 solche hier geben! Das wunderte den Boten.

Der Ritter mit dem Bock

Abschied des Mädchens, Ankunft des Ritters

Da stand das Mädchen auf. Sie dankte Artus, [24695] dass ihr so vollständig gewährt worden war, worum sie ihn im Namen ihrer Herrin, die sie hergesandt hatte, gebeten hatte. Dann verneigte sie sich vor der versammelten Schar und bat, Abschied nehmen zu dürfen. [24700] Wie sie da den Saal hinunter zu ihrem Zelter gehen wollte, kam schon die nächste Aventiure zu Artus, die das Mädchen aufhielt und die nichts Gutes brachte. [24705] Das Mädchen wartete aber nicht bis zu deren Ende, denn auch diese Sache hatte ihre Herrin angeordnet. Diese Aventiure soll ich erzählen, und zum besseren Verständnis [24710] will ich aber zuvor kurz erklären, weshalb ich so viel Sorgfalt auf diesen Handschuh und seine Aventiure verwendet habe. Sie ist das Steuer all jener Aventiuren, [24715] die ich noch zu erzählen habe. Hätte ich diese eine ausgelassen, müsste ich auch die anderen verschweigen und meine Rede müsste auf ein richtiges Ende ganz verzichten und wäre zu albernem Gerede gediehen. [24720]

Diese neue Aventiure hatte Gyramphiels Untreue erdacht und ersonnen. Der Kummer hatte sie dazu angetrieben, den ihr der Verlusts des Gürtels [24725] bereitete. Arglistig hatte sie die beiden Boten – zuerst das Mädchen, dann einen Ritter – dorthin geschickt, wie ihr wisst und woran ihr euch gut erinnern werdet, [24730] wenn ihr hört, wie die Sache ausging. Dieser Ritter, der dorthin kam, kam gar nicht in ritterlicher Art, noch fuhr er, wie es Ritter normalerweise tun: Der Ritter ritt einen Steinbock, [24735] der kein Hindernis mied, weder Stock noch Stein. Die Aventiure nannte ihn mir den *Chevalier à bique*. Sein richtiger Name war ihr, [24740] behauptet sie, nicht bekannt. Sein Gewand war ganz aus Hermelin und bunt von kostbaren Seidenstoffen, es war ganz auf Pracht ausgerichtet. An ihm war in der Tat großer Reichtum zu sehen. [24745]

Sein Bock war mit all dem Zierrat beladen, wie er einem Pferd angemessen wäre. Keine List konnte dies abwenden, es war die reine Wahrheit. [24750] Auch war der Bock von der Beschaffenheit eines sehr hohen kastilischen Pferdes. Bock und Ritter waren beide – ungelogen – am ganzen Körper weiß und schwarz, elsternfarbig. [24755] Im Übrigen war der Ritter überall gerüstet, wie es sich für einen guten Ritter gehört. Er war noch gar nicht ganz abgesessen, als die Ritter ihm schon [24760] vom Saal her stürmisch entgegendrangen. Sie bereiteten ihm einen herzlichen Empfang. Dann gingen sie mit ihm zurück auf den Palas, wo sich Artus und das Mädchen sowie [24765] alle Damen noch befanden. Unter größtem Lärm wurde der Bote nach vorne gebracht. Hier wurde nicht vergessen, welchen wertvollen Lohn man [24770] einem Boten bieten sollte. Artus wollte dasselbe.

Als der Bote nun vor den König ging, empfing dieser ihn ehrenvoll, danach die Damen, [24775] und es wurden viele Blicke auf seinen schönen Körper geworfen, von Männern und Frauen, und alle wunderten sie sich dabei über seine Farbe, [24780] die wie Hermelinpelz und Pech, weiß und schwarz war, zu gleichen Teilen zusammengeflickt, und die seine körperliche Erscheinung so vortrefflich schmückte – [24785] eine solche Aventiure war nämlich selten je gesehen worden. Der Bote aber wollte nicht länger zuwarten. Er bestellte seine Botschaft, wonach es ihn dringend verlangte. [24790] Schließlich hatte Artus es ihm gestattet.

Botenrede: Hilfe für Gawein

Er sagte auf Französisch Folgendes: ›Artus, *fier, gentil roi*‹ – das heißt ›edler, vornehmer König‹ –, ›hört mich an! Das trägt euch Ruhm ein, [24795] denn ich habe viel zu berichten, wenn ihr meiner Bitte ebenso nachkommt wie jener des Mädchens, der ihr alles erlaubt habt. Es war wohl die Bitte wert – [24800] denn sie bringt euch Ruhm –, was ihr damit doch in der Tat zu eurem großen Nutzen errungen habt. Dieses überaus edle Kleinod, [24805] das euch dieser Bote gebracht hat und das nun euch zusteht, ist ein königlicher Schatz. Euer Name wird freilich in allen Ländern umso besser bekannt, wenn ihr hier dazu noch [24810] den anderen Handschuh zusätzlich zu diesem erwerbt, den ich euch hier bringe. Saelde will euch dies gerne gönnen; sie hat ihn euch durch mich [24815] schicken lassen, damit ihr ihn mit diesem behalten und das Beste daraus machen könntet. Das gönnt sie in der Tat niemandem mehr als euch, weil eure reine Tugend das [24820] ohne jedes Vergehen unter dem Beistand von Freunden und Helfern mehr als alle Welt verdient hat.‹

Nachdem er diese Rede gehalten hatte, wartete das Mädchen nicht länger: [24825] Sie verabschiedete sich beim König und bei allen anderen. So schied sie von dannen. Sie ritt ihren Weg hin, den sie auch hergeritten war. [24830] Der Ritter aber begann hinterlistig zu bitten, dass man auf seine Rede bis morgen warten sollte. Er hätte noch [24835] so viele andere Geschichten verborgen, die er unmöglich alle noch an diesem Tag zu Ende erzählen könnte. Da musste man seinetwegen die Erzählungen auf den nächsten Tag verschieben. [24840] Davon konnte ihn nichts abbringen. Damit war die Sache beendet.

Am nächsten Morgen in der Früh machte sich der Bote daran, seinen Auftrag zu vollenden. [24845] Es wurde nach den Ansässigen und nach den Gästen geschickt, damit es auf dem Palas erneut nicht an Rittern oder Damen mangelte, [24850] auf dass alle hörten, was er dort zu sagen hatte. Als dies alles geschehen war, hob er seine Rede an und sagte: ›König Artus, [24855] ich bin hier zu eurem Nutzen auf eure Burg gekommen. Wenn ihr meine Rede ganz gehört habt, werdet ihr die Wahrheit darüber wissen. Auch Herr Gawein, der hier steht, [24860] braucht sich darüber nicht zu grämen, weil er hieran keinen hilfreichen Beistand vermissen wird.

Ich bin auch im Bilde über die Aufgabe, die Gawein auferlegt ist [24865] und die er bedingungslos geschworen hat. Der Eid wäre völlig vergebens, hätte mich nicht Frau Saelde seinetwegen in dieses Land hergeschickt, damit ich ihm Hilfe brächte [24870] und ihn mit dieser Ermunterung, wie ich sie ihm hier von ihr bringe, davon erlöste, dass ihn große Gefahr verfolgte. Damit er mir das besser glaubt, [24875] sei dies, Herr, das Erkennungszeichen, dass sie euch durch ihn einen goldenen Ring aus dem fernen Ordohorht hergeschickt hat, der euch das Gut der Saelde [24880] mit gleich bleibender Kraft und für alle Zeit sichern soll.

Ob diese Sache stimmt? Wenn ich hier noch Weiteres behaupte, sollt ihr es mir glauben [24885] und mir zuallererst gestatten, meine Erzählung zu Ende zu bringen. Die Saelde ist nämlich darüber in Klage, dass es Gawein bestimmt war, Angaras [24890] diese fürchterliche Reise zu schwören. Schließlich kann er sich diesem Schrecken nicht mehr entziehen. Er wird dabei wahrhaftig Furcht und große Not [24895] leiden müssen, und den sicheren Tod hätte er an der

Hand, wenn mich Frau Saelde nicht hergeschickt hätte, wie euch hier bekannt wird.

Ich weiß auch genau, dass Gawein [24900] großen Beistand von dem Stein erfährt, der vorne aus der Gürtelschnalle des Fimbeus sprang, als er diesen besiegte und sich den Gürtel nahm. Gyramphiel, die Schwester [24905] der Saelde, zürnt ihm deshalb sehr und ist ihm Feind, zumal der Stein ihm half, sich vor dem Drachen zu retten, an den sie ihn verraten hatte. [24910] Beim Gral hingegen verhält es sich nicht so, dass der Stein ihm unterwegs gegen irgendwelche Gefahren helfen könnte, es sei denn, ich unterweise ihn, welche listigen Kunstgriffe er dabei [24915] anlegen soll, damit der Stein und der Ring ihn schützen – die beiden müssen seine Begleiter sein, und dazu noch die beiden Handschuhe, [24920] wenn er aus dem Leid wieder gesund nach Hause kommen soll –, auf dass ihm die Aventiure bis ins Letzte bekannt werde.

Herr, wenn es euer Wille ist, [24925] wird diese Unterweisung weder im Stillen noch heimlich vor sich gehen. Man soll es öffentlich sehen; sonst nützt es nichts. Daher also gibt es [24930] kein Wenn und Aber. Wie ihr darüber denkt und was euch hier beliebt, will ich in wenigen Worten von euch hören, denn ich habe nichts mehr [24935] zu sagen. Wird es getan oder wird darauf verzichtet?‹

Artus sagte zu dem Ritter: ›Mir würde geschehen, wie mir nie geschah, wenn ich eure Bitte abschlagen würde! [24940] All eure Bitten werde ich euch zugestehen und erlauben, Monsieur, wie ich es mein ganzes bisheriges Leben über gehalten habe. Nichts gibt es, das so teuer wäre, [24945] dass ich es euch abschlüge, ganz gleich wie groß der materielle Schaden wäre, der mir dabei drohte. Das war bisher stets meine feste Überzeugung gewesen. [24950] Es wäre ein schlimmer Fehltritt, wenn ich diesen Vorsatz in eurem Fall bräche. Wer mich dafür schuldig hieße, hätte sehr guten Grund dazu, wenn ich euch, edler Ritter, [24955] zu dieser verächtlichen Behandlung ausersähe.‹

Das Mädchen und die Windsbraut

Man musste es dem Ritter erlauben. Geschwind wurden die Handschuhe und der Ring dort vor diese tugendhafte Versammlung gebracht. [24960] Auch gab Monsieur Gawein den siegbringenden Stein dazu, genau wie der Ritter verlangt hatte. Nachdem ihm nun dies alles gewährt worden war, sagte er: ›König, ich will bitten, [24965] dass Ritter und Damen dieses Wunder, das ich hier wirken werde, mit höfischem Anstand anschauen, was immer ich dabei tue und was immer ich dabei zu tun unterlasse. [24970] Niemand soll sich dabei langweilen, ganz gleich was oder wie ich hier vor euch anfange. Gebt gut Acht, was ich hier im Sinn habe, dann werdet ihr ein Wunder erleben.‹ [24975]

Artus versprach ihm, worum er gebeten hatte, und sorgte dafür, dass es auch erfüllt wurde. Er bestimmte, dass sich dort niemand aus welchem Grund auch immer von der Stelle rührte, [24980] wenn er nicht die Erlaubnis dieses Boten hätte. Das konnte man ihnen leicht verbieten, weil sie es alle zusammen gerne taten. Die einzige Ausnahme bildete Kay: [24985] Der leistete dem Boten Gesellschaft. Das tat er nicht, weil er so durch und durch *courtois* gesinnt war, sondern aus bloßem Spott. Dem Boten wäre es freilich viel lieber gewesen, wenn Kay ihm gewährt hätte, [24990] worum er gebeten hatte – also dass Kay sich gesetzt hätte –, denn der Bote hätte bei dieser Geschichte leicht auf Kays Gesellschaft verzichten können.

Nachdem all dies geschehen war, [24995] ließ der Bote sie alle sehen, wie er sich den Ring an seinen Finger steckte und sagte, dass Gawein ebenso handeln sollte. So würde er allenthalben Frieden finden [25000] und jede Feindschaft zerstreuen. Damit griff er erneut hin, nahm den siegbringenden Stein und sagte: ›Seht her, Herr Gawein, damit ihr diese Sache genau versteht. [25005] Ihr sollt den Stein in den Mund legen. So seid ihr vor Leid sicher und gebt nicht die Bohne um alle Feindschaft der Welt. Herr, seht, so groß ist [25010] seine Macht, wenn ihr dies befolgt.‹ Dann legte er ihn in den Mund, was dem Hof später noch leid tun sollte.

Diese Geschichte lasse ich für eine Weile sein. Denn noch immer lagen dort vor ihm [25015] diese beiden Handschuhe. Hört nun von einem Mädchen, die beileibe klein war. Deshalb hatte man sie alleine gelassen und befand sie sich nicht [25020] mit den anderen Damen im Palas, obwohl sie das Kind eines Königs war. Wie sie da so in einer Kammer saß, fing der Wind um sie herum so stark zu wehen an, dass sie so [25025] außer sich geriet, dass sie überhaupt nicht mehr wusste, wer sie war. Dies war eine merkwürdige Sache. Der Wind wurde immer heftiger. [25030] Dabei überkam sie, ich weiß nicht wie, die Wahrsagerei. Der Wind ließ mit seiner ganzen

Gewalt so lange nicht von ihr ab, bis er sie vor den König gestellt hatte. [25035] Nun hört, wozu dies führte!

Alle, die dort saßen, gerieten in allergrößte Verwunderung angesichts dieses Windstoßes, [25040] der dieses Mädchen emporgehoben hatte, die sie – weil sie so klein war – vorher in der Kammer zurückgelassen hatten; so ein kleines Mädchen sollte nämlich noch nicht am Hoftag teilnehmen. [25045] Darum war sie zurückgelassen worden, glaubt mir, und wegen nichts anderem. Diese wundersame Begebenheit ließ sie alle aus der Rolle fallen: Es entstand großer Lärm, [25050] es wurde geraunt und es wurden schiefe Blicke ausgetauscht, denn das Mädchen war – alle behaupteten das einhellig – so sehr verwandelt, dass sie kaum noch zu erkennen gewesen war. [25055]

Kay konnte natürlich auch hier nicht den Mund halten und spottete: ›So sollten Damen schreiten, wenn sie zum Hoftag vor die Gäste [25060] gehen, um diese zu empfangen – so wie dieses kleine Mädchen, dem ihr alle zusammen die Chance verwehrt habt, diesen Handschuh zu erwerben! Nun wird sie beide Handschuhe [25065] gegen euren Willen davontragen. Es muss ihr gelingen, zumal es euch allen misslang. Sie hofft so zuversichtlich, dieses Wunder zu erbeuten, [25070] dass sie die Füße nicht mehr am Boden halten kann. Ihr habt sie aus der Herrlichkeit ver- und in den Dreck gestoßen.‹

Dieser Wirbelwind [25075] ließ noch immer nicht von diesem Kind ab: Er hob es so hoch empor, dass niemand seine Fußspur hätte erkennen können, und doch waren ihre Füße so nahe [25080] am Boden, dass sie kaum drei Fingerbreit trennten. Sie war dort nicht lange gestanden, als der Wind sie abermals so heftig durchbeutelte, [25085] sie anpackte und herumtrug, und dies dreimal hintereinander, als ob er nie wieder damit aufhören wollte. Beim dritten Mal begann sie [25090] zu sprechen: ›König, hört mich an! Es gibt etwas, wovor ich euch warnen will!‹ Mit diesen Worten kam sie auf dem Boden zu stehen und ihr Mund verstummte, sodass sie es ihm nicht mehr sagte. [25095]

Wieder begann der Wind, sie zu schinden, und brachte sie in so große Not, dass man sie tot glaubte: So sehr schleuderte er sie umher. [25100] Davon entstand ein großer Andrang, und alle glaubten, dass sie wegen der Drangsal tot wäre. Da kam sie wieder zu sich wie zuvor. Ganz laut schrie sie die Worte: [25105] ›Herr

Das Hoffest zu Karidol 377

König, ihr seid verraten!‹ Die Ritter wichen alle zurück. Sie sagte erneut: ›Nun soll ich, Herr, nicht mehr sagen [25110] außer dies eine: Ihr werdet Kummer leiden und mit euch manch Edelmann, Damen und Mädchen, wenn ihr euch nicht vorseht. Mehr sage ich euch nicht. [25115] Ich will von dem Leid erlöst werden.‹

Damit verstummte sie. Sie verneigte sich höflich vor dem König und wollte wieder in den Saal. Der Wind aber wollte sich nicht eher legen, [25120] als bis er sie wegbrachte, wie er sie hergebracht hatte. Unter den Leuten aber begann man heftig zu diskutieren, wie diese Weissagung, die das Mädchen vor ihnen tat, [25125] zu verstehen wäre. Hier wurde viel darüber geredet und beraten, öffentlich und heimlich. Doch wie sehr sie sich auch bemühten, [25130] es nützte ihnen alles nichts, weil sie mit der Sache zu keinem Ende kamen. Sie waren so gefesselt, dass sie den Sinn nicht erkannten. [25135]

Kay überlegte schließlich, ob irgendeine Feindschaft diesen Ritter hergebracht hätte, ob etwa alles gelogen gewesen wäre und er ihnen damit schaden wollte. [25140] Dafür gab es aber an diesem Ritter kein Anzeichen. Sonst fiel Kay nichts ein. Schließlich wollte Kay ihn der Ehre des Hauses wegen auch nicht kränken: Es hätte Artus [25145] von Herzen leid getan, wenn Kay in seinem Haus einen Gast entehrt und das Ganze nicht zum Scherz hin gewendet hätte. Das war man von ihm gewohnt. [25150] Was aber zu einer echten Schmähung führen könnte, musste er vermeiden, weil Artus es nicht ertragen wollte, dass er es täte. Daran hielt er sich in der Tat immerzu, [25155] es sei denn eben, er tat es höfisch und im Scherz. Ansonsten unterließ er es ganz. Er hielt nun eine öffentliche Rede, über die Artus und die Leute lachten. [25160]

Er sagte: ›Mein Herr König! Wenn es in eurem Sinne und im Sinne des Hofstaats ist, dass ich frei reden darf – unter der Bedingung freilich, dass meine Rede im Dienste [25165] der Ehre steht, auf dass unsere Freude sich mehre, die uns Gott und der Bote der Saelde hier erweisen –, so will ich ein paar Worte sagen: Unsere Teilnahme an diesem Hoftag [25170] ist uns allen zum größten Glück geraten – mehr als es jemals geschah –, denn bei keinem Fest waren uns so viele streitbare Aventiuren an den Hof gekommen wie heute. [25175] Ich sage das nicht etwa, weil mich das bedrückt; selbst wenn ihrer tausend wären, würde ich mich darüber sehr freuen. Ich will meine Freude verbreiten, [25180] auch wenn ich das nie zu Ende bringen kann.²⁷¹ Nun seht euch aber hier zu, dass es nicht unlustig wird.

Gebt gut Acht auf die Aventiure, die euch dieser Edelmann [25185] mit seiner Kunst und von Frau Saelden Gnaden erzeigen will! Das scheint mir kein Fehler zu sein. Man möge uns und ihn bei dieser Aventiure so schützen, [25190] dass sie weder ihm noch uns den Frohsinn verdirbt. Wenn man etwas übertreibt, erntet man Verdruss. Vielen gereicht zum Vorteil, [25195] wofür sie eigentlich büßen sollten, wenn das Glück es nur wollte und das Heil es ihnen erlaubte. Hingegen büßt manch einer für etwas, das ihm doch zum Vorteil gereichen sollte, wenn die Saelde das will. [25200] All das gehört zu ihrem Spiel, dass sie uns so durcheinander bringt und an manchen Dingen so verwirrt, dass wir es kaum für möglich gehalten hätten. Wie viele²⁷² hat sie [25205] mit vollkommenem Heil aufgebaut, die doch zuletzt – obwohl sie mir auf sicherem Boden zu stehen schienen – dem dunklen Teil des Glücksrades anheim fielen, wenn dies der Wille der Saelde war. [25210] Großem Gewinn geht oft Verlust nach, auf einen großen Wurf folgt oft ein kleiner. Was hat der große dann aber gebracht? Am Ende hat der Spieler mehr daran verloren, als er damit vorher je gewonnen hatte, [25215] weil es ihn so sehr ärgert, dass ihm der letzte Fall der Würfel so untreu war, und er lässt seinen Freudentrubel verstummen, den er wegen des Gewinns erhoben hatte. [25220] Frau Saelde hat dieses kleine Mädchen, die großen Schaden prophezeit hat, nicht umsonst hereingeschickt. Den wehrt ab, ehe ihr ihn beklagen müsst!‹

Vielen gefiel sein Rat gut. [25225] Andere hielten es für ein Vergehen, dass er diese Rede gehalten hatte. Niemand aber lobte oder schalt ihn dafür. Wenn sie darüber sprachen, [25230] dann nur heimlich. Da wurde doch die Meinung eines jeden ergründet, und sie sagten, was sie davon hielten. Der ganze Saal war voll damit. [25235] Artus ließ sich die Rede durch den Kopf gehen und sagte zu ihnen allen: ›Was Kay gesagt hat, braucht niemandem zu missfallen. Allerdings wird deshalb diesem Ritter nicht verwehrt, [25240] worum er gebeten hat. Wollte ich die Bitte abschlagen, würde ich beileibe das Falsche tun. Man hat mir bisher selten vorgeworfen, dass ich jemanden an seiner Bitte [25245] betrügen oder ihn anlügen würde.

---

271 Unsicher. Die syntaktischen Verhältnisse sind schwammig.
272 Gegen die Ausgabe (*manigen* statt *maniger*).

Wenn ich jemandem etwas versprochen habe, werde ich es ihm auch gewähren, ganz gleich ob ich es bereuen oder ob ich davon profitieren werde. Denn taugten sein Begehr [25250] und mein aufrichtiges Versprechen zu anderem – worüber ich weder verfüge noch es mir vorstellen kann –, würde mein Lohn zu einem vorschnellen.‹

›Herr Ritter‹, sprach er weiter, ›kommt her – darauf habt mein Wort –, [25255] und tut ganz, wie euch beliebt. Achtet nicht darauf, was Kay zu euch sagt. Da ich es euch erlaube, glaube ich nicht, dass jemand unter den Anwesenden hier es euch missgönnt. [25260] Freie Reden sind solche, denen keine Taten folgen und die frei für sich bestehen. Das geschieht nur zu häufig. Ich sehe nicht, dass euch irgendetwas [25265] hindern könnte, was immer ihr tun wollt. Eurem Willen sei anheim gestellt, was ihr wollt, tapferer Held.‹

Flucht des Ritters: Verlust von Stein, Ring und Handschuh

Der Ritter bedankte sich beim König. Danach wartete er nicht länger. [25270] Er wollte es nicht aufschieben: Er zog einen der Handschuhe an seine Hand. Dadurch verschwand die rechte Hälfte seines Körpers, [25275] ohne dass ihm irgendein Makel dabei hinderlich gewesen wäre. Nun nahm der Gast auch den anderen Handschuh und legte ihn nach diesem an. So ging er von dannen [25280] und blieb mitten im Saal stehen. Nun war von ihm überhaupt nichts mehr zu sehen. Die Ritter dort begannen sofort eifrig nach ihm Ausschau zu halten, [25285] ob sie ihn etwa an seinen Schritten erspähen könnten. Man hätte sich das besser gespart. Es war, als ob sie sich völlig umsonst abmühten.[273]

Das lag in der Absicht des Gastes. [25290] Nun schwieg er ganz still, sodass er nicht ein einziges Wort sagte. Er sah alles, was sie taten, ihn aber sah niemand. Auch hätte er sich nur sehr ungern [25295] jemandem gezeigt. Kay begann ihm nachzugehen, um zu sehen, ob er ihn hören könnte. Der Ritter hinderte ihn nicht daran, wie er sich zum Narren machte, zumal es ihn nicht störte: [25300] Sowie Kay glaubte, dem Ritter nahe zu kommen, wich dieser wieder aus. Nun überlegte Kay, wie er die Tür erreichen könnte, um

273 Gegen die Anm. der Ausgabe.

sicher zu stellen, dass der Ritter nicht hinausginge. [25305] Wie wenig ihm das half! Denn der Bote ging einfach vor Kay durch die Tür den Saal hinunter und erzeugte dadurch große Aufregung. Er saß geschwind [25310] auf seinen Bock auf und ritt vor den Palas hinaus. Der König war sich sicher, dass er noch bei ihm wäre, und es bedrückte ihn, [25315] dass er sich hier so lange versteckte. Dasselbe glaubten sie alle und hielten es für pöbelhaft, dass er so lange wartete und sich nicht blicken ließ, [25320] wie er es ihnen doch allen versprochen hatte, als er seine Bitte, die man ihm gerne gewährte, vorbrachte. Sie betrog der Schatten seiner Treue.

So also hielt er vor dem Saal. [25325] Das ganze Gefolge saß aber noch oben, bis auf Kay. Dort glänzte der Hort allen Anstands, weil es ihnen geboten war, dass niemand im Palas [25330] auf keinen Fall von seinem Platz aufstehen sollte, bis der Bote den Vorgang dieser Aventiure zu Ende gebracht habe. Darum hatte der Bote gebeten, und so hatte es König Artus befohlen. [25335] Wie nun niemand von seinem Platz aufstand und sie mit vollendet höfischen Sitten eine endlos lange Zeit auf diese Aventiure warteten, wurde Artus darüber [25340] sehr missmutig, zumal es ihm an seine Ehre und um unbezahlten Schaden ging. Er war nun hier der erste, der dieses Werk als böse erkannte. [25345]

Er erhob sich von seinem Platz. Den Boten bat er – obzwar er ihn weder hörte noch sah – höflich, dass er sich wie versprochen sehen ließe, [25350] und er sagte, ein Edelmann sollte nie um des Besitzes wegen Schlechtes tun – das sollte man den Bösen überlassen –; und er sagte, dass ihm beileibe alles sicher wäre, was immer er zu haben verlangte, [25355] selbst wenn es noch mehr wäre. Dadurch könnte er hier reiche Beute machen, ohne dem Laster zu verfallen. Die Rede nützte freilich wenig, denn der Bote war nirgends da. [25360] Nach Artus' Rede entstand dort unter all den Leuten große Aufregung, die der Bote unten gut hören konnte. Er gab aber sehr wenig darauf Acht, was ein jeder aushecktete, [25365] denn der Zauber schirmte ihn.

Man sorgte gründlich dafür, dass im ganzen Palas überall nach ihm gesucht wurde. Allesamt schlichen sie [25370] ganz leise hin und her, und ein jeder befleißigte sich auf seine Weise des Suchens und Fluchens. Ihr ganzer Eifer lag daran, wie wenig es auch einem jeden von ihnen [25375] nützte, der da suchend hin und her ging, in den Winkeln und danach vor der Tür, unter und auf den Tischen, sogar unter den Bänken. Wie konnten sie nur denken, [25380] er wäre noch unter ihnen? In dieser Sache betrog sie ihr Verstand: Er war nicht da, er war dahin.

Noch war alles ein großer Spaß. Sie glaubten, dass sich dieser Bote [25385] unter den versammelten Damen befände. Sie gingen gemeinsam dorthin und durchsuchten alle auf dieselbe Art und Weise, eine jede einzeln. Das war eine vergebliche Mühe. [25390] Der Ritter wartete derweil hier unten alles ab, bis man ihn überall gesucht hatte. Nun wollte er seine Rückreise nicht noch länger aufschieben. Wie er nun auf seinem Bock saß [25395] und dort unten vor dem Saal hielt, im Besitz der Kleinodien – dadurch konnte ihn ja niemand sehen –, rief er hinauf und sagte: ›Mein lieber Herr Artus, [25400] nun lasst euer Suchen sein! Ich bin hier, hört mich an! Niemand sei so vermessen zu glauben, dass er mir den Raub anders als im Guten abgewinnen könnte. [25405] Ich bin noch bei euch hier drinnen!

Ich sage euch, was es mit dieser Sache auf sich hat: Heute vergelte ich den Frevel und will ich an die Schuld erinnern, die Gawein in Untreue [25410] an Fimbeus beging. Ginover zwang Gawein dazu, dass er Fimbeus in räuberischer Absicht von diesem Hof aus nachritt und ihn erschlagen wollte, [25415] ohne ihm den Kampf anzusagen, und er gab ihm deutlich zu erkennen, was er im Schilde führte. Er griff ihn wegen seines eigenen Besitzes an, was niemand einem anderen antut [25420] außer Diebe und Räuber. Ich will euch das beweisen, denn ich habe hier bei mir so viel vom Raub, dass die Wahrheit daran deutlich zutage tritt. [25425] Meine Anklage bezieht sich auf den Stein, den Gawein erbeutete.

Auch schwöre ich euch bei meinem Leben, dass Ginover, eure Frau, den Gürtel hat, den Gawein dem Fimbeus nahm. [25430] Artus, überlegt euch gut, inwieweit sich das heute wie damals mit eurem Ansehen vereinbaren lässt! Wenn ich euch da dieses Kleinod als Vergeltung entwende, braucht dafür niemand [25435] meine Treue zu schelten, denn eine ungerächte Schuld bleibt bis zum Jüngsten Gericht[274] allgegenwärtig. [25440] Wird unterdes diese Sache mit gleichem Lohn heimgezahlt, kann man ihn, der das tut, dafür nicht anklagen; so will es das Diktum der Weisen.

---

274 Unsicher. Die Übersetzung folgt, gegen die Ausgabe, einem Konjekturvorschlag Singers.

Herr König, ich will euch sagen, [25445] welchen Kummer ihr durch diesen Verlust, der euch widerfahren ist, zu ertragen habt. Ich sage es euch nicht im Guten, sondern damit euer Leid umso größer sei und es euer Herz schmerze, [25450] und doch wird euch hier nichts als die Wahrheit gesagt: Euer Hof wird untergehen. Ihn, der auf immer und ewig bestanden hätte, kann es nicht länger geben. [25455] Auch wird Gawein nicht am Leben bleiben, will er nach dem Gral suchen – was er unmöglich abwenden kann, weil er es geschworen hat. Da er nun Stein, Handschuhe und [25460] Ring verloren hat, die ihm seine Gehilfen sein und ihn – was nun ganz unvorstellbar ist – hätten zurückbringen sollen, wird er daran scheitern. [25465] Auch ihr werdet die Freude ablegen und euer restliches Leben Jammer haben.

Hiermit will ich von dannen scheiden, denn ich habe alles erreicht, weshalb ich hergekommen war. [25470] Ich bitte also um Abschied von euch und dem Gefolge, und ich weiß genau, dass meinetwegen sehr schnell eine allgemeine Klage erstehen wird. Ihr und das Gefolge werdet sie [25475] anstimmen, wenn ihr begreift, worauf dieser Verlust hinausläuft, und wenn es euch – wie ich euch versichere – nach und nach recht eigentlich bewusst wird. Schon in kurzer Zeit [25480] wird man diese Geschichte überall hören. Unerträglicher, endloser Kummer wird euch erwachsen: Gaweins Hände haben ihn erworben.‹ [25485]

Man hörte genau, was er sagte, wenn ihn auch niemand sah, obwohl man nach ihm Ausschau hielt. Inzwischen waren Kay und die Leute in den Hof herabgegangen, [25490] wo der Ritter die Rede gehalten hatte. Kay hatte sich eine List ausgedacht, die er auch versuchte, die ihm aber wenig brachte. Er ging heimlich zur Pforte [25495] und verschloss diese ganz fest. Damit wollte er dem Gast die Ausfahrt gründlich vereitelt und versperrt haben. Danach ging er wieder [25500] zu den Rittern, die mit ihm heruntergegangen waren und dem Ritter nachstellen wollten. Wenn Kay den Boten schon nicht sehen konnte – ob er ihn nicht etwa [25505] an der Spur des Bockes erspähen könnte, wenn er sich an ihm vorbei bewegte? Was half den Rittern das? Der Bote schwebte über dem Boden!

Was Kay sich da ausgedacht hatte, nützte ihm nur sehr wenig, [25510] denn der Bote sah, was Kay tat, und bewegte sich weiterhin von Ort zu Ort, wie es ihm beliebte. Er entzog sich ihm so lange, bis ihn Kay schnurstracks anrannte [25515] und alle anderen um Hilfe bat, damit er nicht entwischen könnte. Er verkündete auch, dass er ihn wahrlich hier in der Burg eingeschlossen hätte. Das ermunterte Kay [25520] und die anderen Ritter. Mit lautestem Lärm jagten sie den Boten umher. Keinen freien Platz ließen sie aus, den sie sich erdenken konnten [25525] und von dem sie glaubten, dass er sich dort bewegte. Hier, dort und da führten sie wie aus einem Sinn Schwerter und Lanzen gegen ihn.

All das war völlig vergebens. [25530] Der Bote nahm den Bock mit den Sporen und zeigte sich vor ihnen allen. Mit unglaublicher Geschwindigkeit sprengte er durch sie hindurch. Sein Bock machte es ihm möglich, [25535] dass er vor ihrer aller Augen einen Weg direkt oben über die Mauer wählte – wie ein schrecklicher Schauer oder ein Hagel, der darüber weht, [25540] wenn eine Windsbraut ihn verbläst. So ritt er von ihnen hin seines Weges, der Ritter mit dem Ziegenbock. Hier sah man ihn zum letzten Mal. Größtes Leid geschah hier [25545] Artus und den Seinen. Man sah es Artus an, weil seine Freude dort dem Jammer und der Klage Platz machte. Hiermit lasse ich es mit diesem Boten gut sein. [25550]

Rückgewinnung der Kleinodien

Der Aufbruch der Helden

Der Rat des kleinen Mädchens

Artus und das Gefolge brachen in heftiges Klagen über diesen unermesslichen Schaden aus, der sie – hoffnungs- und hilflos – bedrückte. [25555] Ich habe schon oben ausführlich erzählt, wie es um solch große Klage steht. Deshalb sei es hier verschwiegen; nur soviel sei euch erzählt, dass diese Herzensklage [25560] bis an den dritten Tag dauerte und dass sie nie zum Erliegen kam, ohne jede Hoffnung. Davon erlöste sie ein Rat, den Gawein ihnen allen bot: [25565] Der brachte sie aus der Not. Dazu war es auch höchste Zeit, denn es war festgesetzt, dass sich der Hoftag auflöste. Auch sollten alle am Morgen [25570] Abschied nehmen und von dannen scheiden.

Als nun also Ritter, Damen und Mädchen ganz und gar in diesem Leid befangen waren, als ihre Freude zerstört war [25575] und wegen dieses Unglücks am selbigen Morgen völlig zu Ende gehen sollte, da war Gawein vor den König getreten, wo dieser hier mit den Fürsten saß, [25580] ohne Kraft zur Freude, und das Gefolge ebenso. Er wollte, wo er es vermochte, ihre Klage geschwind zerstreuen und sie mit seiner Rede erfreuen, [25585] denn die Klage missfiel ihm sehr. Er sagte: ›Herr, eure Klage ist völlig ohne Not. Diese Aventiure ist alleine für meinen Tod gedacht. [25590] Deshalb hat man euch diese große Aventiure hergebracht. Klagt nicht gar so viel, Gott ist und bleibt eine Stütze der Freude.

Was macht es, dass ich verloren bin? [25595] Ich bin nicht geboren, um ewig zu leben, sondern so lange Gott will. Damit hat es nun ein Ende. Artus, mein lieber Herr, [25600] verhaltet euch doch wie ein Mann! Ihr habt noch Ehre und Besitz, Leben, Leute und Land, und seid für eure Tugend bekannt, sodass euch niemals ein Übel geschehen wird, [25605] wenn ihr es selbst abwehren wollt. Ihr könnt gut auf mich verzichten: Auch ohne mich ist euer Hof voll von Fürsten und Recken, die sich gut darauf verstehen, Freude [25610] zu erwecken und zu üben. Lasst euch vom Fall meines Lebens nicht so stark verdrießen, sodass ihr euch und der ganze Hof sich die Freude versagt. [25615] Ob mir Gott das Glück verleiht, dass ich wohlbehalten zurückkehre? Auch wenn ich oft davon profitiert habe, dass ich den Stein hatte, bin ich doch noch immer – wie [25620] auch zuvor schon – Gawein, der so manchem Schrecken entkam; das kann leicht noch geschehen. Ihr werdet noch viele fröhliche Tage sehen. Klagt nicht über diesen Schlag! [25625]

Ich will einen guten Rat geben, wo es nun einmal so weit gekommen ist. Wir können die Sache in kurzer Zeit an ein Ende bringen. [25630] Ihr habt alle genau gehört, dass uns das zierliche Mädchen den Schaden genauso geweissagt hat, wie wir ihn erfahren haben. Leider waren wir da nicht imstande, [25635] die Sache zu verstehen, hätte es Kay nicht für uns getan. Was half aber die Mahnung? Sein Rat war keine Hilfe, weil ihn niemand ernst nahm, [25640] und zwar deshalb, weil seine Zunge oft auf ernsthafte Worte verzichtet und Spaß und Spott lehrt, wiewohl sie oft hilfreichen Rat spendet, wenn die Zeit danach ist. [25645] Sein Rat wurde als Spaß aufgefasst. Hochmut war schuld daran, dass uns das Spiel der Aventiure daran die Freude recht eigentlich zerbrach. Von dieser Sache will ich hier schweigen. [25650]

Ich will aber hier öffentlich den Armen und Reichen meine Meinung dazu sagen. Einer Sache bin ich sicher und weiß sie ganz bestimmt: [25655] Wenn uns jemand dazu Rat bringen kann, dann dieses Mädchen, die uns die Sache geweissagt hat. Nach der schickt, Herr! Dann kommt unsere Sache [25660] auf die eine oder die andere Weise an ein Ende. Zu diesem Rat bitte ich um Zustimmung, wenn er euch gefällt.‹ Das sagten sie alle: ›Er hat gut geraten.‹ [25665] Mit ihm baten sie den König, dass er nach dem Mädchen schicken und niemand ihn davon abbringen sollte und dass er von ihr in Erfahrung brächte, wie es ausgehen würde, denn danach verlangte es sie alle. [25670] So wurde also nach dem Mädchen geschickt und sie sofort dorthin gebracht. Dieser Rat befreite sie von der Klage.

Gawein überließ nichts dem Zufall: Das Mädchen brachte er selbst [25675] vor den König in den Saal. Als sie das Kind erblickten, erhob sich überall Freude, weil sie wie zuvor ein starker Wind vom Boden emporhob, [25680] als sie in großer Herrlichkeit vor Artus stand. Der Wind schleuderte sie in der Burg hin und her. Dabei bewegte er sie [25685] mit so mächtiger Kraft, dass die Damen und die Ritterschaft sich sehr um dieses edle Mädchen sorgten: Sie glaubten sie tot, [25690] weil sie der Wind in große Not brachte, indem er sie durchbeutelte und in der Burg von Ort zu Ort schleuderte. Nachdem der Wind das lange getrieben hatte, verblieb das Mädchen

[25695] genau dort auf ihrer Stelle vor dem König, von der sie aus eigenem Antrieb keinen Fußbreit gewichen war. Gawein bat um Stille.

Niemand verwehrte ihm seine Bitte. Das Mädchen stand und sprach: [25700] ›Hättet ihr mir, König, geglaubt, dann wärt ihr nicht des Reichtums und der Ehre beraubt worden und hättet davon nicht so große Qualen erworben. [25705] Ihr seid verloren, wenn das Verlorene nicht zurückgewonnen wird. Ist euch das Heil vergönnt, dass dies jemals geschehen soll, wird es doch große Gefahren mit sich bringen. [25710] Und wenn euch Gansguoter von Micholde gewogen ist – dessen Burg in Madarp steht und der stets nach großem Ruhm warb und sich auf solche Dinge versteht – [25715] und wenn also er euch seine Hilfe anbietet, dann lässt sich alles rückgängig machen. Selbst wenn alle Männer mit ihrer Stärke und ihrer Kraft an Geschick und Ritterschaft [25720] in einem einzigen Mann vereint wären, hätte dieser doch genug zu tun und fände, bevor die Sache zum Ende kommt, nirgends Frieden und immer nur gewissen Kampf. [25725] Er wird eine üble Zeit erleben, auf dem diese Aufgabe lastet.‹

Hiermit schloss sie die Rede. Sie verneigte sich gegen den König und ging aus dem Saal ins Arbeitshaus. [25730] Das Gefolge dort freute sich außerordentlich über die Geschichte, auch wenn die Aventiure noch nicht bestanden war und man die Sache mit so großer Mühe an ein Ende bringen musste, [25735] wie das Mädchen gesagt hatte. Nun hatte Ygerne von Gansguoter, ihrem Liebhaber, gehört, dass unmöglich jemand das Geraubte ohne sein Wohlwollen [25740] wiedergewinnen könnte. Darüber wurde sie in der Tat sehr froh. Sie ging zum König hin und bat ihn, ebenfalls sehr froh zu sein. Sie sagte: ›Mein Herr Sohn, [25745] es wird noch alles gut werden, weil dein ganzes Geschäft von Gansguoter, meinem Mann, abhängt. Niemandem gönne ich die Ehre mehr. Wir sollen alles Trauern lassen.‹ [25750]

Die Gefährten: Gawein, Kalocreant, Lanzelet und Kay

Wie zuvor erhob sich hier nun die Freude. Am frühen Morgen fasste Artus den Entschluss, dass er dieses Geschäft nicht zu spät anfangen sollte. [25755] Sofort wurde das Gefolge dort vollständig vor ihm versammelt. Unter dieser tugendhaften Schar erhob er sich und sagte: ›Ihr Herren, was immer mir an Leid [25760] geschah, war gar nichts im Vergleich zu dieser schädlichen Geschichte, die mir nun geschehen ist. Ihr habt es ja alle selbst gesehen. Ich würde den Schaden auch nicht so heftig beklagen, [25765] wenn nicht Gawein hier nun dadurch und wegen des siegbringenden Steins leider mit Mühsal überhäuft wäre. Dieser Schaden würde mir hier [25770] und auf immer wenig gelten, hätte nicht Gawein sogleich diesen Schwur geleistet, der so manchem das Leben oder zumindest seine Mühen gekostet hat, [25775] der die Sache aus Tapferkeit in Angriff nahm und dabei Drangsal erlitt.

Nun muss es so sein. Meine Männer und Freunde, ich bitte euch, dass euch allen [25780] meine Rede gefallen möge, die ich hier halten will. Auch soll sie niemand für übertrieben halten, denn ich beabsichtige Folgendes: Was immer Gawein geschieht, [25785] soll auch mir geschehen. Ich will diese Reise mit Gawein in Angriff nehmen, dagegen hilft nichts. Wir werden beide nicht zulassen, dass einer von uns in irgendeiner Notlage bleibt, [25790] die der andere aus der Welt schaffen kann und in der ihm der andere[275] eine Hilfe wäre oder irgendwie sein könnte. Wenn es dem einen nützte, [25795] wäre es unabwendbar. Schenkt das Glück uns beiden den Sieg, wird es darüber in der Tat keinen Neid geben. Egal wem von uns beiden das Glück den Sieg schenkt, der andere wird davon keinen Hass gewinnen. [25800] Was würde zwei Gefährten besser anstehen? Wenn aber einer in einer Notlage zurückbleibt, dann ist der andere tot, wie weit er auch von ihm entfernt wäre. Deshalb nehme ich die Reise auf mich. [25805] Ich will niemals ohne ihn Freude haben, so lange ich lebe. Da er dorthin soll, muss auch ich dorthin.‹

Alt und Jung sprachen sich wie aus einem Mund [25810] gegen diese Rede aus. Sie störten die Stille mit lautestem Lärm. Gawein bat sie alle zu schweigen, [25815] wenn sie seinen Vorschlag hören wollten. Wäre er lobenswert und würde er ihnen gut gefallen, nachdem er ihn gemacht hätte, [25820] wäre er darüber vollkommen froh. Wäre das aber nicht so, dann sollte ein anderer hier seinen Vorschlag vortragen, und dies solange, bis man zu einem Schluss käme, [25825] mit dem sie alle aus dem Unglück des Kummers befreit wären. Gawein sagte vor ihnen allen:

---

275 Oder: ›der eine‹.

›Artus, König und Herr! Wie konntet ihr [25830] eure Ehre so sehr vergessen, dass ihr nun nach so großer Betrübnis eurem Land Traurigkeit und Leid vermehren und erneuern wollt – [25835] was ich euch versichern kann –, dass ihr die Länder wie ein *chevalier errant* – das heißt: wie ein Recke – aufsuchen wollt, den kaum jemals das Dach eines Hauses [25840] mit Wohlbehagen bedeckt hat und den sein Gemüt nur nach ritterlichem Ruhm treibt, der die Gefahr liebt, weil er nichts anderes begehrt [25845] und damit ganz zufrieden ist? Er hat sich darauf eingelassen. Wenn ihr es recht bedenkt, dann wären eure Länder, nach denen viele trachten, und dazu Männer [25850] und Verwandte der Gefahr ausgesetzt. Ihr wollt uns mutwillig aufs Spiel setzen, uns das Leben vergessen machen und Leid auf den Rücken legen. [25855] Lasst jene sich um solche Arbeit annehmen, die euren Hof ehren und euch zum Lob geleiten und die eurem Namen[276] und eurem Hof eine Ehre machen! [25860] Von diesen sind zahllose hier: Da sind Iwein und Parzival, Lanzelet und Erec – die haben den Weg zu solcher Beute sehr oft genauestens erfahren –,[277] [25865] Segramors und Kalocreant, ich und mein Freund, Herr Kay, auch so mancher, der hier sitzt. Ich glaube, dass dieser Vorschlag von größerem Vorteil wäre.‹

Alle hielten sie den Vorschlag für gut, [25870] und so wurde der König gründlich von seinem Entschluss abgebracht. Gawein bemühte sich sehr eifrig darum, dass sich kein weiterer [25875] unter den Versammelten aus ritterlicher Belustigung dieser Arbeit annähme. Es tat ihm im Innersten leid, denn wenn er diese Ritter hier angesprochen hatte, [25880] so hatte er dies nicht deshalb getan, um sie auf der Fahrt zu schinden, sondern nur um den König so davon abzubringen, denn er wollte den verlorenen Besitz [25885] gerne alleine erwerben oder aber alleine dafür sterben. Das war in der Tat seine Absicht. So hatte er es aber so weit gebracht, dass dies nicht sein konnte, [25890] wie sich nun an den Genannten zeigte: Auch sie fürchteten diese Pein gar wenig.

Sie handelten entsprechend, denn sie stritten unter sich, wer mit auf die Fahrt dürfte. [25895] Gawein bemühte sich, es mit Verstand abzuwenden, dass sie irgendwie mit ihm außer Landes fahren würden. Sie aber vermehrten ihre Bitten nur, [25900] je länger, umso

---

276 Oder: ›eurem Ruf‹.
277 Interpunktion gegen die Ausgabe.

mehr. Gawein war das zuwider; gleichwohl ließ er sie ihre Bitten vorbringen, die ein jeder von ihnen mit großem Verlangen vorbrachte. [25905] Nie hatte es Bitten gegeben, die einander an Herz und Willen so exakt glichen, und niemand vermochte sie mit keinerlei Rede zu besänftigen, denn Bekannte wie Unbekannte waren sich [25910] den Ruhm vergönnt.

Herr Kay begegnete allen Begehrlichkeiten mit herabsetzenden Sprüchen. Es ist nicht nötig, [25915] dass ich die hier alle erzähle, denn ich jage hier zum Ende dieser Aventiure. Wie bemüht ein jeder hier auch bat, es wurde ihm versagt. [25920] Allerdings verlangte Monsieur Parzival noch immer sehr stark danach, mitfahren zu dürfen, als die anderen, die auch um dasselbe gebeten hatten, ihre Bitten schon alle aufgegeben hatten. [25925] Kay trieb daraus großen Spott. Er sagte: ›Herr Parzival, Gott bewahre! Lasst die Bitte bleiben, das wäre recht getan! Seht zuvor genau, ob nicht Herr Gawein [25930] vorher den Ring und den Stein samt den Handschuhen erringen würde; dann wäre die Aventiure was für euch.[278] Wenn dann auch Goorz von Gornomant [25935] bei euch wäre, würde euch gewiss bekannt, wie es um den Gral stünde, wo er euch doch das Fragen allemal aus gutem Anstand verboten hatte, [25940] als er euch die Frucht des prächtigen Schmucks der Ritterschaft beibrachte, um die ihr euch auch mit Verstand bemüht habt.[279] Das geschah aus Anstand, nicht aus Feigheit.‹

Hiermit ließ er es sein. [25945] Gawein ging vor den König: Er bat um die Erlaubnis zur Reise. Herr Kay war durch nichts von demselben Standpunkt abzubringen, bis schließlich auch er von Artus [25950] die Erlaubnis bekam, und ebenso Herr Lanzelet. Kalocreant tat dasselbe. Das konnte ihnen niemand verwehren, weil sie gemeinsam zu schwören begannen, dass sie lieber tot wären, [25955] als Gawein wegen irgendetwas im Stich zu lassen. Ihre Ausrüstung für die Fahrt ließen sie sich für den ganz frühen Morgen herrichten. [25960] Als sie dann scheiden wollten, nahm Herr Kay Abschied

---

278 Interpunktion gegen die Ausgabe.
279 Anspielung auf ›Perceval‹ / ›Parzival‹: Gornemant de Goort (Chrétien) bzw. Gurnemanz de Graharz (Wolfram) nimmt den Titelhelden bald nach seinem Dümmlingsritt bei sich auf und bringt ihm einige Grundregeln des Rittertums bei, darunter auch die Maxime, nicht unnötig viel zu fragen. Perceval / Parzival hält sich eisern daran, auch auf der Gralsburg, und verspielt dadurch (fürs Erste) den Gral.

von Mädchen und Damen. Gegenüber den Rittern tat er genauso. Damit bewirkte er Lachen und Scham. [25965]

Er stand mitten im Saal und sagte: ›Hört überall, was ich sagen will! Ich war mein Leben lang hier Hausgenosse, [25970] und ich erwarb mit der Beute des Heils[280] und mit meinem Dienst, dass mir euer guter Wille und euer Wohlwollen nie versiegten, weil ich es verstand, in eurem Sinne [25975] ganz so zu leben, dass ich dem Kleinsten und dem Größten mit meinem Dienst bereit war. Wahrlich, das konnte ich gut! Auch tat ich es sehr gerne. [25980] Man hat es mir nicht verboten, und ich soll auch in Zukunft so sein. Ich weiß genau, ihr könnt auf mich nur schlecht und schwer verzichten. Ihr sollt mir die Abreise erlauben [25985] und ich will trotzdem dieses stets hoffen: dass es eure Herzen nicht schmerzt, dass ich darum bitte, wenn es auch die Art des Freundes ist, dass er um Freunde klagen muss. [25990] Erlebt man den Verlust des Freundes oder denkt man nur daran, gerät das Herz, das von der Liebe so verletzt worden ist, leicht ins Wanken.[281]

So habe ich es mit dem euren gemacht. [25995] Deshalb bin ich ein glücklicher Mann, weil ich mir eurer Liebe sicher bin. Ich will, dass ihr mir versprecht, dass ihr guter Dinge seid. Zumindest bis ich meine Rede fertig [26000] gesagt habe, wie ich will, soll euer Leid entweichen! Damit sollt ihr mich ehren. Ich kann euch nicht verbieten, dass ihr mich nachher beklagen werdet. [26005] Ihr sollt es aber nicht zu eilig haben damit, sodass ihr gar jetzt schon damit beginnt, weil ihr mich liebt und mir von Herzen hold seid – was ich mir längst verdient habe –, [26010] denn ich habe euch stets verteidigt und eure Scham bedeckt. Dabei denke ich in erster Linie an die Damen und bin mir auch sicher, dass man sie traurig sehen wird. [26015]

Es wird mich auf immer traurig machen, dass sie wegen mir ihre Brüste so sehr zerschlagen müssen aus freundschaftlichem Verlangen, das sie leider überkommt. [26020] Auch reuen mich die Kleider, die sie wegen mir zerreißen, auch dass die roten Lippen verbleichen und dass Backen und Wangen verblassen, [26025] wohin die Tränen reichen, und leid tut es mir, dass sie in dieser Zwangslage so sehr verwelken und vielen Zöpfen die Farbe nehmen, sie

---

280   Also: mit Glück.
281   Interpunktion gegen die Ausgabe.

ganz und gar zerraufen [26030] und damit abgelten, dass sie mich nicht haben können. Ach, wie viele gute Segen erwerben sie für mich bei Gott, damit mich sein Schutz und sein Wille [26035] wieder aus der Ferne zurück nach Hause schickt und mich geschwind zurückbringt! Dann ist ihre Freude schnell, und sie werden einen prächtigen Empfang geben, [26040] wie er selten von Männern oder Frauen gegeben wird. Entweder kehre ich zurück oder ich bleibe auf der Strecke. Ich will euch aber alle bitten, dass ihr in guter Frauenart [26045] eure große Klage mäßigt und mich für eine Weile freigebt – vielleicht erreiche ich ja etwas. So möge nur Gott eure Klage hören! [26050] Es ist eure Art, dass eure süßen Augen einem Mann ganz heimlich, aber gründlich seinen Willen rauben. Wenn das schon ein kleiner Blick vermag, [26055] was würde es erst bewirken, wenn Frauen einhellig und emsig um etwas bitten? Ich bin ja auch nicht besonders verwegen, und selbst wenn mir irgendein Unglück zustößt, schaffe ich leicht die Rückkehr,[282] [26060] wo ihr euch doch immer so gefreut habt, wenn ich heimkehre. Meine Geliebte scheidet dahin, sie wird vor Leid sterben. Wo soll ich mir dann [26065] eine so treue Frau suchen, die mich in Treue so minnt, wie sie es getan hat? Das muss ich mir aus dem Kopf schlagen, um sie wird mir leid sein. [26070] Wenn sie ihre Treue nicht los wird, findet sie den sicheren Tod.‹[283] Die Damen wurden alle rot, als er ihnen solchen Spott bot.

Hiermit ließ er es gut sein. [26075] Er ging vor Ginover hin, wo die Damen saßen, und bat sie, das Weinen und Trauern zu lassen und froh zu sein. Da musste Ginover lachen [26080] und mit ihr die Damen. Er bat die Ritter, dieses unmäßige Weinen anzuschauen und wie vorschnell sie ihm ihre Treue erzeigen wollten. [26085] Also würden sie ihn in ihrer Gunst haben, wenn er leben sollte. Viel Spott wurde ihnen gegeben, bevor er von dannen schied. Frauen und Männer [26090] beklagten ihn gar wenig. Als es am nächsten Morgen tagte, machte sich Gawein auf den Weg – es wurde nicht länger gewartet – und mit ihm diese drei: [26095] Lanzelet und Kay und auch Herr Kalocreant. Die Leute taten alsbald viele Segenswünsche für das Heil der vier Ritter.

282 Interpunktion gegen die Ausgabe.
283 Gegen die Ausgabe (mit Konjektur: *Es* > *Sie*). Was in der Handschrift steht (›Wenn es nicht von ihrer Treue kommt [d. i.: wenn ihre Treue sie nicht rettet], findet sie den sicheren Tod.‹), ergibt m. E. keinen Sinn.

Rückgewinnung der Kleinodien

Der Kampf bei der Klause

Gawein ritt mit diesen dreien [26100] auf seinem Weg dahin. Er folgte der richtigen Spur – sein Tross ritt voran –, geradewegs nach Madarp, so gut er sich an den richtigen [26105] Weg erinnern konnte. So ritt er zwölf Tage dahin und näherte sich beständig und so schnell er konnte der Burg zu Madarp. [26110] Da musste er mit diesen tüchtigen Rittern eine Klause erkämpfen, wo sie auf Gegenwehr stießen und was ihnen großen Kummer einbrachte. Es wurde dort hart mit ihnen gekämpft: [26115] Dabei empfing Herr Kay sofort eine Wunde, weil er als erster zu Pferd kam. Er nahm eine Tjost gegen einen mächtigen Helden, [26120] den Kay sich ausgesucht hatte und der der Bruder des Burgherrn war. Er warf ihn mit der Lanze vom Pferd auf die Wiese. Danach verlangte es ihn so sehr, [26125] dass sein Kopf unbedeckt blieb und nun ganz entblößt war:[284] Die Helmhaube war nicht angebunden gewesen. Daran orientierte sich jener und traf ihn dort. [26130] Es wäre hier sein Tod gewesen, hätte er ihn voll erwischt.[285] So zahlte Herr Kay hier den Zoll. Deshalb möge er euch gut gefallen.

Der Ritter war gefangen. [26135] Der heftige Kampf war aber noch nicht vorüber. Vor der Vorburg erhob sich eine kräftige Tjost, bei der die Minne der Gäste [26140] in der Tat sehr teuer wurde.[286] Die Feinde mussten sich verschanzen, denn wiewohl sie nur ein kleines Heer darstellten, setzten sie sich doch zur Wehr, weil man ihnen übel nachstellte. [26145] Die Drangsal bedrückte sie. Das ließen sie deutlich erkennen. Gawein und seine Gefährten fällten dort sehr viele. Der Burgherr war derweil [26150] mit seinem Leid noch in der Vorburg zurückgeblieben wie einer, den der Kummer um den Bruder und die Seinen schmerzt. Mit zornigem Gebaren rannte er aus der Vorburg. [26155] Sowie ihn Gawein erkannte, verschwendete er seine Lanze auf ihn.

Da griffen sie zu den Schwertern, weil es ihnen beiden danach war. Sie schlugen sich gegenseitig [26160] und versetzten einander kunstreiche Schläge und Hiebe. Keiner von beiden aber ließ sich dadurch von seiner Absicht abbringen. Gawein wehrte sich mit Mannes Mut, bis er seinem Gegner den Helm [26165] mit einem

---

284   Interpunktion gegen die Ausgabe.
285   Gegen die Anm. der Ausgabe.
286   Also hegten sie Hass und Zorn.

Schlag abgewann. So besiegte er ihn und er gestand ihm Sicherheit zu. Noch immer aber schlug und stach dort Gaweins Gesellschaft, [26170] weil alle Burgleute sie hier angegriffen hatten, sodass sie Kraft und Macht ganz aufbrauchten. Sie[287] stifteten hier [26175] Gefangenschaft und Totschlag. So musste es Frieden geben. Damit genug vom Kampf.

Als nun der Friede geschlossen wurde, wurden diese Gäste mit viel [26180] Pomp in die Burg gebeten. Es wurde wenig daran gedacht, welchen Schaden sie angerichtet hatten, und sie wurden so gut versorgt, dass es ihnen dort an nichts fehlte. [26185] Gawein war Burgherr und Gast und seine Gefährten mit ihm. Die Aventiure hat mir kundgetan, dass er dort zwölf Tage wartete, bis Herr Kay gesund wurde [26190] und wieder zu allem bereit war. Nun wartete Gawein nicht länger. Er ließ sich den Weg erklären. Dorthin wandte er sich mit seinen Gefährten in Richtung des Landes Micholde, [26195] wo er in Madarp Gansguoter finden sollte, um dort die Botschaft von diesen Kleinodien zu bestellen. Danach drängte es ihn beileibe, [26200] und das war seiner Lage auch nur angemessen. Er musste über den Gipfel eines hohen Berges klettern, dann in eine Wildnis hinabsteigen, die finster und kalt war. [26205] Die umschloss ein großer, furchterregender Wald.

Die Höhlenfalle des Bayngranz von Aynsgalt

Gawein und seine Gefährten gehen in die Falle

In dem Wald litt er große Not. Sie glaubten alle, den Tod zu finden: Die Unwegsamkeit des Waldes [26210] machte ihnen das Leben schwer, solange sie dort sein mussten. Nie hatte der Sonnenschein über diesem Tann geschienen. Furchterregend und wild [26215] und unwegsam war er. Gawein schlug den Weg ein, der ihm am besten zu sein schien. Er war aber ganz ohne Spuren und war nicht als Weg zu erkennen, [26220] sondern zugewachsen und ganz verwildert. Der Weg trug ihn zu einer Höhle, die leicht so breit war, dass man durchreiten konnte. Überall sonst durchschnitt ein so [26225] hoher Berg den Wald, dass keine Belagerungsmaschine

---

287 Ob damit die Burgleute oder Gaweins Gefährten gemeint sind, ist syntaktisch nicht zu sagen. Das Folgende lässt vermuten, dass es Gaweins Kameraden sind.

je hätte darüberschießen können.[288] Auch konnte kein Mann, der diesen Weg nehmen wollte, [26230] dieser Höhle ausweichen, wenn er nicht umkehren und damit seine Ehre verlieren wollte; und selbst dann bliebe er dort nicht vom Kampf verschont. [26235] Das wussten Gawein und seine Gefährten nicht, bis ihnen im Berg dieses Unglück widerfuhr. Noch lag es in seiner Hand, zu tun oder zu lassen. [26240] Sie zögerten dabei keine Sekunde,[289] denn sie fürchteten nicht, was sie erwartete.

Sie verweilten hier nicht länger und ritten alle durch die Höhle in den großen Berg. [26245] Nach ihnen schoss der Berg herunter und schloss sie völlig ein. Sofort nach dem Fall, als sie der Berg umfasst hatte, rief eine Stimme ganz laut: [26250] ›Nun denn, sie sind gefangen!‹ Diese Angelegenheit sollte diesen Helden ziemlich unangenehm werden, weil sie für dieses Nachtquartier sehr teuer bezahlen mussten. [26255] Traben und den Passgang gehen hatte in diesem Berg ein Ende. Sie konnten tatsächlich nichts anderes greifen oder sehen – weder in der Weite noch in der Ferne noch in der Nähe – [26260] als Steinwände. Da musste sich die gefangene Schar sehr ängstigen.

Nachdem sie abgesessen waren und als sie versuchen wollten, [26265] ob sie irgendetwas finden könnten, tappten sie umher wie Blinde. Sie suchten den Ort mit den Händen ab, alle vier traten sie mit den Füßen vorsichtig hin und her. [26270] So gingen sie sehr lange. Dabei gewannen sie nichts außer Müdigkeit und viele Stöße, denn die Finsternis, die die Höhle [26275] umfing, war sehr stark, wie die finsterste Nacht. Sie wussten nicht, was sie taten: Sie schlichen und tapsten in allen Ecken und Enden der Höhle herum. [26280] Nichts konnten sie dagegen tun, denn so musste es sein. Sie würden überleben, wenn sie überleben sollten. So musste es also geschehen, alles lag in der Hand des Glücks. [26285] Hier gingen zwei, zwei lagen dort.

Sie trieben die Pferde von sich. Gawein und diese drei aber blieben hier beisammen. Nun hört, was sie vorhatten: [26290] Sie wollten die Waffen ablegen, weil diese starke Finsternis sie so sehr in den Schlaf trieb, dass es keinen unter ihnen gegeben hätte, der nicht auf die Erde niedergesunken wäre. [26295] Hier verlor Herr Ga-

---

288 Oder: ›... dass man nie und nimmer eine Belagerungsmaschine darüber bringen könnte.‹
289 Eigentlich: ›Sie mäßigten sich dabei kaum / nicht ...‹

wein aus Unglück einen Teil seiner Ehre. Es war ihm noch niemals passiert, dass er leichtsinnig gehandelt [26300] und sich ungeschützt in so große Gefahr begeben hatte, wie sie ihm hier begegnete und bei der nichts weniger als das Leben auf dem Spiel stand. Das war ein schändlicher Schlag. [26305]

Ritter und Dame im Schwanennachen

Als sie nun die Waffen abgelegt hatten und sich gerade schlafen legen wollten, wie es ihr Plan war, kamen sie in eine Not, dass sie glaubten, den Tod zu finden. [26310] Diesen Kummer bescherte ihnen der Berg: Er machte einen so schrecklichen Lärm, dass Täler und Wälder von ihm erschallten, als ob des Hagels Gewalt [26315] alles zerstören würde. Auf diese Weise bewegte er sich wohl gut zehnmal, als ob er hier sogleich in den Abgrund niederbrechen würde. [26320] Als diese Not vorbei war, rief eine Stimme: ›Hört auf, ihr habt es zu eilig! Ja, sie sind doch alle verloren!‹ Diese vier hätten wohl geschworen, [26325] dass der ganze Berg eingestürzt wäre und dass die Stimme ihnen diese Nachricht kundtun wollte. Sie hofften, dass es Tag würde, denn dass ihnen der Eingang zur Höhle verschüttet worden war, [26330] hielten sie dafür, dass es Nacht geworden wäre, weil man keinerlei Licht in der Höhle erkennen konnte. Diese Sache gefiel ihnen nicht allzu gut. [26335] Unterdes schliefen sie nach diesem großen Wunder endlich in ihren Rüstungen ein. Wegen der Finsternis und ihrer Müdigkeit ließ sich dagegen nichts machen. [26340] Selbst ein Riese, den man mit diesen Sachen belastete, könnte unmöglich wach bleiben – oder ein Löwe, wenn ihr wollt, der in solchen Kummer gebracht würde. [26345] Also schliefen sie drei Tage und verharrten bis an den vierten Morgen ganz bewegungslos. In diesen großen Sorgen erwachte Monsieur Gawein [26350] als einziger unter seinen Gefährten und schaute an sich hinab, wie ihm geschehen wäre. Er hatte völlig vergessen, wie er hergekommen war. [26355] Er wusste auch nicht von den dreien, die nahe bei ihm lagen. Nun leuchtete im Berg auf einmal die Sonne hell. Gawein konnte nicht verstehen, was diese Sache bedeuten sollte. [26360] Die Höhle war weitläufig und so klar wie Glas, und auf der rechten Seite floss im Berg ein breiter Fluss, der ganz und gar ebenmäßig dahinströmte [26365] und dessen Flussbett man unten kaum sehen konnte.

Gawein begriff sofort, dass dieser Fluss unter ihm durch die Höhle floss. [26370] Er rauschte so süß, dass es ihm gefiel, sich den Fluss anzuschauen. Ihm schien, als würde er dort ein Gespräch zwischen Menschen vernehmen. Was dies zu bedeuten hatte, [26375] wollte er herausfinden. Mit ganz sachten Schritten ging er in Richtung Wasser, wie ihn sein Verstand leitete. Ganz heimlich blickte er hinab – [26380] ohne sein Versteck zu verlassen –, ob er da jemanden aufspüren könnte. Darüber wollte er sich mit dieser List Klarheit verschaffen und endlich erfahren, [26385] ob er sich nicht getäuscht hätte. Da erwies sich die Sache als wahr: Er sah in einer Barke einen schönen, starken Ritter, ganz und gar in kostbares Gewand gekleidet. [26390] Der hatte sich einer schönen Jungfrau in den Schoß gelegt, die ebenfalls mit kostbarem Zierrat geschmückt war. Vor Minne waren sie beide [26395] gleichermaßen heftig erregt und machten sich aneinander zu schaffen. Minne ließ sie danach trachten.

Eine einzige Treue einte die beiden: Sie hatte sich über ihn [26400] gebeugt, wie er dort lag. Mit Küssen kümmerte sie sich um den Recken und er sich um sie, ohne Unterlass. Es geschah nicht nur einmal, ja, es geschah wohl tausendmal. [26405] So wurden ihrer beider Münder heiß und feucht und ihrer beider Herzen erleuchtet, weil die Minne sie aufreizte. Wer einer reinen Frau diese Wonne missgönnt, [26410] sodass ihr dies nicht zuteil würde, dem lähmt Gott das Glück. Wie sehr bemühte sich der Ritter, dass dies niemals geschah! Ich glaube, er unterbrach den Kuss, wie er ihn ihr darbot, kein einziges Mal, [26415] und ihr reiner, süßer, roter Mund empfing den Kuss von seinem Mund. Keiner von beiden ließ schnell davon ab, wenn ein Mund auf dem anderen lag und der eine den Atem des anderen roch. [26420] Die Münder durften nicht geschlossen sein, sondern mussten ein Stück weit offen stehen.[290] Die Hitze wurde dort von einem sanften Drücken und Zurückweichen belebt, das die Lippen allerdings nie trennte. [26425] Oben kam ein sanfter Griff mit der rechten Hand dazu, der ihr und sein Kinn zusammenband, während die andere Hand ihren Körper umfasste; auch war die reine, süße Frau [26430] ein wenig über Kopf geneigt und hielt seinen Körper unten fest; und ihre Hände umfingen seinen Körper mit süßem Verlangen; [26435] und sie verharrten ungetrennt

---

290 Interpunktion gegen die Ausgabe.

unter ihm und er über ihnen;²⁹¹ und wenn sie sich im Vergleich zu ihm ein wenig nach vorne bewegte, musste er ihr unbedingt nachfolgen, und sie aber machte es sich [26440] nicht zu eilig, damit sie es nicht auseinander riss; und der eine blickte den anderen mit den gleichen Augen an, weit offen und unverhohlen aneinander gefesselt. [26445] Das Küssen hier musste gewaltig sein. Obgleich nichts zwischen ihnen war außer diese beiden Münder, mussten sie sich bei jeder noch so kleinen Bewegung auf einen Kunstgriff verstehen, [26450] der sie aufeinander zwang, oder alles war zunichte. Deshalb musste die Zunge beweglich sein. Geschah dies, so zeigte sich hier, dass die Herzen aufgingen [26455] und diese die Körper mit feuchter, süßer Hitze durchströmten, die den Körper vom Fuß aufwärts ganz und gar entflammte. Das macht die Minne, [26460] dass man sich um Damen auf diese Weise kümmert. Jener aber geht weit fehl, der die Natur des Küssens anders übt, die Vergnügung vor dem Kampf, bei dem man aus Minne verendet. [26465]

Wohin habe ich ausgeholt? Ich glaube, mir war der Verstand – ich weiß nicht, wohin – entkommen, dass ich so kühn bin zu wagen, solches zu denken. [26470] Wiewohl die Minne dem einzuschenken befiehlt, der sich ihrer Macht stellt und den sie zur freundlichen Wirtschaft geladen hat, so fehlte es doch allem an Kraft, [26475] wenn nicht zuvor der Minne selbst eingeschenkt wird. Alle Gerichte gelten nichts, die man zu schnell verschlingt und dabei vergisst, dass sie süß schmecken sollten. [26480] Von diesen Dingen wird mancher Gast verletzt, den man geehrt zu haben wähnt. Mehr wird hier nicht gelehrt.

Um diese Barke kümmerte sich ein Schwan, [26485] um dessen Hals eine starke Kette aus rotem Gold lag. Damit zog er den Ritter und die Dame von Ort zu Ort. Er war auch groß und hoch, [26490] bestimmt wie ein Strauß oder noch größer. Dieser Dienst tat ihm nicht weh: Er hatte große Freude daran. Das zeigte sich nun an ihm deutlich, weil er sich am Steuer vorne [26495] hoch aufgerichtet hatte und sein Gefieder strich. Wie nun Gawein so heimlich hinunterschaute, sagte der Ritter zur Dame: [26500] ›Süße Geliebte, küsse mich und hab Erbarmen angesichts dessen, das ich dir sagen

---

291 Das wird wohl die Hände der Dame meinen, auf denen der Ritter ruht. Es könnte aber auch Gaweins Beobachterposition angesprochen sein.

will! Morgen werden hier vier Ritter erschlagen, die man gewiss beklagen wird.‹ [26505]
›Herr, Süßer, Geliebter‹, sagte sie da, ›auf welche Weise wird das geschehen? Sag es mir!‹ ›Süße Geliebte, das sage ich dir: Über diesen Berg herrscht [26510] Bayngranz von Aynsgalt, dessen Bruder von Gawein erschlagen wurde. Ein starker Teufel hat die Berge übereinander gesetzt, der sich alle Länder unterwarf [26515] und zinspflichtig machte. Wer sich wehrte, dem nahm er das Leben, wenn dessen Land so lag, dass er oder Galaas ihn mit dem Heer erreichen konnten. [26520] Als er Floys im Meer wegen dieses Zinses belagerte und Gawein davon erfuhr, rettete Gawein diesen vor ihm und erschlug den Riesen.[292] [26525] Nun ist er hier hereingekommen. Das hat Bayngranz erfahren und ist darüber von Herzen froh. Und selbst wenn es nicht so wäre, verhält es sich doch folgendermaßen: Wer immer hier hereinkommt, [26530] muss hier drinnen bleiben – dagegen ist er machtlos –, weil Bayngranz oder ein Ritter ihn in Feindschaft angreifen wird. Dagegen lässt sich nichts machen. [26535] Man schlägt ihn zwar nicht tot, wenn er Sicherheit gibt; er muss aber gefangen sein. Diese hier werden allerdings nicht mit dem Leben davonkommen, und zwar wegen Gawein. [26540] Man wird sie morgen alle einzeln angreifen: Mit drei tüchtigen Rittern werden diese drei kämpfen müssen. Und selbst wenn sie alle frei würden [26545] und klar siegten: Wenn es nur einem von ihnen an seiner Kraft gebricht, sind sie alle sieglos. Von den Rittern hier drinnen[293] hat noch keiner jemals seinen Ruhm an Ritterskunst verloren. [26550] So hat das Heil Kraft und Gunst an ihnen gehortet. Gawein aber muss hier gegen Bayngranz antreten. Das wird für ihn ein ungleicher Kampf, [26555] denn Bayngranz würde leicht ihrer zwölf erschlagen. Das werde ich auf immer beklagen. Er ist ein Ritter voller Tugend.

Ach, akzeptierte er doch seinen Eid und dazu vollkommene Sicherheit, [26560] damit er ihn am Leben ließe und ihn gefangen nähme wie die anderen da![294] Das wird er aber bei Gawein nicht tun: Er schlägt ihm auf der Stelle den Kopf ab und verfährt mit den dreien [26565] ebenso, gegen die er alleine wegen der Feindschaft

---

292 Die Geschichte stellt einen der Spannungsbögen im ersten Handlungsteil dar (5469–10112).
293 Gemeint sind wohl die Gegner.
294 Interpunktion gegen die Ausgabe.

gegen Gawein aufgebracht ist. Süße Geliebte, es soll dir leid tun, dass er hier den Tod finden wird, denn er hat dir seinen Dienst [26570] an deinem Bruder erwiesen, den er rettete und ihn vor dem Zauber schützte, als er im Reiten brannte. Das hatte die wilde Lanfye aus Minne getan. [26575] Liebe, süße Geliebte, das ist er, der dies tat und der für den Dank der Frauen mit so manchem Kummer Bekanntschaft schloss. Dass der hier sterben muss, [26580] darüber werde ich wohl ewig klagen müssen.‹

Hiermit schwieg der Ritter. Die Jungfrau sank in der Lust süßer Minne nieder, drückte ihn an ihre Brust [26585] und küsste ihn ganz süß mit solcher Hingabe, dass es Freude bringen musste. Das nahm er äußerst gerne von ihr entgegen und vergalt es gut. [26590] Sie sagte: ›Süßer, wenn ich dich, Herr, fragen soll und fragen darf, dann würde ich dieser Sache gerne auf den Grund gehen. Könnte dieser Fremde [26595] irgendwie errettet werden, den diese kummervolle Gefangenschaft so überwunden hat, und mit ihm seine Gesellschaft? Ob dir dazu etwas einfällt?‹ [26600] Er küsste sie auf ihren süßen Mund und drückte sie an seinen Körper. Er sagte: ›Liebe, glückliche Frau, warum hast du das gefragt? Mein Herz und meine Seele, [26605] wem das Unglück auflauert, dem ist nicht zu helfen, wie man hier an Gawein sieht.

Der Hass[295] kennt kein Ende. Doch will ich dir dieses sagen: [26610] Wüsste Gawein eine List, die im Berg verborgen liegt – wenn er denn diese Sache jemals lebend überstehen sollte, dann nur dadurch. Es würde ihm allerdings wenig bringen, [26615] wenn nur er siegte: Dadurch würde er nicht freikommen, es sei denn, dass die anderen drei auch wie er siegen würden. Ich würde mich ungern dafür verbürgen, [26620] dass dies geschehen könnte. Schau, was würde es denn nützen, wenn ich dir noch mehr erzählte? Außerdem dauert ihre Not heute schon vier Tage, [26625] dass keiner von ihnen niemals weder zu trinken noch zu essen bekam. Der Schlaf, in dem sie noch immer liegen, ließ sie dies vergessen. Das eine sage ich dir noch, [26630] da du mich gefragt hast und weil du es mir nicht erlässt: In der Höhle liegt ein Schlüssel; wer den hat, kann den Berg problemlos aufsperren. [26635] Vor dem Berg liegt eine Quelle, über die ein wilder Drache waltet, der schlaflos liegt und

---

295 Oder (mit der Anm. der Ausgabe): ›Der Hass des Unglücks kennt kein Ende.‹

stets mit gewissenhafter Obhut über die Quelle wacht. [26640] Wer den Berg aufsperrte und von der Quelle kostete, dem könnte der Zauber nicht schaden, den man jenen auferlegen wird, die dann zu Pferd [26645] oder zu Fuß kämpfen müssen. Meine Erzählung ist völlig überflüssig: Gewiss fänden eher 100 Ritter den Tod, als dass dieser Drache vernichtet würde, denn sein weiter Rachen [26650] würde bestimmt zwölf Männer verschlingen, wenn er sie auf einmal anträfe. Nun habe ich dir wirklich alles erzählt.‹

›Nun sage mir mehr, mein Herr, Freudenschein meines Herzens: [26655] Wo liegt der Schlüssel, von dem du sprichst, und, da du es genau weißt, an welchem Ende befindet sich die Tür? Und sage mir: Wenn sie aus dieser Höhle herauskommen würden, [26660] könnten sie den schweren Zoll irgendwie umreiten, sodass sie nicht kämpfen müssten?‹ ›Nein, Herrin‹, sagte er. ›Egal in welche Richtung sie fahren, [26665] es bleibt ihnen auf keinen Fall erspart, dass mit ihnen gekämpft wird, weil sie nun einmal hergekommen sind. Alle Hilfe ist vergeben. Sie sind völlig verloren. [26670] Das weiß ich in der Tat ganz bestimmt. Im Übrigen wird mit ihnen nicht hier herinnen gekämpft, darüber bin ich mir sicher: Sie müssen hinaus ins Freie. Wenn dieser nämliche Schlüssel für sie [26675] dort in der Felswand liegt, dann ist die Türe auf jener Seite, genau gegenüber. Gott nehme sich ihrer Seelen an! Ihre Leben habe ich aufgegeben.‹ [26680]

Gaweins Kampf gegen den Drachen bei der Quelle

Sowie der Ritter zu Ende gesprochen hatte, befahl er dem Schwan weiterzufahren. Der ließ sich sogleich ins Wasser. Sie blieben nicht länger dort. Ich weiß nicht, wohin sie sich aufmachten. [26685] Auf all dies achtete Gawein mit Verstand; er ging zur Felswand, wo er diesen Schlüssel fand, und ließ die anderen schlafen. Er begann, sein Pferd zu wappnen, [26690] ohne dass es dort jemand bemerkte, und wandte sich zur Tür hin. Die hatte er sofort gefunden und binnen kurzem ganz heimlich aufgeschlossen. [26695] Völlig unverdrossen sprang er auf sein eigenes Pferd. Ein sehr ritterlicher Gedanke geleitete ihn aus der Höhle. Dort wartete er nicht länger: [26700] Er wandte sich der Quelle zu. Er beschleunigte seine Fahrt sehr, wie ihn sein Herz lehrte.

Niemanden sah oder hörte er außer den Teufel dort, [26705] den Drachen bei der Quelle. Der hatte sich um die Quelle in die

Sonne gestreckt und hatte sie schon alleine mit dem Schwanz völlig zugedeckt, [26710] sodass von ihr nichts zu sehen war, weil er sie rundum einschloss. Er selbst war auch leicht so groß wie ein mächtiger Baum. Dorthin wandte Gawein ohne jedes Zögern [26715] Pferd und Zaum und nahm den Drachen mit dem Stahl der vorderen Lanzenspitze ins Visier. Auch wurde das Pferd mit den Sporen sehr heftig dazu angetrieben. [26720] Mit Zorn rannte er gegen den Drachen und griff ihn auf der Brust an: Gawein stach die Lanze bis auf seine Hand durch das Herz des Drachen. Der Drache vergalt das sofort [26725] und schlug da mit dem Schwanz wie ein feuerwilder Hagel Gaweins Pferd nieder, dass es niemals mehr aufstand und tot liegen blieb; [26730] er schlug nochmals einen Schlag nach Gawein und wollte ihn erschlagen haben, aber Gawein entrann dem Schlag flink.

Die Lanze ließ er stecken. [26735] Der Drache begann, diesen Recken gar sehr zu quälen: Wo er konnte, ließ er ihn nicht zur Ruhe kommen. Nun musste Gawein listig [26740] vor ihm umherspringen; so musste er sich hier schützen und zugleich danach trachten und versuchen, wie er dabei einen Schlag anbringen könnte, [26745] der ihm zum Vorteil gereichte, wenn es ihm glückte. Sehr oft näherte er sich ihm und schlug doch ins Leere. Inzwischen konzentrierte sich Gawein [26750] auf einen Graben bei der Quelle, wohin sich der Drache erhoben hatte und über den er hinweg wollte. Da zeigte sich an Herrn Gawein, dass die Feigheit ihn nie bezwang. [26755] Er sprang in den Graben hinunter und verwehrte ihm die Überfahrt. Dabei traf den Drachen ein Stich Gaweins durch die Kehle, dass er in den Graben [26760] hinuntergeschossen kam; Stich und Fall nahmen ihm endgültig das Leben. So starb der schreckliche Wurm. Das kam Gawein zugute. [26765]

Denn wäre Gawein nur ein klein wenig länger in solcher Geschwindigkeit vom Drachen herumgetrieben worden, dann wäre er daran zugrunde gegangen, weil ihn die Müdigkeit und der Gestank [26770] so leidvoll zwangen, dass er keine Zuversicht hatte, am Leben zu bleiben. Es wäre sein Tod gewesen. Gawein schleppte sich erschöpft auf Händen [26775] und Füßen zum Wasser, so gut er es eben noch bewerkstelligen konnte. Er war von diesem ritterlichen Kampf an Körper und Kraft [26780] so geschwächt, dass er nicht mehr hätte gehen können: Er konnte nicht aufstehen. Deshalb musste er handeln, wie es seinem Zustand entsprach: Er kroch zu der Quelle hin [26785] und schöpfte eine Handvoll Wasser. Damit wusch er sich gut und trank reichlich aus der Quelle. Dadurch überwand er diese starke Schwächung sehr gründlich [26790] und die Fessel der Not wich von ihm, sodass ihm leichter wurde und er in kürzester Zeit wieder stehen und gehen konnte.

Als nun Gawein realisierte, [26795] dass er so kräftig geworden war, nahm er seinen Helm ab, füllte ihn da sofort mit Quellwasser und trug ihn zu seinen Gefährten in die Höhle hin, [26800] die aber dort noch alle schliefen. Er konnte sie kaum aufwecken. Mittlerweile waren sie so verkommen – weil sie vier Tage und vier Nächte ungesättigt [26805] geblieben waren –, dass sie ihre ganze Kraft verloren hatten und sich kaum noch aufrichten konnten. Als sie langsam aufwachten [26810] und wieder zu sich kamen, gab er ihnen aus dem Helm von dem Quellwasser zu trinken und sagte: ›Wohl auf, es ist genug! Ihr habt zu lange geschlafen! [26815] Lasst eure Pferde wappnen und euch selbst, denn es ist Zeit. Hier wiegt die Erzählung gegen das Lot und gegen das Leben der sichere Tod.‹[296]

Vier Duelle

Danach erzählte er ihnen ausführlich [26820] all seine Mühen, die er untertags erlitten hatte und wie er gekämpft hätte und wann das geschehen wäre, auch was er von einem Recken [26825] gehört und gesehen hätte und dass er sie nicht aufwecken wollte, bis er die ganze Wahrheit herausgefunden und erkannt hatte. Diese Sache verdross sie ziemlich, [26830] denn sie klagten sehr darüber, dass Gawein dies alles geschehen war. Er hatte seine Rede noch nicht beendet und sie kamen gerade zu den Pferden, als sie vor dem Berg großen Schall [26835] und Lärm hörten, sowohl auf dem Berg als auch im Tal, oberhalb von ihnen und vor der Höhle, und es klang genau so, als ob es ein Landvolk wäre, [26840] und zwar in Feierlaune. Man konnte an ihnen keinerlei Feindschaft ausnehmen.[297]

Das Volk zog vor die Höhle: [26845] Mancherlei höfische und hohe Lieder sangen sie vor der Höhle. Sie tummelten sich freudig vor der Höhle und lobten und priesen [26850] Gawein für seinen

---

296 Den letzten Satz könnte man auch als Erzählerrede begreifen.
297 Gegen die Ausgabe: *One jne* ist hier als *an(e) in*, nicht an *ân(e) in* zu lesen.

Kampf. Auf dem Berg oben begannen vier Knappen jene vier anzukündigen, die Gawein und die Seinen [26855] hier in ritterlicher Art angreifen sollten, weil sie es so wollten und es unabwendbar war. Das Heil müsste sich ordentlich anstrengen, [26860] wenn diese drei und Kay am Leben bleiben sollten! Das Volk hatte die Höhle blockiert. Sie lobten Gawein den Degen.

Warum sie das taten und wie es um das Volk stand, [26865] das will ich nicht vergessen. Das Volk lebte in diesem Land in Unterdrückung. Vor diesem Teufel wagte es nirgends hin zu fliehen, [26870] weil er beschlossen hatte, sein Leben lang in dem Land seine Zelte aufzuschlagen. Wald und Heide hatte er alles verwüstet. Nichts war vor ihm sicher, [26875] was er erreichen konnte. Deshalb musste dieses Volk vor ihm über den Fluss in eine ganz wüste Gegend ausweichen, wo sie von ihm unbehelligt [26880] und völlig sicher waren. Und diese Gegend war doch so nahe, dass sie genau sahen, dass ihn Gawein erschlagen hatte. Davon kam ihre leidvolle Klage zum Erliegen, [26885] und sie begannen, ihm zu danken.

Das nützte ihm, weil ihn das Volk als einen vollkommenen Helfer aufnahm, weil er sie hier erlöst hatte. [26890] Deshalb begegnete man ihm nicht mit Gewalt, wie es doch oft dem geschieht, dem man feindlich gesinnt ist. Weder Gawein noch seine Gefährten hätten keinen Deut länger mehr gelebt, [26895] hätte er nicht mit ritterlicher Tapferkeit diesen Ruhm erworben. Nun waren die Pferde und diese vier freilich sehr zu Schaden gekommen. Trotzdem verlangte man unverzüglich [26900] nach ihnen zum ritterlichen Kampf. Sie enttäuschten die Ritter, die auf sie warteten, nicht. Sie kamen zu dieser Aventiure vor die Höhle geritten [26905] und wollten Tjost geben und nehmen und was immer jenen angemessen wäre, die vor der Höhle hielten und sich in die Schilde schmiegten [26910] und über große Macht verfügten.

Gawein ritt einen Zelter, weil ihm die vorherige Anstrengung sein Pferd genommen hatte. Inzwischen war Bayngranz zu Gawein [26915] gekommen und forderte ihn heraus. Gawein sagte: ›Da ich gegen euch antrete, guter Ritter, will ich, dass ihr etwas tut, das sich für euch als einen Ritter schickt [26920] und in der Tat alle Schande von diesem ritterlichen Kampf fernhält. Ihr seid bestimmt so tapfer – egal, mit wem ihr euch befeindet –, dass ihr gewiss wagt, [26925] euch mit ganz gleicher Ausrüstung ritterlicher Fehde zu stellen. Das ist auch recht so. Ich glaube, ihr seht selbst genau, dass ich mein

Rückgewinnung der Kleinodien 405

Pferd verloren habe. [26930] Mein Zelter ist aber völlig abgehetzt[298] und für diesen ritterlichen Kampf zu schwach. Ihr könntet niemals besser handeln, als mir ein Pferd zu geben, wodurch unser beider Kampf gerecht würde. [26935] Das akzeptiere ich, wenn es sein kann. Aber wie es auch kommen mag, ich lasse diese meine Gefährten gewiss nicht im Stich.‹ ›Damit würde ich euch nützen‹, antwortete Bayngranz, ›wenn ich das täte. [26940] Es wären die Ratschläge eines Toren, denen ich hier folgen sollte. Ich zürne euch und wollte euch nun gerne erschlagen haben. Sollte ich euch dann schonen [26945] und mich selbst belasten, wo ihr mir nun schon zweimal so großen Schaden getan habt? Ich habe meinen Bruder verloren, Herr Ritter, den habt ihr erschlagen. [26950] Dazu habt ihr mir heute meinen Lindwurm erschlagen, wodurch ich Leute und Land ganz und gar verliere. An euch, Ritter, nehme ich wahr, [26955] dass ihr ziemlich feige seid. Ergebt euch und lasst den Kampf, denn auf euch lastet der Tod!‹

Gawein sagte da zu Bayngranz: ›Diese Drohung wird mich hier [26960] ganz sicher nicht umbringen. Sehr vielen Recken, die viele Schrecknisse erleben müssen, geschieht, was mir hier geschehen ist, und sie kommen dabei sehr wohl mit dem Leben davon, [26965] wenn sie nicht verzagt sind. Glaubt mir, ich bin noch zuversichtlich. Was soll's, wenn ihr mir ein Pferd versagt habt, das ich dringend brauche? Wenn das nicht sein [26970] soll, dann verzichte ich eben darauf. Noch sind meine Gefährten nicht bezwungen: Sie wehren sich. Ich werde mit meinem Zelter auskommen müssen, so gut ich kann. [26975] Euch, Ritter, wird von mir weder Stich noch Schlag je versagt. Auch die anderen sind bereit: Auf sie wird ebenfalls nicht verzichtet. Entweder unterliegen wir, [26980] oder ihr durch unsere Hände.‹ Hiermit wandten sie sich um, als wollten sie gegeneinander anrennen.

Sie schlugen die Lanzen unter ihre Arme, denn es verlangte sie nach einander. [26985] Da erhob sich ein Kampf, dass weder vorher noch später jemals ein härterer erging. Sie schonten weder Körper noch Seele, [26990] wie es bei solcher Feindschaft üblich ist. Der Zorn waltete über ihrer aller Herzen. Ein jeder hatte seinen Gegner. Also war es unter ihnen ausgeglichen, allerdings mit der Einschränkung, dass [26995] die Gäste alle samt ihren Pferden ziemlich schwach

---

298 Gegen die Anm. der Ausgabe.

waren, weil es ihnen zusetzte, dass der Hunger sie vier Tage lang belagert hatte, ohne Essen und Trinken. Wer sollte das schelten, wenn sie davon schwach würden? [27000]

Ein jeder nahm sich den Seinen vor, wie es sich für Ritter gehört. Da mussten die Pferde springen, wozu sie die Sporen an den Seiten gut zwingen konnten [27005] und auch die weiten Kampfplätze, und zwar deshalb, damit darinnen wegen dieser Feindschaft mit Geschick und Tücke die Stiche in der Tat [27010] gut ausgeteilt würden. Niemandem gestattete sein Herz, an etwas anderes zu denken. Die Pferde trugen dort diese acht gegen einander. [27015] Sie suchten einander mit ausfallenden Stichen, um die sie sich auf eine Weise annahmen, dass sie ausgewogen waren, denn sie alle kamen [27020] hinter den Pferden auf der Erde zu liegen; nur Kay blieb in ritterlicher Würde als einziger unter ihnen allen sitzen. Ich würde es wirklich niemandem mehr gönnen, weil ihn viele, [27025] die gut und gerne auf ihn verzichtet hätten, gescholten haben, was ritterliche Taten angeht.

Sie sprangen auf der Stelle auf. Mit großer Eile drangen sie hier mit den Schwertern aufeinander ein, [27030] wobei sie sich besonders viele harte Schläge gönnten. Das Ende dieses Kampfes musste der Tod oder Sicherheit sein. Da stand das Leben gegen das Leben [27035] und der Tod gegen den Tod. Diese wehrhafteste Not dauerte zwischen ihnen besonders lange. Diese trieben her, jene hin; dieser stach, jener schlug; [27040] der schützte sich mit dem Schild gegen Schläge wie Stiche. Auf diese Weise machten sie einander alle mit derselben Absicht das Leben schwer. Wer sich hier in diesem Kampf [27045] nicht schützend vorsah, auf den lauerte die Unsaelde[299]; er musste den Tod finden, weil die Ritter den Kampf auf diese Weise ohne Unterlass treiben wollten [27050] und sich nicht daran mäßigen, denn in ihrer aller Brust hatte sich ganz und gar arglistig die Idee von völligem Sieg oder völliger Niederlage eingenistet.

Bayngranz tat Gawein [27055] einen Schlag über das Brett des Schildes, dass er davon auf die Knie niedersank und großen Kummer nahm. Ganz gleich, wie Bayngranz auf ihn gefallen wäre, er hätte ihn dabei – das war auch [27060] seine Absicht – erdrückt. Gawein bewegte sich ganz schnell rückwärts von der Stelle weg,

---

299 Also: das Unglück.

denn seine Kraft war so gering – so sehr hatte er sich übernommen –, [27065] dass er nicht schnell genug richtig hätte aufstehen können. Im selben Moment hatte sich endlich auch Bayngranz fallen lassen. Davon konnte er nicht schnell [27070] hochkommen, weil er schwer war. Das war Gaweins Rettung: Wenn er auch sehr schwach war, sprang er doch vom Boden auf, bevor der Riese wieder auf die Beine kam, [27075] und brachte die Sache zu Ende. Er wandte sich dorthin, wo der Riese lag, und schlug ihm einen solchen Schlag, dass er davon beinahe gestorben wäre.

Da bot Bayngranz [27080] mit Gebärden und mit Worten Gawein Sicherheit. Noch war der Sturm zwischen seinen Gefährten und diesen in vollem Gange. Gawein akzeptierte die Unterwerfung des Riesen [27085] und ließ ihn am Leben. Noch immer aber war die Sache unter diesen nicht zu Ende. Gawein litt nach wie vor unter größter Schwächung. [27090] Diese beiden, Lanzelet und Kalocreant, hatten in ihren ritterlichen Kämpfen bald guten Erfolg: Ihnen wurde Sicherheit geschworen. Kay nun hatte von diesen drei [27095] Auserkorenen den Besten zum Gegner. Deshalb war deren Kampf weiterhin hart und noch nicht zu Ende, und beide hatten beim Fechten eine ziemlich schlechte Zeit. [27100] Sie schlugen beide so manchen stattlichen und tüchtigen Schlag. Sie ersparten einander gar wenig, wo immer sie dem anderen etwas heimzahlen konnten. Kaum einmal erließ einer [27105] dem anderen einen Schlag. Allerdings hatte Kay seinen Kampfpartner so übermäßig geschlagen, dass er davon selbst große Mühe gewann: Sein Gegner wich ihm geschickt aus [27110] und Herr Kay strengte sich so an, dass ihn die Müdigkeit packte, während diesen die Müdigkeit ganz verließ, die er zuvor gelitten hatte, weil er geschickt genug [27115] darauf geachtet hatte. Gawein war deshalb besorgt und fürchtete sehr, dass Kay durch eine Wendung des Kampfes unterliegen könnte, [27120] denn Kraft und Macht kamen ihm, den die Müdigkeit umfangen hatte, weitgehend abhanden. Dass Kay so außer sich war, kam von dem großen Verlangen, [27125] das Kay nach seinem Gegner hatte. Nun setzte ihm dieser Degen ziemlich zu, denn er war noch nicht am Boden.

Kays Gegner trat nie ungeschützt vor diesen, denn er hielt den Schild [27130] zum nötigen Schutz in die Höhe; den bot er ihm unentwegt dar und ließ Herrn Kay dagegen schlagen. Herr Kay überlegte auch unterdessen, wie er es anstellen müsste, [27135] um irgendwie einen hinterlistigen Schlag zu landen, der sofort das letzte Stündchen seines Gegners einläuten würde und von dem dieser sich nicht mehr erholen könnte. [27140] Es geschah, wie er es geplant hatte: Herr Kay stach ihm einen Stich durch den Schlitz beim Gürtel, dass er davon auf dem Kampfplatz ohne Wenn [27145] und Aber tot hinfiel. Damit konnte Kay gut leben![300]

Allerdings brach in diesem Moment und durch diese Anstrengung Kays alte Wunde auf, [27150] die er bei der Felshöhle erworben hatte. Das Blut strömte und troff heftig, wovon seine Kraft ganz zunichte wurde, denn er wurde gebrechlich und schwach. Das Volk drängte ungestüm [27155] zu ihm hin. Sie nahmen ihn mit Gesang auf und führten ihn zu Gawein. Eine große gemeinsame Freude entstand unter diesen Landleuten, [27160] die sich über den Sieg freuten. Bayngranz dagegen kam die Freude abhanden, weil er sich über den Tod des Ritters grämte. Deshalb brachte er aber Herrn Gawein [27165] nicht weniger Ehrerbietung entgegen: Er ordnete an, dass man sich darum bemühen sollte, Gaweins Ruhm zu mehren.

Alt und Jung behandelten Gawein [27170] ganz prächtig. Sie ehrten ihn reichlich mit allerhand Dingen. Man begann ihm seine Ausrüstung wie neu zu machen. [27175] Sie erwiesen ihm alle vollkommenste Treue. Auch suchte man hier ohne die Galle der Untreue nach einem Weg, Herrn Kays Wunde [27180] ordentlich zu versorgen, so gut sie es aus wahrer Zuneigung eben konnten.

Gansguoter hilft

Bei Gansguoter auf Madarp

Gawein schied von dannen. Bayngranz musste diesem Volk [27185] für immer seine Freiheit lassen. Sie standen Gawein mit Dienst zur Seite, bis er außer Landes kam. Er nahm seinen Weg geradewegs nach Micholde, [27190] wo er hin musste. Er war dem Land nahe. Da nahm er einen Weg zur Linken, der ihn in das Land brachte. [27195] Darin ritt er einen Monat und litt sehr große Mühen, denn das Land war eine Wildnis. Wald und Landschaft waren rau und hart, [27200] und die vier mussten ganz und gar unwegsames Gelände durchziehen, dem sie unmöglich ausweichen konnten. Sie bemühten sich, sodass sie schließlich [27205] Madarp, das Schloss, fanden.

---

300 Gegen die Anm. der Ausgabe.

Sie hasteten hin und waren schnell unterwegs. Keine Gefahr hielt sie auf, auch kein größerer oder kleinerer Kummer. [27210] So fuhren Gawein und seine Gefährten gemeinsam hin.

Seine Mühe war nicht vergebens: Bald war er nach Madarp gekommen und erblickte das Schloss, [27215] wovon ihm wohl zu Mute wurde, weil er sich so darum bemüht hatte. Auch wurde ihm dort ein Empfang bereitet, von dem ich in der Tat [27220] sehr lange zu erzählen hätte. Das würde die Geschichte nicht vertragen, es wäre zu lang. Wie ein ehrenvoller Ritter, edel und verständig, [27225] der sich von der Jugend bis ins Alter um alle Tugenden bemüht hat und dem dies gut ansteht, so ging Gansguoter in Begleitung [27230] einen ebenen Pfad vom Schloss herab. Gawein, den er bei der Brücke antraf, empfing er sehr herzlich und küsste ihn, als er ihn erkannt hatte. Sogleich wandte sich Gansguoter von ihm [27235] ab und den anderen dreien zu und empfing auch sie wohlwollend und mit derselben Einstellung, wie er sie Gawein entgegengebracht hatte. Er hieß sie vorwärts [27240] zur Burg zu der Brücke gehen; Gawein und Gansguoter folgten ihnen hinten nach. Dieser süße Burgherr bereitete ihnen große Freude. [27245] Die Meisterschaft der Freude gebiert Freude, denn das ist ihre Kunst. Unkenntnis und Kunstlosigkeit hinwiederum müssen einem jedwede Freude gründlich verleiden, [27250] wie es oft geschieht. Das geschah aber hier nicht: Sie wurden in jeder Hinsicht bestens und würdig bedient, wie es sich auch gehört. [27255] Gansguoter verstand sich darauf gut und tat es gerne. Noch in der Nacht sagte ihm Gawein seinen Auftrag mit freundschaftlicher Bitte und dass ihn wirklich Artus [27260] hergeschickt hätte.

Danach erzählte Gawein auch vollständig alle seine Mühen und die große Aventiure, und er bat Gansguoter um freundschaftliche Hilfe [27265] und dass er ihm mit Rat zur Seite stünde. Hier war die Freude von Artus und Ygerne zugegen. Gansguoter tat sehr gerne, worum ihn Gawein in dieser Sache bat, [27270] so gut er irgend vermochte. Als nun Gawein an Gansguoter diesen Willen fand und erkannte, dass er ihm gewogen war, verschwand sein Kummer völlig [27275] und er wurde von Herzen froh. Hiermit gingen sie schlafen. Gawein tat diese Sache sogleich seinen Gefährten kund und erzählte ihnen Gansguoters Antwort, [27280] womit er ihnen ihren Kummer gänzlich zerstreute und an ihnen die Liebe der Freude erweckte.

Am nächsten Morgen machte Gawein die Sache öffentlich bekannt. [27285] Außerdem beklagte er die Untreue, die Gyramphiel begangen hatte. Diese Sache missfiel ihnen allen, und alle sagten sie, dass sie für ihr Herz Rache nehmen [27290] sollten. Dies wäre nur recht. Auch behauptete da manch Edelmann, dass er, wenn er sollte, dafür dort gerne das Leben mit ihnen aufs Spiel setzte. [27295] Sie sagten für die großen Mühen, die man dort finden würde, Gefahr und größten Schaden voraus, wovon man sich weder befreien [27300] noch entkommen könnte. Wer sich dort versuchen wollte, müsste dies alles erleiden. Sollte er jemals von dannen kommen, müsste sich das Heil seiner annehmen, [27305] damit ihm diese Gefahr dort nicht das Leben raubte. Diese Rede hielten sie vergebens: Niemand konnte sie entmutigen.

Ihr Auftrag war beendet; [27310] es lief darauf hinaus, dass Gansguoter sich zur Reise bereit machte, weil er die Mühen mit ihnen erleiden und ertragen musste. Ich will erzählen, wie das kam: [27315] Er hatte sein eigenes Land mit einem so großen Zauber versehen, und dies mit solcher Kunstfertigkeit, dass sich kein Mann davor retten konnte, [27320] der sich dazu anschickte, durch dieses Land zu fahren. Das tat er wegen der Teufelskinder, die sich bei ihm angesiedelt hatten und stets [27325] Böses gegen ihn im Schilde führten. Gegen die konnte er nicht kämpfen, denn sie hatten mit ihrer Kraft das Gebiet von zehn Königreichen [27330] vollständig und ganz mühelos bezwungen. Seine große Kunst hatte diese unabwendbare Bedrohung zerstört, sodass ihm die Missgunst der Riesen [27335] nicht schaden konnte bis zu jener Zeit, als Gawein sie erschlug, was Gansguoter mit großen Freuden aufnahm. Damit sei es genug davon. [27340]

Gansguoter gab ihnen allen unverzüglich ausgeruhte Pferde und Rüstungen und dazu sehr feste Schwerter. Auch war man Gawein eine solche Rüstung vergönnt, [27345] an der mit großer Kunstfertigkeit allerlei Tugenden Gestalt fanden: Die Rüstung hatte die Macht, dass, wer immer sie trug, nicht von Zauber überwunden werden konnte und gegen allen Zauber [27350] gefeit war. Und wenn er irgendjemanden angriffe, müsste der ritterlich mit ihm kämpfen. Nur durch Tapferkeit konnten sich seine Gegner retten, denn die Macht irgendeines Zaubers, [27355] die einem an und für sich den Sieg brächte, half ihnen hier nichts. Diese Macht der Rüstung nämlich übertrifft jene Macht des Zaubers so weit, dass beide Kontrahenten von der Macht, [27360] die der Zauber bringt, unbehelligt bleiben und beide auf sich selbst angewiesen sind. Weder des Zaubers noch der Rüstung Macht würden ihnen nützen, sondern es liegt ganz an ihnen selbst. [27365] Sieg und Niederlage hängen ganz von ihrer Tapferkeit ab. Wer von ihnen siegen soll, muss dies ohne die Hilfe des Zaubers tun.

Die brennenden Ritter

Ein Schwert gab er ihm dazu. [27370] Damit nun hatte diese Sache in Madarp ihr Ende. Gansguoter wartete nicht länger damit: Er nahm drei von seinen Gefährten, dazu noch die nötige [27375] Ausrüstung, und ritt mit diesen von dannen, von der Burg durch einen Tann auf diese Straße. Mit dieser Burg lasse ich es gut sein, wie die gebaut wäre, [27380] weil es eine lange Geschichte würde, wenn ich es erzählen sollte. Dieser Weg hatte sie schnell durch den Wald geführt. Davor war ein großes, [27385] hohes Gebirge aufgeschichtet. Über den Weg schoss ein Geröllfeld, das den Weg völlig blockierte.

Gawein, der teure Degen, ging schnurstracks auf eine Stelle zu, [27390] wo er eine Pforte[301] offen fand, und glaubte, er könnte dort sofort und einfach so in völligem Frieden durchreiten. Als er vom Hang aus den Berg besteigen wollte, [27395] hörte er aus beiden Tälern und oben von der Burg herunter in Richtung der Klause lautesten Lärm, als ob sich da Ritter zum Schlachtfeld [27400] aufmachen würden. Viel Geprassel und Krach hörte er hier vor sich. Zugleich entzündete sich da ein außergewöhnlich großes Feuer. [27405] Das brannte so ungeheuerlich, dass es die Klause und die Burg hier ganz umschloss und alles wie in einer Lohe brannte. Herrn Gaweins Auge [27410] sah dies, und trotzdem nahm er den Weg dorthin, um es noch besser sehen zu können.

Als er sich nun zur Klause hinwandte, vermehrten sich das Feuer und der Lärm gar sehr [27415] und wurden besonders stark. ›Wohlauf, hier sind Gäste!‹, rief eine Stimme daraus. Nach diesem großen Wunder klang ein Horn sehr laut. [27420] Danach stürmte aus dem Feuer ein Gedränge von Rittern – die brannten wie eine

---

301 Es ist undeutlich, ob das irgendeine Art Felsentor ist oder ob man ganz konkret an eine Burg zu denken hat, aus der die brennenden Ritter im Folgenden strömen [?] und in die sie jedenfalls Gansguoter nachher wieder zurücktreibt.

Esse, die ein Schmied erblasen hat –, ganz auf ritterliche Tat aus, [27425] alle mit geneigter Lanze, als ob es sie nach Tjost verlangte, mit zornigem Gebaren. Über diese heftigen Geschichten erschraken diese Gäste hier: [27430] Obgleich sie bemerkten, dass sie so sehr brannten, gönnten sie sich doch stets ein Gemüt, das ganz übel [27435] nach Kampf wütete.

Auch achteten sie genau darauf, dass sie sich, wenn Gawein sich zu ihnen dorthin wandte, ihm entgegenwandten. So waren sie also unerschrocken, [27440] während er so auf sie zuhielt. Welche Tücke er hier auch versuchte, sie waren darauf vorbereitet. Aus Tapferkeit neigte Gawein sofort seine Lanze [27445] und hatte sie gegen sie gesenkt, als ob er ihnen eine Tjost bescheren wollte. Gansguoter hieß ihn darauf verzichten und sagte ihm, dass es sein Tod wäre. Da Gansguoter es ihm verbot, [27450] musste er es sein lassen. Seine Gefährten fürchteten diese Geschichte außerordentlich. Gansguoter wartete nicht länger: Er stieg den Berg in Richtung der Ritterschar hinauf. [27455] Vor ihm wichen sie alle gemeinsam rückwärts geradewegs in die Burg zurück und boten ihm weder Schlag noch Stich dar.

Auf diese Weise wichen sie so lange vor ihm zurück, [27460] bis er mit ihnen unter das Tor kam und sie davonjagte. Keiner von ihnen war geblieben. Wohin sie kamen, ist mir unbekannt. Auch erlosch das Feuer sogleich [27465] und es wurde still wie zuvor, sodass sie hier nicht mehr sahen, als sie zuvor gesehen hatten, bevor dieses Wunder passiert war. Sobald das Wunder vergangen war, [27470] hieß Gansguoter sie ihm ohne Angst durch die Klause nachreiten, auf eine schöne Burg zu, wo sie über Nacht blieben. Gansguoter sorgte [27475] mit viel Eifer dafür, dass man sie dort die ganz Zeit über bestens behandelte. Am Morgen nach dem Frühstück ritten sie wieder auf ihren Weg [27480] und warteten damit nicht länger, wie sehr er sie auch darum bat.

Gansguoter ritt mit ihnen davon. Von diesem Land erzählte er ihnen, dass es sein Eigentum wäre [27485] und dass er es so perfekt abgesichert hätte, dass ihm daran alle Welt nicht schaden könnte. Hiermit ritten sie davon [27490] über eine Landschaft, die sich lange hinzog. Daran drängte sich ein besonders großes und hohes Gebirge, das von einem dichten, finsteren Wald umschlossen wurde. [27495] Sie mussten den Weg einschlagen, der zur Linken des Gebirgsrückens hinaufführte, einer hohen Brücke entgegen, hin zu einem ganz schmalen Steg, [27500] auf dem ein Pferd kaum gehen konnte. Er reichte bis an die Brücke heran und fiel sehr gefährlich ab.

Die gefährliche Brücke

Der Steg führte sie zu der Brücke, wo sie nicht zu wenig Wunder [27505] fanden und erblickten. Schnell näherten sie sich ihr. Gawein ritt hier wieder voraus und die anderen im Gänsemarsch hinter ihm her auf diesem Steg. [27510] Als nun Gawein vor den anderen zur Brücke geritten kam, wurde ihm bei der Brücke die Überfahrt mit Kampf versagt, weil sich die Pforte [27515] mit einem festen Fallgatter verschloss. Auch machte sich ein zwölf Ellen langer Mohr vorwärts über der Brücke auf, der sich einen schweren Schlägel aus Eisen über die Schulter schwang. [27520] Mit dem hantierte er folgendermaßen: Er packte ihn mit beiden Händen und ließ sich damit nach unten ins Wasser nieder. Sofort wallte das Wasser [27525] gewaltig nach oben zur Brücke.

Das Wasser überschwemmte die ganze Brücke gründlich und reichte dabei bis an Gawein heran. Hier gab es niemanden unter ihnen, [27530] der da nicht glaubte, den Tod zu finden. Dazu hatten sie auch guten Grund, denn das Wasser unter ihnen stieg so sehr an, dass es ihnen die Brücke und den Steg abgewann. [27535] Auch den Weg zurück konnten sie nicht nehmen. Außerdem waren sie auf dem rechten Weg in das Land Schardin, wohin ihre Reise gehen sollte, [27540] die nicht abgebrochen werden durfte. Gawein zeigte keinerlei Anzeichen, dass er in dieser großen Gefahr verzagt geworden wäre, wie mir die Geschichte versicherte. [27545]

Also war die Brücke nun von diesem großen Fluss eingeschlossen und dermaßen überflutet, dass man da kaum noch das Tor erkennen konnte, [27550] vor dem sie nach wie vor hielten, und es gelang Gawein nicht, durch das Tor zu kommen, weil es ihnen durch zwei Dinge gänzlich verschlossen war: [27555] vom Wasser und vom Fallgatter. In dieser Situation wollte er auf der einen Seite vorwärts durchs Wasser gehen und wollte lieber dort ruhmvoll sterben, [27560] als sich von irgendeiner Gefahr abschrecken zu lassen. Als er sich nun dort vor ihnen allen ins Wasser stürzen wollte, [27565] schrie ihn Gansguoter laut an und bat ihn, dies sein zu lassen: Es müsste anders geschehen.

Damit hielt Gawein inne, wie ihm Gansguoter befahl, [27570] und blieb stehen wie zuvor. Gansguoter ging an ihm vorbei durch die Wogen zur Brücke. Er hob das Fallgatter in die Höhe – das hatte er geschwind erledigt – [27575] und hieß sie nach ihm ohne alle Furcht hineinreiten. Ohne jede Widerrede kamen sie seiner Forderung nach, weil es ihr eigener Wille war. [27580] Als sie nun durch das Tor gekommen waren, wo vor ihnen Gansguoter auf der Brücke im Wasser schwamm, nahm diese Gefahr ein Ende und das Wasser ging ins Tal zurück. [27585] Danach erhob sich großer Lärm, der wie Donnerschlag klang und der die Brücke ganz und gar zerstört zurückließ. Die Ritter wurden mit der Brücke [27590] auf den Grund getragen und blieben trotzdem alle heil; weder ihnen noch ihren Pferden wurde bei all dem auch nur ein einziges Haar gekrümmt. [27595] Dank Gansguoter brachte sie dieser glückliche Erfolg durch die Gefahr.

Dies alles hatte der Mohr verschuldet, der zuvor von der Brücke ins Wasser gefallen war. [27600] Dass diese Gefährten dort überlebten, war das Verdienst von Gansguoter, der sie mit seiner außergewöhnlichen Kunstfertigkeit vom Kummer befreite. Trotzdem musste sie die Strömung des Wassers [27605] aus dem Grund herausschwemmen. Er wusste sie dabei in der Tat gut zu schützen. Schnell und vorsichtig gelangten sie ans Ufer. [27610] Gawein bat Gansguoter, ihm die Geschichte dieser Aventiure zu erzählen. Da sagte er ihm, dass dies das Land wäre, das Schardin genannt wird; [27615] und diese Aventiure wäre so ungeheuerlich, dass nie zuvor ein Mann gewagt hätte, sich ihr zu stellen. Weiters sagte er ihm, [27620] dass er sie nun in Angriff genommen hätte; und hätte er es nicht für Gawein getan, so gäbe es nirgends einen Mann, für den er es getan hätte. Auch erklärte er ihm dabei, [27625] dass Brücke und Flut der Schutz des Landes wären und dass noch nie ein Mann durch sie geritten oder gegangen wäre. So stand es seit jeher um sie. [27630]

Außerdem erzählte er ihm noch, wie viel Mühe auf die Brücke verwendet worden wäre, damit sie das Land vor aller Gefahr bewahrte, [27635] falls es irgendjemand aus der Ferne angreifen und es aus Gewalt oder aus Zorn verwüsten würde. Diese Mühe wäre nun aber völlig verloren, [27640] weil die Anlage zerstört und ganz vom Wasser umschlossen wäre, wie er bei dem Wasserfall selbst gesehen hätte. [27645] Nichts Schlimmeres als dies hätte ihm geschehen können. Auch hätte es niemand fertig bringen können mit Ausnahme desjenigen, der die List kannte und der die nötige Tapferkeit, die nötige Kraft [27650] und den nötigen Verstand hatte. Er erklärte auch, wie sehr Gyramphiel und Fimbeus hieran geschädigt worden wären und welch großer Schaden ihnen hier erwuchs. [27655] Auf immer würde Fimbeus diesem schlimmen Verlust nachtrauern, und ihrer beider Land Schardin würde dadurch Kummer und Pein erdulden.

Auch erzählte Gansguoter, dass Gawein damit [27660] all seinen Kummer an ihnen gerächt hätte, weil er ihnen durch nichts ein größeres Leid hätte zufügen können; und er versicherte ihm, [27665] dass die allerbeste Wehr ihres Landes, die es vor allen Gefahren schützte, fürderhin allen Zaubers beraubt wäre, [27670] zumal sie nun zerstört wäre und niemals wieder aufgebaut werden könnte; sie müsste auf ewig darnieder liegen. ›Dies alleine wird Gyramphiel und Fimbeus [27675] schwächen und ihren Ruhm auf immer verblassen lassen. Niemand kann dies ungeschehen machen.‹[302]

Nachdem nun Gawein in all diesen Sachen unterrichtet worden war, setzten er und seine Gefährten [27680] die vorherige Fahrt fort. Sie beschleunigten ihre Reise, wo immer sie konnten. Nach nur kurzer Zeit sahen sie eine schöne Burg. [27685] Sie näherten sich ihr wahrhaftig schnell. An diesem Punkt trennten sich Gansguoter und diese vier. Vorher erklärte er Gawein aber noch [27690] genau, was er tun und wie er sich in allen Angelegenheiten schützen sollte. Er gab ihm ein Kleinod. Dabei bat und gebot er, dass Gawein dies gut hüten sollte. [27695] Freundlich, wie es sich gehört, sagte er ihm, wie er damit hantieren sollte, damit es ihm hilfreich wäre. Gawein nahm es sehr gerne, [27700] zumal es ihm zugute kam.

Auf der Burg des Fimbeus von Schardin

Empfang und Nachtmahl – Gansguoters Schlafschatulle

Nachdem nun diese Rede beendet war, wandte sich Gawein nach Gahart, Gansguoter nach Micholde. Ein jeder wandte sich sofort

---

302 Die Markierung der direkten Rede gegen die Ausgabe. Der Tempuswechsel hebt die letzten beiden Sätze von der indirekten Rede davor ab; dass aber anstelle Gansguoters nun der Erzähler spräche, scheint mir im Kontext unwahrscheinlich.

dorthin, [27705] wohin er sollte, als ihre Trennung ganz unausweichlich geworden war. Gansguoter bewies Gawein und seinen Gefährten große Treue. [27710] Auch hütete Gawein Gebot und Bitte gewissenhaft. Unterwegs schonten sich beide nicht: Sie trotteten nicht langsam dahin, [27715] sondern beeilten sich sehr. Als sie sich nun der Brücke näherten, fanden sie Fimbeus und seine Männer bei der Brücke stehen, die ihnen in der Tat sogleich [27720] entgegengingen und sie mit sehr großem Pomp empfingen. Hiermit schloss man ihnen die Pforte auf und öffnete ihnen die Einfahrt.

Sie saßen ab, [27725] und ihre Pferde wurden mit viel Aufwand versorgt. Das hatte der Burgherr anordnen lassen. Auch den Helden wurde in Ehren [27730] sichere Herberge gewährt, mit allem was dazugehört. Noch aber wussten die Burgleute nicht, weshalb oder woher diese ins Land gekommen wären [27735] oder wie es um diese Geschichten stünde, weil sie nicht mit solch unglücklichem Zufall rechneten. Auch wussten sie nicht im Geringsten, dass Gawein und seine Schar [27740] hier zu ihrem Schaden gekommen waren, obwohl Gawein dem Burgherrn einst den siegbringenden Stein genommen hatte. Sie hatten keine Ahnung, dass dies Gawein wäre. [27745] Sie begegneten den Gästen – und damit ihrem sicheren Verderben – mit Pomp und Freudenlärm.

Als dies nun Gyramphiel erzählt wurde, schickte sie jenes Mädchen hinunter, [27750] das sie zuvor mit dem Handschuh in das Land Britannien nach Karidol geschickt hatte – wie ihr genau gehört habt –, damit es für Gyramphiel in Erfahrung brächte, [27755] wer diese Gäste waren. So geschah es. Als die Jungfrau sie sah, erkannte sie die vier Ritter sofort. Sie eilte von den Rittern [27760] zu ihrer Herrin zurück und ließ sich unterwegs wahrhaftig durch nichts aufhalten. Da sie die vier Degen erkannt hatte, erzählte sie ihrer Herrin, [27765] dass es Gawein wäre. Diese Neuigkeit bedrückte Gyramphiel nicht.

Sie freute sich außerordentlich darüber. Des Nachts erzeigte man Gawein viel Ehren. [27770] Gyramphiel freute sich darüber, dass sie den siegbringenden Stein auf die bekannte Weise betrügerisch von Gawein zurückgewonnen hatten, und sie freute sich darauf, all ihr Leid [27775] an ihm zu rächen und ihre Treue ganz zu brechen. Dies nun sollte am frühen Morgen geschehen. Auch Fimbeus glaubte nicht, dass Gawein jemals gegen ihn bestehen könnte, [27780] weil er durch die Gunst der Saelde den Stein wiedergewonnen hatte. Dieser seiner Macht war aber hier die kostbare und prächtige Rüstung ebenbürtig, weil sie über die Macht verfügte, [27785] dass, wer immer sie in einem Kampf trug, diesen kein Zauber weder bezwang noch erschlug; sein Gegner konnte ihn nur mit Manneskraft bezwingen. Ansonsten war die Rüstung aber nicht siegbringend.³⁰³ Das wussten diese aber nicht. [27790] Der unwissende Mann freut sich sehr oft über sein Unglück – er wähnt daran Freude zu finden. Ebenso musste es Fimbeus ergehen.

Als sie nun nächtens zu Tisch [27795] saßen und speisten, erinnerte sich Gawein gut daran, was ihn dorthin gebracht und was ihm Gansguoter gesagt hatte, als er am Abend von ihm wegritt [27800] und ihm das Kleinod gab. Er hatte nicht vergessen, was Gansguoter ihm dabei befohlen hatte. Als sie nun alle saßen und das Mahl zur Hälfte verstrichen war, [27805] nahm Gawein dieses Behältnis und stellte sich vor Fimbeus hin. Er begann seine Rede sehr höflich und sagte, ohne etwas zu vergessen: [27810] ›Ritter, wenn ich sprechen darf, wenn ihr es mir erlaubt und es euch nicht unmäßig scheint, dann habe ich einiges zu sagen, das euch hier und jetzt durch mich [27815] bestellt sei. So verhält es sich damit. Außerdem hat man euch durch mich ein kostbares Kleinod geschickt. Dieses sollt ihr, edler Ritter, [27820] mit entsprechender Wertschätzung empfangen.

Das hat König Artus getan, weil er es wegen eures hohen Ansehens, von dem man ihm erzählt hat, niemandem mehr gönnte. [27825] Das kam euch zugute. Auch soll es euch nicht langweilen zu hören und zu sehen, was man damit machen kann. Wenn ihr wollt, werde ich es erzählen [27830] und werde es danach umhertragen, damit ihr die Wahrheit seht. Wenn ihr mir das Botenrecht zugestehen wollt und wenn euch meine Bitte, die Teil der Angelegenheit ist, weder missfällt [27835] noch ihr sie mir versagt, wird sie euch nicht verschwiegen. Ich schweige aber, wenn ihr sie mir ausschlagt.‹

Fimbeus gewährte Gawein alles, was er verlangt hatte. [27840] Er nahm das Kleinod löblich und ehrenvoll und zeigte es ihnen allen. Allen, die es sahen, musste es gut gefallen. [27845] Das versicherten sie ihm einhellig. Was dieses Kleinod wäre? Das muss ich erzählen, ehe ich die Geschichte weiter erzähle, denn würde ich euch dies vorenthalten, [27850] käme das der Aventiure zu Schaden. Es war eine kleine Lade aus Gold, in der ein Bild lag, das eine ganz bestimmte Eigenheit hatte: Wenn einer es bloß ansah, [27855] setzte

---

303 Oder: ›Andernfalls musste er verlieren.‹

ihm der Schlaf zu; das war in der Tat unabwendbar, wie sie hier sehen mussten. Auch Fimbeus von Schardin musste dies erkennen.

Nachdem nun also Gawein die Erlaubnis bekommen hatte, [27860] zögerte er nicht länger. Er sagte: ›Da ich nun die Erlaubnis habe, will ich euch die Kunst und die Idee, die in dem Kleinod stecken, erklären und vorführen; dann werde ich es euch [27865] als euer Eigentum hier lassen. Nun hört, Ritter, wie es sich mit diesem Kleinod verhält. Wer immer es innen betrachtet, kann sich nicht dagegen wehren, [27870] dass er auf der Stelle einschläft. Dagegen kann man nichts machen. Ob ich die Wahrheit sage, sollt ihr erkennen, wenn ich das Kleinod umhertrage, [27875] wie ihr mir befohlen habt und worum ich gebeten habe. Gebt mir nun Gelegenheit dazu. Sendet nach eurem Gefolge, damit ich sie alle beisammen finde, Frauen und Männer! [27880] Dann werdet ihr sehen, ob ich Recht habe.‹ Seine Bitte war in kürzester Zeit erfüllt.

Nachdem sich nun das ganze Gefolge im Saal niedergelassen hatte, wie Gawein gebeten hatte, [27885] nahm er sogleich die Lade und öffnete sie ganz. Er trug sie vor die Schar, wo sie alle saßen. Als sie das Bild erblickten, [27890] wussten sie nicht mehr, wer sie waren. Alle sanken sie vor Schlaf ganz bis auf den Boden hinab. So ließ er sie liegen und tat den anderen das Gleiche. [27895] Niemanden im Saal dort nahm er aus, bis auf jene, die zu ihm gehörten, sowie den Burgherrn und drei weitere, die an der Tafel neben ihm saßen, [27900] und auch seine Geliebte, Gyramphiel. Dem Burgherrn gefiel die Sache gut, er hielt es für einen Scherz. Er sprach: ›Gott soll es ihm ewig lohnen, der dieses Kleinod herschickte! [27905] Auch lebe glücklich, der die Lade hergebracht hat! Das ist in der Tat ein prächtiges Gut, dem man dieses Wunder entnehmen kann.‹

Hiermit tat Gawein die Lade zu [27910] und sagte: ›Ritter, erkennt ihr nun, dass ich die Wahrheit gesagt habe? Da euch das Kleinod gefällt, will ich euch weiter erzählen, wie es um das Kleinod steht, [27915] denn ich habe davon noch nicht ganz fertig erzählt. Ihr wisst doch, wie es geschah, dass dieser Herr hier seine Treue an meinem Herrn, König Artus, [27920] ganz brach. Er war auf seine Burg gekommen und hatte eine Bitte getan, zu der ihm mein Herr und das Gefolge alle Gelegenheit gaben. Das sollte er uns sehr schnell heimzahlen, [27925] wie es die Bösen seit jeher getan haben. Artus weiß in der Tat nicht, wer ihm dazu geraten hätte. Allerdings geht mir jetzt, in diesem Moment, der Gedanke durch den Kopf,

[27930] dass es für euch unvorteilhaft ist, dass ich den Übeltäter bei euch sehe. Ich begehe keinen Fauxpas, wenn ich behaupte, dass ihr den Auftrag dazu gegeben habt. Denn was man mit den Augen sieht, [27935] lügt nicht, und also auch der nicht, der es in Worte fasst.

Was aber hat es nun damit auf sich? Dieser hier raubte meinem Herrn in treuloser Art sein Kleinod. Es wird mich immer reuen, [27940] dass dies, Ritter, jemals geschehen konnte – dass man ihm ganz öffentlich solche Anschuldigungen vorwerfen muss, wovon er auf immer ein Treuewicht sein wird, [27945] wie hieran deutlich geworden ist. Dagegen lässt sich nun nichts mehr machen. Ob ich nun sterbe oder am Leben bleibe, ich bin aus diesem Grund hergekommen: Was meinem Herrn genommen worden ist, [27950] will ich, wie es sich für einen Ritter gehört, zurückfordern. Ihr seht auch wohl, dass beide Seiten einander ebenbürtig sind, weil ein jeder unter euren Gefährten gerne seinen eigenen Mann haben kann. [27955] Erzeigt auch ihr mir vollkommenen Heldenmut. Wir sind nicht mehr als ich und ihr. Es ist Zeit: Kämpfen wir!‹

Fimbeus sagte hochmütig: [27960] ›Ihr werdet diese Fahrt wahrhaftig bereuen, so Gott will. Es schiene mir nicht übertrieben, wenn ich mit euch vier kämpfen oder tjostieren sollte; [27965] ich würde es wohl kaum fürchten. Ich sage nicht, dass ich allein mit euch fechten werde. Ich bin den tüchtigen Rittern ihr Vergnügen wirklich gerne vergönnt. [27970] Ich alleine aber werde diese Angelegenheit mit euch, Herr Gawein, zu Ende bringen. Wohin ihr sie auch wendet, ich werde euch auf Schritt und Tritt folgen!‹ ›Ich bitte in dieser Angelegenheit um keine Änderung‹, [27975] sagte Gawein. ›Nun rüstet euch!‹ Dies wurde ihm nicht verwehrt: Fimbeus stieß die Tafel von sich und ließ sich den Harnisch bringen, dazu Pferd, Schild und Lanze. [27980] Das schafften diese drei herbei, weil dort sonst niemand mehr wach war. Gawein machte sich mit seiner Gesellschaft auf zu diesen strengen ritterlichen Kämpfen, [27985] wie es sie noch niemals gegeben hatte. Gerüstet ritten die acht gemeinsam vor das Burgtor. Dort nämlich sollte gekämpft werden. Es wurde auch nicht länger damit gewartet. [27990]

Wieder vier Duelle – Sieg Gaweins und der Seinen

Gyramphiel blieb alleine. Jeder hatte bei dieser Tjost seinen Kampfpartner: zwei ziemlich tapfere Helden, deren Namen mir nicht bekannt sind, [27995] für Lanzelet und Kalocreant; Kay fiel dem Elsternfarbigen zu. Hier stürzte sich die kleine Schar ins Getümmel und verwickelte sich ineinander; ein jeder kämpfte gegen den Seinen, [28000] so gut er konnte, stets auf Hinterlist bedacht. Die Lanzen waren schnell vertan, und es musste sogleich an die Schwerter gehen. Die wurden sehr bald gezogen, [28005] und keiner wurde darum betrogen, dass sein Kampfpartner ihn mit ritterlicher Tapferkeit nötigte und heimsuchte und ihn mit Schlägen versorgte, [28010] sodass es ihnen hier an nichts fehlte. Diese tödliche Last mussten sie voneinander tragen. Hier wurde in Feindschaft gut gestochen und geschlagen. [28015] Da stand Schuldner gegen Schuldner, vollkommene Feindschaft gegen Feindschaft. So dauerte dieser Kampf unter diesen, die alle dasselbe wollten, an, ohne dass sich an einem unter ihnen [28020] Sieg oder Niederlage gezeigt hätte. So verfügten sie noch zu ganz gleichen Teilen über den aufrichtigen Beistand des Glücks.

Mit ziemlich harten Schlägen setzten sich diese Helden zur Wehr, [28025] wenn ihnen die anderen nachstellten. Dieser Kampf ging in der Tat immer wieder aufs Neue los. Man hatte sich hier immerwährenden Hass geschworen, [28030] der ihrer aller Herz einnahm. Dafür mussten sie zahlen. Ihr Körper und ihr Geist kam nie zur Ruhe. Sie alle brannten gleichermaßen [28035] auf Nachstellung und Hinterhalt, ganz wie ihre Feinde auch.[304] Dadurch sah man dort so manches Wanken, wenn einer auf den anderen mit Hass und Zorn eindrang. [28040] Hinten und vorn sah man durch die Schwertschläge ständig Funken von den Helmen fliegen. Auf diese Art mussten diese Degen [28045] sich abmühen.

Dagegen war nichts zu machen, einige ihrer Rüstungen wurden über und über mit Blut begossen, wodurch deren Träger scheinen musste, dass ihm [28050] der Kampf zum Nachteil geriet. Fimbeus von Schardin, der Kampfpartner von Herrn Gawein, wurde von Gawein attackiert, als er keinen Schild mehr hatte, [28055] und empfing von dessen Händen zwei Wunden, die ihm Kraft und Macht raubten und ihn die Körperbeherrschung verlieren ließen; dennoch

---

304 *iender* statt *ninder* mit der Anm. der Ausgabe.

kämpfte er wahrhaftig noch [28060] ohne Unterlass weiter in Vertrauen auf die Hilfe des Steines, der ihn oft vor tödlicher Gefahr erlöst hatte, wenn er dessen Kräfte anwandte. Genau eine solche Gefahr drohte ihm nun. [28065] Gawein, der Verwegene, verlangte von ihm Sicherheit – er sah an ihm genau, dass er nicht länger aushalten konnte –, denn er hätte ihn ungern erschlagen, [28070] wenn er es vermeiden könnte.

Giramphiel verdross es, dass sich Fimbeus, ihr Liebhaber, in dieser Lage befand. Als dieser Kampf so lange andauerte, wurde sie neugierig, [28075] was los wäre. Es bedrückte sie sehr, dass Fimbeus seinen Kontrahenten nicht sofort erschlagen hatte. Ihre Neugier trieb sie auf die Brücke, [28080] um genau zu sehen, wie es um ihren Geliebten stünde. Sie wähnte, dass er an Gawein Ritters Ruhm erbeutet hätte. Ihr Wahn täuschte sie gründlich – [28085] sie wähnte ihn überwältigt –, wovon ihr Herz mit großem Leid umfangen war. Sie eilte zu ihnen auf die Heide, wo der heftigste Kampf tobte [28090] und wo Fimbeus sich mit schwindender Kraft um Schutz vor Gawein bemühte. Selbst konnte er dabei kaum einen Schlag gegen Gawein landen, so viel Anstrengung hatten ihn die Drangsal [28095] und der Degen gekostet.

Als sie sah, dass er so sehr entkräftet war, zeigte sie sich ihm und sprach: ›Ritter, wenn dir meine Minne [28100] je lieb war, dann lasse mich das innewerden und verzage nicht! Du siegst! Kümmere dich nicht darum, wenn du nun Not leidest. [28105] Er wird sterben und du wirst am Leben bleiben, wenn du dich nicht schwächen lässt und wenn du recht bedenkst, zu welchem Mut die Güte der Frauen verhilft: Dieser Mut trägt den höchsten Ruhm ein, [28110] den man erlangen kann. Fürwahr, die Güte der Frauen könnte einen Stein oder einen harten Stahl erweichen; wenn sie ihn nur einmal anschaute, müsste er sofort innehalten und es erdulden. [28115] Auch dagegen gibt es keine Widerrede: Durch sie muss weiches Blei hart werden. Da dies an der Güte der Frauen liegt, lieber Geliebter, so lasse dir und mir geschehen, [28120] dass wir uns freuen wie zuvor.‹

Diese Mahnung bewirkte an ihm hier einen Sinneswandel. Dieser Wandel kam [28125] von der Frau und ihrer Güte, und er nahm ihm seine ganze Feigheit. Er verspürte solchen Antrieb, als hätte er den Kampf gerade erst begonnen, [28130] und er fühlte sich rundum gesund, obwohl er verwundet war. Die Güte der Frau machte ihn gesund. Oh Süße der Frau, wie gerne grüße ich dich [28135] und singe deinen Lobpreis in ganzer Treue, so gut ich es kann und vermag! Ich bin stets dein Dienstmann gewesen und will das immer sein, [28140] solange meine Tage dauern, die ich zu leben habe, denn es tut mir von Herzen wohl, wenn ich von dir erzählen darf. Dein freudebringender Gruß [28145] ist mir angenehm, denn du erhebst mein Gemüt. So würde ich mich für einen Gott der Welt halten. Ich lebe doch nun schon immer in standhafter Treue nach deinem Gebot. [28150] Verfahre mit mir, wie du mit denjenigen stets verfahren bist, die dir bisher gedient haben! Sei mir ein Garant der Freude, danach verlange ich inständig!

Die Kraft gab diesem Recken eine Macht, [28155] die Gawein und die Not des Kummers an ihm verdeckt hatten. Als ihm deine Gewalt gebot, dass er unverzagt wäre, vergaß er hier sofort [28160] seinen Kummer. Auf diese Weise hatte sich deine Gewalt immer schon genommen, was dir angenehm war. Hier wurdest du dem einen sehr zum Nutzen und dem anderen zum größten Nachteil. [28165] Fimbeus von Schardin stürzte auf Gawein los und brachte den Gast beim Fechten in große Not. Der Kampf der beiden [28170] tüchtigen Ritter wurde sehr hart: Gawein konnte der Attacke des Fimbeus kaum standhalten, weil er ihn bei diesem Kampf in solche Mühen zwang [28175] und ihn beinahe so sehr geschwächt hatte, dass ihm diese Fessel des Leides beinahe das Leben geraubt hätte. Gawein litt es, ohne es zu zeigen. [28180] Als er nun erkannte, dass es in diese Richtung ging, ließ er auf sich einschlagen, wie immer es Fimbeus beliebte. Auch vergalt er die Schläge selten, so gut er eben konnte [28185] und wie es seiner Kraft nützlich war. Gawein ging die Sache listig an. So begann er, alle Attacken zu parieren und den Schlägen auszuweichen. Dann bewegte er sich rasch [28190] und mit aller Kraft schlagend und stoßend gegen seinen Kampfpartner, denn er sah ihn so sehr mit der Müdigkeit ringen, [28195] dass er ihn mit dieser Wendung des Kampfes völlig zu überwältigen glaubte. Mit dieser List gewann Gawein seine ganze Kraft zurück, wie man hier sogleich sehen konnte, [28200] weil er seinem Gegner nun aus freien Stücken heimzahlte, was dieser zuvor auf ihn losgelassen hatte. Er ließ ihn nicht zur Ruhe kommen, bis er ihn so zerschlagen hatte, [28205] dass ihn die Ohnmacht vom Pferd in den Sand warf und alle seine Kraft verschwand. Dies war sein Schicksal.

Rückgewinnung der Kleinodien

Als Gyramphiel dies nun sah, [28210] fiel sie vor Leid wohl zehnmal ohnmächtig auf die Erde, denn sie wusste noch nicht, ob er lebte oder tot wäre. Gawein bot ihr seine Hilfe an: [28215] Sofort sprang er vom Pferd, warf seinen Schild von sich und ging hin, wo die Dame lag. Er hob sie von der Erde auf und hieß sie froh sein: [28220] Ihr Geliebter würde sicher am Leben bleiben. Von diesem Trost wurde die Dame froh. Nun wandte sich Gawein zu Fimbeus. Der schwor ihm hier Sicherheit. Gyramphiel legte ebenfalls einen Eid ab [28225] und schwor dabei, dass sie beide Handschuhe, den Ring und den Stein wieder Herrn Gawein geben würde, damit er Fimbeus am Leben ließe [28230] und ihn für immer und auf ewig als seinen Gefangenen akzeptierte, und dass dies ohne Hass geschähe. Damit war die Sache erledigt.

Noch war auf jener Seite [28235] unter diesen sechsen der Kampf wahrhaftig nicht zu Ende: Sie mussten dort entweder siegen oder sieglos darnieder liegen. Das geschah sehr bald danach. [28240] Das Heil der Gäste machte sich unter den Gefährten des Burgherrn breit: Es wollte sie hier zu Fall bringen, wie es das schon beim Burgherrn getan hatte. Kay war der erste Mann, [28245] der dort unter den dreien siegte. Auch den anderen beiden fiel derselbe Triumph zu. Hiermit machten sich Gäste und Ansässige [28250] auf der Stelle zur Burg auf. Auch der Burgherr wurde dorthin getragen. Hier will ich nicht mehr erzählen, als dass Gawein alle Kleinodien wiederbekam und er [28255] sogleich seine Fahrt vorwärts trieb. Sobald die Nacht verstrichen war, machte er sich wieder auf die Reise und ließ, ehe er von dannen ritt, noch das Volk erwachen. [28260] In großen Freuden brach er ohne zu warten auf.

Unterwegs zur Gralsburg

Trennung der Gefährten

Er schlug eine Straße ein, die ihn der Weg lehrte und auf der er in das Land [28265] kommen sollte, in das er wollte. Der Weg war bestens gegraben. Sie hielten sich nicht auf und machten wirklich nirgends unterwegs halt. Sie lagen in der Hand der Landschaft, [28270] von Wald und wilder Gegend, und sie wollten auf keinen Fall einen Schritt breit vom Weg abkommen, weil sie sich Gawein als Führer ausgewählt hatten, [28275] obgleich er unsicher war, denn dass sie ihn so sicher sahen, beruhte auf reiner Vermutung. Die Gesellschaft ritt auf diese Weise gut [28280] zwölf Tage den Pfad dahin, ohne dass sie je davon erzählen oder berichten gehört hätten, bis sie schließlich in eine wilde Gegend kamen, [28285] in die sie die Landschaft und der Pfad schnurstracks gebracht hatten. Diese Gegend war von einem See umschlossen. Man konnte beim See [28290] nirgends einen Weg erkennen, weder aufwärts noch abwärts, außer den, der sie zum See gebracht hatte. Man sah hier auch keine Fähre, als ob noch nie zuvor ein Mensch dorthin gekommen wäre. [28295]

Als sie nun beim See nichts fanden und keinerlei Überfahrt finden konnten, wollten sie dennoch nicht umkehren, weil sie der Weg in zwölf Tagen [28300] kaum dorthingetragen hatte. Wie immer es ausginge und was immer sie dabei erwartete, es gab nur eine Möglichkeit: Helm und Rüstung [28305] luden sie schnell auf die Saumtiere, damit ihre Überfahrt in diesem Belange sicher wäre. Nachdem endlich alles vorbereitet war, trieben sie die Saumtiere an. [28310] Hinter einem jeden setzte jeweils ein Mann auf seinem Pferd über, den Saumtieren hinterher. Es eilte sie bei ihrer Reise; deshalb gaben sie wenig Acht darauf,[305] ob ihnen daraus [28315] ein Vor- oder ein Nachteil erwüchse.

So schwammen sie auf dem See und litten einen langen Tag und eine Nacht große Not, dass ihre Pferde ganz [28320] entkräftet waren und sie das Vertrauen ins Leben völlig verloren und damit abgeschlossen hatten. Sie glaubten, den sicheren Tod zu finden. [28325] Da half ihnen eine Welle aus der Not, die sie aus den Fluten schleuderte und sie so ans Ufer trug. Für diese Hilfe war es

---

305 Interpunktion gegen die Ausgabe.

höchste Zeit, damit diese Gesellschaft [28330] aus diesem Unglück gerettet wurde. Sie begannen, sich um ihre Reisesachen zu kümmern, und hatten ihre Gefährdung so völlig vergessen, [28335] als ob sie hier nicht den geringsten Kummer erlitten hätten. Sie hielten sich nicht lange beim See auf: Sie trafen Vorbereitungen für das Weiterreiten.

Sie waren nicht weit von dort geritten, [28340] als sie zu vier Wegen kamen, auf die sie ihr Pfad gebracht hatte. Sie überlegten viel unter sich, welchen Weg von diesen sie einschlagen sollten, um geradewegs [28345] in irgendein Land zu kommen, wo ihnen vielleicht einige Geschichten zu Gehör kämen, die ihnen bei ihrer Aufgabe hilfreich wären. [28350] Nun konnten sie sich aber bei den Wegen auf nichts einigen. Da riet Gawein, der Degen, dass sie sich hier alle trennen sollten und ein jeder seine Spur [28355] und seinen Weg für sich nehmen sollte. Kay sagte: ›Das lobe ich!‹, und die anderen taten es ihm gleich. Die drei nahmen drei Wege, Gawein ergriff den vierten. [28360] Hier trennten sich diese vier, wo und wie auch immer sie sich wieder treffen würden.

Gaweins Weg

Bei Gansguoters Schwester

Jeder folgte stur seinem Weg und zog auf ihm mit seinem Gefolge [28365] über Stock und Stein, Wasser und Land durch diese wilde Gegend, wobei sie großen Kummer litten und dem doch nie aus dem Weg gingen, [28370] wie leidvoll es ihnen auch wäre. Sie waren so standhaft, dass keine Not sie davon abbringen konnte, ausgenommen der Tod. So ritten sie ein jeder für sich. [28375] Gawein gingen dabei in der Tat viele Gedanken durch den Kopf, mit denen er sich unterwegs alleine und emsig abmühte, [28380] und zwar nicht anders, als dass er daran dachte. Aus seinen Gedanken riss ihn eine große Aventiure: Ehe er es überhaupt bemerkte, brannte rings um ihn herum [28385] ein Feuer so stark, dass es ihn ganz umschloss. Wohin er sich auch wandte oder floh, er konnte ihm nicht entrinnen. Es begann immer mehr und mehr [28390] zu einem Ring zusammenzubrennen und brannte so nahe an ihn heran, dass es ihn ganz umfasste und ihn in der Mitte einfing. In großem Kummer ging er hier dahin. [28395]

Es zog ihn gründlich und gewaltig mit sich in die Erde hinein und durch sie hindurch, wie er so dahinritt. Damit verschwand das Feuer. [28400] Es hatte Gawein auch kein bisschen verbrannt oder auch nur berührt, aber es hatte ihn in ein sehr schönes Land geführt, in dem es ihm sehr gut ging. [28405] Die Herrin dieses Landes war eine Göttin. Auf deren Geheiß war es geschehen. Er sah dort einen kostbaren Palas, wahrhaftig gut errichtet, [28410] auf dem wohl 1.000 Damen an den Fenstern herumsaßen mit ebenso vielen Mädchen, die ihre Blicke herab über die Heide schweifen ließen. [28415] Die waren so gut gekleidet, dass ich euch davon weder berichten kann noch soll: Meine Erzählung wäre nichts dagegen, wie die Aventiure versichert. [28420]

Gawein wandte sich zu dem Saal hin. Dort wurde er von den Damen und von den Mädchen ganz ohne Unterschied besonders geehrt, indem sie ihm einen prächtigen Empfang bereiteten. [28425] Schon bald danach wurde er von zwei sehr würdigen Boten zu der Herrin gebeten: Es waren zwei Jungfrauen, deren Betragen ganz [28430] ihrem Aussehen entsprach, denn Kleider, Schönheit und Gestalt[306] der anderen Damen schienen im Vergleich zu ihnen nichts zu gelten.[307] Mit denen ging er sehr gerne. [28435] Er verneigte sich dort vor Madame und ging mit den Jungfrauen von dannen. Sie hießen ihn vor sich zu einem prächtigen Palas gehen, worin die Göttin [28440] mit drei anderen saß. Sie behandelte Gawein seinem Wert entsprechend. Sie wartete nicht auf den Recken, bis er ihr nahe gekommen war, [28445] sondern sie wollte ihn besser empfangen und stand mit diesen dreien von ihrem Platz auf und ging in die Richtung, aus der ihr Gawein entgegenging. Sie empfing ihn mit großer Wertschätzung: [28450] Sie küsste ihn willkommen. Danach taten die Jungfrauen denselben Gruß. Gawein nahm das gerne entgegen, weil es ihm von Herzen gefiel. [28455]

Hiermit ließen sie sich nieder und er sich mit ihnen. Sie ließ ihm prächtige Freuden zuteil werden, das ist wahr. Danach kam die prächtige Schar aus dem Palas gegangen, [28460] die ihn zuvor empfangen hatte, und ließ sich ebenfalls dort bei ihnen nieder. Ich will nicht lange davon reden, wie sie sich dort die Zeit vertrieben;

---

306 *geschiht* als ›Gestalt‹ findet sich auch in 29025 und 28989.
307 Unsicher. Der überlieferte Text ist kaum verständlich, eine mögliche Lösung wäre die Umstellung von 28432f. Die Übersetzung verfährt entsprechend.

ich erzähle hier nur [28465] die eigentliche Geschichte, nichts anderes. Sie fragte ihn nach seiner Beute und unterrichtete ihn in allen Dingen, damit er dadurch Kunde gewann, was er damit tun sollte – [28470] und dass er sich vor allem vor Schlaf hüten sollte. Wenn er das alles vollbringen würde, wäre seine Mühe nicht verloren. Außerdem sagte sie ihm noch, [28475] dass er genau auf die drei Mädchen achten sollte, die neben ihm und ihr saßen, sowie auf die beiden, die sie geschickt hatte, damit er sie der Kleidung und dem Körper nach genau kannte. [28480]

Auch sie selbst sollte er sich zusätzlich zu diesen einprägen; – er legte seinen Verstand daran, damit dies so geschähe. Wo immer er sie sehen würde, sollte er nach dem Gral fragen. [28485] Würde er das aber auch nur ein einziges Mal verabsäumen, sodass sie hinausgingen und Schlaf und Müdigkeit ihn wieder packten, und trüge er die Bürde [28490] solcher Trägheit, dass es ihn verdrösse und er deshalb nicht fragte, oder warum auch immer er auf die Frage vergäße, sodass er ohne zu fragen sitzen bliebe – in all diesen Fällen wäre die Mühe ganz und gar [28495] vergebens gewesen, die er sich zur Aufgabe gemacht hatte, und seine Reise mit ihr. Auch sagte sie ihm: Selbst wenn er rings um die ganze Welt ritte, würde es ihm in diesem Fall tatsächlich [28500] nicht im Geringsten nutzen.

Sie sagte ihm, dass er, wenn er auf sich schauen wollte, auf keinen Fall etwas trinken sollte. Sonst würde er so [28505] todmüde werden, dass man ihn nicht vor dem sofortigen Einschlafen behüten könnte. So wäre es darum bestellt. Außerdem erklärte sie ihm [28510] die Aventiure bis ins Letzte und erzählte ihm, dass Gansguoter ihr Bruder wäre. Diese Neuigkeit hörte Gawein gerne. Sie erzählte auch, dass seine Geliebte [28515] ihre Base wäre. Nachdem nun dies alles besprochen war, sagte sie noch weiter: Gyramphiel hätte ihr alter Hass um ihres Geliebten willen zu dem Vorsatz [28520] angetrieben, Gawein bei Hofe mit einem ganz und gar unanfechtbaren Beweis [28525] für tot und erschlagen erklären zu lassen; und sie bat Gawein, ihr eine Bitte zu gewähren. ›Es besteht kein Zweifel: Würde der Bote zuvor an den Hof kommen‹, [28530] sagte sie, ›so würde dem Gefolge durch die große Klage unermessliches Leid geschehen, und dies würde gewiss die ganze Zeit über andauern, die er nicht zu Hause wäre; niemand würde dort nach Freude streben, [28535] wenn man die Sache nicht aufhielte, und der Hof würde

davon zerstört und würde niemals mehr erstehen wie zuvor.‹ Diese Sache beunruhigte ihn sehr. [?] [28540]
›Dass dies nicht geschieht, können wir mit dem Kleinod leicht verhindern‹, sagte sie. ›Es widerlegt euren Tod. Die Handschuhe und der Ring [28545] seien bis morgen dort. Gyramphiel hat einen Ritter namens Gygamet auf den Weg geschickt, der das Haupt dorthin gebracht hatte, das er euch geraubt haben [28550] wollte, wie er selbst behauptete und wodurch die große Klage ausbrach.[308] Den Stein sollt ihr bei euch tragen. Noch muss ich euch mehr erzählen, nämlich wie es um eure Gefährten steht [28555] und wie es ihnen allen bei dieser harten Reise ergeht. Sie geraten alle in verschiedene Gefahren, die sie aber überwinden, wie groß die Not auch sei; [28560] nur Kay gerät in Gefangenschaft und muss die Not lange mit sich herumtragen, bis er mit seiner Lanze neun Ritter in einer Reihe bezwingt, [28565] die ihm ein Mädchen bringen wird. Das kann aber nur geschehen, wenn er vor Zauber beschützt und hundertprozentig bewahrt wird, denn man wird ihm mit Zauberei nachstellen. [28570] Wird er aber gut geschützt, dann ward nie ein Ritter so tüchtig. Es könnte ihm freilich misslingen, falls er die Ritter im Kampf bezwingen würde, [28575] einer dieser tüchtigen Ritter aber siegte, sodass dieser nicht sein Gefangener wäre. Kay müsste dort ewig [28580] im Kerker bleiben. Ich werde das aber nicht zulassen: Ich will euch den Rat geben, der die beste Hilfe bringt, nämlich wie es sicher geschehen kann, [28585] dass er davonkommt; eine andere Möglichkeit gibt es wahrhaftig nicht: Wenn ihr den Mann also erlösen wollt, müsst ihr ihm aus dem genannten Grund eure Halsberge[309] überlassen; [28590] dann wird er gerettet, wenn es ihm bestimmt ist, am Leben zu bleiben.‹

Als sie ihm das alles erzählt hatte, war schon das Essen bereitet. Das Nachtlager war angenehm. Die Hausherrin sparte nicht mit dem, [28595] was Freude macht; auch das Gefolge scheute nicht vor der Freude zurück, sondern unterstützte sie ehrenvoll, worin ihnen ihre Herrin eine gute Lehrerin war. [28600] Auch wurde noch zur Stunde ein wirklich sehr schönes Mädchen mit diesen Kleinodien[310] in das Land Britannien gesandt, um diese Botschaft zu

308 Ist Gygamet ein zweites Mal unterwegs zum Artushof, um Gaweins Tod zu verkünden, oder ist das eine weitere chronologische Verirrung des Textes?
309 Sie schützt ja gegen Zauber.
310 Hier eigentlich Singular.

bestellen, [28605] die man ihr zuvor aufgetragen hatte.[311] Sie brachte die Kleinodien dorthin. Ich versichere euch, dass es höchste Zeit war.

Dritte Wunderkette

Gawein blieb nicht länger dort: Er machte sich wieder auf seine vorherige Reise, [28610] wie man sie ihm wies. Niemals wich er dabei einen Fußbreit vom Weg ab. Er machte sich nun unverzüglich nach Illes zu dem prächtigen Gut auf, [28615] wo – so hatte man ihn unterrichtet – der hehre Gral zu finden wäre. Er wollte auch weder umkehren noch sich unterwegs schonen. So musste er sechs Tage fahren, [28620] an denen er so gut wie keine Nahrung zu sich nahm, denn das Land war verwüstet und es gab nichts zu jagen, als ob eine Feuersbrunst das ganze Land überzogen hätte. [28625] Das war ihm sehr unangenehm. Er stieß sich jedoch wenig daran und ließ deshalb auch nicht von seinem Weg ab. Er kam in einen dichten [28630] Wald, wo er ein Wunder erlebte, das dort vor ihm geschah: Er sah einen roten Mann, dessen Körper überall heftig brannte und der eine große Schar von den [28635] wahrhaftig schönsten Frauen, die Gott jemals auf der Welt geschaffen hatte, mit einer Peitsche trieb. Die Frauen waren ohne irgendwelche Kleider und nackt, [28640] wie ihre Mütter sie geboren hatten. Die schrien so jämmerlich, dass man es kaum sagen könnte, denn ihr jammervolles Klagen hätte selbst Gawein verzagen lassen. [28645]
    Gawein eilte sofort dorthin. Als er ihnen nun so nahe kam, ließen sie von ihrem bedrückenden Geschrei ab. Sie rannten zusammen und verflochten sich zu einem Haufen. [28650] Auch der Mann mit dem Feuer lief sofort zu Gawein und küsste ihm ganz vornehm Beine wie Füße. Er grüßte ihn heftig gestikulierend [28655] und begann danach zu lachen. Auch diese süßen Frauen kamen hervor. Sie bedeckten alle ihre Körper vorne mit den Händen und grüßten ihn. [28660] Damit entfernten sie sich wieder und versammelten sich erneut zu einem Haufen wie zuvor. Mehr geschah hier nicht mehr, außer dass der Mann sich vor Gawein verbeugte und sich schweigend dorthin entfernte, [28665] wo die Schar vor ihm hinsank.

---

311 Oder: ›... die Manbur befohlen hatte.‹ *manbur* in der Handschrift ist in seiner Deutung (Eigenname oder *man vor*?) strittig.

So ritt Gawein weiter, weil ihn niemand darüber aufklärte, was dieses Wunder meinte, wenn auch sein Herz über die Not [28670] der gottsüßen Frauen weinte, und auch darüber, dass dieser Mann durch das Rot der Feuersflammen so heftig brannte. Weiter ritt er in den Tann, bis er ein großes Wunder fand: [28675] Ein Ritter, der nach Hilfe rief, rannte schnell an ihm vorbei. Den umschloss ein wunderbar schönes Mädchen mit den Armen. Dem Ritter jagte niemand nach [28680] als eine ganz alte Frau, die ihnen mit großer Kraft unablässig hinterherrannte, ohne je von ihnen abzulassen. In der Hand führte sie ein Glas. [28685] Als nun der Ritter beinahe den Waldrand erreicht hatte, beeilte sie sich ganz schnell und warf das Glas auf einen Baum. Damit riss sie den Zaum [28690] herum und ritt von dannen. Der Wald brannte dadurch von dieser Stelle bis ans andere Ende aus, sodass davon nicht ein Sandkorn übrig blieb. Auch der Ritter [28695] und dieses Mädchen verbrannten, bevor er es überhaupt realisierte. Gawein beklagte dieses große Herzensleid inständig.

Nachdem er das genau beobachtet hatte, [28700] ritt er schließlich weiter, so gut er konnte. Binnen kurzem widerfuhr ihm ein großes Wunder: Er sah ein Untier [28705] mit einer starken Kette, mit der es unter einen Zweig gejocht war und an der[312] es nagte. Dasselbe Untier trug einen alten Greis, [28710] dessen Schönheit und Schmuck zu loben war. Auch war er an dem Tier mit goldenen Bändern an Füßen und Händen [28715] oben und unten ganz fest angebunden. In der rechten Hand hielt er ein sehr schönes Balsamgefäß aus einem roten Jachant. [28720] Das war mit einer Materie gefüllt, die mir die Aventiure nicht erzählte, außer soviel, dass Gawein all seine Mühe vergaß, als er dieses Behältnis sah [28725] und auch noch den Duft roch. Er spendete ihm eine solche Kraft, die all seine Entbehrungen übertönte.

Gawein sah sie lange an: Weder Untier noch Mann sprach zu ihm, [28730] und doch lebten sie, das erkannte er genau. Er tat, wie ein Mann tun soll: Er verbeugte sich und ritt weiter. Nun kam er auf eine Spur, als ob Ritter vor ihm geritten wären. [28735] Er setzte sich auf die Fährte: Er wollte unbedingt herausfinden, wer diese Ritter wären und ob er von ihnen [28740] irgendwelche Neuigkeiten erfahren könnte. Also ritt er ständig in Eile vor sich auf dem Weg

---

312 Mit der Hs. gegen die Ausgabe.

dahin, und es schien ihm, als ob er dort ganz in der Nähe bei sich Hufschläge hörte. [28745] Nie kam er von der Fährte ab, bis sie ihn aus dem Wald brachte. Die Mühe bei dieser Fahrt hatte sich gelohnt: Er wurde der Ritter ansichtig, die vor ihm dahineilten und zu einer Burg [28750] jagten, die dort lag und die sehr schön war, denn der Tag neigte sich dem Abend zu.

Auch Gawein wandte sich der Burg zu und beschleunigte seine Fahrt [28755] für eine sichere Unterkunft und auch damit er alle die Helden sehen könnte, die vor ihm ritten. Er hätte sie gerne eingeholt, deshalb wollte er nicht warten. [28760] Sie fuhren aber in einer Art und Weise dahin, dass dies unmöglich war: Er konnte sie nur ansehen. Sich ihnen nähern konnte er nicht, zu weit waren sie ihm voraus, [28765] denn sie waren schnell unterwegs. Er sah sie alle mit großem Lärm vor sich ins Schloss reiten. Darüber war er in der Tat sehr froh. [28770] Nun wandte er sich ebenfalls der Burg zu und kam also nach ihnen dort an.

Die Burg fand er offen. Drinnen saß er sogleich ab und machte es sich bequem. [28775] Nun hörte er niemanden, noch sah er jemanden, was ihn gar sehr wunderte. Er durchsuchte alle Winkel der Burg ganz genau. So ging er sehr lange herum, [28780] ohne jemanden zu Gesicht zu bekommen, nur eine Tafel fand er, voll mit der allerbesten Speise, die jede Vorstellungskraft überstieg. [28785] Er wurde bestens dafür entschädigt, dass niemand hier war, um ihn zu bedienen. Auch gab es an Handtüchern und Tischlaken nichts Missliches, das jemand, der es darauf [28790] anlegte, hätte bemängeln können. Zwei Becken aus Gold waren mit Wasser gefüllt. Hier musste man nicht mehr tun, als sich zu Tisch zu setzen [28795] und den ganzen Schmaus zu essen und zu trinken, wenn man es nicht absichtlich übersah.

Dies alles fand Gawein im Saal. Ebenso erging es ihm im Pferdestall. Von allen Gaben, die die Erde [28800] jemals hervorgebracht hatte, gab es reichlich, Korn und Heu und weiche Streu, auch lauteres süßes Wasser – wie viele Annehmlichkeiten sich ein Mann auch [28805] ausdenken konnte, dort war mehr davon. Gawein ging nun in den Saal und sah sich nach Rittern um: Er fand ihn aber nackt und leer wie schon vorhin. [28810] Als er niemanden fand, glaubte er, sie hätten sich zur Ruhe begeben.

Da fand er eine versperrte Tür. Er war sehr froh darüber und glaubte, sie wären drinnen. [28815] Ganz leise – damit er sie nicht

Unterwegs zur Gralsburg

störte – begann er, eine sehr lange Zeit an der Tür bedächtig zu lauschen, ob er dort im Gemach jemanden [28820] hören könnte oder finden würde. Er reckte seine Ohren in alle Richtungen und hörte doch niemanden, den er hätte bemerken können.[313] Er wollte sich aber nicht davon entfernen, bis er die Wahrheit kannte: [28825] Er stieß die Tür mit der Hand auf und ging hinein. Er suchte hin und her, fand dort aber weder Frau noch Mann. Nur ein Bett fand er stehen, [28830] mit so prächtigem Federzeug, dass es auf der ganzen Welt kein besseres gibt, und eine große Menge an Steppdecken.

Er wunderte sich sehr, dass alles, was sich auf der Burg [28835] befand, so ansehnlich war, Gemach und Palas, und was es darin Wertvolles gab und dass sich niemand um das alles kümmerte, auch wie dies geschehen könnte, [28840] und dass er doch Ritter gesehen hätte, die vor ihm geritten waren und die Burg nicht vermieden hatten, wohin die wohl gekommen wären, dass er es nicht bemerkt hatte, [28845] obwohl er sie hatte hereinreiten sehen. So dachte und sprach er allerlei über dieses große Wunder. Nun packte ihn dabei ein Hunger, der ihn von dannen jagte, [28850] sodass er nicht länger dort blieb und wieder in den Saal ging, wo er in der Tat eine große Menge Essen und Trinken fand. Er band seinen Helm ab [28855] und wusch seine Hände. Er setzte sich am Ende der Tafel auf einen Teppich, der überall von Gold glänzte. Darauf war ein Kissen gelegt. [28860] Er legte sein Schwert und seinen Helm vor sich auf die Tafel. Das war angemessen und schien ihm gut, denn er war ständig auf Kampf gefasst.

Er aß und trank viel, [28865] und doch ging ihm dabei so mancher Gedanke durch den Kopf, denn er meinte, dass die Ritter noch wiederkommen und es für ein Laster halten [28870] würden, dass er nicht auf sie gewartet hatte. Diese Befürchtung, die ihn umtrieb, war umsonst. Soll es euch etwa langweilig dünken, dass er hier alleine war? [28875] Das wurde hier in der Tat überdeutlich. Schnell hatte er fertig gegessen: Nicht länger blieb er dort sitzen. Die Tafel ließ er angerichtet. Er stand auf und ging [28880] herab vor das Burgtor und stand davor sehr lange und hielt Ausschau, ob er hier fern oder nah jemanden ausnehmen könnte, der zur Burg wollte. [28885] Und wenn er ewig dort gestanden wäre – er sah dort nichts.

---

313 Oder: ›Da wurde ihm klar, dass er hier wie dort niemanden hörte.‹

Was ihm hier nun geschieht, muss er ertragen, so gut er kann. So ging der Tag zu Ende, [28890] weil ihn die Nacht besiegte.

Er ging wieder auf die Burg und legte sich sofort und wahrlich unbesorgt in jenem Gemach schlafen, wo er zuvor [28895] das Bett gefunden hatte. Er schlief bis zum Morgen, erst dann erwachte er. Schnell machte er sich nun auf und ging in den Palas. [28900] Die Tafel war wiederum gedeckt wie vorhin oder noch besser. Gawein wunderte sich, wer das dort so schnell hergerichtet hätte. Er ging weg und hielt Ausschau, [28905] ob er noch jemanden sehen könnte, der dies getan hätte. Nirgends sah er jemanden. Nun ging er in den Pferdestall um herauszufinden, [28910] wie man sein Pferd versorgt hätte. Da fand er es so satt, dass er es sich nicht anders gewünscht hätte. Er sattelte es auf der Stelle.

Damit ging er von dort wieder [28915] in den Saal, wo er dieses prächtige Frühstück verlassen hatte. Daran war großer Fleiß verschwendet worden. Er setzte sich hin und langte ordentlich zu auf jenem Teppich, [28920] auf dem er schon vorhin gesessen war. Bald nach dem Essen machte er sich für die Fahrt bereit. Das dauerte nicht lange. Damit ritt er von dannen [28925] und wartete auch nicht länger. Und kaum dass er der Brücke den Rücken gekehrt hatte, ging die Brücke nach oben. Ihm hinterher rief mit süßer Stimme [28930] ein Mädchen, das höflich sagte: ›Herr Gawein, hättet ihr es euch hier bequem gemacht, hättet ihr an der Burgherrin ein bereitwilliges Herz gefunden. [28935] Das solltet ihr ihr zutrauen, und dem Gefolge ebenso.‹ Als er nun diese Rede vernahm, hätte er dieses Mädchen gerne gesehen, das ihm diese Rede hielt. [28940] Da war sie weg, was er beklagte.

Er machte sich auf den Weg und ritt in dem Land einen ganzen Monat, ohne je von Kummer [28945] und Mangel frei zu sein. Hätte ihn die Tapferkeit nicht so standhaft in der Not gemacht, hätten ihn der Mangel und die Anstrengung so geschwächt, [28950] dass er verzagt wäre. Auch so wurde er noch genug geschwächt. Dieser Weg brachte ihn in ein äußerst prächtiges Land, wo alles so eingerichtet war, [28955] dass es an nichts von dem fehlte, was die Frucht der Erde haben sollte, Korn, Bäume und Reben, und wovon die Welt in großem Reichtum leben würde. [28960] Das kam Gawein sehr zugute; es ging ihm sehr schlecht. Dieses Land war überall wie ein einziger Obstgarten: Es war grün, nicht welk, [28965] und überall roch es gut. Das Land hätte leicht ein irdisches Paradies sein können. Es strotzte vor allen Genüssen, die ein Mensch je haben könnte. [28970]

Bevor er in das Land kam, fand er eine schöne Aventiure, die zu sehen ihn sehr verlangte: Er sah ein brennendes Schwert, überdurchschnittlich breit. [28975] Es bewachte den Pfad zu einer befestigten Klause, die sich vor einer Burg befand – was sehr schlau war – und deren Mauer durchsichtig [28980] und hell wie Glas war: Nichts konnte sich darin verbergen, ohne dass man es von außen gesehen hätte. Ich weiß nicht, wie es kam, dass die Burg ganz leer war. [28985] Diese Geschichte schien Gawein befremdlich und seltsam zu sein. Wenn ich es recht sehe, war das kein Wunder, denn die Gestalt war wild genug.[314] [28990] Hier verließ er diese Landschaft.

Gawein, Kalocreant, Lanzelet

Gawein findet Kalocreant und Lanzelet – Kays Gefangenschaft

Er zog durchs Land. Dort fand er alles, was er wollte und was er für seinen Körper brauchte, bis seine Kraft endlich wieder [28995] zunahm und er sich wieder vom Kummer erholte, den er hatte erleiden müssen. Nun brachte ihn der Weg binnen zwölf Tagen aus dem Wald hinaus in ein anderes Land, [29000] wo er seine Gefährten Kalocreant und Lanzelet fand, was ihm von Herzen gut tat. Die beiden hatten sich völlig verirrt. Beinahe hätte er sie nicht [29005] erkannt, sondern nur am Wappen. So traf er sie bequem schlafend unter einem Baum an, zu dem er hinreiten musste. Seine Freude machte ihrem Schlaf ein Ende. [29010]

Kay war inzwischen nach Illes gekommen und hatte viele Geschichten vom Gral gehört: dass nämlich in einer Kapelle auf dem Gut eine Aventiure zu finden wäre, und zwar dergestalt, dass, [29015] wer immer dorthin käme, hier mit dieser Gralssache an ein Ende kommen und viele Leute, Männer wie Frauen, die in Not befangen waren, [29020] aus der Gefangenschaft erlösen könnte. Kay hatte dort freilich unglücklich versagt. Er kam zur Kapelle hin. Darin fand er nichts als [29025] ein Standbild[315], das das Aussehen eines Menschen hatte. Ganz wie ein alter Ritter nahm sich dieses

---

314 Zu ›Gestalt‹ für *geschiht* siehe Anm. 306.
315 Mit ›Standbild‹ übersetze ich *ein bild vnd ein geschiht*. Zu *geschiht* für ›Gestalt‹ siehe Anm. 306.

Standbild aus, und durch beide Knie war ihm [29030] eine scharfe Lanze gestochen. Als Kay dies fand, brach er es auf und suchte darin nach Blut. Dazu riet ihm sein frevelhaftes Herz. Es wäre ihm besser bekommen, hätte er es unterlassen. [29035]

So nahm er sich nämlich selbst gefangen, weil es sich hier folgendermaßen verhielt: Wer diese Aventiure unternahm, das Standbild zu zerbrechen, der musste dort auf ewig sein Leben [29040] mit Jammer und jämmerlicher Klage in Gefangenschaft fristen, wenn er dieser nicht mit außergewöhnlicher Tapferkeit ein Ende setzen konnte, wie mir die Aventiure erzählte: [29045] Jener wird Erfolg haben, der über so große Kraft verfügte und dazu so tapfer wäre, dass er neun Einzelkämpfe wagte, [29050] alle direkt hintereinander, ohne Pause, und zwar gegen neun furchtlose Recken, deren keiner, glaubt mir, je im ritterlichen Kampf vernichtet wurde, [29055] wiewohl ein jeder von ihnen sich sein Lebtag darin geübt hat; mit Zauberei haben sich die neun so geschützt, dass nichts sie bezwingen könnte. [29060]

Nun hat Kay aber versagt, sodass er gefangen ist, und er hätte niemals zurückkehren können, hätten ihn nicht die Damen in ihr Gebet zu Gott hin aufgenommen. [29065] Nun musste er für all den Spott büßen, den er jemals getrieben hatte. Nun macht, dass es für ihn nicht übel ausgeht, süße, glückliche, reine Frauen! Was hilft es euch, wenn er das Leben [29070] nur wegen seiner Scherze verlieren würde und wenn man eure Gunst für gnadenlos erkannte? Nun wendet euer Herz, wohin ihr wollt. [29075] Wollt ihr, so fällt er; wollt ihr, so ist er gerettet. Die Wahl liegt an euch. Was ihr nicht lassen könnt, wird er künftig sein Leben lang [29080] von euch einfordern und wird es freudig ertragen, wenn er auf irgendeine andere Weise entkommen kann. Deshalb sollt ihr Gnade walten lassen! In der Tat, ohne euch kann es nicht [29085] geschehen, wie er selbst versichert. Geschieht es, dass er zurückkehrt, nützt euch das doppelt: Zum einen wird er auf ewig euer Beschützer sein, wenn er davonkommt, [29090] denn das ist seine Pflicht. Zum anderen kann keine Verfehlung den Gruß eurer Gnade verwirken, da eure Gnade selbst ihn begnadet hat. Das ist gut für euren Ruhm. [29095] Es müssen aber noch Helme in Bewegung kommen, wenn das Glück ihn freigibt.

Gawein, Kalocreant und Lanzelet erreichen die Gralsburg

Hiermit lasse ich diese Sache sein. Herr Gawein traf also unterwegs diese beiden. [29100] Da musste Freude aufkommen. Wie sie nun einander erkannten, berichteten sie beide Gawein von viel Kummer und Not, die sie zunächst alleine und dann, [29105] seit sie zusammen geritten waren, miteinander erlitten hatten. Auch Gawein erzählte ihnen, wie es ihm ergangen war. Länger blieben sie nicht dort, denn es war spät geworden. [29110] Sie ritten eiligst von dannen, die Zügel voraus.³¹⁶ Auf diesem Weg trabte ihnen ein tüchtiger Ritter sehr eilig entgegen, der weder anhielt [29115] noch den Pfad verlassen wollte, bis er mit ihnen auf gleicher Höhe war. Er gab sich deutlich als Freund zu erkennen: Er hieß Herrn Gawein und mit ihm seine Gefährten [29120] ihm und seinem Herrn und Gott herzlich willkommen. Das meinte er in der Tat ernst, und später ließ er auch sehen, wie er es meinte: [29125] Im Auftrag seines Herrn bat er sie, ihm zu gestatten, dass er ihnen in seinem Land – das wäre für ihn keine Schande – die Ehre seines Dienstes erwies [29130] und dass sie mit ihm auf seine Burg kommen wollten. Die wäre ganz in der Nähe, und sie wären auf dem richtigen Weg. Darauf antwortete ihm Gawein so:

›Dank sei eurem Herrn und euch‹, [29135] sagte er, ›und wisst, dass wir sehr gern zu seiner Burg kommen, es sei denn, dass uns der Pfad mit Schwertschlägen genommen wird.‹ Darauf erwiderte dieser Degen: [29140] ›Ich kann euch versichern, dass euch dieser Pfad geradewegs zur Burg führen wird. Da ihr mir meine Bitte erfüllt habt, will ich zurückeilen – [29145] die Burg ist hier ganz in der Nähe –, und reitet aber ihr so gemächlich ihr wollt.‹ Hiermit eilte der Held von ihnen weg und war ihnen in kürzester Zeit davongeritten. Nun wisse auch, dass sie nicht lange [29150] nach ihm auf dem Pfad verweilten, denn diesen beiden bereitete die Drangsal des Hungers großes Leid. Sehr bald sahen sie vor sich eine Burg stehen, die, soweit man es [29155] von außen sehen konnte, herrlich war und alles hatte, was eine Burg braucht. Oberhalb von der Burg sah Gawein ungelogen viele Ritter über ein Feld jagen. Diese bemüßigten sich dort für eine Weile [29160] eines typischen Ritterspiels, von einem Ende zum anderen,³¹⁷

---

316 Oder: ›... und ihre Begleitung ging ihnen voraus.‹
317 Zum Abschnittswechsel (Dreireim) im Satz siehe das Vorwort.

jedoch ohne Lanze und ohne Schild. Aus Zeitvertreib brachten sie auf dem Feld ritterlich ihre Pferde zum Laufen. Die drei waren dieser edlen [29165] Schar so nahe gekommen, dass die Recken sie sahen. Deshalb ließen sie von ihrem Spiel ab. Sie machten sich über das Feld in Richtung des Pfades auf, [29170] dass es diesen dreien gerade so erscheinen musste, als ob sie dahergeflogen kämen. Binnen kurzem hatten sie die Stelle erreicht und empfingen sie sie sehr süß mit einem herzlichen Gruß, [29175] der ganz auf Freundschaft gerichtet war. Sie hießen sie dort im Land ihres Herrn willkommen, und hiermit wurden die drei dort von den Rittern für den Weg [29180] auf die Burg hinauf in ihr Geleit genommen. Dort sollte Gawein Freude gewinnen.

Die Burg war gut gebaut. Überall war sie voll mit Rittern und Damen, [29185] die die Freude genossen, was ihnen zugute kam. Gawein nahm all dies genau wahr, und es begann ihm zu gefallen. Auch wurde er von ihnen allen [29190] in der Tat auf eine Weise empfangen, dass es ihn nicht zu verdrießen brauchte, hier unter diese Schar geraten zu sein, denn alle freuten sie sich sehr, ihn zu sehen. [29195] Man verschaffte ihm in jeder Hinsicht vollends große Annehmlichkeit. Mit diesen beiden, Lanzelet und Kalocreant, ging er hin, wo er den Herrn des Hauses fand, [29200] so wie man ihnen den Weg zu ihm gewiesen hatte, auf dem schönsten Palas, der jemals erbaut worden war – wenn die Geschichte nicht trügt –, von der größten Pracht, [29205] von der jemals erzählt worden war oder die man sich je hätte ausdenken können. Auch konnte diesen Hausherrn keine Armut schwächen; dagegen war er gut gerüstet. [29210] Er war fein gebildet und gut.

Er hatte auch guten Verstand. Gegen die Hitze war der Saal für ihn überall mit Rosen bestreut, deren Geruch ihn äußerst erfreute. [29215] In seinen Kleidern steckte viel Eifer und Sorgfalt. Sie waren weiß, aus einem feinen Wolltuch geschnitten. Hier hatte man wahrlich nicht mit Eifer und Sorgfalt gespart, wo man sie brauchte. [29220] Die Nähte waren mit Goldreihen durchzogen und reich bestickt. Im Freudentaumel saßen neben ihm zwei schöne junge Herren, von denen [29225] er sich nicht entfernen wollte, und tauschten höflich kunstsinnige Schachreden aus, wie man sie noch nie gehört hatte. Beide geizten nicht [29230] mit Worten, denn sie spielten vor seinem Bett Schach. Der Hausherr hatte sich vom Bett über die Tafel zu ihnen aufs Schachbrett hin gelehnt, [29235] sodass er das Spiel mitverfolgen konnte – was ihm Freude machte – und auch mitredete. Das war ihm sehr angenehm.

Als nun Gawein in den Saal trat, empfing der Hausherr ihn [29240] und seine beiden Begleiter aufs Beste. Er war noch kaum damit fertig, als er sie schon bat sich dazuzusetzen; Gawein bot er dort einen Platz neben sich auf dem Bett an. [29245] Die anderen beiden ließen sich auf einer rosenfarbenen Decke beim Spiel nieder. Man unterhielt sich wahrhaftig prächtig mit Frage und Antwort und auch mit ritterlichen Beutezügen, [29250] die der Hausherr und Gawein unternommen hatten. Die beiden beim Brett führten gleichfalls nicht wenige Scherze und Schachreden. Unter all diesem Zeitvertreib war es inzwischen Nacht geworden. [29255] Nun wurden die Tische gedeckt, da man essen sollte. Das vergaß man nicht. Diese hier waren lange genug gesessen.

Gawein als Gralserlöser

Die Erlösung

Die Gralsprozession – Gaweins Frage

Die beiden standen auf; [29260] auch Gawein wollte gehen. Der Hausherr aber nannte sie alle beim Namen, denn sie waren ihm gut bekannt. Er forderte sie auf, sich zu ihm zu setzen, was keiner von ihnen unterließ. [29265] Unterdessen kam eine große Schar Damen und Ritter auf den Palas herunter, die sich – die Damen – nach bester Frauenart vor diesem Altherren verbeugten [29270] und damit Platz nahmen. Sie füllten den breiten und langen Saal ganz aus und besetzten die Tische. Nach diesen kamen bestimmt [29275] 20 Kämmerer gegangen, ehrbare junge Herren und äußerst schicklich, die allesamt Handtücher und Becken vor sich hertrugen. [29280] Dies alles beobachtete Gawein. Dann kam eine große Schar, von der zahllose Kerzen und Kerzenständer getragen wurden.

Davon wurde der Saal so hell, [29285] dass man nicht hätte sagen können, ob es Tag oder Nacht wäre. Bestimmt 30 Fiedler drangen nach diesen hinein und noch andere, die sehr viele [29290] süße Lieder sangen. Freudig strebten sie gemeinsam nach hohem Ruhm. Gawein und seinen beiden Begleitern wurden tatsächlich neben dem Hausherrn [29295] zwei Plätze angewiesen, Gawein oben, diesen unten, ihm ein Einzelplatz, den beiden einer gemeinsam. Der Hausherr saß zwischen den dreien. Die anderen saßen im Saal [29300] rings um ihn herum. Je ein Ritter und eine Dame aßen dort miteinander. Zuletzt kam der schönste Jüngling in den Saal gegangen, [29305] wo sie sich niedergelassen hatten und nun essen wollten; seine ganze Erscheinung war wahrhaftig ganz und gar lobenswert. Vor sich trug er ein schönes, [29310] breites Schwert. Das hatte er vor den Wirt zu legen.

Gawein begann angestrengt über diese Sache nachzudenken [29315] und was es damit auf sich hatte. Nach diesem Jüngling kamen Schenken in den dortigen Saal gegangen und schenkten allen, die dort saßen, ein, [29320] ehe man ihnen das Essen brachte. Auch Gawein und seinen beiden Begleitern wurde von ihnen eingeschenkt. Der Hausherr saß zwischen ihnen, ohne zu trinken oder zu essen. [29325] Auch Gawein trank nicht. Den anderen beiden setzte der Durst aber so zu und tat ihnen dermaßen weh, dass sie tranken³¹⁸ – obwohl Gawein ihnen zuvor verboten hatte, irgendetwas zu trinken –, [29330] und so sanken sie davon beide in einen tiefen Schlaf. Als Gawein dies sah, tat es ihm sehr leid. Der Hausherr sagte zu Gawein [29335] immer wieder, dass er endlich trinken solle, wie man das zu einem Gast beim Gastmahl eben sagt. Gaweins Herz aber war anders geartet: Er hütete sich sehr davor. [29340]

Hiermit kamen in einem langen Ring wahrhaftig so viele Truchsessen gegangen, dass der letzte noch bei der Tür war, [29345] als der ganze Palas schon überall von ihnen bevölkert war und bewirtet wurde. Mehr will ich davon nicht erzählen. Es wäre nicht angemessen, denn noch bevor man das letzte [29350] Gericht aufgetragen hatte, kamen in diesen Saal dort vor ihrer aller Angesicht zwei Jungfrauen gegangen, die zwei Kerzenständer trugen, [29355] die wiederum beide über und über mit Einlegearbeiten verziert waren. Nach einem jeden Mädchen gingen zwei junge Herren, die in der Tat gemeinsam [29360] eine sehr schmucke Lanze hielten. Nach denen kamen wiederum zwei Jungfrauen von schöner Gestalt gegangen, schön gekleidet, [29365] makellos und prächtig geschmückt. Gemeinsam trugen sie vor sich in einem kostbaren Sigelat eine Schüssel aus Gold [29370] und edlem Gestein. Nach diesen schritt höchst bedächtig die schönste Dame, die Gott nach Ansicht der Welt jemals als Frau geschaffen hatte: [29375] Ihr Gewand und ihre Gestalt waren ganz und gar vollkommen. Vor sich hatte sie in einem kostbaren Plialt ein Kleinod genommen, das wie ein Gitterrost [29380] aus rotem Gold gestaltet war. Darauf war ein anderes Kleinod angebracht, das beileibe nicht an Wert abfiel: Es war ein Edelstein und reich an Gold. [29385] Es glich einem Behälter, wie er auf einem Altar steht. Die Dame trug auf dem Haupt eine goldene Krone. Nach ihr schritt zierlich [29390] ein wunderschönes Mädchen, das heimlich weinte und klagte. Die anderen schwiegen ganz still. Der Zug bewegte sich in Richtung Hausherr. Höflich verneigten sie sich alle vor ihm. [29395]

So standen sie nun um ihn herum. Gawein trog sein Verstand nicht: Er erkannte sie sehr genau. Sein Herz erinnerte ihn daran, dass es die Dame war, [29400] die ihm früher die Geschichte von dem Gral gesagt und ihn ermahnt hatte, dass er zur Frage bereit

---

318 Dass sie trinken, wird im mittelhochdeutschen Text eben nicht erwähnt, erschließt sich aber aus dem Sinnzusammenhang (und wird später nachgetragen). Sie werden ja nicht vor Durst eingeschlafen sein.

sein sollte, sobald es geschähe, dass er sie zu Gesicht bekäme, [29405] und mit ihr diese fünf. Danach verlangte es ihn sehr, und das sollte auch vollbracht werden. Während er also darüber nachdachte, kamen die vier mit der Lanze [29410] und der Schüssel hergegangen – die Knappen und die Mädchen, alle auf einmal – und stellten die Lanze auf den Tisch und die Schüssel darunter. [29415] So wollte es der Alte. Nun geschah vor Gaweins Augen ein großes Wunder: Durch göttliches Geheimnis fielen[319] von der Lanze drei Blutstropfen [29420] in die Schüssel, die vor dem Hausherrn stand. Von dort nahm sie der Alte. Die Knappen und Mädchen wichen nun vor der Dame mit dem kostbaren Gut, von der ich bereits erzählt habe, zurück, und sie trat gemeinsam [29425] mit jenem Mädchen an den Tisch heran. Sie nahm den Deckel von dem Behälter und stellte den Deckel dort auf die Tafel. Gawein beobachtete alles. Er sah eine Krume darin, [29430] von der dieser Alte ein Drittel abbrach und es aß. Gawein zögerte die Frage nicht länger hinaus und sagte sogleich: ›Bei Gott und seiner Macht! [29435] Herr, erklärt mir, was diese große Herrlichkeit und dieses Wunder bedeuten.‹ Nach der Frage sprangen all diese Leute, Ritter [29440] und Damen, wie sie überall dort saßen, mit großem Lärm von den Tischen, und es erhob sich großer Freudenlärm.

Der Hausherr gebot und bat, [29445] dass sich ein jeder wieder an seinen Platz setzen sollte wie zuvor und dass sie keinen Lärm mehr machen sollten, bis er ausgeredet hätte. Das geschah sogleich. [29450] Der Lärm hatte verursacht, dass diese beiden erwacht waren, Kalocreant und Lanzelet, die über dem Trinken gegen ihren Willen eingeschlafen waren. [29455] Als sie nun sahen, wie sich die Damen um den Tisch drängten, und nach und nach das Wunder schauten, das sich vor ihnen abspielte, sanken sie abermals in den Schlaf. [29460] Über gut fünf Stunden hinweg brach ihnen der Schlaf die Wachheit. Derweil sagte der Alte:

Erklärung des Gralswunders durch den Alten

›Dieses Wunder Gottes, Gawein, kann nicht offenbar werden, [29465] es muss Geheimnis bleiben. Dennoch will ich dich darüber nicht

---

319 Es fehlt das Verb bzw. ist es verderbt. Es wäre, theoretisch, auch denkbar, dass nicht Blut von der Lanze tropft, sondern dass die Lanze Blut aus der Schüssel aufnimmt.

anlügen, wo du danach gefragt hast, süßer Neffe und lieber Gast. Was du hier siehst, ist der Gral. [29470] Wegen der Not, die du erlitten hast, bist du vor aller Welt zu preisen dafür, dass dein tapferes Herz je wagte, dich dazu zu bringen, dass du wagtest, diese gefährliche [29475] Not zu bestehen. Von dem Gral wird dir nicht mehr gesagt, als was du selbst gesehen hast, nur soviel, dass deine Frage jenen hier große Freude bereitet, [29480] die dadurch von ihrem Kummer befreit werden, den sie lange Zeit litten, und die es kaum erwarten konnten, davon erlöst zu werden. Sie hatten ganz und gar [29485] auf Parzival gehofft und vertraut, dass er das Geheimnis des Grals erfahren würde. So schied er dahin wie ein Feigling, ohne danach zu fragen [29490] und sich unbekümmert der Aufgabe zu stellen, und so scheiterte er daran, ohne hier zu erfahren, was er leicht hätte erfahren können. Damit hätte er viele Menschenkinder [29495] aus großer Drangsal erlöst, die zugleich leben und tot sind. Grund für diese jammervolle Not war nämlich sein Vetter, den er erstochen hat – seinen Menschenbruder –, nur um seines Landes willen.[320] [29500] Wegen dieses Treuebruchs hatte Gott seinen strengen Zorn gegen ihn und seine ganze Sippe gerichtet, sodass sie dem Verderben preisgegeben waren. Das war tatsächlich ein jämmerlicher Fall: [29505] Wer von ihnen am Leben war, wurde vertrieben; die aber den Tod fanden, mussten doch zum Schein am Leben bleiben – das sollte ihre ganze Lebensweise sein – und dabei große Not leiden. [29510] Trotzdem vertrauten sie auf und beteten zu Gott, und er erbarmte sich ihrer so weit, dass ihr Kummer ein Ende fand, wie ich dir nun erzählen will.

Wenn es in diesem Geschlecht jemanden gäbe, [29515] der ihrer Drangsal dadurch ein Ende setzte, dass er diese große Aventiure erführe, so wäre dies eine Stütze der Liebe, [29520] die sie das Leid vergessen ließe, und sie würden wieder in ihre alte Freude gesetzt. Tote wie Lebende [29525] danken Gott und dir, weil sie durch dich erlöst worden sind. Diese Lanze und dieser Trost retteten mich, nichts anderes, weil mich an dieser Sache [29530] keinerlei Schuld

---

[320] Der Satz verstört. Die Übersetzung nimmt sich einige Freiheiten, um die Verse auf den Ither-Mord Parzivals (in Chrétiens ›Perceval‹ und Wolframs ›Parzival‹) hin durchsichtig zu machen. Tatsächlich ist aber recht unklar, wer hier wen erschlägt. Es könnte gut auch sein, dass Parzivals Vetter von seinem eigenen, leiblichen (nicht Menschen-)Bruder erschlagen wird. Doch ist eine solche Geschichte m. W. nirgends belegt.

traf. Deshalb wurde ich vor Gott gerettet. Ich bin tot, obwohl ich nicht tot scheine, und mein Hofstaat ist mit mir tot. [29535] Wie dem auch sei, wir durchschauen keineswegs alle Dinge, doch es steht uns frei, uns für jenes zu entscheiden, das nach Freude strebt und klägliche Not flieht. [29540] Nur diese Damen sind nicht tot. Ihre einzige Not besteht darin, dass sie mit mir am selben Ort sein müssen. Gott hat ihnen meinetwegen das göttliche Geheimnis anbefohlen, [29545] das sie vor deinen Augen hier auf dieser Tafel halten. Damit laben mich Gott und sie nur einmal pro Jahr. Und sei versichert, [29550] dass alles, was du hier an Aventiuren gesehen hast, durch den Gral geschehen ist. Der Jammer ist beendet und völlig vernichtet: Deine Mühe hat sich gelohnt.‹ [29555]

Hiermit gab er ihm das Schwert und sagte ihm, dass er es ihm von Herzen gerne gäbe,[321] dass es, wie viel er auch damit kämpfte, davon niemals brechen würde, [29560] und er wies ihn an, es sein Leben lang niemals zu verlieren. Damit schloss er seine Ausführungen und sagte nur noch, dass er von den Aufgaben ablassen sollte, [29565] die er sich vorgenommen hatte;[322] seine Angelegenheit mit Angaras von Karamphi wäre bald geregelt: Gawein würde ihn morgen unterwegs treffen, wenn er sich auf den Weg machte. [29570] Außerdem belehrte er ihn darüber, dass es morgen ein Jahr wäre, dass er nach Karamphi gekommen war und er Angaras diesen Eid geschworen hatte, entweder die wilde Geschichte vom Gral [29575] vollständig in Erfahrung zu bringen oder wieder in Angaras' Kerker zurückzukehren.

Weiters erzählte er von diesen Damen, dass Gott sie wegen ihres reinen [29580] Frauseins mit dieser Aufgabe betraut hatte: Es käme einzig von seinem Gebot und nicht von irgendeinem Vergehen, dass dieses Werkzeug des göttlichen Geheimnisses niemand anderem als ihnen gegeben worden war. [29585] Damit wäre es nun auch aus und vorbei. Wenn sie traurig geworden waren, so geschah dies auf Gottes Geheiß. Und er versicherte ihm, dass der Gral niemals mehr [29590] in solcher Öffentlichkeit zu sehen sein würde, jetzt wo es geschehen war, dass er, Gawein, die Aventiure ganz erfahren hatte, und aus Gottesfurcht sollte niemand wagen, etwas vom Gral zu entdecken. [29595] Damit würde man das göttliche

---

321 Oder: ›... dass er damit einen sehr angenehmen Lohn erhielte ...‹
322 Gegen die Anm. der Ausgabe.

Geheimnis ganz verwirken. Denn alles, was man mit den Augen an ihm erkennen konnte, war einzig durch Gottes Gnade; [29600] bei Gott sollte aber keine Menschenzunge sich erdreisten, darüber hinaus zu sagen, was all dies bedeutete. Unter all diesen Worten war ihm die Nacht entschwunden, sodass es bereits zu tagen begann. [29605]

›Auflösen‹ der Gralsgesellschaft

Sofort nach dieser Rede verschwand dieser Altherr vor Gaweins Augen und vor dem Gral, und mit ihm der gesamte Hofstaat, [29610] der vor ihm auf dem Saal gewesen war, ausgenommen die Dame und ihre Mädchen. Gawein tat es leid um diesen Altherren da. Er sollte aber bald froh werden, [29615] als ihm die Dame erklärte, dass er alle seine Aufgaben am prächtigen Gral tatsächlich so vollkommen erledigt hätte, wie er sich vorgenommen hatte. [29620] Diese tugendreiche Schar, von der ich euch zuvor erzählt habe – die schöne Göttin und die fünf Jungfrauen –, gingen mit ihm die Burg [29625] und den Palas anschauen – alles war höchst kostbar und überaus wundervoll – und dann in einen prächtigen Saal. Weitere Damen begleiteten sie. [29630] Dort fanden all seine Wünsche Erfüllung. So erzählte es mir die Aventiure.

Sie empfing ihn aufs Beste, wie man es bei Freunden zu tun pflegt und wie es auch die anderen[323] getan hatten. [29635] Sie bestand darauf, dass er den ganzen Tag bei ihr bleiben und diesen mit Frage und Antwort vertreiben musste. Sie erzählte ihm an diesem Tag, [29640] dass das Land und die Burg ihr gehörten und dass nirgends anderswo, in keinem Land und nur hier der Gral zu sehen wäre; [29645] Gott hatte ihr bislang diese Bürde auferlegt. Sie erzählte ihm weiter, dass dies nun vorüber wäre: Gott hätte sie dadurch erhört, [29650] dass Gawein hergekommen war und dass dieser diese jammervolle Sache – der kein anderer jemals ein Ende hätte machen können – zunichte gemacht [29655] und damit Leute wie Land ganz und gar erlöst hatte. Sowohl jene, denen weiter zu leben versagt blieb, als auch die, welche nach all ihrer Drangsal noch am Leben waren, [29660] freuten sich darüber.

---

323 Der Bezug ist unklar.

Rückkehr zum Artushof – Versöhnung mit Angaras von Karamphi
– Besuch beim gefangenen Kay

Gawein verbrachte den Tag dort bei ihr mit seinen beiden Gefährten, denen diese Geschichten gefielen. Ihr Herz aber war voll des Jammers, [29665] dass der Schlaf sie entführt hatte, als der Gral vorgetragen wurde, sodass sie – wie sie selbst zugaben – es nicht richtig sehen konnten. Man kümmerte sich sehr gut um sie. [29670] Als nun der nächste Morgen heranrückte, mussten sie von dannen scheiden. Damen und Mädchen gaben Gawein so manchen Wunsch mit auf den Weg, dass das Heil sein Leben begleiten sollte. [29675] Mit aufrichtiger Treue baten sie darum. Das taten sie, weil er sie hier erlöst hatte. Bei solchen Sachen verhält es sich folgendermaßen: Das eine Gute sucht das andere, [29680] was ja nur zu billig ist. Was bringt es, wenn ich darüber rede? Es ist ohnehin bekannt. Durch das Land zogen sie von dannen nach Illes auf jenes Gut, wo sie Herrn Kay [29685] in großer Not in einer Kapelle fanden: Der war mit solchen Fesseln gefesselt, die niemand – weder an Füßen noch an Händen – sehen konnte, [29690] und wiewohl er also frei von allen sichtbaren Fesseln und frei von allen sichtbaren Zwängen war, gereichte es ihm doch nicht dazu, dass ihm die Kapelle [29695] vergönnt hätte, seinen Willen durchzusetzen und auch nur vor ihre Tür zu treten; er konnte nur im Inneren hin und her gehen.

Unterwegs ritt ihnen dort – wie der Alte es Gawein prophezeit hatte – [29700] gleich in der Nähe Angaras von Karamphi auf dem Weg entgegen, der ebenfalls in der Hoffnung auf Aventiure alleine von Karamphi ins Land gezogen war. [29705] Sie erkannten einander sofort. Hier löste Gawein sein Wort ein. Die beiden wurden von nun an Gefährten, denn Angaras wandte sich mit Gawein [29710] und seinen anderen Gefährten nach Illes, womit er Gawein ehrte: Für Gawein gab er seinen Weg auf. So also kamen diese vier zu dieser Kapelle, wo sie nun Kay, [29715] gefangen und gebunden, und das Bildnis fanden, das er zerbrochen hatte, wovon er in Not kam, wie man sah und er selbst zugab.

Er freute sich, die Helden zu sehen. [29720] Inständig beklagten sie dieses Leid, das noch nicht ausgestanden war, und ein jeder wollte diese Aventiure, wenn es denn sein könnte, an seiner statt erleiden, und, wenn es denn sein könnte, [29725] mit demselben jämmerlichen Verderben. Das schworen sie alle. Auch er selbst hegte dort eine kleine Hoffnung, doch noch befreit zu werden. Er sagte ihnen großen Dank. [29730] Als es nun am andern Morgen tagte, überließ ihm Gawein seine Halsberge, wie ihm die Göttin befohlen hatte, und legte jene von Kay an. Dann eilten die vier [29735] prächtig und sehr schnell von Kay davon ins Land auf einem Weg, den Gawein gut kannte. Ihr Gefolge war stets dicht bei ihnen. [29740] Ihr wisst genau, was sie alle für Mühen zu ertragen hatten. Was auf Reisen so anfällt, davon war ihre Fahrt voll.

Weder die drei noch [29745] Gawein, das ist wahr, hatten irgendetwas Außergewöhnliches durchzumachen, von dem man euch erzählen müsste.[324] Sie konnten die Länder in einem halben Jahr kaum durchziehen, obwohl ihnen der Weg bekannt war, [29750] der sie nach Karidol führte. Die hatten gehört, ...[325], weil sie das Kleinod zurückerhalten hatten. Es war wirklich dort. Gawein und die drei eilten nun [29755] hastig dorthin. Sehr bald waren sie so weit und der Burg so nahe gekommen, dass sie die Burg sahen und was dort geschah, [29760] und dass man auch sie über die Felder herreiten sah. Die Burgleute erkannten die Schilde an den Wappen. Davon gewann der ganze Hof [29765] große Freude. Bald war der Freudenlärm bis zu Artus in den Saal durchgedrungen.

324 Interpunktion gegen die Ausgabe.
325 Fehlvers.

Schlussfindungen

Das Fest am Artushof – Kays Befreiung und Rückkehr

Freudige Hochstimmung machte sich breit. Inzwischen war Gawein [29770] vor das Burgtor geritten. König und Königin und beider Gefolge warteten nicht länger im Innern der Burg und gingen ihnen nach unten zu entgegen. [29775] Mit Freude empfingen sie sie. Ihr könnt euch wohl denken, dass dort Freude herrschte. Sie gingen auf den Palas. Dort erzählten die Ankommenden alle ihre Mühen, vollständig und eine nach der anderen, [29780] wie alles geschehen war, dass Kay gefangen wäre und wie er sich befreien könnte. Hier belehrt mich die Aventiure, dass er heftig beklagt wurde, [29785] sowohl von Damen wie Mädchen, glaubt mir, und von Rittern, und dass sie Gott inständig anflehten, er möge ihn gesund und wohlauf aus der gefährlichen [29790] Gefangenschaft ins Land zurücksenden.

Auch wurde ihnen Angaras vorgestellt, damit sie ihn kennenlernten, und es wurde erzählt, dass dies der berühmte Held sei, [29795] dem Gawein den Eid geschworen hatte, und dass man nicht vergessen sollte, ihm dasselbe Recht entgegenzubringen, das hier bisher einem jeden tüchtigen Ritter zugestanden wurde, [29800] der[326], weil seine Tugend danach verlangte und der König es ihm gestattete, einen Platz an der Tafelrunde hatte oder haben sollte. Auch er[327] sagte, dass er und sein Gefolge [29805] diesen Platz haben wollten. Hier ward große Ehre erzeigt: Sofort wurde ein Hoftag anberaumt, der mit wahrhaftig großem Aufwand verwirklicht wurde. [29810] Angaras wurde dort geehrt und damit aufgenommen, denn es war die Gewohnheit des Königs, dass er darauf niemals verzichtete, wenn er einen Gefährten empfing. [29815] So ehrte er sie stets.

Zwölf Tage lang wurde der Hoftag gehalten, und dies mit großen Ehren, wie euch erzählt wurde. Artus setzte sich, so gut [29820] er konnte, und mit viel Engagement dafür ein, dass man dorthin kam. Es waren äußerst viele Leute dort. Sie übten sich in vielerlei Spielen, die ihnen große Freude machten. [29825] Immer wieder wurde an Kay gedacht und wurde er heftigst beklagt. Der hatte derweil andernorts die größte Aventiure ausgefochten: Die

---

326 Gegen die Ausgabe.
327 Angaras?

neun Ritter vermochten ihn [29830] unmöglich zu besiegen. Alle neun mussten sie sieglos von seiner Hand darnieder liegen. Damit befreite er sich von den Fesseln – so musste es sein. [29835] Anders hätte er nicht gerettet werden können, denn er musste mit ihnen kämpfen. Mit diesen tüchtigen Rittern verließ er dieses Gut und kehrte er von dannen, wobei er es ihnen nicht ersparte, [29840] ihn zu begleiten. Zu diesen Zeiten war es nämlich der Brauch: Was ein Mann in Treue schwor, dagegen verging er sich nicht. Heutzutage gilt ein solches Verhalten freilich nichts. [29845]

Nun zog Kay mit diesen tatsächlich immerzu und mit großer Anstrengung Gawein auf dem Pfad hinterher, denn er hatte es sehr eilig: Er hätte ihn gerne eingeholt, [29850] deshalb gab es da kein Zögern und Warten. Es gelang ihm gut, denn er fand den Hof noch versammelt, und es war dies am ersten Tag, als man heftig um ihn klagte. [29855] Der König saß am Kopfende des Tisches und hatte hier noch weder einen Schluck getrunken noch einen Bissen gegessen. Kay war über die Brücke dorthin vor den Saal gekommen, [29860] ohne dass ihn irgendjemand von den Leuten irgendwie bemerkt hatte. Mit den neun Rittern drang er gewappnet auf den Palas und sagte: ›Dem Hausherrn sei Dank, [29865] dass er auf mich gewartet hat!‹ Mit größtem Lärm drängten ihm alle Ritter von den Plätzen entgegen und freuten sich über seine Ankunft. [29870] Große Freude griff um sich, dass er schließlich gesiegt hatte.

Die neun Ritter wurden gut empfangen. In der Tat hatte es zu Karidol weder davor noch danach [29875] je ein so großes Fest gegeben. Das lag an drei Dingen, die man dort alle sah: Das erste war, dass Gawein und seine Gefährten gemeinsam [29880] die Geschichte vom Gral brachten; das zweite, dass ihr Gefährte, Herr Angaras, durch ritterliche Verhandlung in die Tafelrunde aufgenommen worden war; das dritte, dass Herr Kay [29885] mit solchen Ehren aus der Gefangenschaft freigekommen war. Diese Dinge verordneten die Übermacht größter Freude. Ich habe von dieser Gesellschaft [29890] an der Krone nichts mehr zu sagen, außer dass sich der Hoftag nach zwölf Tagen auflöste. Die Ansässigen blieben hier, die Gäste reisten ab. [29895] Nun ist Gawein wieder heimgekehrt. Das Heil möge mit ihm sein! Bei Gott, lasst auch Kay gesund bleiben! Er hat sich gut durchgeschlagen. Nun freuen sich die Damen, [29900] dass Gott ihre Bitte vernommen hat und er wieder zu ihnen zurückgekommen ist, denn von nun an wird er ihr Kämpfer sein. Ich nehme es jedoch nicht auf meine Treue, dass dies wirklich eintritt. [29905] Ich fürchte, man wird noch sehen und hören, dass Spott geübt wird. Wenn er sich irgendeinen Fehltritt leistet, lasse ich ihn die Schuld dafür selbst tragen.

Der Schluss der ›Krone‹

So blieben sie dort beisammen. [29910] Ich verlasse die Aventiure hier. Auch wenn ich noch etwas zu sagen hätte, würde ich es aus dem Grund verschweigen, dass ohnehin alle Aventiuren von Gaweins Vortrefflichkeit [29915] erzählen. Wie viele es auch davon geben mag: was taugte denn wertloses Blei einer so gut geschmiedeten Krone, deren Gold aufs Prächtigste mit Edelsteinen geziert ist, [29920] wie es Kunst und Verstand an der edlen Art zu erkennen wissen? Wenn dann dabei etwa eine Blume oder ein Bild darunter gemischt wird, sodass es einfältigen Leuten wild [29925] erscheint, wenn sie es anschauen (was sehr leicht geschehen kann, wenn die Gravur zu tief reicht), und diese Leute dann die Edelsteine der Krone für billiges Glas halten – [29930] was soll die Krone dabei schon verlieren oder der Meister, der sie geschmiedet hat? Damit ist alleine der Betrachter betrogen.[328] Gold rostet nicht, [29935] wie lange es auch verborgen liegt. Wenn für das Gold aber die Zeit kommt, dass es an den Meister gerät, ist dies für beide ein wertvoller Gewinn, weil sie einander [29940] einen süßen Anblick geben und den Wert des anderen erkennen. Deshalb will ich euch ein sehr kurzes Exempel erzählen und will mich damit beeilen, [29945] wo ich schon einmal damit begonnen habe: Ich fand auf einem Misthaufen einen Hahn, wie er dort in gewohnter Weise seine Nahrung suchte. Als ein Stein von außergewöhnlicher Kostbarkeit [29950] aus dem Mist herausglitzerte, trat der Hahn drauf und sagte: ›Dass diesen Fund nicht einer machen konnte, dem du nützlich wärst! Denn weder bin ich dir in irgendeiner Hinsicht [29955] eine Hilfe, noch du mir. Deshalb also müssen wir uns voneinander trennen. Es nützt uns beiden nichts, dass wir beisammen sind. [29960] Mir vermag dein so heller Glanz meinen Hunger nicht zu stillen; deshalb passt du nicht zu mir!‹ Hiermit trat er ihn in den Mist. Er

---

328 Mit der Anm. der Ausgabe. Möglich wäre auch: ›Damit ist alleine der betrogen, der sie kauft.‹

hätte jemandem von Nutzen sein können, [29965] den sein Glanz satt gemacht hätte.

Hiermit hat die Krone ein Ende, die meine Hände geschmiedet haben, so gut sie es konnten und wie ich sie [29970] in einem *Exemplar*[329] vorfand. Und seid versichert: Zweizüngige Herzen und verlogene Feiglinge können diese Krone nicht gut tragen, weil sie ihnen zu eng ist. [29975] Die Guten und die Reinen aber tragen sie leicht lange. Sie ist überall mit so guten Steinen besetzt, dass sie deren Herrlichkeit gewiss [29980] mit Recht trägt[330] und sie dieser geziemend ist. Wer sie zu sich nimmt, um sie anzuschauen, der kann, will er sie ganz richtig anschauen, an ihr ziemlich viele befremdliche Bilder entdecken, [29985] zahme wie wilde, dergleichen er zuvor niemals gesehen hat – wenn er den Wert der Krone nicht zuvor aus Kunstlosigkeit oder Hass mindert. Mit dieser Krone sollt ihr Damen [29990] gekrönt sein, die ihr in Würde lebt, denn eure Grüße schenken der Welt Freude und Hochgefühl! Das ist das höchste Gut, das es auf der Welt zu erwerben gibt. [29995] Euch sei diese Arbeit gewidmet, denn um euretwillen habe ich sie angefangen, obwohl ich bislang noch wenig für diesen meinen Dienst bekommen habe. Schenkt mir eure Gunst [30000] und gönnt mir eure gütigen Grüße.

Schreiberanhang

Der Herr dieses Buches möge lange leben! Mit Freude und mit Dank soll er überhäuft werden! [30005] Stehe ihm und mir hier zur Seite, du reiner Gott! Denn er befolgt deine Gebote immer und gerne. So soll unser Ruf und unser Besitz vor Schaden gefeit sein. [30010] Das wünscht uns der wohlgemute Heinrich Wohlgemut, der ungern darauf verzichten würde. Der Schreiber wünscht ihm vor Fremden und Bekannten [30015] treu alles Beste, weil er dieses Buch geschrieben hat, wie der Edle selbst befohlen hatte. Herr, höre meine Stimme und die Bitte meines Herzens, [30020] behüte uns an allen Dingen und schenke uns auch die Einsicht, dass wir gelegentlich, wenn es möglich ist, seiner Altvorderen gedenken! [30025] Er weiß wohl selbst, wie. Auch stehe ich Armer hier sehr

---

329 Gemeint ist die Vorlage.
330 Eigentlich Präteritum (Indikativ oder Konjunktiv).

tief in seiner Gunst. Seine Hilfe befreie mich von der Last meiner Sorgen. [30030] Wie fröhlich würde ich dann, wenn mir diese Gnade widerfahren würde! Gott will meine 80 Jahre alte Frau allzu lange verschonen:

Ich würde bereitwillig auf sie verzichten, [30035] wenn es denn Gottes Wille wäre und sie dadurch in alle Ewigkeit im Himmelreich wäre – oder, falls sie länger leben sollte als ich, dass sie einen Schwaben bekäme [30040] und ich an ihrer statt im Himmel wäre. Das wären mir die süßesten Nachrichten. Amen.

ANHANG

Zur Poetik der ›Krone‹ Heinrichs von dem Türlin

Vielleicht in den 20er Jahren des 13. Jahrhunderts – Genaueres weiß man nicht – schreibt Heinrich von dem Türlin einen Roman über den Artusritter Gawein. Wo und für wen er dies tut, ist nicht bekannt. Selbst könnte er Kärntner gewesen sein, doch mehr als einige schwache Indizien dafür hat man nicht gefunden. Nur dass er in den südostdeutschen Raum gehört, scheint ausgemacht.

Heinrich nennt diesen Roman im Epilog die ›Krone‹: *Hje mit hat ein end/Die krone, die mine hend/Nach dem besten gesmidt hant,/Als sie min synn vor yme vant/Vsz einem exemplar.* (29966–29970) Er greift damit ein Bild auf, das er bereits in den Versen davor entworfen hatte: Die Krone ist dort Sinnbild für ein vortreffliches Gedicht – das Gegenteil ist *swaches bly* (29916): wertloses Blei –, konkreter: Sinnbild für ein vortreffliches Gedicht über die Aventiuren Gaweins, des besten Artusritters, in einem weiteren Sinne also die Krönung des arthurischen Romans schlechthin. Welches *exemplar* Heinrich hier meint, was seine Quelle war, ob es überhaupt diese e i n e Quelle gab, oder ob Heinrich nicht vielmehr – das gilt heute als *communis opinio* der Forschung – allerlei Episoden und Motive aus anderen arthurischen und höfischen Romanen zu einer neuen Geschichte, einer neuen Handlungsfolge, kompilierte, ist nicht genau zu sagen. Fest steht aber, dass Heinrich – so nenne ich hier und im Folgenden den Erzähler dieses Romans – sein Werk für nicht ganz schlecht befindet.

Diese Meinung fand lange Zeit wenig Anhänger. Zwar weiß man, wie gesagt, nicht, wo der historische ›Ort‹ dieses Romans zu suchen wäre, doch fällt auf, dass im weiteren Verlauf der Literaturgeschichte davon kaum noch die Rede ist. Das unterscheidet Heinrichs Roman von den meisten anderen deutschen Artusromanen, auf die gelegentlich in anderen, späteren Texten angespielt wird, deren Figuren sich etwa als *exempla* für dieses oder jenes – häufig: für die Liebe – herbeizitieren lassen, die schließlich Eingang finden in Literaturexkurse anderer Romane oder, im spätesten Mittelalter, in Bücherverzeichnisse von Adelsbibliotheken. Nichts davon aber scheint der ›Krone‹ – sieht man von einer Erwähnung durch Rudolf von Ems im Autorenkatalog seines ›Alexander‹ ab – widerfahren zu sein, und auch die spärliche Überlieferung dieses eines der längsten Artusromane überhaupt legt nahe, dass Heinrichs selbsternannte Krönung der Artusliteratur kein großer Erfolg beschieden war: Erhalten sind lediglich zwei umfangreichere Handschriften, eine Wiener aus der ersten Hälfte des 14. Jahrhunderts, die allerdings nur ca. die ersten beiden Fünftel des Textes bietet – hier steht die ›Krone‹ neben anderer höfischer Romanliteratur, der ›Kaiserchronik‹, Heldenepik und noch Weiterem –, sowie eine jüngere Heidelberger, die auf 1479 datiert ist und die ausschließlich die ›Krone‹ enthält. Sie ist der einzige vollständige Überlieferungszeuge des Textes. Daneben gibt es noch einige kleinere Fragmente, die alle in die erste Hälfte des 14. Jahrhunderts fallen.

Die ›Krone‹ – ein Misserfolg? Nach der Heidelberger Handschrift verlieren sich die Spuren des Textes, bis er – wie die volkssprachliche Literatur des Mittelalters überhaupt – im 19. Jahrhundert neu entdeckt und 1845 von Karl August Hahn in einer modernen Ausgabe vorgelegt wird. Zum Erfolg wird Heinrichs Text freilich auch jetzt nicht: Sein ausuferndes Erzählen, seine Vorliebe für zotige Witze, die handlungslogischen Widersprüche und Wiederholungen drängen ihn an den Rand der Forschung – man las lieber Hartmann von Aue und Wolfram von Eschenbach. Erst mit einem in den späten 60er und 70er Jahren des 20. Jahrhunderts einsetzenden Paradigmenwechsel der altgermanistischen Forschung schenkt man Heinrichs Text wieder mehr Aufmerksamkeit. ›Neben-‹ oder ›Nachklassische‹ Texte, wie dies die ältere Forschung nannte, werden plötzlich interessant; auch der nachgerade postmoderne Gestus, der das mitunter wirre, chaotische, ›wilde‹ Erzählen der ›Krone‹ über weite Strecken prägt, mag einen Gutteil dazu beigetragen haben, dass nun Vorträge, Aufsätze und Monographien über Heinrichs Roman geschrieben werden. Aus diesem Umfeld entspringt auch der Impuls zu einer neuen Ausgabe der ›Krone‹, die, nach ersten Planungen schon in den späten 1970ern, in zwei Bänden 2000 und 2005 erscheint, und diesem editorischen Großvorhaben ist letztlich auch die hier vorgelegte, erste neuhochdeutsche Übersetzung des Textes verpflichtet.

Die ›Krone‹ – ein Spätzünder? Was im 13. Jahrhundert war, ob man die ›Krone‹ und ihren Autor, von dem sonst keine Werke erhalten sind, schätzte oder nicht, wird ungewiss bleiben. Zumindest für die Forschungsgeschichte aber scheint dies zu gelten. Das bedeutet nun aber, dass sich die ›Krone‹ auf eine ganz spezifische Art und Weise von jenen höfischen Romanen abhebt, die im 19.

Jahrhundert ins Zentrum der jungen Disziplin Altgermanistik rückten. Denn nur diese Unterscheidung der ›Krone‹ von Texten wie etwa Hartmanns ›Erec‹ und ›Iwein‹, Wolframs ›Parzival‹ und ›Titurel‹ oder Gottfrieds ›Tristan‹ – den deutschen ›Klassikern‹ der *matière de Bretagne* – kann es sein, die Heinrichs Gawein-Roman der Forschung über lange Zeit unausstehlich machte. Und diese Unterscheidung wiederum kann nur eine sein, die in der Poetik der ›Krone‹ selbst gründet. Ob nun die Herabwürdigung der ›Krone‹ in der älteren Forschung gerechtfertigt sein mag oder nicht, verweist sie doch darauf, dass, von der Warte der genannten anderen Texte aus betrachtet, in diesem Text irgendetwas nicht stimmt.

Hier will ich ansetzen: Die folgenden Seiten verstehen sich als ein Versuch, dieses andersartige, eigenwillige Erzählen der ›Krone‹ – das sich im Übrigen nicht nur von den genannten, sondern auch von allen anderen deutschen Romanen der Zeit erheblich unterscheidet – wenigstens in groben Zügen zu umreißen. Schon die Länge des Textes und nicht zuletzt auch die intensive Forschungstätigkeit der vergangenen gut 30 Jahre stecken einem solchen Vorhaben enge Grenzen: Von Vollständigkeit der Argumente kann gar keine Rede sein, und für ausführliche Vergleiche mit anderem fehlt der Raum. Auch liegt mit Gudrun Felders ›Krone‹-Kommentar aus dem Jahr 2006, der noch umfangreicher ist als Heinrichs langer Roman, ein vorzügliches Arbeitsinstrument vor, das genau dies längst schon geleistet hat. Ich will und kann dagegen im Folgenden nur einige wenige Aspekte des Textes und seiner Poetik herausgreifen, die mir wesentlich scheinen und die vielleicht auch den verstörenden – faszinierenden oder abstoßenden – Lektüreeindruck, der sich beim Lesen der ›Krone‹ einstellen mag, erklären helfen. Was also, das wäre die Frage, macht die ›Krone‹ Heinrichs von dem Türlin so besonders?

Handlungsanalyse

Nicht nur wer die ›Krone‹ das erste Mal liest, auch wer sie das zweite, dritte, vierte Mal durcharbeitet, wird merken, dass es unendlich schwierig ist, den Handlungszusammenhang dieses Romans im Kopf zu behalten. Das hat zu tun mit der schieren Fülle an Ereignissen, die erzählt werden; das liegt aber noch mehr daran, wie diese Ereignisse zu einer Handlungskette verknüpft sind, die kein

Gliederungssystem kennt außer kurzen Abschnitten (es sind die Absätze der Übersetzung), an deren Ende ein Dreireim den sonstigen vierhebigen Reimpaarvers durchbricht und so eine formale Zäsur setzt. – Was geschieht?

Nach Prolog und einigen skizzenhaften Andeutungen zu Artus' Jugend und seiner Herkunft hebt der Text an mit der Schilderung eines weihnachtlichen Hoffests am Artushof. Ein merkwürdiger Bote eines Königs Priure aus dem Meer erscheint, halb Ritter, halb Fisch, der einen Zauberbecher im Gepäck führt. Wer aus dem Becher trinkt, ohne sich zu bekleckern, erweist damit seine Tugendhaftigkeit. Der ganze Hof stellt sich *nolens volens* dieser Tugendprobe, die meisten schütten sich natürlich fürchterlich an; nur Artus besteht. Gawein und die Artusritter hören von einer Turnierausschreibung und beschließen, sich heimlich vom Hof davonzustehlen, um am Turnier teilzunehmen (1–3272).

Zurück bleibt der König mit nur drei weiteren Rittern und begibt sich mit diesen, aus Ärger und Langeweile über die Absenz der anderen, auf Jagd. Noch immer ist Winter, Artus und seine Ritter frieren. Darüber macht sich Ginover, Artus' Frau, lustig und erzählt von einem, dem die Kälte nichts anhaben kann: Nur im Hemd reite er durch den eisigen Wald. Artus ist brüskiert, legt sich aber mit seinen drei Rittern auf die Lauer, um diesen *coolsten* Ritter zu sehen. Der kommt tatsächlich – man erfährt später, dass sein Name Gasoein ist – und besiegt Artus' Ritter in drei Zweikämpfen. Auch gegen Artus kämpft er, doch dieser Kampf endet ohne Ergebnis. Er wird auf später vertagt, und sein Preis wird ein hoher sein: Gasoein erhebt nämlich im Dialog mit Artus alte Ansprüche auf Ginover; sie wäre ihm schon bei ihrer Geburt versprochen worden, noch ehe sie und Artus einander überhaupt kannten (3273–5468).

Inzwischen scheint das Turnier vorbei (eine präzise zeitliche Koordination der Erzählstränge fehlt) und Gawein und seine Gefährten sind, wie Artus auch, auf dem Rückweg nach Karidol. Unterwegs aber begegnet Gawein einem Knappen des Königs Floys, der im Namen seines Herrn beim Artushof Hilfe sucht im Konflikt mit dem bösen Riesen Assiles, der Floys und weitere Könige in seiner Umgebung tyrannisiert. Gawein macht sich sofort auf, um Floys gegen den Riesen beizustehen, besiegt die Handlanger des Riesen (›Zöllner‹) und schließlich Assiles selbst. Eingeschoben ist ein Aufenthalt – eine Art ›Minnehaft‹ – Gaweins bei der Königin Amurfina, die seine Frau wird (5469–10112).

Inzwischen – wiederum fehlt die exakte zeitliche Koordination – ist der Gerichtstag gekommen, an dem über die Ansprüche Gasoeins und Artus' auf Ginover entschieden werden soll. Nach langen Verhandlungen kommt es zum Gerichtskampf der Kontrahenten, dann aber schlichtet doch das Wort Ginovers zu Gunsten von Artus. Die Sache scheint entschieden – da entführt Gotegrin, Ginovers Bruder, seine Schwester und will sie wegen der Schande, die sie über die Familie gebracht hätte, töten. Im letzten Moment rettet sie Gasoein, der nun seinerseits Ginover entführt und, von seiner Lust übermannt, sie vergewaltigen will. Wiederum im letzten Moment kommt Gawein, zufällig, des Weges geritten, und Gasoein und Gawein führen den härtesten Kampf, der mit völliger Erschöpfung der beiden endet. Ginover packt sie aufs Pferd und zieht mit ihnen an den Artushof, wo allgemeine Versöhnung um sich greift (10113–12626).

Zur Poetik der ›Krone‹ Heinrichs von dem Türlin

Zu Pfingsten feiert man ein großes Hoffest. Es kommt Sgoydamur und bittet bei Artus um Hilfe: In einem Erbstreit mit ihrer Schwester sei ihr ein wundersamer Maultierzaum abhanden gekommen, den man ihr wieder gewinnen sollte. Kay versucht es und scheitert schon unterwegs kläglich. Gawein versucht sich als zweiter, kommt – so hatte Sgoydamur die Aventiure beschrieben – zur Burg des Gansguoter und besteht auf dem Weg dorthin und dort selbst eine Reihe von Aventiuren. Höhepunkt ist das *beheading game*, zu dem der Burgherr Gansguoter seinen Gast Gawein einlädt: Gawein solle Gansguoter am Abend den Kopf abschlagen, am nächsten Abend würde man die Rollen tauschen. Gansguoter freilich setzt sich seinen abgeschlagenen Kopf dann einfach wieder auf, am nächsten Tag verschont er Gawein allerdings. Gawein erhält den Zaum und bringt ihn Sgoydamur. Erst jetzt, wieder am Artushof, erfährt man und erfahren auch die Figuren, dass sie die Schwester Amurfinas ist, dass also Gawein gegen seine Frau gehandelt hat. Einerlei: Alle versöhnen sich, erneut, Sgoydamur bekommt Gasoein zum Mann. – Die Forschung ist sich im Großen und Ganzen darüber einig, dass damit der erste Handlungsteil der ›Krone‹ schließt (12627–13689).

Doch es geht weiter: Wieder wird ein Turnier anberaumt, wieder brechen die Artusritter – nun ganz offiziell – auf, wieder kommt Gawein vom Weg ab. Und gerät in eine merkwürdige Folge von grotesken Miniszenen, die Ulrich Wyss ›Wunderketten‹ genannt hat; man könnte auch von Phantasmagorien sprechen. Gawein schaut all diese düsteren Wunder – darunter auch ein Besuch auf einer Burg, die wie die Gralsburg anmutet – und kommt an den Hof von Fimbeus und Gyramphiel, die Gawein wegen einer alten Sache hassen. Sie schicken den nichtsahnenden Gawein in den Tod – den Kampf gegen einen Drachen –, doch Gawein siegt, erfährt auf einer weiteren Burg Hilfe und gelangt endlich nach Ordohorht zum Palast der Saelde – das ist der mittelalterliche Begriff für *fortuna*. Die herrscht dort im prächtigsten Edelsteinbau mit ihrem Kind, dem Heil; im Palast dreht sich das Glücksrad mit den Glücklichen rechts, den Unglücklichen auf der linken Seite. Mit Gaweins Eintritt in den Saal steht das Rad still, alle Unglücklichen wechseln auf die rechte, glückliche Seite – Gawein wird Glücksbringer. Ein Ringgeschenk der Saelde an Artus, das Gawein bestellen soll, sichert dem Artushof ewiges Glück (13690–15945).

Wieder erlebt Gawein eine (die zweite) ›Wunderkette‹. Danach gerät er in einen verwirrenden Streit dreier Ritter, den Gawein zu schlichten versucht. Am Ende aber beweist er wenig diplomatisches Geschick, wenn er einen der Ritter in die Obhut der anderen beiden gibt, diese ihren Feind aber, sowie Gawein außer Sicht ist, kurzerhand köpfen. Brisant ist dies deshalb, weil der getötete Ritter dem Gawein aufs Haar gleicht und die beiden Totschläger dem Artushof schaden wollen. Also schicken sie den abgehauenen Kopf dorthin, und im Glauben an Gaweins Tod bricht der ganze Artushof in entsetzliche Trauer aus. Gawein, der von all dem nichts weiß, verschlägt es derweil auf eine Insel der Jungfrauen, deren Königin ihm eine ewige Jugend spendende Badeessenz schenkt (15946–17499).

Es folgt eine längere Sequenz von Aventiuren Gaweins, die samt und sonders der Handlung von (ziemlich sicher) Chrétiens de Troys ›Perceval‹ bzw. (weniger wahrscheinlich) Wolframs ›Parzival‹ entnommen sind: Gawein wird in einen Schwesternstreit verwickelt, mit dem ein riesiges Turnier in Verbindung steht (17500–18679); er gerät in Gefangenschaft bei Angaras von Karamphi, der ihn für den Mörder eines Verwandten hält, und kann nur freikommen, weil er sich verpflichtet, an Angaras' statt den Gral zu suchen (18680–18933); er besiegt einen schwarzen Ritter und erlöst damit drei klagende Damen (18934–19345); er wird von Lohenis von Rahaz – einem Vergewaltiger, für dessen gerechte Strafe Gawein einst gesorgt hatte – betrogen und um sein Pferd gebracht (19346–20096); er kommt zur Burg Salye, auf der seine Schwester, seine Mutter und seine Großmutter – das ist Artus' Mutter – festgehalten (?) werden, und besteht die dortige Aventiurekette (das Liegen auf einem Zauberbett, einen Löwenkampf) (20097–21093); er pflückt für Mancipicelle, die, eine Verbündete des Lohenis, nur auf Gaweins Schaden aus ist, einen Blumenkranz im Garten des Giremelanz (21094–21791); und anstatt im vereinbarten Kampf gegen den geschädigten Giremelanz zu kämpfen, stiftet Gawein auf Salye unter Beisein des extra angereisten Artushofes allgemeine Versöhnung, wobei Giremelanz mit seiner Geliebten, Gaweins Schwester Clarisanz, verheiratet wird. Das Fest wird in Karidol fortgesetzt (21792–22516).

Doch Gawein stört die allgemeine Festfreude: In einer langen Rede berichtet er von seinen Aventiuren (seit Beginn des zweiten Handlungsteils) und erklärt seine Verpflichtung zur Gralsfahrt. Wieder trauert der Hof angesichts der großen Gefahren, die auf Gawein warten, doch die Trauer wird unterbrochen von einer Botin Gyramphiels – sie ist Gawein noch immer gram –, die einen Zauberhandschuh präsentiert. Wer ihn anlegt, wird auf der rechten Seite unsichtbar; nur jenes Körperteil, mit dem er gesündigt hat, bleibt sichtbar – und dies nackt. Wie schon bei der Becherprobe blamiert sich abermals der ganze Hof, diesmal mit Ausnahme von Artus und Gawein. Es kommt ein weiterer Bote Gyramphiels, ein Ritter auf einem Ziegenbock, der einen zweiten Zauberhandschuh bringt. Der kann die linke Körperhälfte verschwinden lassen, und beide zusammen – so der Bote – könnten Gawein, in Verbindung mit dem Ring der Saelde und einem Zauberstein, den Gawein früher – vor Handlungsbeginn – dem Fimbeus abgewonnen hatte, sehr hilfreich sein bei der Gralsfahrt. Der Bote will vorführen, wie Gawein die Zauberutensilien zu kombinieren hat, nimmt Ring und Stein, macht sich mit den Handschuhen unsichtbar – und verschwindet (22517–25549).

Mit drei Gefährten – Kalocreant, Lanzelet und Kay – bricht Gawein auf, um die Kleinodien zurückzuerobern und den Gral zu finden. Sie geraten in eine Falle des Bayngranz von Aynsgalt, eines Verbündeten des Riesen Assiles (den Gawein besiegt hatte) – sie werden in einer Gebirgshöhle eingeschlossen, vor der ein Drache lauert –, können sich aber daraus befreien. Mit Hilfe Gansguoters, dem sie auf seiner Burg Madarp einen Besuch abstatten, gelingt es ihnen schließlich, allerlei gefährliche Hindernisse zu überwinden und ins Land des Fimbeus vorzustoßen. Dort erobern Gawein und seine Gefährten die Kleinodien teils durch List, teils in einzelnen Duellen zurück. Sie reiten weiter; an einer Weggabelung trennen sich ihre Wege und die vier Gefährten verlieren sich aus den Augen (25550–28261).

Gawein gelangt zur Burg von Gansguoters Schwester, die ihn für die Gralsaventiure vorbereitet – sie sagt ihm, was er wann zu tun hat – und ihn und seine Gefährten auch in anderen Sachen mit Rat unterstützt. Danach gerät Gawein in die letzte (und dritte) ›Wunderkette‹, um bald danach Kalocreant und Lanzelet wiederzufinden. Zu dritt erreichen sie die Gralsburg. Nach einem prächtigen Empfang wird der Gral in einer aufwändigen Prozession vorgeführt. Gawein, der ja schon zuvor unterrichtet worden war, was in diesem Fall zu tun wäre, stellt die entscheidende Frage, nämlich was all dies solle. Damit erlöst er die Gralsgemeinschaft: Sie besteht aus Untoten, die durch eine Blutschuld (es wird nicht deutlich, wer wen erschlagen hat, jedenfalls scheint es ein Verwandtenmord gewesen zu sein) zu dieser Existenz verdammt waren. Nun sind sie erlöst, die Gralsritter verpuffen. Gawein aber kehrt mit seinen Gefährten zurück an den Artushof, unterwegs versöhnt er sich mit Angaras, auch Kay, der durch ein Missgeschick in Gefangenschaft geraten war, kann sich befreien – man feiert den glücklichen Ausgang aller Aventiuren. Epilog und Schreiberanhang (28262–30041).

Schon diese oberflächliche und grobe Inhaltsanalyse kann deutlich machen, wie verworren die Erzählfäden der ›Krone‹ gesponnen sind: Die Handlung kommt immer wieder zum Stillstand und muss neu angestupst werden, damit sie erneut in Fahrt kommt. Am stärksten ist der Einschnitt nach der Versöhnung von Sgoydamur und Amurfina und vor der ersten ›Wunderkette‹. Die Teilung des Textes in zwei Teile durch die Forschung trägt in erster Linie diesem Umstand Rechnung. Umgekehrt gibt es Passagen, bei denen die Handlungsführung vor Erzähldichte aus dem Ruder zu laufen droht. So etwa bei der schwierigen Koordination der Artus-Ginover-Gasoein-Handlung mit der Gawein-Floys-Amurfina-Handlung im ersten Handlungsteil. Daran wird auch noch ein drittes Erzählproblem sichtbar: Wer nämlich in diesem Text Protagonist ist, ist viel weniger deutlich als in anderen Romanen des 12. und 13. Jahrhunderts: Über weite Strecken ist es Gawein; gerade im ersten Handlungsteil aber ist dies durch die Gasoein-Handlung einigermaßen undeutlich: Über einige tausend Verse verschwindet Gawein ganz von der Bildfläche, beim Weihnachtsfest zu Handlungsbeginn hat er kaum mehr als eine Statistenrolle inne. All dies zusammengenommen, wird man sich fragen dürfen und müssen: Was hält diesen Roman, was hält die verschiedenen Episoden und Erzählstränge eigentlich zusammen?

Der Gürtel des Fimbeus

Es gibt ein vergleichsweise randständiges Erzählmoment in der ›Krone‹, das aufs erste Lesen kaum großen Eindruck hinterlassen wird. Wer aber darüber grübelt, was dieser bunten Handlungsfolge Kohärenz geben könnte, wird automatisch darauf verfallen. Es handelt sich um den Gürtel des Fimbeus. Er umspannt wie nichts anderes die diversen Episoden und Handlungsbezirke des Romans, und er gibt immerhin einem Teil des Ausgehandelten motivationalen Sinn.

Die Geschichte dieses *riemen* beginnt vor dem Einsetzen der Handlung. Was damals geschah, wird mit drei Rückblenden eingefangen. Die erste ist kaum mehr als eine Andeutung: Beim ersten Aufeinandertreffen von Gasoein und Artus und als Gasoein seinen Anspruch auf Ginover behauptet und auch beweisen will, zaubert er genau diesen Gürtel hervor, um damit seine Liebe zu Ginover und die Ginovers zu ihm zu belegen: Sie, so Gasoein, habe ihm diesen Gürtel – den Gawein einst für sie erworben hätte – geschenkt, als er sie zuletzt gesehen hatte. Der Gürtel besäße die Macht, seinem Träger größte Kraft und größte Tugend zu spenden. Wer ihn trägt, wird unbesiegbar, beherrscht das Glück (die Saelde und ihr Rad) – und wird selbstverständlich (dies wird besonders in der dritten Gürtel-*digressio* deutlich werden) allenthalben dafür bewundert. Gasoein bittet Artus, Ginover den Gürtel als Erkennungszeichen zu überbringen (4867–4888).

Es dauert beinahe 10.000 Verse, bis abermals ausführlicher vom Gürtel die Rede ist. Gawein gelangt hier zum Hof von Fimbeus und seiner Frau Gyramphiel, die ihm den Tod wünscht und ihn in ebendiesen zu schicken versucht, was freilich misslingt. Noch ehe aber Gawein deren Burg erreicht, hält Heinrich inne und antizipiert den Grund für das Elend, in das Gawein nun kommen wird. Der Grund ist ein Edelstein, und dieser wiederum prangt auf dem nämlichen Gürtel. Gyramphiel, eine Göttin, hatte diesen Gürtel mit Hilfe ihrer Schwester Saelde – also Fortunas – gefertigt, auf dass ihrem Mann Fimbeus, einem passionierten Aventiure-Fahrer, im ritterlichen Kampf kein Leid geschehe. Der Gürtel schützt und veredelt seinen Träger alleine kraft dieses Edelsteins, der den Gürtel erst, so wird behauptet, zu dem Zaubergürtel macht, der er ist. So braucht sich Gyramphiel nicht um das Wohl ihres Mannes zu sorgen – bis dieser im Kampf an Gawein gerät. Gawein gelingt ein glücklicher Schlag (wie das sein kann, wo doch Gürtel und Stein den Fimbeus völlig schirmen, ist undeutlich), sodass der Edelstein aus der Fassung springt und, zufälligerweise, unter Gaweins Fuß rollt. Das raubt dem Fimbeus alle Kraft, schenkt sie stattdessen Gawein, und er siegt. Gawein behält den Stein seither in seiner Obhut; Fimbeus aber wird von seiner ängstlichen Frau das Aventiure-Fahren verboten, seine Jagd darf ab sofort nur noch ihrer Minne gelten. Dem Gawein aber zürnt Gyramphiel über alle Maßen wegen des Raubs; daher und dafür will sie sich rächen (14937–15004).

Das dritte Mal kommt die Rede auf den Gürtel, wiederum knappe 10.000 Verse später, zu Beginn der Handschuhprobe. Wieder ist es der Erzähler, der spricht und nun mit einiger Ausführlichkeit abermals den Hass, den Gyramphiel gegen Gawein hegt, begründet. Er tut dies, um das Motiv der Handschuhbotin und, später, des Bockritters deutlich zu machen. Im Grunde werden sämtliche noch fehlenden Informationen der Gürtel-Vorgeschichte nachgereicht; schließlich ist noch unklar, warum Gawein überhaupt gegen Fimbeus gekämpft hat. Der Letztgrund liegt bei Ginover. Als nämlich einst Fimbeus bei einem Fest am Artushof weilte, wurde sie auf den kraft- und tugendspendenden Gürtel aufmerksam. Sie lädt ihn zu sich, er bietet ihr den Gürtel als Minnegeschenk an, doch darauf will oder darf sich die Königin nicht einlassen. Nur borgen will sie sich den Gürtel, der sie dermaßen entzückt, ihn anschauen und ihn ihren Damen zeigen. Die Bewunderung, die sie, als Gürtelträgerin, dabei erfährt, reizt ihre Eitelkeit, und nur schweren Herzens retourniert sie den Gürtel vor Ende des Festes an seinen Eigentümer. Die Sache lässt ihr aber keine Ruhe, sodass sie am Ende Gawein zu sich beordert und ihn bittet, ihr den Gürtel zu gewinnen. Gawein tut es nur widerwillig, aber er tut es doch. Der Rest ist bekannt (und wird nicht noch einmal erzählt; 23211–23436). Weitere Referenzierungen der Gürtelgeschichte (Gawein beim Katalogisieren seiner Taten: 9039f., Kay spöttisch über Gawein in der Handschuhprobe: 24359–24363) bringen nichts Neues bei.

So unscheinbar also diese Vorgeschichte bleibt – die paar hundert Verse nehmen sich im Romanganzen wie eine Marginale aus, die *a prima vista* alles andere als zentral wirkt –, sie ist doch der einzige Bogen, der fast die gesamte Romanhandlung umspannt, und dies in zweifacher Hinsicht. Dass Gawein in Ginovers Auftrag den Stein geraubt oder erworben hat, begründet, zum einen, die Rachehandlung Gyramphiels, die sich von Gaweins Aufenthalt auf ihrer Burg bis kurz vor Gaweins Erlösung der Gralsgesellschaft hinzieht. Gawein überwindet mit Hilfe des Steins den Drachen, gegen den Gyramphiel ihn hinterhältig schickt, später verliert er den Stein mit den anderen Kleinodien an den Bockritter, dann gewinnt er sie wieder, was wiederum die Bedingung für die erfolgreiche Gralssuche ist ... So kann der Erzähler getrost behaupten, dass die Handschuh-Aventiure (und mithin der Raub des Gürtelsteines) tatsächlich die *stùre* all jener Aventiuren ist, die er noch zu erzählen hat (24714f.).

Dies zeigt auch, dass die Gürtelgeschichte sich – zum anderen – immer wieder mit weiteren Spannungsbögen der ›Krone‹ berührt, diese mehr oder weniger intensiv tangiert. Eng verflochten ist sie mit der Gralssuche und damit mit dem zweiten größeren Spannungsbogen des zweiten Handlungsteils. Mit anderen Linien sind die Berührungen zufälliger, unverbindlicher: Dass beispielsweise Ginover dem Gasoein just diesen Gürtel schenkt, ist handlungslogisch völlig irrelevant, sie könnte ihm genauso gut ein anderes kostbares Geschenk machen, damit er es triumphierend vor dem verblüfften Artus aus dem Ärmel schütteln kann. Hier wird nicht ursächliche Kohärenz gestiftet, sondern nur Kohäsion durch die Antizipation eines später wichtigen Objekts der Erzählwelt hergestellt. Von den größeren Handlungsstrecken des Romans ist es nur Gaweins Zug gegen Assiles und seine Heirat mit Amurfina, die nichts mit dem Gürtel zu tun zu haben scheinen. Aber auch dort wird der Gürtel und Gaweins Fimbeus-Kampf zumindest als Teil von Gaweins Tatenkatalog erwähnt.

Ja, man müsste überlegen, ob nicht auch die Saelde-Handlung, die im (numerischen) Zentrum der Versstrecke des Romans steht, letztlich als eine Abzweigung der Gürtelgeschichte gelten kann. Gawein bezwingt auf Ordohorht das Glück – die Saelde und ihr Kind, das Heil –, oder die beiden lassen sich von ihm bezwingen, das ist einerlei; dadurch auch sichert er dem Artushof ewige Saelde. Das mag man mit Gaweins Status – er ist doch der beste aller denkbaren Ritter in der besten aller denkbaren Ritterwelten – zusammenbringen; man kann es aber auch, mit ganz schlichter Handlungslogik, aus dem Besitz des Gürtel-Steines herleiten: Wer diesen besitzt, sagt schon Gasoein, dem ist Fortuna untertan und der beherrscht das Rad der Saelde. Verdankt Gawein also sein Saelde-Glück, verdankt der Artushof in Heinrichs ›Krone‹ seine immerwährende, glückliche Freude bloß einem – natürlich doch auch wieder glücklichen! – Schwerthieb Gaweins und, noch mehr, einer schlechten Edelsteinfassung am Gürtel des Fimbeus? Wird hier eine agonale Bagatelle ins Allegorische überhöht? Und umgekehrt: Läuft dieser allegorische Bezirk um die Saelde und ihre Schwester Gyramphiel nicht wiederum in Handlung aus, wenn Gawein die Saelde – durch Steinzwang oder nicht – auf seiner Seite weiß, deren böse Schwester Gyramphiel und ihre Machenschaften aber besiegen muss? Man hat längst gesehen, dass dieses Schwesterpaar recht unkompliziert mit der antiken Vorstellung einer *fortuna prospera* und einer *fortuna adversa* zusammengebracht werden kann. Gawein und der Artushof sichern sich das Glück, indem ihnen – gleichsam statisch-allegorisch – das Glück und ihr Rad bei Fuß stehen und indem sie – narrativ-allegorisch – das Unglück überwinden. So besehen umschließt der Gürtel des Fimbeus – der damit selbst zum semi-allegorischen Objekt, einer metapoetischen Metapher gerät – in der Tat den gesamten Kosmos von Heinrichs Roman.

Freilich: Der Text tut wenig dazu, um diesen Eindruck zu festigen, und wer den Text von vorne bis hinten liest, wird zwar gegen die Deutung schwerlich etwas sagen können, aber einleuchten wird sie dennoch kaum. Zu zwanghaft werden in dieser Interpretation alle Episoden der ›Krone‹ auf ein Zentralmotiv hin zentriert, und zu labil sind die Verbindungen der Gürtelgeschichte mit anderen Ereignissen des Romans. Der Gürtel des Fimbeus und die Geschichte seiner Besitzerwechsel sind eben doch ganz einfach zu marginal, als dass sie der Handlung den Zusammenhalt spendeten, den man ihr am Reißbrett attestieren kann, und es mag kein Zufall sein, dass just jene Geschichte, die allem einen motivationalen Sinn geben könnte, als Vorgeschichte aus dem Romangeschehen ausgelagert ist und nur in weit verstreuten Rückblicken gestreift wird. Der Text verweigert sich, so scheint es, selbst diesem ohnehin nur zögerlichen Versuch, seine Handlungslinie fett durchzuziehen.

Dieser Befund wird gestärkt, wenn man den Blick auf ausfransende Handlungsecken und gerissene Handlungsfäden einschärft. Darunter fallen, einerseits, jene Episoden und Erzählziele, die sich der Gürtelgeschichte bestenfalls beiordnen lassen: neben Gaweins Assiles-Fahrt und seiner Liebe zu Amurfina auch über weite Strecken der Gasoein-Artus-Konflikt, die großmundig angekündigte und kaum anerzählte Geschichte von Artus' Jugend, die Becherprobe, später die ›Parzival‹-Partie, die zwar nachträglich durch die daraus resultierende Gralssuche mit dem Gürtel verknüpft wird, in die Gawein zunächst aber von schierer Kontingenz getrieben wird: Hier krümmt sich der Motivationsvektor gegen jede Handlungslogik.

Andererseits werden bei genauem Zusehen auch innerhalb der Gürtelgeschichte Motivationslakunen sichtbar, die dem Bogen die

Spannung rauben. Es genügt, sich zu fragen, wo eigentlich Gürtel und Stein verbleiben, und ob sie dies gemeinsam tun, oder ob sie getrennte Wege beschreiten. Klar ist nur, was v o r Handlungsbeginn sich zugetragen hat. Je weiter aber die Geschehnisse in die Handlung hineinreichen, desto dunkler werden sie: Gawein hätte den Stein, auf den es doch auch ankommt – nicht den Gürtel aber –, in seinen Besitz genommen, erklärt der Erzähler im zweiten Gürtel-Rückblick. Auch Gaweins Sieg gegen den Drachen bezeugt dies, und der Bockritter raubt den Stein von Gawein, nicht aber den Gürtel. Noch nach der Rückgewinnung der Kleinodien behält Gawein den Stein, während er den Rest an den Artushof schickt. – Aber wie kann dann Gasoein gegenüber Artus die Macht des Gürtels, die doch von diesem Stein herrührt, rühmen, wo ihm doch der Gürtel erst geschenkt werden konnte, nachdem Gawein ihn der Königin gebracht hat, gebracht als eigentlich wertlosen *riemen*, ganz unbezaubernd? Was passiert dann eigentlich mit dem Gürtel? Behält ihn Ginover, der er ja von Artus gebracht wird (oder werden soll)? Noch mehr: Zu wessen Gunsten besiegt nun Gawein Fimbeus, wenn er den Wunderstein, nach dem bzw. nach dessen Wirkung es Ginover so dringend verlangte, einfach nicht mehr aus der Hand gibt? Ist das nicht ganz und gar un-gaweinisch?

Solche Lücken im Handlungsgerüst klaffen allenthalben, und immer dann werden sie sichtbar, wenn man versucht, ein paar Schritte ›hinter‹ die vorgeführte Handlung zurückzutreten. Gaweins Verpflichtung zur Gralssuche – neben dem Fimbeus-Gürtel immerhin das wichtigste Handlungsmotiv des zweiten Teils – verläuft, nach hinten zu, ganz und gar im Sande. Angaras von Karamphi, dessen Bruder Gawein vor langen Tagen erschlagen hat, zwingt Gawein zur Gralsfahrt; warum er dies aber tut, bleibt völlig offen (18913–18925). Im Perceval/Parzival-Roman, aus dem diese Episode stammt, ist es Guigambresil [Chrétien] bzw. Vergulaht [Wolfram] – der Name ist geändert –, der seine eigene, ihm von Perceval/Parzival auferlegte Verpflichtung zur Gralssuche einfach auf Gauvain/Gawan abwälzt. Dass Parzival den Gral sucht, wird auch in der ›Krone‹ wiederholt Thema (siehe unten); bei Gaweins Aufgabe aber lässt Heinrich es mit Angaras' plötzlicher Idee sein Bewenden haben. Ähnlich undeutlich ist das Verhältnis von Ginover und Gasoein: Was hier war oder einst gewesen sein könnte, bleibt obskur, einmal wirken Gasoeins Behauptungen haltlos und unhaltbar, dann wieder besitzt er diesen Gürtel, den ihm Ginover erst ›unlängst‹ gegeben habe (4867–4869) – und also zu einem Zeitpunkt, als sie längst Artus' Gemahlin war (denn an Artus' Hoffest hat sie den Gürtel zuerst gesehen). Wer ist hier eigentlich im Recht, und worin liegt die Ursache für Gasoeins Aufbegehren?

Dies alles soll nicht heißen, dass das Erzählen der ›Krone‹ ein richtungsloses, dass das Arrangement der Episoden ganz und gar aleatorisch wäre. Doch die Richtungen, die Heinrich seinem Roman und seinen Protagonisten vorgibt, sind nur ungefähre, die Linien, die er damit zieht, brechen immer wieder ab, werden von anderen Linien ersetzt, ohne dass sie sich berührten, andere Male sind mehrere Stränge miteinander verwoben, ohne dass man das Muster, in dem sie gewebt sind, präzise nachzeichnen könnte. Das gibt dem Handlungsverlauf eine gewisse Weichheit und Schwammigkeit, ohne dass er sich je ganz verlöre, gibt der Handlungsfolge etwas Unverbindliches, ohne dass sie je beliebig würde. Der Effekt davon bei der Lektüre des Romans ist, dass man sich in der Handlung verliert. Im Lektüreprozess den Blick aufs Handlungsganze zu behalten, ist fast ein Ding der Unmöglichkeit.

Man könnte, dies zusammenfassend, von einem Dispositionsproblem sprechen, unter dem der Text leidet oder das der Text, anders gewertet, umspielt. Manifest wird dieses Problem in der Schwierigkeit des Textes, das Ausgehandelte unter einen kompakten Spannungsbogen zu stellen, am Scheitern des Erzählers, eins aus dem anderen hervorgehen zu lassen, an Lücken und Sprüngen im Motivationsgerüst. Der Roman bricht immer wieder und auf unterschiedlichen Ebenen mit der Logik und Linearität des Handlungsverlaufs. Nirgends ist dies deutlicher als bei den Tatenkatalogen Gaweins (6102–6127, 8985–9047) im ersten Handlungsteil, wo (z. T.) im Rückblick Taten gelistet sind, die Gawein erst im weiteren Handlungsverlauf bewältigen wird. Uta Störmer-Caysa hat mit Bezug darauf von ›Zeitkreisen‹ der ›Krone‹ gesprochen. Heinrich wird all dies, wenn es nicht ohnehin ein absichtlich abwegiges Erzählen ist, geahnt haben. Wieso sonst hätte er im Rahmen der Handschuhprobe energisch darauf hinweisen sollen, dass Gyramphiels Rache und was damit zusammenhängt – die Kleinodien – nun das Steuer der Handlung übernommen haben? Die Markierung dieser Position zeugt doch nur davon, dass sie ansonsten schwer zu finden wäre. Und ist nicht auch Gaweins Aventiure-Rede, die kurz davor geschaltet ist, Zeugnis für ein Bemühen, durch Wiederholung, Sortierung und Zusammenfassung des schon Erzählten den Roman etwas durchsichtiger und klarer zu machen?

Vielleicht hat dieses Dispositionsproblem stoffgeschichtliche Gründe: Dann wäre Heinrich einfach an der überbordenden Fülle an Erzählmaterial, aus dem er seine ›Krone‹ kompiliert hat, gescheitert; ich werde am Ende auf diesen Gedanken zurückkommen. Vielleicht aber hat es auch zu tun mit der Wahl des Protagonisten: Wer von Gawein, dem Inbegriff des Artusrittertums, erzählt, sieht sich unweigerlich mit der Schwierigkeit konfrontiert, vom Besten erzählen zu müssen. Wer aber schon der Beste ist, kann besser nicht mehr werden, kann bestenfalls ›fallen‹, um später wieder auf die Beine zu kommen, und selbst dies scheint bei Gawein kaum konvenabel. So ein Protagonist ist jedem weiter ausgreifenden Spannungsbogen ruinös. Es mag angehen, eine spannende einzelne Aventiure zu erzählen, die Gawein in Bedrängnis setzt und aus der er sich – natürlich – wieder befreien kann. Diese Spannung lebt vom Momentum der konkreten Gefahr oder Herausforderung, auch von den umstehenden Figuren und der szenischen Gestaltung; hier lässt sich, im momentanen Effekt, vergessen, dass der Ausgang gewisser noch ist als in allen anderen arthurischen Romanen. Wo aber diese Faszination des narrativen Details nicht mehr trägt und die Handlung zum Gerüst abstrahiert wird, geht alle Spannung verloren, muss jede Zielgerichtetheit sich in der Affirmation des schon im Vorhinein Gewissen – Gaweins *perfectio* – verlieren. Es mag sein, dass Heinrich dieses Problem allegorisch ausstellt, wenn er am Artushof das Haupt eines ›zweiten Gawein‹ in endlosen Klageszenen beweinen und betrauern lässt. Mehr als ein Simulacrum kann Gaweins Not – sein Tod – nicht sein, und nur was Gawein scheint, aber nicht Gawein ist, kann ernsthaft in Gefahr geraten.

All diese Verwicklungen und Ungleichgewichte der Handlungsdisposition haben wesentlich dazu beigetragen, dass man die ›Krone‹ bis in die 1970er Jahre hinein nicht leiden und lesen mochte. Heute ist der narratologische Befund derselbe, doch seine Einschätzung hat sich gewandelt: Niemand wird noch ernsthaft behaupten wollen, dass Heinrich durch und durch schlecht erzählt. Was er nicht vermag oder nicht will – das wird sich nicht entscheiden lassen –, ist, seinen Stoff luzide zu disponieren. Er ordnet die Episoden und Stränge, absichtlich oder unabsichtlich, schlampig, wodurch sich beim Leser der Eindruck des Unausgegorenen und schnell Hinerzählten einstellt. Dieser Eindruck ändert sich jedoch, wenn man den Blick nicht auf die Disposition des Erzählmaterials lenkt, sondern aufs narrative Detail. Von einem schlampigen oder unausgegorenen Erzählen kann dann keine Rede mehr sein. Die einzelnen Episoden und Szenen sind – das wird im Folgenden zu zeigen sein – mit viel Aufwand gearbeitet, und die ästhetische Wirkung und argumentative Dichte dieser elaborierten Erzählkunst des narrativen Details sind es wohl auch, die sich in den rezeptionsästhetischen Vordergrund drängen. Die Dispositionsprobleme werden doch erst sichtbar, wenn man sich abmüht, die gesamte Handlung auf einmal zu überschauen. Aber wer außer Literaturwissenschaftler liest schon einen Text, um nachher eine Inhaltsangabe davon zu schreiben?

Um diese Mikrostrukturen des Erzählens also, die der ›Krone‹ eigentlich Kontur geben und die sie zu dem aufwühlenden Text machen, der sie ist, soll es in den folgenden Abschnitten gehen. Ich greife dabei drei Aspekte der narrativen und diskursiven Gestaltung heraus, die, wie mir scheint, das Erzählen Heinrichs von dem Türlin am intensivsten prägen und es bis zu einem gewissen Grad auch einzigartig machen. Gemeinsam ist ihnen, dass sie sich um Handlungsgerüste und Dispositionsprobleme nicht zu kümmern brauchen. Zu Schlagwörtern gebündelt, sind dies: Intertextualität, Kommentar und Szenographie.

Gawein und der Gral

Die ›Krone‹ ist kein Text, der monolithisch in der Literaturlandschaft des frühen 13. Jahrhunderts prangt. Schon Inhaltsangabe und Handlungsgerüst zeigen dies überdeutlich: Heinrich scheint kompiliert zu haben, was immer ihm aufs Lesepult gekommen war, mit einer besonderen Affinität zur Perceval / Parzival-Geschichte: Größere Teile des ›Perceval‹ oder ›Parzival‹ – die Gawein-Partien des, bei Wolfram, VII., VIII. und X.–XIV. Buches – hat er einfach übernommen – allerdings höchstwahrscheinlich von Chrétien, nicht von Wolfram! –, und noch mehr, schickt er Gawein auf just jene Gralssuche, auf die Chrétien und Wolfram Perceval und Parzival geschickt hatten.

Wer dieses und Ähnliches mit dem Schlagwort Intertextualität belegt, muss sich rechtfertigen: Intertextualität changiert in der literaturtheoretischen Diskussion der vergangenen zwei bis drei Jahrzehnte zwischen zwei Polen: einem Konzept von Literarizität einerseits, das von einer immer weiter sich ausbreitenden, nie abschließbaren Verweisfunktion von Literatur ausgeht, von einem supratextuellen Gewebe Literatur (Julia Kristeva) – eine nach wie vor diskussionswürdige Vorstellung, deren heuristischer Wert für die Textanalyse freilich recht gering ist; sowie – andererseits – einer hyperklassifikatorischen Systematik von Modalitäten der Bezugnahme eines Textes auf einen anderen, wie sie Gérard Genette entwickelt hat und bei der es dann darauf ankommt, ob etwa ein Text einen anderen kommentiert, ob der Klappentext einen Text zwischen den Buchdeckeln begleitet usf.

Beide Konzepte – das dekonstruktivistisch angehauchte Postulat eines literarischen Panta rhei sowie der Gewissheit suchende Klassifizierungszwang – scheitern an jener Form Intertextualität, die sich an der ›Krone‹ beobachten lässt. Gewiss ist Heinrichs Roman einer, der ganz erheblich von seinen Beziehungen zu anderen Texten der höfischen Literatur – mehr jener Frankreichs als jener Deutschlands – geprägt wird, ein Roman, dessen Literarizität ganz maßgeblich von diesem Sich-Einlassen des Erzählers auf andere Geschichten und fremde Diskursfelder bestimmt ist. Doch sind die Bezüge dann doch zu prägnant, als dass es eine pantheistische, alle Autoren- und Erzählerfiguren transzendierende Vorstellung von Intertexualität bräuchte, um den Status der ›Krone‹ im Gefüge der höfischen Literatur zu bestimmen. Dann aber sind diese Bezüge wieder zu schwammig, zu unpräzise, in ihrer Ausarbeitung zu unsystematisch, als dass sie sich einem starren System von intertextuellen Funktionsklassen einschlichten ließen. Vor dem Hintergrund der skizzierten Konzepte müsste man die intertextuellen Relationen der ›Krone‹ wohl halb-konkret nennen.

Was macht Heinrich? Er baut einen Roman – wie die meisten arthurischen Erzähler auch – um das typische arthurische Personal, Artus, Ginover, Kay, Kalocreant, Lanzelet, Gawein natürlich. Aber er reichert diesen Roman an mit Anspielungen auf Antikes (z. B. die Parzen: 286–292); er stibizt episodenweise Handlungen aus anderen Texten oder Stofftraditionen (Chrétiens ›Perceval‹ und [!] Wolframs ›Parzival‹, die altfranzösischen ›Perceval‹-Fortsetzungen,

Chrétiens ›Lancelot‹, Ulrichs von Zatzikhoven ›Lanzelet‹, ›La Mule sanz Frain‹ des Paien de Maisières, ›Le chevalier à l'épée‹, Robert Biquets ›Lai du Cor‹, ›Sir Gawain and the Green Knight‹); dann bedient er sich wiederum nur punktuell einzelner Motive wie etwa des Minnetranks (8468–8485, 8636–8694), um seiner Handlung eine bestimmte Richtung zu geben. Dies funktional zu sortieren, ist – würde man es für den gesamten Roman versuchen – ein Ding der Unmöglichkeit: Der Herkunft nach stehen Genrereferenzen neben Einzeltextreferenzen, der Funktion nach stehen narrative Inserate größerer oder kleinerer bis kleinster Partien neben Anspielungen, die Handlungen nur benennen, sie nicht nach- oder wieder- oder umerzählen, dafür diese nicht selten kommentieren oder kommentierend nützen. Man mag das im Einzelfall jeweils präzise bestimmen können. Diese Präzision würde allerdings das Wesentliche eben nicht erfassen: Was nämlich Heinrich auf dieser Schaubühne der Allusionen aufführt, ist ein funktional ganz buntes Spiel der Berührungen und Anspielungen, bei dem eben n i c h t das Woher und das Wozu des Details Programm sind, sondern thematische Zentren, die immer und immer wieder umkreist werden. Thematische Nester sind es, die Heinrich mit fremdem Material nach und nach befüllt und über denen Erzähler und Figuren immer wieder brüten können. Nur auf eines, das größte, will ich mich konzentrieren: Gawein, Parzival und den Gral.

Bei Chrétien – auch wenn sein Roman vorzeitig abbricht – und Wolfram ist klar, dass Perceval / Parzival der Gralserlöser ist. Parzival (ich bleibe von nun an bei der deutschen Namensform) gerät irgendwann zur Gralsburg, scheitert dort, weil er keine (nicht die richtige?) Frage stellt, fällt tief und begibt sich auf eine aussichtslos scheinende Gralsuche. Gegen alle Versicherungen anderer Figuren ist sie am Ende doch erfolgreich, weil Parzival vergönnt ist, was eigentlich nicht sein dürfte: eine zweite Chance. Parzival nützt sie, stellt die Frage, erlöst den alten maroden Gralskönig, der bei Wolfram Anfortas heißt, und wird dessen Nachfolger.

Genau diesen Handlungsstrang, den ich in der Nacherzählung freilich arg vereinfacht habe, übernimmt nun Heinrich von dem Türlin, ändert aber an allen Kurven, Ecken und Enden. Die gravierendste Änderung betrifft den Protagonisten der Gralsaventiure: Parzival rückt ganz an den Rand – nur kurz wirft ihm, nach Gaweins Gralserlösung, der *altherre* des Grals vor, an der Gralsaventiure gescheitert zu sein (29484–29496). Seinen Part übernimmt Gawein. Nun ist er es, der zweimal zur Gralsburg kommt und der am Ende die Gralsgesellschaft durch die rettende Frage erlöst. Aber auch im Einzelnen wird das ganz anders erzählt:

Zuerst erreicht Gawein die Gralsburg im Rahmen (oder eher schon: am Schluss) der ersten ›Wunderkette‹. Nach allerlei grotesken Merkwürdigkeiten – ich komme darauf zurück – scheint sich die Kette an Wundern einfach fortzusetzen, als Gawein zu einer phantastischen Burg kommt. Er wird freundlich aufgenommen, vom Pförtner kurz zu einem altersschwachen, aber weisen Greis in einem Saal geleitet, um dann beim Erkunden der Burg eine Kapelle zu finden und dort zu beten. Da bricht auf einmal Dunkelheit über ihn herein, dann entzünden sich die Kerzen der Kapelle wie von Geisterhand, ein Sarg mit einem Schwert darin schwebt an Ketten von der Decke herab und zwei gewappnete Hände ragen aus der Mauer, die eine Lanze halten, deren Spitze blutet. Ein Donnerschlag löscht alle Lichter, im Dunkel hört Gawein eine wehklagende Stimme, dann so lautes Jammern und Klagen, dass er das Bewusstsein verliert und bis zum nächsten Tag schläft.

Sowie er erwacht, hört er in der Kapelle Messe lesen, sieht aber keine Priester oder andere Leute. Die Burg findet er nun voller Ritter – und schon ist es wieder Abend geworden. Alle (und natürlich auch Gawein) finden sich auf dem Saal beim Greis zum Abendmahl ein, vor und für den eine Art Gralsprozession (von ›Gral‹ ist freilich in keiner Sekunde die Rede) veranstaltet wird: Allerlei wird prozessierend vorgetragen, im Grunde wie auch schon bei Chrétien und Wolfram, Gawein hat, wie Perceval / Parzival, die Position des Ehrengasts inne. Zuletzt bringt man dem alten Burgherrn eine mit Blut gefüllte Schüssel, aus der er mit einer Pipette Blut entnimmt und trinkt – eine Art Strohhalm? –, ohne dass – ein eher mickriges Wunder – das Blut in der Schüssel davon weniger würde. Gawein beäugt alles aufs Genaueste, ständig betont der Erzähler, wie verständig und wie klug er alles beobachtet und wie angestrengt er darüber nachdenkt, während die Nächte und Tage ereignisarm, fast wie im Flug an ihm vorüber zu ziehen scheinen. Fragen aber will er zunächst nichts, er wartet auf eine günstigere Gelegenheit nach dem Essen. Nach dem Essen aber verlassen alle den Saal, Gawein bleibt alleine zurück und wartet auf deren Rückkehr – vergeblich. Da bemerkt er ein von Kerzen erleuchtetes Bett, darauf einen Kranken (ist das der Greis?), der (wie?) tot dort liegt. Gawein begibt sich resigniert zu seinem Pferd, findet dort für ihn ein Bett hergerichtet, legt sich schlafen – und erwacht auf freiem Feld, die Burg wie weggezaubert, nur sein Pferd und seine Rüstung sowie seine Waffen sind ihm geblieben. Gawein reitet weiter, wenig später wird er zu Gyramphiel und dann zur Saelde gelangen (14560–14926).

Erst einige tausend Verse später wird Gawein wie erwähnt von Angaras zur Gralsuche verpflichtet, und es dauert bis kurz vor Romanende, bis Gawein endlich die Gralsburg erreicht. Es gehört zu den typischen Unschärfen des Erzählens in der ›Krone‹, dass bis zuletzt unklar bleibt, ob dies denn nun dieselbe Burg ist, die Gawein bereits in der ersten ›Wunderkette‹ kennen lernen musste, oder doch ein ganz anderes und bloß ähnliches Szenario. Gawein ist diesmal mit zwei Begleitern, Kalocreant und Lanzelet, unterwegs, die ihm aber auf der Gralsburg wenig Hilfe sind: Sie verschlafen fast den gesamten Aufenthalt. Gawein jedoch passt wieder gut auf. Nachdem die drei vom Burgherrn – wieder scheint es ein Bettlägriger zu sein, an dessen Bett nun zwei Schachspieler sitzen – aufs Beste empfangen worden sind, ergeht abermals eine – ungleich prächtigere und längere – Gralsprozession. Allerlei Speisen werden aufgetragen, dann werden Kerzenständer gebracht, ein Schwert und eine Lanze samt einer güldenen Schüssel trägt man heran, zuletzt einen kostbaren Behälter – den Gral –, und alles wird vor den Alten gestellt. Aus der Lanzenspitze tropfen drei Blutstropfen in die Schüssel, an denen sich der Alte bedient, aus dem Behälter nimmt er eine Krume, bricht sie, isst davon.

Gawein schaut die verkappte Eucharistiefeier wieder mit großem Interesse, doch mit der Frage will er diesmal keine Sekunde länger warten: Er unterbricht die Zeremonie und fragt – so hatte es ihm die Trägerin des Grals, Gansguoters Schwester, früher geraten (28466–28510) –, was denn dies alles solle, und setzt damit dem – wie man wohl oder übel sagen muss – Gralsfluch ein Ende. Der *altherre* erklärt: Einst habe ein Angehöriger des Gralsgeschlechts eine große Sünde begangen. Was dies genau war, geht nicht ganz klar aus dem Text hervor, die Syntax ist schwierig; ich lese es als Bericht von einem Brudermord, wobei freilich ›Bruder‹ auch gut für Verwandter oder Mitmensch stehen könnte. Das hat dem gesamten Geschlecht den Zorn Gottes eingetragen. Die Lebenden wurden vertrieben, die Toten mit dem Leben bestraft: Als Untote fristen sie ihr Nicht-Leben. Diese Qual ist durch Gaweins Frage endlich zu Ende – bei Morgengrauen lösen sich *altherre* und Gralsritter in Luft auf. Gawein hat seinen *task* erfüllt, er kann sich mit Angaras versöhnen und zum Artushof zurückkehren (29097–29660).

Ich muss gestehen, dass ich mir einigermaßen schwer tue, diese beiden Gralsepisoden n i c h t in einem ganz modernen Sinne als parodistisch zu lesen. Heinrich desavouiert Chrétiens und Wolframs transzendentale Gralsutopie aufs Gröbste. Das beginnt schon damit, dass er die Gralsburg, zuerst, in den ›Wunderketten‹-Kontext stellt, was die Gralsaventiure nicht nur zum Gipfel des Grotesken macht, sondern ihr auch einen liminalen Charakter zuschreibt: Es scheint, dass die ›Wunderketten‹ Handlungsräume voneinander abgrenzen, sie stehen vor und nach der Saelde-Aventiure – und dann, am Ende, wieder vor der Gralsburg, doch erst dann darf die Gralsburg Hauptsache sein und muss nicht als Durchgangsepisode hinter Gyramphiel und Saelde zurücktreten. Was dann bei diesem ersten Gralsbesuch Gaweins, so es denn einer ist, geschieht, steht den Buntheiten der ›Wunderketten‹ um Nichts nach: der schwebende Sarg, die Hände, die aus der Wand kommen, die Blutpipette … Gawein ist an allem, was dort geschieht – ähnlich wie schon in der ›Wunderkette‹ zuvor – höchst interessiert, immerfort betont der Erzähler Gaweins Klugheit, wie schlau er alles zu beobachten weiß. Das mag ironisch gegen Gaweins Verhalten sein; er tut ja nichts und begreift wohl auch wenig. Wer aber ›Perceval‹ oder ›Parzival‹

und das dümmliche Verhalten Parzivals auf der Gralsburg (und anderswo) kennt, muss darüber unweigerlich schmunzeln.

Das setzt sich bei der zweiten, ›eigentlichen‹ Gralsvisite Gaweins fort. Nun ist der Kontext ›ruhig‹ gestellt, Heinrich erzählt die Handlung auf diese letzte große Aventiure hin und lässt sie diesmal nicht im allgemeinen Wundergeklimper untergehen. Auch die Prozesse auf der Burg sind, zunächst, unspektakulär. Die Szene kippt erst, als Gawein seine Frage stellt. Schon die ist auffallend ›anders‹: Was immer nun Parzivals ›richtige‹ Frage gewesen sein mag, sie hat doch irgendwie zu tun mit der Krankheit seines Onkels, des Gralskönigs. Gawein ist solche *misericordia* fremd: Er fragt, was das alles soll – und erlöst damit nicht Gralsgesellschaft u n d Gral, sondern die Gralsgesellschaft v o m Gral! Die Gralsaventiure bestehen bedeutet in der ›Krone‹ nicht, den Gralskönig zu heilen und ihn abzulösen, sondern es heißt Gral und Gralsgesellschaft aus der Welt schaffen. Der Gral ist kein numinoses religiöses Etwas, sondern ein lästiges Wunder, eine unangenehme Bürde, mit dem Gott jene piesackt, deren Verwandter eine schwere Schuld auf sich geladen hat. Was bei Chrétien und noch mehr bei Wolfram wie eine gleichwohl verschwörerische, aber doch hehre, christliche Rittergesellschaft wirkt – die Gralsritter um das Gralsgeschlecht –, sind bloß noch enervierte und frustrierte Untote, aus Gralshütern sind Gralsvampire geworden.

Es wäre nicht schwierig, dieses Verpuffen der Gralswelt mit dem ›glücklichen‹ Ausgang der ›Krone‹ in Verbindung zu bringen. Man gelangte so unweigerlich zu einer genrepoetischen Aussage: Wo im Perceval/Parzival-Roman die Artuswelt von der Gralswelt an den Rand gespielt zu werden droht, würde Heinrich mit einer unendlich-endlos glücklichen Artuswelt den Gralsbereich aus der Erzählung zaubern. Die ›Krone‹ wäre dann ein einigermaßen forciert gesetzter Kontrapunkt zum chrétienschen und wolframschen Versuch, Artuswelt und Gralswelt irgendwie unter einen Hut zu bringen. Gezeigt würde, was es zum Saelde-Glück Gaweins und des Artushofes eben n i c h t braucht: Gral und Gralsrittertum.

Wer das nicht so hoch gehängt sehen möchte, wird immerhin zugeben müssen, dass sich Heinrich einen ganz besonderen Spaß daraus macht, Parzival und seiner Gralsgeschichte – und damit aber auch Chrétien und Wolfram – immer wieder eins auszuwischen. Ein Indiz dafür könnte auch die Übernahme der Gauvain/

Gawan-Partien sein. Nicht die Übernahme an sich wäre hier das Entscheidende, sondern der Modus der Adaptation: Es gibt kaum eine andere Passage der ›Krone‹, die so unausgewogen – man könnte oft durchaus auch sagen: die so schlecht – erzählt ist.

Heinrich schwellt einiges bis zum Exzess auf, wie etwa das Turnier, anderes, wie den Konflikt zwischen Gawein und Angaras, erzählt er so oberflächlich und ungenau, dass sich einem die Handlungszusammenhänge nur erschließen, wenn man die Geschichte in den Grundzügen bereits kennt. Fast wie eine Zusammenfassung nehmen sich diese erstaunlich kurzatmig erzählten Episoden aus, die aber doch Zusammenfassung nicht sein wollen, denn dann hätte Heinrich doch zumindest die Namen der Figuren beibehalten können, die er, abgesehen von Gawein natürlich, samt und sonders ändert. Verlässt sich Heinrich hier auf das Vorwissen seiner Rezipienten nach der Maxime, dass fertige Handlungsfolgen nicht begründet zu werden brauchen? Oder sollte man dies als zerstörerisches Erzählen werten? Gegen Ende der Partie lässt Heinrich den lakonischen Hinweis folgen, dass doch – frei paraphrasiert – in der Kürze die Würze des Erzählens liege (die Stelle ist unten zitiert). Und dies aber sagt einer, der mit Ausnahme einiger schnell hinerzählter Episoden dieser Partie eine Eloquenz und Geschwätzigkeit – im positiven wie im negativen Sinne – an den Tag legt, die ihresgleichen sucht! Der Kommentar und das zuvor Erzählte gehören zu den verstörendsten Partien von Heinrichs Roman.

Man muss diese Partie natürlich nicht unbedingt als destruktive Kritik am ›Perceval‹ / ›Parzival‹ lesen, dafür ist die Partie wohl auch einfach zu lange. Man schreibt nicht einige tausend Verse, um einen Vorlagentext in den Abgrund zu erzählen. Viel deutlicher wird die Parzival-Kritik – nun weniger am Text und mehr an seiner Figur – an solchen Stellen, wo Parzival – als Figur oder in Figuren- oder Erzählerrede – in der ›Krone‹-Handlung auftaucht.

Die meisten dieser – im Allgemeinen sehr kurzen und pointierten – Passagen nehmen Bezug auf Parzivals Misserfolg bei seinem ersten Besuch auf der Gralsburg. Bei der Becherprobe schüttet Parzival sich tüchtig an und der Erzähler – und nicht, wie sonst üblich, Kay – bringt dies mit Parzivals versäumter Frage beim armen Fischer (also dem Gralskönig) zusammen; dann kommt doch noch Kay zu einigen Spottworten (2207–2257). – Zu Beginn der ersten ›Wunderkette‹ begegnet Gawein einer Jungfrau, die einen toten Ritter bei sich hat (es ist unverkennbar Sigune, Parzivals Cousine aus dem ›Perceval‹ / ›Parzival‹-Roman). Sie klagt ihr Leid, klagt aber auch darüber, dass Parzival ihr und vieler Damen Leid einst nicht abgewendet hätte, weil er dem Fischer – obwohl ihm dieser alles zeigte – keine Frage gestellt hätte. Damit wäre Parzival der Artusrunde unwürdig und entehrte sie (13979–14008). – Nach Gaweins Besuch bei der Saelde, gegen Ende der zweiten ›Wunderkette‹, bewahrt ihn die Botin der Saelde vor einem Zweikampf. Würde Gawein sich auf diesen einlassen, würde dies Artus und seinem Vaterland dasselbe Leid eintragen, wie es Parzival durch sein Schweigen verursacht hatte (16352–16364). – Selbstverständlich wäre so ein Parzival kein guter Begleiter Gaweins bei seiner Gralsuche. Als er sich dennoch hartnäckig aufdrängt, spottet Kay über Parzivals Erziehung bei Goorz von Gornomant (Gornemant de Goort bei Chrétien, Gurnemanz de Graharz bei Wolfram), der ihn ja gelehrt hatte, anstandshalber nicht zu viel zu fragen (25920–25943). – Da nimmt es nicht wunder, dass Parzival, zumindest andeutungsweise, die Schuld an der ganzen Misere des Gralsgeschlechts untergeschoben wird: Es bedarf zumindest nicht viel interpretatorischer Energie, um den alles auslösenden Verwandtenmord (?) auf Parzivals verhängnisvollen Mord am roten Ritter (Ither) zu beziehen. Natürlich wird auch hier erwähnt, dass die Gralsritter vergeblich auf die Erlösung durch Parzival gehofft hatten (29484–29496; siehe oben).

Daneben stehen Stellen, die ihren Spott gegen die Figur Parzival richten, ohne auf dessen Gralsagenden Bezug zu nehmen. Zweimal – in Becher- und Handschuhprobe – erweist Parzivals Geliebte ihre Tugendlosigkeit, beide Male wird, allerdings mit verschiedener Stoßrichtung des Witzes, auf Parzivals etwas unglückliche Hochzeitsnächte angespielt (1545–1589 und 1545–1589, 23863–23891 – wobei die Namensform der Geliebten in der Becherprobe, Blancheflor, auf Chrétiens ›Perceval‹ verweist, Parzivals Unbeholfenheit als Liebhaber aber klar auf Wolframs ›Parzival‹ anspielt). – Als Gawein – nach seiner Heirat mit Amurfina – wieder unterwegs ist und einer merkwürdigen Fährte folgt, findet er einen Zopf aus blondem Frauenhaar. Eine dünne Schneedecke überzieht die Landschaft, und direkt neben dem Frauenhaar liegen drei Blutstropfen im Schnee. Gawein ist sofort an Amurfinas Antlitz erinnert, Herzschmerz ergreift ihn – für einen Moment: Dann reitet er weiter der Spur hinterher (9182–9207). Parzivals tranceähnliche Selbstvergessenheit in der Blutstropfenszene des ›Perceval‹ oder – noch drastischer – des ›Parzival‹ sind die Sache dieses besonnensten aller Ritter nicht. – Als Parzival zur Handschuhprobe antrat und scheitert, verspottet ihn Kay wegen seines dümmlichen Ausritts und seines tölpelhaften Verhaltens gegenüber Jeschute, der der junge Parzival Kuss und Ring raubt (24598–24628).

Dieser Spott gegen die Figur Parzival kann mitunter auch auf Parzivals Erzähler – Wolfram – zurückschlagen: Die strahlende Erscheinung des kämpfenden Gawein bzw. seiner strahlenden Rüstung, die einem Engel gliche, nimmt Heinrich zum Anlass, um gegen Parzivals törichte erste Begegnung mit drei Rittern zu ätzen: Hätte nämlich Parzival diesen Gawein gesehen, er hätte ihn für einen Gott gehalten; das wird man ja, wendet sich der Erzähler bittend an jenen Herrn Wolfram, der Parzival seiner Mutter genommen und an den (Artus-)Hof gebracht habe, wohl noch sagen dürfen; zuvor hätte Parzival sich emsig um das Waldanwesen seiner Mutter gekümmert, woher auch sein Name rührte: *parce* nämlich bedeute auf Deutsch ›hindurch‹, *val* ›Tal‹ oder ›Furche‹ (6375–6393). Das ist nicht nur eine jener wenigen Stellen, bei denen das Ziel der Anspielung überdeutlich ist: Nicht nur nennt Heinrich Wolfram, es wären bei Chrétien auch Engel gewesen, die Perceval in den Rittern zu sehen glaubt (und die Heinrich natürlich auch mit ins Bild nimmt, aber eben nur peripher). Wolfram ist es auch, der hier neben seinem Helden Opfer des Spottes wird, denn Parzivals Abschied von seiner Mutter ist bekanntermaßen ein (für die Mutter) desaströser, und seine Ankunft am Artushof einigermaßen lächerlich und unbeholfen. Wolfram wird dafür in die Pflicht genommen. Parzival selbst wird schließlich noch ein boshafter sprechender Name verpasst: ›Durchstal‹, ›Furchengräber‹ – ein Hinterwäldler auf jeden Fall.

Um all dies auf den Punkt zu bringen: Parzival, Wolfram und der

Gral bekommen in Heinrichs Roman offensichtlich alle drei ganz ordentlich ihr Fett ab. Doch nicht auf diese Deutung kommt es mir an, sondern vielmehr darauf, wie sehr das Erzählen der ›Krone‹ hier – und in anderen Fällen wäre es ähnlich – von intertextuellen Bezugnahmen geprägt ist. Die Art, wie Heinrich Bezug nimmt auf anderes, hier auf Chrétien und Wolfram, ist unsystematisch und bunt: Anspielungen stehen neben der Übernahme längerer Handlungspassagen, das Umerzählen zentraler Episoden des Vorlagentextes oder der Vorlagentexte neben bissigen wertenden Kommentaren. Resultat ist ein intertextuelles Gewirr, das handlungslogisch keine prägnante Gestalt abgibt.

Man sieht das an den Modifikationen der Gralsgeschichte: An und für sich wäre Parzival der Gralserlöser, und auf seine Versuche und Bemühungen – freilich nur die erfolglosen – spielt Heinrich gerne an bzw. lässt er seine Figuren darauf alludieren. Vor allem Kay findet sein Vergnügen daran, den erfolglosen und dümmlichen Parzival bloßzustellen. Streng genommen hieße dies, dass Parzivals Gralsgeschichte mit dem Handlungsverlauf der ›Krone‹ irgendwie zu koppeln wäre: Die Figur gibt es dort wie da, angespielt wird auf Parzivals Jugend und seinen erfolglosen, ersten Besuch auf der Gralsburg. Sogar als Gawein seine eigenen Taten aufzählt, erwähnt er Parzivals Visite bei Gral und Lanze, denn ebendort wäre auch er, Gawein, schon gewesen (womit er etwas aufgreift, das die Handlung erst später erzählt – einer der ›Zeitkreise‹, von denen oben die Rede war; 9023–9031). Damit läge die ›Krone‹-Handlung – und auch die Übernahme der Gawein-Partien passte dazu – irgendwo mitten im ›Perceval‹ / ›Parzival‹, zwischen Parzivals Gralsbegegnungen.

Jedoch: Gralserlöser wird dann Gawein, und wenn man nicht auf die Kommentare und Anspielungen, sondern auf die (neue) Gralshandlung blickt, fällt Parzival fast völlig aus der Gralsgeschichte heraus. Ganz selten sind die Indizien, dass Parzival auch aus Sicht der ›Krone‹-Handlung mit dem Gral zu tun hat, z. B. wenn der *altherre* beim Finale auf der Gralsburg von der Enttäuschung durch Parzival spricht. Das spaltet die Parzival-Figur: Die Parzival-Gral-Handlung spukt zwar manches Mal, ganz undeutlich, in der ›Krone‹-Handlung – und das heißt: in der Gawein-Gral-Handlung – herum, recht eigentlich greifbar wird sie aber nur dort, wo nicht erzählt, sondern bereits – von Chrétien und Wolfram – Erzähltes in Anspielungen erschlossen wird. Ganz als gäbe es in der ›Krone‹ einen statischen Parzival, der bloß am Artushof herumsteht und über den man sich allenthalben belustigen darf, weil an ihm eine Reihe von Fehltritten – zuvorderst jener auf der Gralsburg – klebt, ohne dass er diese eigentlich erlebt haben müsste; und einen dynamischen Parzival, einen handelnden, der aber nur dort am Handlungsfirmament erscheint, wo Heinrich ihn nicht ganz aus der Gralshandlung löschen wollte oder konnte.

Heinrich geht es also augenscheinlich nicht darum, seine Erzählwelt mit anderen Erzählwelten so zu koordinieren, dass sich daraus ein stimmiger Erzählkosmos ergibt. Umgekehrt aber belässt er es auch nicht dabei, auf längst Fertiges anzuspielen und sich oder seine Figuren darüber zu belustigen. Er tut beides, und er tut es ohne viel Rücksicht auf Forderungen der Erzähllogik. Nicht narrative oder diskursive Folgerichtigkeit scheint hier das Ziel, sondern ein immer neues, wirres Kreisen um ein thematisches Zentrum. Die Gralssache interessiert vordergründig nicht als Motivationsgrund für Gaweins Taten, auch nicht als ein *opus*, das zu annotieren Heinrich sich vornimmt, sondern sie ist ihm und seinen Figuren zuallererst ein Anlass, immer wieder einen neuen Gedanken dazu ins Spiel zu bringen, einerlei ob es sich dabei um einen narrativen Einfall oder einen originellen Witz handelt. Genau diese narratologische ›Weichheit‹ der intertextuellen Verhältnisse ist es eben, die die ›Krone‹ aus den oben skizzierten Systematiken wirft und die aber dem Roman einen eigenwilligen und sehr individuellen Gestus verleiht: Der Anspielungsreichtum drängt sich oft so weit in den Vordergrund, dass er die Logik der Handlung oder auch die Logik einer Argumentation zwar nicht suspendiert, sie aber auf die Ränge verweist.

Heinrich und Kay

Wenn Heinrich sich über Parzival lustig macht oder seine Figuren – allen voran Kay – über ihn spotten lässt, tut er das in Form von Kommentaren. Auch dieser Begriff ist in einem weiten Sinne zu verstehen: Ich meine damit das Aufgreifen und Besprechen eines narrativen Elements – der oder einer Handlung –, ganz gleich ob dabei auf andere Texte oder auf die Handlung der ›Krone‹ selbst angespielt wird. Damit aber siedelt der Kommentar auf einer anderen Ebene als Intertextualität: Heinrichs Intertextualität zeichnet sich eben dadurch aus, dass narratologische Funktionen hintanstehen, vordergründig ist die thematische Clusterbildung. Heinrichs und seiner Figuren Kommentare hingegen formieren einen bestimmten Redegestus, dessen thematische Füllung letzten Endes beliebig ist.

Soweit ich sehe, gibt es in der ›Krone‹ zwei tendenziell verschiedene Manifestationen dieses Kommentarmodus. Die eine Variante betrifft Kommentare des Erzählers, Heinrichs, zu Aktionen von Figuren – seiner eigenen oder jener anderer Texte – oder aber Kommentare Heinrichs zum Erzählen – meist: zu s e i n e m Erzählen – selbst. Die andere Variante konstituiert sich aus Kommentaren

Zur Poetik der ›Krone‹ Heinrichs von dem Türlin 481

in Figurenrede. Darunter fallen die meisten der oben genannten Beispiele zu Parzival, gegen den sich fast das gesamte Personal der ›Krone‹ verschworen zu haben scheint. Diese kommentierenden Figuren sprechen – man sieht es an den Parzival-Beispielen – ebenfalls über Figuren und Aktionen, nicht aber über das Erzählen an sich. Beide Varianten begegnen nun in der ›Krone‹ in einer Dichte, die sie von anderen Romanen der Zeit – vielleicht mit Ausnahme von Wolframs ›Parzival‹ – abhebt.

Bemerkenswert an der Scheidung in Erzähler- und Figurenkommentare ist nicht deren Ausrichtung – dass Figuren selten über das Erzählen ihres Erzählers sprechen, ist schließlich gar nichts Besonderes –, sondern dass diese Scheidung auch einen Unterschied in der poetischen Gestaltung mit sich bringt. Ich will dies an wenigen Beispielen demonstrieren, zuerst zum Erzähler, dann zu seinen Figuren:

Spricht Heinrich, redet er überwiegend über moralisch-didaktische oder narratologische Belange. In jeder Hinsicht erweist er sich dabei als ein veritabler Besserwisser, dessen Klugheitsergüsse mitunter auch ordentlich langweilen können. Das liegt weniger daran, welche Themen er sich sucht und was er darüber sagt, als vielmehr an der Art und Weise, in der er das tut.

Der Prolog etwa (1–160), den Heinrich in vier Dreireimsektionen teilt, wartet mit vergleichsweise konventionellen Gedanken auf: (1) Unterschieden werden Kluge und Törichte, wobei aber ein Kluger, der seine Weisheit nicht preisgibt (also: schweigt), dem Törichten gleichwertig ist. (2) Ein kleiner Makel sei noch kein Anlass, ein gesamtes Werk zu schmähen. – Was aber so schlicht und klar klingt, arbeitet Heinrich in schier endlosen Wiederholungen mit immer neuen Bildern aus, wobei er sich mit Vorliebe des mineralogischen oder metallurgischen Bereichs bedient: Da geht es dann um Edelsteine, die – in den Mist getreten – keinerlei Nutzen haben (ad 1 – ein Gedanke, den Heinrich im Epilog exempelhaft entfaltet), oder um bleiches Messing, das neben rotem Gold zu liegen kommt (ad 2). Manche dieser gleichnishaften Bilder treffen den Sinn präziser, andere schrammen daran vorbei, einige wenige verwehren sich dagegen, in die Reihe eingeschlichtet zu werden, und fast alle sind sie in Sätze von derart sperriger Syntax verpackt, dass zumindest der Übersetzer daran zu verzweifeln droht. Noch mehr aber als diese syntaktischen Verrenkungen und semantischen Schieflagen, die dem bildhaften Sprechen immer und unbedingt innewohnen, verdunkeln die dutzenden Wiederholungen des Immergleichen (oder: Immerähnlichen) jeden Sinn. Wo derselbe Gedanke x-fach präsentiert wird, immer mit kleinen Variationen, verliert sich jede konkrete Aussage im Gewühl der Bilder.

Das gilt nicht nur für die vielen lehrhaften Passagen der ›Krone‹. Auch wo Heinrich über das Erzählen an und für sich spricht, verfällt er in einen ähnlichen Redegestus. Ich wähle als Beispiel eine vergleichsweise kurze Passage, die aber sehr deutlich erkennen lässt, auf welche syntaktischen Verrenkungen Heinrich sich einlässt, um seine Weisheiten auszubreiten. Die Passage steht gegen Ende der aus ›Perceval‹ / ›Parzival‹ übernommenen Gawein-Partien, also knapp vor Schluss jener Erzählpartie, die – das ist wichtig – von einer Unausgewogenheit aus Aufschwellung (Turnier) und (viel häufiger) Raffung und lückenhaftem Erzählen gekennzeichnet ist. Gawein hat soeben nach dem Artushof geschickt, damit dieser zu seinem Gerichtskampf gegen Giremelanz anreist, und mit dieser Botschaft große Freude ausgelöst: Man hatte Gawein ja für tot geglaubt. Ein großer, freudestrahlender Heerzug macht sich unter Kays Leitung auf den Weg, um – wie sich herausstellen wird – einer groß angelegten Familienzusammenführung beizuwohnen. Viele Worte aber will Heinrich darüber nicht verlieren, sagt er zumindest, und schaltet folgende kurze Digression:

> Ob ich úch nů wolte pfrengen
> Vnd dise rede lengen
> Von adelichen sprúchen, als ich kan,
> So wúrd mir villicht daran
> Von ettlichem vndanck
> Gesagt, ob ich úch zü lang
> Die rede von niht mechte
> Vnd min kunst swachte,
> Die zů iglichem ist bereit,
> Das sie von kurtzen meren seit
> Ein lang rede vnd gantzen sin,
> Vnd luter machet als ein zin,
> Wie lang ein auentúre schin.
> (22229–22241)

Das ist, wieder, eine unglaublich umständlich formulierte Sentenz, ein Beispiel für Heinrichs syntaktische Verschrobenheit, bei der man nie weiß, ob er es nicht besser will, oder ob er es nicht präziser sagen kann; *claritas* und *perspicuitas* jedenfalls sind seine Ideale nicht. Und wieder gelingt es Heinrich, mit großem Gestus einen Stein der Weisen zu werfen, der von erstaunlich poröser Natur ist. Oben waren es die Differenzen im Bereich der Sprachbildlichkeit, die der Aussage Substanz kosteten. Nun ist es das Zusammenspiel von Handlung und narratologischem Kommentar, das Heinrichs Worte schillern lässt. Tatsächlich kürzt er in diesen Gawein-Partien – im Vergleich zu Chrétien und Wolfram – einiges (lange nicht alles!), erzählt Heinrich hier erstaunlich schlampig und schnell. Und trotzdem: In einem Artusroman von 30.000 Versen lauthals ein ›In der Kürze liegt die Würze‹ zu verkünden, und dies in einem Satzungetüm von 13 Versen Länge, ist doch ein einigermaßen unkonventionelles Wagnis! Vielleicht ist es kein Zufall, dass Heinrich – nach seinem Prolog – vollmundig behauptet, von Artus' Jugend erzählen zu wollen (164–174), um dann ganz rasch in ein arthurisches Hoffest und später in einen Roman über Artus' ersten Ritter abzugleiten.

Was also macht diesen erzählerspezifischen Kommentarmodus aus? Worüber Heinrich auch spricht, über Figurenhandlungen oder über Erzählprobleme, es eignet ihm ein Hang zur – sprachlichen und gedanklichen – Umständlichkeit und Kompliziertheit, ja, zur sprachlichen Verkomplizierung und kognitiven Verdunkelung, der

seinesgleichen sucht. Das ergibt einen scharfen Kontrast zur gedanklichen Schlichtheit seiner Ausführungen. Zumindest dort, wo man meint zu verstehen, was er sagen möchte, gewinnt man den Eindruck, dass die Ideen und Reflexionen für sich kaum einmal sehr originell sind. Meist sind es einzelne, prägnante und tendenziell unterkomplexe Gedanken, die Heinrich aber so lange und so wortreich wiederholt, dass die Variation, die mit jeder Wiederholung unabdingbar einher geht (denn sprachliche Wiederholung, so sie nicht Wortwiederholung ist, produziert immer semantische Verschleifungen), die ›schräge‹ Integration der Digressionen in einen Handlungskontext und die sprachliche Verkomplizierung, die oft dem Variationsstil geschuldet ist, die Kommentarstellen derart schwierig machen, dass der Sinn verloren zu gehen droht. Aber trotz oder vielleicht auch gerade wegen des eklatanten Missverhältnisses zwischen sprachlich-syntaktischer Komplexität und inhaltlicher Banalität begeistert sich Heinrich für diesen Redegestus offenbar wie für wenig anderes und scheint großes Vergnügen an diesem stumpfsinnig-brillantem ›Gescheit-Daherreden‹ zu finden – irgendwo zwischen Genie und Langweiler.

Das ist ganz grundsätzlich anders, wenn nicht der Erzähler spricht, sondern eine seiner Figuren, und niemand unter diesen spricht so viel, so lange und so gerne wie Kay.

Am meisten Gelegenheit bietet sich dafür in den beiden Tugendproben. Die Regeln sind oben erklärt: Einmal wird mit einem Zauberbecher, einmal mit einem Zauberhandschuh erprobt, wer im arthurischen Personal tugendhaft ist, wer nicht, und vor allem auch: bis zu welchem Grad. Das Schema ist immer dasselbe: Der Erzähler berichtet vom Scheitern eines Ritters oder einer Dame, dann darf Kay das Wort ergreifen, um das Scheitern wortreich und boshaft zu kommentieren. Vergleichsweise frei-assoziativ verfährt er bei der Becherprobe, denn die einzelnen Probanden unterscheiden sich hier nur dadurch, dass sie sich mehr oder weniger anschütten. Bei der Handschuhprobe gestaltet sich die Zusammenarbeit von Erzähler und Kay etwas konkreter: Da bleibt ja stets jenes Körperteil nackt sichtbar, mit dem gesündigt wurde, und dies ist nicht nur für sich jedes Mal ein Spektakel, sondern gibt auch Kay einen handfesten Anhaltspunkt für seinen bissigen Spott. Aber noch ein Weiteres braucht es, damit Erzähler und Kay sich über die Figuren lustig machen können: Jede dieser verspotteten Figuren muss ihre eigene Geschichte haben, auf die der Erzähler mit der Art des Scheiterns anspielen kann und die Kay dann genüsslich ausbreiten darf. Die Probanden lassen sich nach ihrer Geschichte zu drei Gruppen sortieren:

Da gibt es, erstens, jene Probanden, deren Geschichten man kennt – kennt aus anderen, älteren arthurischen Romanen. Auf diese Weise erwischt es – ich hatte es oben schon erwähnt – Parzival und seine Geliebte je zweimal, aber auch

Erec, Iwein und deren Frauen kommen nicht ungeschoren davon. Laudine, Iweins Geliebte, muss beim Becher – andeutungsweise – für ihre Liaison mit dem Mörder ihres Gatten Ascalon büßen (1318–1360), unmittelbar nach ihr scheitert Enite, und Kay spottet über ihren Sperberpreis sowie über ihre Auszeichnung als Schönste der Damen nach der Jagd auf den Weißen Hirsch (1361–1397). Auch Erec und Iwein treten im Doppelpack an. Erec bezahlt für seinen unfreundlichen Ausritt mit Enite (2154–2182), Iwein wird von Kay seine Löwenfreundschaft vorgehalten (2183–2192). Später, in der Handschuhprobe, bleibt Laudine eine sprichwörtlich ›kalte‹ Schulter sichtbar, die Kay auf ihre Spröde hin auslegt, die dann – bei ihrem Gattenmörder Iwein – doch recht schnell in Großherzigkeit umschlägt (23812–23837). Wieder folgt ihr Enite, der der Handschuh Hüfte und Fuß entblößt; Kay denkt an ihre sinnliche Liebesbeziehung mit Erec, zu der sie gutes Geleit gegeben hätte, und auch ihre Hüfte hätte es nicht gestört (23838–23862). An Iwein bleiben Hand und Fuß sichtbar, was der Exeget Kay – nach einer weiteren Spitze gegen die Löwenfreundschaft – als Indiz für Iweins Mordlust deutet (24523–24541). Erec ist erneut nach ihm an der Reihe, an ihm sieht man einen nackten Reifen um die Brust, der Kay zufolge (darf man hier an eine Umarmung denken?) Erecs intensive Liebe zu Enite und deren Komplikationen symbolisieren soll (24542–24573). – Die Struktur ist einfach: Heinrich kennt die Geschichten des arthurischen Personals, setzt diese Kenntnis auch bei seinem Publikum voraus und lässt seinen Spötter jene Verfehlungen der Figuren aufgreifen, die auch der Forschung heute noch als typisch für die genannten Ritter und Damen gelten. Oft münden Kays Reden in Pointen, aber manchmal ist es auch nur ein lockeres Parlieren über eine bekannte Figur und eine bekannte Geschichte.

Daneben steht eine zweite Gruppe von Personen, die auf dieselbe Weise verspottet werden – auch auf sie hagelt es Witze, Zoten und zynisch-ironische Beleidigungen –, deren Geschichten man aber nicht einfach kennt, sondern deren Geschichten Heinrich zuvor erst selbst erzählt bzw. erzählen muss. Das Wissen, das es zum Verständnis dieser Verfehlungen und Witze braucht, stammt nicht aus dem intertextuellen Umfeld der ›Krone‹, sondern aus Heinrichs Roman. Dazu gehört, beide Male, auch Gawein, der als Protagonist des Romans natürlich einen besonderen Fall darstellt. In der Becherprobe erwischt es ihn (1994–2069), aber dass er sich tatsächlich anschüttet, wird bestenfalls zwischen den Zeilen gesagt; Schuld hätte irgendeine vage Anspielung und im Weiteren Gaweins Faszination für die Frauen – sagt entschuldigend der Erzähler und nicht Kay, vor dessen Spott Gawein hier offensichtlich geschützt wird. In der Handschuhprobe feiert er größeren Erfolg: Hier ist er – neben Artus – der einzige Ritter, der die Probe besteht, was aber nun Kay nicht daran hindert, trotzdem an ihm herumzunörgeln: Bloße Schmeichelei, auf die Gawein sich verstünde wie kein anderer, hätte ihm die Gunst des Handschuhs eingetragen (24419–24448). Aber auch andere handelnde Figuren entkommen den Proben nicht. So muss etwa Ygerne, die Gawein kurz vor der Handschuhprobe mehr oder weniger befreit (?) hat, den Handschuh nehmen, wobei ihr Auge und Ohr nicht verschwinden. Kay weiß das auf ihre Beziehung zu Gansguoter hin auszulegen, dessen Fidelspiel, dessen Worte und dessen Schönheit sie betörten – und das in ihrem Alter! (23695–23721) – Die Struktur ändert sich durch diese abweichende Herkunft des Wissens nicht, der Spott funktioniert sowohl bei den intertextuell als auch bei den intratextuell vorbelasteten Probanden.

Spektakulär ist erst die dritte Gruppe. Auch ihre Exponenten versuchen sich an Becher und Handschuh, auch sie scheitern. Nur: Weshalb sie scheitern und womit sie dies verdient haben, weiß man nicht. Ihre Missetaten kennt weder die Handlung der ›Krone‹, noch kennen sie jene arthurischen Texte, die Heinrichs Roman flankieren. Da ist etwa Kays Geliebte Galayda, die in der Handschuhprobe die Reihe jener Damen anführt, die am meisten Spott abbekommen: An ihr macht der Handschuh nur die Augen unsichtbar, der übrige Körper ist nackt zu sehen. Kay ist sich nicht zu schade (und wird vom Erzähler gleich darauf dafür gelobt: 23959–23967), auch seine eigene Dame zu verspotten: Er lobt ironisch ihre schamvollen Augen, dann ihre offensichtliche Großherzigkeit, wo sie doch offensichtlich niemandem etwas abschlagen könnte und in Tjosten bereitwillig Stiche von allen Seiten nimmt; Kay bekennt sich zu ihr und betont, dass all sein und ihr Ruhm an ihr lägen (23892–23958). Ganz ähnlich ergeht es unmittelbar danach Flursensephin, der Geliebten des Quoikos (23968–24023), nach ihr Parkie (24024–24050), dann – nach einer schwer verständlichen Passage zur Geliebten Lanzelets namens Jamphye – Kalocreants nicht namentlich genannte Geliebte (24169–24197), Filleduch, die Geliebte des Gales (24198–24226) und schließlich Acclamet, die Geliebte Aumagwins (24227–24253). Sie ist die letzte in der Probe der Damen; danach schaltet Heinrich eine Digression, in der er auf ganz merkwürdige Weise zu seiner Misogynie Stellung nimmt oder diese kaschieren will – dies wäre ein Phänomen von Erzählerkommentar –, um endlich zur Probe der Ritter überzugehen.

Aber bemerkenswert ist nicht nur, wie zotig Heinrichs Roman bei der Probe der erwähnten Damen wird, von denen entweder der ganze Körper (bzw. die ganze Körperhälfte) nackt zu sehen ist oder zumindest die ›unteren‹ Partien; bemerkenswert ist vielmehr, dass Heinrich und Kay hier ganz und gar ›freihändig‹ gestalten: Da gibt es keine Geschichten mehr, die ›hinter‹ den Figuren stehen, auch kaum einen Kontakt zur ›Krone‹-Handlung, und wo doch versucht wird, einen solchen herzustellen – bei Flursensephin –, wirkt der Versuch allzu forciert. Es scheint ganz so, also ob es hier zunächst gelte, den Spötter Kay zu verspotten. Doch dann entgleitet die Konzeption und eine Reihe weiterer Frauennamen muss her, damit die Zotenverliebtheit und Derbheit des Erzählers und seines Lieblings ungehemmt weiter werken können. Der Spott hat auch hier seine Struktur nicht geändert: Die Leute schütten sich an oder werden mehr oder weniger – einige: ganz und gar – ›bloßgestellt‹, aber die narrativen Beweggründe dafür hängen völlig in der Luft. Kays Spott funktioniert hier nur noch an der Oberfläche, es geschieht etwas, und er weiß etwas dazu zu sagen. Bohrte man aber an diesen Stellen in die Tiefe der Erzählwelt, gäbe der narrative Boden schnell nach: Dass diese Figuren scheitern und wie Kay über sie spottet, gründet im Bodenlosen.

Auf diese Weise, wie sie Kay hier ausagiert, würde Heinrich nicht spotten. Dem mühsamen Syntaxgewirr der auktorialen Kommentare tritt hier ein prägnantes, pointenreiches und pointiertes, vor allem aber durch und durch boshaftes Sprechen entgegen, das Heinrich – sicherheitshalber? – Kay (und seltener anderen Figuren) in den Mund legt. Vielleicht ist dies eine Art poetischer Kautel: nicht dass es nachher hieße ... Und vielleicht ist auch dies – und nicht Kays Natur als exzellenter Miesmacher und Versager – der

eigentliche Grund, dass es ihn und seine Geliebte in den Tugendproben gar so arg erwischt. Denn eines muss man sich deutlich vor Augen halten: Darauf, dass hier eine Figur statt des Erzählers kommentiert, kommt es überhaupt nicht an. Dies wäre relevant, wenn Heinrich darauf achtete, Figuren- und Erzählerwissen präzise zu verteilen, hier keine Interferenzen entstehen zu lassen. Was aber Kay sagt, könnte genauso gut auch ein Erzähler sagen; schon bei Gral und Parzival hatte sich gezeigt, dass das Wissensarrangement der ›Krone‹ ein durch und durch ungeregeltes ist, dass die Figuren unablässig zu viel, zu wenig oder auch Dinge wissen – Parzivals Gralssuche etwa –, die sie aus der Handlung heraus nicht wissen sollten. Wichtiger also als diese diegetische Lokalisierung der Kommentare ist, wie sie sich nach ihrem Redegestus differenzieren lassen. Und dann liegt mit den Figurenreden eben und vor allem ein kommentierender Redegestus vor, über den man – wenn man diesen Humor schätzt – schmunzeln oder auch lauthals lachen darf, während einem Heinrichs Kommentare oft schon das Mitdenken gründlich vereiteln.

Noch ein anderes aber wird an dieser Kommentarparade der beiden Tugendproben sichtbar: Hier wird nicht nur kommentiert, was man aus anderen Texten kennt oder was in der ›Krone‹ erzählt wird, sondern hier kann Kay auch über Figuren spotten, deren Geschichte man weder kennt noch diese in anderen Büchern lesen kann oder konnte! Der Kommentarmodus verselbständigt sich hier auf eine ähnliche Weise, wie auch Heinrichs Kommentare eine starke Tendenz haben, im wilden Wiederholen Sinn zu suspendieren und sich damit von dem zu lösen, was sie besprechen: Erzählung und Erzählen. Damit löst sich der Kommentar in diesen Fällen von jenem, was ihn – nach der obigen Definition – doch auslösen sollte: vom narrativen Element, und doch wird der Kommentargestus durchgehalten; ein Kommentar ohne Zu-Kommentierendes gewissermaßen. Auch dies führt vor, wie sich das Erzählen der ›Krone‹ immer wieder zwar nicht ganz von der Handlung löst, sich aber doch oftmals recht wenig darum kümmert. Beim Intertext war es eine Missachtung von Handlungslogik und Argumentationslogik gewesen, die beide hinter eine schwammige Logik des Verweisens und Adaptierens zurückgestellt wurden. Nun ist es ein Kommentarmodus des braven Erzählers und seines spitzbübischen Alter Ego, der sich so energisch ins Zentrum des Erzählens stellt, dass er mitunter – gänzlich paradox – auch seine Basis, Erzählen und Handlung, zu verdrängen vermag.

Feuer und Eis, Wasser und Stein

Intertext und Kommentar ist gemeinsam, dass sie Aufmerksamkeit von der Handlung – und damit meine ich: vom Handlungsgerüst – abziehen, indem sie den Fokus auf thematische Zentren oder auf das Besprechen von (tatsächlich oder auch nur vorgeblich) Ausgehandeltem lenken. Davon ist die szenographische Gestaltung in der ›Krone‹ grundsätzlich verschieden, als hier nicht vom Narrativen abgelenkt wird, sondern vielmehr alle Erzählenergie auf die Ausarbeitung des narrativen Details verwendet wird – und dies mit einer Passion, die alles – in der höfischen Literatur – davor Dagewesene in einen blassen Schatten stellt. Ich greife zwei Beispiele heraus: Gasoeins Schneeritt und Gawein in der Höhlenfalle des Bayngranz von Aynsgalt.

Gasoeins Schneeritt: Fast zu Handlungsbeginn, nach Artus' großem Hoffest mit der Becherprobe, zerstreut sich die Hofgesellschaft. Gawein und die Tafelrunder fahren heimlich zu einem Turnier; zurück bleiben Artus, Ginover und mit ihnen Kay, Gales, Aumagwin. Man ärgert sich, bei der Turnierfahrt weder gefragt noch eingeladen worden zu sein, und man langweilt sich, sodass Artus zum Zeitvertreib einen Jagdausflug vorschlägt. Es herrscht eiskalter Winter, und als die Männer von der Jagd zurückkehren, freuen sie sich aufs Kaminfeuer. Artus hastet hin, um sich die Hände zu wärmen – was ihm Ginovers Spott einträgt: So viel Kältesensibilität stünde doch eher einer Frau an, und im Übrigen würde sie einen Ritter kennen, der – ganz gleich bei welchen Temperaturen – doch immer nur im bloßen Hemd, ohne jede Rüstung, durch den Wald ritte.

Kaum hat Ginover diese Spottrede getan und Artus diesen Ritter als Vorbild gegenüber gestellt, reut sie ihr Affront. Doch zu spät: Artus ist tief gekränkt und berät sich mit seinen drei Rittern, was zu tun wäre. Der Entschluss ist schnell gefasst: Man will diesem mysteriösen Ritter in der Nacht auflauern und prüfen, ob Ginover die Wahrheit gesprochen habe. Zu viert legen sie sich auf die Lauer, ein jeder an einer anderen Stelle. Der nächtliche Frost setzt den vier Gefährten in ihren Eisengewändern übel zu. Tatsächlich kommt der fremde Ritter: Im bloßen Hemd reitet er, fast nackt, durch den Schnee, und trifft zuerst auf Kay. Bald kommt es zum Kampf, den Kay – wie üblich – schmählich verliert. Dasselbe geschieht, wenn auch mit etwas abgefederter Schmach, Gales und Aumagwin. Erst gegen Artus tut sich der Ritter schwerer, der Kampf scheint ausgeglichen, schließlich erkennt der fremde Ritter in seinem Gegner König Artus, gibt sich selbst als Gasoein zu erkennen; der Kampf wird unterbrochen, um viel später fortgesetzt zu werden – mit ungleich höherem Einsatz: Dem Sieger winkt die Hand der Ginover (3273–5080).

Das Entscheidende der Szene wird freilich von einem solchen Handlungsreferat eben n i c h t abgebildet: Nicht was hier geschieht – die Verstimmung zwischen Ginover und Artus durch Ginovers ›Botenbericht‹, dann die Tjostenfolgen gegen einen Unbekannten und schließlich die Sublimierung des Konflikts zum Ehestreit um Ginover –, ist bemerkenswert. Das kann man in dutzenden anderen höfischen Romanen ganz ähnlich haben. Das Besondere liegt vielmehr darin, in welcher Szenerie, ganz konkret: in welcher Landschaft dies alles seinen Lauf nimmt. Der Winter ist schon an und für sich ein ungewöhnliches Element im höfischen Roman, dessen Autoren und dessen Publikum sich scheint's nicht sattschreiben und satthören können an lieblich-amoenen Orten, wo ein Bächlein das andere überplätschert, ein Bäumchen dem anderen den Schattenpreis stiehlt, die Vöglein in süßlicher Unendlichkeit vor sich hinzwitschern. Dagegen ist Heinrichs Winterszenerie die gerade Antithese: Wer die Szene liest, hört den Schnee förmlich vor Frost knirschen, vermeint die klirrende Kälte regelrecht zu spüren, und es fröstelt einen, wenn man das Leid der drei frierenden Ritter eindringlich vor Augen geführt bekommt. So etwas lässt sich freilich nicht nacherzählen und eigentlich nur nachlesen.

Doch damit nicht genug. Inmitten dieser drastischen Eiswelt nun reitet dieser fremde Ritter und trotzt allen Widrigkeiten des Wetters und der Jahreszeit, die Artus und seinen drei Gefährten alle Contenance rauben. Im bloßen Hemd, ungeschützt vor Kälte und Frost, schutzlos aber auch gegen seine bestens gewappneten Kontrahenten. Dieser Kontrast ist es, der der Szene *suspense* und *drive* gibt: Hier kann Ginover ansetzen, wenn sie ihren Mann hochnäsig schmäht, und hier kann aber auch der Erzähler ansetzen, indem er genau diesen Kontrast zwischen der horrend-faszinierenden Winterlandschaft und einem Ritter, dem nichts und schon gar nicht ein solcher Winter etwas anhaben kann, zum Motor der Szene macht. Damit ist der zweite Unterschied beschrieben, der Heinrichs Szenographie von jener seiner Vorgänger – vor allem von jener Hartmanns und Heinrichs von Veldeke – trennt: Hier gehen die Figuren nicht länger mehr oder weniger teilnahmslos durch eine Landschaft, sondern hier ersteht die Handlung der Szene erst aus der Szenographie heraus. Nur weil es so kalt ist, nur weil es Winter ist, nur weil Artus friert, kommt der Konflikt überhaupt erst in die Gänge. Die Figuren – Artus und seine drei Ritter, aber auch

Gasoein und selbst Ginover – lustwandeln nicht über Feld und Wiese, sondern sie tauchen regelrecht in die Szenerie ein, die um sie herum gebaut wird. Die Figuren und ihre Aktionen sind fest in die sie umgebende Szenerie eingebunden, die Landschaft wird zum ›Handlungsträger‹.

Gawein in der Höhlenfalle des Bayngranz von Aynsgalt: Als Gawein mit Kalocreant, Lanzelet und Kay unterwegs ist, um die verlorenen Kleinodien zurückzugewinnen und den Gral zu finden, geraten die vier in ein wildes Tal. Das Dickicht lässt sie kaum vorankommen, bis sie endlich eine weite Höhle entdecken. Sie ist der einzige Weg aus der Wildnis, und so treten die vier ein. Sowie sie sich aber im Inneren des Berges befinden, saust hinter ihnen der Berg herunter – eine Art steinerne Falltür? – und sie sind, wie eine Stimme aus dem Off kündet, gefangen. Hilflos tapsen sie im Dunkeln umher, um wenig später von einer Art Erdbeben aufgerüttelt zu werden: Lauter Lärm entsteht und der Berg scheint sich zu bewegen. Erneut ertönt eine Stimme, die davon spricht, dass sie verloren wären. Dann schlafen die vier aus Müdigkeit und wegen der dunklen Finsternis – die sie skurriler Weise als Nacht fehlinterpretieren – ein.

Erst am vierten Tag erwacht Gawein als einziger. Die Höhle ist plötzlich hell erleuchtet, und Gawein hört das Rauschen eines unterirdischen Flusses, der in einem tiefen Abgrund der Höhle fließt. Er hört auch Menschenstimmen, schleicht sich zum Abgrund – und sieht: einen Nachen, von einem Schwan gezogen, in dem ein Ritter und eine Dame sitzen. Gawein beobachtet weiter: wie Ritter und Dame sich umarmen, sich küssen, dann aber beginnen, über Gaweins und seiner Gefährten ausweglose Lage zu sprechen. Offenbar weiß der Ritter bestens darüber Bescheid, und die Dame ist eine neugierige Zuhörerin. Er erzählt ihr – und Gawein hört mit –, weshalb die vier gefangen sind (es ist der alte Hass des Bayngranz von Aynsgalt), dass sie ihrer Notlage und damit dem sicheren Tod unmöglich entrinnen können, dass aber Gawein dieses und jenes tun könnte, wenn es nicht ohnehin vergebens wäre ... Gawein erlauscht sich das Rezept seiner Rettung, um es dann – nachdem Ritter und Dame ihr Gespräch beendet und der Schwan sie weitergezogen hat – sogleich in die Tat umzusetzen. Er findet den Schlüssel zur Höhle, tötet draußen einen Drachen und gewinnt so heilspendendes Quellwasser ... (26207–26684)

Was sich schon an Gasoeins Schneeritt beobachten ließ, gilt in der Höhlenszene noch verstärkt: Wieder entwirft Heinrich eine Szenerie, die mit einer Mischung aus bedrohlichem Schrecken und faszinierender Landschaft beeindruckt und deren dunklem Glanz man sich kaum entziehen kann. Schon die Höhle mit ihrer jähen Abgeschlossenheit, ihre plötzliche Finsternis, das grelle Licht und schließlich die eigenwillige Architektur mit unterirdischem Fluss und Gaweins ›Teichoskopie‹ machen aus der Szene einen opaken Felsendom. Dazu treten die Stimme aus dem Off, der Lärm und die abrupte Stille, die die Szenerie akustisch rahmen. Und wieder sind die Figuren und deren Handlungen ganz organisch mit dieser Szenerie verwoben, vom Zauberschlaf der vier Ritter bis zu Gaweins Suche nach einem Ausweg. Landschaft und Lautmalerei prägen den Weg der Ritter durch dieses Abenteuer.

Doch noch ein Weiteres zeichnet diese Szene aus, und dies nun unterscheidet sie von Gasoeins Schneeritt: Durch Ritter und Dame im Schwanennachen erhält die Höhlenszene ein Personal, das irgendwo zwischen den fest montierten Figuren einer Geisterbahn und ›lebenden‹ Figuren einer Handlung einzuordnen wäre. Die Vorstellung, dass Ritter und Dame plötzlich den Nachen ans Ufer steuern und an der ›Krone‹-Handlung teilnehmen, ist gänzlich absurd; sie sind da, damit Gawein sie belauschen und so den einzigen – natürlich noch immer dramatisch gefährlichen – Weg erfahren kann, wie er sich und seine Gefährten befreien kann. Ritter und Dame stehen ganz im Dienste dieser Informationsdissemination.

Man könnte sagen: Das betreibt Raubbau am Individualismus von Ritter und Dame, wenn ihr Gespräch nur eine erzähltechnische Krücke ist, die hilft, Gawein wieder in die Gänge zu bringen. Doch Heinrich scheint sich dieser Gefahr der Verdumpfung der Figuren bewusst gewesen zu sein, denn er steuert heftig dagegen, indem er die Schwanennachenszene zu einer der berührendsten des Romans ausbaut. Da sitzen nicht nur ein Ritter und eine Dame und plaudern über das grässliche Unglück Gaweins, sondern sie schweben in einem Nachen dahin, der von einem Schwan gezogen wird, innig sind sie ineinander verschlungen und schenken einander den – soweit ich sehe – ersten Zungenkuss der deutschen Literaturgeschichte.

Gewiss: Auch das bleibt ganz außerhalb der ›Krone‹-Handlung, Gawein sieht es, aber er kann nichts dazu tun und kann einzig die Information aufnehmen. Nicht einmal ob es ihn anrührt, wird uns erzählt. Aber die Miniszene ist dermaßen elaboriert, dass sie für sich einen kleinen narrativen Mikrokosmos aufspannt. Der Szenerie wird narratives Eigenleben eingehaucht; sichtbar wird eine Erzählwelt, die sich mit jener Gaweins nur sachte berührt, ohne eigentlich dazu zu gehören, aber auch ohne für fleischlos gelten zu müssen. Ein obskures Dramolett, bei dem Figuren – sprechend und lauschend – interagieren (denn wer weiß, wissen doch vielleicht Ritter und Dame ganz genau, dass Gawein sie beobachtet?), die verschiedenen Sphären anzugehören scheinen, ein Dramolett, das die Linearität von Gaweins Weg fast unmerklich und unerhört radikal unterbricht, ein Dramolett, dass einen dazu einlädt, sich einige Meter auf diesem Fluss dahintreiben zu lassen, der die Handlung unterirdisch durchströmt. Etwas ganz und gar Einzigartiges.

Nicht allen Szenen der ›Krone‹ eignet eine solche szenographische Drastik und Komplexität. Es gibt auch Gewöhnliches, besonders in den verblüffend überknapp erzählten Gawein-Partien aus ›Perceval‹ / ›Parzival‹, die Heinrich übernommen hat. Und es gibt Szenen – in großer Zahl –, bei denen die Interaktion von Figuren und Szenerie vielleicht nicht mit demselben Raffinement durchgeführt ist wie bei Gasoeins Schneeritt oder Gaweins Höhlengefangenschaft, bei denen aber die (meist) Landschaftsschilderung trotzdem von solch eindrücklicher Qualität ist, dass die Szenen eine starke Wirkung entfalten. Das können narrative ›Kleinigkeiten‹ sein wie ein Geröllbach – eine Art durativer Murenabgang –, der Amurfinas Burg umströmt und den Gawein nur überqueren kann, weil die Botin der Amurfina es versteht, der Mure vorübergehend Einhalt zu gebieten (7964–8024). Das können aber auch dichte Paraden szenographischer Absonderlichkeiten sein wie bei den drei ›Wunderketten‹. Gawein erlebt diese, doch ohne in die einzelnen ›Wunder‹ ›eintauchen‹ zu können. Denn immer eilt er einem konkreten, zuerst gesehenen Ziel oder ›Wunder‹ hinterher (das er dann doch stets mehr oder weniger schnell aus den Augen verliert), und alle übrigen grotesken Miniszenen sieht er an sich vorbeiziehen wie einen surrealen Film.

Am Beispiel der ersten ›Wunderkette‹: Gawein hört einen lauten Kampflärm und macht sich auf, die Sache zu ergründen. Unterwegs passiert er die (namenlose) Pseudo-Sigune, ohne sich aber mit ihr aufzuhalten. Endlich erreicht er den lauten Kampf, bei dem 300 Ritter gegen eine Lanze und ein Schwert kämpfen, die zwar über zwei Pferden schweben, aber von keinen Rittern geführt werden. Sie metzeln die Dreihundertschaft nieder, die daraufhin in Flammen aufgeht, und reiten davon – Gawein ihnen hinterher. Von einem Tal geht es ins nächste, ein jedes mit einem neuen ›Wunder‹: ein nacktes Mädchen, das einem mit einer Kette gefesselten Riesen die Vögel vom Leib hält, die ihn zerfleischen wollen; eine alte Frau, die, auf einem Monstrum reitend, mit einer Peitsche einen splitternackten Mohren geißelt; ein Ritter, der einen Frauenkopf in Händen hält und der von einem weiteren Ritter verfolgt wird; ein aufgespießter Ritterkopf, daneben eine (seine?) Rüstung und ein zerstückelter Jagdhund sowie zwei klagende Mädchenstimmen; eine Kristallburg voller schöner Mädchen, die von einem splitternackten, riesigen Bauern zerstört wird, wobei alle Mädchen wie tot niederfallen und verbrennen. Höhepunkt ist eine Szene auf einer duftenden Blumenwiese, auf der ein Bett steht, darauf eine tote Jungfrau, in deren Arm ein gekrönter Zwerg und ein verwundeter (wohl ebenfalls: toter) schwarzer Ritter, dem eine Lanze im Herzen steckt. Ans Bett ist ein prächtiger Jüngling gekettet, dem ein Pfeil durch die Augen geschossen ist. Er schwingt für die Jungfrau einen Fächer, mit dem er einen Feuerwind erzeugt, der die Blumen versengt (13935–14406). – Danach gelangt Gawein an einen unfurtbaren Fluss, eine Art Schwelle zu einer anderen Welt, bevor er (das erste Mal) die Gralsburg erreicht.

Hier ist die Interaktion zwischen Figuren und Szenerie – im Vergleich zu Gasoeins Schneeritt und der Höhlenszene – genau gegensätzlich gepolt: Gawein ›taucht‹ keine Sekunde in die Bilder ein, die er in den ›Wunderketten‹ schaut. Es dauert ihn zwar jedes einzelne Mal, dass er nicht Halt machen und den Dingen auf den Grund gehen kann, aber sein selbst gesetztes Ziel lässt ihn nicht innehalten. Alles huscht an ihm vorüber, alles lässt er an sich vorbeihuschen, ganz egal wie verrückt und spektakulär es sein mag. Ich frage mich, ob dieser Kontrast zwischen der nicht mehr zu überbietenden Drastik der ›Wunderketten‹-Bilder und Gaweins notwendiger Gleichgültigkeit nicht ein gehöriges parodistisches oder ironisches Potential freisetzt. Aber das ist hier nicht das Thema: Wichtig ist, für meinen Zusammenhang, wie breit das Spektrum der Funktionalisierung extremer Szenerien (und darunter häufig: Landschaftsbilder) in der ›Krone‹ reicht – vom tiefen ›Eintauchen‹ der Figuren in die Szenerien bis hin zur Diashow skurriler Bilder –, wie verschieden ihre Einbindung in die Handlung sein kann – von motivierenden Szenerien (Gasoeins Winter) bis hin zu narrativen Fremdkörpern (›Wunderketten‹) – und wie viel Energie aber Heinrich – ungeachtet dieser funktionalen Differenzen – auf die Ausgestaltung des szenischen Details legt.

Was man in diesen Szenen der ›Krone‹ zu lesen bekommt, ist davor und auch danach weitgehend ungekannt. Heinrich hat natürlich einige Vorläufer – die Joie de la Curt-Episode in Hartmanns ›Erec‹ oder auch einige Szenen von ›Perceval‹ / ›Parzival‹ wie z. B. die erwähnte Blutstropfenszene –, aber im Vergleich zu den ›Krone‹-Szenen nehmen sich diese Vergleichsstellen einigermaßen konventionell und beschaulich aus. Es gelingt Heinrich, Bilder und Szenerien von enormer Eindringlichkeit zu entwerfen, plastische Szenerien, die ihre Wirkung fast immer über eine oxymorale Mischung aus Bedrohlichem und Faszinierendem – gefährlichen Versuchungen und unwiderstehlichen Gefahren – entfalten.

Die Ingredienzien, die Heinrich dafür arrangiert – man sieht es an den obigen Beispielen – sind fast immer dieselben: Feuer und Eis, aber auch die Gewalten von Wasser und Stein, sodass man seine Szenographie gut und gerne ›alpin‹ wird nennen dürfen. Wichtiger aber noch als diese Inhalte ist, wie sehr hier eine Lust am Narrativen zu Tage tritt, die in krasser Opposition zum nachlässigen Handlungsgerüst des Romans steht. Neben dem thematisch zentrierten, narratologisch ›bunten‹ Intertext und dem kommentierenden Redegestus Heinrichs und seiner Figuren – allen voran Kays – liegt mit der spezifischen Szenographie der ›Krone‹ nun ein Erzählmodus vor, der zwar gewisse thematische Vorlieben (die Bergszenerien, extreme Temperaturen) erkennen lässt, der aber vor allem – ungeachtet aller konkreten funktionalen Verschiedenheiten der einzelnen Passagen – eine Hypostase der Landschaft und der Szene zeitigt, die – wie andernorts Intertext und Kommentar – vielleicht den Autor bindet, gewiss aber den Leser fesselt und wohl beide vergessen lässt, dass all dies – Intertext, Kommentar und Szenographie – doch eigentlich auch auf eine halbwegs funktionierende Handlung angewiesen wäre.

Die ›Krone‹ als Pasticcio

Was ich zeigen wollte: Mit der ›Krone‹ schreibt Heinrich von dem Türlin einen Roman, dessen narrative Architektur ganz erhebliche Lücken und Paradoxien aufweist. Er schreibt aber zugleich einen Roman, der mit unglaublich aufwändig ausgearbeiteten Details aufwartet. ›Kleingliedrig‹ würde ich diese Art Erzählen am ehesten nennen, was ich anhand der Phänomene Intertext, Kommentar und Szenographie zu umreißen versucht habe.

Es liegt auf der Hand, dass die drei Phänomene oder Aspekte – weitere ließen sich finden – narratologisch verschiedene Funktionen erfüllen, dass sie auf verschiedenen Ebenen des Erzählens rangieren. (1) Beim Kommentar tritt die Handlung vergleichsweise weit in den Hintergrund, es wird (meist) über ein narratives Element gehandelt, von Heinrich oder seinen Figuren, aber es werden dessen narrative Komponenten dabei kaum vorangetrieben. (2) Diesem diskurslastigen Kommentarmodus gesellt sich ein eigentümlich unscharfer intertextueller Verweismodus hinzu, der in der Konzentration auf ein thematisches Zentrum Narrativ und Diskurs ganz ungeniert vermischt. (Gerade diese oft unsystematische Durchdringung und Verwischung von Erzählen-Von und

Sprechen- oder Nachdenken-Über mag als typisch für Heinrichs Roman gelten; man kann sie etwa auch an den zahllosen allegorischen Details beobachten, die ich nur am Rande gestreift habe, bei Saelde und Gyramphiel, aber etwa auch beim Schwesternpaar Amurfina und Sgoydamur, die auf Handlungsebene die Frauen der beiden besten Ritter – Gawein und Gasoein – abgeben, auf allegorischer Ebene aber zugleich für ›subtile Liebe‹ und ›Freude der Liebe‹ stehen können. Und kann es Zufall sein, dass gerade diese beiden besten Ritter so auffällig alliterieren, ja fast denselben Namen tragen, der ›eine‹ und der ›so eine‹? Allenthalben stößt man auf Ansätze zur Allegoriebildung, die aber – durchaus in einem glücklichen Sinne – daran scheitern, dass es Heinrich an Geduld für das beharrliche und statische Ausmalen der Allegorien mangelt und seine Erzählsucht das Allegorische immer wieder aufs Neue dynamisch unterwandert.) (3) Wo Heinrich als Szenograph agiert, stehen das Erzählen und der Ausbau der Erzählwelt ganz im Vordergrund, dominiert das Narrativ über den Diskurs.

Trotz dieser evidenten funktionalen Verschiedenheit aber fallen die drei Phänomene insofern in dieselbe Kategorie, als sie den Fokus aufs Detail – vom einzelnen Absatz (die Tugendproben) bis hin zu einzelnen Handlungsepisoden (Gasoeins Winterritt) – einschärfen und damit das labile Handlungsgerüst des Romans vielleicht verantworten, auf jeden Fall aber davon ablenken. Die konzentrierte Ausarbeitung der intertextuellen Bezüge, der kommentierenden Reflexionen und der szenographischen Elemente im kleineren Handlungsrahmen resultiert in einer Detraktion der Aufmerksamkeit – vielleicht schon des Autors, gewiss aber der Leserschaft – von der erklecklich schlechten narrativen Tektonik. Intertext, Kommentar und Szenographie schieben sich vor narrative Gerüststrukturen. Wo es doch das Detail übergreifende Zusammenhänge gibt – die Parzival-Kritik, Gaweins und des Artushofes Saelde, auch Kays spöttischer Humor –, resultieren diese häufig nicht aus handlungslogischer Verknüpfung, sondern aus thematischer oder argumentativer Koppelung. Freilich: Niemals geht dies soweit, dass die ›Krone‹ ihren Handlungsrahmen ganz verlöre: Er wird aber dadurch instabil und nebulos, bis zu einem gewissen Grad auch und immer wieder – für einzelne Momente – irrelevant.

Man kann über die Gründe für dieses Erzählen, für dieses Sprechen, das die ›Krone‹ von anderen Romanen der Zeit abhebt, nur mutmaßen. Ich stelle mir vor, dass die Ursache für diese Poetik der ›Krone‹ in ihrer Genese aus dutzenden einzelnen Episoden liegen könnte. Heinrichs Roman, man weiß dies längst, ist ein Pasticcio, das Heinrich aus unzähligen Zutaten aus der Speisekammer der französischen und (seltener) deutschen Artusliteratur um 1200 zusammenmanscht. Damit aber befindet er sich in einer, für die deutsche Literatur, neuen Situation: Was es vor und neben ihm an deutscher höfischer Erzählliteratur gibt, ist samt und sonders aus dem Französischen übersetzt. Das ist kein Übersetzen, wie wir uns heute das vorstellen, eher ein übersetzendes ›Wiedererzählen‹, wie Franz Josef Worstbrock dies genannt hat. Das heißt aber weiters, dass jene deutschen Autoren, die französische Romane für ein deutschsprachiges Publikum übertragen – Hartmann, Wolfram, Gottfried – sich um Fragen der Handlungstektonik nicht oder nur in Maßen kümmern müssen. Was sie vorfinden und was sie adaptieren, sind mehr oder weniger fertige Handlungsentwürfe, und sie ändern daran allerhöchstens Details. Die eigentliche Dispositionsarbeit hat man – hat, in den meisten Fällen, Chrétien – längst geleistet. Und dies wiederum aber heißt: Die deutschen Autoren können sich bei ihrer wiedererzählenden Bearbeitung voll auf das Detail konzentrieren, und sie tun dies auch, indem sie die Handlung kommentieren, mit Beschreibungen ausschmücken, mit neuen Namen ausstaffieren etc.

Das unterscheidet sie nun aber von Heinrich, dessen Aufgabe unter dieser textgenetischen Perspektive eher jener Chrétiens gliche (der freilich nicht Episoden aus vorhandener, aufgeschriebener Literatur neu kombiniert, sondern dessen Quellenmaterial wohl aus kürzeren mündlichen Erzählungen bretonischer *conteurs* bestanden hat). Die Aufgabe bestünde darin – oder hätte darin bestehen können –, aus Verstreutem ein kohärentes Ganzes zu machen. Genau dieser Aufgabe aber verweigert sich Heinrich ein ganzes Stück weit, indem er zwar aus Einzelnem einen Roman kompiliert, sich aber – gewollt oder ungewollt – recht wenig darum kümmert, ob dieses Romanganze denn auch eine narrato-logische Einheit bildet. Er stürzt sich vielmehr aufs Detail, ähnlich wie seine deutschen Kollegen neben und vor ihm, aber unter einer neuen, veränderten Rahmenbedingung: weil er eben keine fertige Handlungsvorlage hat, der er folgen kann oder folgen will. Sodass man nicht weiß, ob es ein frommer Wunsch, eine scheinheilige Exkulpation oder doch

Ironie ist, wenn just dieser Heinrich sich für seine ›Krone‹ auf Christian von Troys – Chrétien also – beruft, den er sich als ›Meister‹ des Buches bzw. der Aventiure erfindet (16941, 23046, 23982).

Nebenbei: Die Konzentration aufs narrative oder digressive Detail lässt sich auch an einem Ungleichgewicht des Romanganzen ablesen, das die ›Krone‹ mit der Mehrzahl der deutschen höfischen Romane verbindet. Je länger nämlich die Texte gehen, desto weniger gelingt es den Autoren oder desto weniger versuchen sie sich daran, das Ausgehandelte mit Details, Kommentaren, Beschreibungen etc. auszuschmücken. Es geht ihnen konzeptionell die Luft aus. Das ist freilich gar nichts Besonderes, man kann das auch an moderner Romanliteratur beobachten – selten ein Text, der sein Niveau von der ersten bis zur letzten Seite durchhielte. Das Spezifische der deutschen höfischen Erzählliteratur liegt nicht in dieser Kurzatmigkeit ihrer Erzähler und Autoren, sondern dass diese Kurzatmigkeit genau an diesem Aspekt des Wiedererzählens sichtbar wird; Wolframs ›Parzival‹ wäre vielleicht das beste Beispiel. Mit anderen Worten: Das Erzähltempo wird gegen Ende der Texte immens angezogen. Man braucht nur spätere ›Parzival‹-Bücher mit frühen vergleichen; oder ›Krone‹-Episoden nach der Handschuhprobe mit jenen davor. Querverweise werden selten, Heinrich und Kay schweigen zusehends, die Landschaften werden, natürlich mit Ausnahmen, immer farbloser – und Heinrich erklärt (ähnlich wie im obigen Originalzitat) immer und immer wieder, dass er nun keine Zeit hätte, um dieses oder jenes noch ausführlicher zu erzählen oder zu kommentieren, weil dies die Geschichte störte und er doch zum Schluss kommen muss; es wimmelt nur so von *brevitas*-Formeln (25555–25557, 25914–25917, 27217–27220, 27378–27381, 28252–28255, 28462–28465, 29347, 29744–29746, 29911–29915). Auch in dieser Hinsicht also rechnet Heinrichs ›Krone‹ zu jener Gruppe deutscher Romanliteratur, deren Teil er doch eigentlich nicht mehr sein kann.

Die Hypothese, die ich hier formuliert habe, um die Sonderbarkeit und Besonderheit der ›Krone‹ zu beschreiben und zu erklären, operiert – das sei abschließend noch einmal ganz deutlich gesagt – nicht mit festen Fronten. Es steht nicht Erzähltektonik hier gegen Digressionen dort. Es gibt natürlich auch bei Heinrich ein Erzählgerüst, es gibt auch bei ihm Erzählstränge, die – wie verschlungen auch immer – den gesamten Text durchziehen. Allerdings ist die Balance zwischen – um es rhetorisch zu sagen – Disposition und Elokution im Vergleich zu den anderen Romanen des 12. und 13. Jahrhunderts verschoben, sodass sein Text, die ›Krone‹, aber auch sein Progagonist, Gawein, mehr noch als die anderen Texte und Helden der höfischen Erzählliteratur immer und überall Gefahr laufen, sich heillos im *ungeverte* des Erzähl- und Kommentardickichts zu verirren. Aber das ist eben auch das Gute daran!

Auswahlbibliographie

Ausgaben und Übersetzungen

Heinrich von dem Türlin: Diu Crône. Hrsg. v. Gottlob Heinrich Friedrich Scholl. Stuttgart 1852.

Heinrich von dem Türlin: Die Krone (Verse 1–12281). Nach der Handschrift 2779 der Österreichischen Nationalbibliothek nach Vorarbeiten von Alfred Ebenbauer, Klaus Zatloukal und Host P. Pütz hrsg. v. Fritz Peter Knapp und Manuela Niesner. Tübingen 2000 (= ATB 112).

Heinrich von dem Türlin: Die Krone (Verse 12282–30042). Nach der Handschrift Cod. Pal. germ. 374 der Universitätsbibliothek Heidelberg nach Vorarbeiten von Fritz Peter Knapp und Klaus Zatloukal hrsg. v. Alfred Ebenbauer und Florian Kragl. Tübingen 2005 (= ATB 118).

Heinrich von dem Türlin: La Couronne. Traduit et annoté par Danielle Buschinger. Paris 2010 (= Traductions des classiques du Moyen Âge 83).

Schröder, Werner: Herstellungsversuche an dem Text der Crône Heinrichs von dem Türlin. Mit neuhochdeutscher Übersetzung und Kommentar. Stuttgart 1996: [1. V. 2735–2810, 3122–3262; Prolog; Epilog; Handschuhprobe.] 2. Die Becherprobe (= Akademie der Wissenschaften und der Literatur, Mainz: Abhandlungen der Geistes- und Sozialwissenschaftlichen Klasse 1996, 2.4).

Thomas, J[ohn] W[esley]: The Crown. A Tale of Sir Gawein and King Arthur's Court by Heinrich von dem Türlin. Translated and with an Introduction. Lincoln, London 1989.

Forschungsliteratur

Baisch, Martin: *Welt ir: er vervellet; / Wellent ir: er ist genesen!* Zur Figur Keies in Heinrichs von dem Türlin »Diu Crône«. In: Aventiuren des Geschlechts. Modelle von Männlichkeit in der Literatur des 13. Jahrhunderts. Hrsg. v. M. B. [u. a.]. Göttingen 2003 (= Aventiuren 1), S. 155–180.

Baisch, Martin: Faszination als ästhetische Emotion im höfischen Roman. In: Machtvolle Gefühle. Hrsg. v. Ingrid Kasten. Berlin, New York 2010 (= Trends in Medieval Philology 24), S. 139–166.

Besamusca, Bart: Characters and Narrators as Interpreters of Fidelity Tests in Medieval Arthurian Fiction. In: Neophilologus 94 (2010), S. 289–299.

Bleumer, Hartmut: Die ›Crone‹ Heinrichs von dem Türlin. Form-Erfahrung und Konzeption eines späten Artusromans. Tübingen 1997 (= MTU 112).

Boor, Helmut de: Fortuna in mittelhochdeutscher Dichtung, insbesondere in der ›Crône‹ des Heinrich von dem Türlin. In: Verbum et signum. Beiträge zur mediävistischen Bedeutungsforschung. Studien zur Semantik und Sinntradition im Mittelalter. Fs. für Friedrich Ohly. Hrsg. v. Hans Fromm, Wolfgang Harms u. Uwe Ruberg. Bd. 2. München 1975, S. 311–328.

Brinker-von der Heyde, Claudia: Phantastische Architektur bei Heinrich von dem Türlin: Das Schloss der Frau Sælde als Schlüssel zum Verständnis des Romans ›Diu Crône‹? In: Runa. Revista Portugesa de Estudos Germanísticos 25 (1996), S. 109–118.

Buschinger, Danielle: Erotik und Sexualität in der Artusepik (ein Beispiel: die *Krone* Heinrichs von dem Türlin). In: Artushof und Artusliteratur. Hrsg. v. Matthias Bäumer, Cora Dietl u. Friedrich Wolfzettel. Berlin, New York 2010 (= Schriften der Internationalen Artusgesellschaft 7), S. 137–153.

Claassens, Geert u. Fritz Peter Knapp: Gauvainromane. In: Höfischer Roman in Vers und Prosa. Hrsg. v. René Pérennec u. Elisabeth Schmid. Berlin, New York 2010 (= GLMF 5), S. 249–310.

Cormeau, Christoph: ›Wigalois‹ und ›Diu Crône‹. Zwei Kapitel zur Gattungsgeschichte des nachklassischen Aventiureromans. München 1977 (= MTU 57).

Cormeau, Christoph: Zur Gattungsentwicklung des Artusromans nach Wolframs »Parzival«. In: Spätmittelalterliche Artusliteratur. Ein Symposion der neusprachlichen Philologien auf der Generalversammlung der Görres-Gesellschaft Bonn, 25.–29.9.1982. Hrsg. v. Karl Heinz Göller. Paderborn, Wien 1984 (= Beiträge zur englischen und amerikanischen Literatur 3), S. 119–131.

Cormeau, Christoph: Fortuna und andere Mächte im Artusroman. In: Fortuna. Hrsg. v. Walter Haug u. Burghart Wachinger. Tübingen 1995 (= Fortuna Vitrea 15), S. 23–33.

Daiber, Andreas: Bekannte Helden in neuen Gewändern? Intertextuelles Erzählen im ›Biterolf und Dietleib‹ sowie am Beispiel Keies und Gaweins im ›Lanzelet‹, ›Wigalois‹ und der ›Crone‹. Frankfurt a. M. [u. a.] 1999 (= Mikrokosmos 53).

Däumer, Matthias: »Hje kam von sinen augen / Das wunderlich taugen«. Überlegungen zur Sinnesregie in den Wunderketten- und Gralspassagen der *Krone* Heinrichs von dem Türlin. In: Artushof und Artusliteratur. Hrsg. v. Matthias Bäumer, Cora Dietl u. Friedrich Wolfzettel. Berlin, New York 2010 (= Schriften der Internationalen Artusgesellschaft 7), S. 215–235.

Dobozy, Maria: Performance and Self-Reflexivity in *Diu Crône* by Heinrich von dem Türlin. In: »Er ist ein wol gevriunder man«. Essays in Honor of Ernst S. Dick on the Occasion of His Eightieth Birthday. Hrsg. v. Karen McConnell u. Winder McConnell. Hildesheim, Zürich, New York 2009, S. 93–111.

Ebenbauer, Alfred: Fortuna und Artushof. Bemerkungen zum »Sinn« der ›Krone‹ Heinrichs von dem Türlin. In: Österreichische Literatur zur Zeit der Babenberger. Hrsg. v. A. E., Fritz Peter Knapp u. Ingrid Strasser. Wien 1977 (= Wiener Arbeiten zur germanischen Altertumskunde und Philologie 10), S. 25–49.

Ebenbauer, Alfred: Gawein als Gatte. In: Die mittelalterliche Literatur in Kärnten. Vorträge des Symposions in St. Georgen / Längsee vom 8. bis 13.9.1980. Hrsg. v. Peter Krämer. Wien 1980 (= Wiener Arbeiten zur germanischen Altertumskunde und Philologie 16), S. 33–66.

Ertzdorff, Xenja von: Über die Liebe in den deutschen Artusromanen. In: Bulletin bibliographique de la Société internationale Arthurienne 43 (1991), S. 332–356.

Felder, Gudrun: Kommentar zur ›Crône‹ Heinrichs von dem Türlin. Berlin, New York 2006.

Glaser, Andrea: Der Held und sein Raum. Die Konstruktion der erzählten Welt im mittelhochdeutschen Artusroman des 12. und 13. Jahrhunderts. Frankfurt a. M. [u. a.] 2004 (= Europäische Hochschulschriften I 1888).

Gouel, Marianne: Heinrich von dem Türlin: ›Diu crône‹. Untersuchungen zu Prolog, Epilog und Edelsteinsymbolik. Frankfurt a. M. 1993 (= Europäische Hochschulschriften I 1403).

Greulich, Markus: ›Diu Crône‹ Heinrichs von dem Türlin, Hartmanns von Aue ›Erec‹, Heinrichs von Veldeke ›Eneasroman‹ und der deutschsprachige Literaturdiskurs im Mittelalter. Erste Überlegungen zu einer These. In: Deutsche Literatur und Sprache im Donauraum. Internat. mediävistische Konferenz, Olmütz 5.5.–7.5.2005. Hrsg. v. Christine Pfau u. Kristýna Slámová. Olomouc 2006, S. 101–119.

Grubmüller, Klaus: Der Artusroman und sein König. Beobachtungen zur Artusfigur am Beispiel von Ginovers Entführung. In: Positionen des Romans im späten Mittelalter. Hrsg. v. Walter Haug und Burghart Wachinger. Tübingen 1991 (= Fortuna Vitrea 1), S. 1–20.

Gürttler, Karin: ›Künec Artûs der guote‹. Das Artusbild der höfischen Epik des 12. und 13. Jahrhunderts. Bonn 1976 (= Studien zur Germanistik, Anglistik und Komparatistik 52).

Gutwald, Thomas: Schwank und Artushof. Komik unter den Bedingungen höfischer Interaktion in der ›Crône‹ des Heinrich von dem Türlin. Frankfurt a. M. [u. a.] 2000 (= Mikrokosmos 55).

Haug, Walter: Paradigmatische Poesie. Der spätere deutsche Artusroman auf dem Weg zu einer ›nachklassischen‹ Ästhetik. In: DVjs 54 (1980), S. 204–231. Wieder in: W. H.: Strukturen als Schlüssel zur Welt. Kleine Schriften zur Erzählliteratur des Mittelalters. Tübingen 1989, S. 651–667.

Haug, Walter: Das Fantastische in der späteren deutschen Artusliteratur. In: Spätmittelalterliche Artusliteratur. Ein Symposion der neusprachlichen Philologien auf der Generalversammlung der Görres-Gesellschaft Bonn, 25.–29.9.1982. Hrsg. v. Karl Heinz Göller. Paderborn, Wien 1984 (= Beiträge zur englischen und amerikanischen Literatur 3), S. 133–149.

Haupt, Jürgen: Der Truchseß Keie im Artusroman. Untersuchungen zur Gesellschaftsstruktur im höfischen Roman. Berlin 1971 (= Philologische Studien und Quellen 57).

Jillings, Lewis: *Diu Crône* of Heinrich von dem Türlein: The Attempted Emancipation of Secular Narrative. Göppingen 1980 (= GAG 258).

Kaminski, Nicola: »Wâ ez sich êrste ane vienc, Daz ist ein teil unkunt«. Abgründiges Erzählen in der *Krone* Heinrichs von dem Türlin. Heidelberg 2005.

Keller, Johannes: *Diu Crône* Heinrichs von dem Türlin: Wunderketten, Gral und Tod. Bern [u. a.] 1997 (= Deutsche Literatur von den Anfängen bis 1700 25).

Kern, Peter: Bewußtmachen von Artus-Romankonventionen in der *Crône* Heinrichs von dem Türlin. In: Erzählstrukturen der Artusliteratur. Forschungsgeschichte und neue Ansätze. Hrsg. v. Friedrich Wolfzettel unter Mitw. von Peter Ihring. Tübingen 1999, S. 199–218.

Kern, Peter: Bemerkungen zum Prolog der ›Krone‹ Heinrichs von dem Türlin. In: Mittelalterliche Poetik in Theorie und Praxis. Festschrift für Fritz Peter Knapp zum 65. Geburtstag. Hrsg. v Thordis Hennings [u. a.]. Berlin, New York 2009, S. 231–240.

Kern, Peter: Die Romanstruktur der ›Krone‹ Heinrichs von dem Türlin. In: Figuren der Ordnung. Beiträge zu Theorie und Geschichte literarischer Dispositionsmuster. [Ulrich Ernst zum 14.02.2009.] Hrsg. v. Susanne Gramatzki u. Rüdiger Zymner. Köln, Weimar, Wien 2009, S. 53–59.

Knapp, Fritz Peter: Virtus und Fortuna in der ›Krône‹. Zur Herkunft der ethischen Grundthese Heinrichs von dem Türlin. In: ZfdA 106 (1977), S. 253–265.

Knapp, Fritz Peter: Heinrich von dem Türlin. Literarische Beziehungen und mögliche Auftraggeber, dichterische Selbsteinschätzung und Zielsetzung. In: Die mittelalterliche Literatur in Kärnten. Vorträge des Symposions in St. Georgen / Längsee vom 8. bis 13.9.1980. Hrsg. v. Peter Krämer. Wien 1980 (= Wiener Arbeiten zur germanischen Altertumskunde und Philologie 16), S. 145–187.

Knapp, Fritz Peter: *Chevalier errant* und *fin'amor*. Das Ritterideal des 13. Jahrhunderts in Nordfrankreich und im deutschsprachigen Südosten. Studien zum *Lancelot en prose*, zum *Moriz von Craûn*, zur Krone Heinrichs von dem Türlin, zu Werken des Strickers und zum *Frauendienst* Ulrichs von Lichtenstein. Passau 1986 (= Schriften der Universität Passau, Reihe Geisteswissenschaften 8).

Knapp, Fritz Peter: Theorie und Praxis der Fiktionalität im nachklassischen deutschen Artusroman. In: Fiktionalität im Artusroman. Dritte Tagung der Deutschen Sektion der Internationalen Artusgesellschaft in Berlin vom 13.–15. Februar 1992. Hrsg. v. Volker Mertens u. Friedrich Wolfzettel. Tübingen 1993, S. 160–170.

Knapp, Fritz Peter: Die Literatur des Früh- und Hochmittelalters in den Bistümern Passau, Salzburg, Brixen und Trient von den Anfängen bis zum Jahre 1273. Graz 1994 (= Geschichte der Literatur in Österreich von den Anfängen bis zur Gegenwart 1).

Knapp, Fritz Peter: Märchenhaftes Erzählen im Mittelalter. Die Anverwandlung des Märchens im Artusroman, insbesondere in der *Krone* Heinrichs von dem Türlin. In: Ders.: Historie und Fiktion in der mittelalterlichen Gattungspoetik (II). Zehn neue Studien und ein Vorwort. Heidelberg 2005 (= Schriften der Philosophisch-historischen Klasse der Heidelberger Akademie der Wissenschaften 35), S. 191–224.

Knapp, Fritz Peter: Der Prolog zur ›Krône‹ Heinrichs von dem Türlin. Anmerkungen zur Textkritik und zum Textverständnis. In: ZfdA 136 (2007), S. 279–306.

Köhler-Busch, Madelon: Pushing decorum: Uneasy Laughter in Heinrich von dem Türlîn's *Diu Crône*. In: Laughter in the Middle Ages and Early Modern times. Epistemology of a Fundamental Human Behavior, its Meaning, and Consequences. Hrsg. v. Albrecht Classen. Berlin, New York 2010, S. 265–279.

Kratz, Bernd: Zur Kompositionstechnik Heinrichs von dem Türlin. In: ABäG 5 (1973), S. 141–153.

Kratz, Bernd: Die Geschichte vom Maultier ohne Zaum. Paien de Maisières, Heinrich von dem Türlin und Wieland. In: Arcadia 13 (1978), S. 227–241.

Linden, Sandra: Clinschor und Gansguoter. Zwei Romanfiguren im Spannungsfeld von Gelehrsamkeit und Magie. In: Literaturwissenschaftliches Jahrbuch 49 (2008), S. 9–32.

Maksymiuk, Stephan: The Court Magician in Medieval German Romance. Frankfurt a. M. [u. a.] 1996 (= Mikrokosmos 44).

Martin, Ann G.: Shame and Disgrace at King Arthur's Court. A Study in the Meaning of Ignominy in German Arthurian Literature to 1300. Göppingen 1984 (= GAG 387).

Mentzel-Reuters, Arno: Vröude. Artusbild, Fortuna- und Gralkonzeption in der ›Crône‹ des Heinrich von dem Türlin als Verteidigung des höfischen Lebensideals. Frankfurt a. M. [u. a.] 1988 (= Europäische Hochschulschriften. Reihe I: Deutsche Sprache und Literatur 1134).

Mertens, Volker: »gewisse lêre«. Zum Verhältnis von Fiktion und Didaxe im späten deutschen Artusroman. In: Artusroman und Intertextualität. Beiträge der deutschen Sektionstagung der Internationalen Artusgesellschaft vom 16.–19. Nov. 1989 an der Johann Wolfgang Goethe-Universität Frankfurt a. M.. Hrsg. v. F[riedrich] Wolfzettel. Gießen 1990, S. 85–106.

Meyer, Matthias: *So dunke ich mich ein werltgot*. Zum Verhältnis Autor – Erzähler – Fiktion im späten Artusroman. In: Fiktionalität im Artusroman. Dritte Tagung der Deutschen Sektion der Internationalen Artusgesellschaft in Berlin vom 13.–15. Februar 1992. Hrsg. v. Volker Mertens u. Friedrich Wolfzettel. Tübingen 1993, S. 185–202.

Meyer, Matthias: Die Verfügbarkeit der Fiktion. Interpretationen und poetologische Untersuchungen zum Artusroman und zur aventiurehaften Dietrichepik des 13. Jahrhunderts. Heidelberg 1994 (= GRM-Beiheft 12).

Meyer, Matthias: Versuch über die Schwierigkeiten des Artusromans, über die Liebe zu erzählen. In: Der Tod der Nachtigall. Liebe als Selbstreflexivität von Kunst. Hrsg. v. Martin Baisch u. Beatrice Trincâ. Göttingen 2009 (= Berliner Mittelalter- und Frühneuzeitforschung, Band 6), S. 151–169.

Müller, Jan-Dirk: Höfische Kompromisse. Acht Kapitel zur höfischen Epik. Tübingen 2007.

Rüther, Kerstin: Der kalte König. Melancholische Spuren in Heinrichs von dem Türlin »Krone«. In: Melancholie – zwischen Attitüde und Diskurs. Konzepte in Mittelalter und Früher Neuzeit. Hrsg. v. Andrea Sieber u. Antje Wittstock. Göttingen 2009 (= Aventiuren 4), S. 15–40.

Samples, Susan: The Rape of Ginover in Heinrich von dem Türlin's ›Diu Crône‹. In: Arthurian Romance and Gender. Masculin / Féminin dans le roman arthurien médiéval. Geschlechterrollen im mittelalterlichen Artusroman. Selected Proceedings of the XVIIth International Arthurian Congress. Hrsg. v. Friedrich Wolfzettel.

Amsterdam [u. a.] 1995 (= Internationale Forschungen zur Allgemeinen und Vergleichenden Literaturwissenschaft 10), S. 196–205.

Schmid, Elisabeth: Familiengeschichten und Heilsmythologie. Die Verwandschaftsstrukturen in den französischen und deutschen Gralromanen des 12. und 13. Jahrhunderts. Tübingen 1986 (= Beihefte zur Zeitschrift für romanische Philologie 211).

Schmid, Elisabeth: Text über Texte. Zur ›Crône‹ des Heinrich von dem Türlîn. In: GRM, N. F. 44 (1994), S. 266–287.

Schmolke-Hasselmann, Beate: Der arthurische Versroman von Chrestien bis Froissart. Zur Geschichte einer Gattung. Tübingen 1980 (= Beihefte zur Zeitschrift für romanische Philologie 177).

Schnyder, Mireille: Die Angst vor der Ernüchterung. Liebestrunkenheit zwischen Magie und Rhetorik in Heinrichs von dem Türlin *Diu Crône*. In: ABnG 65 (2008) [Trunkenheit. Kulturen des Rausches. Hrsg. v. Thomas Strassle u. Simon Zumsteg], S. 193–204.

Schonert, Christiane: Figurenspiele. Identität und Rollen Keies in Heinrichs von dem Türlin »Crône«. Berlin 2009 (= Philologische Studien und Quellen 217).

Schu, Cornelia: Intertextualität und Bedeutung. Zur Frage der Kohärenz der Gasozein-Handlung in der *Crône*. In: ZfdPh 118 (1999), S. 336–353.

Schulz, Armin: Der Schoß der Königin. Metonymische Verhandlungen über Macht und Herrschaft im Artusroman. In: Artushof und Artusliteratur. Hrsg. v. Matthias Bäumer, Cora Dietl u. Friedrich Wolfzettel. Berlin, New York 2010 (= Schriften der Internationalen Artusgesellschaft 7), S. 119–135.

Shockey, Gary: ›Nû wil ich gewinnen vil gerne iuwer hulde‹: Reconstitution of the Arthurian Condition in Heinrich von dem Türlin's ›Diu Crône‹. In: ABäG 55 (2001), S. 127–145.

Shockey, Gary: Homo viator, Katabasis and Landscapes. A Comparison of Wolfram von Eschenbach's »Parzival« and Heinrich von dem Türlin's »Diu Crône«. Göppingen 2002 (= GAG 674).

Shockey, Gary: ›Motio‹ and Alterity: Movement of the Other in Wirnt's *Wigalois*, Heinrich's *Diu Crône*, and Stricker's *Daniel*. In: ABäG 61 (2006), S. 151–168.

Stein, Peter: Integration – Variation – Destruktion. Die ›Crone‹ Heinrichs von dem Türlin innerhalb der Gattungsgeschichte des deutschen Artusromans. Bern [u. a.] 2000 (= Deutsche Literatur von den Anfängen bis 1700, Bd. 32).

Störmer-Caysa, Uta: Der Gürtel des Fimbeus und die Chronologie. Versuch über die lineare Zeit in der *Crône* Heinrichs von dem Türlin'. In: Literatur – Geschichte – Literaturgeschichte. Beiträge zur mediävistischen Literaturwissenschaft. Festschrift für Volker Honemann zum 60. Geburtstag. Hrsg. v. Nine Miedema und Rudolf Suntrup. Frankfurt a. M. [u. a.] 2003, S. 209–224.

Störmer-Caysa, Uta: Zeitkreise in der ›Crône‹ Heinrichs von dem Türlin. In: Kulturen des Manuskriptzeitalters. Ergebnisse der Amerikanisch-Deutschen Arbeitstagung an der Universität Göttingen vom 17. bis 20. Oktober 2002. Hrsg. v. Arthur Groos u. Hans-Jochen Schiewer. Göttingen 2004 (= TRAST 1), S. 321–340.

Störmer-Caysa, Uta: Liebesfreude, Tod und andere Nebenfiguren. Probleme mit dem allegorischen Verständnis der ›Krone‹ Heinrichs von dem Türlin. In: Vom vielfachen Schriftsinn im Mittelalter. Festschrift für Dietrich Schmidtke. Hrsg. v. Freimut Löser u. Rafl G. Päsler. Hamburg 2005 (= Schriften zur Mediävistik 4), S. 521–541.

Suerbaum, Almut: ›Entrelacement‹? Narrative Technique in Heinrich von dem Türlîn's *Diu Crône*. In: Oxford German studies 34 (2005), H. 1, S. 5–18.

Thomas, Neil: The Defence of Camelot. Ideology and Intertextuality in the ›Post-Classical‹ German Romances of the Matter of Britain Cycle. Bern [u. a.] 1992 (= Deutsche Literatur von den Anfängen bis 1700 14).

Thomas, Neil: Diu Crône and the Medieval Arthurian Cycle. Cambridge [u. a.] 2002 (= Arthurian Studies 50).

Thomas, Neil: Wirnt von Gravenberg's *Wigalois* and Heinrich von dem Türlin's *Diu Crône*. In: The Camden House History of German Literature. Bd. 3: German Literature of the High Middle Ages. Hrsg. v. Will Hasty u. James Hardin. Rochester (New York), Woodbridge 2006, S. 203–214.

Vollmann, Justin: Das Ideal des irrenden Lesers. Ein Wegweiser durch die ›Krone‹ Heinrichs von dem Türlin. Tübingen, Basel 2008 (= Bibliotheca Germanica 53).

Vollmann, Justin: Performing virtue. Zur Performativität der ›Krone‹ Heinrichs von dem Türlin. In: PBB 130 (2008), S. 82–105.

Vollmann, Justin: Die doppelte Präsenz des Mythos am Artushof. Zum trojanisch-arthurischen Subtext der *Krone* Heinrichs von dem Türlin. In: Poetica 41 (2009), S. 75–96.

Vollmann, Justin: Krise des Individuums – Krise der Gesellschaft. Artusroman und Artushof in der *Krone* Heinrichs von dem Türlin. In: Artushof und Artusliteratur. Hrsg. v. Matthias Bäumer, Cora Dietl u. Friedrich Wolfzettel. Berlin, New York 2010 (= Schriften der Internationalen Artusgesellschaft 7), S. 237–251.

Wagner-Harken, Annegret: Märchenelemente und ihre Funktion in der *Crône* Heinrichs von dem Türlin. Ein Beitrag zur Unterscheidung zwischen »klassischer« und »nachklassischer« Artusepik. Bern [u. a.] 1995 (= Deutsche Literatur von den Anfängen bis 1700 21).

Wallbank, Rosemary E.: Three Post-Classic Authors: Heinrich von dem Türlin, Der Stricker, Der Pleier. In: The Arthur of the Germans. The Arthurian Legend in Medieval German and Dutch literature. Hrsg. v. W. Henry Jackson u. Silvia A. Ranawake. Cardiff 2000 (= Arthurian literature in the Middle Ages 3), S. 82–97.

Wennerhold, Markus: Späte mittelhochdeutsche Artusromane. ›Lanzelet‹, ›Wigalois‹, ›Daniel von dem Blühenden Tal‹, ›Diu Crône‹. Bilanz der Forschung 1960–2000. Würzburg 2005 (= Würzburger Beiträge zur deutschen Philologie 27).

Wyss, Ulrich: Die Wunderketten in der ›Crône‹. In: Die mittelalterliche Literatur in Kärnten. Vorträge des Symposions in St. Georgen / Längsee vom 8. bis 13.9.1980. Hrsg. v. Peter Krämer. Wien 1980 (= Wiener Arbeiten zur germanischen Altertumskunde und Philologie 16), S. 269–291.

Wyss, Ulrich: Heinrich von dem Türlin: *Diu Crône*. In: Interpretationen. Mittelhochdeutsche Romane und Heldenepen. Hrsg. v. Horst Brunner. Stuttgart 1993 (= RUB 8914), S. 271–292.

Zach, Christine: Die Erzählmotive der *Crône* Heinrichs von dem Türlin und ihre altfranzösischen Quellen. Ein kommentiertes Register. Passau 1990 (= Passauer Schriften zur Sprache und Literatur 5).

Ausführliches Inhaltsverzeichnis

Vorwort VII

Inhalt XI

HEINRICH VON DEM TÜRLIN: DIE KRONE

ERSTER TEIL 3
Prolog 5
Artus' Hoffest zu Weihnachten 9
   Artus' Jugend 9
   Einladung und Ankunft der Gäste 13
   Das Fest 15
   Becherprobe 19
      Der Bote (Fischritter) 19
      Frauenprobe 22
      Männerprobe 29
      Kay fordert den Fischritter heraus 43
      Rüstung – Die Osterherren – Kays Niederlage 45
   Aufbruch der Artusritter zum Turnier von Jaschune 50
Gasoein – Ginover – Artus I 53
   Artus auf Winterjagd und Schelte der Ginover 53
   Artus auf der Lauer – Treffen mit Gasoein 55
      Absprache und Trennung der Ritter 55
      Kay vs. Gasoein 58
      Gales vs. Gasoein 63
      Aumagwin vs. Gasoein 66
      Artus vs. Gasoein 67
   Artus und Gasoein: Streit um Ginover, Kampfabsprache 73
   Heimkehr 77
Gawein und Floys und Amurfina 83
   Hilfegesuch des Königs Floys gegen Assiles 83
   Gawein bei Ywalin 87
      Empfang – Die Zöllner-Aventiure 87
      Gawein über das Glück, Ywalin über Gaweins Taten, der Erzähler über Ratgeber – Gawein gibt sich zu erkennen 90
      Sieg über vier Zöllner 94
   Gawein bei Blandocors 100
      Unterwegs nach und Empfang in Ansgiure 100
      Das Standbild mit dem Horn – Sorge um Gawein 103
      Sieg über zwei Zöllner 108
   Gaweins Hochzeit 112
      Acclamet holt Gawein 112
      Unterwegs nach Serre 114
      Gawein und Amurfina lernen einander kennen 117
      Die Nacht: Zauberschwert und Minneschwur 123
      Liebe und Landesherrschaft 126

Die goldene Schüssel	128
Gaweins Selbsterkenntnis	130
Rettung einer Jungfrau vor Waldteufeln	132
Kampf gegen das Waldweib	135
Kampf gegen den Riesen Reimambram	137
Kampf gegen den Mohren Galaas	141
Sieg über Assiles, Befreiung des Königs Floys	144
Gasoein – Ginover – Artus II	147
Artus vs. Gasoein	147
Artus' Bericht	147
Der Rat der Fürsten – Von den reinen Frauen	150
Kampf Artus vs. Gasoein	152
Streit über den abgebrochenen Kampf	155
Schiedsspruch der Ginover	158
Ginovers Entführungen	160
Gotegrin entführt seine Schwester	160
Rettung und Entführung durch Gasoein	162
Der Artushof trauert um Ginover	165
Ginovers Vergewaltigung – Rettung durch Gawein	167
Der Kampf Gawein vs. Gasoein in fünf Teilen	171
Heimkehr nach Karidol und Hoffest	178
Das Maultier ohne Zaumzeug	183
Sgoydamurs Hilfegesuch	183
Kays Fehlversuch	184
Gawein bei Gansguoter	187
beheading game	187
Die Kampfreihe: Löwen, Ritter, Drachen	191
Die Familie Amurfinas	195
Doppelhochzeit	199
ZWEITER TEIL	203
Erste Wunderkette	205
Die Aventiure: Schwert und Lanze	205
Die Wunder	207
Das Mädchen und der Riese – Die alte Frau und das Tier	207
Der Ritter mit dem Frauenkopf – Ein aufgespießter Kopf	209
Die Kristallburg	210
Die Duftheide und der Feuerfächer	210
Der unfurtbare Fluss, Rettung durch Gener von Kartis	212
Die merkwürdige Burg	214
Die Saelde-Aventiure	221
Unterwegs nach Ordohorht	221
Reise zu Gyramphiel und Fimbeus – Ursache der Feindschaft – Falscher Rat	221
Gawein beim Wildschütz – Drachenkampf bei der Klause zu Anfrat	222
Bei Siamerag von Lembil: Ratschläge für Gawein	225
Kampf mit Laamorz, Gewinnung des Knäuels	227
Gawein bei Frau Saelde und ihrem Kind, dem Heil	231

Ankunft in Ordohorht: der See Laudelet und die Edelstein-Burg .	231
Gawein und das Rad der Saelde	234
Zweite Wunderkette	237
Besuch bei Aanzim von Amontsus, Kampfverbot – Das erste Unwetter	237
Erste Versuchung – Zweites Unwetter	238
Zweite Versuchung – Drittes Unwetter	239
Dritte Versuchung – Viertes Unwetter – Die Saelde-Botin	241
Die Ritter – Abschied von der Saelde-Botin	243
Der zweite Gawein	247
Der Tod von Aamanz, des ›zweiten Gawein‹	247
Aamanz jagt Gygamet	247
Zedoech vs. Aamanz	247
Der ›erste‹ vs. den ›zweiten Gawein‹ – Auslieferung des Aamanz an Gygamet und Zedoech	248
Am Artushof: Klage um den totgeglaubten Gawein	250
Jagd auf den weißen Hirsch – Hoffest: Gygamet bringt ›Gaweins‹ Kopf	250
Kay enthüllt den Kopf	252
Kays Klagerede	253
Allgemeine Klage, Klage der Frauen	256
Sgoydamurs und Amurfinas Klagereden	257
Gawein wird auf der Insel der Jungfrauen unsterblich	259
Das Turnier des Leygamar	263
Quoikos und Gawein als Gefährten	263
Der Streit der Schwestern	265
Ankunft auf Sorgarda – Flursensephin hält sie für Kaufleute . . .	265
Streitgespräch von Quebeleplus und Flursensephin	266
Quebeleplus besucht Gawein – Konflikt und Friedensschluss mit Leygamar	268
Das Turnier	270
Die Teilnehmer und ihre Wappen	270
Vorbereitungen für den Kampf	272
Vorkämpfe	273
Noch mehr Vorkämpfe	274
Hauptkampf	276
Schlichtungsverhandlungen	279
Gawein unterwegs	281
Gawein auf Karamphi	281
Die Jagdgesellschaft – Begegnung mit Enfeydas	281
Schachspiele mit Seymeret – Das Gralsabkommen	282
Gawein und der schwarze Ritter	284
Die Klage der drei Damen	284
Sieg über den schwarzen Ritter – Gawein als Erlöserfigur	287
Der Betrüger Lohenis von Rahas	290
Der wunde Ritter – Die Vorgeschichte des Konflikts	290
Die List	293
Der hässliche Kerl	294
Die Schindmähre	297

Gawein verliert sein Pferd ... 299
Gawein beim *Château au Lit merveilleux* ... 303
   Kampf gegen Ansgü ... 303
   Beim Fährmann Karadas – Ein Kampf an der Furt ... 305
   Die Aventiure zu Salye ... 309
     Ankunft auf der Burg – Sorge um Gawein ... 309
     Das Wunderbett ... 311
     Kampf gegen den Löwen ... 314
     Feier von Gaweins Erfolg – Verhandlungen über Gaweins Herrschaft über Madarp ... 315
   Gawein und Gyremelanz ... 317
     Mancipicelle reizt Gawein zur Blumen-Aventiure ... 317
     Auf der Wiese von Colurmein: Gawein beim Blumenpflücken und Kränzebinden ... 320
     Kampf Gawein vs. Gyremelanz – Vertagung – Botschaft an Clarisanz ... 322
     Zurück auf Salye: Gaweins Erfolg – Irritationen der Botschaft ... 326
   Artus kommt nach Salye ... 327
     Gaweins Botschaft an den traurigen Artushof ... 327
     Die *renovatio* der Freude am Artushof ... 330
     Reisevorbereitungen und Ankunft in Madarp ... 333
   Lösung der Aventiure ... 335
     Das Familientreffen ... 335
     Verlobung von Gyremelanz und Clarisanz, Schlichtung des Konflikts, Rückkehr nach Karidol ... 337
Das Hoffest zu Karidol ... 339
   Gaweins Verpflichtung zur Gralsfahrt ... 339
     Gaweins Rede ... 339
     Des Hofes Sorge und Gaweins Trost: der Ring der Saelde ... 343
   Die Handschuhprobe ... 345
     Ankunft der Botin ... 345
     Die Botschaft ... 346
     Gyramphiels Hass gegen Gawein: der Gürtel des Fimbeus ... 349
     Probe der Frauen ... 352
     Der Erzähler, seine Geschichte und die Frauen ... 364
     Probe der Ritter ... 366
   Der Ritter mit dem Bock ... 371
     Abschied des Mädchens, Ankunft des Ritters ... 371
     Botenrede: Hilfe für Gawein ... 372
     Das Mädchen und die Windsbraut ... 374
     Flucht des Ritters: Verlust von Stein, Ring und Handschuh ... 379
Rückgewinnung der Kleinodien ... 385
   Der Aufbruch der Helden ... 385
     Der Rat des kleinen Mädchens ... 385
     Die Gefährten: Gawein, Kalocreant, Lanzelet und Kay ... 387
   Der Kampf bei der Klause ... 393
   Die Höhlenfalle des Bayngranz von Aynsgalt ... 394
     Gawein und seine Gefährten gehen in die Falle ... 394
     Ritter und Dame im Schwanennachen ... 396

Gaweins Kampf gegen den Drachen bei der Quelle	401
Vier Duelle	403
Gansguoter hilft	408
Bei Gansguoter auf Madarp	408
Die brennenden Ritter	411
Die gefährliche Brücke	413
Auf der Burg des Fimbeus von Schardin	415
Empfang und Nachtmahl – Gansguoters Schlafschatulle	415
Wieder vier Duelle – Sieg Gaweins und der Seinen	420
Unterwegs zur Gralsburg	425
Trennung der Gefährten	425
Gaweins Weg	426
Bei Gansguoters Schwester	426
Dritte Wunderkette	430
Gawein, Kalocreant, Lanzelet	435
Gawein findet Kalocreant und Lanzelet – Kays Gefangenschaft .	435
Gawein, Kalocreant und Lanzelet erreichen die Gralsburg	437
Gawein als Gralserlöser	441
Die Erlösung	441
Die Gralsprozession – Gaweins Frage	441
Erklärung des Gralswunders durch den Alten	443
›Auflösen‹ der Gralsgesellschaft	446
Rückkehr zum Artushof – Versöhnung mit Angaras von Karamphi – Besuch beim gefangenen Kay	447
Schlussfindungen	449
Das Fest am Artushof – Kays Befreiung und Rückkehr	449
Der Schluss der ›Krone‹	451
Schreiberanhang	452

ANHANG

Zur Poetik der ›Krone‹ Heinrichs von dem Türlin	457
Handlungsanalyse	459
Der Gürtel des Fimbeus	463
Gawein und der Gral	471
Heinrich und Kay	480
Feuer und Eis, Wasser und Stein	487
Die ›Krone‹ als Pasticcio	493
Auswahlbibliographie	497
Ausgaben und Übersetzungen	497
Forschungsliteratur	497
Ausführliches Inhaltsverzeichnis	505